[美] 埃德蒙·福西特
Edmund Fawcett

著

杨涛斌 译

Conservatism
THE FIGHT
FOR A TRADITION

保守主义

为传统而战

上海人民出版社

献给我的妻子纳塔利娅(Natalia)

本书赞誉

福西特这部内容广泛的著作风格大胆、引人入胜、直截了当,抓住了保守主义的多个方面。无论对保守主义的支持者还是反对者而言,这本书都是必读之作。

——夸西·夸滕(Kwasi Kwarteng),英国前财政大臣

本书在智慧、博学和风格方面均取得了非凡成就。埃德蒙·福西特着手揭示"保守主义"这个有争议的术语背后所隐藏的家族相似性和家族纷争,他兼具非凡的历史学识和分析能力,完整地勾勒出保守主义传统的源流。作为一位左翼自由主义者,福西特对这个问题感到困惑:"如果自由派真的那么聪明,又为何未能掌权?"他的写作对任何想要了解保守主义的主导地位及其吸引力的人而言,都是一个巨大的贡献。

——乔纳森·沃尔夫(Jonathan Wolff),牛津大学

令人印象深刻且富有格调。

——邓肯·凯利(Duncan Kelly),剑桥大学

在一个崇尚革命、敌视保守的精神氛围中,这本书有助于人们清醒看待保守主义。这是一部既清晰地梳理了保守主义思想史脉络,又对保守主义的当下政治活力进行了深度分析的力作。与坊间相同主题的著作相比,理论与实践的双关性既是它的理论特点,也是它推动人们认真理解当

代世界政治保守转向的实效性表现。理解保守主义，这是一部不可或缺的重要著作。

——任剑涛，清华大学

福西特所著的《保守主义：为传统而战》是一部和中国先前所出版的保守主义历史译著相当不同的著作。首先，它是一部一直叙述到今天如特朗普时期的最新历史著作；其次，它集中于政治，而不是溯源到宗教，且特别注意保守主义内部的分歧；第三，它是由一位自由主义左翼学者撰写的著作，其中有一些有趣的新角度和新观点，有意研究保守主义的学者不可不察；最后，他作为著名记者的著述风格也可以让一般读者喜闻乐见。

——何怀宏，北京大学

在一个世界急速右转的时代，能明辨何种"保守"实属必要。本书为我们描绘了一幅有关保守主义的鸟瞰图，实践与理论兼顾，简明扼要而又不失细节之丰富。但凡欲对"现代"作真正思考者，都不能不听一听"保守"的声音。

——洪涛，复旦大学

保守主义为传统而战，但它绝不意味着因循守旧故步自封，而是针对进步主义高歌猛进甚至激进任性的拨乱反正。福西特条分缕析现代性在西方次第展开的社会和政治后果以及保守主义的因应和诊断。不妨将其拿来作为审视现代中国的借镜，为我们在传统与现代寻找新的有效平衡提供必要的历史参照和精神支点。

——任军锋，复旦大学

这是一本解释了自由主义和激进的进步主义为什么总是无法完全掌控局面、为什么保守右翼运动本身又总是摇摆不定的书，作者聚焦法英德美四国，从法国大革命开始，详细勾勒了保守主义的发展史，尤其注重保守主义和政党政治之间的关系以及保守主义内部的巨大分化。全书视野宏阔，笔触细腻，可读性极强，对了解保守主义及其在当代西方世界的巨大影响不可或缺。

——段德敏,北京大学

从对法国大革命的抵抗到 21 世纪的民粹主义诉求,从美国的亲奴隶制思想到后纳粹政治的困境,本书对保守主义政治传统进行了全面概述,该传统经常被人们低估——无论是它的思想抱负还是它对西方社会进程的实际影响。福西特的新叙述既通俗易懂又引人深思,使读者领会到保守主义的矛盾之处,以及在它顽固的表象之下所具有的可塑性。

——保罗·诺尔蒂(Paul Nolte),柏林自由大学

本书充满了洞见,如果你想要了解那似曾稳固的自由主义民主社会中的当代政治,那么本书是必读之作。福西特讲述了一个重要的故事,它帮助左翼了解右翼是如何走到今天的,并为保守派澄清右翼内部的分歧,如今这种分歧迫使右翼必须在截然不同的政治愿景之间作出选择。

——塔姆辛·肖(Tamsin Shaw),纽约大学

本书从理论和实践层面,对保守主义的特征演变进行了全景式描述,从其最初对法国大革命的反应直到如今。通过对比保守主义在四个国家的不同发展历程,本书呈现了一幅令人信服的画面:保守主义是如何从最初作为对一项失败事业的艰难辩护,发展为一种自信的资本主义信条的。同时,它解释了为何保守主义政治在过去两个世纪内能够征服其自由主义、激进主义和社会主义的竞争对手。

——加雷思·斯特德曼·琼斯(Gareth Stedman Jones),
伦敦玛丽女王大学

本书提供了一个有价值的广域视角,让我们看清几十年甚至几个世纪以来一直在发挥作用的那些潜流。

——格雷格·考尔斯(Greg Cowles),《纽约时报书评》

福西特丰富而广泛的叙述的主要优点是,其展示了保守主义是如何

在政治上和智力上不断进行自我更新的。保守主义的传统异常丰饶，无论对支持者还是反对者来说，这都是一个值得打捞的真理。

——尼克·皮尔斯（Nick Pearce），《金融时报》

随着选举日的临近，你可能没有时间去阅读一本500页篇幅的书来解释我们是如何走到这一步的。但是，当你想要了解之后的事情以及有时间进行深入思考时，埃德蒙·福西特的新书《保守主义：为传统而战》将会发挥至关重要、无与伦比的作用。

——保罗·罗森堡（Paul Rosenberg），《沙龙》

叙事引人入胜，节奏环环相扣。读者不知不觉间会被其散文的活力、敏锐的洞察力和优美的措辞所吸引，最重要的是作者对政治领域的明显参与和对思想领域的享受。

——杰西·诺曼（Jesse Norman），《天主教先驱报》

本书与福西特广受好评的著作《自由主义传》（2014年）相伴相生，二者具有同样的可读性和内容的全面性……。它带你漫步西方政治传统的一个主要部分，整个过程极具启发性。

——《柯克斯书评》星级评论

（自由主义和保守主义）这两种思想范畴的成员都能够从本书学到很多东西，尤其是从福西特介绍的历史人物身上。

——威廉·安东尼·海（William Anthony Hay），《华尔街日报》

一部崭新的政治历史著作。

——约翰·哈里斯（John Harris），《卫报》

内容丰富，值得一读。

——雅各布·索尔（Jacob Soll），《新共和》

一个有思想的自由主义者为了了解敌人而进行的诚实斗争，赋予该书以力量、活力和结构……。这是一部令人信服的、清晰的和充满学识的作品。

——理查德·科克特（Richard Cockett），《评论家》

恰逢其时。

——威廉·奇斯利特（William Chislett），皇家埃尔卡诺研究所

这本书是一部令人兴奋的读物，得益于作者清晰的风格、广博的历史知识，以及将每个历史时期的保守派思想家与政治实践者一同叙述的安排。

——威廉·黑格（William Hague），《旁观者》

一部保守主义史诗般的历史巨作。

——约翰·普里多（John Prideaux），《经济学人》

这是对英国、法国、德国和美国的保守派思想和行动所进行的一次真正的权威性考察……一部智力折衷主义的杰作，也是对保守主义内部战争之重要性的一个至关重要的认可。

——安德鲁·沙利文（Andrew Sullivan），《纽约时报书评》

这位广受赞誉的自由主义历史作者将注意力转向了政治哲学的另一个重要分支。

——吉迪恩·拉赫曼（Gideon Rachman），《金融时报》

这是对过去两个世纪的保守主义思想所作的一次惊人的全面考察。

——安德鲁·吉姆森（Andrew Gimson），保守党之家

目　录

前　言

　　自由主义的民主（liberal democracy）若要生存，需要来自右翼的支持，其繁荣更是如此。换句话说，自由主义的民主离不开保守主义者——那些接受了自由主义的和民主的基础规则的人们。然而，保守主义从一开始便是作为自由主义的一个敌人而出现的，它也从未完全放弃对民主的保留态度。借助于与自由主义的合作，保守主义经受住了现代政治的考验，很快学会了如何在民主中占得上风。1945 年之后在西欧和美国所繁荣兴盛的那种自由主义的民主，便发轫于右翼的这种历史性妥协。一旦右翼踌躇于或者拒绝提供支持，那么自由主义的民主便会面临健康危机。目前这一幕正在上演。

　　随着左翼的步步退却，右翼无论在智识上还是党派意义上，都掌控着当前政治。然而，它究竟属于哪一种右翼？是那种为第二次世界大战后自由主义民主之成功奠定基础的包容的自由保守主义（liberal conservatism），还是那种声称为"人民"代言的非自由主义的硬右翼（illiberal hard right）？

　　在《自由主义传》*（*Liberalism：The Life of an Idea*，第二版，2018年）一书中，我阐述了什么是自由主义的民主，以及为何尽管这种民主有种种不足和缺陷，它却如此重要。《自由主义传》旨在表明我们正在冒着

---

　　* 中文版见［美］埃德蒙·福赛特：《自由主义传》，杨涛斌译，北京大学出版社 2017 年版。"福赛特"即"福西特"。——译者注

失去什么的风险。这本《保守主义：为传统而战》则是故事的另一半，它旨在以历史为镜，描述当前右翼自身的内部较量。

从一开始，保守主义者就不仅与自由主义和民主争论不休，其内部也纷争不断。保守主义者是应该与其历史宿敌握手言和，还是应该继续对抗？这种争斗是应该集中于政党政治领域，围绕权力和政府来进行，还是应该同时在智识和文化生活中展开？对于保守主义者来说，这些问题从未远去。纷纷攘攘的喧嚣常常使人们难以辨识保守主义者究竟持何种立场。与此同时，这种争斗的激烈和持久，恰恰意味着争斗各方都相信存在着某种实实在在的值得为之奋斗的东西。

本书分四个阶段来讲述保守主义的历史。为清晰起见，书中给出了明确的分期时点：第一阶段（1830年至1880年），与自由主义现代性的正面对抗；第二阶段（1880年至1945年），适应、妥协与惨败；第三阶段（1945年至1980年），政治上的掌控与智识上的恢复；第四阶段（1980年至今），自由保守主义与硬右翼之间争夺支配权的较量。

在对每一个阶段的讲述中，本书都首先给出一种政党—政治的叙事（即"政党与政治家"），紧接着会谈及每个阶段保守主义思想的特征（即"思想与思想家"）。在"政党与政治家"部分，本书详细阐述那些"执掌权柄的男人"——以及更晚近一些的女人——所进行的"没有尽头的冒险"：右翼各政党在与自由主义和民主持续开展的保守主义反复拉锯中，不断地组建、分裂、再组建。在"思想与思想家"部分，本书描述了秉承保守主义传统的作家、记者、演讲撰稿人和思想家所发出的公共诉求、辩护和哲学上的辩白。随着这些话语的迅速积累，一种保守主义的观念开始浮现，它固然是松散的和杂乱无序的，但也是可以辨识的，并且大体上是连续的。它的具体内容随着时间的推移而变化，但其总的特性则一直未变。

保守主义者始终受到智识天使和世俗天使的双重指引。现代的变化激荡向前且令人困惑，面对这种变化，保守主义者诉诸人们对熟悉和稳定的普遍向往——人们希望明天的太阳像今天一样照常升起。然而，作为秩序和财产的捍卫者，保守主义者很快克服了自身的犹疑不决，转而替资本主义及其诉求辩护，而资本主义作为物质进步的忠实仆人，一刻不停地将社会、人的生活和观念搅了个底朝天。

也就是说,保守主义者永远面临两条道路:他们许诺稳定和连续,同时许诺剧烈的变化和打破常规。就其气质而言,保守主义者先是自得于自己所取得的成就,自豪于自己所秉持的信条,之后又陷入疑惧,担心其成功会被他人横刀夺走,担心其信念会被人们广泛地无视。多少令人费解的是,保守主义者在很大程度上打造了一个自由主义的现代世界,并学会了主导这个世界,但这个世界并不使他们感到自在。

本书的论述围绕法、英、德、美四个国家展开,这种选择可能有点沙文主义色彩。之所以这样安排,其原因是:自由主义的民主是一种带有独特价值观的政治框架,上述四个国家尽管相互之间有着明显的不同或地域性,但它们都在 20 世纪尤其是在 1945 年之后不约而同地实现了这一框架。自由主义的民主并非永恒之物,许多敏锐而博学的人们担心自由主义的民主行将就木。无论这一担忧是否正确,几乎没有人会否认:这四个大国代表了自由主义民主的历史核心,尽管是非排他性的。

如果读者对书中的标签和分类,尤其是对"保守主义"和"右翼"的交替使用感到困惑,那么请参阅本书附录 A"保守主义关键词",以查找主要术语的明确含义以及它们之间的根本区别;本书第二章"保守主义的特征、观念与标识"对诸如此类的一般性问题进行了更为全面的解答。附录 B"保守主义思想的哲学根源"回顾了自柏拉图以来的诸多哲学家,他们为保守主义者(以及其他人)提供了可资汲取的思想资源。附录 C"保守主义者的生平:名录"则列出了两百多位保守主义政治家和思想家的生平简介。本书作为一部历史著作,既没有脚注,也没有列出学术文献。在书末的"参考文献"部分,读者可以找到本书赖以成文的那些著作,以及进一步阅读的书目。

作为一位左翼自由主义者,我并不认为本书的历史讲述是不偏不倚的,但我相信它是客观的。在本书中,我力图避开政治写作的两个备选项:赞扬或讽刺。如果我做到了这一点,那么右翼的读者将会认清他们自身及他们的传统,左翼的读者也将了解对手的立场和观点,而左翼往往像轻率的棋手那样轻易地忽视掉它们。本书本着同志般的精神写就,向左翼抛出了这样一个问题:如果自由派真的那么聪明,又为何未能掌权?

本书对保守主义史诗般的讲述包含了承认、困惑与警示三个层面:承认右翼具有政党、政治和智识上的力量；困惑人们对这种力量的忽视，忽视不仅来自对右翼的所思所想知之甚少的左翼，而且来自右翼本身——右翼往往夸大自己在智识上和文化上的劣势；警示硬右翼的崛起，它使主流保守派必须作出明确的选择——是与左翼结盟，重建并站稳摇摇欲坠的中间立场，还是加入向右的狂飙队伍，与自由主义的民主现实渐行渐远。

致　谢

　　为了完成这部关于右翼政治派别的长篇历史作品,我广泛搜罗相关作家和学者的著作,他们全部有恩于我,对此我要表示感谢。衷心感谢查尔斯·霍普(Charles Hope)和哈伊姆·塔嫩鲍姆(Chaim Tannenbaum),他们阅读了本书的初稿,指出了其中的错谬之处,提出了宝贵的建议。感谢普林斯顿大学出版社的两位匿名学术评论家,他们为本书提供了合乎情理的指引。感谢马丁·吕尔(Martin Ruehl)、戴维·威金斯(David Wiggins)和普林斯顿大学出版社的两位评论家,他们帮助我理清并完善了本书最初的框架结构。感谢夸西·克沃腾(Kwazi Kwarteng)、奥利弗·莱特温(Oliver Letwin)、罗杰·斯克鲁顿(Roger Scruton)和乔纳森·沃尔夫(Jonathan Wolff),当我在伦敦的时候他们抽出宝贵的时间与我就保守主义展开讨论。同样的感谢还要送给在柏林的弗兰克·博施(Frank Bösch)、迪特尔·戈塞温克尔(Dieter Gosewinkel)、诺曼·古乔(Norman Gutschow)和保罗·诺尔特(Paul Nolte)。普林斯顿大学出版社的本书编辑本·塔特(Ben Tate)和萨拉·卡罗(Sarah Caro)自始至终给予我鼓励和帮助,黛比·泰加登(Debbie Tegarden)和盖尔·施米特(Gail Schmitt)以其娴熟高超的技巧使本书顺利面世,帕姆·施尼特尔(Pam Schnitter)赋予本书封面以视觉冲击力,马克西米尔扬·弗拉(Maksimiljan Fras)帮助完成了本书的事实核查。康妮·金特(Conny Günther)是一位出类拔萃的部门管理者、译者和向导,她安排了我在柏林的访谈。近年来,我与阿德里安·伍尔德里奇(Adrian Wooldridge)以及

5

两位 2019 年离世的好友奥利弗·布莱克（Oliver Black）和托尼·托马斯（Tony Thomas），就保守主义进行了多次交谈，这些谈话富有成果且令人愉悦。卡尔-海因茨·博雷尔（Karl-Heinz Bohrer）、埃利奥特·Y.尼曼（Elliot Y. Neaman）和弗雷德·斯图德曼（Fred Studemann），或通过谈话或通过信件，向我提供了关于德国右翼的宝贵指导。感谢爱德华·钱塞勒（Edward Chancellor）和安东尼娅·菲利普斯（Antonia Phillips），唐纳德（Donald）和黛安娜·富兰克林（Diana Franklin），以及汤姆（Tom）和罗斯蒙德·格雷厄姆（Rosemund Graham），他们的慷慨和容忍为我提供了舒适和安静的工作环境。最大的感谢要一如既往地送给我的妻子纳塔利娅（Natalia），本书也是为她而作。在本书的校订方面，纳塔利娅与她的姐妹给予了我最慷慨的支持。与在大多数事情上一样，对于写作，纳塔利娅知道什么应该保留，什么不该保留。

第一部分

保守主义的先驱

第一章
革命的批评者

i. 惩罚的硬权威与习俗的软权威：
迈斯特与伯克

保守主义与自由主义一样，没有摩西十诫那样的律法，没有天主教传信部之类的机构，没有奠基性独立宣言，也没有足以媲美马克思—恩格斯经典文本的学说纲要。为了弥补这种不足，当保守主义者在 19 世纪末为自己寻找一种智识传统时，埃德蒙·伯克（Edmund Burke，1729—1797年）关于法国大革命的著作被重新发现，成为一种丰富而次优的理论资源。伯克论述的主题——传统所具有的权威、政治学者无视传统的荒唐之举，以及社会具有有机性但也有脆弱性——被保守主义者挑出来作为辩证的武器。

伯克的作品以回溯的方式，赋予保守主义尤其是英美保守主义以一种平衡的、对事实开放的和全面克制的韵味，这与法国和德国保守主义的盲目热情恰成反差。约瑟夫·德·迈斯特（Joseph de Maistre，1753—1821 年）的作品则普遍被认为表现了欧洲大陆右翼的极端与放纵，迈斯特本人是一位萨瓦律师和法国大革命的流亡者。伯克给英裔美国人的保守主义带来了一种开明的理智和可资依靠的务实精神，迈斯特则成为反启蒙的右翼威权主义者和法西斯主义者的先驱。这种发生于 18 世纪末的反差告诉了我们太多关于 20 世纪初期的东西。这种反差的出现在于选择性编辑以及人们疏于谈及两人持相同看法的那些问题。迈斯特从未在保守主义的会客厅中赢得一席之地，但他却与伯克一样，是保守主义大家庭的重要成员。

迈斯特和伯克都有着异乎寻常的修辞能力，并且在措辞上都有着罕见的天赋。迈斯特挥动如椽之笔，以摩尼教徒那般的激烈态度进行非黑即白的论证。他将对比运用到了极致，对论点的阐述详尽到令人炫目的程度。"是政府皆专制：唯一的选择是，要么服从要么反抗。""只有宗教能够永存。""自由永远来自国王的恩赐。"在他的笔下，绞刑架是神圣的，刽子手是虔诚的，仿佛他要将断头台从不相称的人手中夺过来。伯克的文章则常常以演讲作为开篇，没有那么多的怒气，更加符合英格兰人的口味。他的写作对象包括宗教热忱、政治智识主义和法律编纂，这些内容对于那些安稳于现世并对搅局的提问者充满怀疑的人们而言，听起来是悦耳的。伯克的讽刺充满了议会式的戏谑，迈斯特的讽刺则会带来刺痛，并有着乔纳森·斯威夫特（Jonathan Swift）那样的咄咄逼人。迈斯特是一位律师，伯克同样学习过法律。两人的论证都不以哲学家的口吻展开，但伯克曾经如此，比如他早先对"人可以先于社会而存在"这一思想的反驳，再比如他在美学范畴中对崇高的构建。关于政治话题，伯克乐于采用一种猝不及防的论证节奏，他可以直抒胸臆，也可以危险地咄咄逼人。在他笔下，波士顿议会是一群"寄生虫"，1789 年的平民仿佛是"一群一夜之间挣脱了为奴之家束缚的逃亡黑奴"。

伯克与迈斯特均出身社会边缘。伯克出生于都柏林的一个平民之家，有着盎格鲁-爱尔兰血统。迈斯特是萨瓦省行政贵族群体的一员，萨瓦是意大利北部的一个法语区，曾在法国、西班牙、奥地利之间频频易手，16 世纪之后才赢得了脆弱的独立。两人都当过普通政府官员，也担任过重要政治人物的助手，这使他们能够以局内人的眼光来从事政治写作。

在声望上，两位思想家都经历了长期的低迷和后来的缓慢回升。威廉·格拉德斯通（William Gladstone）通读了伯克的全部著作（这是他的做事风格＊）。伯克在学究气的美国辉格党人中也有不少追随者，其中著名者如鲁弗斯·乔特（Rufus Choate，1799—1859 年），他将伯克与荷马（Homer）、西塞罗（Cicero）和弥尔顿（John Milton）并列，纳入必读列表，为政治和法律研究"注入自由的气息"。相反地，沃尔特·白哲特（Walter Bagehot）则认为，伯克对保守主义只有早期的影响力，并且其影响弱于小皮特（Pitt the Younger）。凯贝尔（T. E. Kebbel）的《托利主义史》（*A History of Toryism*，1886 年）是对保守主义进行学术考察的首批著作之一，其中对伯克也只是一笔带过。

在 19 世纪 30 年代自由主义的鼎盛时期，伯克和迈斯特对法国大革命所作的那类批评被普遍认为没有击中其历史要害。考虑到 1789 年所取得的成果受到如此广泛的认可，考虑到即便是波旁复辟也未能扭转法国中产阶级的经济所得，那么以 1793 年至 1794 年的"人民专政"来诋毁 1789 年革命的"合宪性"，以及单纯地将大革命视为违反法律的荒唐罪行，都是不具有说服力的。至于大革命中的恐怖统治†，迈斯特和伯克均抓住了过分革命就是自掘坟墓这一点，从而使得任何对他们的持续反对都显得多余。在迈斯特看来，大革命只是法兰西民族那原本理性的和有德性的历史中"一个可怕的插曲"，尽管这个插曲有其自身的目的。作为"神的惩罚"，大革命整肃了法兰西，也拯救了法兰西。在这里，迈斯特套用了他所谓"历史由神掌控"的话语，由此呼应了伯克的洞见：说革命具有自愈的属性，是自欺欺人。伯克写道，在雅各宾派看来，大革命本身"只不过是对他们自身的成功所施加的惩罚"。19 世纪三四十年代的中产阶级自由派无须被提醒说，大革命中的恐怖统治是糟糕的，是一种错误的治理方式，以及更重要的是，它会自我毁灭。

＊ 关于威廉·格拉德斯通（又译"威廉·格莱斯顿"）的做事风格及其他方面的介绍，可见［美］埃德蒙·福赛特：《自由主义传》，第 139—144 页。这里将相关内容摘录如下："他有机器一般的生活节奏：每一口饭都要令人称奇地咀嚼三十二次，他将希腊语版《伊利亚特》通读了三十六遍，一生累计读书两万一千本，大约每三天读完两本，并对其中许多书做了注释。"——译者注

† 即 1793 年至 1794 年的雅各宾专政时期，是法国大革命期间一段充满了血腥和暴力的时期。——译者注

伯克和迈斯特都认为，人民一般来说不具有自我治理能力，尽管两人给出的理由各不相同。迈斯特对人性的冥顽不化持一种悲观看法，他认为遵守规则靠的永远都不是人性，而是严格的纪律、服从的信念和迅速惩罚的威胁。伯克的哲学人类学则要乐观许多，与迈斯特不同的是，他并未断言说，人只要一有机会就会搭便车（承认规则的存在，但指望别人去遵守），或者说一有机会就会变得放纵（不承认规则的存在）。在伯克看来，让人民进行自我治理的麻烦之处并不在于他们没有能力遵守规则，而在于他们没有能力制定规则，因为严格来说，没有人能够制定规则。那种认为规则是人制定出来的想法，是宣言作者和法律编纂者所犯的智识主义错误。规则源于习俗，只有那些适合于某个社会及其人民的习俗才能够长久存在。

无论社会规则是像迈斯特所主张的那样源于神，还是如伯克认为的那样源于习俗，其来源都是无法进行理智探究的。在迈斯特看来，神的旨意是人所无法理解的。在伯克看来，习俗的根源也模糊不清。无论神的旨意还是习俗，都无法成为争论的对象，也无法被强制用来提供一个支点，以对源于它们的规则展开批评。一旦离开了"古老的想法和生活规则"，伯克写道，"我们就失去了进行自我治理的指南"，也就无从知道"接下来该往何处去"。无论如何努力，政治智识主义者都无法避开这个难题。这是两人的共同主张。

尽管如此，无论神的旨意还是习俗，都无法为社会秩序提供一个完整的基础，它还需要一种由国教所引导和维系的共同信仰，这也是迈斯特和伯克的共同看法。两人都认可宗教作为一种社会便宜手段的有效性，关于这一点，伯克有着流畅的表述："为了使一种健全的敬畏精神对自由公民发生作用，有必要由国家宗教机构进行国家献祭。"在 1815 年的一封信中，迈斯特以一种足以令世俗论者惊讶的辛辣笔调，对信仰的效用作出了一番与伯克近乎相同的表达："假使我是一位信奉无神论的君主……我也会宣称教宗永不犯错……因为他给我的国度带来稳固与安全。"

法国大革命和拿破仑战争过后，第一代保守主义者反身自问：是否应该将刚刚经历的混乱、苦难和累累罪行归咎于自由或者对自由的曲解。对此，伯克和迈斯特都认为现代自由，也就是以错误方式理解的自由，要对此负责。不同的是，伯克的口吻是温和的，迈斯特则语气粗暴。对伯克来说，显而易见的是，一旦没有了习俗和理智的约束，人就会干出最严重的蠢事和罪行。迈斯特则认为，如此大错的铸成，是因为人摆脱了神和地上的统治者。伯克的对手是不受束缚也没有目标的异议，迈斯特的敌人则是撒旦一般狂妄自大的抗命。在两人看来，因为自由被曲解而引发了道德上的迷茫，并带来了政治上的革命、崩溃和反革命。无论对注重于现世的伯克还是对着眼于来世的迈斯特而言，现代自由都带来了混乱，使人类生活没能变得更好，反而变得更糟。

迈斯特和伯克的思想都成为保守主义思想传统的一部分，这种传统后来被打上了反理性主义的标签，但两人的思想并未合二为一。伯克明确反对那种以不牢靠的外部标准来对习俗性安排进行评判的政治推理，他相信普遍的道德和社会习惯，认为不仰那些不受欢迎的批判理性的鼻息是合情合理的。迈斯特也以同样决绝的态度反对这种政治说理，只不过他所赞扬的是信仰和服从。对理性的反击越是不讲理性，尤其是对启蒙时代的观点越是不留情面，迈斯特就越是享受这种冲击。

在这方面，伯克就要开明许多。他承认政治上存在派系、争论和分歧，他所明确反对的是搅局者，这些人试图跳出一种共同的假设和框架，正是这种假设和框架使得争论成为可能。他的这种看法最终会导向对自由主义多样性的接纳。伯克坚持认为，在一个自成一体的社会中，人们共享的习俗和共同的信仰有其存在的必要性，如果没有这种习俗和信仰，那么争论就有可能陷入智识上的战争状态。

相比之下，迈斯特则希望从政治中获得权威和服从。他的反理性主义遗产被威权的、非自由主义的保守主义所继承，并传给了夏尔·莫拉斯（Charles Maurras）、乔治·索雷尔（Georges Sorel）、卡尔·施米特（Carl Schmitt）以及当下的右翼民粹主义者。他们眼中的权威各不相同：迈斯特认为权威是教宗，莫拉斯认为权威是法国君主，索雷尔认为权威是心怀不满的工人阶级，施米特认为权威是暂时的独裁者，现代右翼民粹派则认为权威在于"人民"，这里的"人民"既不包括民粹派试图取而代之的精英阶层，也不包括任何与民粹派观点相异的人。

上面提到的每一位思想家都希望从权威中能够诞生一位争论终结

者，从而消除辩论，平息分歧。这样的诉求，在自由主义看来，无疑会葬送政治本身，因为对自由主义者来说，政治恰恰意味着多元社会中永无止境的纷争。伯克思想中的自由主义的一面最终会与"政治就是争论"的图景握手言和。在迈斯特一方看来，自由主义的这幅图景却是完完全全错误的。两者之间没有和解的可能性。迈斯特的思想不仅对文化反现代论者如夏尔·波德莱尔（Charles Baudelaire）、弗里德里希·尼采（Friedrich Nietzsche）以及两人的追随者充满了吸引力——他们很享受迈斯特那嘲弄般的不屑一顾，而且受到保守主义中的抵制论者（rejectionalist）及其威权主义派别的欢迎。

伯克从英国行政中心的安全地带观察革命与战争，迈斯特却在革命与战争中被迫流亡。1792 年，法国军队占领了萨瓦，萨瓦当时是皮埃蒙特-萨丁尼亚王国的领地。作为法官兼参议员，迈斯特为自己的身份感到担忧，因此选择了逃离，在瑞士和意大利开始了长达数年的流浪。随着拿破仑（Napoléon Bonaparte）在战场上节节获胜，奥地利将原先占领的意大利领土割让给了法国，萨瓦法院也迁移到了萨丁尼亚，迈斯特随之去了萨丁尼亚，他说自己从今往后的人生就好比"一个牡蛎紧紧地附着在一块岩石上"。1802 年，他被派往俄国出任驻俄公使，他的任务是为一个没有领地的国王寻求金钱支持和认可。俄国人当时也面临着重重忧患，但依然拿出了一笔小额资助。在 1792 年至 1815 年欧洲的长期冲突中，片刻的精疲力竭过后，许多小国或弱国成为重新引燃战争的导火索，如瑞典、葡萄牙和罗马尼亚土地上的那些国家。萨丁尼亚太小而无须为此费心。在认识到自己的岛国是如此微不足道之后，坐镇卡利亚里的雇主们便削减了迈斯特的薪金，并缩短了他的派遣时间，这使迈斯特常常要依靠助手们的接济过活。正是在这种条件下，迈斯特写出了最为人们熟知的作品。

在《彼得堡对谈录》（*Petersburg Dialogues*，于 1821 年作者去世后出版）中，迈斯特设定了这样一个场景：黄昏时分，在涅瓦河岸边，一位世俗参议员、一位天主教贵族和一位伯爵正在进行辩论，他们争论一个关于罪恶的问题，那就是如何调和对全能、善意之上帝的信仰与人类遭受苦难的事实之间的紧张关系。这个作为开篇的场景极富画面感，带有浓郁的俄罗斯夏夜风情,使读者能够以平静的心情进入接下来持续不断的观点交锋。这个开篇有可能出自迈斯特的弟弟泽维尔(Xavier de Maistre)之手,他是一位军官,也是讽刺"大旅行"的文学作品《房间里的旅行》(*Journey around My Room*,1794 年)一书的作者。迈斯特借那位伯爵之口,以更强的睿智和雄辩而非严密的论证,就上述问题给出了一个古老的基督式的答案:人的苦难,即便是那些不该遭受的苦难,都出自不可预知的神的安排。神的正义,即便是完美的,也不会即刻到来。人所看到的往往是无辜者遭受苦难,作恶者逍遥法外。尽管人可能看不到,但依照神的安排,所有的不幸都将得到补偿,所有的罪恶也都将受到惩罚,所需要的只是时间而已。这种观点固然为报应的和补偿的正义提供了一种道德经济学的论证,但它从来都不能说服 19 世纪早期那些成熟的头脑,当时的哲学家都在普遍为道德寻找一个自然主义的后神学基础。此外,在《彼得堡对谈录》中,迈斯特还巧妙地反驳了培根的机械主义世界观和洛克对人的心灵所作的经验主义描述,他希望这两位英国思想家都能像伯克那样思考问题。

迈斯特思想中的政治色彩更多地体现在他对法国大革命的批评和对宪法的思考中,这些都出现在他更早期的作品当中,如《论法国》(*Considerations on France*,1796—1797 年)＊和《宪法及其他人类制度的生成原则》(*The Generative Principle of Constitutions and Other Human Institutions*,1814 年)。在他看来,大革命中的恐怖统治是神对启蒙运动抵制信仰所实施的惩罚。在经受了血的洗礼之后,法国获得了救赎,被欧洲盟国从拿破仑的奴役之下适时拯救了出来。启蒙运动对人性中的成见和潜在力量持一种幼稚的看法,无视人需要作出牺牲、顺从和服从,也未能看到人性中的非理性和暴力。人无法先于社会而存在,人类也并非只有一个社会。不存在"一般的人",只有一个个具体的人,他们分属于不同的民族类型。

　　＊　此书目前有英文影印版和中文版。影印版见［法］约瑟夫·德·梅斯特尔:《对法兰西的思考》,中国政法大学出版社 2003 年版。中文版见［法］约瑟夫·德·迈斯特:《论法国》,鲁仁译,上海人民出版社 2005 年版。"迈斯特"又译"梅斯特""梅斯特尔"。——译者注

迈斯特借鉴前人的观点并将其发挥到了极致。休谟认为奠定政治义务之基础的是情感而非理性，迈斯特对此表示认同，但他所要表达的并非休谟所主张的世俗的审慎和合乎情理的习惯，而是人的自我牺牲和集体罪恶感的休戚与共。伯克注意到，某些义务具有不可选择性；迈斯特则认为，所有的深层义务都是不可选择的。人类制度的持续存在表明了一种神圣的也是人所无法理解的终极来源的存在，人不应该去试图触碰任何他所无法理解的东西。国家不会因为有国教的支持就能够赢得声誉；相反，国家本身应该变得无比神圣。各民族没有自己的宪法，更不可能制定宪法，使一个民族得以形成的是习惯、风俗和规范，最具权威的法律是不成文的法律。不存在抽象的人类，存在的只是法国人、西班牙人、英国人、俄国人等。在政治上，迈斯特追随伯克，明确反对理念的建构，但他坚持认为，神权政治才是最好的政府形式。如果对某个统一的至上权威缺乏宗教敬畏一般的无条件顺服，那么社会秩序就无法实现。同样地，如果制度受到不虔敬的怀疑，那么它将无法生存。正如迈斯特所说的："要保有一切，请神圣化一切。"对权威的服从无论是出于信仰还是恐惧，都必须是盲目和无条件的，否则就有陷入无政府状态的风险。迈斯特丝毫不加遮掩的政治和社会图景过于僵死，从未成为保守主义的正统叙事。而他关于人类顽固不化和不可信任的观点虽然过于黑暗，却依然是保守主义的一部分，与自由主义所持有的人类能够改善和进步的观点形成鲜明对立。自由主义者可以并且事实上经常使其图景变得过于美好，但无论如何都无法抹去与保守主义观点的对立。

第一次接触伯克作品的读者会对其中所蕴含的修辞力量、丰沛的隐喻以及巧妙的论证观点留下深刻印象。他们还会被以下事实所打动：伯克曾经为之辩护的那些他认为对社会福祉必不可少的彼时的传统，如支配性土地利益、有限选举权和具有权威的国家教会等，大多已消失很久了。的确，到 19 世纪末和 20 世纪初，当保守主义者尤其是英国的保守主义者，开始重新从故纸堆中发现伯克并将他作为智识教父时，伯克所捍卫的那些传统就正在消失或已经消失了。出于对巴黎公社（1871 年）的恐惧，保守主义者在伊波利特·泰纳（Hippolyte Taine）的现代法国反革命史的促动下，重新发掘出了伯克的《法国革命论》（*Reflections on the*

Revolution in France，1790 年）*，将之作为保守主义最接近创始性文本的著作。这无疑是一部极为重要的作品，但它引出了另一个谜题：一部具有偶然性并在许多方面挑起论战的作品，尽管有着无与伦比的文采，应该如何在保守主义思想中占据重要位置？

伯克将对法国大革命的批评指向了政治知识分子和公共债务持有人。在伯克笔下，"政治文人"走上前台，迎合了人数不断增长和要求苛刻的读者群，成为民意的塑造者。国家债权人为了追逐利润不惜以危及国有的教会土地安全的方式进行放贷。知识分子由于不属于任何特定的阶层或利益，往往容易接受不确定的理想，有着幼稚的不切实际。追逐私利的放债人通常是匿名的外国人，他们与法国制度之间不存在利害关系。知识分子和金融业者都沉溺于实验和创新，从而带来了意想不到的并且在伯克看来必然是糟糕的结果。知识分子就像无法确保飞行安全的"领航员"，有勇无谋又脱离实际，他们的吹毛求疵破坏了两样东西，一个是开放的并且在经济上具备生产能力的贵族阶层，另一个是带有守护性质的教会，这两样东西共同维系着一个体面的商业社会赖以生存所必需的社会"风俗"和公共信仰。无论伯克关于体面的商业社会所需要条件的观点是否正确，都不妨碍他指出哪些是不体面的，比如他充分认识到那些往来于印度的财富猎手对印度社会进行了怎样的殖民掠夺。

在伯克看来，政治文人牢骚满腹，夸夸其谈，却未能提出任何一种可行的方案。他们耗尽了公众对社会制度的信心，又不认为有必要以一种约定俗成的习俗作为"面纱"来遮盖具有毁灭性的自然激情，这样一来制度便一个接一个地失去了合法性。与此同时，金融从业者挑动起一种危险的金融计划，给法国带来了具有毁灭性的通货膨胀，破坏了公众对国家财政责任的信心。总之，法国的创新者联手摧毁了社会秩序赖以生存所需的道德权威和财政信任。

伯克从古希腊以来人们所熟悉的古典的宪政败坏之过程中汲取灵感，预言法国的不稳定将日益加重，社会将进入无政府状态，紧接着会出

---

   * 此书已有多个中文版面世，这里不一一罗列，感兴趣的读者可自行查阅。——译者注

现广泛的社会混乱，暴力不断增多，最终导向军人统治。伯克的这种惊人预言在他着手写作的 1789 年底便明确无疑地提了出来，这使整个欧洲的读者为之震惊，将他奉为先知。对战争、大革命中的恐怖统治和拿破仑统治的成功预见，使伯克在 18 世纪 90 年代的欧洲广为人知，但这种声誉也掩盖了他更加广阔的人生和写作。

伯克最初是一位局外人，后来凭借自己过人的才能和服务于罗金厄姆（Rockingham）侯爵时所形成的良好关系而获得拔擢，罗金厄姆侯爵是当时英国的辉格党政要兼议会反对派领袖。罗金厄姆辉格党人想要留住代表地主和商人利益的寡头政府，他们对受到国王支持的、由改革派政府所推动的限制辉格党人权力的努力充满戒心。当伯克谈及保护传统时，他的脑海中就有这样的冲突。

伯克出生在都柏林的一个有着双重信仰的家庭，他的父亲是一位清教徒，母亲则皈依了罗马天主教。从三一学院这所圣公会大学也是都柏林唯一的一所大学毕业后，伯克前往伦敦学习法律，三十岁之前便凭借自己的作品在文学和哲学领域声名鹊起，这些作品孕育了他后来关于大革命的看法。在标题颇具讽刺意味的《为自然社会辩护》（*Vindication of Natural Society*，1756 年）* 一文中，伯克以戏仿的手法驳斥了这样的观点：人可以先于社会而存在，或者说人可以被一以贯之地想象为一种外在于或超脱于任何特定社会之外的存在。在《关于崇高与美》（*Of the Sublime and Beautiful*，1757 年）† 一文中，他在基于爱的社会交往热情和基于恐惧的自我保存热情之间作了令人熟悉的区分，进一步丰富了美学的概念资源。除了对美的热爱，伯克还论及了崇高之物给人带来的一种迷人的震撼，这种崇高来源于那些使人感到庞大的、模糊的或无法抗拒的场景或物体。面对这种震撼，人会油然而生一种具有安全距离的危险的

---

* 这篇文章的中文版节选收录于《埃德蒙·伯克读本》一书，见［英］埃德蒙·伯克：《埃德蒙·伯克读本》，陈志瑞、石斌译，中央编译出版社 2006 年版。——译者注

† 其英文全称是 *A Philosophical Inquiry Into The Origin of Our Ideas of the Sublime and Beautiful*，已有中文版，见［英］埃德蒙·伯克：《关于我们崇高与美观念之根源的哲学探讨》，郭飞译，大象出版社 2010 年版。——译者注

痛苦,从而感受到一种"恐惧笼罩下的宁静"。伯克的雄辩和丰沛的论证力给多数读者留下了深刻的印象。他曾连续多年担任《年志》(*Annual Register*)的编辑,对政治和思想生活进行年度回顾。他于1765年赢得了一个议会席位,担任议员直至1794年。

伯克是一位思想家兼倡议者,这两方面特质是相互关联的。作为纽约殖民地在英国议会中的代理人,伯克为纽约抗议英国征税的举动进行辩护,并在1775年的演说中呼吁英国与其美洲殖民地进行和解。在许多方面,伯克都称得上是现代化者和改革者,他主张放松对爱尔兰天主教徒的限制,降低关税以增加税收收入,削减王室开支并清除军队中的恩庇关系。1783年,他与盟友查尔斯·詹姆斯·福克斯(Charles James Fox)提出议案,希望英国政府能够将对印度事务的管理从不负责任和贪婪无度的东印度公司手中夺取过来。他们的议案没有获得通过,随后伯克开始了一场长达九年的行动,试图弹劾东印度公司管理者的渎职行为。

在其他方面,伯克则落后于他的时代。他对政府和舆论的民主化感到恐惧,他反对约翰·威尔克斯(John Wilkes)的激进主张,后者提议以书面指示来约束议员以求得更大的直接代表制。伯克对银行业充满警惕,认为银行业会鼓动"创新"并腐化堕落为向其政治盟友提供资金的金主。关于流动资本,伯克写道:"作为新近获得的收益,流动资本往往更多地与奇技淫巧相伴随,……将会被所有追求变化的人拿来为其所用。"伯克认为,通过向富人征税以减少贫穷的做法是荒唐的。他写道,即便割断富人的喉咙,分掉他们足够吃一年的食物,也依然无济于事。他逐渐认识到奴隶贸易是可憎的,必须在适当的时候停止这种贸易,但同时又认为不应该废除奴隶贸易,而应通过立法使奴隶的待遇人道化。伯克关于改善奴隶境遇的观点起草于1780年并在1792年公开发表,其中的主张包括为运奴船上的奴隶提供衣物,让奴隶的孩子接受学校教育,星期天不上工,以及将对奴隶的鞭打限定为每次最多只能抽打十三下。伯克支持宗教自由,但反对将宗教自由扩展到持一位论*而不承认三位一体正统学说的

---

  * 一位论是一种基督教学说,强调上帝只有一位,否认三位一体和基督的神性。——译者注

异议者。

伯克的声誉曾由于其斥责法国大革命而受到影响，在最近数十年中，作为学者的伯克逐渐摆脱了此负累。对大多数保守主义者来说，伯克依然是那位《法国革命论》的作者，如果没有这部作品，人们就会像伯克本人曾经评价《为自然社会辩护》一文的批判对象、托利党人博林布鲁克（Bolingbroke）时那样说的："今天谁还会再读他呢？"法国反过来也影响和塑造了作为保守主义者的伯克本人。在1773年的一次巴黎之行中，伯克对年仅十八岁的法国王储妃大为赞赏，却发现这位聪明博学的主人有着不信神的轻浮和无礼。在1789年的五六月间，伯克称赞发生在法国的动荡是一个"精彩的壮观场面"。到是年夏末，法国王党节节败退，此时的伯克对法国大革命的态度转为敌视，这种转变部分受到英国激进派所表现出来的热情的促动。他不得不运用自己的言辞技巧去平衡这样一种刺耳的看法，即英国理应对一场因自身的麻木而得以幸免的革命感到异常后怕。

真实的作为学者的伯克有着太多的言说，却在政治上没有什么用处。威廉·黑兹利特（William Hazlitt）在1807年打趣说："伯克唯一的标本就是他的全部写作。"要使伯克成为可用的资源，第一个任务便是要有所取舍。伯克的多产是一项财富，人们很早就注意到了这一点。托马斯·莫尔（Thomas Moore）在1825年写道，无论哪个党派的政治家都会发现"在任何情况下都可以引用伯克的某个金句"来强化自己的观点，或者"被这些句子的美妙所折服"。

第二个任务是清除伯克式批判中夸大的成分。迈斯特的夸大丝毫不加掩饰，其公开程度令人侧目。伯克的夸大则更多是建议的和暗示的，比如他写道：大革命中的恐怖统治早在1789年便已注定，激进派全都是革命派，任何社会批评不是愚蠢就是背叛，以及改革终将超出限度并招致自身的失败。尽管伯克笔下的夸大成分更多的是暗示而非宣示，但正是这种夸大成为美国政治学者阿尔伯特·赫希曼（Albert O. Hirschman）所恰当地称为"反动的修辞"中令人头痛的一部分。

第三个任务是将伯克主义从两个不可能完成的辩护任务中解放出来：一是为18世纪70年代至90年代英国右翼辉格党人试图维护的东西进行辩护，二是为任何短暂的和不稳定的现状进行辩护，这两种辩护都是徒劳的。这项任务的目标是要从伯克的著作中寻找答案,来回答在资本主义现代性条件下保守主义者所重新面对的问题,那就是:在一个不断变化的、脚下的根基从未稳固的社会中,什么是能够也是必须被拯救的?

伯克主义并非一种指引,它无法告诉我们应该奉行哪种政策或者应该保护哪种制度;相反,经过重塑之后,它可以针对不断变化的环境,为我们提供高阶的可供反复使用的建议。这些建议所关注的是:对不可避免的变化进行审慎的处理,以限制它对社会的破坏性。关于"如何确定哪种价值观是必须捍卫的"这个难题,伯克并未进行太多的阐述。经过重塑的伯克主义可以被恰当地视为一种带有历史相关性的、以消极语气表述的功利主义:以当前社会认为具有破坏性的标准为标准,使破坏最小化。

这种高阶伯克主义的独特之处在于对传统、无知(ignorance)以及至关重要却又脆弱的人的社会性的关注。"传统"指的是从先辈那里沿袭而来的规范或制度,当代人有义务维持并很好地传递下去。无论传统的来源多么模糊,其持久性就已经为自身的合法性提供了一步到位的证据:"无论最初是怎样的错误,时间的流逝都使其变得神圣与合法。"对传统的质疑,其举证责任在质疑者,而非反过来。

人对自身以及对社会的认识都不可能达致完美。人类生性是复杂的,社会自身也变得越来越复杂。审慎所要求的是,在认识人类和人类社会方面,人不能强不知以为知。审慎所反对的是习惯性地对社会吹毛求疵,然后再针对被夸大的病症去寻找治疗方法,这种治疗又会进一步加剧社会变化并常常使事情变得更糟。这样的吹毛求疵有着典型的缺陷:它依赖"抽象的"主张,并且所援引的准则仅适用于某些地方,而不适用于其他地方。

"抽象"一词既是一个有着多重功能的哲学术语,又是一个被滥用的修辞用语。伯克在其早期的哲学著作中借鉴了洛克的观点,将抽象观念分为三类:第一类是自然观念,如树木、绵羊、人等;第二类是属性观念,如颜色、形状等;第三类是混合观念,如德性、恶、荣誉、法律等。混合观念缺乏自然世界的对应物,但它使人回想起过去所经历的善或恶的行为,或者回想起比如说与士兵或地方官的接触。这是一种循环推理:过去的举动如何能够被视为比如说德性的一个实例?对此,伯克并没有令人信服地给出答案。

在伯克的政治写作中，"抽象"一词成了一个更加宽泛的批评用语，用来批评他所反对的那些政治论证，其中的一种论证主张实行创新式安排，这种安排必须借助"抽象的"话语来表述。与"德性"一词类似，关于创新式安排的话语同样缺乏自然界中的对应物，这充其量是一种无害的抽象。但不同于"德性"的是，创新式话语之抽象还有其有害的一面，因为它们是新的，没有过去的经验可资借鉴。当人们谈及诸如此类的创新时，头脑中并不会浮现出可以理解的东西。在伯克看来，创新式话语是一种胡言乱语。

伯克所反对的另一种论证是，将适用于某个地方的做法输出至另一个不适用的地方。对全体人类有用的道德和规范最多是普遍的，其具体形式则因地而异。它们经历了长时间的生长，之所以存在是因为适应了生长所处的环境，寄希望于将它们连根拔起并成功移植到其他地方是荒唐的，制度适应了本国的情况，无法被轻易复制。试图加速或逆转社会变化的努力同样是徒劳的，革命与反动都是错误的。

在伯克看来，对"抽象"的绝佳展示是 1789 年的法国《人权宣言》。在该宣言中，法国的知识文人所犯的错误并不是权利不存在——有社会便有法律，有法律便有权利。但宣言中所提及的那些权利只生长于地方性公民社会中，受地方性法律的保护。不存在可连根拔起的、可移植的权利，也就是说，不存在普遍的权利。权利之普遍仅针对某个社会而言，非针对全人类而言。

总之，改革必将与过去的做法渐行渐远，而创新则忽视了这一点，也因此它注定要失败。在《法国革命论》中，伯克对那位虚构的年轻通信者，也是想象中的读者说，法国的不成文宪法事实上已经破败和年久失修了，但这并不意味着必须将它推倒和异地重建。相反，"你完全可以修复那些残垣断壁，并在它原来的基础上进行建设"。

现代历史充斥着令人伤感的记录：先是对全盘强加的改革进行顽强抵制，继之则是对抵制进行残酷弹压。这听起来似乎支持了伯克的主张，然而伯克对创新式改革的反对依赖的是一种未经证实的、回望式的假设。现代社会对改革是否违背常理的判断很少是明确的或结论性的，这并不意味着现代社会从道德上而言是不规则的，因为即便在现代性当中也存在一套共享的核心政治道德。麻烦之处在于，在自由主义现代性之下，共享的道德如何在给定的情况下付诸实施并作出判定，这一问题将永远处于争论当中。一个群体所认为的危险的创新，在另一个群体看来却可能是审慎的修复。仅仅宣称在恰当的道德与风俗习惯之间存在一种和谐，并无法消除这种争论。

在伯克看来，抽象的坏习惯加上对创新的愚蠢的信任共同构成了所谓政治上的智识主义。这为保守主义者提供了清晰而有用的靶子，然而保守主义者很快就会发现他们必须回答这样的问题：自己对知识分子（最早如伯克等人）日益加深的依赖与自由主义者的智识主义癖好之间有着怎样的不同？尽管保守主义者公开承认自己对理念不感兴趣，但他们最终还是找到了自己一方的政治文人，如本书后面将要提到的塞缪尔·泰勒·柯勒律治（Samuel Taylor Coleridge），他是一位早期的保守主义者，呼吁"知识阶层"要具备这样的头脑：不去凭空想象可能的未来，而要识别并促进民族传统的维系。

伯克主义的第三个主题认为，人的社会性是普世的，同时又充满了脆弱性。无论身处哪个社会，人都会经由养育和教育而发展出"第二性"（second nature）。伯克将这种后天获得的天性称为习惯、态度和规范的"外衣"或"面纱"，它们是表面却至关重要的，并因地点的不同而变化。无论在各地以怎样的面目出现，它们都是人的社会性所需要的。它们看起来可能是老旧和破损的，也可能不合社会批评家的胃口，但试图看清它们的内里或者将它们扯下来依然是危险的。伯克用另一种比喻来说明这一点："锈迹斑斑的迷信"胜过自大的和批判的"不虔敬"。

自伯克被保守主义送上神坛之后，对他进行包装和再包装的冲动一刻也没有停止过。在哲学上，他被包装成洛克式的契约论者、休谟式的道德怀疑论者、具有历史关切的相对主义者、自然法学家，或规则功利主义者 *

---

　　* 规则功利主义是功利主义的一支，它认为若每个人都遵守同一套道德规范，就能产生最大快乐值。常见的应用可见于交通规则，若大家都能遵守交通规则，那么交通就能安全便利（最大快乐值）。——译者注

（"所有的道德装置，"伯克写道，"其结果都是最优的。"），抑或后两者的结合体，即道德上的自然法学家、政治上的规则功利主义者。而伯克本人对自己的政治观点则没有作任何哲学上的全面辩护。

伯克是保守主义者还是自由主义者？对历史上的伯克而言，这个问题是一种时代错位，因为在伯克的时代，无论保守主义者还是自由主义者，都是不存在的。然而，提出这个问题并不是没有意义的。对伯克主义来说，其答案是"两者都是"，因为经过伯克主义的提炼之后，伯克不仅对保守主义者也对自由主义者充满了吸引力。他的许多观点会引起右翼自由派的共鸣，如：自由需要秩序，进而需要财产；对贸易横加干涉一般来说是错误的；许多义务都是不可选择的；人不仅有自由的权利，而且有对社会秩序的正当期待。

更笼统地说，伯克认为健康的政策应该是对社会的反映。社会是多元和充满冲突的，相应地，政治离不开派系和争论，这也是自由主义者的看法。并且，最高权力是必要的，但也应该是能够被俘获的。制度之运作需要对制度进行妥善安排，以便像伯克所说的那样，确保没有哪一个群体或利益能够"成为掌控一切的主人"。避免出现"掌控一切的主人"这个观点为前保守主义时期的詹姆斯·麦迪逊关于美国宪法的思想注入了活力，它还为自由主义者弗朗索瓦·基佐（François Guizot）关于主权的思想奠定了基础：基佐认为主权的行使应该超脱于任何利益或派系的控制范围之外，最终只能由道德和法律来控制。这样的伯克为自由主义—保守主义的妥协铺平了道路。

然而，保守主义者依然对那个不太自由主义的、反世界主义的伯克心有戚戚。以国际的视角观之，伯克是一位保守的民族主义者，还是一位地缘政治的早期倡导者，他眼中的地缘政治是一种意识形态冲突（伯克在1796年写道，英格兰"正在与一套学说作战"），或者是一种对英国势力不加掩饰的捍卫，其中涉及高效率征税、活跃的商业和英帝国的稳定。作为保守的民族主义者，伯克强调以一种共同的信仰和效忠作为框架，来容纳充满活力的各派系。他赞美英国的风俗观念，认为这些风俗观念经历了时间的考验，具有某种独一无二的价值。伯克的这种声音在以本杰明·迪斯累里（Benjamin Disraeli）和斯坦利·鲍德温（Stanley Baldwin）等人为代表的英国保守主义的爱国式话语中反复回荡。这样的伯克也带给拉塞尔·柯克(Russell Kirk)这样一位曾经在苏格兰冬日中瑟瑟发抖的美国作家以精神上的温暖。在《保守主义的精神》(*The Conservative Mind*，1953 年)＊一书中，柯克不仅使美国读者注意到了伯克的存在，而且将他尊奉为 20 世纪中叶盎格鲁圈首要的智识神祇。

伯克对政治道德的连续性的担忧是深刻的，也是令人信服的。他向保守主义提出了这样一个难题：如何在无休止的现代性当中坚守既有的价值观。严格来说，这个题目并不具有党派色彩，但保守主义者尤其是伯克式的保守主义者将它揽了过来。伯克心目中的价值观是公众和私人所共有的义务、虔诚、效忠与忠诚，如果没有这些价值观，现代条件下的社会秩序恐怕将永远无法稳定。这份清单足够简洁，自那时以来，赋予该清单以本时代的实际内容便成了各个时期伯克式保守主义者的首要任务。

ii. 信仰与美的召唤：夏多布里昂与其他浪漫派

当巴黎的人群冲进凡尔赛宫之际，伯克为了维护法国王后而发出的惊呼比他言辞的奔放更加为人所知："我想，即便是对王后抱有羞辱性的一瞥，也值得以万剑出鞘来施以报复。但是骑士的时代已经一去不返了。"而"诡辩家、经济学家和算计者"的时代已经来临，"使私人社会变得美丽和柔软的那些情感"正在消失。伯克担心，社会秩序所赖以生存的便宜之信仰的体面面纱——换言之"道德想象之衣橱"所提供的"生活帐幔"——正在被慢慢扯去。

伯克的担忧呼应了从尤维纳利斯(Juvenal)到斯威夫特这样的道德讽刺作家对社会变化所发出的警示。诚然，风俗正在发生变化，但风俗本身是否如伯克所似乎表明的那样正在被抛弃，则不是那么确定，而新的风尚也并非没有遮盖之物。伯克所面临的难题是：如果作为广义社会规范的

＊ 此书已有多个中文版面世，感兴趣的读者可自行查阅。——译者注

风俗都可被视为有用的外在虚饰，那么为何还宁要旧的而不要新的风俗呢？如果新的风俗带来了稳定，那么按照伯克自己的要求，它似乎就与旧风俗一样有用。

伯克将社会信仰比作衣服，这种比喻在托马斯·卡莱尔（Thomas Carlyle）的著作《衣裳哲学》（*Sartor Resartus*，1836年）一书中有着更多的运用，并在不久之后成了社会学话语的一部分。这种比喻有好的一面，也有坏的一面。好的一面是，社会规范所具有的权威一定程度上依赖于它具有多大程度的可信性，类似的规范包括注重礼节、通情达理、相互尊重、互助合作等。这些规范如果被广泛忽视，那么它们就会被削弱乃至解体（这并不意味着它们初始效力的取得需要以受到广泛认可为前提）。坏的一面是，这种比喻有可能使对社会规范的接受变得好像是一种权宜性伪装。该比喻模糊了这样的事实：尽管我们无法看清衣服的内里，却可以领会信仰。衣服的功用是使人显得体面，尽管我们都知道自己不穿衣服时是什么样子。相反地，如果社会规范被当作一种有用的虚饰，用来遮掩人的原始性和非社会性，一旦这样的虚饰被人们看穿并遭受持续不断的评头论足，那么指望社会规范发挥对社会秩序的正面作用就将是危险的，维持社会虚饰远非起床后穿衣戴帽那样简单。从古希腊到基督教中世纪的哲学家曾对社会规范的效力和来源进行了探究。只是到了启蒙运动时期，随着阅读的普及，对问题的探究才变得大众化并成了公共讨论的一部分。这样一来，正如伯克所承认的，就很难阻止怀疑的种子生长和蔓延。令人尴尬的伯克式比喻道出了保守主义者在与自由主义现代性的竞争中所一直面临的难题，这个难题一直持续到今天，那就是：如果无法为我们自认为是社会所必需的信仰提供依据或证据，而仅仅是坚信共同持有该信仰对社会秩序有用，那么该如何去维持这样一种信仰呢？

这个难题被启蒙运动的浪漫派作家兼法国大革命的批评者夏多布里昂（François-René de Chateaubriand）很好地捕捉到了。1825年，波旁王朝的末代国王查理十世遵照中世纪以来法国国王的加冕传统，在兰斯教堂大主教的主持下举行了复辟加冕典礼。冷眼旁观的夏多布里昂怀着厌恶的心情，对加冕典礼进行了描述。参加典礼的人摩肩接踵，既有大革命和拿破仑时期的老兵，他们及时地转变了立场，也有曾经流亡在外的保皇党人。夏多布里昂问道，谁会相信这样的场面呢？这"无关神圣"，他写道，"只是徒有其表罢了"。

夏多布里昂出身于法国布列塔尼的一个古老的贵族家庭。他一生的经历可谓丰富多彩：先是在海军学校当学员，之后进入法国宫廷成为侍从，后来航海到美洲旅行，继而加入了反雅各宾的流亡者的军队并在战斗中受伤，随后流亡到伦敦，之后成为畅销一时的小说家、天主教复兴论者、拿破仑的外交使节，并在与拿破仑反目后成了拿破仑的批判者，在此之后他又先后成为宪政布道者、《保守派》（*Le Conservateur*）杂志的创刊编辑并在波旁复辟时期出任法国外交大臣，他之后向波旁家族的极端保皇派仗义地伸出援手并在此后又基于自由主义立场对这些保皇派加以批判，他还是新闻自由的捍卫者，最后在路易·菲利普（Louis Philippe）的资产阶级君主制下遭到放逐。从这种混杂着冒险、异见和缺憾的具有十足现代色彩的经历中，夏多布里昂写就了一部篇幅长达一千八百页的自传《墓畔回忆录》（*Mémoires d'outre-tombe*，1849—1850 年）*，清晰地描述了他一生所经历的种种输诚、变节和反复。《墓畔回忆录》与奥古斯丁（Augustine）和卢梭（Jean-Jacques Rousseau）的《忏悔录》（*Confessions*）同为非保守式自我创造的代表作。

尽管夏多布里昂的自传极为动人，但使他在保守主义叙事中赢得一席之地的并不是这部作品，而是他给保守主义带来的遗产，那就是：对自由主义现代性之"空虚世界"的一整套反对意见，以及相应地对信仰和忠诚的"全心全意的"信任。夏多布里昂以一位浪漫派的身份跻身保守主义的一众反理性主义的先驱行列。与伯克相比，他没有那么强的哲学色彩；与迈斯特相比，他也没有那么多的愤怒，尽管许多事物都会令他生气。作为一位 18 世纪生人，他试图以复魅来回应祛魅。他在自己的成名作《基督教真谛》（*Le Génie du Christianisme*，1802 年）一书中极力主张，强烈的依恋对生命和政治来说比审慎的推理或党派服从更加重要。支持者从他身上看到了一种坚强的自我主义，而夏多布里昂本人却直言不讳地写道，

---

* 中文版见［法］夏多布里昂：《墓畔回忆录》，程依荣等译，东方出版社 2005 年版。——译者注

他感受最强烈的是厌倦。许多人质疑他的真诚，但夏多布里昂依然无比坚定地宣扬他的浪漫主义福音，以抵制日益浮现的自由主义现代性世界，并赢得了皈依者和模仿者。

在政治上，夏多布里昂自称是"本性上的共和党人、理智上的君主论者，以及名誉上的波旁主义者"。尽管对正统主义 * 充满怀疑，但当看到弒君者和波拿巴主义者从 1815 年后的波旁法庭安然脱身时，夏多布里昂依然与极端保皇党人一样感到阵阵不适。他在回忆录中描述了这样的场景：当在候见室等待路易十八（Louis ⅩⅧ）的接见时，他看到拿破仑的外交官塔列朗（Talleyrand）跛着脚与路易十八一道推开拥挤的人群，在一旁护助的是拿破仑的警政部长富歇（Fouché），对此夏多布里昂喃喃自语道："邪恶与犯罪相携而行。"专断的武力令他反感，尤其是当权力将矛头指向手无寸铁的被害人之时。《墓畔回忆录》中最强有力的篇章是关于当甘公爵（Duc d'Enghien）的部分，在拿破仑的默许之下，当甘公爵经不公正审判后被处死，夏多布里昂以干涩但充满愤怒的笔调对此进行了描述。

夏多布里昂有能力对除了自己的判断以外的几乎所有其他东西表示质疑，对此，后来的法国保守主义者、不够大度的夏尔·莫拉斯从中看到了一个不信神的自由主义者。仰慕者则从夏多布里昂对权力的质疑中看到了一种自由主义的脉络，这种脉络同样出现在了反抗者加缪（Albert Camus）或自认为是保守的无政府主义者的乔治·奥威尔（George Orwell）身上。

夏多布里昂信任君主立宪制以及一种受到固定的、非民选机构制约的代议制政府，这些机构旨在确保财产安全，并保护臣民免遭专断权力的侵害。他还认同个人自由和新闻自由。他将法国大革命归咎于王室的优柔寡断和阻挠，而他对波旁家族的支持并非基于陈腐的正统主义理论，而是基于一种实用的并多少有些牵强的理由，那就是：整体而言波旁王朝能

＊ 是指历史上法国正统派（legitimists）所持的立场和观点。正统派是法国历史上一个拥护波旁王朝的保守主义派系，支持法国革命期间的王朝复辟，主张法国王位继承必须严格按照传统的萨利克法来进行，主张长支继承制。在 1814 年波旁复辟后，正统派逐渐成为当时法国三大右翼政治力量之一，其他两支是奥尔良派和波拿巴派。——译者注

够带来好的统治者。1815 年之后，夏多布里昂认同一种"可行的复辟"，并不认同极端保皇党人所主张的具有自我破坏性的反动。他认为，恢复旧的宗教团体、赔偿财产损失、重新确立长子继承制、钳制媒体并对渎圣行为适用死刑都是愚蠢的。针对路易·德·博纳尔德（Louis de Bonald）在 1825 年提出的对渎圣行为适用死刑的议案，夏多布里昂在议院中高声质问道："你这是拒绝接受眼下的规范，并退回到我们所不认识的时代。"凡此种种都使夏多布里昂听起来像是一位原自由主义者（proto-liberal），而他在某种程度上的确可能如此，除了他与中产阶级的生活和价值观保持距离之外。

在发表于《保守派》杂志的一篇文章中，夏多布里昂表达了对资产阶级社会的怀疑以及他对资产阶级社会中互利政治的看法。他在"利益道德"与"责任道德"之间作了区分。社会治理不能依靠暴力，只能依靠说服。也许有人会说，互利所具有的说服力要强于责任的说服力，因为责任依靠的是"虚构"，而利益却是实实在在的。对此，夏多布里昂明确表示反对。他说，利益是易变的、不稳定的，永远都在朝夕变化，利益所依靠的无外乎偶然性和永远的流动。相反，从家庭到社会存在着一根牢不可破的责任链条，将父与子、王与民紧紧地束缚在一起，相互之间承担着义务。

与英国的威廉·华兹华斯（William Wordsworth）和德国的亚当·米勒（Adam Müller，1779—1829 年）一样，夏多布里昂同样不喜欢商业社会，认为商业社会侵蚀了人们原有的并被认为是更加自然的生活方式。自然生活在社会意义上被想象为旧的习惯和制度，在心理—地理意义上则被想象为乡村尤其是荒野的乡村。如果仅限于此，那么夏多布里昂的写作也许就会像艾蒂安·塞南库尔（Étienne Sénancour）的《奥伯曼》（Obermann）以及当时的其他作家那样，被浪漫派关于自然之纯粹和社会之肮脏的思想所裹挟。但除此之外，夏多布里昂还能够以冷峻和洞悉一切的目光看待世间百态，并有野心参与顶层政治游戏，无论他的野心是多么的不相称。从夏多布里昂对拿破仑的痴迷当中，有人看到了他失心疯般地希望对拿破仑取而代之。夏多布里昂将自己浪漫主义的一面全部倾注到了小说当中，在他的想象中，美国是一片卢梭式的开放领域，被智慧和富有创造力的人们精心管理着，而他世俗的一面则提醒自己美国事实上是怎样的。当他乘船抵达美国特拉华州之时，一位黑人妇女帮助他登上码头，他随手送给对方一块手帕，并默默地注意到：甫一踏足美国这片自由的土地，迎接自己的便是一个奴隶，这是怎样的不协调。

夏多布里昂的《基督教真谛》一书恰逢一个宗教和解的时刻。这部著作发表于拿破仑与罗马教廷 1801 年签订《教务专约》之后不久，《教务专约》重新确立了罗马天主教的法国国教地位，准许流亡在外的神职人员回到法国。《基督教真谛》的目标是通过凸显基督教的美学方面来重新唤醒宗教感情，从而使基督教在知识分子会客厅中能够被接受甚至变得流行。这部著作促进了 1815 年之后的天主教复兴，那个时候和平已经失而复得，军事征战也已结束，宗教事业看起来重新成为社会上层的一个合理选项。

作为一部关于基督教信仰之美的反启蒙运动的宣言书，《基督教真谛》将对浪漫主义的憧憬、对资产阶级世俗心的蔑视以及天主教关于虔诚和谦卑的教诲结合了起来。通过排斥虚假的神，基督教使我们走出了智识上的婴儿期，并使我们摆脱了孩子气般的奇迹。通过从森林中追寻神性以及使大自然重归沉寂*，基督教给了我们一个慰藉、沉思和宗教觉醒的对象。世俗的忙碌及其对生命的简化理解有其局限性，人还需要仪式，无论是古典的仪式还是基督教的仪式，都以其诗意吸引着我们。万事万物如果缺乏神秘性，就不可能是美好、迷人或美丽。宗教将我们引向那些只可凭直觉来感知而无法验证的理想，从而深化了艺术。最后，自矜式的嘲讽具有腐蚀性，会使人消沉。从一开始，基督教之虔诚所面临的敌人便包括了宗派论者、诡辩家和"笑着摧毁一切"的轻浮之徒。作为妥协的一部分，基督教曾服务于健全的政府，并为了民族的和解而赞美对敌人的宽恕。

令夏多布里昂深受触动并在《基督教真谛》全书的六个部分被广泛谈及的话题包括毁灭、海洋、祭日、教堂的钟声和对国家（nation）的爱。其

---

* 夏多布里昂认为大自然充满了宗教的神秘美，而森林是宗教的摇篮。——译者注

中,对国家的爱与天主教的普世主义格格不入但并未与高卢主义相龃龉,成为夏多布里昂情感与效忠政治不可或缺的一部分。共同的宗教是一剂药方,可以通过共同的效忠来弥合分裂的国家。而国家本身则是另一剂药方,利用爱国情感来使国家团结以反对国家的内部敌人成为 19 世纪右翼的一个主题,先是被用于反对自由主义,继而反对国际社会主义。对于夏多布里昂来说,追求法国的荣光并不仅仅是一种文学上的劝诫。作为外交大臣,他无视英国的疑虑而力促法国入侵西班牙以击败那里的自由派,他极力主张法国与俄国结盟以终结奥斯曼帝国,主张加强法国在拉丁美洲的据点,并主张法国沿着莱茵河"恰当地扩张"其边界。这些主张最终被拿破仑三世付诸实施,给法国和欧洲带来了灾难性后果。夏多布里昂文章的仰慕者戴高乐(De Gaulle)同样听到了他的呼号:"我希望法国人都渴望荣耀。"但是,戴高乐知道法国的界限所在,在他所处的时代,国家荣耀已不复存在,取而代之的是这种荣耀的代表。

《基督教真谛》还收录了夏多布里昂早期创作或出版的两个浪漫主义中篇小说,分别是《勒内》(René)和《阿达拉》(Atala) *。小说塑造了反英雄的角色勒内,一位郁郁寡欢、居无定所的年轻人。与歌德(Goethe)笔下的维特(Werther)不同,勒内并没有选择自杀,而是前往美洲的森林中寻找生命的意义。这两部小说对《基督教真谛》一书的成功发挥了重要作用。在《基督教真谛》中,夏多布里昂还增加了宗教教义和神学方面的内容,使其篇幅变得更长,这样做似乎是为了安抚严肃的基督教思想家,他们期待看到的是对宗教信仰所宣示的真理进行更有力的辩护,而不是夏多布里昂笔下的"我哭泣,故我相信"。夏多布里昂的情感宗教有其局限性,但它凸显了后世保守主义者所面临的问题:后者指望基督教能够提供一种在他们看来自由主义现代性因其浅薄和分歧而无法提供的市民的宗教。《保守派》杂志的共同创办人费利西泰・德・拉梅内(Félicité de Lamennais)与威廉・冯・克特勒(Wilhelm von Ketteler)、约翰・亨利・纽曼(John Henry Newman)、查尔斯・贺智(Charles Hodge)和奥雷斯蒂

---

* 这两个中篇小说已有中文版,见[法]夏多布里昂:《阿达拉 勒内》,曹德明译,南京大学出版社 2017 年版。——译者注

斯·布朗森(Orestes Brownson)同为 19 世纪的保守派宗教思想家,他们都寄希望于调和信仰与现代性之间的关系,后文对此将有详细讨论。

迈斯特、伯克和夏多布里昂各自都为保守主义留下了一个智识标靶,可被右翼用来反对左翼。这些标靶可被视为一个三边结构,每一边都可能成为攻击的目标,它们分别是:叛教或否认,错误的思考方式,可疑的思想家。首先,革命者否认天命(迈斯特),否认习俗和传统(伯克),或者否认神秘性(夏多布里昂)。其次,革命者以错误的方式思考政治,他们要么诉诸具有腐蚀性的"个人理性"(迈斯特),要么诉诸具有迷惑性的"纯粹形而上的抽象"(伯克),要么诉诸使人麻木的"积极精神"(夏多布里昂)。这些高度普遍的指控究竟是什么以及它们是一种还是多种指控,留待 20 世纪后半叶的保守主义者去努力解决,而后者试图赋予"政治中的理性主义"思想以更多的哲学形态和分量。相对而言,三边结构的第三边,即可疑的知识分子,则提供了一个清晰的和可以辨识的靶子。最后一个指控认为,革命派思想家都是些"文人墨客",他们专注于道德和政治批判本身,缺乏公认的地位或自身利益。他们的目标并非如自己所声称的那样要创造一个更好的或改革后的新社会,而毋宁是使关于更好或改革后的新社会的争论永无止境地持续下去,因为只有永不停止的争论才能赋予政治文人以存在的理由。在这幅直言不讳的图景中,政治知识分子是训练不足的医生,他们能够快速指出病痛之所在,无论这种病痛是真实存在的还是想象虚构的,却无法理解什么是健康,也没有能力治疗病痛。

iii. 国内秩序与国家间秩序:根茨与其他德国人

右翼也许在政治上拒绝智识主义,但他们依然需要己方的头脑来与左翼的知识分子展开较量。这方面一个早期的杰出典范是弗里德里希·冯·根茨(Friedrich von Gentz, 1764—1832 年),他一生都在为维护欧洲国家内部和国家之间的既有秩序而撰文和参与争论。对于这种智识上的争论,根茨有着良好的训练。年轻的根茨曾在摩西·门德尔松(Moses

Mendelssohn)的推荐下前往哥尼斯堡投入康德(Kant)门下学习,聆听他的讲座,校对《判断力批判》(*Critique of Judgment*)一书的样稿,并在完成学业后回到父亲身边,用康德的话说,此子"身体健康、学业优异"。根茨将法国国内涌现出的对大革命的批判翻译成德文,并在 1793 年投入对伯克《法国革命论》一书的翻译,他在长篇脚注中对伯克的思想进行了梳理,以理性主义的精神对其论证进行了廓清。

在根茨看来,革命并非依理性而为,而是对理性的攻击。他认为,革命的错误之处,不在于以人们不熟悉的、即便很有效但依然是错误的方式所进行的政治推理,而在于这种推理尽管以人们熟悉的方式进行,却进行得很糟糕。革命并非如伯克所认为的那样是理性对习俗的攻击,而是糟糕的推理对善的攻击。对根茨而言,首要的政治问题是,如何最好地运用权力来维持国内的和国家间的和平与稳定。如果答案是一个"抽象的"原则,那无关紧要。如果从审慎、推理和经验的某种结合中得出的普遍准则是"抽象的",那也无关紧要。根茨对反启蒙运动不感兴趣,除了早期的几次出击外他也没有过多地纠缠于哲学。

根茨的思想既回顾过去,又望向未来:它过去的一端连接着 16 世纪和 17 世纪关于国家理性(raison d'état)的现代传统,国家理性的思想最早出现在马基雅维利(Niccolò Machiavelli)和霍布斯(Thomas Hobbes)的著作中,这种思想认为国家及其受托管理人所承担的义务是特定于政治的,无法从个人道德领域顺利地导出;它未来的一端连接着后世所称的现实政治或现实主义,该思想认为地缘政治是治国之术的第一要素,它涉及在主权国家之间展开的与道德无涉的角逐,这种角逐除了基本的审慎计划之外,不受任何超国家的规范或理想的约束。在根茨看来,良好的政治推理意味着彻底思考这一问题:面对大革命和拿破仑时代欧洲的混乱现状,国家理性所要求的是什么? 这个问题对后世的保守派现实主义者具有普遍性。无论面对什么样的混乱局面,保守派现实主义者都必须面对这个问题:"国家理性在当下的要求是什么?"

在以律师和国家官员的身份在柏林站稳脚跟后,根茨开始经营《新德国月刊》(*New German Monthly*, 1795 年)和《历史杂志》(*Historical Journal*, 1799 年)。他对外交事务和金融的深刻理解为他赢得了声誉。他对拿破仑的敌意使自己在当时寻求和平的普鲁士成了政治上的漂泊者，并于 1802 年前往维也纳，在那里从事写作兼顾问的工作，为奥地利人和英国人提供服务。法国 1805 年对维也纳的占领迫使根茨再度流亡，他于 1810 年再次回到维也纳，担任奥地利外交大臣梅特涅（Metternich）的助手。根茨曾想在法庭谋求一个职位，但不被理睬，于是只好在梅特涅麾下继续以平民身份工作。他先后在后拿破仑时期的五届议会中担任起草人和记录者的角色，并在会议记录中常常展现出创造力。尽管根茨并非民主党人，但他对 1830 年以后试图以武力复辟法国波旁王室的想法嗤之以鼻，由此失去了梅特涅的支持。

根茨生活放荡，好赌成性，经常负债累累，从而引起笃信宗教的人们的不满。在六十多岁的时候，他爱上了一位十八岁的舞女，她是约瑟夫·海顿（Joseph Haydn）的誊写员的女儿，尽管后者并未声称要忠于根茨，却使晚年的根茨感到幸福。浪漫主义保守派认为根茨是一位 18 世纪的老古董，民主党人和社会主义者认为他是反动派，普鲁士民族主义者则认为他是不可靠的世界主义者。根茨几乎不被读者所注意，很快就被人们遗忘了。今天读来，他更像是一位寻常的现实主义保守派，而不是一位守旧的 18 世纪生人。作为一位服务于欧洲高层的政治知识分子，他最关心的并不是探究权力应当如何行使，而是为权力实际上如何行使进行辩护。他是当前人们熟悉的那类头脑灵光、拥有顶级学历的政策智囊的早期代表，他们频频穿梭于右翼智库、保守派杂志和政治领导人的私人办公室之间。

关于如何看待革命，根茨曾是 1789 年革命的热情支持者。他最初与康德的看法一样，认为法国国民议会具有合法性，并不像伯克所声称的那样是对王权的篡夺；然而，他很快成了革命的反对者。他认为，革命者之所以犯错不是因为他们有着普世和创新的理想，而是因为他们放任这些理想流于空洞、无所寄托和脱离实际。根茨并未像北萨克森的批评家尤斯图斯·默泽尔（Justus Möser，1720—1794 年）那样对《人权宣言》进行嘲笑和挖苦，后者对市场社会和启蒙时期的王室改革持批评态度。他也没有像伯克那样认为《人权宣言》是错误地理解了权利的性质。相反，根茨像一位哲学上练达的律师，对《人权宣言》的内容进行了逐条评论（1793

年），指出了其文字和逻辑上的错误。在他看来，与其说《人权宣言》在理念上有设想错误，不如说它完成得很糟糕。

根茨的写作并不以哲学家的身份进行，而是以政论家和政治顾问的身份进行。他认为政治知识分子的任务是制定简单的原则，并为其政治主人的政策进行彻底的辩护。他在《论力量均衡》（"On the Balance of Power"，1806 年）一文中详细阐述了欧洲和平的指导准则，为后拿破仑时代欧洲格局的形成提供了助力。欧洲各国内部的地方性选择和安排，无论是共和制还是君主制，只要没有扰乱欧洲大陆的秩序，就应该被广泛认可。在德语地区，包括普鲁士、奥地利以及垂死的神圣罗马帝国的其他领地，政治应该促进信仰（进而培养服从）并遏制民主。

根茨在柏林担任编辑期间捍卫言论自由，然而在 1815 年之后的反动氛围笼罩下，他转而支持对报刊和大学进行压制。他写道，所应该做的是塑造舆论，而不是跟随舆论。出于对普鲁士统治的忧惧，根茨反对弗里德里希·李斯特（Friedrich List）所主张的共同市场，他还反对可能会增进德国统一的邦联机构。至于新生的社会主义，根茨主张应将其扼杀在萌芽状态。在 1818 年亚琛会议的晚宴上，根茨语气温和地对合作论者罗伯特·欧文（Robert Owen）说："你我都不希望民众变得富有、变得不再依赖我们，否则我们该如何进行统治呢？"

根茨的语气和风格最为清晰地体现在《法国大革命前后的欧洲状况》（*On the State of Europe before and after the French Revolution*，1801 年）一书中，该书是根茨针对拿破仑的外交助手亚历山大·奥特里夫（Alexandre d'Hauterive）的反英论调所作的回应。根茨认为，18 世纪的欧洲之所以堕入黑暗和贫困并非拜君主制所赐，相反，正是欧洲各国的改革派君主提升了民众的生活水准。战争之所以在 1792 年爆发，不是因为英国人好战成性，而是因为随着普鲁士力量的增长、俄国的施压以及贸易的普遍发展，威斯特伐利亚体系因不堪重负而走向了崩溃。英国的商业利益并未危及法国，英国《航海法》对英国自身的掣肘超过了对其竞争对手的影响。英国也未滥用其占优势的海军力量，在整个 18 世纪，它一直都本着平等的精神参加海战。英法两国都是殖民强国，双方都不具备一种明显的优势。英国并未垄断工业，它的产品之所以在欧洲畅销是因为这些产品更好，之所以产品更好是因为英国已经摆脱了错误的经济学说的束缚。根茨接受来自英国的资助，并写下他认为服务于英国的文字。他的语气会给今天的读者留下深刻印象，这是一种"现实派"保守主义所熟悉的语气：冷静的事实风格，理直气壮地反对激进主张，尤其是关于悲惨过去的激进主张，以及设想一种国家目标之间相互竞争的框架。

起初，根茨曾试着参与德国哲学家之间的一场争论，这场争论的主题是法国大革命的性质以及这场革命的可取性，但他很快就退出了争论，因为他认识到自己的才能在别的地方。当时德国最知名的哲学家，如康德、席勒（Friedrich Schiler）、费希特（J. G. Fichte）和黑格尔（G. W. F. Hegel），一开始都在总体上对法国大革命持肯定态度。他们以各自的方式，从法国大革命中看到了社会进步的希望，看到了一种有望出现的更加合乎理性的政治。康德认为，尽管一般来说不存在从事叛乱的权利，但如果人民的激情能够转化为公民参与和对宪法的支持，那么法国大革命就可被证明是有益的。1792 年法兰西第一共和国授予席勒荣誉公民称号，似乎是为了将这位反专制戏剧作品《强盗》（The Robbers）的作者招至麾下。席勒为 1789 年欢呼，认为这是走向自由的一步，但他又不确定人民是否对此作好了准备。在 1793 年写给友人的一封信中，席勒写道："首先要造就公民，之后才能为他们制定宪法。"大革命中的恐怖统治同样撼动了德国的进步派观点，这种变化从黑格尔对 18 世纪进行回顾的作品中可以明显地感受到。费希特将大革命中的恐怖统治归咎于法国周边邻国的好战性。起先，费希特批驳德国极端保守派的主张，后者声称费希特是一位雅各宾党人；继而，当法国在 1806 年至 1807 年与普鲁士走向敌对之时，费希特本人也转而反对法国大革命。

反倒是那些对后世德国保守主义者带来影响的不太知名的思想者从一开始就反对法国大革命，比如奥古斯特·雷贝格（August Rehberg，1757—1836 年），他出身德国汉诺威，是一位伯克式学者，认为法国大革命是反历史的。雷贝格不相信宽泛而普遍的原则，他认为法国大革命的错误之处在于背离了当时的历史情境下所能够实现的地方性目标。他为德国的小邦林立辩护，反对中央集权，但他并不反对变化或改革本身，他所反对的只是假错误之手所带来的变化。本着这样的看法，雷贝格呼吁德国的特权阶层进行自我改革。他亲历了 1789 年,不赞成康德以理性的热情来描述那一年。雷贝格认为康德之所以支持法国大革命,是因为其未能准确测算普遍准则与这些准则在现实中的可实现性之间的鸿沟。对于好友亚当·米勒所主张的政治浪漫主义,根茨没有丝毫耐心。无论米勒对以新的方式思考国家和社会的做法持多么尖锐的批评态度,根茨都认为米勒的进路是向后看的。米勒希望维持德国在法律上的特权阶层,维持德国旧的“遗存”,并希望恢复一种想象中的前现代一体性,这些主张在根茨看来是与现实相脱节的。根茨始终认为革命是要发生的,但革命的武器不应是怀旧,而应是现代性本身。

黑格尔书写了德国人对法国大革命之反应的最后一个精彩篇章。与康德一样,自由主义立场的黑格尔相信,使人满意的政治安排必须是合乎理性的,也就是说,这种政治安排对于那些生活于其中的人们来说,必须是明白易懂和可接受的。然而,这种可接受性和可理解性却无须对任何人、在任何时候都是相同的。在黑格尔看来,理性不应该试图将自己与人们所处的社会隔离开来。法国的革命者过快地推行了与实际情况过于脱节的原则,使法国大革命发生了错误的转向,背离了以自由为方向的历史的“理性”行进,最终陷入了暴力的非理性。以此观之,大革命中的恐怖统治并非凭空产生,它也几乎不能被当作可理解的人类历史的一部分,正如黑格尔所说的,它并不“比劈开一棵菜头”具有更多的意义 *。相反,在黑格尔的超历史中,作为历史动力的人类对自由的渴望被拿破仑从法国带到了德国,在那里,德意志帝国的旧的“非理性的”拼凑物被抛弃,政治自由在普鲁士宪政中找到了新的表达方式。

黑格尔去世后,其遗产也像法国国民议会那样分成了左右两翼。右翼黑格尔主义者总体上是具有宗教思想的保守派,他们从黑格尔的作品中发现了一种对现行安排的证成,这种现行安排被认为是世界历史朝着

---

* 黑格尔在《精神现象学》中写道:“普遍的自由所能作的唯一事业和行动就是死亡,而且是一种没有任何内含、没有任何实质的死亡……它因而是最冷酷最平淡的死亡,比劈开一棵菜头和吞下一口凉水并没有任何更多的意义。”引自[德]黑格尔:《精神现象学》(下卷),贺麟、王玖兴译,商务印书馆 1979 年版,第 119 页。——译者注

普鲁士宪政所蕴含的自由目标之行进所取得的成就。左翼的一派则从黑格尔那里发现了对现行安排进行批评的武器，现行安排在他们看来仅仅是弱者反抗强者以争取承认的未竟之斗争的最新一幕。左翼黑格尔主义还有一个马克思主义的变体，它将世界历史变成了一种革命传统。

黑格尔本人并未怎么关注当时新近发生的美国革命，这种疏忽在 19 世纪 20 年代初是合理的。在《历史哲学》(*Philosophy of History*，1822 年)一书中，黑格尔认为美国这个新国家的未来走向过于流动和开放，无法对其作出任何世界历史方面的评价。这种哲学上的审慎并未对作为政策学者的根茨形成约束，当时他正在思考大西洋世界各国的人们所经历的动荡和战争。早在二十年前，根茨便在他主办的《历史杂志》上发表了一篇饱含热情的文字 *，对法国革命和美国革命进行了对比。这篇文章特有的激情引起了当时身在柏林的美国公使、年轻的约翰·昆西·亚当斯(John Quincy Adams)的注意，亚当斯后来担任美国总统，并成为保守派辉格党的一位领军人物。很快，亚当斯就将这篇文章翻译成了英文，于 1800 年在美国发表。他很高兴引进这篇文章，它的作者是"德国最著名的政治作家之一"。在亚当斯看来，这篇文章使美国革命得以洗刷"和法国革命遵循同样原则的可耻诬蔑"。

iv. 以革命阻止革命：麦迪逊与其他美国人

左翼指责 1776 年美国革命的支持者，认为他们支持美国革命却反对 1789 年法国革命，这是自相矛盾的。这种指责在整个大西洋世界都司空见惯，在欧洲它将矛头指向了伯克，在美国则受到杰斐逊式反联邦党人的追捧。右翼需要对这种指责作出回应；对此，根茨的回答充满了学究气和律

---

* 这篇文章即 *The Origin and Principles of the American Revolution，Compared with the Origin and Principles of the French Revolution*，后来发行了单行本，并且已有中文版，见[德]弗雷德里希·根茨：《美法革命比较》，刘仲敬译，上海社会科学院出版社 2014 年版。——译者注

师风格。在他看来,美国革命是防御性的,法国革命是进攻性的。美国人是要保卫自己已经享有却遭到英国损害或削减的权利,其革命目标是明确的和有节制的。革命在北美各殖民地内部并未引发多少反抗,而对独立的广泛支持促成了国家的建立。法国革命则恰好相反:革命者篡夺了权力,践踏了权利;革命缺乏明确的目标,"成千上万种不同方向始终彼此冲突";革命者不仅未能建立一个统一的国家,反而激起了群起反抗,将整个国家拖入内战的深渊。美法革命之判然有别为保守主义提供了智识上的武器。

事实上,美国人对法国革命的反应不是单一的,而是多样和变化的。托马斯·杰斐逊(Thomas Jefferson)和古弗尼尔·莫里斯(Gouverneur Morris)当时都在巴黎,他们对法国革命的反应与根茨截然不同。杰斐逊在 1785 年至 1789 年担任美国驻法公使,并在 1786 年与富兰克林和亚当斯共同参加了与欧洲强国之间的贸易和外交条约谈判。法国革命的爆发令杰斐逊振奋不已,他相信"人的理智"以及人"进行自我治理的能力"。如果理性能够发挥作用,那么杰斐逊相信他正在目睹"欧洲自由的第一个篇章"(1789 年 8 月)。杰斐逊并不认为过去是一种束缚,他与托马斯·潘恩(Thomas Paine)都相信"这个地球在用益权上是属于在世者的"。

杰斐逊认为发生在法国和美国的事件是民众抵抗的一种表达。就在两年前,马萨诸塞州爆发了一起因债务负担而引发的乡民武装叛乱,叛乱者攻击了一座税务局*,这使新大陆的富人和权势者感到恐慌,但杰斐逊对此安之若素。他在 1787 年 2 月写给友人的信中如此漫不经心地写道:"我喜欢不时发生一次小小的叛乱。它好似大气中的暴风雨一样。"†在杰斐逊看来,政府是对人民自由的威胁。在 1787 年晚些时候的一封信中,当谈到一般意义上的民众动乱时,他这样写道:要时不时警告统治者人民

---

* 这里指的应是 1786 年至 1787 年发生在马萨诸塞州的谢斯起义或谢斯叛乱(Shays' Rebellion)。此处似为一处错误,经查询,谢斯暴动期间叛乱者并未攻击税务局,而是攻击了几座地方法院,原因是法院作出有利于债权人的判决,并授权税务官员没收私人土地和财产以抵偿税款。——译者注

† 这句话出自 1787 年 2 月 22 日杰斐逊致阿比盖尔·亚当斯(Abigail Adams)的一封信,其中文版收录于《杰斐逊集》(下)。见[美]梅利尔·D.彼得森:《杰斐逊集》(下),刘祚昌、邓红风译,生活·读书·新知三联书店 1993 年版,第992—993 页。——译者注

"保持着反抗的精神"。这种回答并不意味着暴力,而是和解。杰斐逊在1787年11月写道:"让他们拿起武器吧！补救之道在于让他们弄清事实,赦免他们和抚慰他们。在一两百年内丧失少数生命有什么要紧呢？自由之树必须时时用爱国者和暴君的血来浇灌。它是自由之树的天然肥料。"*

1789年5月,时任美国驻法公使的杰斐逊满怀热情地参加了法国三级会议。在写给国内詹姆斯·麦迪逊的信中,杰斐逊表达了他对法国人的共同事业感的看法:"我们的行进轨迹在每一个场合都被看作法国人学习的榜样。"美国宪法被当作《圣经》一样,可以解释但不可质疑"。杰斐逊与拉法耶特侯爵(Marquis de Lafayette)一道,开始为法国起草一份权利宣言。

当杰斐逊在1789年秋返回美国后,接替他担任美国驻法公使的是持君主立宪立场的富裕的纽约人莫里斯(1752—1816年)†。莫里斯在1787年美国制宪会议上频频发言,并担任制宪会议风格委员会主席,这个委员会负责书写美国宪法的最终文本,并在宪法序言中增加了一个意义重大的开篇语:"我们,美国人民。"作为一位坚定的联邦党人,莫里斯反对奴隶制,但他对民主的理解却是排他性的,因为他相信政治参与的一个必要条件是拥有相当数量的财产,这与后来保守的辉格党人的看法一致。莫里斯代表了杰斐逊后来所称的"英吉利式君主和贵族的"联邦党人的形象——商业银行家和公债交易者,以及"宁可要专制主义的平静而不要狂暴的自由之海的胆小鬼"‡。

---

  * 这句话出自1787年11月13日杰斐逊致威廉·S.史密斯(William Stephens Smith)的一封信,其中文版亦收录于[美]梅利尔·D.彼得森:《杰斐逊集》(下),第1020—1021页。——译者注

  † 此处似为一处错误,接替杰斐逊出任美国驻法国全权公使的是威廉·肖特(William Short)而不是莫里斯,莫里斯从1792年6月3日正式获得任命,接替肖特出任驻法公使。见美国国务院网站,https://history.state.gov/departmenthistory/people/chiefsofmission/france。——译者注

  ‡ 这句话出自1796年4月24日杰斐逊致菲利普·梅齐(Phillip Mazzei)的一封信,其中文版收录于[美]梅利尔·D.彼得森:《杰斐逊集》(下),第1181—1183页。——译者注

莫里斯和杰斐逊对革命有着不同的看法。1789 年 5 月与杰斐逊的一次会面结束后,莫里斯写信给友人说,杰斐逊"对一个彻底的共和式政府抱有过于乐观的期待"。在简单归纳伯克的观点之后,莫里斯在信中谈到了这样的困难:"这里的文人们在观察到他们君主制形式的滥用之后,想象着一切都必将随着从当前体制的退出而相应地变得更好,他们私下里创造出与他们的体制完全相适应的人。但不幸的是,这种契合于他们体制的人在任何地方都不存在,尤其不会存在于法国。"

与莫里斯相比,杰斐逊对彻底的共和主义的"乐观期待"更好地反映了美国精神。在美国,对君主和自上而下的权威所抱持的共和式的不信任一直持续到 19 世纪。由于法国曾对美国争取独立的斗争伸出援手,美国也因此对法国的起义持欢迎态度,比如对于 1830 年法国七月革命,除了保守的美国辉格党媒体对其中任何自下而上的民主迹象表示反对之外,其他美国人均乐见其成。再比如,对于 1848 年法兰西第二共和国的建立以及 1870 年法兰西第二帝国的崩溃,美国人中的不赞同者也只是少数,这少数的不赞同者包括南方的民主党人,让他们感到恐慌的是 1848 年法国在其殖民地对奴隶制的废除以及 1870 年拿破仑三世的倒台,后者曾在美国南北战争中支持南方民主党人。而在 1830 年欢呼的美国人中,就有年事已高的麦迪逊,他欣然接受法国波旁家族的最后落幕。

相对于杰斐逊和莫里斯对革命的不同看法,麦迪逊是一个富有启发性的中间案例。莫里斯希望有一个强大的权威来保卫财产和自由,杰斐逊尽管谈到了抵抗和自由,却并不反对莫里斯的主张,因为播撒无序或掠夺财产非他所愿。杰斐逊与麦迪逊一样拥有奴隶,也同样没有对财产性选举权表达过多少反对,但就在这些非民主的领域内,隐含着将会在保守主义与自由主义的角逐中反复出现的那些分歧。杰斐逊本着共和的精神,信任公民和社会的资源能够确保和平与繁荣,并对专横的中央权力充满警惕。麦迪逊与杰斐逊一样都认为应由人民来控制政府,但麦迪逊同时认为如果缺乏全面的中央权力和统一的国家法律,那么和平与繁荣就难以实现。

麦迪逊在《联邦党人文集》第五十一篇写道:"在组织一个人统治人的政府时,最大困难在于必须首先使政府能管理被统治者,然后再使政府管理自身。毫无疑问，依靠人民是对政府的主要控制；但是经验教导人们，必须有辅助性的预防措施。"* 这些预防措施在麦迪逊看来正是一部好的宪法的构成要素。1787 年 10 月麦迪逊写信给并非制宪会议代表的杰斐逊，在信中他向杰斐逊述说了自己对费城制宪会议所达成的辅助性预防措施的理解，并阐述了他的三个目标：建立统一的国家权威，承认人民主权，预防多数暴政。

正如麦迪逊在信中所言，费城会议很快就达成一致要保留联邦，激进的一步是建立一个联邦政府，这个政府"其运作不在州的层面，也无须各州对组成本州之个人进行干涉"。也就是说，主权要直接作用于公民个人，无须通过各州或中间人，联邦法律将逐一对人民课以义务并施以保护，如果没有这个原则，那么政治国家也将不复存在。联邦政府必须具备足够的"活力"和"稳定"以履行其职责，但它必须对人民负责。政府的任期应当是有限的，权力的行使也必须掌握在多人而非一人或几人手中。

人民无法直接行使对政府的控制，人民的判断也需要过滤和清晰传递。麦迪逊承认，现代国家无论大小也无论多么复杂，直接参与都既不可行也不值得追求，他在《联邦党人文集》第五十一篇中将直接参与称为"民主"。代议制是容纳人民主权的途径之一，借助于代议制，人民无须亲自作出决定或制定法律，而是派出代表以为之。这样一来，纯粹民主或直接民主就可以避免。容纳人民主权的第二个途径是清晰传递。某些类型的代议制在过滤或传递民意方面无所作为，比如让立法机关同时掌控行政和司法就属于这种类型，这样一种安排很快受到雅各宾主义和社会主义左翼民主传统的青睐，它依赖一种错误的等式：将民意等同于多数人的意志。代议制机构需要层层递进和复杂化，以便在民意的权威性力量和民意通常难以言表的内容之间保持平衡。

正如麦迪逊向杰斐逊所描述的，美国宪法通篇都充溢着对民意的清晰传递。联邦权力被划分为行政权、立法权和司法权，每一种权力都对其

---

　　* 这段译文出自《联邦党人文集》中文版，见［美］汉密尔顿、杰伊、麦迪逊：《联邦党人文集》，程逢如、在汉、舒逊译，商务印书馆 1980 年版，第 318 页。——译者注

他两者有一定的控制,但绝无哪个权力能够决定其他两者的职务任免。立法机关又划分为参议院和众议院,这种安排既可以安抚小州,使它们不必担心被大州压垮,又可以减轻占少数的富人的忧虑,使他们不必担心被不富有的多数人劫掠。

多数暴政是麦迪逊的焦虑之所在。他在《联邦党人文集》第五十一篇写道,关键是要"保护社会之一部分免遭社会之他部分的不公"。民选政府要求"多数决",但同样要求有办法阻止多数压迫少数。美国宪法后来增加的《权利法案》*便是防止多数压迫少数的一种安排,在此之前与麦迪逊同为弗吉尼亚州制宪会议代表的乔治·梅森(George Mason)拒绝在宪法文本上签字,并怒气冲冲地回到弗吉尼亚†。麦迪逊本人后来辗转接受了《权利法案》‡,但与宪法保障相比,麦迪逊将遏制多数人暴政的希望更多地寄托于社会的多样性。社会是分化的,并将继续分化,派系的出现不可避免且会带来麻烦,但这同样会带来好处。多数的暴政的确是最可怕的专制,但在一个庞大而多元的共和国,这种暴政不太可能发生。

新的宪法框架受到各方的批评。法国改革者如雅克·杜尔哥(Jacques Turgot)和孔多塞(Marquis de Condorcet)对美国创设参议院和强势总统表示失望。他们相信,代议制政府需要一个强有力的议会,并认为美国开国先贤们模仿英国的寡头传统并接受了"哥特式的"混乱,而没有建立起一个目标和运作皆透明的清晰结构,由此错失了良机。

---

* 《权利法案》是美国宪法前十条修正案的统称,以列举的方式确立了对个人权利的宪法保障。1791 年 12 月,也就是费城制宪会议结束四年多以后,《权利法案》正式生效,成为美国宪法的一部分。——译者注

† 制宪会议期间,乔治·梅森建议在宪法中增加《权利法案》,但未被会议采纳,在制宪会议结束时他拒绝在宪法最终文本上签字。根据他的《对政府宪法的反对意见》("Objections to this Constitution of Government")一文记载,他反对签署宪法的首要理由是宪法中缺乏《权利法案》。由于自己的主张未被采纳,制宪会议结束后梅森情绪颇为恶劣地返回弗吉尼亚的家中。梅森早在 1776 年便主导起草了《弗吉尼亚权利法案》,该法案后来成为美国宪法《权利法案》的基石,梅森也因此被称为《权利法案》之父。——译者注

‡ 麦迪逊最初反对在宪法中增加《权利法案》,后来在各州批准宪法所展开的辩论中,他逐渐改变看法,成为《权利法案》的支持者,并于 1789 年 6 月在第一届美国国会上提出宪法修正案动议。——译者注

美国宪法从妥协中诞生，并从妥协破裂后爆发的美国内战中幸存下来，在此过程中宪法本身也发生了剧烈变化＊。美国宪法依赖于两大妥协，一是小州和大州之间"伟大的妥协"†；二是北方自由州和南方蓄奴州之间"腐朽的"妥协：为换取向联邦政府授予贸易和商业权力，奴隶制的未来被搁置一旁，尽管出于分配代表席位的目的，一个奴隶相当于五分之三个自由人‡。

从法律上讲，随着奴隶制的废除和宪法第十四修正案的通过，南北方之间"腐朽的"妥协被抛弃了，第十四修正案为联邦法律以及越来越多的州法律确立个人和法人权利提供了宪法密钥。这个修正案成为一个自由主义的工具，先是被右翼自由派用来使企业摆脱劳工诉求的纠缠，后被左翼自由派用来使公民免遭法律对私人行为的道德干预。

麦迪逊最早提出、后来被历史学家理查德·霍夫施塔特（Richard Hofstadter）称为"协调的互相抑制的制度"§经历了诸多波折并持续存

＊ 南北战争之后，美国先后通过了第十三、十四、十五宪法修正案，这些修正案废除了奴隶制，确立了正当程序和平等保护原则，赋予黑人以选举权，从而深刻改变了美国宪法和美国社会，以至于被美国当代历史学家埃里克·方纳（Eric Foner）称为"第二次建国"。关于这些修正案的起源、制定和影响，见〔美〕埃里克·方纳：《第二次建国：内战与重建如何重铸了美国宪法》，于留振译，商务印书馆 2020 年版。——译者注

† "伟大的妥协"又称"康涅狄格妥协"。美国制宪会议期间，关于联邦国会议员人数如何分配，代表们意见不一。弗吉尼亚方案主张比例代表制，按各州人口多少来分配议员数目；新泽西方案则主张实行平等代表制，即每个州无论大小，议员数目完全相同。最终，制宪会议采纳了康涅狄格州的提案，该提案在弗吉尼亚方案和新泽西方案中达成妥协，分别建立了联邦众议院和联邦参议院，众议院代表的数目按各州人口分配，参议院则不论大州小州，每州两位参议员。——译者注

‡ 又称"五分之三妥协"，是 1787 年制宪会议上美国南方和北方达成的协议，其内容是将奴隶的实际人口乘以五分之三，来确定众议院成员分配和税收分配。——译者注

§ 该提法出自〔美〕理查德·霍夫施塔特：《美国政治传统及其缔造者》，崔永禄、王忠和译，商务印书馆 2010 年版，第 12 页。霍夫施塔特在书中写道，麦迪逊认为在组建政府时"必须'使各组成部分形成一种相互关系，以此互为制约，各司其职'。开国先辈们相信，只要国家设计得当，就可以形成一种协调的互相抑制的制度，各种利益集团之间、阶级之间、派系之间以及政府各部门之间就可以互相制约"。——译者注

在。发生在 1787 年至 1788 年的宪法辩论对政治现代性的竞争推波助澜，为其带来了新的术语和新的隐喻。宪法本身成为美国版本的自由主义和保守主义之争的攸关。联邦最高法院作为宪法的守护者，其人事任命成为白宫和参议院进行党派斗争的场所。对此，最高法院大法官们进行公开谴责，认为这没有如实反映他们的工作。是的，对于上诉至最高法院的大多数纠纷而言，法官们的抱怨是合理的；然而，对于数量很少却引起广泛关注、有着深刻政治分歧和高度宪法争议的案件，如涉及奴隶制、企业和劳工、私人道德、制度性权力的案件等，他们的抱怨却无的放矢，这与历史记录已经表明的沿着自由—左翼和保守—右翼这两条线存在明显的党派划分是一样的道理。

V. 革命的批评者给保守主义带来了什么

法国大革命的批评者为早期的保守主义者留下了丰富的论据、隐喻和修辞感染力，可以用来对抗保守主义的第一个对手，即 19 世纪中叶的自由主义者。革命错误地认为社会是冲突和竞争的，而事实上社会是有机和协调的。革命摧毁了稳定和秩序，因为它受到错误观念的误导，认为变化是可行或可取的。社会成员不应以破坏性傲慢态度对社会提出质疑和发号施令，相反，应该由社会引导其成员并告诉他们职责之所在。正如卢梭这位法国革命的精神导师所宣扬的，人民的善良固然并不全然是"天生的"或者前社会的，但正是社会尤其是现代的竞争性社会才使他们变坏。人民并不像大革命中那些书卷气十足而又愚蠢的律师所相信的那样能够始终作出明智的选择并进行自我治理，人民就其整体而言是软弱和有缺陷的，需要强有力的引导。人民也不像社会的哲学批评家所假装的那样可以跳出社会并以局外人的视角作出判断，他们只能从社会等级和职位所框定的自身处境出发得出判断标准。即便人民能够采局外人的视角，但社会是如此微妙复杂，绝无法用宏大的原则来加以评判，而原则注定是松散和不合用的。对社会的恰当理解是：它是传统的体现，其本身便是一座知识库，是进行自我理解的基础。

以上就是保守主义先驱的遗产。对社会和谐的否认、政治理性的局限性以及人类道德的缺陷使一种具有破坏性的对进步的信仰应运而生：它过于相信社会的稳步改善，以及要么对人民内在的善深信不疑，要么天真地相信人民是可改进的。历史像神的旨意一样不可捉摸，社会也晦暗不明。人民有其自身的缺陷，无力进行自我引导。当19世纪中叶与自由主义的争论公开化之后，保守主义可以从18世纪90年代所打造的反对革命的枪械库中挑选趁手的武器——有反个人主义的，有反平等主义的，也有表达政治怀疑的。

第二部分

保守主义是什么

第二章
保守主义的特征、观念与标识

i. 作为政治实践的保守主义

在开始保守主义的故事之前,需要澄清一些基本问题。比如,什么是保守主义? 这是一个什么样的故事? 这里不存在非此即彼的事实,对这些问题的回答多种多样,甚至有人会泄气地认为这些问题太难了以至于没有答案。这里所用的术语是棘手的,但"什么是保守主义"这个问题与标签或含义无关,它事关保守主义的特征与类型,而这需要历史地加以理解。

如果你问保守主义究竟是什么,你会听到人们说它是政党政治的谱系,政府的顾问,社会哲学,富人的喉舌,各阶层的声音,人不高尚的一面,或者人类喜欢稳定与熟悉、排斥变化与陌生的普遍偏好。这些答案都是偏颇的,每一种回答都只捕捉到了保守主义的某个方面。本书对保守主义的理解是一种政治传统或政治实践。与任何一种实践一样,保守主义也包含三个要素:它有自己的历史,有自己的实践参与者(包括政治家、思想家、支持者、选民),有自己的思想观念作引导。对于"保守主义者是哪些人"或者"他们的观点是什么"这样的问题,无法一言以蔽之。保守主义的实践是复杂的,但这不是我们在故事开始之前就打住的理由。

保守主义者的声音直到 19 世纪早期才被人们听到。保守主义者与其最早的对手自由主义者一样面临着之前无法想象的全新社会状况。尽管他们都有着古老而深厚的社会与智识根源，但社会变化的规模和速度令人措手不及。人口和经济在经历了长达数世纪的缓慢爬行之后，突然开始了爆发式增长，技术创新正在改变人们固有的生活方式。人口从乡村向城镇流动，使人们摆脱了旧有的权威和习俗的羁绊。能够阅读并谈论政治的人数不再仅仅以千为单位计算，而是以数十万并很快以数百万来计算。金钱被用来生产能够带来更多金钱的东西。简言之，资本主义现代性正在彻底颠覆经济方式、社会模式和人们的观念，它使贫富发生异位，使权力发生转移，打乱社会阶层并使之重组，推高期望值并重新构造伦理规范。面对这样一种激荡、不稳定的全新社会状况，政治需要反躬自省。自由主义与保守主义便应运而生了。

概言之，自由主义者欣然接纳了资本主义现代性，保守主义者则反对这种欣然接纳。最初的自由主义者欢迎资本主义和批判性思考，后两者是促成现代变革的双动力。自由主义者赞同自由市场、劳动力的流动，以及金钱所具有的自我生发的力量。他们拥抱宗教淡然*，接纳社会和文化的多样性，承认分歧所具有的建设性力量。第一批保守主义者捍卫封闭的市场和稳定的生活方式，并对金融的偿付能力感到恐惧。他们强调社会团结（social unity），强调共同的信仰和普遍的忠诚。自由主义者认为自己推动了社会开放，释放了社会活力，使人摆脱了束缚。保守主义者则认为自由主义者分裂了社会，四处散播无序，使人们感到困惑。自由主义带来实验与努力，保守主义则承诺确定与安全。保守主义者并未主张是自由主义者引发了资本主义现代性，他们只是谴责后者过于轻易地接纳了这种现代性。对保守主义者来说，资本主义现代性很快变成了自由主义现代性。

保守主义者认为自由主义者一味地鼓励变化，自由主义者则认为保

＊ 关于宗教淡然的描述，可见［美］埃德蒙·福赛特：《自由主义传》，第159—161页。概括地说，作者所说的宗教淡然是与宽容相关的，随着资本主义现代性的到来，中世纪盛行的宗教狂热退潮，宗教信仰日益成为一种私人事务，人们越来越不关心彼此的宗教信仰，可以以淡然的态度去面对彼此信仰上的区别。——译者注

守主义者盲目地抗拒变化。19 世纪 30 年代,两位德国巴登派自由论者开始出版他们关于当时政治的鸿篇巨制《国家词典》(*Staatslexikon*)* ,该《词典》将自由主义者描述为"行动派",将保守主义者描述为"抗拒或停滞派",这意味着保守主义者是蓄意阻挠者。保守主义者不接受这种指责,他们回敬说:自由主义者是毁坏论者,代表了无序和不安全,而自己则代表了秩序与安全。事实上,两者都汲汲于社会秩序,但以不同的眼光看待之。

假如政治是一个棋局,自由派是白棋一方,保守派是黑棋一方,那么自由派先开局,保守派则针对前者的开局进行反制。随着时间的推移,主动权易手。保守主义者最初反对现代性,之后逐渐掌控现代性,因为在这场角逐中右翼在多个方面明显都是力量更强的一方,它为财富和财产的力量代言——最初支持地产反对工业和金融,后来同时代表地产、工业和金融三方的利益,很快它又不仅为大财产也为小财产代言。此外,保守主义直至 20 世纪也依然依赖于国家机构和诸多社会部门,如法律、宗教、武装力量和大学等,这些机构和部门往往秉持坚定的保守主义立场,这是一种日常的和前政治意义上的保守主义,就像人们希望明天的太阳照常升起以及不要永久改变家里的陈设一样。保守主义者克服了对政治民主的恐惧,并在 20 世纪早期——按凝聚力从低到高的顺序,依次在德法美英四国——重新组合成为令人生畏的选举力量。

三方面的优势,即财富的力挺、机构的支持和选举的可及范围,帮助右翼在自由主义的民主博弈中占据了上风。听起来令人费解的是,保守主义向自由主义的民主作出了妥协,最终竟然使自己主导了自由主义的民主。右翼尽管被左翼描述为过时的政治家,却成了现代的主导力量,这

---

　* 《国家词典》是一部关于政治科学的百科全书,第 1 版共计 15 卷于 1834 年至 1843 年出版,其目的是广泛搜罗与政治相关的各种知识并提供给当时的市民阶层查阅,词典的撰稿人包括当时德国许多最知名的知识分子,词典出版后在市民阶层中广为流传,为 1848 年革命奠定了思想基础,被誉为德国早期自由主义的"圣经"。《国家词典》后来经过了多次修订,并出版了多个版本,为纪念最早的两位编纂者,后来该词典被命名为罗特克-韦尔克国家词典(Rotteck-Welckersches Staatslexikon)。——译者注

一点已被政党政治的执政记录所证实。在 1914 年之后的法兰西第三共和国(1870—1940 年)，共和党人(即右翼自由派)与激进派(即左翼自由派)轮流执政(常常是以联合政府的形式)，有效遏制了社会主义者和共产主义者。类似的情形也出现在法兰西第四共和国(1944—1958 年)。在法兰西第五共和国迄今 60 多年的岁月中，右翼出任总统的时间超过 39 年，左翼是 20 年(其中密特朗[Mitterrand]与奥朗德[Hollande]两位总统的左翼色彩最为淡薄，也最偏向中间立场)，外加一位中间派总统马克龙(Emmanuel Macron)。在英国，就执政而言，20 世纪是一个"保守的世纪"。在 1895 年至 2020 年的 126 年间，英国保守党单独执政或作为联合政府中的多数党执政长达 81 年。在美国，右翼的主导地位不太好辨别。在 1896 年至 2016 年举行的 31 次总统选举中，共和党赢得 17 次，民主党赢得 14 次；共和党控制参议院 54 年，民主党控制参议院 68 年；在控制众议院方面，共和党是 52 年，民主党是 70 年。另一个衡量标准是同时入主白宫和掌控参众两院的时间长短，在这方面，共和党是 44 年，民主党是 40 年。这种表面的平衡掩盖了这样的事实：在 20 世纪 70 年代之前，纯白的南方曾再次出现赞成种族隔离的保守派民主党人。如果以对国家议程的控制为标准，那么改革的民主党人对政治议题的设定也仅仅发生在 1913 年之后的短暂时期，以及 20 世纪 30 年代至 60 年代这段时间内。

德国右翼在 20 世纪似乎毫无疑问不符合上述模式。1918 年之前，保守派围绕支持还是反对德意志帝国的改革而发生分裂。1918 年至 1933 年，针对支持还是颠覆魏玛共和国这个现代德国的首次自由主义民主尝试，右翼再次发生分裂。之后，尽管进行了勇敢的抵抗，但右翼依然溃败并与纳粹合作，它开导自己说当前最大的斗争是反击布尔什维克。在德国给自身和整个世界带来灾难之后，一个以基督教民主党为首的自由主义的、民主的德国右翼在废墟上诞生。自 1949 年联邦德国成立以来的 72 年中，基督教民主党人出任德国总理的时间有 51 年。德国存在一个单独的右翼吗？如果这里指的是一个未曾分裂且不间断存在的右翼，答案是没有。然而，当德国的右翼在 1945 年开始改造自身时，它可资利用的资源却是德国自己的，既非外部输入，也非被强加。

保守派赢得选举次数越多、执政时间越长，其责任也相应越大。主流保守派最初以反对自由主义现代性起家,后来却慢慢拥有了这种现代性。在越来越多地代表现代社会的过程中,保守派发现自己也越来越多地站在了使现代社会备受折磨的冲突双方的立场上——商业对创新之需求 vs.人们对稳定之渴望,全球竞争之要求 vs.国家共同之利益,带来好处的知识分裂和观点的多样化 vs.使公共讨论成为可能所必需的共同的忠诚与假设。要言之,这些紧张关系可以概括为"效率 vs.共同体"。由于代表着矛盾的双方,右翼很快陷入了内部争论,其激烈程度丝毫不逊于与左翼的争论。

从 19 世纪后期开始,政党政治的成功与保守派内部的高度分裂相伴随。顽固的右翼强硬分子拒绝与自由主义者或民主相妥协,他们的声音有时响亮有时温和,但一直都存在。他们在 19 世纪八九十年代不断滋扰法兰西共和国和威廉德国的右翼主流派。他们在 20 世纪一二十年代,围绕爱尔兰、贸易和帝国的问题,分裂了英国保守党。从 19 世纪 80 年代至 20 世纪 60 年代,一个反对自由主义、赞同种族隔离的右翼掌控着美国的南方政治,使美国现代保守主义出现畸形。在德国,战争失败和经济萧条促使右翼在 20 世纪二三十年代寻找自由主义和议会政治的替代方案,其结果是灾难性的。当前,后工业时代的社会空心化、金融崩溃、战争失利和地缘战略的担忧动摇了选民对保守主义所主张的审慎和洞见的信任。在 21 世纪 10 年代,总体上的自由主义中右翼越来越发现自己要时刻提防一个自信的、具有破坏力的硬右翼。

顽固保守派拒绝与自由主义的一个或多个方面达成妥协,他们又可分为多种类型:有的专注于结构与制度,如当前的君主论者、反议会主义者、社团主义者、右翼民粹派;有的专注于国家及其特权,如殖民主义顽固派、一意孤行的单边主义者;有的专注于国民的特征,如反移民者、反犹分子、三K党、南方抵抗民权者、白人极端分子,以及当前藏身暗网的"非自愿独身者"(incels)＊。当民主自由主义繁荣兴盛之时,如 1914 年之前和 1945 年之后,顽固保守派往往隐身边缘地带;一旦民主自由主义遭遇困

　　＊ incel 是 involuntary celibate 的简称,是欧美社会中的一个次文化群体,成员为异性恋男性,他们通常极端厌恶女性,将自身性生活缺失和两性关系的失败归咎于女性。incel 群体通过网络有组织地宣传"向女性和有吸引力的男人宣战"的行动纲领,制造了多起大规模谋杀案,被认定为"恐怖主义"。——译者注

境，如 1918 年至 1945 年以及日益明显的当下，他们便会粉墨登场，破坏并分裂坚持妥协立场的主流保守派。

尽管自由主义的民主是左翼的产物，但它的成长与健康却有赖于右翼的支持。正如历史学家布赖恩·格文（Brian Girvin）在其著作《二十世纪的右翼》（*The Right in the Twentieth Century*，1994 年）中所写的："一个民主的右翼是民主的必要条件。"惯于用数据说话的政治科学家丹尼尔·齐布拉特（Daniel Ziblatt）在《保守党与民主的诞生》（*Conservative Parties and the Birth of Democracy*，2017 年）一书中，通过复杂的实证研究进一步拓展了上述观点：要给民主以支持，右翼就必须是强大的和团结的。当右翼分裂时，正如眼下所发生的，富人便无法安然入睡，他们担心政府是否被妥善照管。"一个强大的保守政党，"齐布拉特写道，"实际上可能是民主的先决条件。"格文和齐布拉特的观点呼应了 1885 年的约瑟夫·张伯伦（Joseph Chamberlain），后者在当时是一位激进自由派，正在恳求企业界支持社会改革。张伯伦问道："财产会为自己所享有的安全支付何种赎金？"一旦财产支付了赎金，如更高的税收、社会福利、工人保护、商业监管等，保守主义便成为民主自由主义的支撑。当财产支付的赎金看起来过高时，保守派便会犹疑并收回支持。当财产和民主相互对抗的要求达到平衡时，自由主义的民主表现最佳。

由于右翼在政党政治中所取得的历史性成功，右翼思想家和学者之杰出往往是基于个人的卓越才华而非基于对无可争议之原则的逐步强化。在整个保守主义的历史上，政党政治既吸收也塑造了保守主义思想。这种相互作用有助于解释一种熟知的困难，那就是为何难以对保守主义者的观念进行概括。当然，造成这一困难的还有其他原因。自由主义有一众特色鲜明的经典思想家，如洪堡（Wilhelm von Humboldt）、密尔（John Stuart Mill）、托克维尔（Aléxis de Tocqueville）、霍布豪斯（Leonard Hobhouse）、卡尔·波普尔（Karl Popper）、约翰·罗尔斯（John Rawls）等，而保守主义则缺乏这样的思想者。带来困惑的是，哈耶克（Friedrich Hayek）和迈克尔·奥克肖特（又译"欧克肖特"，Michael Oakeshott）这两位被某些人认为是 20 世纪晚期保守主义地标性质的思想家也属于自由主义阵营，处于自由主义光谱的右翼。需要顺便说明的是，这种混乱是显而易见的:哈耶克的追随者否认哈耶克是保守主义者,奥克肖特的追随者(并非全部)则否认奥克肖特是自由主义者,但这些标签都不可信。自由保守主义在 1945 年之后成为正统,两位思想家针对这一正统的不同方面发出了主要的声音:哈耶克是在效率方面,奥克肖特则是在共同体方面。

进一步的困难是,理智地讲,右翼从未完全摆脱它与生俱来的那种反对精神。审视保守主义思想的内里,我们最终往往会发现一个光彩夺目的剧目库,里面有对自由主义者的反击,有对民主派的怀疑,但唯独缺乏保守主义自身大的目标或原则。这里隐含着一种指责:一些积极的东西从保守主义思想中遗漏了。对于这种指责,可以作出两种回应。

第一种是实用主义式回答,它往往与"现实主义"相联系,认为保守派强势的执政表现正是对自身合法性的证明。根据这种观点,保守派尽管不再是社会的天然统治者,却被证明是最可靠的统治者。相应地,为了证明自身的正当性并向他人展示自己的关涉所在,保守派无须具备大的目标或理想,否则便是误解了政治的任务。他们所需的只是一本关于良好治理之审慎守则的驾驶员手册:谨慎行事,不要同时尝试多个事物,不要对人民或政治抱有太多期望,不要让富人感到不安,以及借用一位通透的英国保守派哲学家安东尼·昆顿(Anthony Quinton)所描述的意象,让公共汽车保持在"狭窄、曲折的道路"上。

这种严守审慎规则的做法带有一种英国风格,在法国、德国和美国则不太常见。在法德美三国,保守派思想家总体上更加大胆,他们从政治经济(市场 vs.社会)、世俗社会中宗教的角色、反自由主义的少数人的权利、国民和族群特征等方面入手,对广泛而带有积极意义的思想展开探求,并相信这些思想是保守派所需要的。这样的探求在 20 世纪下半叶受到葛兰西学术复兴运动的促动,这是一场发生在智库、学会、媒体和大学的运动,有着充裕的资金支持,最初发生在美国和英国,继而出现在法国和德国。对保守主义思想的探求仿佛受到《思想的后果》(*Ideas Have Consequences*)﹡一书书名的启发,这部著作出自一位美国保守派之手,篇幅短

﹡ 此书已有中文版面世,见[美]理查德·M.维沃:《思想的后果》,王珀译,江西人民出版社 2015 年版。——译者注

小，被人忽视，却充满了预见力。这种探求即使未能找到一种足以对抗自由主义的正统观念，未能终结发生在右翼内部的纷争，也使右翼参与公共讨论的工具变得锋利。

在缺乏确定的政党政治正统观念的情况下，保守主义思想还可以作出另一种宽泛而异常不同的回应，这次它不再囿于政党政治，而是跳出这个范围，对自由主义现代性展开美学的和伦理的批评。保守主义思想者和作家们往往代表了右翼最独特的声音，他们指出自由主义的民主社会所具有的代价、疏忽和失败：否认权威、社会分裂、人类的破坏、对进步的空洞承诺、对任性的纵容，以及感情用事般的对人类平等的执念。这些批评家来自文学、哲学或宗教领域，他们包括诗人和作家（如莱奥帕尔迪[Leopardi]、华兹华斯[Wordsworth]、柯勒律治、霍桑[Hawthorne]），评论家（如拉斯金[Ruskin]、圣伯夫[Sainte-Beuve]），讽刺作家（如门肯[Mencken]），早期的绿党人士（如科贝特[Cobbett]、里尔[Riehl]），律师、哲学家和历史学家（如斯蒂芬[Stephen]、布拉德利[Bradley]、卡莱尔[Carlyle]、基尔克[Gierke]），以及宗教思想家（如拉梅内、纽曼、克特勒、贺智和布朗森）。他们以战斗的热情进行写作，并怀有一种信念：现代性的危害也许还是可以避免的。随着20世纪文化民主的强化和文化权威的衰落，这种自信弱化了，保守主义批评家对此日益感到气愤或忧伤，其中便包括许多作家，他们有的倡导埋首于不假思索的行动之中（如德里厄[Drieu]和早期的云格尔[Jünger]），有的本着不合作和退出的精神归隐于宗教或美学（如艾略特[Eliot]、斯克鲁顿[Scruton]和美国天主教思想流派）。

ii. 保守主义之观念

"行动派"和"秩序派"的标签富有吸引力但具有误导性。自由主义者和保守主义者都在寻求秩序和稳定，但他们对秩序和稳定却有不同的看法。在自由主义者看来，现代秩序可在一个由自我克制、流动和富足的人们所构成的流动性社会中实现。在这种秩序中，法律之下的权威是自内向外流动的，它源于待人如待己的理性公民之间的相互接纳。权威尽管被认可和有效，却附有条件，并要随时被质疑。

保守主义者的看法则更加老派。在他们看来，社会秩序依赖于稳定的制度以及有着固定阶层和约定俗成义务的社会等级结构。在这种秩序中，权威沿着固定和公认的渠道自上而下流动。在这方面，保守主义者有可贵的思想资源可资利用。柏拉图认为，权威应该被服从，因为权威是有智慧的，能够触及更高层次的真理。霍布斯是那些以安全为最高社会价值的"现实主义"右翼的智识教父，在他看来，权威需要扮演主权仲裁者的角色，以防止人与生俱来的竞争性走向失控。休谟和伯克认为，权威是人已经习惯于服从的东西，并且值得庆幸的是权威的来源（征服或僭越）如今已被遗忘。根据这些观点，权威具有某种绝对性：它应该被服从，而不能任由惹人生厌的提问者无休止地索要信任状。社会秩序要安定下来，或者像通常所说的那样"受到广泛认可"，需要不假思索的接受、忠诚和信任，而非质疑、批评和"也许"。

这种对权威的纵向解读可以被看作一种老套的解释，像理解宗教或军事那样，也可以被看作一种新的多元意义上的理解。保守主义者眼中的有秩序的社会可以是一个信仰者的社区，拜服在一个至高的神性权威脚下；可以是一个军事层级结构，军事指令由高阶向低阶逐级传递；也可以是一个由法人和协会构成的多元整体，其中每一个组织都有一套从整体到部分的向下传递的权威结构。在上面提到的第三种结构中，权威不仅限于统治者和立法者，还包括有秩序的社会本身及其固定的习俗、规范和惯例。

保守主义者认识到，完美的秩序社会即便曾经出现过也极为罕见。他们了解自古以来饥荒、战争、疾病、叛乱和恶政（如堕落的君主、贪婪的寡头、愤怒的暴民）带来了诸多灾难。他们同时认识到，一个安定的社会不是固定的或冻结的，而是对缓慢的变革张开双臂。令他们始料未及的以及第一代保守主义者所面对的资本主义现代性中隐含的，是一种全然更加令人生畏的东西：一个新型的社会秩序，它本身似乎正在持续播撒混乱和不安全。资本主义现代性的无休止扰动导致了已有阶层的瓦解、固有生活方式的颠覆以及对伦理和文化权威的日益漠视——这种后果不是出现一次，而是反复出现。

如果保守主义者要说服其他人接受他们关于"既定"秩序的图景，他们就必须对这幅图景进行调整和现代化，使之在持续变动的时代获得信任。他们必须将自己从法国大革命的批评者那里所学到的早期教训——社会的团结、理性的局限和人性的不完美——转变为一种当代的反自由主义的观念。他们必须首先接受的一点是，保守主义需要有一整套观念。对于那些已经习惯了统治却不再统治的人们来说，这是痛苦而又难以接受的一课。

iii. 保守主义与自由主义观念之比较

德国保守主义思想史学家鲁道夫·菲尔豪斯（Rudolf Vierhaus）很好地总结了人们对旧统治阶层政治观点的看法。对他们来说，他写道，"社会秩序和政治权力属于'当下'的范畴，而不属于'将来'和'应当'的范畴"。当转向"将来"和"应当"时，早期保守主义者倾听并阅读了自由主义者，并且不同意后者的观点。双方都最为鲜明地反对另一方：最早的保守派是反自由主义的，最早的自由派是反保守主义的。

任何自成一体的政治观念都要回答四个问题：社会是团结的还是分裂的？权力的行使有道德边界吗？人类生活是可以改善的吗？社会中究竟是人人平等还是有优劣之分？对此，保守主义者和自由主义者作出了不同的回答。

概言之，自由主义者认为社会是竞争的，也是冲突的；他们不信任权力，质疑惯常的权威；他们相信人类进步和社会平等，并要求将公民尊重无差别地适用于所有的人；他们对政治行动寄予很高的期望。保守主义者则认为社会是和谐的；他们尊重权力，接受惯常的权威；他们不相信进步，也不相信平等；在他们看来，尊重不应无原则地给予每一个人，而应基于才干和优秀。

根茨的好友、德国浪漫主义者亚当·米勒是自由主义的一位早期反对者,他不认为社会是竞争和冲突的。尽管他对君主统治和身份特权的怀念已经过时,但他对自由主义缺陷的嗅觉却是敏锐的。他断定,自由主义图景的缺陷在于先将人放在社会之外,然后再试图将他们放回社会之中。人无法在自身和社会不付出代价的情况下抛弃社会或者否认社会对人的约束。他认为,从来就没有新的社会,仿佛只要将永恒的理想带到地球上就可以将一个新的社会安插到历史当中;只有不间断运行的社会,这个社会有着过去和将来,它的边界即便存在也无人知晓。最后,社会不是可以随心所欲地用来实现某个选定目的的工具,无论这种目的多么有益或多么有价值;相反,社会就其本身而言是具有普遍价值的,不能依据它执行特定任务的好坏来对其进行打分。自由主义关于人和社会的错误看法,用当前的话说,便是无代价的退出、永恒(timelessness)和工具性使用。保守主义最初的指责,即自由主义者误解了社会纽带的道德力量,在20世纪后期的保守主义伦理批评中再次回归,这方面的典型例子包括思想家阿拉斯代尔·麦金太尔(Alasdair MacIntyre)和罗杰·斯克鲁顿(Roger Scruton)。阿诺德·盖伦(Arnold Gehlen)和美国新保守主义者在1945年之后提出了一种类似的指责,认为自由主义夸大了人对自治的渴望,同时低估了人对权威规则的需求。

保守主义者和自由主义者都认为权威性权力是社会秩序所必需的,但他们在如何使权力变得合法化和有权威方面存在分歧。对保守主义者来说,权力一经"确立",即变得固定和被接受,它就是正当的也因此是有权威的,尽管权力的合法持有者可能会不公正地行事。对自由主义者来说,权力要变得正当仅仅依靠习惯性遵守或忍受是不够的,它本身还要显示出正当性。这种分歧的一个表现是双方对成文宪法的不同态度:自由主义者拥护成文宪法,保守主义者则对其充满敌意。在自由主义者看来,权力要时刻面对诸如"为什么我要服从""为什么我要付钱"以及"为什么我要遵守"之类的问题。保守主义者则认为这是一种倒退,在他们看来,权力之所以被接受和确立,端的在于它能够确保秩序,因此作为社会秩序之支柱的法律、财产和习俗也需要被尊重,而不是被吹毛求疵、被批评并使之偏离所要承担的维护秩序的任务。对于极端保守派如法国后拿破仑复辟时期的首要智囊博纳尔德来说，公共讨论这一想法本身就是令人厌恶的。博纳尔德以其特有的死寂一般的语气说："人们只应在教堂或军队中聚集，因为在那里他们无法讨论，只能倾听和服从。"

自由主义观念的第三个要素，即相信人类可以实现进步，是保守主义所青睐的一个嘲讽对象，尤其是对保守派作家和诗人而言。贾科莫·莱奥帕尔迪（Giacomo Leopardi）在他伟大的诗作《扫帚》（*The Broom*，1836年）中，借助于熔岩覆盖的埃特纳火山山坡的意象奚落地写道："刻在这些山坡上的是人类宏伟而进步的命运。"纳撒尼尔·霍桑（Nathaniel Hawthorne）在其寓言故事《地球浩劫》（"Earth's Holocaust"，1844年）中，嘲笑了自由主义者对新鲜事物不成熟的专注。在夏尔·波德莱尔看来，进步是"一套懒惰的说辞"，它幼稚地认为历史是一列舒适的列车，载着每个人驶向一个幸福而美好的终点站。

自由主义者所认为的美好生活遭到质疑。柯勒律治承认，"商业使成千上万的人变得富有"。他写道，这一直是"使知识和科学变得普及的原因"，但他问道，它有没有"增进一丝一毫的道德提升呢"？法国历史学家伊波利特·泰纳公开哀叹"产生现代人的悲伤，并使我们头顶的天空笼罩上一层铅灰色的那些因素"。在《现代法国的起源：旧制度》（*L'Ancien régime*，1875年）中的一个著名章节，泰纳将中产阶级的激烈竞争与贵族生活的轻松自在作了对比："那时没有艰苦的童工劳动，没有激烈的竞争；没有不确定的人生履历和漫无边际的愿景。地位已经标出来，抱负已经被限定，妒忌心小到了极点。人们不像现在这样，惯于不满、苦恼和操心。当人们在某事上没有权利时，他对优待和特权不会有愤恨；我们今天只想着向前发展，当时的人只顾自娱自乐。"*

与料想中自由主义现代性将会带来的道德空虚相比，物质进步也不

---

* 这段译文出自［法］伊波利特·泰纳：《现代法国的起源：旧制度》，黄艳红译，吉林出版集团有限责任公司 2014 年版，第 149 页。《现代法国的起源》（五卷本）是泰纳的代表作，《旧制度》是第一卷，其余四卷分别是《大革命之混乱》《大革命之雅各宾》《大革命之革命政府》和《新秩序》。这套五卷本历史著作已有完整中文版面世，均由吉林出版集团有限责任公司出版。——译者注

那么讨人喜欢，这一思想在整个 19 世纪以及之后都一直存在。尽管该思想与政治没有直接关联，但当自由主义者援引道德作为其政治理由时，它成了反击自由主义者的武器。叔本华和索伦·克尔凯郭尔（Søren Kierkegaard）的哲学悲观主义可用来对自由主义的进步进行深层次批评。尼采主义也是一件称手的武器，它认为自由主义者保护弱者的人性冲动植根于妒忌和怨恨，这令自由主义者感到不安。20 世纪的思想家对自由主义现代性的哲学—道德失败不住地摇头叹息，他们或是不认同它的肤浅和不真实（如海德格尔［Martin Heidegger］，他认为我们"对众神而言来得太迟，对存在而言又来得太早"），或是不认同它伪批判式的轻率鲁莽（如西奥多·阿多诺［Theodor Adorno］，在他看来"完全开悟的地球会散发出灾难"）。

针对自由主义进步的公开政治指责集中在它过高的代价和意想不到的后果上。保守主义者认为，广泛的人类进步即便是可欲的，也是无法实现的。阿尔伯特·赫希曼在《反动的修辞》（*The Rhetoric of Reaction*，1991 年）* 一书中深刻地研究了右翼对自由主义进步所作的批评。他指出，所有这些批评可以归结为三个命题：无效（期望中的改变并未带来改进）、悖谬（推荐的解决办法使病痛进一步恶化）和危险（补救措施带来了其他的危害）。以此衡量，柯勒律治、海德格尔和阿多诺对自由主义进步所作的文化批评可归于无效命题（现代变革并未带来改善），20 世纪后期具有民族意识的评论者对经济全球化的指责可归于悖谬命题（外国人的收益无法与沉重的在地代价相提并论），21 世纪的批评者指责自由主义—现代社会对地球的忽视，可归于危险命题（经济增长使整个地球陷入窒息）——需要强调的是，这些 21 世纪的批评者超越了左右翼的界限。

自由主义观念的第四个要素主张国家和社会应平等地尊重每一个人，自由主义者从中看到了公共美德和同胞感，保守主义者从中看到了不切实际的希望和感情用事。在后者看来，尊重应该基于才干和阶层。如果尊重每一个人，无论他们是怎样的，也无论他们为社会做了什么或者本

---

    * 此书已有中文版面世，见［美］阿尔伯特·赫希曼：《反动的修辞：保守主义的三个命题》，王敏译，江苏人民出版社 2012 年版。——译者注

人取得了哪些世俗成就,那么这就不是尊重,而是一种伪善的嘲讽。对任何人完全的、不加区别的尊重是没有价值的。人在精力、天赋、成就或个性方面并不平等,某些人善于做事,某些人善于为人。除了法律上的平等对待之外,没有人理所当然地值得社会尊重。

保守主义对平等的否认可以是古代式的,也可以是现代式的。等级社会的愿景一直延续至19世纪,尤其体现在罗马天主教的官方思想中。教宗利奥十三世(Pope Leo XIII)倡导基督教社团主义,他在1878年发布的一份通谕中宣称,上帝规定了"市民社会的种种秩序,在尊严、权利和权力方面各不相同,国家也因之应该像教会那样是一个整体,由许多成员组成,其中某些人比其他人更高贵"。

保守主义的不平等论的现代形式更加微妙,它早在19世纪初便由德国汉诺威的怀疑论者雷贝格提了出来。在1803年出版的《论德国贵族阶层》(*Über den deutschen Adel*)一书中,雷贝格写道:"贵族的名号、头衔和徽章可以被褫夺,但高贵本身是无法被摧毁的。"他试图以优绩为标准在阶层和对阶层的期许之间作出区分,有些贵族治理得好(雷贝格想到了英国和汉诺威),有些则治理得糟糕(如1789年前的法国)。贵族阶层如此,每一个阶层也都如此,阶层中的某些成员表现良好,其他人则表现糟糕,成员身份本身不能说明任何问题。雷贝格所表达的正是后来才出现的保守主义的英才制(meritocracy)。

保守主义者还有另一个理由来反对平等。自由主义承诺要尊重每一个人,但这在事实上导致了行动的弥散化和对特定需求的忽视。自由主义者宣扬平等的尊重,却未能带来这种尊重。更确切地说,他们鼓励了或者说无视新的暴政:强者对弱者的暴政,富人对穷人的暴政,有产者对工人的暴政。在保守主义者看来,与其承诺平等的尊重,不如针对人们不同的需求和才干,确保有效的关切。

当自由主义所承诺的平等的尊重以民主的方式扩及全体人的时候,它的欺骗性更加严重,因为如此一来,该承诺即便不会变得具有破坏性,也可能流于空洞。在保守主义者看来,人无法做到同等的自我掌控,更遑论统治他人了。从经济上讲,人的不同努力无法要求获得同等回报。从伦理和文化上讲,人并不都能明智地判断哪些是生命中重要的,以及应该坚持哪种审美标准。然而出于一种策略上的审慎，主流保守派逐渐与民主自由主义的平等话语达成了妥协，尤其是在 1945 年之后。他们缓和并平息了自己对不平等的信念，学会了不要像年轻的索尔兹伯里（Salisbury）在 1862 年那样对"追求平等的疯狂热情"发出嘶吼 *，而是像艾森豪威尔（Dwight Eisenhower）在 1953 年 1 月第一次总统就职典礼上那样说："任何试图否认兄弟之间平等的人都背叛了自由的精神，并会招致暴君的嘲弄"——姐妹的平等要到以后才会实现†。保守主义对民主平等话语的采纳从未完全掩盖右翼最初的信念，即人类是不平等的，试图让他们平等是轻率和无法实现的。民主话语和保守主义信念之间的紧张一直伴随着右翼，直至今日。

iv. 保守派与自由派的共同之处

19 世纪晚期，社会主义者或改革者越来越强烈地要求实现经济民主，简言之就是让所有的人更加平等地从繁荣中获益，此时保守派和自由派发现了双方的共同之处，他们的观点分歧发生了软化。具体而言，自由派并非不信任权力本身，他们所警惕的只是对权力的滥用；作为进步的信

＊　这里指的是 19 世纪英国政治家、保守党领袖、曾三度出任英国首相的索尔兹伯里侯爵罗伯特·加斯科因-塞西尔（Robert Gascoyne-Cecil）。1862 年，塞西尔在《评论季刊》（*Quarterly Review*）第 112 卷第 547 页写道："政治平等不仅愚蠢，它还是一种幻想。讨论政治平等应不应该存在是徒劳的，因为事实上它从未存在过。宪法文本无论如何书写，芸芸众生中都将有领袖人物出现，这些人并不是民众选出的。如果民众愿意，他们可以设置政治平等这样的外在虚饰，并哄骗自己相信政治平等真的存在。但这样做的唯一后果是产生坏的而非好的领袖。每个社区都有天然的领导者，如果民众不是被追求平等的疯狂热情所误导，他们将本能地服从。"——译者注

†　1972 年，美国国会通过《平等权利修正案》，在 1920 年宪法第十九修正案赋予妇女投票权的基础上，要求在宪法中增加"不得因性别而剥夺公民在法律上的平等权利"等内容，谋求更广泛的性别平等。但目前该修正案仍未完成州议会批准程序，未能正式生效。——译者注

徒，他们的目标并不是以一个社会来取代另一个社会，而是要祛除社会自身的病症；同时他们也认识到，有权利就必然有义务。相应地，保守派也承认，既定的权力无须是不受限制、无可置疑和随心所欲的；他们承认，一个稳固、统一的社会也需要进行局部修复；他们不否认权利本身，为何要否认呢？毕竟财产的安全依赖于权利，他们反对的是税收过度扩张而导致的权利稀释和贬值。

在政治上，上述共同点使得双方可以结成持久的联盟，正如本书政党政治叙事所要呈现的。在智识上，这些共同点使保守派更难主张自己的观点有何独特之处，也使他们更难解释为何自己逐步接受了经济自由，却从未对文化自由完全认同。

保守主义观点和自由主义观点边界的模糊很早就被注意到了。德国政治观察家弗里德里希·比劳（Friedrich Bülau）在 1847 年写道，温和保守派并不追求一成不变，温和自由派也不主张全盘改变。在 1848 年的剧烈变革期间，德国右翼自由派戴维·汉泽曼（David Hansemann）告诉友人："昨日之自由成了今日之保守，从前的保守派乐于与从前的自由派携起手来。"白芝浩（Walter Bagehot）在 1856 年的《智识保守主义》（"Intellectual Conservatism"）一文中表达了相同的观点，他写道："在很大程度上，每一位自由派如今都是保守派。"这些早期观察者注意到了一些新的、对保守派而言值得牢牢抓住的东西，那是一个可以被称为自由主义现状的现代政治框架。

这种模糊在美国表现得最为明显，作为共和党前身的美国辉格党人从一开始便将自由主义和保守主义元素结合在一起。简单地说，辉格党人在经济上是亲资本主义者，奉行自由主义；在奴隶制问题上是半自由主义者；他们同时对选举民主和文化民主充满忧虑，又可算保守主义者。这种对自由—保守的跨越也明显存在于欧洲。德国这方面的例子包括土地主兼商人威廉·冯·卡多夫（Wilhelm von Kardorff），他领导了亲俾斯麦的自由保守党，并创建了德国工业联盟；还包括魏玛共和国时期右翼自由党人领袖古斯塔夫·施特雷泽曼（Gustav Stresemann）。1945年后法国自由保守主义的典型代表是亲市场的安托万·比内（Antoine Pinay），他自称"消费者先生"，所领导的独立党后来与瓦莱里·吉斯卡

尔·德斯坦（Valéry Giscard d'Estaing）领导的中右翼政党合并。在 20
世纪 70 年代之前的美国，自由保守派可以轻易地从亲市场的、对文化
持开放态度的"洛克菲勒共和党人"＊中间发现。英国这方面的典型是
1957 年至 1963 年担任英国首相的"温和派"保守党人哈罗德·麦克米伦
（Harold Macmillan）。

v. 保守主义观点的适应性

　　这里出现了一个无法回避的问题，那就是：两百年前那不同的历史
条件下所提出的保守主义观点与今天的保守派观点在多大程度上是相
同的？如果它们不是一回事，那么谈论当时和现在共同的保守主义观念
似乎就是错误的。进而，如果没有共同的观念，那么认为存在一种传统
或实践的看法也将是一种误解。在这里，自洽似乎与连续性发生了
冲突。

　　学者们试图通过多种途径来解决这个连续性—自洽的问题。对 1927
年的卡尔·曼海姆（Karl Mannheim）来说，保守主义是对土地利益及其制
度的原则性的捍卫，反对引起不稳定的现代变革，但他这种有时限的保守
主义有可能止步于 19 世纪。相比之下，亨廷顿在 1957 年认为保守主义
是"情境式的"，其"本质"是捍卫现行秩序，无论是什么样的秩序，也无论
在何时何地。随着时间的推移，亨廷顿式保守派没有也不需要有任何共
同的思想或言论。1996 年，迈克尔·弗里登（Michael Freeden）则试图通
过对连续性和变化分别进行测量来将两者联系起来。按照他的观点，过
去和现在的保守主义者有着共同的观念，并根据情况的变化不断调整其
具体内容。

　　＊　指 20 世纪 30 年代至 70 年代的美国共和党党员，在国内问题上持温和及
自由主义的立场，与曾担任纽约州州长和美国副总统的纳尔逊·洛克菲勒
（Nelson Rockefeller）的主张相近。——译者注

事实证明，保守派可以娴熟地运用弗里登所提及的方式对其观念进行重述以适应不同的时代。换句话说，保守主义观念做到了内容变而神不变。比如关于社会团结的观念，第一代保守主义者从"有机体"角度，将社会团结理解为一个由阶层和身份构成的等级结构。无论相信与否，迪斯累里在19世纪中叶还依然在使用这样的话语。然而，这种有机体的比喻让位于阶级斗争和民主这样活生生的事实，社会团结也随之从人民和国家的角度被重新思考。人民被想象成一种文化的或种族的整体，作为一个国家（nation）共同行动，有着一致认可的过去和共同的（往往是帝国的）命运，以向世界传播英国性、法国性或美国性。1945年之后，关于"人民"一体的言论被当作极权主义或种族主义而受到禁止，排他性民族主义也被认为是危险和不可信的；但随着时间的推移，这些教训被遗忘了。随着21世纪硬右翼的崛起，"人民"一体的言论再次出现，竞争性民族主义也被认为是合理的。经历了这种种变化，社会团结观念所发挥的作用正是一个团结的社会所无法容忍的：多样性、分裂和制造麻烦。

保守主义者最初所捍卫的权威是特定的和个人的，如地方乡绅和法官、神职人员、教师等。随着时间的推移，权威日益变得非个人化，如国家的法律权威（拥有最终裁决权）、市场的经济权威（向那些无力支付的人说不）、社会的规范权威（管控伦理和文化标准）。

对保守主义者而言，财产的观念最初与特定场所和特定所有者相关联，尤其是土地阶层。对财产的保卫很容易与保卫乡村反对城镇、保护农业反对工业、保护士绅反对商人相混同。到19世纪，保守派眼中的保卫财产又与支持老板反对工人、支持市场反对国家相混同，这在本书关于威廉·马洛克（William Mallock）和威廉·萨姆纳（William Sumner）的部分将有体现。财产依然是保守主义者捍卫的对象之一，但财产的范围日益扩展，有产者不再是一个特殊的社会阶层。在过去，财产是肉眼可见的社会颜面，被篱笆围起来，人们在路过的时候往往怀着钦佩、妒忌或渴望之情。如今，财产也可以是约定的或虚拟的，这种想法至少可以追溯到马克思的时代，但资本主义的拥护者熊彼特亲身见证了这种变化，他在1942年写道："通过用区区一组股份来代替工厂的厂房和机器"，资本主义"带走了财产观念的灵魂"。金融并非唯一一种获得非个人和虚拟属性的财产类型，现如今，财产已开始包括一种被称为"人力资本"的多元、实质的财产组合：技能、教育、特权访问和社会关系。通过这些变化，财产观念在保守主义思想中持续发挥一种社会稳定器的作用：借用黑格尔的话说，它赋予人以"人格"，一种在市民生活中有效行动的能力，无财产即无人格。

　　无论体量还是影响力，19 世纪 30 年代的国家（state）都与 21 世纪的国家几乎没有相同之处。那时，在和平时期，富国的国家支出远不足国民收入的 10%，如今却高达 40%—60%。那时的税收同样很低，几乎没有人拖欠税款。那时人们谈论国家需要借助于邮车这样的方式，如今则借助于万维网"通信"。尽管如此，保守主义对国家影响力和体量的担忧却是一样的，使国家扩张或收缩的经济压力（如战争或和平、繁荣或贫困）也一如既往。与过去一样，如今的国家依然时而彼此开放经济，时而又走回头路。在伦理和文化上，保守主义者依然在进行与过去风格相同的争论：国家应该在多大程度上支持教会，或者在多大程度上管控言论和个人道德。

　　习俗和传统的智慧逐步与濒危或过时的制度相分离，也与旧信仰和旧哲学相分离。1945 年之后，习俗和传统的智慧被巧妙地转化以适应时代需求。政治习俗被重塑为审慎和坚定，不受意识形态的干扰。经济习俗被代之以市场所应具备的自我修正的特性。而习俗这一观念本身依然在起作用：它阻止批判或浮夸的思想干预政治，也阻止国家随意干预经济。

vi. "保守主义""右翼"以及其他标识方面的困难

　　保守主义的故事涉及温和派与激进派、中间派与极端派、经济论者与伦理论者、排外者与包容者、分裂者与团结者。保守主义者可划分为"反动的""安于现状的""革命的""极端的""新的""古老的"等类型。根据其主要关注点，保守派又可分为政治的、文化的、宗教的、环保的和道德的保守派。哲学家西蒙·埃夫尼（Simon Evnine）曾恰当地表示，保守主义是一个"地方性的竞争体"。

"保守主义的敌人，"亨廷顿写道，"不是自由主义，而是激进主义。"的确，保守派常常抱怨右翼激进派。梅特涅曾恼怒地叫嚷说，正统主义者所能合法化的全部东西就是革命。在法兰西第三共和国建立之初，阿道夫·梯也尔（Adolphe Thiers）＊也曾这样指责一位反对他的保皇党人："有必要使心态平和下来，五十年来你们怒气冲冲，未能建立起任何一个政府——从这种状况中获益更多的是左翼而非保守派。"但亨廷顿观点的错误之处在于，它将激进派当成了一种政治类型，或者说将激进主义当成了一整套观念。"激进"与"温和"并没有实质性内容，它们只是修饰语。激进主义与温和所影响的只是速度、姿态和风格，与内容无关。两者的区别只是如何实现目标和如何采取行动：究竟是以僵化的方式还是以灵活的方式，是狂热的还是有节制的，是诉诸冲锋式的一味猛冲还是防御式的步步掘进，是一心消灭对手还是容许达成妥协，是无征服便不能生存还是有能力面对战败和失败而依然存在。

保守派可以是激进的也可以是温和的，这取决于他们所处的竞争状态、竞争筹码，以及哪一方进攻、哪一方防御。保守主义对习俗、团结乃至政治谦逊的呼吁可以采取温和的方式，如强调对社会的责任，实行"一国"保守主义†并淡化阶级分野，奉行政策上的渐进主义；也可以采取极端的方式，如对他者污名化，否认社会多样性并对内部敌人展开围猎，诉诸排他性的民族主义，以及将温和派对手抹黑成激进派和极

＊ 梯也尔是法国自由派政治家，曾担任法兰西第三共和国首任总统。——译者注

† "一国"保守主义（"one-nation" conservatism）是英国首相本杰明·迪斯累里提出的一种温和的保守主义政治理念，认为社会发展应当以有机的方式进行而不能进行人为设计，主张在一个政治民主的框架内维持既定的制度和传统的原则，实行有利于普通民众的社会和经济政策，社会成员之间应相互帮助和承担义务，尤其强调精英阶层的义务，主张精英阶层要帮助下层，调和各阶层的利益，而不能仅仅将社会利益等同于工商阶层的利益。——译者注

端派。

当遭遇压力时,右翼往往愿意扮演激进派角色,他们或反对多数意见,或反对法治,或反对既定的习俗。他们包括:1870 年至 1880 年的法国反共和党人;1910 年反对英国上议院改革的托利党"顽固派"＊;英国保守党领袖博纳·劳(Bonar Law),他在 1912 年 7 月这样鼓动北爱尔兰武装叛乱以反对爱尔兰自治——"我想象不出有什么能够阻止北爱尔兰这么做,我也不准备去阻止他们";魏玛共和国早期支持武装反抗的德国保守党人;20 世纪 50 年代和 60 年代的美国南方保守派,他们反对法院取消学校种族隔离的判决;英国的反欧保守派,他们在 2016 年之后无视英国分裂的民意,藐视宪法规则,再次施展自 19 世纪晚期以来在欧洲和美国所熟知的那种激进右翼的吸引力,将一个不受他们掌控的民选议会与他们民粹主义想象中的"英国人民"对立起来。

"自由"(liberal)作为一个政党政治标签,最初由西班牙立宪派所创造。†不久之后,"保守"(conservative)一词开始在法国出现,夏多布里昂创立的《保守派》杂志被认为是该词在党派意义上的一次早期运用,尽管

＊ 1909 年,英国自由派政府为推行其福利计划,由财政大臣劳合·乔治提出了人民预算,对富人开征新税以筹措财源来增加福利,这项预算案在下议院以多数票通过。上议院保守派贵族表示反对,议员们经过长时间辩论,最后否决了这个预算案。上议院的做法被认为是一种违宪行为,侵犯了长久以来下议院所享有的掌管钱袋的权力,引发了一场宪政危机。迫于压力上议院后来还是通过了人民预算。经此一役,上议院的立法否决权引起了各方忧虑。1910 年,新组建的自由派政府提出了一项旨在限制上议院否决权的立法案,该法案因托利党"顽固派"的极力反对而被上议院再次否决。同年 5 月,新登基的英王乔治五世在自由派政府的游说下表示,如果有必要,他将册封 500 位自由派新贵族进入上议院(英国上议院议员并非选举产生,在此之前英王也曾多次通过册封新贵族来解决上议院和下议院之间的纠纷),以打破保守派贵族在上议院的多数局面,确保法案顺利通过。在这种情况下,保守派贵族妥协,于 1911 年 8 月 10 日投票通过了该法案,这就是英国历史上著名的 1911 年国会法。该法案实质上取消了上议院的立法否决权,代之以立法延宕否决权,简单地说,对于下议院通过的财政案,上议院至多可以拖延 1 个月生效;对于其他立法案,至多可以拖延 2 年生效(1949 年国会法再次缩短为 1 年)。——译者注

† 关于西班牙立宪主义者最早对该词的使用,可见[美]埃德蒙·福赛特:《自由主义传》,第 9 页。——译者注

这个词在此之前就被用来表达一种宽泛的关于政治谨慎的观点。不久之后的 1823 年，德国律师路德维希·哈舍尔（Ludwig Harscher）在"保守的自由主义"与"破坏性自由主义"之间作了令人称赞的对比，为后来历史上频频出现的知识融合与跨党派联盟进行了早期的言辞洗礼。19 世纪 20 年代的英国托利党人依然对使用来自法国的新词保持距离，比如卡斯尔雷子爵说"我们英国的自由主义者"（libéraux），威灵顿公爵说"这个国家的保守党"（parti conservateur）。这些新标签很快就英国化了。到 1830 年，托利党刊物《评论季刊》（Quarterly Review）宣称，托利党可以"更恰当地"被称为"保守党"。

在美国，"保守主义"与"右翼"可以互换使用，用来指称与自由主义相对立的整个阵营。在共和法国，人们往往认为真正的保守主义从未存在过。2017 年，思想史家弗朗索瓦·于格南（François Huguenin）称保守主义是法国的"重要缺席者"，这常常也是人们对法国自由主义的看法。保守主义或自由主义的实践要么与一个绝佳范例捆绑得过紧以至于无法输出（如英国保守党），要么被构想得过于宽泛而无法实现。在法国，"右翼"（la droite）一词包含了其他国家称之为保守派的流派，德国的"右翼"（die Rechte）一词亦然。如果词语本身足以说明问题，那么德国在一个世纪以来都不存在保守主义。自 1918 年以来，"保守主义"（Konservatismus）一词在德国意味着失败的反动、顽固的自命不凡或过度的激进主义，这种关联正是德国硬右翼中聪明的少壮保守派所要努力克服的。

在上述四个国家的右翼政党中，只有英国历史悠久的保守党在其名称中一直保留着"保守"字样。德国右翼在 1918 之后不再使用"保守"一词，认为它呆板和累赘。法国右翼主流派自 20 世纪头十年以来一直使用不断变换的首字母缩写来给自己命名，如 UR、ARD、AD、RPF、RPR、CNI、UNR、UDR、UDF、UPR、UMP 等，其中没有一个包含"保守"一词。在美国重建时期＊，南方民主党反对派曾短暂称自己是保守党人，但

＊ 指 1865 年至 1877 年这个时期。当时美国内战刚刚结束，南方邦联和奴隶制被摧毁，美国努力解决南北战争的遗留问题。——译者注

20 世纪头十年之后,美国共和党一直被认为是保守派政党,民主党则被认为是自由派或进步派。

如果左右划分作为"自由主义—现代"政治的基石被重新认可,那么上述看似混乱的局面就会显示出某种秩序。除非我们将政治当作一种赢者通吃的零和博弈,否则只要承认政治场域存在持久的左右分野,那么大体上说,也就意味着承认了政治是存在于多样性中的无止境争论。简言之,它意味着接受了自由主义之民主的一个核心要素,即承认社会冲突不可平息,需要左右翼在政治层面展开争夺。对此,英国思想家史蒂文·卢克斯(Steven Lukes)在 2003 年有很好的表达:作为一个"看似天然却具有历史偶然性的空间性比喻",左右划分是"无处不在的、可调适的、普遍的和异常多样的",它体现了"同等地位的替代选项之间的地方性和合理冲突的原则"。

在一个开放的场域追踪政治的左右划分需要避开卓越或支配。左翼从未完全放弃他们为全人类代言的神话,右翼也从未完全放弃他们认为自己是生长在无思想社会躯体上的睿智头脑的自我想象。左右划分往往被认为是多余的或陈旧的,但这种划分却一直存在。无论左翼还是右翼思想家都很容易发现自己与对方处在对立的位置。如果没有对手,那么争论以及——至少对自由主义者来说——政治本身就会死去。

vii. 保守主义者的困境

1962 年,当克林顿·罗西特(Clinton Rossiter)反思作为一位保守主义者的困难时,他称保守主义是"吃力不讨好的说服人"。德国思想家尼克拉斯·卢曼(Niklas Luhmann)有着类似的看法,他曾写道(这里将他的睿智话语颠倒一下顺序):进步派通常以挫折告终,保守派通常以挫折起步。保守派一开始便是天生的统治者,后来失去了权威,借助于与自己最初所反对的自由派和民主派的妥协,他们重新赢回了权威。保守派发现他们掌控着一个并非自己心中所爱的现代世界。

　　这里的挫败感不是气质上的，而是政治上的。保守派在受挫时可能脾气暴躁也可能情绪良好，这取决于具体的人和所处的时间。当时运不济时，脾气不好的保守派会说："看，如我所料吧！"情绪良好的保守派会本着休谟般的友善精神，对挫折一笑置之，将它看作"不完美政治"的预期结果。此外，将保守主义当作一种道德气质也似乎是对时代过于敏感了。1958年，美国政治科学家赫伯特·麦克洛斯基（Herbert McClosky）对保守派做了一次民意调查，发现他们通常"疏远""顺从"和"有些精神不振"。社会心理学家乔纳森·海特（Jonathan Haidt）也做了相同的研究，他在《正义之心》（*The Righteous Mind*，2012年）* 一书中发现，典型的保守派比典型的自由派能够更好地平衡生活的需求。果真如此的话，我们就有理由弄清楚为何现在的保守派给人的感觉是如此愤怒。也许关键的一点是，保守主义属于政治范畴，而不属于社会心理范畴。

　　政治保守主义之所以受挫，是因为它所面临的困境从未远去。保守主义者对社会团结和共同信仰的呼吁究竟是发自真诚还是言不由衷？他们所喜好的行动方式究竟体现了勇敢的立场还是令人遗憾的妥协？他们所拥有的究竟是一整套原则，以使自己能够在资本主义的创造性毁灭中决定应该保存什么，还是一种不考虑时间和地点的即兴的追求，只关注此时此地的有效性？

　　许多保守主义者认为，社会的团结和秩序有赖于一种共同的信仰。这种信仰不必然是宗教的，但它必须足够严肃和有力，能够将人们约束在不加反省的忠诚之中。如果是这样，那么保守主义者便面临一个问题：人们皈依这种信仰，究竟因为它是正确的，还是因为它对社会秩序是有用的？要使社会的和平与秩序所依赖的制度获得虔诚的信任，并保护它们免遭开明之批评的怒目凝视，那么这些制度的偶然起源，有时甚至是自私的目的，就必须掩盖在神秘的光环下。也就是说，社会需要保护自己免遭一种道德讽刺的攻击，这种攻击也就是：揭去公开宣称的美德面具，暴露隐藏于其后的自私利益。揭去社会和文明本身的面具，正如

---

　　* 此书已有中文版面世，见[美]乔纳森·海特：《正义之心：为什么人们总是坚持"我对你错"》，舒明月、胡晓旭译，浙江人民出版社2014年版。——译者注

马克思、尼采和弗洛伊德的"怀疑解释学"* 所做的,对保守主义者(但不限于保守主义者)带来了更加严峻的威胁。对这种威胁的回应是,要么在事实层面挑战揭开面具者,要么承认社会和文明的确是面具,却是必要的面具。

理查德·胡克(Richard Hooker)对清教徒式热忱和天主教教条主义的担忧构成了其对伊丽莎白宗教解决方案†进行辩护的基础。他透露出这样一种观点:一种可穿戴的正统观念是社会和平所必需的,无论这种观念是什么。这一观点在霍布斯和斯宾诺莎那里有着明确的表达。在《论公民》(*De Cive*,1651 年)‡中,霍布斯写道,君主有责任牢牢控制大学,以免它们产生具有煽动性的思想家,这些思想家中的聪明者将会遮蔽公民和平所依赖的"健全教义",愚蠢者将从公共讲坛煽动无知的人们。斯宾诺莎对神职人员和教会充满了不信任,他在《神学政治论》(*Tractatus Theologico-Politicus*,1670 年)§中辩称,尽管一个人的信仰是私人的,无法从外部加以控制,但公共崇拜却是一项社会事务。他在《神学政治论》第十九章写道:"要正确地服从上帝,外在的宗教活动就必须与共和国的和平相适应。"也就是说,国家应该为了社会秩序而看护一

---

*　"所谓的'怀疑解释学'指的是对被解释对象直接表达出来的意义持不相信、不信任的态度,主张要追溯并破解其内在的被掩盖起来的驱动力的因素,认为表面的意义只是这种被掩盖的内驱力的面具,而解释要作为怀疑和消除这种面具的策略或手段。在利科眼里,怀疑解释学的三大代表是马克思、尼采和弗洛伊德,他们共同的特点是都开始怀疑虚假的意识,并利用解释这一策略来加以揭穿,他们扮演着怀疑的角色,同时也是面具的撕裂者。"这段话转引自何卫平:《信心解释学与怀疑解释学——从保罗·利科谈起》,《哲学研究》2017 年第 5 期,第 91—98页。欲进一步了解"怀疑解释学",可见[法]保罗·利科:《解释的冲突:解释学文集》,莫伟民译,商务印书馆 2017 年版。——译者注

†　伊丽莎白宗教解决方案是指 1558 年至 1563 年英国女王伊丽莎白一世所发布的一系列关于宗教活动的法律和决定的统称,延续了其父亨利八世所开启的英国宗教改革。——译者注

‡　此书已有中文版面世,见[英]霍布斯:《论公民》,应星、冯克利译,贵州人民出版社 2003 年版。——译者注

§　此书已有中文版面世,见[荷]斯宾诺莎:《神学政治论》,温锡增译,商务印书馆 1963 年版。——译者注

种共同的信仰。胡克、霍布斯和斯宾诺莎都以各自的方式，对使人不安的、看似不可逆转的信仰的多样性这一事实作出回应。在论述中，他们都对1555年《奥格斯堡和约》和1648年《威斯特伐利亚和约》所确立的政治共识进行了确认，那就是：承认宗教差异的历史事实，接受中世纪普世主义的终结。

保守主义对宗教作为社会防波堤的辩护可能是真诚的，如1878年，当德意志帝国议会围绕俾斯麦的反社会主义法律展开辩论时，威廉德国保守党领袖奥托·冯·赫尔多夫（Otto von Helldorff）赞同这样的观点："只有宗教对职业和工作的看法……才可以战胜社会民主主义。"此时，赫尔多夫并非在演戏。与此同时，权力对宗教的利用也可以是表演式的。回想一下前文提到的夏多布里昂，查理十世的加冕礼使他厌恶，他问自己谁会被这样的场面所愚弄。美国学者杰瑞·穆勒（Jerry Z. Muller）在1997年对这种困境作了精辟的总结："一起祷告的家庭成员可能会生活在一起。然而，如果家庭成员一起祷告以求得生活在一起，那么他们最终会发现既无法一起祷告也无法一起生活。"

保守派捍卫或者曾经捍卫过的制度安排可以列一个长长的清单，其中不仅包括一直延续到19世纪的"以前的建制"，如君主统治、国教、贵族特权、有限选举权和信仰资格限制等，还包括获得保守派支持的公民投票式威权主义、君主立宪制、成文与不成文宪法、集中制和联邦制的国家、宗教不宽容以及宗教自由。保守派曾努力试图维系的许多制度有的垮掉了，有的失去了权威，有的消亡了。保守主义有没有因此就变得无用，成为一种失败的壮举，或者一出悲喜剧？保守派是否如拜伦的长诗《唐璜》中的"英勇的骑士"那样，"徒劳地苦战/只因有人不善用权力又不放弃权柄"？

对此，讲究实际的"现实主义"保守派有一个现成的答案：习俗服务于社会秩序，直至它不再服务为止。只要习俗还在起作用，它就应该维系下去，嘲笑或者破坏习俗都是愚蠢的。一旦习俗在历史变化的压力之下遭到削弱，保守派也无须去为习俗续命。习俗与规则、制度、权威和标准一样，其本身没有价值，它们的价值端在于它们有利于维持社会和平并保持长久的繁荣。寄望于从保守派"现实主义者"那里得到一种超越历史的标准,并据以判断什么需要保守、什么需要放弃,是徒劳的。保守派的标准是一种以结果来评判习俗的历史结果论:习俗在它的时代有用吗?

保守主义者仍须运用这一测试标准,他们必须判断何时应该停止保守那些不可保守的。他们对习俗的分类——存在的、消亡的或有待修复的——在很大程度上并不仅仅依赖于对未来的直觉。如果缺乏清晰的原则,那么就不容易得出合理的判断。保守主义者往往高估自己所认同的制度的生存概率,将它们的崩溃归咎于恶意干涉而非制度的内在缺陷。比如,伯克便认为,如果不是因为第三等级的律师和知识分子将三级会议变成了一场围绕理想宪法所展开的无效吵闹,法国君主制和法国社会在1789年原本是可以修复的。19世纪中叶以卡尔霍恩(Calhoun)为首的美国保守派认为,如果不是因为北方废奴主义者的鼓动和干预,美国南方各州的奴隶社会原本是可以维系的。同样地,20世纪20年代拒绝与魏玛共和国和解的德国保守派声称,如果不是因为敌对的布尔什维克和胆怯的社会民主党人倒戈,普鲁士君主制原本是可以挽回的。对此,“现实主义”保守派会回应说,检验保守主义判断的试金石存在于历史记录之中:历史会表明,尽管保守主义有着上述失败记录,但是当需要判断何时应该捍卫已经动摇的制度或价值观、何时应该顺应不可避免的变革时,有适应力的保守派作出正确选择的次数多于错误选择的次数。这种历史主张,即便我们认可它的真实性,也不表明存在(哪怕任何一种)基础性原理,从而使人们能够提出至少是出于辩护目的的种种看似惊人的精明猜想。

viii. 为传统而战

用20世纪20年代一位英国托利党人的话说,保守主义的故事可谓是“执掌权柄的男人们”(以及更晚近一些的女人们)所进行的“没有尽头的冒险”。它还涉及持续的、多方面的政治哲学争论。如果没有了争论,整个故事就会失去意义,就好像冒险家不知道自己的冒险是为了什么;如果没有了冒险，争论和观点就会变成缺乏历史内容的自说自话。为清晰起见，我将整个故事分成四个时期来讲述，每一个时期都会谈及保守派政党和政治家，以及保守主义思想和思想家。

最初的保守主义者身处动荡的变革时期，他们从当时盛行的制度（如君主、教会和贵族制）、法律模式（如所有权和继承）或社会形式（如服从、信仰和忠诚）入手，汲汲于寻找秩序。自由主义现代性是慷慨的，它令作为其论战对手的保守主义一次又一次陷入与强大敌人的搏斗和对抗之中：第一个敌人是自由资本主义，它消解了旧有的政治秩序（19世纪中叶）；第二个敌人是经济民主的要求，它又分为弱的改良主义和强的社会主义两种形态（19世纪末20世纪初）；最近的一个敌人是伦理和文化民主，这在保守派看来是一种万事皆可为的无规则状态，其罪魁祸首是自由主义的放纵和糟糕的哲学（20世纪末21世纪初）。在每一个时期，保守主义者都要重新思考和表达他们从革命的批判者那里继承而来的最初的承诺：社会团结、习俗的权威、对进步与平等的不信任以及政治行动的局限性。

贯穿保守主义叙事的是一种反差：政治成功与智识不确定性之间的反差。右翼主流派认为自己在治理和看管自由主义的民主方面比左翼做得更好。他们声称自己更好地处理了现代社会彼此冲突的各种要求，比如究竟是要创新还是要稳定，要商业效率还是要社会公平，要全球视野还是要地方福祉。如果你问妥协的保守派的主张是什么，他们会指出自己在自由主义民主体制下占优势的执政记录，以及自由主义的民主尽管本身有种种缺陷但依然是最不坏的政治制度。在对右翼及其主张表示怀疑的人们看来，持自由主义立场的右翼主流派是自满的和与现实脱节的。在政党政治领域，硬右翼认为现代自由主义之现状并非值得夸耀之物，而是需要被推翻的东西。在政党政治之外，来自右翼的伦理和文化批判者认为，现代自由主义是一种错误和丑陋的生活方式。

在现代变迁中，保守派应当保持并传承哪些有价值的东西？保守派究竟有没有自身的一套智识传统，抑或仅仅是一系列反自由主义的批评和不满？保守主义究竟是一种具有独特价值观的实质性传统，抑或仅仅是一种主张审慎处理的风格和传统？这些问题在保守主义的故事中一再出现。此外,还有一种争论贯穿保守主义故事的始终,那就是:应该在多大程度上与自由主义现代性达成妥协？这种争论使保守主义叙事变得生动和具体化,保守主义也因此在两种意义上成了为传统而战:其一,为识别并保卫被自由主义现代性所破坏的传统而战;其二,保守派内部为争夺自身的传统而战。

第三部分

保守主义的第一阶段
（1830—1880 年）：
抵抗自由主义

1830 这一年

1830 年,人口、贸易和旅行在快速增长。法国有 3 300 万人口,英国有 2 400 万人口,美国有 1 300 万人口(其中 200 万是奴隶)。拥挤的伦敦居住了 150 万人,巴黎有 80 万居民,柏林和纽约分别有 25 万和 20 万居民。大多数法国人工作和生活在乡村,英国已有四分之一的人口在城市工作,其中许多人受雇于工厂。人口出生时的平均预期寿命是 40 岁左右,10 岁儿童的平均预期寿命有望达到 50 岁。

这一年,曼彻斯特和利物浦之间开通了铁路,缝纫机和割草机的发明被授予了专利,德国出版商贝德克尔策划了首个旅行指南,申克尔所建造的新古典主义风格的旧博物馆在柏林开放。

这一年,有许多书籍出版,包括莱伊尔(Lyell)的《地质学原理》(*Principles of Geology*)、司汤达(Stendhal)的《红与黑》(*The Red and the Black*)和约瑟·斯密(Joseph Smith)的《摩尔门经》(*Book of Mormon*)。柏辽兹(Berlioz)的《幻想交响曲》(*Symphonie Fantastique*)在巴黎首次上演。

这一年,威廉·黑兹利特(William Hazlitt)和邦雅曼·贡斯当(Benjamin Constant)先后离开人世。卡米耶·毕沙罗(Camille Pissarro)、艾米莉·狄金森(Emily Dickinson)、索尔兹伯里侯爵罗伯特·加斯科因-塞西尔(Robert Gascoyne-Cecil)和后来遭到流放的巴黎公社无政府主义者路易斯·米歇尔(Louise Michel)在这一年出生。

这一年,复辟的波旁王朝在巴黎被推翻。英国分裂的托利党失去了权力,改革的辉格党重新掌权。德国各地的保守派法庭扼杀了要求自由和民众参与的呼声。杰克逊派民主党和原共和辉格党人造成了美国政治的分裂,自由劳动的工业化北方与蓄奴的农业南方之间的冲突愈演愈烈。

这一年,美国总统安德鲁·杰克逊签署了向密西西比河以西"转移"的《印第安人迁移法案》,法国军队开始了对阿尔及利亚的血腥占领。

第三章
政党与政治家：失去了权威的右翼

最初的自由主义者自认为是建设者，他们认为自己的任务是取代被社会变革动摇了的僵化的、不具适应性的政府框架。他们自认为是社会的新权威，在前任权威失去控制和不被信任之后登场，在一个灵活的新框架中确保政治秩序。

对保守派来说，自由主义讨人喜欢的自我形象建立在一种错误之上。在他们看来，自由派是破坏者，比革命派好不了多少。保守派认为自己是天生的政府党派；相比之下，自由派是无经验的篡位者，很快就会因不切实际的幻想、错误且自相矛盾的社会图景和无法避免的严重错误而名誉扫地。右翼的权威并未失去，仅仅是被自由主义有害的政治运作遮蔽了而已。保守主义的首要任务是消除错误并重新确立自己的权威。

重建权威的愿望表明保守派误判了社会力量的对比，也未能把握新政治博弈的性质。诚然，土地精英、地方显贵、士绅、乡绅、社会名流以及旧阶层和旧制度依然存在，许多旧势力也都毫发无损。这些过去的精英及其保守派助手，如法官、官员、军官、神职人员和教授等，在19世纪的大部分时间里也的确继续存在。1880年，英国下议院652名议员中有325名是年轻的贵族、准男爵或士绅。直到1912年，德国保守党议员中还有五分之二是有头衔的贵族。然而，自由主义现代性已经带来了明显的变化，从根本上破坏了这种表面上的连续性。

这些精英已不再享有无可置疑的权威。如欲获得并保持权力，就必须对权力进行争论、分享和交换。如果右翼要重新赢得权威，也即重新掌握公认的、既定的和合法的权力，他们就必须为权力展开争论。成功地破坏了旧制度合法性的自由派，并非如伯克对1789年法国人的讽刺那样全都是妒忌而又自命不凡的三流文人。在某种意义上，自由派也仅仅是信使而已，他们代表了一种要求苛刻的新的公民类型，这些新公民乐于质疑权威，政治秩序如今在很大程度上依赖于新公民的同意。伯克之后不久的贡斯当更加敏锐地觉察到，这种新公民属于中产阶级，他们将成为社会秩序和经济繁荣的基石。这些新公民正是保守派要说服和争取的对象。

随着现代政党政治在19世纪初出现，保守派相应地面临一种战略上的选择。第一个选项是重新获得无可争议的权威，在这种选择之下，保守派要么成为向后看的复辟主义者，如1830年之前的法国极端保皇党人和1848年之前的德国绝对论者；要么成为努力控制当下的威权主义者，如拿破仑三世和俾斯麦。第二个选项是放弃绝对控制的梦想，接受自由派的势均力敌，按照自由主义的规则努力赢得新游戏的胜利。后一种选项正是大多数英国和美国（南方除外）右翼的选择。这样一来，右翼就必须接受一种以争夺权威和无休止争论为内容的政治，他们必须在受到自由派支持的政府框架内展开对控制权的争夺。

这种自由主义框架包括议会的最高权威、普遍公民权和公民平等。它使自由主义关于限制权力、平等尊重的核心理想具体化，这些理想反过来又从自身所主张的制度框架中汲取了内容。此外，由于自由派相信社会是可以改善的，他们因此青睐一种具备能力与权威的国家，以促进社会进步并消除阻碍社会进步的障碍；也就是说，自由派赞同统一的大型民族国家、完整的市场和巩固的中央权力。随着这种自由主义框架在19世纪初期出现，它使保守派面临一个选择：或者努力在该框架内占得上风，或者试图以非自由主义的替代方案取而代之。议会的权力、公民的权利和国家的能力范围成了保守派内部的争论对象。

保守派作出上述选择的方式、强度和时机各不相同。在1789年之后的法国，旧的社会权威和政治结构不复存在，新的权威和结构有待建立，而寻找一种持久的新框架的任务直到19世纪80年代方始完成，部分是因为法国大多数右翼阻挠这种探索。自由主义的民主直到获得右翼温和派的默许之后，才开始在法兰西第三共和国巩固下来。在英国，新的社会权威在 1830 年之后开始出现，与此同时旧的制度结构被保留下来并经过了民主调整。与法国类似，英国的右翼同样进行了长期的战略性撤退，最终作出让步并为 20 世纪的复苏作了准备。在德国，旧势力得以幸存，却需要在创立于 19 世纪 60 年代和 70 年代的临时性混合结构中为争夺民主权威而苦苦挣扎。20 世纪初，在民主和战争的双重压力下，德国的旧势力最终崩溃。在分裂的美国，建立新结构和新权威的努力一直持续至 19 世纪 70 年代以及之后，最终在 20 世纪中叶尘埃落定。在上述每一个国家，自由主义现代性的表现好坏严重依赖于右翼如何在妥协与抵抗之间作出选择。

i. 法国右翼的仓促应对

对法国右翼而言，妥协被证明是一个制胜的选择。到 19 世纪末，民主自由主义已经在法国稳固下来，其过程充满了崎岖和坎坷。右翼的其他选择，如反动和专制，也曾是充满诱惑力的替代选项。在左翼所引发的共和或民主的动荡时期（1848 年和 1871 年），右翼出于对革命的恐惧而联合起来；而在其他时期，右翼则陷入内部纷争，围绕哪个才是最不坏的选项而争论不休。在 1815 年至 1830 年的波旁复辟时期，受限的绝对主义招致了自身的失败。在 1830 年至 1848 年，奥尔良派显贵所主导的自由主义君主制在一个中央国家中促进了现代市场的发育，却忽视了要求民主的压力，最终导致 1848 年革命爆发。在 1848 年至 1870 年，波拿巴主义曾一度成功地将经济自由主义、公民投票式专制和对教会的再赋权结合起来，却屈服于自由主义的改革，并因挑起与更强大的德国之间的战争而使自身走向败亡。在法兰西第三共和国的头十年，也就是 19 世纪 70 年代，近代君主制以闹剧般的方式走向终结：来自正统派、奥尔良派和波拿巴派的三位竞争者，如梯也尔所说，为争夺那把空荡荡的椅子而争吵不休。

在法国，左右翼最终要一决胜负的观念被证明是顽固的。在右翼一方，支持反动、自由主义君主制和专制的人都将法国国家（state）当作一种有待攫取的战利品，可被用来分别服务于旧秩序、有产富人或者人民这一想象中的造物，这里的"人民"被认为是明智的、有财产的中产阶级。在左翼一方，共和派、民主派和社会主义者同样视法国国家为战利品，他们赢得国家的目的也是为了人民，只不过这里的"人民"要么被认为是无阶级意义上的平等公民，要么被认为是阶级意义上的劳动群众。除了勉强想听听右翼的意见之外，左翼声称自己为所有人代言。令左翼最感开心的事情，莫过于将右翼及其所代表的利益想象为一个小规模的、隐性的少数群体，可被以某种方式完全排除在政治之外。

随着波旁复辟者、七月王朝派、1848 年共和派和波拿巴主义者从资本主义变革中寻找现代秩序框架的努力陆续失败，法兰西第三共和国在1870 年登场了。正是在这个时候，右翼才开始接受自由主义关于冲突没有最终胜利者的观念；即便如此，该观念也并未被所有的右翼所接受。在政治上，一个反共和的右翼边缘派持续带来阵痛和阻碍。在智识上，自由主义民主之起源被认为是受到污染的。在巴黎公社后不久出版的关于法国革命之历史著作的第一部分，泰纳这样描述 1789 年革命的起源：它不仅源于法国贵族阶层的一种"长期自杀"，还源于启蒙运动中充当传统掘墓人的那些思想，如伏尔泰的反宗教观点、卢梭的自然崇拜和对社会的蔑视，以及对理性创造并维持新制度之能力的过度信任。

对法国的进步而言，后拿破仑时期反动的错误和失败是一份大礼。1815 年至 1830 年波旁复辟的十六年实际上扼杀了法国的君主政体，只留下一个不死的幽灵，在 1830 年之后再也没有活过来的希望。在路易十八和一部对绝对主义轻踩刹车的半代表性的宪法《宪章》（Charte）* 的统治之下，波旁复辟稳定了下来，并为改革打开了空间。1824 年路易十八去

---

* 该《宪章》的法文全称是 *La Charte constitutionnelle du 4 juin 1814*，即《1814 年宪章》，是法国国王路易十八在波旁复辟后不久颁行的一部宪法，保留了拿破仑法典中具有进步意义的许多内容，如法律面前人人平等、正当法律程序、宗教宽容、保护私人财产等，回应了时代变革的要求。——译者注

世，他顽固的弟弟继承王位，这就是查理十世，他依靠极端保皇派的支持进行统治。1830 年 7 月，查理十世宣布解散新选出的国民议会，实行新闻审查，排斥中产阶级选民，抗议随即在整个巴黎蔓延开来，银行家、记者、奥尔良家族的支持者和巴黎普通民众都明确表示他们受够了。经过三个"光荣日"*的抗议、街头对峙和占领公共建筑之后，查理十世在 8 月初退位并逃往英国，英国首相威灵顿准许他以化名入境。

然而，保守派同样从自由王朝（1830—1848 年）†的失意和法兰西第二共和国（1848—1851 年）的失败中获得了启发。从阶级意义上说，波旁王朝的垮台意味着不断壮大的市民阶层的胜利。从政治层面而言，它意味着统治权转移给了奥尔良派这样的自由君主论者。路易-菲利普是弑君者奥尔良公爵（Duc D'Orléans）‡之子，他获得了"法国人的国王"称号，以"公民国王"著称。马克思称七月王朝是一个股份公司，这是接近事实的。尽管政府机构和权威一直都掌握在显贵们手中，但债权人的金融利益得到了很好的保护。在六十多位部长中，多数都出身高等职业或者出身贵族。公司在法律上享有更大的自由。铁路向四处延伸：国家保持低税收，大量借款，并支付轨道费用，与此同时由私人公司进行火车运营。七月王朝的执政观念是奉行经济上的自由，它对资本主义进步持友善态度，但对选举民主充满了敌意。这方面的一个例子是弗朗索瓦·基佐所主张的右翼的、反民主的自由主义。基佐的口号是和平、妥协与一种关于

---

　　* 七月革命于 1830 年 7 月 27 日爆发、7 月 29 日结束，史称"光荣的三天"。——译者注

　　† 即"七月王朝"，又称"奥尔良王朝"，与 1815 年至 1830 年波旁复辟时期相比，七月王朝实行"自由的"君主制，国王路易-菲利普一世被迫放弃以君权神授为基础的绝对专制制度，他不再是"法国国王"，而是"法国人的国王"，国王的权力受到很大限制，议会的权力增加。——译者注

　　‡ 奥尔良公爵是 1344 年开始使用的一个法国贵族爵位，主要被授予王室的亲王，以最初的封地奥尔良命名。此处的奥尔良公爵是指 1785 年至 1793 年被册封为奥尔良公爵的路易-菲利普二世。之所以称他为弑君者，是因为他在法国大革命中支持革命，并在路易十六的死刑判决中投下了赞成票。其子路易-菲利普三世在 1830 年七月革命后成为法国国王，被称为路易-菲利普一世。——译者注

"中间道路"(happy medium)＊的政治。然而,他的这种自上而下的自由主义,也就是在商业上实行经济自由、同时维持有限的公民权和严格的政治控制,却并不稳定。

1848 年 2 月,在金融危机和 19 世纪 40 年代中期的连年农业歉收之后,七月王朝走到了尽头。政府日益闭目塞听,对改革的呼声充耳不闻,主张变革的运动在巴黎街头蔓延。在一次晚宴上,基佐的红粉密友、俄国著名间谍利芬夫人(Mme. Lieven)与警察局长焦急地谈论着巴黎局势,他们询问基佐关于街头骚乱的看法。"哦,"他对两人说,"无须为那个操心。"几天之后,法国国王解除了基佐的总理职务,基佐随后化装成一个德国男仆,乘坐马车流亡英国。在外交部院外的一场混战中,紧张不安的军队朝示威人群开枪,造成多人死亡,路障遍布整个巴黎。国王随后让位给一个年仅九岁的孙辈,相当于默认了国家权威的消失。在这种权力真空中,法兰西第二共和国宣布成立。

法国第一个现代右翼政党成立于 1848 年 5 月,当时来自君主派的代表为了形成一个保守派防线而在普瓦捷街召开会议。法国显贵和中产阶级对自己无法掌控的变革前景感到恐惧,无论变革是来自民选的立法机

＊ happy medium 是法文 juste milieu 一词的英译。juste milieu 意为"中间道路"或"中庸之道",它在政治上用来指称一种持中间立场的、努力在各极端之间保持平衡的政治哲学,在艺术上指称一种在传统艺术和现代艺术之间寻找中间立场的艺术形式。政治意义上的 juste milieu 往往被认为与七月王朝相关,努力在专制和无政府状态之间保持平衡。1836 年,时任法国总理的基佐对 juste milieu 有这样的定义:"我们的政策……中间道路(juste milieu)的政策,本质上是反对极端原则、反对极端化后果的。我们自己便是这一思想的活生生体现,因为——请允许我提醒你们——我们为自由而战,正如我们为秩序而战……中间道路的政策必须被捍卫以反对一切过激。是的,它拒绝绝对原则,拒绝极端原则;它能够适应社会多样性的需求;它设法与正在进行的社会变化保持同步,并相应地在任何必要的时候投身战斗。"这段话出自基佐的著作《法国议会史:1819—1848 年在议事厅发表的演说全集》第二卷(*Histoire parlementaire de France : recueil complet des discours prononces dans les Chambres de 1819 a 1848*, Volume 2),尚无中文版;本译文转译自阿尔贝·布瓦姆(Albert Boime)的英文著作《反革命年代的艺术(1815—1848 年)》(*Art in an Age of Counterrevolution*, *1815—1848*, University of Chicago Press, 2004:272),尚无中文版。——译者注

构还是来自巴黎街头都无关紧要,因为两种情况都足够令他们担忧。4月份的选举产生了一个反对极端的多数,这使中产阶级的担忧有所缓解;然而随着穷人和失业者的经济诉求日益高涨,他们再次忧心忡忡。普瓦捷街的口号是"秩序、财产、宗教",秩序党 * 包括正统派和奥尔良派、绝对论者和宪政论者、自由派和反自由派,但不包括民主派,也无人信任第二共和国。

在秩序党中,基佐和梯也尔异常突出,两人各自体现了一种保守主义与自由主义现代性的独特妥协。家长式作风和反民主的基佐直到1850年才从英国返回法国,他的追随者代表他参加了普瓦捷街会议。基佐及其追随者所主张的僵化的、自上而下的自由主义无法应对民众的压力。相对而言,长寿且具有超强适应力的梯也尔先后在七月王朝、第二共和国、第二帝国和第三共和国中发挥了主导作用。他的经历契合了保守主义与自由主义的民主相和解的几个阶段:19世纪20年代他作为"行动派"反对极端保皇党人及其反攻倒算,1830年至1848年他支持君主立宪制,1848年他在反激进的立场下与专制眉来眼去,1871年至1873年他作为第三共和国的首任总统反对君主政体并最终接纳了自由主义的民主。

波拿巴主义似乎为法国右翼提供了另一个替代选项。刚刚从英国返回法国的路易·拿破仑·波拿巴(Louis Napoléon Bonaparte)依赖的正是这第三种框架,即公民投票式专制。公民投票式专制同时具备君主派的反动和雅各宾式民主所具有的那种短期收益和长期缺陷。1848年至1851年的三年中,作为第二共和国总统的路易·拿破仑主导采取了一系列保守主义措施,如重建天主教会在教育领域的影响力(《法卢法》,1850—1851年),钳制社会主义媒体,提供福利救助以与左翼展开争锋。这些措施并未缓解潜在的不满,也无法平息异议,激进派在国民议会选举中的斩获再次向右翼拉响了警报。1851年12月,路易·拿破仑与其内政部长发动了卢比孔行动,这是一场针对他们所领导的共和国的政

---

　　* 秩序党(Party of Order)是法兰西第二共和国时期在法国议会中形成的一个政治团体,也是当时议会中的第二大党,其代表人物包括梯也尔、基佐和托克维尔,随着1851年12月路易·拿破仑发动政变而解散。——译者注

变。警察逮捕了包括梯也尔在内的反对派，这些人在早期曾支持过路易·拿破仑。一场被操纵的公民投票批准了这次政变。路易·拿破仑步其伯父拿破仑一世的后尘，先是担任了十年总统，然后在1852年11月登基称帝。*

路易·拿破仑后来打趣说，第二帝国无法被明确归类，因为皇后是正统主义者，皇帝的堂兄杰罗姆是共和党人，皇帝本人是社会主义者，皇帝的盟友夏尔·德·莫尔尼（Charles de Morny）是奥尔良派。"唯一的波拿巴主义者是佩尔西尼（Persigny）"——当时的内政部长——"并且他很狂热。"第二帝国事实上是一次自上而下的现代化实验，有着更自由的市场和强有力的国家，但在政治上受到限制。它对权威的主张依赖于当前所称的绩效合法性，也就是说，提供社会秩序和日益增进的繁荣，同时拒绝民主和政治自由。

然而，第二帝国很少看起来是稳定或长久的。地方长官是实施国家控制的代理人，他们包括了威权派改革者、自由派改革者、旧的反动派和温和民主派，但没有可供选择的公开选项，因为公共讨论很大程度上处于被禁止状态。奥尔良派的知名人物，如夏尔·德·雷米萨（Charles de Rémusat）、维克托·德·布罗伊（Victor de Broglie）和托克维尔，被弃置一旁只好从事回忆录和历史写作，他们的右翼自由主义在沉默中继续存在，这种自由主义是世俗的，不贪图国家荣耀，热衷于预算上的斤斤计较。19世纪60年代，帝国在经济和政治上都变得更加自由：与英国和普鲁士签订了自由贸易协定，颁布了新的公司法律，政治上作出让步，并对媒体放松了管制。与多数专制政体一样，第二帝国的命运随着它本身的自由化以及在海外代价高昂的挑衅冒险而走向终结。拿破仑三世的军队在1870年7月至9月的一场与普鲁士鲁莽而为的战争中被击败，皇帝本人

---

　　* 此处似为一处错误。路易·拿破仑担任法国总统的时间是从1848年12月20日至1852年12月2日，总共四年时间，而非十年。此外，路易·拿破仑称帝的准确时间是1852年12月2日，也就是其伯父拿破仑一世加冕称帝第48周年纪念日，而非1852年11月。自路易·拿破仑称帝时起，法兰西第二共和国结束，法国进入第二帝国时期。路易·拿破仑称帝后，是为拿破仑三世。——译者注

被俘并经由德国被流放至英国。

法兰西第三共和国在被敌人重重围困的巴黎宣告成立。德国人为了锁定胜局和结束战争而包围了巴黎,法国人请求议和。对战争感到厌倦的选民投票产生了一个由无比坚韧的梯也尔所领导的右翼政府,梯也尔接受了条件苛刻的和约,然而巴黎却并未保持步调一致。激进派横扫了巴黎议会席位,他们对法国的投降感到厌恶,对政府在整个城市忍饥挨饿之时仍对国家债权人提供帮助的行为感到愤怒,并对公民权利和社会改革的希望感到振奋。当 1871 年 3 月正规部队与激进的巴黎民兵展现出兄弟情谊之后,梯也尔将军队撤退到了凡尔赛。* 面对敌军的封锁、守卫者的弃城而去、国家权威的丧失,巴黎选举产生了一个由大约九十名成员组成的自治公社,由于来自巴黎富裕区的二十名代表拒绝参加,自治公社变得更加激进。

正如马克思所承认的,巴黎公社既非社会主义的也非无产阶级的†,其成员大多是自我雇佣的工匠或者一般专业人员,无政府和乌托邦言论充斥着政治俱乐部。巴黎公社的实际目标并非那么充满野心:它追求巴黎更大程度的自治,要求对手艺人和小企业提供更多的帮助。巴黎公社仅仅持续了七十二天的时间,不足以实现任何一个目标,却足以使梯也尔重整旗鼓,并派麦克马洪(MacMahon)将军率领军队对这场很大程度上由政府所促成的民众自发反抗进行异常残酷的镇压。巴黎公社的事实很快变得不那么重要,其神话的一面被凸显。对左翼而言,1871 年是在

---

* 随着普法战争中法国的战败,法兰西第二帝国瓦解,普鲁士军队继续向法国进军并包围了巴黎。此时巴黎的政治力量出现分化,法兰西第三共和国政府与普鲁士签订了停战协定,而巴黎的激进派民众则组成了人数达 30 万人的国民自卫军,决定继续与普鲁士作战,巴黎俨然形成了两个政治和军事权力中心。随着巴黎政治狂热的继续,以梯也尔为首的法国政府对国民自卫军所掌握的武力感到担忧,遂于 1871 年 3 月派出正规部队试图夺取国民自卫军存放在蒙马特高地及巴黎其他地方的大炮,士气低落的政府军士兵非但没有执行命令,反而表现得与国民自卫军亲如兄弟。紧接着巴黎人民奋起反击,梯也尔向军队、警察和各级行政人员下达撤退令,紧急撤往凡尔赛。——译者注

† 马克思的原话是:"巴黎公社不过是特殊条件下的一个城市的起义,而且公社的大多数人根本不是社会主义者,也不可能是社会主义者。"——译者注

1793 年和 1848 年之外另一个充满希望的可能年份。对右翼而言，它显示了民主的局限和"暴民"的危险。

在一个寄希望于阻止民主浪潮的顽固右翼的领导下，第三共和国挺过了动荡的诞生期和充满不确定性的最初几年。然而，1871 年之后，法国右翼面临的选择迅速变窄：要么接受民主自由主义作为其政治框架，要么使自己变得无关紧要。梯也尔镇压了巴黎公社，避免了德国的占领，但付出了沉重的代价：法国失去了阿尔萨斯和洛林的一部分，割让洛林部分地区出自俾斯麦的主张，作为减少法国巨额赔款的交换条件。反共和党人并未平息，君主主义者的梦想再次复苏。借助于 1871 年压倒性的选举胜利，右翼控制了议会，而最重要的是，反共和党人控制了右翼。作为对梯也尔的回报，议会于 1873 年选举镇压巴黎公社的屠夫麦克马洪接替他出任法国总统。然而，反共和党人高估了自己，他们中的波旁派、奥尔良派和波拿巴派徒劳地争夺整个国家已兴味索然的王位。1875 年，妥协的保守派不情愿地支持议会通过了一系列宪法性法律，这些法律巩固了法国的共和议会政体，包括普遍的男性选举权、强有力的议会和每届任期七年的弱势总统。

不妥协的右翼则从他们不喜欢但又无法理解的体制内部作出了试图挫败共和国的最后一次努力。麦克马洪在 1877 年错判自己的权威并解雇了改革派总理，此时的法国右翼仍期待自己在随后的选举中获得压倒性胜利，只是他们没有认识到保守派的看法已经发生了转向。* 温和保守派将自己托付给了共和国，而温和的共和派已与温和保守派通力合作，两者从社会主义的崛起中看到了共同的敌人。支持共和的各党派几乎以二比一的优势赢得了选举。顽固右翼溃不成军，他们实际的选项从议会搬到了街头，尽管街头充满了喧嚣和骚动，但被证明是一条死胡同。

---

* 1877 年 5 月 16 日，麦克马洪迫使温和的共和派总理朱尔·西蒙（Jules Simon）辞职，任命奥尔良主义者阿尔贝·德·布罗伊（Albert de Broglie）继任总理。下议院认为这次权力过渡是非法的，并拒绝合作，麦克马洪随之解散下议院，要求举行新的大选，经过新的选举共和主义者再次获得多数席位。——译者注

ii. 英国右翼分裂的内心：皮尔抑或迪斯累里

英国保守主义并未像 19 世纪的法国和德国右翼那样经历重重困境和磨难，因此很容易将英国的保守主义视为一种历史的例外，或者一种自成一派的存在。相应地，欧洲大陆的保守派思想家，从德国的雷贝格和施塔尔(Stahl)到法国的基佐、雷米萨和梯也尔，对英国政治所表现出的明显的连续性和明智的判断力或充满羡慕，或怀有妒忌，或有所误解。根据这种看法，英国在 17 世纪也曾发生过内战和"革命"，但到 18 世纪末，它已慢慢进入了资本主义现代性，有着一套以熟悉的制度和两党竞争为内容的稳定框架，左右的势均力敌似乎已经得到主要党派的共同认可。由于英国没有成文宪法，也就无所谓制定、修改或者撕毁宪法，因此这幅具有连续性和半自然起源的美好制度图景几无瑕疵，其中明显的裂痕和创新要么被忽视，要么被巧妙地保护起来，使之变得与表面所见完全不同。这些裂痕和创新之处包括：一位不被信任的天主教国王遭到驱逐＊，荷兰人和德国人先后被扶上王位†，英属美洲的叛乱，现代奴隶贸易的建立，对印度的商业掠夺，19 世纪对行政管理帝国的引进，以及名义上虽是联合王国内部却裂痕累累。这些变化并未被当作断裂或新奇的东西，相反，人们对其作出了种种解释，比如将它们视为一种向旧有实践的回归、一系列令

＊　这里指的是英国光荣革命中，辉格党和部分支持新教的托利党联合驱逐了信奉天主教的英国国王詹姆斯二世。——译者注

†　英国光荣革命后，詹姆斯二世下台，英国议会决定迎接詹姆斯二世之女玛丽及其丈夫荷兰执政奥兰治亲王威廉共同入主英国，是为威廉三世和玛丽二世。威廉和玛丽之后，詹姆斯二世另一个女儿安妮继位。玛丽和安妮离世后均无存活子嗣可继承王位。为避免王位再次落入天主教之手，英国国会在安妮女王任内通过了《1701 年王位继承法》，将王位继承权授予英王詹姆斯一世的外孙女、汉诺威选帝侯夫人索菲及其新教后代。安妮女王去世后，根据王位继承法，索菲的儿子汉诺威选帝侯格奥尔格·路德维希于 1714 年继承英国王位，是为乔治一世。——译者注

人惋惜但暂时的权宜之计、外来因素的挤压、向习惯性权利的复归，或者英格兰民族的自然延伸。

休谟，一位具有辉格党情绪的托利党人，对于英国具有共谋性质的党派之争，曾打趣地这样问自己：要准确区分托利党和辉格党，何其难哉？两党的名称本身便充满了敌意和嘲讽，分别被一方用来指称另一方。"托利"（tory）源于爱尔兰语中的"*toraigh*"，意为"沼泽地带的居民"或"亡命之徒"，它首次在政治中使用是在 17 世纪末，被宫廷新教徒用来反对斯图亚特王朝。"whiggamors"一词原指 17 世纪 40 年代反对英国教会的苏格兰新教抗议者，后被简化为"whig"（辉格），被詹姆斯阵营用来指称其反天主教的对手＊。

在 18 世纪的多数时间内里，对职位和晋升的争夺更多地发生在辉格党人内部，而非发生在辉格党与托利党之间。在 1714 年汉诺威王朝的乔治一世继承英国王位之前，托利党与王权相互争夺影响力；1714 年之后，顽固派托利党人对斯图亚特王朝复辟所持的支持态度使托利党在王室中名誉扫地，尽管它在议会的下层贵族中仍受欢迎。此后，政府各部门主要由辉格党人领导，这一局面一直持续到 18 世纪 60 年代，当时战争债务和殖民地的动乱使政府的行政能力承压，促使 1760 年就任英国国王的乔治三世寻求扩大王权，并使政府摆脱派系的纠缠。乔治三世得到了皮特辉格党人的支持，同时被罗金厄姆辉格党人所反对，后者在议会中的发言人正是伯克。如此一来，博林布鲁克式的"王室 vs.乡村"之争†似乎又再次出现，使中央权力与地方权力相对立，政府与"人民"相对立。事实上，极

＊ 此处的詹姆斯阵营是指以詹姆斯二世为首的政治力量。詹姆斯二世在继承英国王位前是约克公爵，因为他信奉天主教，许多英国国会议员主张取消他的王位继承权。1679 年，围绕詹姆斯是否有权继承王位，英国议会展开激烈争论，反对詹姆斯继承王位的一方被讥讽为"辉格"（whig）。——译者注

† 这里的博林布鲁克（Bolingbroke）指的是第一代博林布鲁克子爵亨利·圣约翰（Henry St. John），英国政治家、政治哲学家、托利党领袖。他主张议会中要有成建制的反对派存在，并称反对派为"乡村党"，与"王室党"相对立。"乡村党"很早之前就在英国存在，但博林布鲁克首次论述了与政府相对立的反对党持续存在的必要性，他认为王室党强烈的权力欲威胁到了自由的精神。这种意义上的"乡村党"类似于当前人们熟悉的"在野党"。——译者注

端主义和革命正在造成一种新的分野，从这种分野中最终形成了英国现代的后寡头政党。1794 年，波特兰（Portland）公爵领导下的罗金厄姆辉格党人＊因法国大革命而发生分裂。福克斯曾是伯克的盟友，如今却是1789 年革命的热情支持者，赞成与革命的法国和平相处。波特兰公爵则支持小皮特召集欧洲各国展开反对法国革命的战争。皮特-波特兰辉格党人成了托利党；福克斯派作为反托利党人，为自己保留了辉格党的标签。这种党派标签一直沿用至 19 世纪中叶早期。1834 年，托利党正式更名为保守党；1859 年，辉格党正式更名为自由党。

　　在安稳于或者反抗"自由主义—现代"政治框架的过程中，19 世纪的托利主义度过了一个又一个关键的抉择时刻，这些抉择既有政治上的，如1832 年和 1867 年两次扩大选举权；也有经济上的，如 1846 年关于自由贸易抑或贸易保护的抉择；还有伦理—文化上的，如 1829 年的天主教解放†。当时，面对这些抉择的托利党领袖人物是皮尔（Peel）、德比（Derby）、迪斯累里和索尔兹伯里。皮尔是一位右翼自由党人，他在天主教解放和废除保护性的《谷物法》（Corn Laws）问题上分裂了托利党。在 19 世纪 40年代至 70 年代长达数十年的对立中，德比和迪斯累里巧妙地引领保守主义与自由主义的民主达成了和解。索尔兹伯里侯爵年轻时是一位托利党极端派，随着阅历的增长，他在 1880 年之后成为了一位务实的保守派（本书第四部分还将谈到他）。德比和迪斯累里为索尔兹伯里的右翼现代大众政党的成功奠定了基础。

　　英国现代保守党的第一位领袖是罗伯特・皮尔（Robert Peel，1788—1850 年），他曾两度出任首相（分别是在 1834 年至 1835 年、1841年至 1846 年），并像索尔兹伯里嘲笑的那样，两次背叛他所在的政党。作

　　＊　1782 年 7 月罗金厄姆侯爵意外身亡后，第三代波特兰公爵威廉・卡文迪许-本廷克（William Cavendish-Bentinck）成为罗金厄姆辉格党人的领袖。——译者注

　　†　天主教解放是 18 世纪末到 19 世纪早期发生在英国的一场运动，其目的是减轻或消除天主教徒在宗教自由、公民权利及政治权利等方面所遭受的限制。这场运动最为显著的成果是 1829 年英国议会通过的《罗马天主教徒解放法》，该法取消了天主教徒所面临的大多数法律限制。——译者注

为一个有限但有效的政府的代言人，皮尔代表了英国保守主义分裂灵魂中的一半。他出身一个新富的印花布制造商家庭，从小便头脑聪明并笃信宗教，在 1822 年至 1827 年、1828 年至 1830 年，他先后在利物浦伯爵和威灵顿公爵所领导的政府中担任改革派内政大臣职务，任职期间他淡化了刑事法律的野蛮色彩，并在 1829 年成功地移除了天主教徒所面临的公民权障碍。法案将王室职位和议会向天主教平信徒（lay Catholics，非神职人员）开放，禁止天主教神父在公开场合穿着宗教服饰，并将耶稣会或其他天主教教团的成员资格定为违法（该禁令并未严格执行）。皮尔对天主教解放的勉强支持并非源于他关于宗教自由的自由主义信念，因为他本人是一位缺乏胸襟的新教徒；相反，这种支持源于他与首相威灵顿公爵共同的担忧，那就是在爱尔兰自治和对爱尔兰的军事占领之间，宗教让步是唯一的出路。

天主教解放导致以皮尔为首的托利党妥协派和以英国上议院强硬派为首的托利党极端派之间发生了分裂。关于 1832 年《改革法案》（Reform Act），皮尔最初持反对态度，但随着法案的通过他转而接受该法案。这项改革废除了不符合实际、被权贵们所掌控的"衰废选区"*，在北部城市创设了新的选区，向拥有十英镑或以上价值财产的所有权人或出租人赋予投票权，并将投票权扩大至小规模租地农民和乡村店主以及市镇的某些租赁者。它还从法律上将选民限定为男性。根据缺乏全国登记情况下的估算，改革使选民人数从大约 50 万增加到 75 万，约占成年人口总数的 7%。改革法案最初被英国上议院否决，抗议随之在那些希望获得代表权的市镇和城市爆发。在布里斯托，骚乱者使整个城市陷入了为期三天的混乱。

皮尔对英国保守主义所抱的希望是，与经济上的自由主义者团结起

---

* 这里的"衰废选区"是指英国历史上出现过的、居住人数很少甚至无人居住或者在地理上已经消失却拥有议员席位的选区。1832 年《改革法案》通过之前，英国下议院议员的选举仍沿用 1688 年光荣革命以来的选举办法，大部分选区也未做调整。随着工业革命的发展，曼彻斯特、利物浦等一批新型工业城市崛起，英国人口也从传统聚居的东南部向北部迁移。在不改变选举规定和选区划分的情况下，人口分布的变化导致了"衰废选区"的出现。这一选举漏洞被部分英国权贵所利用，他们通过赞助"衰废选区"的方法获得下议院议员席位，因此也被称为"腐败选区"。——译者注

来以捍卫既定的秩序，从而挫败托利党极端派，同时阻止激进改革的发生。彼时"保守派"的名字正在流传。在《泰晤士报》编辑托马斯·巴恩斯（Thomas Barnes，1785—1841 年）的协助下，皮尔在 1834 年起草了《塔姆沃思宣言》（Tamworth Manifesto），提出了他希望保守党派遵循的富有弹性的双重主题：在可能的时候抵制不必要的社会变革，在必要的时候进行妥协。该宣言认为 1832 年《改革法案》是"对一个重大宪法问题最终的、不可撤销的解决方案"（也就是说，不会再有更进一步的改革了），它承诺但不保证对公民和教会机构进行"审视"，它认可改革是对"业经证实的滥用行为的纠正"以及"对真实存在的不公的补救"，但它标出了一条底线，那就是反对鲁莽的改变，反对"无休止的漩涡般的骚动"。随着辉格党在 1841 年选举中失利，皮尔出任首相，他引进了所得税并宿命般地废除了《谷物法》*，保守派随之走向分裂。反对皮尔的保守派多数集结到了德比的麾下，皮尔仍受到保守派少数的支持，被称为皮尔派，他们在 1850 年皮尔去世后加入了辉格党，也就是后来的自由党。

迪斯累里曾嘲笑皮尔的职业生涯是"一个长长的拨款条款"。皮尔作为一位令人钦佩的自由保守主义的开创者而被人们铭记，他同时还是一位不值得赞赏的因信称义的自由市场教条主义者。皮尔注重效率的经济自由主义代表了保守主义完整心灵的一半，另一半是对社会和国家（nation）的一体呼吁。保守主义对国家的呼吁不仅是情感上的，还是经济上的。在保守派内部，自由主义所主张的自由贸易与托利党所主张的重商主义之间的竞争一直延续到 20 世纪。

前辉格党人爱德华·斯坦利（Edward Stanley，1799—1869 年），也就是德比伯爵，曾在 19 世纪 50 年代和 60 年代三度出任英国首相，并在

---

    * 1815 年至 1846 年的《谷物法》是英国重商主义经济政策的产物，通过提高进口谷物价格或增加进口关税来阻止廉价谷物的进口，以此保护本国的谷物生产。它维护了土地所有者的利益，却使包括中产阶级在内的英国公众不得不忍受更高的食品价格和生活成本，并抑制了其他经济部门的成长。作为保守派首相，皮尔最初反对废除《谷物法》，爱尔兰马铃薯危机导致饥荒发生后，皮尔态度发生转变，不顾大多数保守党成员的反对，提议废除《谷物法》并获议会通过，《谷物法》被正式废除。——译者注

1846 年至 1868 年托利党的蛮荒年代担任该党领袖，他引导托利党穿行在皮尔的右翼自由主义和托利党极端派的强硬立场之间。1833 年在担任辉格党政府的殖民地大臣期间，德比起草了废除殖民地奴隶制的法案，该法案用七年的时间逐步将奴隶从被奴役状态解放出来，并补偿庄园主的"财产"损失，补偿金额相当于今天的两百亿至三百亿英镑。在担任爱尔兰布政司期间，德比向与宗教无涉的爱尔兰学校教育提供适当的国家支持。作为爱尔兰天主教改革者丹尼尔·奥康奈尔（Daniel O'Connell）的反对者，德比因英国国教在爱尔兰的至上地位被削弱而于 1834 年离开了辉格党，与少数追随者加入了以皮尔为首的保守派议员阵营。德比的《诺斯利信条》差一点就取代皮尔的《塔姆沃思宣言》成为保守党的奠基性文件。德比随后与皮尔决裂，带头反对废除《谷物法》。1849 年之后，德比在下议院获得受他提携的迪斯累里的支持，后者在德比去世后很大程度上将他从保守主义的史诗中剔除了。在右翼方面，保守主义—自由主义和解的一个早期标志是 19 世纪 60 年代初德比对自由党人巴麦尊（Palmerston）的支持。他不赞同巴麦尊的海外冒险，但与巴麦尊一样对激进派充满敌意。

德比，与迪斯累里一道，对保守党向选举民主的公开让步负有责任。他认为，这种让步是"黑暗中的一跃"，也是"不可避免的一跃"。与 1832 年的保守派不同，德比有理由认为保守主义可以在民主博弈中蓬勃发展。他与迪斯累里的第二改革法案（1867 年）通过对财产资格的调整，将投票权赋予了乡村的小农、佃户、手艺人和市镇劳工，使全国选民人数几乎翻了一番（包括人口的自然增长），达到 220 万人，占人口总数的 16%。

作为一位在利物浦边缘的诺斯利拥有大片田产的兰开夏郡显要人物，德比对一种抱怨很敏感，那就是一个世纪以来英国显贵们使小农背井离乡；他呼吁进行土地登记，希望这种登记会显示出相反的情况（其结果如何并不清楚）。本着类似的家长式关切，德比对美国内战期间因棉花短缺而受损的本地织工提供救济。作为一位曾翻译过荷马作品的有教养的大人物，德比对驯马人和狩猎者感到自在，却对媒体或中产阶级感到不自在，后者未能领会他超然而厌世的语调。据说，当被问及感受如何时，德比的最后一句话总是："灭绝的伟力（utmost power）真令人厌烦。"他的公共感仅限于议会，他的保守主义是讲求实际的，更多地是一种操作风格而非一套思想体系。德比去世后不久，一位维多利亚时代的散文家写道，他并未给"这个时代的政治思想带来任何新的东西"，这里假定了一种过于狭隘的政治思想概念。德比是一位保守的实用主义者，他的目标是通过政治让步和社会缓和来引导或扼杀激进的改革。他相信，进步带来好处，也带来伤害。警觉的保守主义者应该时刻提防无法预料的后果，比如铁路摧毁了劳动阶级的住处。"灵巧的手"可以从不可阻挡的变革"机器"中带来好处，但如果变革被"不顾后果地加速推进"，那么"压倒性的破坏"就不可避免。德比的保守主义基于一种对 20 世纪社会政治研究所称的隐性功能和非预期后果的直觉把握。自由派会立刻回应说，非预期后果可以是坏的也可以是好的，这种回应未能阻止右翼将非预期后果作为他们反对政府干预和社会改革的论点之一。

迪斯累里（1804—1881 年）是一位政治家、政治小说家、政党领袖和英国首相（分别在 1868 年、1874 年至 1880 年），他集中体现了英国右翼与自由主义现代性的谨慎妥协。作为一位浪漫主义的"青年英格兰"* 托利党人，他最初反对投票权的扩大，并捍卫既定的制度，如土地财产、英国教会、君主、古老的大学和英国上议院，这些在他的脑海中体现的不是既得利益，而是保守主义关于忠诚、服从和信仰的理想。他最终成为一位务实的经理人兼战术家，并在很大程度上接受了大众民主、社会变革和上层阶级文化特权的丧失。

迪斯累里以虚构和非虚构两种方式来表达他的政治观点。他广受欢迎的思想小说涵盖了多方面的内容，如 1844 年创作的小说《康宁思比，或者新一代》（*Coningsby，or The New Generation*）体现了皮尔的权宜应变，1845 年的《西比尔，或两个民族》（*Sybil，or The Two Nations*）展现了"饥

---

　　* 迪斯累里创作的三部政治主题的小说——《康宁思比》《西比尔》和《坦克雷德》——被称为"青年英格兰"三部曲。三部小说目前尚未有中文版面世，进一步的信息可参阅管南异：《进退之间：本杰明·狄思累利的"青年英格兰"三部曲研究》，浙江大学出版社 2010 年版。——译者注

荒四十年代"＊的阶级斗争，1847 年的小说《坦克雷德》（Tancred）聚焦英国的新兴帝国，1870 年的小说《洛塞尔》（Lothair）则涉及忏悔政治。1835年的《英国宪法辩护》（"Vindication of the English Constitution"）是迪斯累里匆匆写就的一篇文章，而非仔细的论证。在文章开篇，迪斯累里抨击了他所认为的关于改革的家庭哲学，即功利主义：功利主义将幸福理解为狭隘的自利，并假定任何被授予权力的人都会成为暴君或强盗，进而在一个合乎逻辑的跳跃中，主张一个全民共治的民主政府。功利主义者作为"新的经院学者"，抽象地进行思考，忽视地方的具体情况，没有认识到健全的制度无法用量化的"功利"来衡量，而是要反映民族的性格和历史。

迪斯累里遵循伯克的风格，称国家是"一种精致艺术的复杂创造"，他对自然权利不予考虑，并认为法律的出现是合乎惯例的历史结果。与1789 年以来使法国深受其害的华而不实的建构相比，英国稳健的制度凸显出来。1830 年法国的试验者很快发现自己"所领导的人民没有宪法，也不拥有形成宪法的任何要素"。在欧洲的"普遍骚乱"中，英格兰也屈服了，只有不动声色、专制但治理良好的普鲁士保持冷静。

迪斯累里对错误观点的抨击遵循了伯克的批评风格。他关于政党—政治的抱怨则呼应了柯勒律治的历史演义，后者认为政治与社会的和谐被贪婪和不满打破了。就在迪斯累里重新描绘这幅图景的时候，两大阵营出现了分歧：辉格党人代表寡头，托利党人则代表国家（nation）。一方是辉格党实业大亨、银行家和城市持不同政见者；另一方是君主、教会和平民，也即英格兰乡村和市镇的"绅士们"。快速富起来的商业精英有权无责，新业主不像慈父般的乡绅那样关心佃户和劳工，而是将工人视为可以按照市场价格进行买卖的生产要素。有限政府可以请求人们更加努力地工作，但无法通过法律要求人们这样做。19 世纪 30 年代，道德劝告已是一个空洞的希望。在担任首相之后，迪斯累里援引法律来保护工人并

————————

＊ 指发生于 1845 年至 1852 年的爱尔兰马铃薯饥荒，其直接原因是马铃薯晚疫病导致马铃薯大规模减产，爱尔兰有 100 万人死于饥荒，另有 100 万人被迫逃离，爱尔兰之外有 10 万人死于饥荒，其影响波及整个欧洲，加剧了 1848 年革命的动荡。——译者注

清洁城市。他具有社会关切的保守主义是迈向福利国家的一小步。

在第二次担任首相的两年前，迪斯累里在 1872 年 6 月发表的水晶宫演说中提出了他的宽广愿景的三个核心内容：英国制度、帝国和"人民处境的提升"。他对君主、教会和上议院的依恋在多大程度上是真诚的而不是工具性的，是有争议的。与伯克一样，迪斯累里诉诸信仰和情感来为既定制度进行辩护的做法带有一种玩世不恭的况味，这种玩世不恭从未被完全驱散。宗教信仰之所以好是因为它是真实的还是因为它是有用的？迪斯累里为我们提供了一个关于前文提到的保守主义困境的典型例子。他在水晶宫演说中对帝国的辩护充满了华丽的修辞和丰沛的情感。他认为，自由派想努力证明从来不存在像印度那般代价高昂的"皇冠上的宝石"，也就是说他们将帝国视为不会带来回报的商业提案，试图以此来"瓦解"帝国，但这种努力失败了，因为他们忽视了"殖民地对母国的认同"。无论出于何种理由，迪斯累里在他的第三个关切上都是真诚的，并且在任职首相期间，他的确着手推进改革以改善工作环境和城市生活。

关于迪斯累里可以在多大程度上被贴上社会改革者、人民民主派、一国托利党这些反差鲜明的标签，历史学家存在分歧。他迷人、招摇、自我推销且经常负债累累，为此他的主要竞争对手、自由党人格拉德斯通认为他"过于表现自己……缺乏真实性"。也许迪斯累里的确在用他的三寸不烂之舌将听者的注意力从保守主义的困境上移开。尽管如此，他以其对党派的忠诚、对计谋的娴熟和对职位的嗅觉而集中体现了英国右翼的一个独特元素，那就是：一种自我保护的本能，这种本能为一个单一主导性政党的显著连续性奠定了基础。迪斯累里与后来的鲍德温一样，对作为保守主义选举核心的英国中间阶层的情绪有着异常敏锐的感知：中间阶层选民对自命不凡、寡头特权以及私下所见或来自对手的理智主义态度冷淡，然而当诉诸那些不可把握的事物如民族、君主和帝国时，他们则热情高涨。

皮尔、德比和迪斯累里共同打造了一个现代政党，从而将商业、金融和土地利益与捍卫英国熟悉的制度、君主、国教和上议院结合了起来。英国保守派与之前的对手右翼自由派相互融合，在此过程中他们对自己最初所服务的社会精英阶层进行了反思。保守派与右翼自由派都具有吸纳能力和适应性，都更愿意抑制而非摧毁对手，这样一种性格一直伴随英国保守主义直至民主时代。这个政党为帝国也为与爱尔兰的联合辩护，这对英格兰民众有着广泛的吸引力。此外，它的忠诚所系（attach-ments）也在随着时间的变化而变化，并找到了新的寄托之物。1830 年，英国保守主义支持教会反对新教，支持农场反对制造业，支持乡村反对城市。到 1880 年，这种忠诚所系的伦理形态，即正统 vs.异见、传统 vs.创新、善 vs.恶，尽管仍然可以识别，但变得灵活了，也更务实了。在现代资本主义的都市—工业条件下，保守派正变成一个具有广泛民主吸引力的适应性强的右翼政党。随着社会的变化，保守派的成功也取决于他们如何作出调整以在其忠诚所系之间保持平衡，以及如何持续、公开地倾听公众意见。

iii. 不加渲染的德国保守派

德国保守主义的精神导师是容克（Junker），一位来自东普鲁士的乡绅，他在乡村集市上用廉价的伎俩欺骗农民，并希望有朝一日能够愚弄整个国家。这是 1832 年诗人海涅（Heinrich Heine）在发自法国的政治快讯序言中的描写。普鲁士审查人员将这个关于容克的段落连同其他许多内容一并删除了，但在次年的法文版本中，这段文字重见天日。海涅不留情面地将德国描述成一个被落后的土地阶层所奴役的国家，与这幅图景相比，他对法国好逸恶劳的"公民国王"路易-菲利普和七月王朝温顺政客的嘲笑就显得微不足道。

海涅的夸张描述影响深远，它曾一度接近于一种历史上的老生常谈，那就是：普鲁士容克贵族先是拖延、继而帮助摧毁了德国的自由主义的民主。根据这种说法，容克贵族在 19 世纪晚期及之后对普鲁士国家、军队和教会的持续掌控，使得普鲁士能够以战争实现国家统一，能够推动自上而下的现代化，并避开了在法、英等"正常"邻国所出现的那种公民自由和选举民主。与英法相比，德国保守主义是单维的，它与土地利益相捆绑，组织不善且无法适应民主条件。

　　然而,这种夸张描述有其自身的矛盾之处,正如一种借鉴了该描述的宿命论观点那样,后者认为自由主义的民主在德国机会渺茫。如果说容克贵族作为一个阶级有着一贯的密不透风、无代表性和落后性,那么他们如何能够掌控保守主义这样一种丰富而多变的新的政治实践,更遑论掌控一个庞大而复杂的现代国家? 19 世纪中叶的普鲁士不仅仅有着发育不良的乡绅和沉默寡言的农民,同时还有公务员群体、学校和赢得世界赞誉的大学以及快速工业化的莱茵兰。

　　普鲁士的某些保守派来自蛮荒地区,其他则是持右翼立场的教授或公职人员,前者如埃拉德·冯·奥尔登堡-雅努绍(Elard von Oldenburg-Januschau),他是一位直言不讳的容克顽固派,未能完成高中学业,喜欢自己在乌兰骑兵团度过的时光,并因一句在帝国议会对同僚所说的话而被人铭记,他说:"德皇应该时刻准备派军官和士兵来关闭议会。"后者如下文将要提到的汉斯·冯·克莱斯特-雷措(Hans von Kleist-Retzow),他是俾斯麦在普鲁士议会中的死敌,出身于普鲁士高级行政阶层,最初求学于距莱比锡不远的舒尔普夫塔中学,一所以压力大而著称的学校,尼采和贝特曼-霍尔韦格(Bethmann-Hollweg)也曾就读于此;雷措从舒尔普夫塔毕业后,进入大学并获得了几个学位。

　　德国保守主义与统一的普鲁士贵族阶层的固有观念相去甚远,反而像法国和英国的保守主义那样充满了冲突和交叉的张力。德国保守派包括极端主义者与和解派,等级国家(旧特权及地方主义)的捍卫者兼官僚国家(现代行政与集中制)的反对者,银行、工厂和农场相互竞争的诉求,地区间的显著差异,以及新教徒与天主教徒在信仰上的分歧,这种分歧使 1830 年德国建立现代保守党的首次尝试归于失败,当时的德国身处一派争取自由化和代表制的喧嚣之中。保守派内部的分歧是:在多大程度上接受或者拉拢现代政治场域中持自由主义和民主立场的反对派。

　　德国右翼在社会问题上也存在分歧。社会问题是在 19 世纪 40 年代的艰苦岁月中随着贫困进入政治争论而浮出水面的。(贫困[*Pauperismus*]一词首次出现在 1840 年的《布罗克豪斯[Brockhaus]词典》中。)到

1848 年,据估计德国科伦有 30% 的民众生活在贫困之中。保守派认为贫困尤其是城市中的贫困是一个问题,但他们在贫困产生的原因以及如何应对贫困上存在分歧。一些人将贫困归咎于自由派实业家,另一些人则将其归咎于工人的懒惰和道德败坏。一些人主张进行适度的国家救济,另一些人则主张事实上的福利国家。对于这个社会问题,保守派无法作出一致的回答。

在不稳定的德意志邦联时期(1815—1848 年;1850—1866 年)*,与德国保守派的分歧交织在一起的是,他们还必须在两种现代政治场域之间作出选择:究竟是采纳大德意志解决方案,继续维持奥地利领导下的松散邦联;还是采纳小德意志方案,建立普鲁士领导下的统一的德意志民族国家。德意志小邦的保守派、反普鲁士派和反自由派往往支持奥地利。愿意与自由派达成妥协的保守派,以及厌恶奥地利专制多于厌恶普鲁士专制的自由派则支持普鲁士。

导致德国右翼分裂的另一个因素是俾斯麦。19 世纪 60 年代普鲁士新生的议会处于犹疑和衰弱当中,此时俾斯麦开始执掌决策大权,保守派需要决定是支持还是反对他。随着俾斯麦对保守派看法的改变,保守派也改变了对他的态度。俾斯麦最初是一位虔诚的右翼极端派,执政后毫无顾忌地成了一名实用主义者。人数日益减少的右翼极端派通过自己的报纸《十字报》(*Kreuzzeitung*)来反对他。大多数保守派集结在俾斯麦周围,反俾斯麦的大旗则从之前的右翼传递给了天主教保守派、民主自由派和社会主义者。

德国最早的保守派在政治上一直受宠,他们从未完全失去权威,并且一直都可以使用国家机器,只是间歇性地经受民主的测试。在政党意义上,德国保守主义一开始只是 1815 年解决方案之后在地方贵族之间所形成的非正式网络。旧秩序的捍卫者决心保护君主的权力不受自由主义和民主的影响。旧特权被废除,封建制晚期的做法被终结,宪政政府得到认

---

　　* 德意志邦联是根据 1815 年维也纳会议决议而建立的一个国家间的松散组织,由神圣罗马帝国解散后的 39 个成员国组成,奥地利皇帝任邦联主席。1866年普奥战争结束后,德意志邦联瓦解。——译者注

同。除了像巴登＊这样的例外情况，一种妥协、不稳定的专制政治流行开来。普鲁士人在 1815 年被许诺了一部宪法，这部宪法直到 1848 年才姗姗来迟，是自上而下强加的，并立刻受到删减，且在 19 世纪 50 年代被进一步修改了六次之多。弗朗茨·约瑟夫一世（Franz Joseph）在 1851 年撤回了一部匆匆起草的奥地利宪法。旧的精英阶层垄断了宫廷、教会、军队和官员职位，然而他们的权威不再是不容置疑的。

如果说法国大革命唤醒了德国的政治思想，那么 1848 年革命便是将德国保守派推向了公共讨论。他们开始提出理想、论点和政策，开始起草关于目标和宣言的声明。作为对法国七月王朝的回应，他们在 1831 年便创办了《柏林政治周刊》（Berliner Politisches Wochenblatt），然而当 1837 年他们试图创建一个右翼政党时，这种努力因天主教徒和新教徒的分道扬镳而归于失败。十年之后，事态变得更加紧急。1848 年 6 月新创办的《十字报》声称："想一想你们喜欢政治俱乐部什么，在那里我们必须在敌人设定的游戏中与之作战，否则我们就会遭遇惨败。"当年夏天，一个由四百人组成的富有且主要是贵族的保守派团体在柏林成立了保卫财产和提升所有阶级福利联盟，简称"容克议会"，其目标是阻挡对财产的干涉，提升普遍福利和培育阶级团结。容克议会在 1861 年组建成为普鲁士议会中的一个政党，它描述自己的目标是自上而下的团结，以强大军队维持普鲁士的强大，确保社会和道德纪律，保持对银行的控制。

德国保守派开始遵守自由主义现代性的游戏规则，他们必须为政策和利益展开争论，而不仅仅是发号施令。与别处一样，遵守这套规则意味着保守派可以进行选举运作、收买媒体以及一般来说操纵这套系统。然而，如果将威廉德国的保守派视为自上而下的操纵者，那将是扭曲的，正如上文提到的对容克的夸张描述一样。保守主义是自下而上的，遍及德国的民众运动与地方诉求给柏林的政党政治家带来了压力，对公共讨论的参与也引发了分歧。对许多保守派来说，诉诸人民是一种不保守的做

＊ 巴登是一个德国的历史地名，位于德国西南部，是今天巴登-符腾堡州的一部分。1806 年至 1918 年这里曾存在过一个巴登大公国，实行世袭君主制，行政权力掌握在大公手中，立法权由一个两院制议会行使。——译者注

法，它是民粹的（*völkisch*），也即民粹主义或贬义上的大众化。对其他保守派而言，诉诸人民是生存的唯一途径，这样的保守主义相对而言是大众的（*volkstümlich*），也即褒义上的大众化。其中所隐含的对民主的不同理解后来变得越发重要。接受了现代游戏规则的保守派首先要将自身组织起来，德国为此付出了代价，因为他们不擅长这项任务。德意志帝国的右翼对民主一直态度冷淡，他们在地方也支离破碎、组织混乱。

德国统一（1871 年）近二十年之后，三个主要的右翼政党在男性选民普选产生的帝国议会中赢得了近一半的席位。这三个政党分别是德国保守党（Deutsche Konservative Partei，DKP）、自由保守党（Frei Konservative Partei，FKP）和国家自由党（National Liberals，NL）。

德国保守党和自由保守党脱胎于普鲁士议会中的亲内阁派系，这个派系在 19 世纪 60 年代初围绕议会的预算权与自由派进行了斗争。两党均源于 1848 年容克议会中的旧右翼，旧右翼们决心抵抗自由主义和民主浪潮，但无法就如何抵抗达成一致。自由保守党的前身是 19 世纪五六十年代的温和派，他们想利用新的手段来实现保守的目的；德国保守党的前身则是旧的反现代的顽固派。顽固派同意加入政党政治，但所提出的条件却被证明是难以维系的，他们要求有限的选举权，主张议会的从属地位，并要求维持旧的特权包括税收自由和对政治话语权的世袭。随着保守据点的弱化，到 19 世纪 60 年代末顽固派又面临更加紧迫的问题：以战争实现统一和一部新的帝国宪法，后者包括实行男性普选权。随着俾斯麦公开宣称自己是保守派并对两党施加压力，右翼的选择事实上变成了支持还是反对俾斯麦。

自由保守党是商业和银行家的政党，它支持俾斯麦，该党是俾斯麦在帝国议会中打造保守派联盟的第一根柱石。它在工业化迅速扎根的莱茵普鲁士的力量最为强大。当它在自由贸易上出现分裂并且自身的选举吸引力开始下滑之后，它对俾斯麦的用处就打了折扣。与依然坚持旧有的忠诚并对自由主义充满怀疑的德国保守党不同，自由保守党所关心的是高效率行政、国家实力，尤其是抵制社会主义。与同为俾斯麦盟友的国家自由党（主张自上而下的右翼现代化者）一样，自由保守党对选举民主充满了警惕，但只能尽其所能地利用它。自由保守党和国家自由党都支持俾斯麦的一种努力，那就是试图使天主教会和社会主义运动这两个德国公共生活中的独立力量屈从于国家意志，尽管两党内部都存在一个对此持反对立场的自由主义少数。

德国保守党中的旧保守派来自德意志帝国之前的普鲁士和北德意志议会中的顽固集团。面对与奥地利的战争和德国的统一，这个旧保守派也分裂为亲俾斯麦和反俾斯麦两派。亲俾斯麦的一派在帝国议会中占据上风，其领导者是德国保守党领袖、忠于俾斯麦的奥托·冯·赫尔多夫-贝德拉（Otto von Helldorff-Bedra）。反俾斯麦的一派则控制了普鲁士议会＊。

随着德国的统一，这些旧保守派都接受帝国议会由普选产生，但同时寻求将帝国上议院作为反对他们不想要的改革的工具。†尽管这种努力失败了，但作为补偿，旧保守派控制了普鲁士议会，德国统一之时普鲁士人口占德国总人口的三分之二。与帝国议会不同的是，普鲁士议会享有广泛的征税权。德国保守党对普鲁士议会的控制一直持续至 1918 年，这种局面令德国的改革派总理们叫苦不迭，并使大部分税收远离民主的掌控。

德国保守党在 1876 年正式组建为一个全国性政党，它以散漫的措辞宣称自己的目标是：支持帝国宪法，反对在各邦和地区实行广泛的选举权，支持公民自由，限制中央政府的权力。它希望宗教能够在政治中占有一席之地，因为在它看来只有宗教能够解答人们"日益加深的困惑"，并阻止因过度自由、金融资本和社会主义三重威胁而导致的"社会纽带的解体"。右翼各政党之间的冲突使得 1870 年成立的天主教中央党（Catholic Center）成为一个中枢性质的政党。1878 年之后德意志帝国与罗马教廷达成和解，德国反天主教的文化斗争（*Kulturkampf*）‡也失去了动力，此时

＊　这里指的是德国统一后作为统一德国之一部分的普鲁士王国的议会。1871 年普鲁士王国统一日耳曼地区后建立了德意志帝国，帝国由 27 个领地构成，其中普鲁士王国占据了帝国大部分地区并有着最多的人口。——译者注

†　德意志帝国的立法机构由帝国议会（der Reichstag）和帝国参议院（der Reichsrat）组成，其中帝国议会是下议院，帝国参议院是上议院。——译者注

‡　是 19 世纪 70 年代发生在德意志帝国政府与罗马天主教廷之间的一场围绕教育、教职任命权等而展开的政治角力。——译者注

天主教中央党与德国保守党结盟，但后来两党再次分裂。

这样的冲突和交叉结盟拆穿了一种具有误导性的看法，那就是：威廉帝国的保守主义是一个以容克贵族为首的坚实的反动集团。分裂的右翼不仅未能以自身的团结和力量拖延自由主义的民主在德国的到来，它反而通过阻挠或误导帮助自由主义的民主摆脱了软弱。权力、利益集团和精英阶层感受到了自由主义的改革、经济民主和文化权威的衰落所带来的威胁，但他们却缺乏一个自信的、可以依赖的右翼政党来缓和现代变革。

这些剧目的表演者展现出了右翼独特的类型特征，他们反差鲜明的角色和气质凸显了19世纪中叶德国右翼的多样性：极端派、社会保守派、受挫的现代化者，以及在温和派与顽固派之间保持党派平衡者。

典型的极端派是格拉赫兄弟，即利奥波德·冯·格拉赫（Leopold von Gerlach）和路德维希·冯·格拉赫（Ludwig von Gerlach），他们构成了一个秘密顾问团的核心，为缺乏领导力的国王威廉四世提供指导。与法国之间的战争塑造了他们的爱国观念（两人都是军队老兵），而呼吁个人信仰和社区行动的虔信派的觉醒塑造了他们的宗教信念。社会基督教之保守主义传统的早期代表人物是赫尔曼·瓦格纳（Hermann Wagener），他是一位前教会人士和政论家，作为抵抗运动的良知而积极奔走，他所抵抗的是资本主义正在创造的现代社会。

愿意顺应时代的保守派包括像约瑟夫·冯·拉多维茨（Joseph von Radowitz）这样遭遇挫败的现代化者。作为天主教徒，拉多维茨最初站在反动右翼一方，认同《柏林政治周刊》，后来成了一位具有自由主义思想的保守派，热衷于平息工人阶级的诉求。他与格拉赫兄弟一样与国王关系密切，但与他们不同的是，拉多维茨能够从事件中吸取教训。19世纪30年代，他为教会和王权辩护，反对改革。到了窘迫的19世纪40年代，他在《国家与教会》（*State and Church*，1846年）一书中写道，政府应该行动起来减少贫困。他认为，保守派将自由派排除在外是愚蠢的，因为此时真正的威胁是工人阶级的激进主义。拉多维茨在内阁中的对手是奥托·冯·曼陀菲尔（Otto von Manteuffel），后者是一位头脑聪明的政府官员，曾在舒尔普夫塔接受教育，于1848年至1850年担任内政大臣，于1850

年至 1858 年担任首相和外交大臣。在 1848 年之后的宪政停滞时期，曼陀菲尔在普鲁士政府中的温和派与极端派之间保持了平衡。

尽管上述政治人物（关于他们更多的生平介绍见本书附录 C）体现了早期德国保守主义的多样性，但他们都以各自的方式参与一种类似的维持现状的行动当中。随着俾斯麦的崛起、德国的统一和一个由男性选民普选产生的国民议会（即帝国议会）的建立，他们前民主的政治方式变得无关紧要。在俾斯麦体制下，以宫廷政治和有限代表制为内容的旧保守主义被一种民主—威权的混合体所取代。这种混合体依赖于王权、官僚机构和议会之间复杂的相互作用，所有这些都在俾斯麦的指导下进行，尽管他的控制并不像关于他的威权传说所显示的那样强。

支持俾斯麦的一位政党保守派是赫尔多夫-贝德拉（1833—1908 年），他自 1876 年德国保守党创建之日起便担任该党领袖。赫尔多夫将普鲁士保守派召至俾斯麦麾下，一方面遏制了最后的极端顽固派，另一方面遏制了以瓦格纳为首的社会保守派。与俾斯麦反目成仇的一位普鲁士阻挠议事者是克莱斯特-雷措（1814—1892 年）。克莱斯特与年轻时的英国索尔兹伯里侯爵一样，最初也是对已过全盛期的观念进行了有力的辩护，后来他与俾斯麦意气相投（并与后者的侄女结婚），但在 1870 年之后又回归有着基督教—父权色彩的右翼。

这就是德国保守派最初所面临的普遍问题。尽管他们依然掌握权柄，却不再掌控一切。他们缺乏大众的认可，尽管他们认识到自己需要这种认可，却没有勇气去争取。简言之，他们要为民主合法化支付税金。如果要与一个更加自由和民主的现代性和睦相处，他们需要付出何种代价呢？这种代价便是保守派旧的忠诚所系，包括君主、王权、贵族特权、社会团结和等级制度。对愿意妥协的保守派而言，放弃其中的许多或大部分是值得的，只要作为社会秩序之基础的财产能够受到保护。

旧的右翼顽固派对如此高昂的代价感到不满，他们依然对摇摇欲坠的旧制度紧握不放。年轻一代的新右翼则更加受欢迎，也与时代更加合拍，他们将保守主义的忠诚从旧利益上转移开来，以新的方式重新聚焦。社会团结不再被认为是一种等级结构，而被视为一种共同的国家身份和德国性，尽管后两者在他们看来是排他的。其他的保守派依然抱有一种实用主义的希望,寄希望于以某种方式避免选择。俾斯麦从 1862 年至 1890 年先后担任普鲁士王国第一任首相和德意志帝国宰相,他的成败起伏便依赖于对这些冲突派别的掌控,他既成功地避免了灾难的发生,同时又将日积月累的麻烦留给了未来,这方面内容请见本书第五章"德国保守派的举棋不定"。

面对既无法接受又无法抗拒的民众力量,悲痛又不甘心的德国保守派选择了低头认输和撤退。保守派这种拒绝参与现代政治的态度被台奥多·冯塔纳(Theodor Fontane)在其最后一部小说《施台希林》(Der Stechlin,1898 年)中捕捉到了。小说的场景设定在 19 世纪 90 年代初期柏林以北的勃兰登堡湖区,故事围绕一位普鲁士旧乡绅杜布斯拉夫(Dubslav)而展开。杜布斯拉夫是海涅所嘲讽的那种近代容克,他们的时代已经过去。在别人的劝说之下,他不情愿地以保守派身份参加所在地区的议会。选举之夜,社会民主党轻而易举地赢得了胜利,自由党人倍感失望,杜布斯拉夫则松了一口气。他不为民主政治所动,也无法认真对待竞选。他与助手们前去用餐,愉快地在心里念叨:"赢了固然好,但是有晚餐更好。"

iv. 美国:辉格党人与杰克逊派, 共和党人与民主党人

1831 年 1 月,美国政治家兼前总统约翰·昆西·亚当斯在日记中忧心忡忡,他担心欧洲的自由主义动荡可能给他的国家带来影响。他判断,欧洲的动荡将会"强化民主原则"并"相应地削弱财产安全"。减税将导致国债"被吸干"(也意味着债券持有人将蒙受损失),对信用的信心也将被"击垮"。政治改革和"宗教不忠",尤其是在法国,会摧毁"令民主不快的"权威,即主教和世袭贵族,后两者都无法承受"舆论的熊熊烈火"。在一派焦虑当中,亚当斯不确定该得出什么结论。一方面,他认为"欧洲的民主学说"将"不会在这里得到任何支持";另一方面,他不确定美国的制度能否承受得起因奴隶制而起的民众冲突。英国日益迫近的对奴隶制的废除

有可能"像瘟疫一样"从西印度群岛传播到美国，尽管它将受到美国南方人和渴望将南方留在联邦中的北方人的共同抵制，但即便如此，亚当斯依然担心要求废除奴隶制的民主压力会给美国带来"苦涩的后果"。

亚当斯（1767—1848 年）是一个很好的反例，可以用来驳斥那种认为美国缺乏保守主义传统的观点。他是一位右翼辉格党人，尽管"右翼"和"辉格党"这两个词都需要放在当地语境中加以解释，但亚当斯无疑代表了一种鲜明的美国保守主义，这体现在他对国家团结（national unity）和社会秩序的坚守上，也体现在他对一种准自然的治理责任的有力假设上。亚当斯与其父亲一样曾出任美国总统（1825—1829 年）＊，他还担任过国务卿（1817—1825 年）、参议员（1803—1808 年）以及马萨诸塞州联邦众议员（1831—1848 年），并曾担任美国驻荷兰、普鲁士、俄国和英国的外交使节。作为门罗主义†的策划者，亚当斯在经历了一场与英国的新战争‡以及在西班牙撤出拉丁美洲之后，稳固了美国的外交地位。

正如亚当斯优秀的政治履历所表明的，政治对他而言首先是处理国务的能力。作为一位相信国家命运的人，亚当斯对党派气息感到厌恶，但他依然有很强的怀恨心，并有能力进行明争暗斗。他缺乏幽默感、易怒且自律，在长达五十年的时间里一直以冷静的笔触撰写政治日记。作为一位坚定的加尔文教徒，他认为美国超验主义者§所持有的温和信条是一种不负责任的欺骗，后者主张通过精神的自我提升来实现世俗救赎。爱

＊ 亚当斯是美国第六任总统，他的父亲约翰·亚当斯（John Adams）是美国第二任总统（1797—1801 年）。——译者注

† 门罗主义是美国第五任总统詹姆斯·门罗（James Monroe）提出的一种外交思想，其主旨是使拉丁美洲新独立的殖民地国家免受旧世界欧洲国家的干预，在新世界和旧世界之间保持清晰的区隔，避免新世界沦为旧世界列强相互争夺的战场，使美国能够不受干扰地施加影响力。在门罗主义的形成过程中，时任美国国务卿的亚当斯发挥了主导作用。——译者注

‡ 指 1812 年至 1815 年因英国强制征兵和贸易禁运问题而在美国和英国之间爆发的一场战争，史称 1812 年战争、第二次独立战争或英美战争。——译者注

§ 超验主义是 1830 年在美国兴起的一场文学和哲学运动，强调人与上帝之间的直接交流和人性中的神性，其社会目标是建立一个道德完满的乌托邦式理想社会，其代表人物是爱默生（Ralph Waldo Emerson）和梭罗（Henry David Thoreau）。——译者注

默生(Emerson)被他斥为"一个精神错乱的年轻人"。按照亚当斯的悲观看法，只有上帝不可预知的恩典才能够驯服和引导堕落的人性。

不那么教条的是，亚当斯认识到机运(chance)以及他所谓"新生儿的不确定性"在人类生活中所起的不可抹煞的作用。他本人那著名却不幸的家庭就是一个极端的例子，他的两个兄弟和一个儿子因酗酒而过早离世，另一个儿子也因生活浪荡而夭折。然而，亚当斯家族的杰出成员除了两位总统之外，还包括亚当斯的第三子、后来成为自由土地共和党人的领袖之一*；以及亚当斯的孙子、后文将要提及的作家亨利·亚当斯(Henry Adams)，他是一位美国历史学家、以华盛顿腐败为题材的讽刺作家，以及对现代进步深感痛惜的批评者。

在政党政治方面，亚当斯先是成了一名反联邦党人，反对专横的中央政府；1824年之后又成了一位反杰克逊派的辉格党人，对大众民主充满警惕。美国辉格党在19世纪二三十年代作为杰克逊派民主党的反对者而出现，从而形成了被普遍确认的美国19世纪三大政党体系中的第二个，这三大政党体系是：联邦党和民主-共和党(1792—1824年)、辉格党和民主党(1824—1856年)，以及从美国内战到镀金时代†的共和党和民主党(1856—1892年)。

辉格党人有自由主义的一面，这体现为他们相信物质和道德进步；也有保守主义的一面，这体现为他们信任精英而不信任民主。他们不是教条的自由市场论者，而是指望税收和政府能够带来一个繁荣的全国市场所需要的公共"改善"，首先是道路和运河。回顾过去，亚当斯在1834年7月写道，他曾希望"国家疆域能够为进步和不间断的内部改善提供源源不竭的资金"。与此同时，辉格党人以怀疑的眼光看待行政分支，将其视为

---

　　* 亚当斯的第三子是查尔斯·弗朗西斯·亚当斯(Charles Francis Adams)，与前总统马丁·范布伦(Martin Van Buren)同为自由土地党领袖。自由土地党是美国历史上存在时间很短的一个政党，于1848年创立，主要目标是反对将奴隶制扩大至美国西部领地，于1854年与新创立的共和党合并。——译者注

　　† 指美国历史上从19世纪70年代到1900年这一时期，处于美国南北战争和进步时代之间。"镀金时代"一词取自马克·吐温(Mark Twain)与华纳(Charles Dudley Warner)共同创作的同名小说。——译者注

腐败的温床，这使他们与后来的善政共和主义传统相贯通。在道德进步方面，辉格党人坚持认为要自上而下地改善人民，因为人民需要来自优良者的指引。他们担心，如果公民性格没有根本性改善，那么民主注定会失败。因此，他们寄希望于教会、报纸、学校和大学能够驯服一种桀骜不驯的男性文化。他们认为自己是英国传统的新的继承者，这些传统如普通法、贵族责任和有序政治，在旧世界已变得衰弱或日益倦怠。

也因此，民主的杰克逊派和保守的辉格党人之间的争夺往往呈现为一种阶级政治：富人 vs.穷人、特权精英 vs.美国人民。而事实上，冲突更多地发生在区域精英之间：一方是南方和西部的精英，另一方是北方的精英。这种竞争更多地事关国家的正确方向，而非推翻社会秩序。政治的首要任务究竟是改善美国还是扩大美国的疆域？

辉格党人主张在向西部拓展之前，先要改善美国和美国人。著名的辉格党报人霍勒斯·格里利（Horace Greeley）写道："内部改善的本能与无限攫取的本能相对立。"他徐徐写道，一个民族不能"同时将其精力用于收并他人的领地和改善自己的领地"。与之相反，杰克逊派的《民主评论》（Demo-cratic Review）则在不久之后发出疾呼："是的，更多，更多，更多！……直至我们民族的命运得以实现，直至这整个无垠的大陆都归我们所有。"

辉格党对那些在现代市场经济中表现良好或希望表现良好的人富有吸引力。它赢得的支持者包括向上流动的白人新教徒、城市职员、技能行业从业者，以及靠近交通线从而与城市市场相捆绑的农场主。辉格党精英包括美国不断发展的东部城市中的银行家、富有的企业主和其他内部人士。在北方，反对辉格党的民主党人则集结了因工业发展而无用武之地的手艺人、对辉格党干涉其酒馆和学校感到愤怒的天主教徒，以及对城市佬和银行家充满嫌恶的偏远地区农场主。

"辉格党"不仅是一个政党政治标签，它还代表了一种舆论氛围，正如丹尼尔·沃克·豪（Daniel Walker Howe）在其经典作品《美国辉格党的政治文化》（The Political Culture of the American Whigs，1979 年）中所描述的。对辉格党改革者而言，美国的其他地方并不只是蛮荒的西部，而是处处皆蛮荒，那里正在上演一场新娘稀缺、男性主导的人人都可参与的争夺战，因决斗、酗酒、放荡、骚乱而伤痕累累。19 世纪 30 年代，只有十五分之一的美国人生活在人口超过 8 000 人的城镇中。与巴黎或伦敦相比，美国最大的城市如纽约、波士顿和费城都是缺乏都市文化气息的地方城镇。当时的美国缺乏一个中心城市，这与 19 世纪早期的德国类似。与德国不同的是，美国不存在具有独特文化传统的贵族宫廷，它只有少数的大学城。

在这样的社会中，要改革美国的风俗就需要新的文化制度，诚如身为律师兼教育家的辉格党人鲁弗斯·乔特（Rufus Choate，1799—1859 年）在两场著名讲座中所主张的，这两次演讲分别是 1844 年的"精神文化"（Mental Culture）和 1845 年的"美国律师业的保守力量"（The Conservative Force of the American Bar）。乔特认为，法学院和"律师职业"至为关键，因为它们在民众的头脑中培育了"对保守而言不可或缺的"看法。他认为，欧洲依然需要对其社会和政治制度进行改革，但美国不需要，因为"对我们而言，这种模式的时代和这种程度的改革已经成为过去，其使命已经完成"。在他看来，爱国的美国人是保守的，他们在一个完美的宪法框架中维护着法律的传统。乔特以伯克式的口吻对这种传统的价值作出了解释：因为存在着"一种对久远之物表示赞同的深层推定"。（早在19 世纪晚期伯克在英国被重新发现之前，就曾在美国风靡一时。19 世纪 30 年代有七个版本的伯克作品在美国出版。乔特在信件和讲座中曾多次将伯克请进他的先贤祠，如他曾提及"西塞罗、荷马、伯克和弥尔顿""伯克、柏拉图、汉密尔顿"以及"弥尔顿、培根、伯克、约翰逊"等，以不同的方式将伯克与古典时期或英语世界的杰出人物并列，供明智的美国人仰慕。）

相对而言，早期民主党人有托马斯·杰斐逊和安德鲁·杰克逊的不保守精神作为指引，杰斐逊是自由意志论者（libertarian），杰克逊则持平民立场。沃尔特·拉塞尔·米德（Walter Russell Mead）在其《杰克逊传统》（"The Jacksonian Tradition"，1999 年）* 一文中详细再现了杰斐逊式愿景，根据这种愿景，公民都享有同等的自由，即便他们不那么优秀，也不需要外部的干涉来加以提升。公民没有义务去介入改善社会的努力，

---

　　* 拉塞尔·米德是美国外交政策专家。原文参见"The Jacksonian Tradition：And American Foreign Policy"，*National Interest* 1999，Vol.58。——译者注

只要不加干涉，社会自然会在自由和平等中蓬勃发展。在杰克逊派看来，美国人有着足够的资源来进行自我引导。诚然，美国人中有善人也有恶人。然而，善人可以根据自己的选择惩罚或者排斥恶人，而不受道德上的好事者的干扰。就其风格而言，杰克逊派与辉格党人一样严格，然而前者的严格是排他的和自下而上的，后者则是精英驱动的、包容的和自上而下的。在现代晚期"你好我也好"的意义上，两者都是不宽容的，它们均向20世纪美国道德保守主义的高低两个变体输送了养分，这两个变体分别是右翼的福音布道和新保守主义的道德说教。

启蒙运动向杰斐逊派面授机宜。按照拉塞尔·米德的说法，杰斐逊派乐于接受实际的不平等，他们想象每一个人都是自私但理性的存在，能够在田园牧歌式的农场和小镇中共同过一种共和的生活。福音布道则向杰克逊派传经送宝。作为应运而生的战士，杰克逊派将世界划分为朋友与敌人，无论对方是印第安人还是旧的精英阶层。他们很快秉持后千禧年 * 精神来看待基督教觉醒。基督教觉醒是一种反启蒙运动的对宗教信心的恢复，它呼应了循道宗和虔敬主义，后两者在新教欧洲大行其道，但在遥远的美洲却改头换面。对后千禧年论者而言，基督的第二次降临近在眼前，那时善人（朋友）将被拯救，恶人（敌人）将被诅咒。

在辉格党看来，基督教觉醒有着另外一层意涵。他们以前千禧年态度来看待之，将它当作一种关于社会进步和改革的福音。末日还未到来，基督也不会即刻降临。这个不完美的世界充斥着敌友以及形形色色的善人和恶人，它不会很快在一场无须抉择的末日审判中被简化和解决。千禧一代觉醒的基督徒肩负着更加艰巨的改善世界的任务，以使这个世界配得上基督的再次降临。

辉格党在一个充斥着暴力和以男性为主的社会中扮演着道德和文化提升者的角色，他们在追求节制、要求妇女权利和废除奴隶制的运动中表现突出，只是在成为选举民主派并承认自由人和永久产权人的投票权方面，他们表现得不情愿和慎重。比如，约翰·亚当斯曾在1820年抵制马

---

　　* 　是基督教末世论的一种主张，认为基督的降临将发生在地上的"千禧年时代"结束之后。——译者注

萨诸塞的这种变革。尽管他失败了，但是在纽约和种植园南方那些有着富裕精英的州，辉格党依然对取胜无望的反对普选权的斗争表示支持。《美国辉格党评论》(*American Whig Review*，1845—1852 年)作为一份宣扬辉格党主张的刊物，曾以伯克的口吻布道反对民主，后来最终改变了立场。向西部的挺进很大程度上削弱了保守派的抵抗，因为在一个边远的社会中，维系自上而下的政治是不现实的。与欧洲具有调适能力的保守派类似，辉格党认识到他们必须勇敢地面对政治市场以检验自己的治国主张。与欧洲同样类似的是，美国辉格党发现自己能够像杰克逊派那样成功地赢得选举。1840 年，当辉格党候选人威廉·亨利·哈里森(William Henry Harrison)赢得总统选举之时，一位杰克逊派不无伤感地说："是我们教会了他们如何打败我们。"

路易斯·哈茨(Louis Hartz)在《美国的自由主义传统》(*The Liberal Tradition in America*，1955 年) * 一书中，提出了一个关于美国缺乏保守主义传统的著名论断。哈茨认为，美国一出生就是自由主义的，它既没有旧制度也没有封建传统，因而自由派没有可以攻击的目标，保守派也没有可以保守的对象。美国政治并非发端于自由和保守的竞争，因此它是务实的、意识形态的和具有共识的，并未给社会主义这个美国所欠缺的另一个传统留下多少空间。

哈茨关于自由主义美国的建国故事是 1945 年后短暂共识的产物，正如查尔斯·比尔德(Charles Beard)关于美国宪法之根源的经典表述是进步时代† 的产物一样；比尔德在《美国宪法的经济观》(*An Economic Interpretation of the Constitution of the United States*，1913 年)‡ 一书中认为，美国宪法根源于富人和穷人、债权人和债务人之间的阶级斗争。同样地，美国早期多元主义的历史映衬出当今对多样性的专注、"身份"的冲突以

---

　　* 此书已有中文版面世，见[美]路易斯·哈茨：《美国的自由主义传统》，张敏谦译，中国社会科学出版社 2003 年版。——译者注

　　† 指 1890 年至 1920 年这个时期，是美国历史上一个大幅进行社会政治改革的时代。——译者注

　　‡ 此书已有中文版面世，见[美]查尔斯·A.比尔德：《美国宪法的经济观》，何希齐译，商务印书馆 2010 年版。——译者注

及拒绝相信美国例外论＊的敏感态度。如果哈茨的写作发生在当下，他也许会将他笔下那受限的保守主义思想扩展为垂死阶级对现代性的抵抗。的确，抵抗现代性是保守主义的核心。然而，这项任务既不是特定于某个阶级的，也不是植根于时间的。按照哈茨笔下那幅有争议的关于后封建、后传统美国的社会图景，美国这个新生国家以其反民主的模式成为保守主义的温床。美国辉格党面临着与欧洲保守派类似的困境：随着大众诉求的增强，自己应该在多大程度上与自由主义的（以及民主的）现代性达成妥协？辉格党人对进步充满信心，就此而言他们是自由主义的；但他们不相信人民能够依靠自身实现进步，就此而言他们又是不民主的。辉格党人之保守体现在，他们坚持认为有能力的精英应该不受大众干预地监督经济并提升人们的思想。

令人困惑的是，正如沃克·豪所指出的，尽管杰克逊派和辉格党人对自由的看法不尽相同，但他们都在为自由辩护。在杰克逊派看来，美国革命不仅将美国从威斯敏斯特和英国那里解放出来，也将美国从整个欧洲的过去中解放出来，某种意义上也是从历史中解放出来。辉格党人同样认为美国革命是自由的胜利，但不同的是，他们将这场革命理解为英国式自由的高涨和恢复。辉格党人丹尼尔·韦伯斯特（Daniel Webster）认为，"美国自由"有其自身的"先祖、传承和历史。我们的祖先将他们认为英国政治制度中有价值的全部东西带到了这片大陆"。从英国的传统中，美国辉格党人发现了保守派在现代性的动荡中所要寻找的值得珍惜和传承的有价值的东西。

新英格兰人丹尼尔·韦伯斯特（1782—1852 年）和肯塔基人亨利·克莱（Henry Clay，1777—1852 年）是除亚当斯之外反对杰克逊派的两位主要人物。韦伯斯特是马萨诸塞州的一位辉格党律师，他在 1823 年至 1850 年（其间有间隔）先后担任美国联邦众议员和参议员。作为一位保守的民族主义者，韦伯斯特认为美国是一个整体并为之辩护。他所称的"劳动阶级"不仅包括机械工和农民，还包括银行家，但他同时反对在马萨诸塞州

＊ 是一种理论和意识形态，认为美国是个独特的国家，具有其他国家无可比拟之处。——译者注

推行更广泛的公民权（1820 年）。他在经济上持自由主义立场，在美国最高法院辩护期间，他曾主张维护私人契约，并为联邦权力辩护以防止各州干涉商业活动。同样地，韦伯斯特反对克莱所主张的联邦高关税，同时反对卡尔霍恩试图使联邦关税归于无效的州运动（19 世纪 30 年代）*。他担心美国吞并得克萨斯会打破南北之间的平衡，他也不赞成墨西哥战争（19 世纪 40 年代）。与克莱以及之后的斯蒂芬·道格拉斯（Stephen Douglas）类似，但与林肯（Lincoln）不同的是，韦伯斯特希望将奴隶制向西部的扩张交给"人民主权"来解决，也就是说让新领土上的选民来决定。

亨利·克莱也是一位保守的民族主义者和"美国体系"（保护性关税、联邦公共工程、国家银行）的推动者。他相信，美国这个新国家必须繁荣、独立和团结。克莱出生在弗吉尼亚，年轻的时候搬到肯塔基，在那里他继承了一个奴隶种植园。他在 1806 年至 1852 年（其间有间隔）担任众议院议长、肯塔基州联邦参议员和众议员。克莱认同逐步解放并主张让自由人返回非洲，这使他与他的政党一样无法解决奴隶制问题。作为一位边界政治家，"西部的亨利"（Harry of the West）†在仰慕者眼中是"伟大的调停者"，在敌人眼中则是无原则的交易者。与亚当斯一样，克莱的家庭也频遭厄运。他有十一个孩子，其中六个女儿早早夭折，三个儿子要么发疯要么酗酒。他最喜欢的一个儿子在美国谋求西进的墨西哥战争中阵

---

* 自美国建国起，关税问题就一直撕裂着美国联邦与州以及南方与北方的关系。南方经济以农业为主，严重依赖对外贸易，反对保护性关税；北方则主张实行高关税以保护工业发展。1828 年，美国国会通过一项关税法案，对进口商品征收高关税。由于南方的强烈反对，国会在 1832 年对该法案作出修改，但仍未平息南方的反对。时任美国副总统的卡尔霍恩援引无效论或废止论，即任何州如果认为联邦法律违反宪法都可以宣布该法律无效，并领导了南卡罗来纳州的反对关税运动。1832 年，南卡罗来纳州议会通过了拒行联邦法条款，宣布上述两个联邦关税法案在南卡罗来纳州无效，由此导致美国历史上的"无效危机"。在时任参议员亨利·克莱的调解下，美国国会通过了 1833 年妥协关税法案，规定在今后十年内逐年降低关税，危机得以解除。——译者注

† "西部的亨利"是时人送给亨利·克莱的绰号，因为当时克莱所在的肯塔基州处于美国向西部挺进的前沿地带，在当时看来属于美国西部。1848 年，当克莱第五次参加总统竞选时，两位纽约音乐人合作创作了歌曲《西部的亨利》，表达对亨利·克莱的欢迎。——译者注

亡，而这场战争是克莱所反对的。

克莱和韦伯斯特在国会的表现极为出色，无论在演讲还是在赢得选票方面都是如此。然而，辉格党在入主白宫方面则运气不佳，这是令人扼腕的。辉格党人哈里森赢得了总统选举，却在寒冷的就职典礼之后的几周内死于伤寒，无党派副总统约翰·泰勒（John Tyler）随之继任总统职务。1848 年，辉格党不无投机地避开克莱，提名美墨战争的胜利者扎卡里·泰勒将军（General Zachary Taylor）为总统候选人。扎卡里·泰勒受到北方的欢迎，因为北方人相信他反对奴隶制向西部扩张；同时受到南方的欢迎，因为在南方人看来他是一位战争英雄（在最终使泰勒赢得选举的 163 张选举人票中，有 55 张来自南方）。扎卡里·泰勒于 1850 年死于霍乱，他的继任者是软弱的米勒德·菲尔莫尔（Millard Fillmore），菲尔莫尔主要受到反天主教、反移民的"一无所知党"＊的欢迎，他对日益加剧的南北冲突无能为力。1850 年，菲尔莫尔签署法案，允许加利福尼亚作为自由州加入联邦，其交换条件是进一步收紧逃奴法。菲尔莫尔的继任者富兰克林·皮尔斯（Franklin Pierce）签署了堪萨斯-内布拉斯加法案（1854 年），该法案允许西部选民自主决定支持还是反对奴隶制，实际上撤销了密苏里妥协案（1820 年），后者只允许奴隶制在美国西南部扩张，但要保持西北部的自由状态。

辉格党已经变得派系化，并被人们普遍认为缺乏指导原则。对辉格党人而言，南北之间的问题无关乎奴隶制的对错，而关乎奴隶制对国家生存所构成的威胁。韦伯斯特可以宣称："自由和联邦，直至永远，不可分割！"但面对国家分裂的现实，尤其是面对相互矛盾的自由诉求（一方主张摆脱奴隶制的自由，另一方主张蓄奴的自由），辉格党对国家团结的坚守彻底落空了。

美国政党政治阵营因南北战争而重塑，这场战争是亚当斯所担忧的，也是克莱和韦伯斯特曾经徒劳地努力试图阻止的。战争使保守主义力量

＊"一无所知"（Know Nothing）是 19 世纪 40 年代和 50 年代由本土美国人发起的一场政治运动，起因是大量欧洲天主教徒移民美国导致天主教和新教之间的信仰差异演变成一个政治问题，其诉求是反对天主教移民。这个运动诞生了美国人党（American Party），"一无所知"的名称来源于该组织的半秘密性，当成员被问及他们的行动时，他会回答："一无所知。"——译者注

处于一个尴尬的联盟状态，横跨地区和党派标签的分野：南方与北方，民主党与共和党（共和党是 1854 年新成立的一个政党，致力于推动自由土地事业＊）。随后共和党发生分裂，最直接的原因是如何处理战败的南方。林肯在被刺之前的 1863 年就已为战后的南方规划了路线：迅速重建文职政府并重新融入联邦。共和党激进派要求赔偿，并就重新加入联邦展开谈判。

战后重建沿着林肯设定的路线在阿肯色州和路易斯安那州开始，但遭到南方抵抗运动的破坏，南方的抵抗包括针对黑人的暴力以及颁布黑人法令，这些法律继续以契约束缚被解放的黑奴并限制他们的行动。1867 年至 1868 年，美国国会通过重建法案，但遭到总统安德鲁・约翰逊（Andrew Johnson）的否决。国会随后推翻总统的否决，再次通过该法案。这些法案对南方实施军事统治，并要求南方州制定新的州宪法并批准联邦宪法第十四修正案，以此作为重新加入联邦的条件；第十四修正案保证所有的美国人享有公民平等和法律平等。面对南方白人的持续抵抗、普遍的腐败和北方的厌倦情绪，加之对黑人的歧视，战后重建在第三个阶段（1870—1877 年）被逐渐放弃。得克萨斯州、弗吉尼亚州、密西西比州和乔治亚州在 1870 年重新加入联邦。政治腐败、1873 年经济崩溃，加之战后重建缺乏支持，共同导致了一场选举灾难：共和党在 1874 年的国会选举中失去了 93 个众议院席位。1876 年总统选举过后，重建工作已被公认停止。民主党在总统选举中获胜，但三个州的选举人票在法庭上成功受到挑战，选举结果出现反转，共和党承诺从南方撤出最后一支联邦军队，共和党候选人拉瑟福德・海斯（Rutherford Hayes）出任总统†。

＊ 也即阻止奴隶制向美国新的领地扩张。——译者注

† 1876 年总统选举是美国历史上最具争议的总统选举之一。民主党候选人蒂尔登（Samuel Jones Tilden）获得 184 张选举人票，共和党候选人海斯获得 165 张，剩下四个州共计 20 张选举人票悬而未决。其中双方在佛罗里达州、路易斯安那州和南卡罗来纳州均宣称胜出，而俄勒冈州的一位选举人则因违反规定遭到撤换。民主党控制的众议院和共和党控制的参议院达成妥协，成立一个由众议员、参议员和最高法院大法官组成的跨党派选举委员会来决定这些选票的归属，选举委员会最终以 8∶7 的表决结果将有争议的 20 张选举人票判给了海斯，海斯以一票之差险胜。之后两党达成妥协：民主党人承认海斯胜选但海斯不得寻求连任，共和党同意从南方撤走联邦军队以结束重建。——译者注

随着战后重建的结束,美国保守主义在南方和北方沿着部门和阶级界限被重新塑造。在繁荣、快速成长的城市工业经济中,北方共和党人为商业利益代言,他们抵制工会并保持对工厂的控制。在落后的南方乡村,处境艰难的白人精英聚集在民主党旗帜下,他们将贫穷黑人和贫穷白人区分开来,在州立法机构中享有牢不可破的多数,并抵制民主自由主义直至 20 世纪 60 年代——那时的南方变得更加富裕,进而屈服于联邦的压力和务实的利益权衡。南方的文化保守派,如下文将会提到的南方重农派(Southern Agrarians),捍卫南方"更高的"价值观,反对北方粗野的"物质主义",他们的选择代表了自由主义现代性的右翼批评者所采取的"退出"策略,也即选择在书本上而非政治上进行抵抗。

作为美国最早的保守派,反杰克逊派的辉格党人继承了一个在大而多元的共和国中控制社会冲突的新方法,即宪法。他们与其杰克逊派的对手们共享这份遗产,因此宪法本身是对政治开放的。具有党派性的是,如何理解和解释宪法。美国的保守主义传统认可宪法争论的党派特征,认可法律在一个流动的现代社会中所具有的可变性。本书第四章将会谈到美国杰出的保守派人物卡尔霍恩,他为蓄奴利益进行的宪法辩护就是这方面的一个突出例子。

尽管在本书所关注的四个国家中,保守主义的早期发展都呈现出很大的不同,但右翼在自由主义的现代世界中恢复自身权威的努力却面临着相同的挑战。在 19 世纪 30 年代,右翼的主要选择是要么抵制自由主义现代性,要么与自由主义现代性妥协。到了 19 世纪 80 年代,他们面临一个新的问题:在多大程度上接受民主现代性。与自由主义妥协是一回事,与民主妥协则是另一回事。自由主义所承诺的好处是:使人免遭权力之害,并给予所有人以平等的尊重,无论他们是谁。但它对谁来享受这些好处却几乎不置一词,它在"所有人"究竟包括哪些人的问题上保持了沉默。相反,民主则坚持认为自由主义的好处应该惠及每一个人。也就是说,民主自由主义所要求的是,每一个人,无论他或她是谁,都可以免遭权力之害——无论是国家权力、财富权力还是来自社会的压力。这里的"每一个人"不仅包括多数(即受教育程度不高的人和不富裕的人),还包括可能被多数掠夺的少数,无论后者是富裕还是贫穷。如果民主被狭隘地归结为一种简单的不受制约的多数统治原则，那么它就不再是真正民主的（democratic），而是变成了民众的（demotic），它也因此会变得排外和不自由，虚假地诉诸人民的意志，以"所有人"的名义对"少数人"施行暴政。这是不自由的民主，通常被称为民粹主义，这是一种祸害，是 20 世纪和 21 世纪的右翼们经常玩弄的把戏，后文对此将有详述。

当自由派首次要求既定权力作出自我解释时，公共辩论只发生在少数受过教育的人中间，在人声可及的小礼堂中展开，只有小规模评论和新闻传单有所报道。当早期自由派呼吁将财产与国家的干预相隔离时，当时的财产所有者只是少数，他们周遭都是不掌握多少经济权力的无财产民众。当自由派最初拒绝接受来自文化权威的教导时，他们想象伦理和智识自由将由有财产的、受过教育的人来行使。民主将这幅限制性图景击得粉碎。在民主中，权力（无论是国家权力、财富权力还是社会权力）必须对目光挑剔的新人负责，这些新人有可能是每一个公民。

到 19 世纪后期，政治上的平等尽管依然受到限制和过滤，但在很大程度上被承认了。然而，经济平等对自由派和保守派同时拉响了警报。经济平等的诉求重塑了政治领域，右翼和左翼都形成了新的联盟。向中间转向自由主义的保守派与从经济民主转向右翼的自由派会师，向左转向经济民主的自由派与向中间转向自由主义的社会主义者会师。两个联盟都不稳定。左翼自由派和社会主义者一直围绕经济民主的程度大小而纷争不断，右翼自由派和自由主义保守派则联合起来捍卫财产与繁荣，除了治标不治本的数量平等外，他们反对任何经济平等。然而，与右翼自由派不同的是，保守派即便是具有市场意识的保守派，也从未在文化民主中感到自在。保守主义政党政治下一阶段的故事，即在 1880 年至 1945 年这个时期，将围绕右翼如何驾驭这些强有力的相互激荡的乱流而展开。

第四章
思想与思想家：以理性反对自由主义

面对突如其来的公共辩论，右翼需要为保守主义政治寻找辩护理由，以便能够吸引挑剔而苛刻的现代人的注意。他们也必须在智识上找到一个令人信服的前景，而无须再诉诸旧的防御手段，正如他们必须想方设法恢复失去的政治权威那样。它需要论据以便将那些被自由主义和民主所吸引的人争取过来。

上面的第二个任务在某种程度上更加艰巨。在政治上，右翼继承了政府的旧习惯和长期的经验，这些在执政期间是一种优势。在智识上，右翼发现自己不得不去做一件事情，这件事情是他们曾经为之辩护的往日权威（国王、教会和土地精英）很少被要求去做的，那就是向广大受过教育的公众证明自身的正当性，而这些公众的服从和同意并不是理所当然的。他们无法再直接而完全地诉诸无可置疑的权威。顺应时代要求的保守主义思想家和作家们从政治、宗教和哲学中寻找论据，希望以此赢得人们的青睐。

约翰·卡尔霍恩（John Calhoun）和弗里德里希·尤利乌斯·施塔尔（Friedrich Julius Stahl）是 19 世纪中叶具有代表性的两位右翼思想家，他们将现代知识与法律推理结合起来，为前民主和半自由主义的政体辩护。两人都是律师，虽然立场保守，但他们都对新的知识氛围表示认可。卡尔霍恩援引宪法的和历史的论据为蓄奴的美国南方辩护，将其视为一种比自由主义现代性所能提供的更安全的通往最终社会进步的道路。施塔尔则综合运用哲学、法律和有神论知识，在迅速现代化的普鲁士为有限君主制、神职权威和社会阶层的间接代表辩护。两人都试图借助宪法手段使遭到削弱的权力——分别是美国的南方庄园主和普鲁士的旧社会政治阶层——免于罹患双重危险之危害，即中央集权的现代政府和不断加剧的民众不信任。两人的直接目标都落空了：卡尔霍恩试图让站不住脚的继续站立，施塔尔则试图让不可存活的继续存活。然而，两人所主张的原则在他们为之辩护的制度消亡很久之后，却成了后世保守主义者可资借鉴的遗产：卡尔霍恩主张反多数的力量是民主国家所需要的，并给出了理由；施塔尔则主张，鉴于法律具有无可置疑的最终权威，保守主义关于社会秩序的目标可以通过各种各样的制度形式来实现——代表制多一点或者威权多一点都无关紧要。

在那些面临现代性威胁、保守派为之辩护的曾经具有权威的传统中，没有什么比宗教看起来更加脆弱了。宗教在公共辩论中的权威已经衰落，科学破坏了宗教传统的形而上基础，信仰上的分歧削弱了宗教的公共权威，限制了它对社会凝聚的有效性。然而在它自身的范围内，无论是共同的仪式还是个人的信仰，宗教依然是有力的，信仰而非无信仰依然是通行的规则。在这样的氛围中，除了捍卫信仰、反对宗教变节者以及起而维护宗教权威之外，很难想象保守主义者还可以做什么，他们彼时的分歧也许与今天一样大。在个人层面，保守主义者通常无须在怀疑与真信之间作出选择，他们大多假定并且相信社会秩序依赖于普遍宗教信仰的存在。

问题依然悬而未决：宗教的范围究竟有多大？它在公共生活中的位置究竟是怎样的？它是应该继续寻求一种公共角色，还是应该退回私人信仰领域，为造就好的社会成员所必需，但在公共辩论中有效地保持沉默？进一步的问题是，宗教是否应该参与政党政治？如果参与，它就有可能失去其独特的、非世俗的角色。但如果宗教远离政党政治，它又如何保护自己免遭世俗压力呢？宗教保守派所面临的世俗现代性的问题与政治保守派所面临的自由主义现代性的问题具有相同的特征，那就是：妥协还是抵抗，适应还是退出？

对于上述问题，法国的费利西泰·德·拉梅内和德国的威廉·冯·克特勒给出了务实的回答，两人从基督教信仰的社会使命中发现了它的

当代角色。借助于 1878 年之后利奥 * 教宗教义的牵线搭桥,他们为 1945
年后的欧洲通往基督教民主铺平了道路。约翰·亨利·纽曼是一位不信
任民主的圣公会教徒,他从罗马教会中发现了反现代权威的现成来源。
在美国,宪法禁止设立国教并保证信仰自由,以此实现了政教分离,但并
未将信仰与政治彻底分开。的确,在一个有着多元信仰的人民群体中很
难做到这一点。美国的信仰本身也分为左右两翼,正如学者查尔斯·贺
智和奥雷斯蒂斯·布朗森所表明的:贺智是一位有影响力的反现代主义
的长老会教徒,布朗森是一位自由派天主教徒,常常与他所在的保守派
教会发生争执。作家兼诗人柯勒律治出于对自由主义之吸引力和科学
日益增长之权威的担忧,呼吁一种来自非专业神职人员的抵抗,以维持
传统文化的伦理和精神价值,并促进保守主义思想。他称那些非专业神
职人员为"知识阶层"(clerisy)†。他实际上是在论证保守主义需要有自
己的知识分子。

　　当自由派思想家在其作品中更清晰地展现其目标时,19 世纪晚期的
保守派思想家从哲学上将矛头对准了自由主义,其中的杰出代表包括:法
官兼作家詹姆斯·菲茨詹姆斯·斯蒂芬(James Fitzjames Stephen),他在
公民自由和社会平等的问题上反对密尔;法律史学家奥托·冯·基尔克
(Otto von Gierke),他为保守派的主张赋予了历史分量,保守派认为健康
的社会需要自愿的制度,这些制度既不是中央集权的主权国家的产物,也
不是反复无常的私人利益的产物;以及哲学家 F. H.布拉德利(F. H.
Bradley),他反对伦理"个人主义"(这是该模糊术语的多种用法之一),这
种"个人主义"通常被认为是政治自由主义在为自身作哲学辩护时所必需
的。在这些杰出代表中,斯蒂芬在政治上最为开明,布拉德利最不开明,
基尔克则介乎两者中间,他最初是一位自由派,后来成了具有民族意识的
保守派。由于学术与党派性之间的薄弱关联,思想家的努力在 20 世纪经
历很长时间才扭转了公共辩论的力量对比,最终迫使自由派采取守势,不

---

　　* 这里指的是罗马教宗利奥十三世,他于 1878 年至 1903 年担任罗马教
宗。——译者注

　　† "clerisy"是柯勒律治自创的一个词,含义与"intelligentsia"类似,用来指饱
学之士或知识阶层,如诗人、哲学家或学者等。——译者注

得不向保守派证明自身的正当性，而非像辩论一开始的那样。

i. 将宪法用于不可接受之目的：卡尔霍恩

约翰·卡尔霍恩（1782—1850年）作为蓄奴利益的辩护士而被人们恰当地铭记，尽管"辩护士"一词好像表明他是冷嘲热讽的或理屈词穷的，但实际上他两者都不是。他不仅十足真诚地认为自己是正确的，而且从1811年进入国会时起就一直坚韧而娴熟地运用他那高超的、被误用的辩论天赋，直至去世之前不久。那时他已病重无法言语，他在参议院代表南方的最后一次发言由别人代为宣读，他则在一旁静静地倾听。

卡尔霍恩的听众往往更多地惊叹于他的演说而非被其说服。一位德国访客从他的演说中听出了他对对手观点之"荒谬"所表达的"魔鬼般的蔑视"。哈丽雅特·马蒂诺（Harriet Martineau）认为卡尔霍恩是"生铁"铸就的，并在精神上"被附了体"。每个人都会被他那引人不安的、炽热的眼神所打动。他常常被智力不及但却对人性有更好把握的同事玩弄于股掌。密尔认为卡尔霍恩是自麦迪逊和汉密尔顿以来美国最具有"思辨性的政治思想者"，这样一种对南方奴隶主的褒扬出自《论自由》的作者之口，是令人吃惊的，而密尔本人是英国政界为数不多的在美国内战期间支持联邦的著名人物之一。然而，密尔依然从卡尔霍恩那里听到了关于多数民主的令人沮丧的问题，这个问题令他困惑，那就是：怎么能够仅仅通过简单的人数统计就可以将少数人的看法和关切正当地"抹去"？

卡尔霍恩对南方不屈不挠的辩护使得原本看来缺乏谋划的过程变得具有连贯性。他的父亲是卡罗来纳偏远地区的一位富裕奴隶主，后来者与先前的定居者在那里争夺生存空间。他的祖母和叔叔在印第安人的一次袭击中死去。卡尔霍恩从小聪明认真，有选择地阅读政治经典，一有机会他就逃离了偏远地区，前往耶鲁大学求学并开启了自己的公共生活。他对政治的把握别人难以匹敌，但他对政客的感觉却很差，往往以怀疑或轻蔑的眼光看待后者。

　　卡尔霍恩曾是辉格党人、民主党人和无党人士，先后担任过美国总统约翰·昆西·亚当斯和安德鲁·杰克逊的副总统（任内均与总统反目），后来又成为关税的辩护者、反对者和妥协者。他是南方好战派的首领，因英国干涉美国船只而呼吁向英国开战，并于 1812 年在边远地区挑衅印第安人（"一个国家的荣誉就是它的生命！"），但随着分裂言论在北方的蔓延以及这场冲突有可能会危及联邦，他才改变了主意。后来，卡尔霍恩反对美国因得克萨斯而与墨西哥开战，这场战争得到民主党人的支持，他担心战争的胜利会加剧西部各地区之间围绕奴隶制的未来而产生的冲突。1824 年和 1844 年他先后两次落选总统。卡尔霍恩被杰克逊总统所击败：在政治层面，他在南卡罗来纳州试图取消联邦关税的问题上遭遇滑铁卢（1832 年）；在个人层面，杰克逊不再选他作为总统竞选搭档；在社交层面，杰克逊公开使卡尔霍恩严守道德戒律的妻子感到难堪＊。至此，卡尔霍恩已再无更大的野心，在接下来的十八年中，除了在政府短暂任职之外，他一直在参议院为南方代言。

　　在卡尔霍恩本人看来，他为南方辩护同时也是在为联邦辩护。南北双方是一个整体，任何一方都要与另一方共同生活与繁荣，其中的一方也许更小更弱，但依然可以正当地获得平等的话语权和平等的关切。北方不能要求南方北方化，正如南方不能坚持北方南方化一样。任何这样的

　　＊　作为总统的杰克逊和作为副总统的卡尔霍恩关系之不睦在美国历史上也是罕见的，导致双方关系出现裂痕的是两件事情，其一是卡尔霍恩支持南卡罗来纳州抵制联邦关税，史称"无效危机"；其二是所谓"伊顿事件"。1829 年杰克逊宣誓就任总统后不久，卡尔霍恩的妻子弗洛里德·卡尔霍恩（Floride Calhoun）作为美国的第二夫人，在社交活动中拒绝接纳战争部长约翰·伊顿（John Eaton）的妻子佩吉·伊顿（Peggy O'Neill Eaton），原因是佩吉的前夫作为一名水手在前往地中海的一次航海中身亡，而这次航海是由约翰安排的，并且在佩吉和约翰交往之时佩吉的丈夫尚未遇难，因此不清楚佩吉的丈夫究竟是因自然灾害遇难，还是在得知佩吉与约翰交往的实情后自杀。佩吉在前夫去世后不久便与约翰结婚。卡尔霍恩的妻子对佩吉的行为感到不齿，在她的带动下，内阁成员夫人们纷纷在社交场合抵制佩吉。杰克逊总统在此事件中支持佩吉，其原因有两点：一是约翰·伊顿是杰克逊的好友；二是杰克逊对卡尔霍恩未能制止其妻子的行为感到怨恨，因为杰克逊已过世的妻子瑞秋（Rachel）在生前也遭遇过类似流言的攻击。——译者注

要求都是拒绝同等，也是拒绝作为伙伴的平等。即便如此，南方也可以为剥削而贪财的北方提供教益，使其更好地适应社会美德和更高的生活目标。卡尔霍恩这些强有力的观点体现在他的演说和他去世后出版的作品中，如《论政府》（*Disquisition on Government*，1851 年）和《美国的宪法和政府》（*Discourse on the Constitution*，1851 年）。*

《论政府》一书所面对的问题是如何在选举民主中保护大量而稳定的少数利益。卡尔霍恩给出的答案实际上是立法的共同决定和地方执行阻挠权。《美国的宪法和政府》一书则试图表明，上述答案正是对美国宪法进行恰当解读后得出的结论。尽管对卡尔霍恩进行解读的人们注意到了各种各样的影响，但卡尔霍恩与美国国父们一样，所争论的对手是受过法律教育的人，而非学习哲学的人。在干净利落的铺垫——如人兼具社会性与自私性、无政府便无社会、无宪法便无政府——之后，卡尔霍恩直奔主题：宪法是为了什么。在他看来，宪法是对非正当权力进行阻挠的机制。宪法保护被统治者免遭政府之害，因为不受制约的政府往往会施行暴政。此外，被恰当制定的宪法也会保护少数免遭多数之害。

卡尔霍恩所说的"少数"指的并不是 20 世纪晚期意义上的那些曾经被忽视的人群，如黑人、妇女或西班牙裔群体，而是一种持久的地区或社会"利益"，大到足以在国家中产生影响，但又太小而无法在选举中取得胜利。这里的"利益"指的也不是经济阶层、经济部门或压力团体，而是带有政治和文化一体性的利益，这些利益有其自身的历史，并且事实上是一个又一个的小国家。除此之外，他并没有详加说明。尽管他的论证很宽泛，但一个少数的利益始终存在，那就是美国南方以及那里的种植园和奴隶。多数的"利益"便是北方，它的增长速度、产量和武力都在快速碾压南方。

在卡尔霍恩看来，利益之结合构成一国之共同体。"共同体意识"之形成要么直接采取"独立选举权"（粗略地说即一人一票）的方式，要么"经过一个恰当有机体"的过滤（即利益群体投票的方式，而非一人一票）。当

---

* *Discourse on the Constitution* 一书全称是 *A Discourse on the Constitution and Government of the United States*。《论政府》和《美国的宪法和政府》的中文版均收录于《卡尔霍恩文集》（上卷），见［美］约翰·C.卡尔霍恩：《卡尔霍恩文集》，林国荣译，广西师范大学出版社 2015 年版。——译者注

共同体的"某个利益或部分"有可能遭受"不公平或有害影响"时，共同体的"一致"判断便成为立法所必需。如果伤害性的法律被通过，投票中落败的一方就可以否决该法律的执行。

尽管《论政府》一书充斥着大量的术语且缺乏具体的细节，卡尔霍恩还是用一个清晰易懂的观点表达了他的全部主张："正是这种否定的权力，即阻挠或遏制政府行为的权力，无论你怎么称呼它（你叫它否决、干涉、无效、制约或权力平衡等都可以），它在事实上形成了宪政。"

有效多数、"一致"多数或"超"多数的观念并不新鲜。卢梭在《社会契约论》（1762年）中敦促道："所讨论的问题越严峻和重要，获胜一方的意见就要越接近一致。"麦迪逊在《联邦党人文集》中也曾对多数穷人掠夺少数富人表达过担忧，但这种担忧很快就消散了，因为麦迪逊认为，在一个大而多元的共和国，有太多的利益相互竞争，没有哪个利益能够支配其他利益。此外，美国宪法本身包含了许多反民主的机制，足以将卡尔霍恩所批评的那种简单多数过滤掉，但卡尔霍恩并未因此感到宽慰。宪法需要被解释和裁决，其禁令也需要被执行，而政治上的多数很可能凌驾于法庭和行政机构之上。

卡尔霍恩留下了一些棘手的问题，如：什么可算是大而持久的利益？否决权可以在多大程度上行使（比如用于哪些议题、被哪些人使用等）而又不至于引发政府瘫痪？少数利益中的谁可以行使否决权？如果少数的否决权被一个恃强凌弱的次多数或自封的小暴君所俘获，那么公正地说，这种否决权还有何价值？这些问题使19世纪欧洲的自由派和保守派都倍感压力，当时他们正在与民主时代现代国家相互冲突的压力作斗争。效率迫切要求大国家、大市场和中央政府，公平则要求将注意力投向地方习俗和地方关切，很少有万全的解决办法，许多解决办法也并不长久。在自由-民主的20世纪后半叶，随着地方主义、文化多元主义和分离主义的呼声越来越高，卡尔霍恩对多数主义的挑战再次回归。

卡尔霍恩认识到，没有哪一种制度机制可以单独扭转局面。最终，现代人的各部分和各社区能否在一个国家中和平地共同生活，取决于他们是否如此选择。卡尔霍恩以一种前罗尔斯式的风格，更早地揭示了这一思想，即在一个理想的国度，正义的制度和正义的公民必将相互强化。他写道,社会各部分之间存在的相互否决权预示着一种相互认可,从而使否决权的行使变得不再必要。除了相互接纳,并不存在万无一失的宪法上的答案,否则便只有分裂或战争。

《美国的宪法和政府》一书则试图在美国宪法中寻找《论政府》所表达的看法。按照卡尔霍恩的说法,美国国父们认识到了宪法中保留给州的权力面临着被联邦权力利用的危险,为此他们有一种"一致"多数的想法——也即,只有征得少数的同意才能采取重大步骤。唯其如此,方能避免"统一"(即中央政府过于强大)和"分裂"(即联邦解体)的双重危险。

《美国的宪法和政府》一书并未完成。在早期不那么成体系的演说中,卡尔霍恩已经为他人生最后二十年所从事的美国事业进行了足够多的论证,这项事业就是:反对关税和保卫奴隶制。这些论证更多是务实的而非原则性的,展现了他作为一位倡导者的力量。他并未摧毁某个单一目标,而是将火力分散开来,使反对者处处挂彩。

卡尔霍恩认为,为保护工业而征收关税是不公平的,因为首先它提高了物价。在北方,物价的上涨可以通过提高工资来抵消,但在奴隶制南方则行不通,因为那里没有工资。其次,南方经济依赖于棉花出口,因为美国人最多只能消化掉棉花年产量的七分之一。一旦保护性关税导致出口萎缩,无法出口的棉花由谁来购买?第三,保护性关税使那些最不需要关税保护的人受益,这些人包括:富人及其代理人("他们将诉求塞进国会以求得赏金"),靠政府为生的"大批积极、警惕、训练有素的"官员和管理者,以及向工业提供资金的银行。

卡尔霍恩以同样务实的态度看待奴隶制。由于缺乏一种原则性的辩护,他对奴隶制的看法是散乱的,因为无论明示还是暗示,他这方面的所有看法都基于一种假设,即奴隶制是正义的,如果抽去这个假设,那么他的论点即便是有效的,也将变得站不住脚。在《论政府》的一个中间章节,卡尔霍恩曾短暂地提到过不平等,并间接地谈到了奴隶制。他承认,人在最终的道德意义上是平等的,但就天赋和精力而言,人一开始就是不平等的。道德和物质进步便依赖于这种不平等,因为它激励人去提升自己。自由并非一种权利,并且只有付出努力去推动社会进步才能获得自由。但是,努力必须是个人的,而不能是政府的。一个进步的社会就像一支行进中的军队，如果政府强令后排的人走向前排，向前的移动就会停止，就会"阻止进步的步伐"。然而，不自由的人们在许多地方都被禁止读书或写作，他们如何能够通过个人努力实现自我提升呢？对此，卡尔霍恩并未言明。

作为一位公共演说家，卡尔霍恩是直率的。在1837年的一次著名演说中，他宣称奴隶制远非"罪恶的和可憎的"，而是"一种积极的好处"，这次演说提供了大量的说辞，为不可接受之物提供了看似合理的辩解理由：奴隶制在主人与奴隶之间建立起了同情的纽带，它使粗野的族群慢慢变得文明，它将南方各阶层的白人团结起来，它满足南方农业经济的需要，而南方农业经济则是适应于北方工业的。卡尔霍恩借鉴伯克关于"习俗带来合法性"的观点，这样评价奴隶制："无论奴隶制是好还是坏，它都生长于我们的社会和制度中。"韦伯斯特敬重卡尔霍恩这位对手，但他不认同这些观点。在1850年针对病重的卡尔霍恩的一次演说中，韦伯斯特提醒参议院，南方人已经改变了看法以适应这个时代。在早先，他们都认为奴隶制是一种罪恶，充其量只是一种暂时的、代价高昂的畸变，很快就会从经济上消亡。后来奴隶制变得有利可图，首先是因为轧棉机的大量使用，其次是因为美国西部的开放。在辩护者看来，奴隶制不再是一种罪恶而是一种恩赐，尽管如林肯后来所言，没有人希望自己成为这种恩赐。

卡尔霍恩的政治观点不那么高尚，他的语气也是冷淡的，这种语气在后来的保守派如俾斯麦（不带冷嘲）和索尔兹伯里那里也可以听得到。卡尔霍恩对政治力量的对比进行全面的权衡，这种态度有时被认为是一种独特的保守，并被冠之以"现实主义"这个具有多重指涉的称号。他认为，不存在这样一个"富裕而文明的社会"：在那里，"共同体的一部分实际上可以不依赖于其他部分的劳动而生存"。他曾在1828年忧郁地预测说："在我们油尽灯枯之后，较量将在资本家和工人之间展开"，似乎预见到了南方将在与自由主义现代性的历史性较量中败北。这种不那么高尚的语气也是马克思主义者所偏爱的，因为后者担心自己被认为是笃信宗教的。美国历史学家理查德·霍夫施塔特也注意到了这种相似性，他恰当地称卡尔霍恩是"奴隶主阶层的马克思"。尽管卡尔霍恩声称自己相信奴隶制南方而非资本主义北方代表着文明的进步，但他几乎不抱有辉格党人那般对人类进步的希望，也没有杰克逊派那般的民主平等意识。他关于真正进步的不假思索的历史主张充其量仅仅是一个辩论点。也许北方的资本主义正在腐蚀公民价值观，但这并不意味着奴隶制南方就是一个更好的选择。

尽管卡尔霍恩与密尔一样对多数的权力抱有一种自由主义式的怀疑，但他的保守主义呈现出四个鲜明的特点。他不相信自由主义的平等（即公民尊重）适用于所有人，他担心一个改革的中央国家会对传统权利和地方习俗带来毁灭性压力，他认识到政治右翼如今必须如何为舆论而战，并指出废奴主义这个令他困扰的恶魔如何"占领了讲坛、学校并在很大程度上占领了媒体，这些重要的工具将会塑造新崛起一代的思想"。在民主问题上，卡尔霍恩是一个程序性而非实质性的民主派，他接受民主的选举程序，却努力通过宪法手段限制它的运作，以保护一个享有特权的少数派。基于对自由主义平等的怀疑，他并未耗费任何时间去考虑这样一种实质性思想，即自由主义的好处必须以民主的方式扩大至每一个人。在卡尔霍恩去世后，保守派对自由主义国家的抵抗被推进到了战争的地步。对于不肯妥协的美国右翼而言，美国内战是继法国大革命之后保守主义的第二次重塑。

ii. 以右翼之理性取代怀旧：施塔尔

1840 年，弗里德里希·尤利乌斯·施塔尔（1802—1861 年）在柏林担任教授职务，在就职演说中，一群傲慢的黑格尔派年轻人对他发出诘问，施塔尔斥责他们说："先生们，我是来任教的，你们是来听讲的。"普鲁士当局任命施塔尔来反击这个国家躁动不安的年轻人中有害的、理性主义的信念，当局对这些信念感到不安。施塔尔尽其所能地提出了一种他认为可以用合理的推论来加以论证的保守主义。他接受君主立宪制，同时坚持认为基督教信仰和普鲁士民族具有同等的至高权威，两者对人民的要求并非源于选择或同意。"权威，而非多数"是施塔尔反民主的关键词。

　　本着这种精神，施塔尔在他的《法律哲学》第一卷（*Philosophy of Law*，1830 年）中，对 17 世纪主张自然权利的作家以及康德和黑格尔等现代思想家的法律理论提出了质疑，普鲁士的官员们可能并未深入了解这些理论，但这并不妨碍他们将年轻人中所激起的强烈不满归咎于这些思想家的观点和声望。在《法律哲学》第二卷（1833 年）中，施塔尔同时向反自由派和反民主派伸出了援手，他在书中描绘了一幅全面的法律图景，认为法律并非源于人类习俗或社会决定，而是源于一种上帝所给定的普遍的道德秩序。对于左翼黑格尔主义的模糊性和危险性，他的态度尤为严厉。

　　今天的人们很少听说也很少读到施塔尔，但施塔尔在他的时代却极负盛名。阿克顿勋爵曾对格拉德斯通的女儿说，施塔尔的才华及其在德国的影响力比迪斯累里在英国的成就还要高。施塔尔是德国慕尼黑一位犹太商人的儿子，并与迪斯累里一样在成年之时皈依了新教，尽管普鲁士在 1812 年便赋予犹太人以公民权，这比懒散的英国早了数十年。

　　施塔尔博学多才，喜怒不形于色，与卡尔霍恩一样热衷于在每一点上击败对手。他的衣着非黑即灰，这是律师、教授或牧师的颜色，而他本人正具备这三重身份。在晚年，他是普鲁士福音派国家教会的高级官员。施塔尔本人似乎正是作为亲德派的柯勒律治渴望在英国出现的那类"知识阶层"（下文将会谈到）的典型代表：一个神职人员般的教师和知识分子群体，使一国的文化和信仰的一般传统得以存活。问题在于，这个统一的"知识阶层"所需要的社会和制度都是不存在的。当时的德国是一片多元的土地，地区众多、信仰各异，三十九个互不协调的宗教权威交织在一起，并不存在施塔尔在讲座中所设想并试图验证的那种有序的、自上而下的法律和忠诚结构。而福音教会本身是路德宗和加尔文宗最新联合的产物，这种联合是 1817 年新皈依的普鲁士国王 * 所推动的，但受到撒克逊路德宗的质疑（该教派成员后来或遭到监禁或移民美国），并很快在非正

---

　　*　这里指普鲁士国王腓特烈·威廉三世，他在 1817 年力推加尔文宗和普鲁士各新教教派合并为普鲁士联合教会，从而建立起欧洲最大的新教教会之一，威廉三世本人也于 1817 年皈依联合教会。——译者注

式决裂中被抛弃。

施塔尔因 1848 年革命而涉足政党政治。他赞同普鲁士的反自由派，并为这个派别的报纸《十字报》撰写了一篇保守主义宣言，这篇宣言的主要观点是：反对革命但要避免反动，尊重法律，摒弃君主的和大众的专断但同时维护君主的至上地位，允许劳动自由和继承自由，维护基督教信众的法律平等，以及维护德意志的统一和各邦国的独立。施塔尔发挥他的法律专长参与起草了姗姗来迟的普鲁士宪法，并进入了普鲁士参议院，他的余生都在那里度过，致力于推动保守主义事业。

尽管 1848 年革命失败了，但这场革命一直盘旋在革命双方的脑海中。欧洲各国的自由派和民主派所发动的组织松散的抗议、叛乱和制宪活动，很快遭到了武力或非武力的回击。这个动荡时期，正如马克思所言，并非 1789 年再次来临，但它再次确认了政治领域左右分野这一现实，并使左右双方进一步认识到了自身的弱点。左翼急于知道自己是如何失败的，右翼则认识到了左翼的力量，并担心自己会在下一次落败。然而，与英法不同的是，右翼在德国是执政的一方。施塔尔认识到，右翼要保住执政地位，就必须在辩论中占得上风。他在发表于《十字报》的宣言《保守主义的旗帜》（"The Conservative Banner"，1848 年 7 月）中提出了右翼的策略：不要试图回到过去，而是要把握当下。他敦促说，保守派不应责备君主接受了宪法，而应称赞他勇于适应时代。

施塔尔的话是说给两类人听的，一类是极端保守派，他们被 1848 年革命所震撼，不知道宪法和断头台的区别，也无法分清宗教现代主义者和无神论者之间的不同；另一类是自由主义舆论，施塔尔将其理解为拥有财产的中产阶级。中产阶级煽动起 1848 年革命，后来又因对极端主义和民主感到恐惧而匆忙收手。在右翼一侧，施塔尔希望将极端保守派拉向自由派；在左翼一侧，他则希望将中产阶级拉向保守派。他同时展现出保守主义灵魂中妥协与不妥协的两面，他认识到保守派必须栖身于自由主义现代性之中，但又希望对"同居"的条款作出限定。

促使施塔尔展开思考的罪恶之物是革命，即政治革命、哲学革命或宗教革命。他解释说，革命不是造反或起义。抗议明显的不公或推翻恶政带来了无可争议的好处，他列举的例子包括英国大宪章、1688 年光荣革命乃至 1789 年法国革命。施塔尔问道：有哪个法国人希望恢复过去的任意逮捕、中产阶级税负不公、压榨农民和排斥新教徒呢？这些都是罪恶，并且自革命以来这些罪恶已被妥善地纠正了。然而，它们只是革命的一小部分，因为真正意义上的革命并不是某个事件或片段，而是一种思想观念。

在施塔尔看来，革命是人的任性，是伦理上的恣意放纵，是对权威的无视，也是对一个无规则世界的欣然接受。简言之，革命是自由主义现代性之社会和道德弊病的主要根源。概括地说，施塔尔的作品是一个中转站：它的一端连接着反对法国大革命的早期作家，另一端连接着 19 世纪后期和 20 世纪保守主义思想的反自由话语。施塔尔将革命与保守主义所由以发端的历史事件区分开来，从而对自由主义观点"发动了革命"。在他那里，自由主义对社会秩序的务实、渐进的探索变成了一场无法无天的伦理破坏运动。

类似的思想也隐含在最早反对法国大革命的那批作家当中，如热情的伯克和敏锐的根茨，对这两位作家而言，法国大革命历历在目、近在咫尺，那时政治上的自由派还未出现，更遑论自由主义哲学家了。施塔尔将反自由主义的课业引向公开，并进行了清晰的阐述。当然，他对 1789 年的负面评价，其灵感更多地来自迈斯特而非伯克。伯克笔下的三流文人愚蠢地否定了习俗，在迈斯特笔下他们则邪恶地否定了上帝。按照施塔尔的理解，革命源于路西法式的傲慢 *。相比之下，地狱之火并非路德宗的风格。与迈斯特相比，施塔尔的心灵之战更加冷静、更少愤怒，也更为合用，他对待革命变节者的方式并非绞架，而是法治。

没有法治，就没有社会秩序。私法为人们之间定纷止争所必需，公法则为控制国家所必需。德国的公法资源尤为丰富。（当英国法学家约翰·奥斯丁［John Austin］首次举办公法讲座时，他发现英国的公法资源寥寥无几，于是求助于德语资源。）施塔尔认为，公法在限制国家权威方面比宪法和议会更加可靠。为了说明这一点，他对比了哈勒（Haller）所赞同的、以俄国为典型的家产制国家和新的普鲁士国家：在前者，统治者的命

---

* 傲慢是《圣经》中的七宗罪之首，路西法是代表傲慢的恶魔。——译者注。

令便是私法，国家事实上归君主所有；在后者，法律同时限制公民和国家机构。诚然，在普鲁士国家，君主享有绝对的和不可分割的最高权力，但权力的行使依然要考虑社会有产者和专业精英的建议，并受制于公法。为了顺应时代，施塔尔承认，上述建议可以由一个享有有限权力的议会来传达。按照他的说法，这样一种受限的君主制是"制度性的"，或者用更熟悉的字眼，是"宪政的"。

施塔尔坚称，自由派和民主派都误解了宪法。他认为，中间派（Halves，即 1848 年的德国自由派）* 根本无须指望议会宪法来制约权力，因为他们已经掌握了公法这个现成的工具。全体派（Wholes，即 1848 年的德国民主派，他们要求更广泛的代表制）则是披着伪装的革命者，他们假定人在利益、能力和权利方面都是平等的，并声称自己为整个人类代言。他们忽视现实的差异，从而激起不满，播撒不和，并以十足的热情助长不信——这种热情只存在于宗教狂热中。

施塔尔参与了 1850 年普鲁士宪法的起草、辩护（以及后来的修改）工作，从而将他的上述思想注入宪法当中。君主依然保有最终决定权，但受到上议院和下议院的引导和一定程度的约束。下议院由一个三级投票系统选举产生：三个纳税阶层分别选出各自的选举大会，每个选举大会再分别投票产生三分之一的下议院议席；这三个纳税阶层大致来说即富人、中等收入者和低收入者，换言之，即少数、部分和多数。1871 年之后，德意志帝国议会† 由男性选民普选产生，从而使天主教中央党、自由派和社会民主党在 19 世纪末成了议会中的多数（尽管他们内部分歧严重），而普鲁士下议院依然牢牢掌握在保守派手中直至 1918 年议会解散‡。德意志帝国

---

* 1848 年 5 月 18 日，德意志首个经自由选举产生的议会在法兰克福召开，史称"法兰克福国民议会"。参加议会的各政治派别分为三个阵营：一是自由主义中间派，也就是这里所说的 Halves，包括左翼中间派和右翼中间派；二是民主左派，也就是下文所说的 Wholes，包括极左派和中左派；三是保守主义右派，包括新教徒和保守派。——译者注

† 帝国议会（der Reichstag）是德意志第二帝国、魏玛共和国和德意志第三帝国时期的下议院，与参议院（der Reichsrat）共同行使立法权。二战后，随着德意志联邦共和国的成立，帝国议会改称"联邦议院"。——译者注

‡ 1918 年普鲁士王国解体，成为德国的一个自由邦。——译者注

混合了国王与议会、普鲁士与帝国、法令与法律、继承与发明，更多地是一种即兴的设计而非自成体系，这在很大程度上归因于施塔尔试图与反对派进行调和。

施塔尔的即兴设计是按照新的宪法形式，对德国的旧"阶层"所进行的一种适应性调整。正如他在书中所言，这种设计兼顾过去与当下、左翼与右翼。严格地说，代表制是一种用词不当，因为对主权的行使无法与他人共享（这是自由派之谬误）；代表制也非源于人民（这是民主派之谬误）。同样地，议会是要引导并告诫君主的。土地贵族曾经天然是议会中的声音，他们介于君主和人民之间，其职能是为人民辩护，而不是或者说不仅仅是为自身利益而战，社会上层就是要肩负起这种无私地居中调和的任务。至于纳税阶层如何与德国的旧"阶层"准确匹配，以及为何要指望贵族阶层尽职尽责，施塔尔并未言明。相反，他倾向于认为，尽管法律废除了贵族的身份和特权，但贵族的责任依然存在。施塔尔声称他建议一种"责任的，而非特权的"身份或社会阶层，这个表述令人费解，也没有对民主的主张作出回应。

为了填补他认为自己在现代法律哲学中发现的漏洞，施塔尔转而从新教角度来理解基督教教义。社会秩序建立在法律和道德之上，而法律和道德的权威最终来源于掌管着"道德王国"的人格神。人格神的最高形式，便是基督教国家及其自由意志（free agency）伦理 * 和责任伦理。对于施塔尔的主张，从一种同情的后神学的角度可以理解为，道德秩序并不是社会的、人类的或哲学的造物。也就是说，道德秩序不能被认为来自实际的或假定的集体决定，也非来自"我如此，你也如此"的对等式推论（*tu quoque*）。怀疑式推论也无法损其分毫，因为怀疑本身就假定了一种它试图否定的道德秩序。

施塔尔为政治缝制了一件不太合身的神学外衣。他的基督教训令既仁慈宽厚，又具有惩罚性和严格性。一方面，他反对农奴制和奴隶制（尽管不愿就此谴责美国南方），欢迎更加人道的惩罚，支持多种公民自由，包

---

　　* free agency 指人的思想、言语、行为不受外在强迫，人做任何事都出于本心。——译者注

括选择宗教的自由（至少在个人层面）和移民的自由。另一方面，他反对离婚合法化，赞成死刑，认为渎神是一种犯罪行为，并主张自杀者不应被"体面地"埋葬。自由派以及像鲍尔（Bauer）和费尔巴哈（Feuerbach）这样的黑格尔左派会发现施塔尔的论证缺乏原则，并在进行循环论证：他以权威来证明权威，并且无法说清楚自己是如何从更高的前提得出实际判断的。他们的怀疑是有力的，却忽视了一点：施塔尔执着于普鲁士的特定观念，也执着于基督徒赋予每一个人类个体的高价值，这种执着是不那么理性的，如果没有这种执着，施塔尔的政治道德也就没有多大的意义了。

在施塔尔看来，普鲁士的社会性格是有序、有效、受法律约束和尽职尽责，一旦抽去普鲁士精英阶层的责任感，其宪政结构也将解体。无论恰当与否，与法国人的轻佻和英国人的店主心态相比，普鲁士人对效能和责任的自豪感是其爱国心的常态。

施塔尔第二个不那么理性的执念是基督徒对人类个体的尊重，无论每个人的世俗地位如何。他所仰慕的两位主张和解主义的哲学家是谢林（Friedrich Schelling，曾在法律哲学方面给予施塔尔以鼓励）和黑格尔，两人都倾向于主张任何事物都是其他一切事物的某个方面。施塔尔后来从两人那里退却了，因为他们的思想似乎没有给人格神留下栖身之处，而如果没有人格神，施塔尔也就无法将他的另一个深刻的信念合理化，这个信念就是人类个体的不可触碰。施塔尔相信，基督教新教不同于其他信仰，它珍视并给予人类个体以自由，使他们能够与其他人共同生活在一个法律的社会中。

在施塔尔看来，他的保守主义既是一个策略问题，也是一个原则问题。他认为工业资本主义是不可阻挡的，但又希望可以阻止资本主义现代性向自由主义乃至民主的现代性转变。实事求是地说，施塔尔与许多保守主义者一样，认为自己的任务是尽其所能地维系旧秩序中有价值的东西。借用卡尔霍恩的比喻，社会正在行军途中，保守派的任务是说服先头部队不要开小差，说服后方部队不要停滞不前。施塔尔努力劝说旧的精英阶层交出传统特权以便在政府的代议制安排中拔得头筹。他试图借助中产阶级对社会主义和民主的恐惧，将他们拉入保守主义阵营。从哲学上说，施塔尔相信理性上站得住脚的信仰可以同时为保守主义政治和严格的伦理提供支撑，尽管他的神学所能提供的实际指导是有限的。施塔尔所偏爱的伦理似乎更多地来自他所处的环境和时代，而非神学本身所要求的伦理，也非随着环境和时代的变化可以被再次应用的伦理。

iii. 保守主义者如何为宗教辩护：
拉梅内、克特勒、纽曼、布朗森与贺智

施塔尔在反对自由主义思想方面并非孤军作战。一般来说，宗教保守派的对手是明确的。自由主义"将人性碾得粉碎"，并使社会成为一架"理性和自由的计算机器"（克特勒主教）。一旦自由主义思想站稳脚跟，"就不要指望社会进步、幸福乃至自由了"（拉梅内）。多少令人欣慰的是，自由主义"太不友善，无法吸引民众"（纽曼红衣主教）。人民需要信条，"试图将社会进步与宗教分离开来的疯狂企图……使得现代自由主义到处都带来破坏和失败"（布朗森）。自由主义这个敌人就在眼前，这一点毫无疑义。

问题是，如果说自由主义正在社会上攻城略地，正如看起来的那样，那么其基督教对手应该如何应对呢？对抗还是让步？抵制还是适应？如果宗教思想家选择对抗和抵制，他们应该如何参与争论？与一般的保守派一样，宗教思想家也面临一个智识策略上的难题：如果以宗教话语来反对自由主义现代性，他们有可能不被人们听到；但如果以非宗教话语作出回应，是否意味着在争论开始之前他们就已经认输了？

在世俗的现代社会，宗教方面的理由往往在公共争论中被忽视，这并不是说信仰者的主张和理由被噤声，而是说，信仰者的主张和观点（无论是政治的、社会的，还是道德的）要赢得广泛认同，就必须谨慎地以非宗教的方式来表达。一个晚近的例子是，在 20 世纪 60 年代的法国，当右翼党派对堕胎合法化的法案进行抵制时，他们给出的理由是世俗的：法国需要更多的人口；即便合格的堕胎也是危险的；堕胎会助长生活的放纵，因为

它降低了放纵的成本。另一个理由涉及原则，但依然是世俗的：堕胎是对生命不公正的剥夺。因此，比如在美国，宗教信仰者一直公开反对堕胎，其理由并非因为堕胎是被上帝禁止的，而是因为他们认为堕胎是不公正的杀戮。世俗的现代人不会因为神而相信某个观点，但可以一致认为不公正的杀戮是错误的。这样一来，宗教信徒和世俗现代人就可以争论"堕胎究竟是不是不公正的杀戮"，而非自说自话。

进而言之，如果存在许多相互竞争的教派，每个教派都有自己的信仰和教义，那么将宗教理由排除在公共辩论之外还有另外一个目的，这个目的对信仰者和非信仰者都同样有利，那就是：使辩论和平地进行，并使多元、冲突社会中的集体决策成为可能。

促使宗教与政治说理相分离的压力可以被称为公共世俗化之事实（就事实而言）和宗教理由私人化之政策（也就是说，将其排除在公共辩论之外）。这些压力在今天司空见惯，几乎不被觉察，但它们在 19 世纪中叶却并非如此，而是如早春的瑟瑟寒风那样使人冻彻骨髓，共同决定了宗教保守派以怎样的方式去努力保护他们认为自由主义现代性所可能失去的东西。

这里将呈现五位保守派基督徒的生平和思想，以展示他们或抵抗或适应的选择历程。基督教各派别在这里被平等对待：拉梅内、克特勒和布朗森是罗马天主教徒；纽曼是一位高教会派新教徒＊，后来皈依了罗马天主教；贺智则是一位恪守教规的长老会教徒。他们每个人都看到了彼时公共生活中的巨大失败，并相信基督教方法可以并且应该解决这些问题。

他们对自由派和民主派所主张的人类平等不予考虑，与社会现实的脱节使人类平等听起来空洞无物。在他们看来，平等主义夸大了人的能力，设定了无法达成的目标，偏离了实际的需要。他们谴责自由主义对贫穷劳动者的无情剥削，同时谴责自由主义以社会主义的名义鼓动对穷人提供无神的帮助。他们还抱怨现代社会的道德败坏，如生活放纵、不听从

＊　High Church，也称高派教会，是基督教新教的一种信仰模式和教会传统。——译者注

权威、违反规则以及听从聪明思想家的建议，后者否认存在规则或者声称人们可以制定自己的规则。诸如此类的伦理担忧在 19 世纪 30 年代之后随着城市化进程的加快而变得日益强烈。在担忧者看来，与城市生活相伴随的是盛气凌人的学徒、异族通婚，以及挣脱了乡村牧师和乡绅的控制后人们普遍的放纵。在欧洲，这种对城市的道德厌恶与对乡村的浪漫赞扬联系在一起。美国辉格党的这种担忧在地理上的分布更加均衡：他们既担心以男性为主的西部边远地区的行为不受控制，又担忧拥挤的城市贫民窟中脏乱的生活。

基督教知识分子其他方面的看法可以归结于这样一种焦虑：对基督教信仰本身的担忧。在他们看来，社会秩序、道德和信仰是一个链条：如果信仰不再，对道德的信心就会消失，进而社会秩序也将陷于困境。自然科学、对宗教文本根源的学术批评以及批判哲学共同削弱了基督教的信心——不仅是对宗教信仰事实的信心，而且是对宗教信仰本身合理性的信心。拉梅内和纽曼深刻地感受到现代性对理性的强烈需求，并试图加以扭转。纽曼写道，"理性主义"是"当今最大的邪恶"，它不仅否认宗教，而且对宗教进行过度思考。如果信仰被证明是不合理的，那么道德的合理性难道不会是下一个牺牲品？

对于基督教的新定位，拉梅内给出的答案依然是务实的而非教义的，克特勒同样如此。基督教在自由主义现代性中的价值无法通过证明更高的真理来体现，而要通过行善来体现。克特勒这样概括这种务实的信条："宗教和道德本身无法消除工人的困境。"他与拉梅内代表了一种关于社会行动的天主教教义，按照这种教义，帮助穷人优先于参与教会辩论或政党政治。他们的主张是一种社会意义上的尝试，也是后来涂尔干所强调的，即把宗教当作一种共同的生活方式而非一种神学或反科学的世界叙事，从而在现代性中为宗教找到一个栖身之处。

克特勒更具策略性，他相信，一种入世的天主教教义既可以抵御社会主义，也可以保护德国天主教徒。拉梅内最初是一位右翼极端派，后来成为激进民主主义者，他的 1848 年宪法草案被共和党同僚斥为过于激进。克特勒是一位内部人士，他有着明确的目标，并小心翼翼地与德国黑森的世俗反对派、一位立场反动的首相和罗马教廷保持着良好关系。他及时接受了在德国成立天主教政党的观点。拉梅内则是一位外部人士,他从右翼转向左翼,与教宗发生冲突,最终也没有找到政治上的栖身之所。尽管如此,他在法国为左翼天主教教义打开了空间,这种教义从未放下自身对自由市场自由派的敌意。

费利西泰·德·拉梅内(1782—1854 年)自学成才,他的父亲是法国布列塔尼的一位富商,在拉梅内出生之时刚刚被册封为贵族。拉梅内五岁的时候母亲去世,他被送到叔叔的庄园,他在那藏书丰富的图书馆里博览群书,使自己变得博学。早年的经历使他对政治感到反感。在法国大革命期间,布列塔尼地区经历了异常的残忍,当时他的家庭为牧师们提供庇护使之免遭反教权的雅各宾派的迫害。拿破仑在 1801 年与教廷达成休战协定*,赋予法国国家对天主教神职人员广泛的控制权,相应地由国家支付神职人员的薪水,这种安排进一步强化了拉梅内对政治的反感。他断定,一个现代国家经仔细权衡决定为一种国民宗教买单,这最终必然会扼杀真正的信仰。相比之下,他所梦想的是一个由罗马教廷领导的欧洲神权联邦。在波旁王朝复辟时期,拉梅内为夏多布里昂的《保守派》杂志撰稿,并与后者一样,对波旁王朝的腐败无能感到反感。拉梅内认定自己的使命并非为国家暴君辩护,而是要开拓出一种仁慈、普遍的信仰。

1830 年,拉梅内协助创办了一份激进派报纸《未来报》(*L'Avenir*)。这份报纸在比利时发行(比利时刚刚颁布了一部宽容宪法),但很快遭到梵蒂冈的谴责。拉梅内后来又因支持波兰人发动针对俄国占领者的起义而再次遭到罗马教宗的谴责,后者在当时认为与爱国的天主教徒相比,捍卫东正教的专制主义是更为紧迫的任务(1830—1831 年)。到 19 世纪 40年代的饥荒时期,拉梅内公开支持大众的、具有社会意识的天主教教义,这使他与教会等级结构进入了交战状态。至此拉梅内的立场接近了社会主义,在他看来,如果市场自由主义不以社会责任来加以调和、不以共同的信仰为基础,就会变成所有人对所有人的战争。他赞成个人自由,却怀疑在不受约束的经济市场中能否实现个人自由。作为一位报纸出版者,

---

　　* 指《1801 年教务专约》,系拿破仑与教宗庇护七世于 1801 年签订,旨在恢复天主教在法国的合法地位。——译者注

拉梅内还谈到了享受言论自由所要付出的经济代价。

拉梅内最为人所知的宗教著作是其早期作品《论冷漠》(*On Indiffer-ence*，1817 年)＊，该书似乎跨越了上述那种社会激进主义。它回答了信仰在现代社会中的地位问题，并批判了拉梅内认为现代人用来逃避宗教信仰的那些普遍借口：一种是怀疑论主张，认为宗教信仰未必可信，但它对社会秩序有用，并且只被民众所需要；一种是反普救论主张，认为所有信仰都同等可疑，明智的做法是采纳所在社会的信仰；还有一种是新教徒所持有的反教权主张，认为既然《圣经》中的启示需要人来解读（加之将《圣经》当作历史记录的主张已被圣经批判学驳斥得体无完肤），那么诉诸《圣经》并无法成为挑战神职权威的理由。

无论是早期还是晚期，拉梅内对自由式"个人主义"的敌意都一以贯之。"个人主义"是一个松散的观念，很快成为保守派向自由派开火的一个靶子。在《论冷漠》中，拉梅内批评了路德及其上帝、笛卡尔及其魔鬼†，认为两人过于重视个人判断，而忽视了语言和推理必然是社会性的。他写道，一些思维习惯是地方的，另一些则是人类"天然的"或共同的，这些形成了一种共同的感觉。休谟称之为"习惯"，拉梅内则呼应伯克，称之为"偏见"。在宗教上，这些思想习惯使人们无缘由也无异议地倾向于宗教信仰。在政治上，人民的意见则倾向于正确的答案，持怀疑态度的批评者和令人厌烦的少数成了绊脚石。在反自由主义的拉梅内看来，教宗权威与民众权威之间的距离实质上并不是很大。

威廉·冯·克特勒(1811—1877 年)自 1850 年起担任德国美因茨主

　　＊　其完整标题是《论宗教事务上的冷漠》(*Essay on Indifference in Matters of Religion*)，此书尚无中文版。——译者注

　　†　笛卡尔在《第一哲学沉思集》中提出了一个恶魔假设，他想象：一个邪恶的恶魔"有着无穷的力量和诡诈，尽其所能地欺骗我。我要认为天空、空气、大地、颜色、形状、声音和一切外在之物都是梦中的错觉，是恶魔设计用来迷惑我的判断的。我认为我自己没有手眼、没有血肉、没有感官，但却错误地相信自己有这些东西"。随后，笛卡尔通过逻辑推理证明这个魔鬼假设是不成立的，在此基础上他提出了那个著名的哲学命题"我思故我在"。《第一哲学沉思集》已有中文版面世，见〔法〕笛卡尔：《第一哲学沉思集：反驳和答辩》，庞景仁译，商务印书馆 1986 年版。——译者注

教直至去世，他是德国自上而下的社会天主教教义的主要代言人。他认为，为了实现劳资双方的社会和平，工人阶级的经济而非政治诉求应该得到满足。他反对俾斯麦发动的反天主教的文化斗争，支持天主教与新教的和解。

克特勒认为自己作为神职人员的任务是，在一个新教占多数的国家中保卫德国教会免遭改革中的国家的压力，尤其是在教会管理和教育方面；自己的外交任务是，与志同道合的天主教主教们一道，共同防止梵蒂冈对国家政治的干涉；自己的政治任务是，跨越信仰的界限呼吁工人阶级支持合作社和工会，以牵制社会主义者关于集体所有制和对经济进行民主控制的诉求。

克特勒出身于威斯特伐利亚的一个旧贵族家庭。他曾接受过耶稣会士的教育，后来在四所大学求学，并在一次与同学的决斗中被削去鼻尖。在成为天主教牧师之前，克特勒曾是一名律师兼公务员，后来他在 1838 年辞去政府官员职务以抗议德国科隆大主教被捕，这次逮捕事件是新教与天主教权威之间斗争的一次早期预演，这种冲突将在 19 世纪 70 年代俾斯麦发动反天主教的文化斗争期间全面爆发。1848 年至 1849 年，克特勒是出席法兰克福议会的代表之一，他支持温和自由派；这次议会原本希望制定一部泛德宪法，但没有成功。当 19 世纪 50 年代莱茵兰地区加速工业化之时，克特勒宣扬并写文章告诫人们不要忽视工业化带来的严重社会影响。在《劳工问题与基督教》（*The Labour Question and Christianity*，1864 年）一书中，他谴责自由主义者带来了一幅毁灭性的社会图景：把人当作"物质的原子"，可以研磨成粉并"在地球上随风飘荡"。克特勒受到社会主义者费迪南德·拉萨尔（Ferdinand Lassalle）的影响，认为工人应当有权组织工会，并在必要时可以罢工。克特勒的社会主张几乎没有提及后来使马克斯·韦伯（Max Weber）为之震惊的东普鲁士农场的劳动条件。他的确支持个人自由，但也毫不迟疑地遵循教会关于男男女女的家长制观念。他同时分享着他的阶层和信条中不经意的反犹主义，这隐藏在他对银行业的普遍反对之中。

包括克特勒在内的许多德国主教担心，如果罗马教宗执意与现代世界对抗到底，那么天主教将会被边缘化并招致世俗强权的报复。1868

年，在梵蒂冈第一届大公会议＊上，克特勒反对宣称教宗在重大教义问题上无谬误，由于担心可能在德国引起的反响，他小心翼翼地不去冒犯教宗或者践踏梵蒂冈的权威。1878 年，另一位更加灵活的教宗利奥十三世并未在教义问题上让步，但他听从了上述社会性主张，当谈到克特勒时他说："我从他那里获得了教益。"1891 年的教宗通谕《新事》（*Rerum nova-rum*）†主张缓和劳资关系以及组织工会的权利（尽管雇主—工人协会更加可取），但同时反对社会主义和罢工。

随着德国的统一，这个新国家中新教徒的人数以 2∶1 的比例超过了天主教徒，此时的克特勒转而认为德国需要一个天主教政党。对于这个想法，他曾经犹豫不决，因为他认为教会的角色是社会的和神职的，而不是政治的。他担心，一个宗教政党会激起反天主教情绪。然而，随着文化斗争无所顾忌地全面展开，他的担心也消失了。在《德意志帝国的天主教徒》（*Catholics in the German Empire*，1873 年）一书中，克特勒公开为新成立的天主教中央党辩护，他将新托马斯主义关于自然法的观点与黑格尔从社会层面清晰阐述的国家图景结合起来。他写道，这个天主教政党的目标应该是：反对当前的伦理和智识谬误，抵御过于强大的国家，保护个人自由，以及维护教会、学校和家庭等中间机构的自然权利。

克特勒的保守之处在于，他对政治自由主义怀有敌意，并对大众民主充满怀疑。按照他的理解，政治自由主义推崇国家，认为国家是法律的唯一来源，否认国家之上还有任何更高的权威，尤其是否认基督教道德。他写道："如果国家是神，那么基督教的整个发展都将毫无意义。"（这似乎是将政治观点建立在了一种哲学夸张之上；一个政治上的自由派会接受比法律更高的道德权威，但同时也会承认作为法律的制定法可能是不正义的。）然而，克特勒意识到基督教和自由主义之间存在一种智识上的亲缘

＊　梵蒂冈第一届大公会议由教宗庇护九世于 1868 年 6 月 29 日召开，讨论的主题包括理性主义、自由主义、唯物论和教宗无误论。教宗无误论是始于 1870 年的天主教教义，并非指教宗说的每一句话都是正确的，而是指他代表教会宣告的关于信仰和道德的训令是无误的。——译者注

†　是教宗利奥十三世于 1891 年 5 月发布的一道通谕，探讨了劳动阶层的现状问题，被认为是当代天主教社会教育的基石。——译者注

关系。自由与责任不可分割，自由与权威也并非敌对的双方，权威使深思熟虑的自由人知道自己有充分的理由做什么。对于这样的主张，自由主义者几乎不会有不同意见，尽管他们也许会认为当克特勒写下如下话语的时候他还有更多的话没有说——他写道："没有哪个机构比天主教会更加自由。"

天主教中央党一直致力于为社会天主教教义寻找一个民主的自下而上的框架，它与德国的地方主义作斗争。巴伐利亚的天主教徒直至1894年才加入天主教中央党，并在1920年再次分裂而去。中央党在1933年投票支持授权法*，从而为纳粹独裁统治铺平了道路。直到1945年之后，德国的保守派基督徒才在一个联合了天主教徒和新教徒的中右政党中找到了一个自由—民主的政治归宿。

与拉梅内和克特勒不同，约翰·亨利·纽曼（1801—1890年）几乎没有介入他所处的这个世界。纽曼是一位银行家的儿子，后来在牛津大学接受教育，他更多地将基督教当作一种精神指南，而非一种社会存在。他与弗里德里希·施莱尔马赫（Friedrich Schleiermacher）和克尔凯郭尔一样，将信仰视为个人生活中决定成败的关键要素，而非一双友善的援助之手或者可以从其他途径获得的精神辅助。

纽曼认为基督教的任务是"在一个无政府的世界中维系宗教的存在"。他认为民主"糟糕透顶"，认为辉格党是"害人虫"，认为自由主义注定只是少数好管闲事的好事者的信条。并非所有的保守派都像纽曼那样对社会状况感到恐慌，但大多数保守派都认同他对自由派的蔑视，认同他关于社会需要宗教信仰的坚定主张，尽管他们也许不会像拿破仑那样直言不讳地说出这一点："没有财产不平等，就没有社会；而没有宗教，财产不平等也将无法维系。"通常来说，保守派都认为一个健全的、共同信奉的宗教对社会秩序至关重要。问题是，哪一个宗教？基督教本身有许多教派，每个教派的传统、自我认知和哲学辩护都不尽相同。对于有现实关切

---

* 即《1933年授权法案》，正式名称是《解救人民与帝国苦难法》，于1933年3月23日由德国国会投票通过，允许时任德国总理的希特勒及其内阁可以无需议会而通过任何法案。——译者注

的世俗保守派来说，选择哪个教派是次要的；任何一种熟悉的信条，只要能够被人们广泛接受且不致引发混乱，都可以考虑。在纽曼和许多信仰者看来，从社会效用的角度来回答选择哪种信仰的问题是轻浮的。对他而言，选择（如果是的话）本身就是一个严重的问题。他的一生都在寻找一个宗教上的栖身之处，经历了一次又一次的相遇、拒绝和再寻找。同样地，他的一生也是在一个快速世俗化的文化中寻找宗教知识分子的定位。

纽曼的寻找是以排除的方式进行的。在他成长的时代，科学与哲学在进步，人们的宗教热情也再次复苏。在大西洋两岸，不为人知的共同敬拜类型和基督教归属感争奇斗艳，其中的一些源于虔敬主义、贵格会、循道会以及 17 世纪和 18 世纪后教权的衍生派别，其他的敬拜类型则是新出现的。这些福音觉醒的共同点是，它们都强调宗教情感和个人确信，而不看重教义和《圣经》。宗教觉醒往往会引起世俗自由派的怜悯或漠视。在传统信仰者看来，福音派信徒比无政府主义者好不了多少。西德尼·史密斯（Sydney Smith）曾在 1807 年称他们是"一个反对常识和理性正统基督教的广泛阴谋团体"。史密斯认为他那个时代的宗教觉醒是 16 世纪清教主义的再次降临，清教被胡克和罗马天主教视为伊丽莎白宗教解决方案的一个敌人。

在这个觉醒时代的哲学家中，施莱尔马赫的特点是鼓励与镇静，克尔凯郭尔则流露出挣扎和焦虑，纽曼对两者都不偏听偏信。出于对正统英国国教的不满，他首先被一种理智化的福音基督教所吸引，后来又认为这种福音基督教会迈向新的怀疑和过度个人化的判断。另一方面，圣经批判学动摇了新教徒对《圣经》的依恋，并且没有什么典籍能够"与人类狂野而充满生机的智慧相抗衡"。纽曼随之转向了一种教义考古学，试图通过对基督教最初教义的研究来恢复基督教的精神内核。他在《时论册集》（*Tracts for the Times*，1833—1841 年）中对这种方法进行了论述。《时论册集》在牛津大学吸引了一大批追随者，纽曼当时在那里担任英国国教牧师。

很快，纽曼就对上述方法感到失望。他断定，要在现代怀疑的环伺之下加固信仰，需要的并非一种不被后来之教义和解释所困扰的、纯粹而古老的来源，而是一种无可争议的当下权威。1845 年，纽曼成了一名罗马天主教徒——他在之后的《为吾生辩》（*Apologia pro vita sua*，1864 年）一书中详细描述了自己皈依天主教的心路历程——当时有人指责他像拿破仑一样出于有用的目的而毫无诚意地提倡不假思索的信仰，这种指责深深地刺痛了他。在《赞同的规律》（*The Grammar of Assent*，1870 年）一书中，纽曼对"唯信论"给出了更加哲学的辩护。笼统地说，唯信论主张，当两边的证据权重不分伯仲或不明确时，一个人接受他人生中重大时刻的召唤是合理的。纽曼在文章中以更详细的讨论，呼应了拉梅内对冷漠主义 * 的批评。

在政治上，纽曼最初认同顽固的托利主义，后来转向具有社会意识的天主教家长制。按照他的观点，人性是堕落的，社会是不完美的，即使是一个由好基督徒组成的社会也不会是全然公正的。然而，只要有共同的信仰，社会就可以稳定和健康。共同的信仰将社会连接在一起，从而使权威能够以同意的方式进行治理。在《谁之过？》（"Who's to Blame?"，1855 年）一文中，纽曼提出了四种治理方式，分别是"从属"（威权主义）、"参与"（大众民主）、"授权"（威权主义的一种官僚制变种）和"协调"，他所中意的是最后一种。本着欧洲社团主义的精神，他提出了一个社会联合的图景：各阶级在一个总括性的信仰之下达成和解，进而获得保护和自由。

罗马天主教会也让纽曼感到失望。安东尼·肯尼（Anthony Kenny），一位富有同情心的哲学家，这样写道，纽曼在其前半生曾试图使英国国教更像罗马教会，后半生则希望罗马天主教徒更像英国国教徒。纽曼曾希望在罗马找到一种更令人信服也更具权威的信仰，但找到的却是一个更加自命不凡、更加心安理得以及尽管声称拥有权威却不怎么被人服从的信仰。

奥雷斯蒂斯·布朗森（1803—1876 年）面临着一个美国版本的纽曼式难题：如何面对一个非本国主要教会的普世教会。作为天主教徒兼以信仰为基础的美国主义的倡导者，布朗森为反对新教偏见提供了辩护理由。他还是劳动人民的辩护者，也是一位保守主义者，他将政府和公民的自由理解为对正义之法律的服从。布朗森之所始正是拉梅内之所终：他最初

---

　　* 又译"冷淡主义""信仰无差别论"，主张没有哪种宗教或哲学优于其他宗教或哲学，被天主教所反对。——译者注

是工人阶级的热情捍卫者，后来放弃了进步政治，与纽曼一样转而接受了罗马天主教。布朗森在 1844 年皈依天主教，比纽曼早了一年，他与纽曼一样也写了一部介绍自己心路历程的自传。

　　布朗森出身佛蒙特的一个农场家庭，六岁时母亲去世，他随后被信奉加尔文教的邻居收养，收养家庭的阴郁氛围令他反感。年轻时的布朗森受到威廉·埃勒里·钱宁（William Ellery Channing, 1780—1842 年）和上帝一位论派的影响。布朗森自学成才，他如饥似渴地阅读，全身心投入智识生活，并创办了《波士顿评论季刊》（*Boston Quarterly Review*）。他认为辉格党是伪善的精英主义者，并将辉格党为之代言的中产阶级视为劳动人民的敌人。他在 1840 年 7 月发表的《劳动阶级》（"The Laboring Classes"）一文中写道，工业资本是新兴力量，尽管南方的奴隶制令人憎恶，但它的受害者所遭受的残忍弱于北方的自由劳工。之后不久，布朗森对进步政治完全失去了信心。任何对社会进行彻底改造的尝试都是傲慢的，是人徒劳地试图"成为神"，社会需要的是秩序与接受，而非吹毛求疵和破坏。新教内部教派林立，只有天主教能够提供所需的连贯性。布朗森曾在反对资本主义托利党中所展现出的那种神韵，如今被用来反对新教徒、超验论者、个人主义者、虚无主义者以及其他因自由主义的原始污点而存在缺陷的各种"主义者"。

　　布朗森自认是反自由主义的保守派，他在很大程度上也的确如此，尽管他的政治观点是温和的，并且天性地主张和解。19 世纪 20 年代至 40 年代，随着爱尔兰和莱茵兰移民的到来，美国天主教徒人数上升，反天主教情绪随之爆发，存在于新教多数派中的偏见依然强烈。在《美国共和国》（*The American Republic*，1865 年）一书中，布朗森希望向持怀疑态度的美国人表明，好公民也可以是天主教徒。他也希望让戒备心强、囿于传统的教会相信，天主教徒也可以成为好的美国人。他为宗教自由辩护，反对各方的宗教偏见，主张政教分离。然而，梵蒂冈如此回应布朗森及其追随者艾萨克·赫克（Isaac Hecker）（也是《天主教世界》[*Catholic World*]杂志的编辑）：在 1899 年写给美国主教的一封信中，梵蒂冈谴责"美国主义"是一个错误。

　　尽管布朗森支持天主教会中的宗教自由派，但他在《美国共和国》中依然批评政治自由主义，认为它曲解了自由与社会。对政府和公民而言，自由便是服从正义的法律。社会不是拼凑之物，而是"一个有机体，个人既生活在个人的生命中，也生活在社会的生命中"。布朗森力图以仁慈的道德指引来调和民主自由主义，在这个意义上他是保守的。作为一位倡导以信仰为基础的美国主义、进而为反对新教偏见提供辩护的天主教徒，布朗森代表了一种家长式的社会基督教，这样一种基督教也出现在当时的欧洲。

查尔斯·贺智（1797—1878年）是普林斯顿神学院的一位长老会神学家，认为《圣经》是上帝的话语。他还为一种严格而悲观的加尔文主义辩护，后者鼓舞了20世纪的基要主义者（Fundamentalists）和保守的福音派。尽管贺智浸淫于德国的圣经批判学和哲学，但他既没有引用康德的理性主义、黑格尔的形而上学，也没有引用施莱尔马赫的情感宗教＊。他诉诸直觉和常识来为自己严格的神学辩护，为此他引用了苏格兰启蒙运动思想家的观点，这可能会令后者感到惊讶。在当时的论战中，贺智坚定而谦恭地带领长老会的旧派信徒与长老会的新派教友展开争论。在他看来，达尔文主义等同于无神论。他反对宗教复兴主义，也不愿谴责奴隶制。宗教复兴主义，无论是废奴主义者查尔斯·芬尼（Charles Finney，1792—1875年）所倡导的激进、民众的愿景，还是钱宁所主张的温和、上流社会的福音，在贺智看来都是一场世俗的，即不敬神的，关于道德提升和自我改善的运动。

以神学的话语来说，宗教复兴主义强调基督教信仰者有能力结束属灵的焦虑，并有能力通过自由拥抱信仰来赎回自己的生命。贺智所认同的阴郁的加尔文主义否认人可以掌控自我救赎的时间和手段。以世俗的话来说，贺智拒绝接受美国自立自助的福音及其关于自我改善的乐观前

＊ "施莱尔马赫反对启蒙运动的唯理主义对神学的论证，也不认可康德将宗教建立在道德的基础上。施莱尔马赫尝试从人的内心情感上说明宗教的本质和根源，他认为宗教是植根于人的内心情感之上，而不是建立于哲学理性或道德戒律上的；宗教是个人所独立享有的'对无限的感觉和鉴赏'，是人审视宇宙时对无限绝对的'直觉和情感'，他将这种对绝对的仰望和对内心的窥视有机结合成为宗教的基础——依赖感，正是因为这种'绝对依赖感'的存在才真正导致宗教的产生。"这段关于施莱尔马赫情感宗教的解释引自王丽华：《论施莱尔马赫宗教思想的浪漫性》，湘潭大学2010年硕士论文。——译者注

景。他接受了路德宗的"个人主义"（每个信仰者直接与上帝对话）和"集体团结"（因为亚当，我们都是罪人；因为基督，我们都可被拯救）。作为一位蓄奴者，贺智认为奴隶制具有《圣经》上的正当性，但他谴责南方对奴隶的虐待行为，并认为拒绝让奴隶接受学校教育的法律是可憎的。尽管如此，贺智依然是一位坚定的民族主义者，他在美国内战中支持联邦。他认为，美国绝不能成为以法国为典型的那类无信仰国家，他在 1852 年宣称，法国"人口中的智慧群体无宗教信仰，宗教信仰群体则无智慧"。贺智想要的是一个保守的宗教正统，并且该宗教正统能够使用智识武器保护自己。他在普林斯顿神学院度过了漫长的职业生涯，有计算表明，他教过的学生超过了三千人。

如果说对《圣经》争论缺乏耐心的后宗教思想者难以领会贺智所处的思想氛围，那么虚构的想象可以填补这一空白。在那个时代，能够强有力地再现美国加尔文主义思想的作家是纳撒尼尔·霍桑。霍桑的小说和寓言故事对美国思想中的清教元素进行了想象重构，包括对人类堕落的确信和对改善之希望的蔑视。就其经历和信念而言，霍桑是反辉格党人。在波士顿期间，他作为民主党人被迫终止了自己的政府生涯，他既不相信自由主义之进步，也不相信废奴事业。他的作品弥漫着一种愚蠢和罪恶感。他塑造的一个角色念叨说，每一个新社会很快就会发现自己需要监狱和墓地。他广受欢迎的寓言故事《地球浩劫》（1844 年）嘲讽了福音派对不完美的人类进行现世改造的希望。他的《福谷传奇》（*The Blithedale Romance*，1852 年）* 则讽刺了布鲁克农场的傅立叶主义公社†，霍桑曾出资资助该公社，并在那里短暂居住。《红字》（*The Scarlet Letter*，1850 年）‡ 则提出了清教在个人良心和社会耻辱之间的持久冲突，但没有给出解决办法。美国早期未臻成熟的国家精神呈现出自由、民主和乐观的一面，贺智与霍

---

    * 此书已有中文版面世，见［美］纳撒尼尔·霍桑：《福谷传奇》，杨立信、侯翠译，新文艺出版社 1957 年版。——译者注

    † 布鲁克农场在 1841 年创立于波士顿，是一个由美国超验主义者创立的实验社区。关于该农场的详细介绍，可参见欧宁：《布鲁克农场——一个重塑美国宗教、哲学和政治生活的乌托邦实验》，载《今天》第 124 期。——译者注

    ‡ 此书已有多个中文版面世，感兴趣的读者可自行查阅。——译者注

桑以各自的方式，成为这种精神的保守主义反例。

上述几位保守主义思想家展现了在公共争论中为宗教信仰寻找一个现代栖身之所的不同方式。其中的三位谈到了政治中的宗教：拉梅内选择以个人的方式追求基督教的社会理想，无视教会的权威；克特勒选择从教会权威的框架中以神职的方式追求类似的理想，并力图保护教会权威不受国家之影响；布朗森则认为，现代民主需要一种普遍道德的指引。

另外两位谈到了宗教内部的左右之争。纽曼反对宗教自由派和现代主义者，并试图表明同时接受无理性之信仰和等级教会之权威是合理的。贺智同样反对教派内部具有自由主义思想倾向的宗教自由派和现代主义者，并主张维护《圣经》的权威，正像权威的圣经解释者所明确解读的那样。两人都未能在公共争论中为教宗的或《圣经》的理由赢得一席之地，两人的目标都是在一个充满怀疑和科学意识的文化中，为深思熟虑的信仰者创造安全的认知空间。

上述五位思想家都是广义的保守主义者。消极地说，他们认为政治自由主义作为公共道德是不够格的，并且自由派对于现代社会的弊病过于自满。积极地说，他们都试图从资本主义进步的剧烈变动中将对人类生活至关重要的东西分离出来并坚持下去，这种努力通常被认为是从（低的）物质专注中拯救（高的）精神价值。从教义的角度而言，这意味着保护信仰免受科学之影响，以及如果可能的话，保护超自然主义免受自然主义之影响，或者说至少免受任何一种不给宗教以栖身之所的自然主义的影响。这些思想家希望知识界和宗教界能够为道德和社会秩序而相互强化。纽曼希望"知识的门外汉有信仰，虔诚的教士有知识"，贺智则相信"只有在智慧和宗教的基础上，自由才能够存在"。

iv. 保守主义对知识分子之需求：
柯勒律治的知识阶层

无论纽曼还是贺智都没有直接参与政治，他们的言说也并非以国家为单位。纽曼欣然接受了一个普世的教会，贺智则只是代表了美国众多大型教派中某个教派保守的一面。在一国政治中呼吁打造并培育某类人物的重任便落在了诗人柯勒律治的肩上，这类人物在那个时代近乎不存在，在我们的时代则获得了认可与权威，他们就是：保守主义知识分子。

塞缪尔·泰勒·柯勒律治（1772—1834 年）集中展现其政治思想的作品是《论教会与国家宪制》（*On the Constitution of Church and State*，1830 年）一书，该书的出版恰逢 1829 年 4 月天主教解放法案颁布不久。柯勒律治反对授予英国天主教徒以公民权，部分是基于一个古老的理由，即天主教徒所效忠的是一个外部势力（梵蒂冈）；部分是基于一个古怪的理由，即天主教牧师都是独身主义者。尽管有这样的现实背景，《论教会与国家宪制》一书的两个主要观点依然能够引起保守主义思想的普遍兴趣。其中的一个观点是浪漫主义作家所熟悉的，这些作家对社会和人类为早期工业资本主义所付出的代价感到忧伤，而英国是早期工业资本主义最发达的国家。另一个观点则来自柯勒律治本人的原创。

许多诗人和作家选择向后转和向右转，以在文化上与自由主义现代性保持距离，柯勒律治便是其中之一。这些诗人和作家还包括转向了保守主义的极端派，如：前法国大革命的热情支持者华兹华斯，他曾与柯勒律治共同出版了宣言性诗集《抒情歌谣集》（*Lyrical Ballads*，1798 年）＊；托利党刊物《评论季刊》的撰稿人和桂冠诗人†骚塞（Southey），柯勒律治曾希望与他在宾夕法尼亚建立一个乌托邦式公社；人民的托利党人威廉·科贝特（William Cobbett），他热爱乡村与国王，憎恨使人暴富的贸易，憎恨廷臣、金融家和在伦敦觅食的"选区贩子"‡（被收买的政客）；以及历史学家托马斯·卡莱尔，就在柯勒律治出版《论教会与国家宪制》的同一年，卡莱尔发表了《时代的征兆》（*Signs of the Times*）这部对沉闷的机械

＊　此书已有中文版面世，见［英］华兹华斯、［英］柯勒律治：《抒情歌谣集》，金永平译，上海交通大学出版社 2020 年版。——译者注

†　桂冠诗人是欧洲中世纪的一种职位，由官方任命，其职责是为特定的事件或时刻创作诗歌。——译者注

‡　此处的原文是 borough-mongers，这个词的含义应与当时英国的"衰废选区"相关。关于"衰废选区"，可参见前文相关译者注。——译者注

时代进行批判的作品,他本人也成为令自由主义社会如坐针毡的保守主义者。

这些作家都对自由资本主义的一连串文化失败感到沮丧,这些文化失败包括:从洛克和牛顿传承而来的原子论的一维哲学,将幸福等同于物质繁荣的可怜观念,以及一种城市的、粗鄙的和可操控的大众文化,该文化并非像人们所希望的那样源于自然生成的乡村式的田园牧歌或源于对卓越和伟大人物之遵从。诸如此类的焦虑在保守主义传统中生生不息,我们将会在下文中领略到这一点。这些作家在哲学或学术领域也有同道存在,尤其是在德国(如上文提到的米勒和雷贝格),但他们在英国的力量最为强大,因为自由主义现代性所导致的城市—工业剧变最早出现在英国。上述担忧贯穿了柯勒律治的大量著述和谈话,并在《论教会与国家宪制》中被赋予了政治形态。

柯勒律治在英国社会看到了一种"悲惨的分裂",并对和谐生活的丧失感到痛惜,和谐生活被认为盛行于现代之前的社会。的确,要在政府中获得负责任的发言权就需要拥有财产,但柯勒律治所担心的是工业资本主义中"商业精神因过量而失衡",其狂暴的能量需要土地利益来加以约束,也就是说需要上议院对下议院的监督。柯勒律治以英语化词汇来表达这些社会和制度思想,这些词汇来自相对瓦解的德国唯心论,他在哥廷根求学期间学习过这些理论。

要把握事物的本质,就需要理解其"理念"、目标或目的。一个国家(state)或民族(nation)——柯勒律治并未仔细区分两者——的目标是要变得符合宪法,也就是说它要被确立下来、变得稳固和被人接受。宪法并非当下人们所订立的契约;相反,它像一个随时间的推移而生长的生命有机体,在国家内部相互竞争的力量之间维持平衡。这些相互竞争的力量便是永久(努力维持现状)和进步(努力向前推进)。在英国,永久体现为土地财产和农业,进步则体现为商业。"男爵们"在英国上议院为永久代言,他们确保政治稳定;"乡绅和自由民",或者用后中世纪的话说,平民或中产阶级,在下议院为进步代言,他们确保繁荣和个人自由。正如黑格尔的体系所表明的,王权代表了国家更高的一体性,它在各利益之间进行调和。柯勒律治冗长的文字中隐藏着一种对英国寡头制度精确但并非原创的粗略素描。

柯勒律治在《论教会与国家宪制》中所表达的第二个观点更加具有说服力。一个保守的现代社会要团结起来，他继续写道，需要的不仅仅是男爵和乡绅们，它还需要一种由保守主义知识分子阐明并传播的共同的公民信条。信条和知识分子共同构成了一个"知识阶层（clerisy）或国家教会"，其目的是遏制自由社会的危险（即过度的自由和道德多样性），并遏制大众民主下的文化粗俗化。

柯勒律治创造的新词"知识阶层"具有启发性。他希望这种知识分子具备旧神职人员那般的导师权威，同时又（必然地）不具备牧师身份或宗教教义。他们既不是神职人员也不是普通人，而是介于两者之间，寓和解于对立之中。他们中的有些人会成为"人文学科的活水源头"，管理并拓宽知识的领域；其他人则成为教师，遍布全国各地，使得每一个角落都有"常驻的向导、守护者和指导者"。这种教师（具有伯克式风格）将"连接起过去与现在"，并进而"连接起现在与未来"。国家的"全体国民"要为这种"永久的阶层或秩序"买单，这些资金被用于公共目的，也就是通常所说的，来自税收。其信条广泛而多样，并具有足够的连贯性，使其能够成为一种一体的力量，正像宗教信仰那样，但又没有宗教那般分裂的教义内容。

作为一位倾向于和解而非对抗的保守主义者，柯勒律治认识到了社会变化的必然性。他承认社会可以进步，但他希望广泛的教育和高尚的文化标准可以将进步推向所选定的方向，这个选定的方向既非文明的"抛光"（用来掩盖 18 世纪放荡贵族的不良行为），也非追求效率和舒适（这是中产阶级所向往的）。在柯勒律治看来，自己为之辩护的是一种更加人道也更加道德的文化，如果没有这种文化，社会将"既不会永久也不会进步"。

黑兹利特在谈到柯勒律治时这样写道，没有哪个主题他没有触碰过，也没有哪个主题他曾经驻留过。《论教会与国家宪制》还谈到其他话题，包括教育。知识阶层究竟是教育性的还是政治性的？柯勒律治认为两者应该兼而有之。在技术和工具的时代维持一种人文的教育曾令纽曼为之劳神，他在都柏林一所新的天主教大学担任校长期间，曾努力要将这种价值观灌输到学校课程中，但没有成功。马修·阿诺德（Matthew Arnold）在《文化与无政府状态》（*Culture and Anarchy*，1869 年）* 中也谈到了这个问题。进入 20 世纪之后，这个问题依然令自由主义现代性的右翼文化批评者为之专注，即便是在我们的时代也依然有勇敢的后来者在探讨这个问题。在这整个过程中，批评者都必须问自己："我们在为谁或为什么而战？"当我们在下文谈到更晚近一些的右翼文化批评家，尤其是斯克鲁顿和美国新保守主义者艾略特时，这个问题将再次出现。该问题真实而明显的答案是，他们在为保持和传播高尚的文化价值观而战。然而，为了做到这一点，他们必须在社会中努力为自己争取发言时间并获得文化关注。

柯勒律治尽其所能地将这一点隐藏在他繁冗的文字中，但他清楚地认识到，保守派正在进行一场思想竞赛，而在现代社会，这场竞赛需要制度和金钱。他提前预示了"软实力"的概念，并为此提出了一个他希望对纳税人有吸引力的观点：知识阶层将"确保国家具备一般文明的特征，即便不优于邻国，也至少处于平等地位；这些文明特征等同于或者说不限于海军、陆军和岁入，它构成了一国防御和进攻力量的基础"。

密尔领会了柯勒律治的观点，他将柯勒律治和边沁并称为"这个时代的两个原创性头脑"。密尔在 1840 年写道，两人都是"针对既定事物的伟大质疑者"，只不过他们各自提出了不同的问题。边沁质疑的是传统观念，他问道："这个观念是否为真？"柯勒律治的问题则是："它的含义是什么？"在边沁看来，既有观念是贵族、教士或律师之自私利益的一种体现。柯勒律治则认为，既有观念反映了"他们努力以文字来表达对他们而言具有现实性的东西"，并默认这些东西是应该保留的。抛开政治不谈，密尔认为柯勒律治是试图通过自身的努力使功利主义变得人性化的精神伙伴。密尔在《论自由》中的一个提法，即"人作为进步之存在的永久利益"，很大程度上要归功于柯勒律治。密尔希望这个提法能使边沁关于人的幸福就是享受快乐、避免痛苦的狭隘思想变得开阔。

---

　　* 此书已有中文版面世，见［英］马修·阿诺德：《文化与无政府状态》，韩敏中译，生活·读书·新知三联书店 2008 年版。——译者注

柯勒律治有着怎样的保守性？他最初是持一位论的激进派，是法国大革命的热情支持者、向往乌托邦主义者、反对英国奴隶贸易的活动家，还是英国对外战争嗜好的反对者。最终他成了 19 世纪 20 年代英国宗教和政治制度的捍卫者，这些制度在当时即将面临永久的改变。柯勒律治是深奥的，他爱好思辨却又不注重实际。他对政治知识缺乏怀疑，这也许是因为他对政治和政治家都知之甚少。在 1807 年 * 写给利物浦伯爵†的信中，他敦促这位托利党首相领导一场反对经验主义和哲学谬错的运动，这个主张不出意外地遭遇了挫折。与伯克一样，柯勒律治对个人自由怀有一种不民主的自由主义倾向，也就是说，个人自由应被赋予有一定地位的男性。他不主张自由主义，而是希望有一种国家的信条和共同的道德。他不主张按照人数来分配代表权，而是像当时的德国保守派一样，赞同以利益或"阶层"为单位来进行分配，但他又没有对利益或"阶层"很好地作出区分。他的两种观点，无论是将宪法视为"有机"生长物的伯克式主张，还是将宪法视为国家"理念"或目的的外在形式的德国唯心论主张，都是保守的（因其是反进步的），其保守之处在于它们都默默地否认存在一种可能服务于自由主义或功利主义目标的国家机器。

v. 反对自由主义式个人主义：斯蒂芬、基尔克与布拉德利

如果说保守派将自由主义当作自己的党派敌人，那么个人主义在他们看来就是政治对手所犯下的重大原则错误。但个人主义究竟错在哪里？是脱离社会并退回到私人网络吗？托克维尔认为自己在美国社会中发现了诸如此类的东西，他在 1840 年将个人主义描述为"一种成熟而冷

---

　　*　此处似为一处错误。经查询，柯勒律治写这封信的时间是 1817 年 7 月 28日。此处译文仍按原文译出，请读者注意。——译者注

　　†　指第二代利物浦伯爵罗伯特·班克斯·詹金森（Robert Banks Jenkinson），英国托利党政治家，曾在 1812 年至 1827 年担任英国首相。——译者注

静的情感，它使每一个社会成员与其同胞大众相隔离，与其家庭和朋友相疏远"。是不爱国地背离对国家的义务吗？保守派辉格党人亨利·克莱于 1850 年 7 月在美国参议院所提的问题暗示了这一点："个人是什么？他是一个原子，不借助于放大镜几乎看不见，……一个如此渺小、如此低微、如此短暂、如此易逝的存在，难道会与一个伟大国家的前进相抗衡，以求得生生不息吗？"抑或是以自我为中心地脱离社区和文明？法国社会思想家弗雷德里克·勒普雷（Frédéric Le Play）在 1864 年指出了这一点："只要个人主义开始主导社会关系，人就会迅速堕落到野蛮状态。"

"个人主义"一词并没有固定的用法。作为一种无伤大雅的道德简称，它择取了四个深刻并得到充分证明的信念，这些信念都有着悠久的共同传统渊源。首先，从道德上讲，人之所以重要在于他是人，而不在于他的性别、信仰、肤色或贫富。社会上没有哪个人是赤裸的，每个人都需要穿些东西，而人们的社会服饰与道德无关。其次，每个人都同等重要。如果社会服饰在道德上无关紧要，那么任何人都不能理所当然地被排除在社会的关注之外，不能被拒绝给予社会的保护，也不能被免除社会对他的要求。第三，每个人都有一个与他人无关、国家和社会不得染指的私人领域。第四，每个人都有获得能力和个人成长的潜力，无视这种潜力将会带来道德上的损失。

将上述道德主张称之为"个人主义"（individualist）在某种程度上也无可厚非，但称其为"人道主义"（humanist）则争议更少也更传神。这些道德信念事关如何恰当地对待人类，无论他们是谁，其要点是普适性（即每个人应得的），而非单一、分离或孤立（即每个人与他人或群体的区别）。与"个人主义"不同，"人道主义"并不暗示人与人之间的对立。上述四个道德信念并不否认人具有"勿碰我"的独特自尊意识，而是体现了人与人的共同点，它们旨在保护人们免遭与道德无关的等级、分类、歧视和忽视之害。这些信念之所以是"人道主义的"，还在于它们关注人类个体，而不关注像超验实体、其他动物物种或地球这样非人的存在。它们是单数的，与基于民族、部落或社会阶层等人类集体的尊重无关或不直接相关。"个人主义"标签尽管有着纠缠不清的误导性和偏见性，却依然坚挺，并被保守派运用自如地在多种语境下对自由派进行驳斥。

　　这四个道德主张（即尊严、平等、隐私和自我发展）被带入政治领域之后，与有争议的理论嫁接到一起，这些理论事关人在社会中如何归属——实则是任何一个人如何成为大的群体或事业的一分子。作为一种方法学说，个人主义理论的提出正值社会和经济研究方兴未艾之时，它赋予每个人以一种构成的或解释的首位性。它认为人类个体连同其目标和潜能是抽象的，因其可被拆分、被连根拔起和被移动——实则在某种程度上是匿名的和可替换的，这就是边沁式功利主义遗传给政治自由主义的关于人的图景，但这并非自由主义可以诉诸的唯一一幅政治图景。然而，到19世纪中叶，人们普遍认为这幅"个人主义"图景被自由派所接纳并被其观点所需要。1898年，英国宪法学者戴雪（A. V. Dicey）在哈佛大学的一次讲学中如此评价自由派对个人主义的依赖："边沁式的个人主义……按照通俗的说法，通常可以方便地称之为自由主义。"

　　保守派批评者由此找到了批判的目标，该目标可以不无讽刺地被视为自由主义的家庭哲学：一种经验主义方法论、联想主义心理学和功利主义伦理观的松散组合。该哲学以细节为起点，希望达致更大的整体——科学的解释、历史的共同体和道德的规范统一。科学收集单个的事实，历史记录人们的单个行为而非更大的运动或力量，伦理则关注单个的人而非群体中的人的满足感。它从一个又一个人的需求和选择中汲取力量。在保守派批评者看来，这幅关于人类生活和社会的图景是错误的，其错不在整体，而在于它的起点是错误的。它赋予质疑者（即任何质疑社会习俗和规范的人）以一种争论上的优越地位，使他们可以这样质疑社会并要求给出答案："这些规范和习俗于我有何哉？"

　　尽管三位有代表性的思想家，即斯蒂芬、基尔克和布拉德利，在某种意义上都是反个人主义者，但他们的关注点却不相同。斯蒂芬努力捍卫社会习俗的权威，与密尔相反，斯蒂芬坚决主张一致性优于个性，并且不太关心社会的构成和价值观的来源。基尔克的目标是反对这样的法律和国家图景：在那里，法律和国家直接向公民个人讲话，而不通过公民社会的中介。在基尔克看来，法律和国家脱胎于"阶层""行会"和其他集合体，这些中间集合体有着自身的权利和看法，不能被简单地归结为几个集体成员的权利和看法。布拉德利是一位纯粹的哲学家，他关心的是加诸人的道德主张的内容和角色。在他看来，道德的内容具有社会性，一旦脱离了社会，人的责任便无处停泊。另一方面，道德的角色又无处不在，道德的标志之一是它有权威，可以约束每一个人。布拉德利究竟是反个人主义者还是个人主义者？尽管他作为社群主义哲学家的名声具有误导性，但对这个问题的回答是：他两者都是，又两者都不是。斯蒂芬的政治立场最为鲜明，布拉德利则晦暗不明，基尔克介乎两者之间——他最初是自由派，后来成为德国的保守派。

就其家庭而言，詹姆斯·菲茨詹姆斯·斯蒂芬（1829—1894 年）是自由主义环境中的一个保守主义异类，其父母双方的家庭精神是福音派维多利亚时代的改革。他的外祖父是伦敦克拉珀姆区的牧师，也是反奴隶制运动的一位论派主要成员。他的父亲是一位殖民地公务员，曾在 1833 年协助起草了大英帝国废除奴隶制的法案。他的两个侄女瓦妮莎·贝尔（Vanessa Bell）和弗吉尼亚·伍尔夫（Virginia Woolf）是布鲁姆斯伯里苍穹中的两颗明星 *，活生生地谴责了斯蒂芬古老的性别观念。

在政治上，斯蒂芬体现了保守派与右翼自由派之间日益强化的联盟，两者都对民主的压力感到吃惊。尽管他同样不认同经济民主（本书第六章的主题），但最让他担忧的还是伦理和文化民主。政治智慧在保守主义头脑中的位置发生了转移：在伯克那里，人民指的是社会精英，他们的智慧不及习俗或传统；在斯蒂芬看来，人民指的是民众，他们的智慧不及精英。

斯蒂芬在辩论中咄咄逼人，大学期间他被人戏称为"粗人"†，他的魅

---

* 瓦妮莎·贝尔是英国印象派画家和设计师，弗吉尼亚·伍尔夫是英国著名作家，两人均为当时英国伦敦布鲁姆斯伯里团体的核心成员。布鲁姆斯伯里团体是 20 世纪上半叶一个由英国作家、哲学家和艺术家等组成的松散的朋友圈子，主要活动区域是伦敦的布鲁姆斯伯里地区，以此得名。——译者注

† 关于斯蒂芬的辩论风格，美国思想史专家詹姆斯·科拉亚科（James A. Colaiaco）在《斯蒂芬和维多利亚时代的思想危机》（*James Fitzjames Stephen and the Crisis of Victorian Thought*，Palgrave Macmillan，1983:125）一书中有这样的记载："有些读者会对斯蒂芬直言不讳的表达风格感到反感，他喜欢以最直截了当和批判的方式陈述自己的观点。在年轻的时候，他被称为'粗人'或'无比可怖'。作为剑桥使徒社的一员，斯蒂芬以其雄辩的演说能力和对辩论的喜爱为自己赢得了'英国雄狮'的绰号。"此书尚无中文版。——译者注

力征服了师友们,却仅仅勉强拿到了学位。之后他进入律师界,但在那里也没有大放异彩。后来他被提拔为法官,于 1869 年至 1872 年在印度任职。与密尔一样,斯蒂芬也认为自由主义标准比通行的习俗更加有利于印度人民,本着这种精神他建立了不分种姓的证据规则。他后来回到英国继续担任法官,后因在重大谋杀案中有争议的判决和自己健康状况的日益恶化而离职。之后他的头部不慎撞到了抽水机把手上,精神从此变得不稳定,并从法律上被宣告为精神错乱。

斯蒂芬的主要收入来自新闻业,主要是为索尔兹伯里侯爵的姐夫所创办的保守派周刊《星期六评论》(Saturday Review)撰写文章。这份刊物以其对自由主义伎俩的嘲弄和蔑视而被人称为"星期六毒舌",它为斯蒂芬提供了一个完美的发声渠道,斯蒂芬认为自己比那些持改善立场的自由派更能感知民众的脉搏。他像边沁一样对高品位不屑一顾,自豪地宣称《鲁滨逊漂流记》是自己最喜欢的书籍。如果不是有着为右翼辩护的杰出才能,斯蒂芬也许仅仅会被当作一个维多利亚时代的异类而载入史册。与法国大革命的批评者一样,他为保守主义事业提供了参与公共辩论的简单但有效的武器,这些武器既不是主题式的也不是哲学的,而是具有足够的普遍性,可被重复使用,但又没有上升到足以完全抛弃党派政治的高度。它们也是与那个时代合拍的,因其避开了信仰和科学在前期的苦恼。斯蒂芬诉诸一种世俗的保守主义,乐于将信仰视为一种对社会有益但智识上非必要的东西。

在尼采看来,传统道德是一种非理性的保护,被弱者用来反对强者。斯蒂芬则认为,传统道德是一种非理性的工具,被强者用来控制弱者。根据这种工具性看法,道德的任务是以威胁为后盾的禁止。斯蒂芬认为,"你不该做某事"意味着,如果你做了这件事,"上帝会诅咒你,人们抓住你会绞死你,抓不住你他们会恨你,而你……也将恨自己"。道德的内容来自社会,也就是说,禁止做什么根源于社会习俗,而社会习俗也许会、也许不会出现在宗教信条中。法律作为社会中善(即秩序和稳定)的推动者,其任务是维护传统道德,而不是试图去增进它或者质疑它的真实性。良心和责任感对社会秩序是有益的,但仅有这两者是不够的,主要任务便落在了法律身上,尤其是刑法。刑法需要理性化和现代化,而不是被削弱。

斯蒂芬担心，自由主义信念的一种"第二正统"正在软化习得之观念，使其偏离进行社会控制的自身任务。他的批判集中体现在《自由·平等·博爱》(*Liberty，Equality，Fraternity*，1873 年)＊一书中，该书完成于他乘船从印度返回英国途中。这本书最直接的批判对象是密尔的《论自由》，斯蒂芬与密尔一样都是功利主义者。对善或恶的衡量应该从社会层面来进行，其衡量标准是"最大多数人"的利益还是损失。从这个共同的起点出发，斯蒂芬却得出了与密尔完全相反的结论。两人都对民主社会忧心忡忡，但密尔希望通过教育实现社会秩序和道德进步，斯蒂芬则不相信社会进步，而是从刑法中寻找道德秩序。

社会所依赖之秩序需要道德克制，然而总会存在"一大群坏人和冷漠的人"，他们"道德败坏程度之深"只能通过强制来加以遏制。因为人们并没有多少可以改进的地方，所以自由主义对进步的信念建立在妄想之上。因为人们并不是平等的，所以对民主主权的希望是盲目的："有智慧的人和好人理应统治愚蠢的人和坏人。"因为人们并不是亲如兄弟而是亲疏有别，所以"人类的宗教"是一个骗局。斯蒂芬对密尔的口号逐一进行了驳斥或限制，"总是存在着人们不应该享有自由的大量事情"，人们"从根本上说是不平等的"，他们"根本不是情同手足的兄弟"。

斯蒂芬以法庭的风格洞悉了密尔关于对个人自由禁止进行强制干涉这一主张的弱点所在，密尔本人也认识到了这个弱点并试图加以弥补。密尔坚信，社会对个人行为没有发言权，除非个人行为伤害到其他人。针对这个"伤害原则"，斯蒂芬的反对意见是众所周知的，伤害自身与伤害他人之间的区别并不是确定不变的。此外，对于强制之错误或者自由之价值，密尔并未给出可行的衡量标准，他为言论自由进行辩护的观点要么说不通，要么与他的功利主义原则相冲突。密尔"对个性的赞颂"也未能说服斯蒂芬，多样性本身是没有用的，个性要有其自身的价值，所需要的不是自由，而是纪律和约束。斯蒂芬写道，考虑到"社会

＊ 此书已有中文版面世，见［英］詹姆斯·斯蒂芬：《自由·平等·博爱》，冯克利、杨日鹏译，江西人民出版社 2016 年版。——译者注

碾压"*，所有人的自由将会使个性消失殆尽，这呼应了托克维尔对民主之趋平效应（leveling effects）的担忧。

平等是必需的，但仅限于法律意义上的同类案件同样对待，以及法律对所有人一体适用。在任何其他意义上，人们在过去和将来都是不平等的。女性是软弱的，应该被置于男性的"统领"之下。一个适当的社会秩序只有在人们遵守四个规则的情况下才能够持久，这四个规则是：不犯罪、不犯错、尽职尽责，以及为你和你的家人竭尽所能。这样的秩序在任何大的意义上都不需要平等，不平等本身并没有什么害处，精英阶层往往比平等主义者更加善待穷人。每个人所享有的平等的政治话语权在实践中往往会导致专制：将政治权力切割成"小块"，其结果便是"能够将它们聚拢起来的人将获得统治一切的权力"。

博爱便立足于对上述事实的忽视，因而是一种虚假的希望。阶级之间总会有敌意，人们也永远不会就幸福的内容达成一致看法。在人类性格中，利他主义是稀缺品。社会秩序不依赖于相互尊重，更不依赖于兄弟情谊，而是依赖于对惩罚的恐惧，无论是来世的惩罚还是现世的惩罚。

坦率地说，这是一种现代道德保守主义的教义问答。如果将斯蒂芬的观点简单地斥为一位不敏锐且好斗的法官的看法，那未免太狭隘了。更恰当的做法是，将斯蒂芬当作迈斯特和当今"道德保守派"之间的桥梁，后两者与斯蒂芬一样，都强调社会制裁——明确的标准、惩戒性的处罚，以及对社会健康和秩序至关重要的羞辱。相对而言，道德保守派不那么极端，他们对通过教育改善来维持社会秩序寄予更多的希望，但是如果因意见不一而受阻并且有宪法保护的授权，他们会考虑动用被斯蒂芬所倚重的工具，那就是刑法。

---

*　社会碾压（social macadamisation）出自斯蒂芬的弟弟莱斯利·斯蒂芬（Leslie Stephen）发表于 1872 年 8 月《弗雷泽杂志》的一篇同名文章。莱斯利·斯蒂芬写道："密尔先生以及那些以密尔信徒自居且以之为傲的能干而热情的作家们，一直都将一种明显的抱怨挂在嘴上。他们喜欢不厌其烦地描述一种大祸害，尽管这种祸害在现代社会将变得越来越严重，但他们自认为拥有治疗祸害的良方而暗自窃喜。这种祸害可以被简单地称之为社会碾压——个人在坦尼森先生所描述的'社会磨坊'中被碾得粉碎——随之而来的是人类精神的贫困，以及精神活力和独立性的退化。"——译者注

　　奥托·冯·基尔克（1841—1921 年）的作品提醒人们，尽管现代国家最早的捍卫者是注重效率和国家建构的自由主义者，但其最早的反对者则是注重共同体、有着地方或群体忠诚的保守主义者。基尔克是一位德国法律史学家，他的学术生涯可被视为对后者的一种可能的佐证。要对两者作出区分，一个棘手的问题是国家权威及其法律是如何运作的。法律是直接作用于一个又一个的公民个体，还是说它要通过中间组织来起作用？概而言之，自由派倾向于一个统一的全国市场，在单一的主权权威之下有着统一的法律。保守派则出于各种理由抵制这一权力，他们曾希望捍卫集体的和其他中间权威的权利和看法，这些集体和中间权威介乎国家和公民之间，可能是拥有权力和特权的传统的社会"阶层"，也可能是保有一定程度自治的古老领地。

　　以"个人主义"vs."集体主义"作为话语框架的更高层级的分歧事关社会之构成。社会究竟是如个人主义所主张的那样，由独立的人们衍生而来，并从后者获取道德权威；还是如集体主义所主张的那样，是一个自立的并自带道德权威的共同体，由具有社会依赖性的人们组成？个人主义者将洛克、格劳秀斯和康德视为智识导师，集体主义者则从中世纪传统和黑格尔那里寻找先祖。从这些方面而言，基尔克是一位集体主义者。

　　集体主义者面临更进一步的问题：社会究竟是一个单一的共同体，还是由许多亚共同体组成？也就是说，社会是单细胞的还是多细胞的？基尔克认为社会是多细胞的。与现代国家及其法律类似，一国之社会系从许多独立且年代久远的共同体中生发而来。基尔克的答案兼具自由派和保守派的关切，其保守之处在于，他坚持认为中间组织的权利和看法应当受到尊重，这些中间组织居于公民和现代国家之间。基尔克的看法明显受到德国历史的启发，德国历史上曾经历过一个主权分散而重叠的时期。在他看来，如果不借助于中间组织，现代国家就无法将主权与人民相连接。按照自由主义经典学说的通行看法，这幅图景无论在理念上还是历史上都是错误的；自由主义认为，现代国家是随着低级的和地方权力之间的合并或界限的模糊而逐渐出现的。基尔克自由主义的一面在于，他坚持认为社会内部的众多群体具有多元化和多样性的特征。

　　在政党政治方面，基尔克最初是一位自由派，在德国统一之前，他成为一位狂热的德意志民族主义者。他曾描述自己 1870 年 7 月在柏林菩提树下大街所经历的一次顿悟，当时他与一群爱国的人们举行集会，因为他们预期德国即将与法国开战，身处人群中间，基尔克感受到了一种不可抗拒的统一感。在后来的写作中，德国性及其法律和历史的特殊性更多地从他的笔端涌出。在 1919 年德国战败后的一次充满激情的演说中，基尔克谈到了"德国的国家观念"。在去世前不久，他加入了新成立的德国国家人民党（German National People's Party，DNVP）。基尔克思想的"德国化"并非不可避免，他在英国的拥护者兼翻译者弗雷德里克·梅特兰（Frederick Maitland）认为，基尔克大的主张——即认真对待中间组织的生命及其存在——是可以移植的，并非扎根于德国土地。

法人的性质取决于它们如何形成，以及它们自身是否拥有独立于其成员的权利。从罗马法继承而来的一种观点认为，法人是法律上的拟制——该观点系 14 世纪意大利教廷律师在与德意志帝国的长期争吵中提出的。作为法律拟制，法人只有在得到法律认可的情况下才会产生。基尔克则持相反的观点，他认为，法人是自己成长起来的，罗马法的观念将法律承认与独立的生命混为一谈。本着这样的看法，基尔克反对法律拟制说的一个首要内涵：如果法人是拟制的，那么它们就没有实际的人格、目标和自身的权利，它们被视为仅仅具有法律上的目的。不，基尔克认为，法人本身是独立的实体，有其人格、目标和权利。至于法律的性质，罗马在传统上将法律视为君主的意志，这是一种自上而下的观点，被德国自由派所青睐。基尔克的观点是自下而上的，他认为，法律是从习俗发展而来的。这两种观点的分歧在当时的局外人看来主要是一个学术问题；1870 年之后，随着围绕德国法律的协调和编纂而争论四起，两者的分歧也变得明显。国家自由党希望制定一部统一的法律来保护财产，并适应蓬勃发展的资本主义经济；基尔克和其他保守派对这部法典的早期草案持反对立场，他们认为这部法律无法保护习俗权利。

在其关于德国合作社法律的历史著作中（该书英文名是 *The German Law of Associations*，1868—1913 年），基尔克对中世纪早期以来德国许多"集体"组织的生活和特征进行了大规模考察。他贯穿全书的假设是，这些组织有着独立于其成员的自身人格和道德价值。基于大量的素材，基尔克得出了几个主题性的观点。其一是多样性，他在书中分别描述了行会、城镇、联盟和庄园。其二是变化，如根据基尔克的描述，行会将随着时间的推移而变得腐败，因为会员资格和职位变得世袭和可交易。再如，城镇政府起初还很平等，后来随着城市"贵族"和阶级意识的出现而变得等级森严。基尔克还以黑格尔或马克思的方式，讲述了从查理大帝之前直至19世纪的一个长时段历史故事，其贯穿始终的主题是合作社与贵族之间的竞争。合作社在公元800年之前占上风，后来在封建制度下变得衰弱，在1525年德国农民战争期间再次被强化，随后在1525年至1806年的专制政治下又一次被削弱，到了19世纪再一次变得强大起来，此时基尔克所思考的是工会（左翼）和农会（右翼）。

在基尔克看来，民主代表制并不是从等级代表制中产生的，它是一种现代事物。作为对伯克的呼应，基尔克这样写道：民主代表并非为其选民代言，而是为"全体人民"代言。在其他场合，他以容易被扭曲为民粹主义的语言，谈到了代议制政府要表达"人民的精神"。基尔克的这些言论可以被单纯地理解为他仅仅是在谈论民意。

基尔克对保守主义的贡献好坏参半。他反对过于强大的现代国家，他所主张的"多细胞"社会内部充满了各种各样的中间组织：协会、行会、企业、联合体。在这些方面，他都可被认为站在市民社会的一边，反对自由主义现代性的批判者所通常认为的两个敌人，即窒息一切的国家和孤立、不合群的自由公民。但基尔克的主张不止于此，在他看来，民族和人民的权威凌驾于国家、社会和个人之上。这种保守的、反个人主义的观点有两个指向：它既可以指向自由主义的多元和多样性，又可以指向一种非自由主义的整体论。

F. H. 布拉德利（1864—1924年）是19世纪晚期英国唯心主义的一位主要思想家，这一形而上传统更多地归结于康德、黑格尔和其他德国思想家而非英国的先辈，其充满活力的核心议题是对哲学中常见的二元选择的怀疑，以及对哲学中司空见惯的对立面进行调和的决心：部分与整体、理念世界与物质世界、自我与社区等。此类整体主义唯心论从未在英国扎下根来，布拉德利的伦理和社会思想的声誉因此而受损。

与表面看起来相反，布拉德利的《伦理研究》（*Ethical Studies*，1876

年）一书的目标，是要将我们关于道德的常识性信念从相互竞争的哲学夸张中解救出来。我们认识到要为自己的行为负责，并且认为自己的行为是自主的，而非受到外在力量的左右，同时还相信自己的选择是自由的，而无须想象自己有着怎样的神通。我们追求快乐，但不是为了快乐本身；我们尽职尽责，也不是为了职责本身，社会向我们展示了我们的职责所在。我们不妨回想一下自己在孩童时期是如何被引向道德的，那时很难看到良心和责任以外的东西。这就是我们的直觉信念，而这种信念在经过哲学的挑选和整理之后，被篡改了。布拉德利认为，对伦理需要有一种更好的心理把握，但是英国和美国对伦理的思考即将绕开心理学而去，正如逻辑学那样。

然而，布拉德利本人关于这种道德心理学如何发挥作用的暗示听起来却远非常识。按照他的说法，满足并不是人与所渴望之物（如苹果）之间的一种关系（比如说占有）。相反，满足意味着两种不同想法——即人的愿望和这种愿望的"理想对象"（如想象中的苹果）——之间的鸿沟被填平。这里以苹果为例是为了说明"自我实现"，而"自我实现"是我们全部行为的目标。"自我实现"这个简洁的术语代表了一种最简单的满足，它意味着我的目标实现了。它还代表着一个宏伟而总括性的目标，那就是成为一个理想的"自我"，每个人都能够或理应成为这样的人。

布拉德利的伦理著作为他赢得了保守主义哲学家的声誉。在自由主义批评者看来，他是一个"失败主义者"，以"黑格尔式的自满"看待社会，并持有一种"店主式"的政治观点。这种讽刺看法基于对《伦理研究》中一个充满激情的"社群"章节的选择性误读。这个章节的标题是"我的岗位及其职责"，仅仅是这个标题就带有误导性。这个章节可以为一个等级森严、持传统观念的保守派提供足够的弹药，以反对自由主义的苛责者和提升者。"一个'个体的'人，如果与所在的社区及其成员缺乏共同的本质，并且其存在不包含任何关系，那么我们说，这个人是虚构的。""个人主义"错误地将人类群落当作"因武力、幻觉或契约而结合在一起的'集合'"，这种错误看法不仅在哲学上站不住脚，在科学（布拉德利指的是达尔文主义）上也是毫无根据的，科学已经表明人是从社会动物进化而来的。至于生命中更高的目标，布拉德利似乎认为，我们应该保住自己的位置，因为

"没有什么比我的岗位和职责更好的了"。试图改善自己或者间接地改善社会是狂妄的，因为花园中的一切都已经很好："希望比这个世界更好，就已经站在了不道德的门槛上。"

布拉德利是一个体弱、行为古怪的人，据说他曾经从大学的窗户对着流浪猫射击。在哲学方面他可并非如此，他徘徊于几个极端立场之间，揭露每一个立场的缺陷之所在，并寄希望于尽快找到解决之道。在"我的岗位及其职责"一章的结尾，布拉德利宣称，书中那幅社群主义的、植根于社会的道德图景实际上是失败的。一个原因在于，"好的"自我与"坏的"自我之间的对立无法隐匿或完全抹去：前者按照社会的要求行事，将"是"与"应当"紧密结合；后者则只追求自己的目标。另一个原因是，任何人都可能跳出常规框架，逐渐认识到社会正处于"腐烂之中"。布拉德利承认，准备让团队失望的"个人主义者"和要求对社会加以改善的社会批评家，在某些情况下，也可能是正确的。

在下一章"理想的道德"中，布拉德利进一步让那些仍然对结局抱有希望的人感到失望。与道德本身一样，我们也是一个"自我矛盾体"。他以"真实"来指称通常所说的"理想"，他这样写道："我们从来都不是我们自认为的事实上的我们，我们之所是事实上正是我们认为的我们之所非，如果我们成为现在的我们，那就几乎不成其为我们自己了。"这并不是以格言的方式表达如下的陈词滥调：我们是不完美的，还有许多希望做而未做的事情。对布拉德利来说，不完整是所有思想的宿命，每一个判断都难逃片面和临时性。在形而上、科学或道德方面，我们的目标是追求完整，这作为一种极限情况是必要的，但其本身又是无法实现的。对于道德，布拉德利还有一句格言："道德旨在叫停使之成为可能的事物。"道德的这种"矛盾"，既要求过高又不可避免，对此不需要哀叹，而要去理解，它源于人之所需与人之可选所构成的"结构"，也是人类性格的一部分。也许的确如此，但如果道德要求过高，它又违反了"应当"即"可能"的吸引力原则。这样一来，道德就是不合理的。

布拉德利曾短暂考虑过但最终拒绝了这样一种想法：我们"实现"理想之自我并进而满足道德之最大要求的愿望，也许会在宗教体验中得到实现。也就是说，他没有为道德的合理性作最后的辩护。作为非宗教信徒,布拉德利满足于讲述一个完全世俗的关于道德约束人的故事,只不过他暗示这个故事是不完整的。

社会秩序离不开道德的参与,这是大多数保守派教义问答中的一项原则。这种参与似乎要求一种确信,即确信道德的要求是可以满足的。然而,道德的要求很高且无法完全满足,因此需要进一步的保证,基督教信仰便提供了这样的保证。基督徒相信有一位神圣的救主,他可以弥合不完美的"是"与要求过高的"应当"之间的差距。基督教信仰应许了救赎,也就是说,它承诺"理想的自我"终究是可以实现的,否认信仰便消除了这种保证。因此,基督教保守派迫切需要展现信仰的合理性,因为道德的合理性取决于信仰。

因自由主义社会之流动性而备受困扰的社群主义保守派,也许会被布拉德利本人并未遵循的一个思路所吸引。社会会以多种方式走向"腐烂"。布拉德利曾详细描述人们如何通过自我孤立或拒绝履行义务的方式辜负自己和社会,但社会也存在类似的风险:它有可能辜负人们,其方式是不提供岗位和稳定性,进而使约束性义务和人的自我意识无从产生。这一思想在20世纪对超流动的现代自由主义社会所进行的批判中,像一枚利箭那般精准(比如,本书第五章讨论麦金太尔时会再次提到它)。

布拉德利关于社会嵌入的观点并没有严格的政治内容。毕竟,人们可以融入一个自由主义的进步社会,也可以委身于一个传统主义的保守社会,扎根于某个社会并不意味着社会中的每个人都可以得出相同的道德或政治结论。利用自由主义社会的常识性道德得出的观察和判断,照样可以使一个道德保守派对自由主义的放纵或失范提出异议。威尔伯福斯(Wilberforce)也可以像沙夫茨伯里(Shaftesbury)反对童工那样反对奴隶制。

从他为数不多的专题性著作来判断,布拉德利的非哲学观点是激烈的和不自由的。对于"人类宗教",他不像斯蒂芬那样有耐心,而是像如今的保守派一样,认为"人类宗教"是不切实际的多愁善感。关于惩罚,布拉德利写道:"如今对个人权利……不值得进行认真的批评",并且"道德有机体的权利对其成员而言是绝对的"。关于战争与和平,他写道:"一个民族必须以人类的和平和最终的和平为目标,但事实上,这一原则在某些情况下将为暴力甚至灭绝提供正当性……懦弱之辈必不承继土地。"与同时代的人们（无分左右）一样，布拉德利对下层的"堕落"感到担忧，并对"个人有权不受限制地生育不健全后代"感到愤怒。他对性别的看法也是原始的，这体现在他死后根据他的意愿出版的《格言》（*Aphorisms*，1930 年）一书中。然而，所有这些都不能抹煞一点，那就是：布拉德利是一位保守派，也是一位哲学家，但他不是保守主义哲学家。正如哲学家所必须的那样，他提出了道德约束的合理性问题，但没有作出回答。他没有像一些保守派所要求的那样认为道德根源于社会，相反，他试图对道德的要求进行调和，说明它们如何既是地方的又是普遍的，既是公共的又是个人的。道德只是布拉德利更广泛努力的一个例子，他努力的目的是要克服哲学中那些人们所熟悉的对立，他相信这些对立是不被常识所接受的。这是一个崇高的目标，但在公共争论中没有取得多少成功，诸如个人和共同体这样宽泛而容易产生误解的概念依然在公共争论中流行，像斗士一样相互对抗。

正如上述三位思想家所显示的，当保守主义思想家面对所谓自由主义的个人主义时，他们会作出不同方向的反应。一种反应是朝着"集体主义"的一端用力，共同体或社会有机体本身成为某种超个体的存在，被赋予目标和目的，其成员仅仅是被动跟随者。这幅图景对保守的民粹主义者、民族主义者等是有用的，他们声称自己享有为人民代言的专属权利。另一种反应是对个人价值和道德独立性采一种自由主义的认可态度，这种反应尤其存在于主张宗教"个人主义"的新教传统中，认为在信徒与上帝之间或者主体与其良心之间不需要中介。

此外，在理解个人主义与集体主义的公开竞争方面，还存在现实的经济视角，其关注的中心问题是经济利益与劳资冲突。亨利·西季威克（Henry Sidgwick）在《政治的要素》（*The Elements of Politics*，1891 年）一书中呈现了这样一种经济视角的解释，他写道："一个理智的成年人被法律要求向他人提供的应仅仅是一种不干涉的消极服务，除非他自愿承诺提供积极的服务，其前提是这种不干涉概念包含了对他有意或无意的行为所导致的损害进行矫正或补偿的义务，或者防止某些之前的行为所可能带来的损害。这一确定政府干预之性质和限度的原则如今被称为'个人主义'。……如果要求一个理智的成年人，在合同或要求赔偿之外，还应以金钱或服务积极地支持他人，那么我称之为'社会主义'。"在捍卫经济自由、反对"社会主义"之原则的过程中，保守派加入了右翼自由派的行列，正如马洛克、萨姆纳和熊彼特等经济民主的批判者所展示的，对此本书第六章会进行讨论。

第四部分

保守主义的第二阶段
（1880—1945 年）：
适应与妥协

1880 这一年

1880 年,科隆大教堂在动工长达六百余年后,终告建成。位于西西里巴勒莫的地下墓穴被关闭。在法国阿维尼翁西南部,本笃会神职人员与警察之间长达四天的对峙,使人们注意到有多达 5 600 名未被认可的宗教团体成员从修道院中被驱逐。

这一年,美国《科学》(*Science*)杂志发行,印第安纳安装了照明路灯,来自澳大利亚的冷冻羊肉抵达英国,收银机臻于成熟并很快授予专利,第一个收费电话安装完成,维恩图解被设计用来描述集合。伦敦大学开始向女性授予学位,伦敦被冬雾笼罩,英国军队在南非和阿富汗展开保卫帝国的战争,法国吞并了塔希提岛。

这一年前后,欧美经济在经历了长期扩张后走向萧条和危机。1873 年短暂萧条过后经济重拾增长,1884 年停止增长,之后又迅速恢复。持续十年的物价低迷使农民深受其苦。财富和财产分布不均,普鲁士 60% 的人口拥有土地,但超过一半的土地集中在 15 000 名大所有者手中。

这一年,亨利·詹姆斯(Henry James)的小说《一位女士的画像》(*Portrait of a Lady*)第一部分问世,亨利·亚当斯(Henry Adams)出版了小说《民主》(*Democracy*)。古斯塔夫·福楼拜(Gustave Flaubert)和乔治·艾略特(George Eliot)相继离世,阿波利奈尔(Apollinaire)、门肯(H. L. Mencken)、肖恩·奥凯西(Sean O'Casey)和奥斯瓦尔德·斯宾格勒(Oswald Spengler)在这一年出生。

这一年,19 世纪 70 年代流行的女性瘦身造型让位于带有宽裙撑的束腰长裙。与阶级融合相伴随,中产阶级男士不再穿礼服大衣,而是改穿西装;工人和工匠也不再穿工作服,而是改穿夹克。

第五章
政党与政治家：权威失而复得和被挥霍

1872 年 11 月，阿道夫·梯也尔声称："共和国应是保守的，否则它将无法生存。"长寿且适应力强的梯也尔曾是 1830 年的自由主义旗手，后来成为路易·拿破仑分分合合的盟友以及巴黎公社的克星，如今则担任法兰西第三共和国总统。他警告各方：如果缺乏一个思想开明的温和右翼，自由主义的民主也将无法长久。

梯也尔并未使用"自由主义的民主"一词，但他表达了相同的意思。法语中的"共和主义"与英语中的"自由主义的民主"具有相同政治含义。自 1789 年以来，法国一直为寻找一个现代政治框架而争吵不休。在梯也尔看来，"共和主义"对法国而言是"分歧最小"的一个框架——这是一种扩及所有人的、民主的自由主义。共和主义可以偏向左也可以偏向右，其承诺或多或少都具有包容性，但它要有效运作，就必须站稳自由主义的中间立场，而不能被拉向左或右的集体主义。梯也尔对法国保守派的警告是：要与右翼自由派结盟，否则自己就可能变得无关紧要。他对左翼的警告是：要降低政治和经济野心，不要将保守主义和财产当作历史遗迹轻易地扫地出门。

梯也尔的警告不仅仅适用于法国。1880 年至 1945 年的右翼政党政治叙事，在很大程度上便围绕着保守派是否听取这一警告而展开：右翼自由主义是否很好地完成了它在不同时期的任务，以及保守派是否将妥协者和抵制者这样的竞争性力量很好地团结在一起。这一叙事可以简单地概括如下。在保守主义之妥协盛行的地方——如法国、英国以及一定程度上的美国——自由主义的民主得以幸免于 1880 年后右翼的犹疑不决，并幸免于它自身所带来的帝国扩张、战争和经济衰退之类的灾难。对自由主义和民主的妥协与退让使保守主义得以存活，并成为一股政党政治力量。在右翼之抵制盛行的地方，保守主义则退化为民粹主义或威权主义的极端形式。最坏的情形是，保守主义从自由主义的现代政治场域完全退出，与法西斯主义或纳粹主义握手言欢。

要把握该叙事的细节并领会其含义，需要了解自由主义和民主各自提出的几个要求。自由主义者试图对国家的强制权力和社会的文化权力进行限制，此外左翼自由派还主张限制财富的权力，右翼自由派则主张对财富不加干预。民主派的要求是，自由主义对权力的种种限制要适用于每一个人。由于自由主义的民主在现实中有不止一种组合，保守派的妥协和参与程度也不尽相同，这为保守派提供了与右翼自由派结盟以及与左翼自由派对立的支点。

妥协的保守派不再抵制选举民主（全民投票），然而他们依然与右翼自由派一道，共同抵制经济民主（全民共享）——无论是以左翼自由主义的改革主义之名义，还是以更加激进的社会主义之名义。此外，保守派依然渴望保有伦理和宗教权威，不愿结束对道德的监管，因此他们倾向于抵制文化民主。也就是说，保守派的妥协是局部的、渐进的、勉强的和可逆的。然而，在 1880 年至 1945 年，右翼还是作出了妥协，在妥协所及之处，一种民主自由主义最终在 1945 年之后的西方确立下来，在中左和中右党派之间形成了一种公开的、受约束的竞争态势。

在选举层面，妥协被证明是右翼的一种制胜策略，但也使它在独特性和自我意识方面付出了代价。赢得选举并执政使得保守派成为自由主义之现状的主人。在政党层面，妥协使保守派向顽固右翼敞开了大门，后者拒绝与自由主义现代性达成妥协，无论是为了消失的过去，还是为了追求后自由主义的愿景。在智识层面，适应（adaptation）使得保守派不确定是什么让自己的观点变得特别，或者自己究竟代表着什么。

不妥协的右翼拒绝接受自由主义现代性，他们一直延续到 20 世纪。在美国，他们使自由主义的民主迟至 20 世纪 60 年代才完全实现。在法兰西第三共和国，他们使自由主义的民主遭遇生存危机。在 1918 年后的德国，他们则完全摧毁了自由主义民主的前景。自由主义右翼与反自由主义右翼之间的冲突在英国难以被追踪到，它发生在一个纪律严明的国家政党内部。由于经常面临翻船的危险，英国保守党小心翼翼地驾驭着右翼相互冲突的各派别，但在1980年之后却不那么成功。

在这第二个阶段（1880—1945年），主流保守派参与政党政治并角逐执政地位，他们在经济问题上成了具有市场意识的自由派，或者如克林顿·罗西特（Clinton Rossiter）所说，成了经济意义上的"自由放任的保守主义者"。他们口中所言仍是旧的忠诚所系，但行动上却为更加广泛的群体争取利益；他们依然援引自己传统的象征物，却同时接受了自由主义的经济议程，并抵制关于经济民主的更强烈诉求。

一旦自由主义以民主的方式作出使人免遭财富权力之危害的承诺，那么这个承诺便适用于每一个人。就其本意而言，经济民主会让市场中的无权之人变得有权，以救济市场对身无分文之人的拒绝；会让工作中的无力之人变得有力，以制衡老板所掌握的最终话语权。正如事实所表明的，在20世纪中叶，经济民主开始提供社会福利、工会权利、产品标准、消费者保护和市场监管。

需要强调的是，经济民主以自由主义和非自由主义两种形式出现。自由主义形式的经济民主将保护人免遭权力之危害的承诺扩及所有的人，容易忽视的一点是，该承诺是双重的：它保护人免遭财富权力之危害，同时保护财富免遭国家和社会权力之危害。自由主义形式的经济民主承认这两方面的要求。非自由主义形式的经济民主则不认可这一点，它赋予国家和社会以不可匹敌的优势来反对财富和市场，使后两者在政治上不受保护。在自由但非民主的不受约束的市场和非自由但民主的集体化经济之间有着一片汪洋大海，自由派和保守派（无论左翼还是右翼）都可以在其间自由航行和争论。

保守派将自己理念的缺乏变成了一种优势，他们开始吸引选民的注意，这并不是因为他们所提供的东西与自由派有什么不同，而是因为他们能够更好地提供。保守派开始重构自己的理想，以适应民主的口味。比如，作为他们所主张的社会团结的体现，阶级等级让位于一国一民，这种看法可以通向本土主义、民粹主义和极权主义等多个方向。保守派仍坚持认为，财产和权威为社会秩序所必需，但他们以新的方式思考并谈论这两者。

财产的形式发生了变化。作为富人的政党，保守派不仅有需要捍卫的土地财产，还拥有工业、商业和银行业，以及随之而来迅速壮大的律师、会计师、推销员和城市办公室以及商店职员。保守派的主要对手不再是在半民主的政治小圈子中争夺主导地位的自由派大人物。到19世纪末，通常与右翼自由派结盟的自由放任保守派所面对的对手是产业工会、经济规划者和国家干预主义者，以及人数少但自信满满的政府官员和知识分子。

1880年至1945年，政府中的保守派与当时的右翼自由党人或者结盟或者合并，后者热衷于抵制有组织的劳工并缓和对市场的行政干预。在这一历史性的妥协中，保守派停止了争斗，不再试图取代自由主义民主的制度框架，也不再抵制市场资本主义这一自由主义民主的经济引擎。相反，他们转而对相互冲突的需求加以管理，这些需求事关一种经演化而来的包含了右翼自由主义和旧保守主义成分的混合传统：有限但权威的国家，创新的自由市场和稳定的共同体，自主自立和社会凝聚力。保守主义内部的这些冲突如今变得公开而激烈，它们根源于19世纪末20世纪初。

究竟应该在多大程度上允许自由放任在伦理和文化问题上占据主导地位，这个问题一直撕裂着保守派。旧的权威正在衰落或消失，昔日独立的决策者或控制者，如君主、贵族或教会，如今则被一个包罗万象的现代国家所吸收或控制。起初，现代国家在伦理标准和文化生活方面维持着旧的控制机制，其直接方式是借助于法律和法庭，间接方式是通过支持教堂、学校、大学、新闻界和出版业等文化仲裁者的权威。随着时间的推移，国家屈服于自由派的改革压力和公众态度的转变，一个又一个抵御文化民主的防波堤从19世纪末开始慢慢倒塌（1945年之后则是加速倒塌），国家或社会的伦理和文化仲裁者再也无法否定人们的生活选择，比如人们在审美上应该珍视什么，或者伦理上应该如何思考或维系等。面对这一新的情况，旧秩序的保守派捍卫者们面临一个痛苦的选择：他们可以选择勇敢地战斗，但那将是徒劳的，因为那是试图捍卫不可捍卫的；他们也可以强忍烦恼地选择与自由主义现代性共处,同时批评后者抛弃了在他们看来哪怕是任何类型的标准。1980 年之后,随着保守派成功地压制了经济民主,右翼对文化民主和伦理失范的焦虑与日俱增。

i. 法兰西第三共和国的温和右翼

到 1880 年,法国负责任的右翼已经不再寄希望于阻止自由主义的民主。社会和专业精英在第三共和国依然存在,但法国以往的贵族已不再构成一个统治阶层。1879 年 1 月,法国的共和派赢得了对参议院的控制,在国民议会中锁定了早期的胜利,总统麦克马洪向新的政治力量低头并辞去总统职务。第三共和国在经过第一个十年的动荡之后稳定下来并站稳了脚跟。保皇党的继承人被禁止担任总统职务,考试取代恩赐成为公务员晋升的阶梯,新闻限制被取消,市长改由选举产生(巴黎除外),周日工作变得合法,医院和墓地世俗化了,公立学校停止了宗教教导,国家也不再支付天主教神职人员的薪水。在国际层面,殖民扩张取代报复德国成为法国的优先任务。然而,仍有许多东西没有改变,如参议员的终身任期被废除,但参议院本身依然存在,在降低乡村代表比率过高方面几乎没有进展,同时工人阶级的诉求被忽视。

19 世纪 80 年代和 90 年代的选举胜利巩固了支持共和的右翼的地位,同时将不甘于妥协和反对共和的右翼推向了街头。在 1914 年之前的九次选举中,也就是从 1876 年至 1910 年,法国国民议会中反共和的多数派——即波拿巴主义者和左右两翼的君主主义者——先是缩减为只占三分之一席位的少数派,之后则变得似有若无。在议会中,左右之争逐渐变成了自由左翼与自由右翼之间的较量,前者即激进派(其政党名称多种多样),后者即共和派。

这里要简略提及在认识法兰西第三共和国保守主义方面所面临的两个障碍。首先,法国的党派竞争类似于化装舞会,议会中的保守派称自己为自由派、温和派、进步派,甚至左翼共和派,并且议会党团的名称往往与参选团体的名称无法准确对应。19世纪80年代，在法国旧右翼最后参加的几次选举中，右翼残余力量组成了一个保守联盟。然而布朗热（Boulanger）的惨败＊终结了"保守"这个标签，使它从选举政治中消失了，但没有人会认为对"保守"一词的抛弃意味着保守主义或右翼本身的消失。

其次，法国保守派的成功始终依赖于不断变化的联盟。与英国和美国（美国南方是一个例外）不同，法国右翼并未发展出一个单一而团结的政党，它在某种程度上也无须如此。保守派可以依赖地区性的强大力量，如天主教的西部地区、东北部的部分地区以及法国中央高原的南部边缘地带。此外，保守派代表往往不易被撼动，这既是因为1875年的两轮选区选举对地方的当权者有利（无论他们属于哪个党派），也是因为保守派选民习惯于遵从权威。议会中的右翼政治家不需要一个事必躬亲的全国性政党来确保成功。

最初，国民议会中的右翼多数派成员被称为机会主义者（Opportunists，该词源于激进派对右翼共和派领袖莱昂·甘必大［Léon Gambetta］的嘲讽†）。机会主义派与激进派在制度、政教关系、亲疏等方面存在分歧，具体来说：机会主义派支持上议院，持一种温和的反教权立场，支持旧右翼；极端派则反对上议院，主张激进的反教权主义，支持新兴的社会主义者。共和派的团结在19世纪90年代走向破裂，分裂为左右两翼。进而，右

＊ 布朗热是法国军事将领兼政治家，他利用法国民众高涨的民族主义情绪和对自己的支持，提出了报复德国、修改宪法、重返君主制三项主张——被称为"布朗热主义"，获得了保皇党人的支持。布朗热在一系列选举中获胜，1889年1月在参议院选举中再次获胜后，他的民望达到顶峰。支持者鼓励他发动政变颠覆共和国，布朗热迟疑并最终决定依然要通过合法的方式获得权力。此后，法国政府开始就此事展开调查，并以阴谋和叛国为由对布朗热发出逮捕令，布朗热逃亡国外，布朗热狂热开始消退。——译者注

† 机会主义共和派又称温和共和派，是1871年至1901年存在于法国的一个右翼政治团体，其领导者包括阿道夫·梯也尔、茹费理、甘必大等人。之所以被讥讽为"机会主义者"，是因为在法兰西第三共和国建立之初，共和派在议会中是少数，为赢得支持并防止君主制复辟，他们在各派别之间合纵连横，以求得最大程度的共识，而不太计较立场和观点。"机会主义"在这里并无贬义，而是一种"一有机会就行动"的行事风格。——译者注

翼共和派又分裂为更加世俗和都市的民主同盟（Alliance Démocratique，1901 年）以及更具教权色彩的乡村的共和联盟（Fédération Républicaine，1903 年）。

那些支持共和并主张议会保守主义的党派在激进派的右侧一方集结，他们在 1880 年至 1914 年以不断变化的党派组合，轮流为法国输送了多达 27 位总理。这种局面看似不稳，实则有一个稳定的中心基础。议会找到了可行的议价机制，能够同时满足中产阶级精英和法国各种小利益团体的诉求，后者包括了家庭企业、小农场以及地方专业人士和店主。在这份社会契约中缺席的是日益壮大的工人阶级和各阶层的妇女群体，后者直至 1944 年方才获得投票权。尽管国家主要由男性精英管理，但第三共和国以其节日和象征赢得了普遍的吸引力。为了将共和国与美好的 1789 年革命相关联，7 月 14 日（巴士底狱陷落日）被定为节假日。头戴自由帽的玛丽安娜（Marianne），一位曾经为信徒们提供佑护的天主教所孕育的世俗女儿，被选为共和国的象征。与代表民族性格特征的英国象征约翰牛和代表联邦权力的美国象征山姆大叔不同，玛丽安娜代表了一种平凡生活的理想框架。

这样一种带有保守色彩的"共和综合体"挺过了贿赂、出卖荣誉和回扣的丑闻而存活了下来。它经受住了 1882 年至 1896 年经济放缓的冲击，并从 1896 年至 1914 年长期而迅速的经济增长中获益。它无视国内对自由主义帝国的少数批判声音，并挫败了 19 世纪末怀有敌意的保守主义"反对者"所发起的三场运动，这些"反对者"分别是：反德国的复仇主义者、反犹太的民族主义者和反共和的天主教徒。

复仇运动的主要倡导者是保罗·戴鲁莱德（Paul Déroulède，1846—1914 年），一位军队诗人、普法战争的俘虏和持极右翼立场的突击手。戴鲁莱德以《士兵之歌》（Chants du soldat，1872 年）一书成名，这是一本哀悼阵亡战友、呼吁国家复仇的民谣小册子，将对法国乡村的热爱与对战争死难者的哀悼联系在一起："他们长眠在那片黑森林当中……那里属于我们法兰西。"戴鲁莱德在 1882 年创立的爱国者联盟最初是议会的一个民族主义压力团体，后来发展为一个反共和的街头力量。戴鲁莱德本人也变得更加粗暴，并很快受到人们的嘲笑。他在 1889 年的布朗热事件中冲锋陷阵却毫无斩获。在此次事件中，一位软弱且靠不住的共和派军队将领被反共和的富人们赋予了"当代拿破仑·波拿巴"的角色，被他们错误地当成整个国家的有力拯救者。

在法国这样一个天主教传统依然浓厚的国家，对犹太人的偏见与对新教徒的敌意一样根深蒂固；尽管如此，要将反犹主义引入民主政治依然需要进一步工作。在这方面，第三共和国最突出者当属爱德华·德吕蒙（Edouard Drumont），他是《犹太法国》（*La France juive*，1886 年）一书的作者，还是反犹太报纸《自由言论报》（*La libre parole*，创立于 1892 年）的编辑。德吕蒙的技巧是，在看似合理的和明显不合理的之间作出区分，从而使偏见听起来可以接受。他指出了三种形式的反犹主义，分别是：基督教传统形式，将犹太人视为杀害基督的凶手；人类学形式，基于"科学的"种族主义；以及政治经济的不满，认为犹太人是金融资本主义的操控者。这种区分所隐含的含义是站不住脚的，但对粗心的人们而言具有吸引力，他们会认为：第一种是神话，第二种大概率也是神话，而第三种是有事实依据的。

德吕蒙的所作所为在德雷福斯事件中有了回报。在这次事件中，一位法国陆军上尉、同时也是来自阿尔萨斯的犹太人被错误地认定为德国间谍，后被开除军职，并被投入位于恶魔岛的监狱（1894 年）。围绕支持还是反对德雷福斯（Dreyfus），整个国家都卷了进来，社会舆论陷入分裂。一时间，"支持德雷福斯"和"反对德雷福斯"俨然成了"左"和"右"的代名词。然而，事件中轻易被人们淡忘的是，右翼失势了。德雷福斯最终获得平反，后重新入伍，并获得国家赔偿。反共和的军官被解职或提前退休，文官对军队的控制得到确认，尽管付出了代价。政府毫无歉意地以间谍和告发的手段来整肃军队，这种做法使德雷福斯的支持者大为震惊。

在建国后最初的几十年中，法兰西第三共和国对文化权威的追求，尤其是在教育方面，受到天主教会的强烈抵制。自上而下的世俗化被迫面对来自中产阶级天主教徒的阻挠和动员。在为圣母显现而举办的诸多朝拜和庆祝活动中，可以看到民众重新燃起的宗教奉献精神。宗教团体的成员增加了，天主教学校与公立学校并驾齐驱，并在某些方面超越了后者。牧师在布道中警告教区居民，投票给共和派是一种致命的罪恶。然而,官方教会的敌意在 1892 年的一次集结(*ralliement*)＊中发生了骤然翻转,罗马教宗敦促天主教会支持第三共和国。梵蒂冈的敌意之所以发生软化,是出于一种对全球信仰的考虑。罗马教宗逐渐认识到可以与法兰西共和国达成利益协调,因为共和国热衷于快速的殖民扩张,而法国人是最为活跃的天主教传教士。

教权与反教权之间的斗争在法国依然存在,双方都未能赢得全面和最终的胜利。无论是总理茹费理(Jules François Camille Ferry)在 19 世纪 80 年代推行的教育改革,还是 1901 年和 1905 年法国的政教分离改革,都离不开妥协。茹费理重申了对公立学校的世俗控制,与此同时容许私人资助的教会免费学校存在。总理埃米尔·孔布(Émile Combes)的改革取消了教会特权,并对政府补贴多数国民信仰的方式作出了重新规定,却并未像最彻底的反教权主义者所期望的那样,在伦理文化方面消除天主教的存在。

19 世纪 90 年代的经济复苏减少了不满情绪并缓和了冲突,一种幸福的氛围蔓延开来,后来被称为"美好年代"†,熠熠生辉的巴黎正是这个年代的文化中心。反德复仇主义消退了,1870 年战败所带来的一些伤痛也已慢慢愈合。法国很快向德国支付完了令其反感的战争赔款,其资金来源于国家公债,利率是诱人的 5%(当时市场利率是 3.5%)。在被德国占领的洛林地区,法国的铁矿石和德国的煤炭很快服务于两国的钢铁生产。对殖民地不感兴趣的俾斯麦与法国共和派相处融洽,后者作为自由派殖民主义者,更加热衷于拓展并巩固法国的海外帝国,对收回阿尔萨斯-洛林地区兴趣寥寥。除了极右翼之外,反犹主义弱化为一种(即便是普遍的)私人偏见,这方面的一个显著迹象是大众传媒。在 20 世纪头十年,持反犹立场的《小日报》(*Petit Journal*)发行量下降,被《小巴黎人报》(*Petit Parisien*)赶超,后者最初有所迟疑,而一旦清楚地认识到自己正在赢得胜

＊　*ralliement* 是罗马教宗利奥十三世在 1892 年 2 月 16 日所发布的关于法国教会与国家的通谕 *Au Milieu des Sollicitude* 中所提出的一个理念,该理念主张天主教会应与自由主义的民主政治秩序和解并团结起来。——译者注

†　指欧洲历史上从 19 世纪末到第一次世界大战爆发前的一个相对繁荣与和平的时期。——译者注

利，便转而支持亲德雷福斯一派。顽固右翼强烈的敌对情绪同样在暗地里发酵，这种情绪显著地存在于夏尔·莫拉斯于 1898 年创立的法兰西运动＊中，并在 20 世纪二三十年代的极端主义联盟中再次爆发出来。

然而，更加紧迫的是经济和社会问题。法国经济在 19 世纪 80 年代陷入衰退，到 19 世纪 90 年代中期开始迅速增长，增长势头一直延续至 1914 年。与其他国家一样，贸易保护问题使法国右翼走向分裂。作为自由贸易游说者的出口商向以朱尔·梅利纳（Jules Méline，1838—1925 年）为首的农业利益屈服。梅利纳是一位保守的贸易保护主义者，最初是孚日省的一位律师，于 1872 年进入法国议会。随着其他国家贸易壁垒的升高，他领导了法国反对自由贸易的游说团体。1892 年，他推动通过了《梅利纳关税法》，将农产品进口税从 3% 提高到 21%。从 1903 年起，梅利纳担任共和联盟的领导者，共和联盟是一个亲教权的右翼温和政党，以反国家经济统制（反对所得税）、互助主义（梅利纳在 1894 年推动设立了法国农业信贷银行）和支持天主教学校这样的混合主张，受到农业和小商业利益群体的欢迎。

尽管对产业工人作出了让步式改革，但劳动保护依然不足。尽管工会在 1901 年具备了法律上的合法性，但罢工依然遭到激进派（以乔治·克列孟梭［Georges Clemenceau］为首）和共和派的残酷镇压。由于国家收入严重依赖累退关税和营业税，保守派所领导的参议院在 1895 年推翻了一项要求征收所得税的自由主义提案。约瑟夫·卡约（Joseph Caillaux）的所得税提案于 1914 年在国民议会获得通过，然而即便是在国家急需税收的战时状态下，参议院依然在此后用了两年的时间才勉强认可该法案。

和平在 1918 年再次到来，此时法国所有党派参加的神圣联盟†破裂，

　　＊　法兰西运动是伴随着德雷福斯事件而成立的一个右翼组织，其成员以德雷福斯事件中反德雷福斯的知识分子为主，主张君主主义，否定法国大革命，反民主，支持恢复天主教的国教地位。——译者注
　　†　神圣联盟是第一次世界大战期间，法国国内左右翼党派之间达成的一项政治停战协定，左翼党派同意在一战期间不反对现任政府，也不发动任何罢工。——译者注

选民再次选出了一个持坚定保守立场的国民议会,组成了一个被称为国家集团 * 的政治联盟。作为最不可能被推翻的解决方案,法国温和派右翼获得了一种惯性的分量。议会中不存在稳定的多数派以支持国家所需的社会改革,左翼党派作为这些改革的天然倡导者也处于分裂状态。激进派开始展现出家长式作风,全神贯注于议会的运作,与外界脱节。社会主义者和共产主义者相互争夺对左翼的主导权,紧张而顺从地跟随莫斯科易变的政治路线。激进派和社会主义者组成的左翼联盟在 1924 年和1932 年所取得的微弱胜利,以及激进派、社会主义者和共产主义者组成的"人民阵线"在 1936 年所取得的巨大成功,使左翼成功组阁,但这些内阁很快就因税收、公共支出和社会保障方面的分歧而瓦解。

最能体现第三共和国保守主义中间路线的是雷蒙·普恩加莱(Raymond Poincaré,1860—1934 年)。普恩加莱出生于法国洛林,从小便目睹了德国对法国的占领。尽管他对德国的敌意在 20 世纪头十年有所软化,但随着一战的爆发,这种敌意再次复苏,使他成为一个坚定的反德鹰派。他在 1919 年推动两国实现了艰难的和平,并在 1923 年当德国延迟支付战争赔款时,派军队进入德国鲁尔区。作为一位中产阶级律师,普恩加莱代表了中产阶级关于工作、节俭和诚实的价值观。第三共和国的政党腐败很猖獗,但普恩加莱在长达四十年的公共生活中从未有过这方面的丑闻,他也因此以"洁白如貂"著称。尽管他与克列孟梭在反对德国方面是一致的,但普恩加莱认为他的这位伟大对手不讲原则,而克列孟梭则认为普恩加莱道貌岸然。普恩加莱在敏锐和敬业方面胜过他的对手,但缺乏一种大众感。他在 1913 年至 1920 年担任法国总统,在战时领导了这个国家,但至少在法国,人们将一战的胜利更多地归功于人称"胜利之父"的克列孟梭以及军队将领福煦(Foch)和贝当(Pétain)[†],普恩加莱则

---

* 国家集团是 1919 年至 1924 年存在于法国的一个松散的政治联盟,由中右翼各政治派别组成,其领导者是法国总理克列孟梭。——译者注

† 费迪南·福煦是法国陆军统帅,一战后期任协约国联军总司令,对协约国在一战的胜利作出重大贡献。亨利·菲利浦·贝当是法国陆军将领、政治家,一战期间担任法军总司令,与德国作战,有民族英雄之誉,但他后来担任维希政权的元首和总理,被视为叛国者。——译者注

因坚持一种迦太基式的和平*而招致外国的憎恨。普恩加莱倔强而正直，他更喜欢扮演政治家而非党派坚定分子的角色，尽管他最经常效忠的是民主共和同盟†。一战前后，普恩加莱先后三次担任法国总理（战前一次、战后两次），在他任职期间，左翼和右翼都分别控制过议会。作为金本位制的支持者，普恩加莱在 1926 年拯救了快速下跌的法郎，这一行动如此成功，以至于大量黄金涌入法国央行，加剧了欧洲的金融不稳定。

普恩加莱的保守主义政治愿景更多地关注有形的结果，而非事业或理想。这种愿景包含了人们熟悉的保守主义元素：以稳健货币为基础的社会秩序和以国家实力为基础的社会团结。就政党而言，普恩加莱认为政府最好由温和的保守派居中运作，如果需要的话，由一个负责任的左翼进行协助。普恩加莱 1945 年后的继承者是全国独立人士和农民中心（Centre National des Indépendants）的领导人安托万·比内，全国独立人士和农民中心的前身便是普恩加莱领导下的民主共和同盟，它是一个世俗的中产阶级右翼政党，经济上主张自由主义，20 世纪 70 年代与吉斯卡尔独立共和党（Giscardian Independents）‡走向融合，后者为其带来了文化自由主义的元素。

在 20 世纪二三十年代，左右翼因冲突而陷入僵局，这给法国的外交政策带来了掣肘。当时紧迫的任务是管理战争债务，应对世界经济衰退，并遏制德国的复兴。1918 年后的法国左翼主要是和平主义者，右翼则既渴望遏制德国，又担心一个弱势的德国将意味着布尔什维克的胜利。此外，法西斯主义在意大利和德国的崛起在法国直言不讳的右翼少数派群

---

* 迦太基式和平是指强者强加于弱者的短暂的、不平等的和平。一战后期，普恩加莱认为停战来得太早，主张法国军队应长驱直入德国腹地。在 1919 年巴黎和会期间，他更是主张法国应夺取德国莱茵兰地区，将其置于协约国的军事控制之下。——译者注

† 雷蒙·普恩加莱在 1901 年创立了民主共和同盟（Alliance Républicaine Démocratique，ARD），后改称"民主同盟"（Alliance Démocratique，AD）。——译者注

‡ 1962 年，全国独立人士和农民中心因反对法国时任总统戴高乐的政策而选择出走，以经济与财政部长吉斯卡尔·德斯坦为首的一批内阁成员选择留下来，并于 1962 年创立了独立共和党。——译者注

体中鼓动起这样一种梦想:也许一种源于本土的类似变化可以一举解决法国所面临的社会和外交难题。

尽管未能通过经济和外交方面的测试,但保守主义的中间路线依然延续到20世纪30年代,每一任政府都将难题遗留给下一任。政府受到右翼两方面的掣肘:一是议会外政治联盟所组织的公开的街头反对;二是右翼内部日益加剧的不满,越来越多的右翼政治家和知识分子确信法国处于落后状态,亟须被拯救。

19世纪八九十年代的反共和的幽灵再次在街头出现。退伍军人的不满经由弗朗索瓦·德·拉·罗克(François de La Rocque)的火十字团(Croix de Feu)得以表达,火十字团从一个有着三百万追随者的分散的民众支持运动,发展为一个小型的右翼准军事力量。天主教会再次表现出早期对自由主义那般的敌意,在其教区布道和报纸上告诫人们共产主义比法西斯主义更危险。出于对自由派和保守派之妥协的共同不满,政治极端派之间的界限也变得模糊。雅克·多里奥(Jacques Doriot)曾是一名共产党员兼巴黎"红色地带"*圣但尼市的市长,后来改持反共立场,并在1936年创立了极右翼的法国人民党(Parti Populaire Français)。诸如此类的持不同政见运动受到共和联盟少数派的纵容,并从商人那里获得资金支持,如"迷人"牌香水制造商弗朗索瓦·科蒂(François Coty)。

这些团体的愤怒和戏剧性的宣泄撼动却未能击垮第三共和国。1934年2月发生在巴黎的反议会骚乱无功而返,并很快被人们遗忘。来自人民阵线的总理莱昂·布鲁姆(Léon Blum)在1936年取缔了政治联盟,重申了国家权威。一个对共和国之稳定不那么戏剧性却更大的威胁出现了,那就是人民阵线所推行的社会改革受到了中产阶级的抵制,这种抵制在爱德华·达拉第(Édouard Daladier)政府时期部分得到缓解,因为后者在1938年限制或暂停了人民阵线对工时和工资的改革。为了缓解对反移民的担忧,

---

* 巴黎"红色地带"是指巴黎郊区的工人阶级聚居区,圣但尼便位于这样的地区。自1920年以来,这个地区构成了巴黎共产主义运动的中心,不仅为法国共产党提供了最为坚实的选民基础,而且很大程度上塑造了该党的文化认同。感兴趣的读者可进一步参阅泰勒·斯托沃尔(Tyler Stovall)所著《巴黎红色地带的崛起》(*The Rise of the Paris Red Belt*)一书,此书尚无中文版。——译者注

达拉第政府还为西班牙内战所引发的共和派难民潮和其他无证新移民开设了集中居住的营地。到20世纪30年代末，第三共和国挺过了法国硬右翼所带来的混乱，但因向不自由或非民主的要求让步而付出了沉重代价。

对国家衰落的密切关注是法国保守主义的一个主题，它既呈现为政治的形式，也呈现为伦理—文化的形式，后文将会对此进行探讨。在政治层面，保守派专注于法国所谓"结构性"落后以及对全面现代化的需求。按照这种观点，法国的落后体现在多个方面，如过于依赖农业、经济发展过于缓慢、对桥梁和道路的维护过于懒散、社会过于守旧、党派色彩过于浓厚，以及由一个过时的政府提供的过于糟糕的服务。无论这种看法是否恰当——许多人认为它明显言过其实——它都有着重要的追随者，尤其是在1934年至1936年的一系列戏剧性政治事件之后。

技术官僚现代化的主要倡导者是安德烈·塔迪厄（André Tardieu，1876—1945年）。塔迪厄是一位保守派政治家兼记者，于1914年进入法国议会，担任过所有重要的部长职务，并在1929年至1932年三次出任总理。他的口号是强大的国防、社会现代化和高效能国家。他对宗教政治不感兴趣，也不因法国道德秩序遭受所谓的侵蚀而困扰。在塔迪厄看来，一个现代化的国家将会更加理性、专业，具备更高的工业化和都市化水平，也更加民主（除此之外，他还主张妇女的投票权）。他认为法国"乌烟瘴气"的政党纷争是一种阻碍，与之形成鲜明对比的是美国，那里的主要政党之间达成了广泛而高效的协议，令他羡慕不已。他认为，改革需要一种居安思危的支持框架（为此他为《凡尔赛和约》辩护），还需要排斥左翼或使之转向（他会说："社会主义是敌人"）。

塔迪厄在20世纪20年代所实际推行的公共工程计划是温和的，作为经济危机时期的法国总理，他的前凯恩斯政策又是混乱和畏首畏尾的。他作为技术官僚精神的早期代表而被人们铭记，这种精神在1959年之后的法兰西第五共和国时期成为法国中右翼党派的鲜明特征。更为直接的是，塔迪厄对大众民主的可行性有越来越多的怀疑——这体现在他未完成的著作《完成革命》（*Completing the Revolution*）中——加之他对法国落后性的强调，共同助长了一种推卸责任的观点，这种观点在1940年法国战败后曾在右翼中流行一时。该观点认为，法国的军事失败并不是因为政治上的迟疑和军事上的误判,也不是因为厄运,而是因为国家的颓废。究竟是什么导致了法国危险的脆弱性? 在这个问题上,右翼本身无法达成一致:塔迪厄认为是因为法国未能实现现代化,而文化保守派则认为是因为法国一股脑地接受了现代性。

第三共和国经历了右翼和左翼的不满,经历了来自天主教会的敌意,经历了德国对整个法国东北部的军事占领,经历了一战期间十分之一军龄男性的丧生,还经历了直至 20 世纪 30 年代末才复苏的严重经济衰退,都成功地挺了过来。但在 1940 年军事失利之后,第三共和国屈服了。"屈服"一词有点不够准确,它似乎意味着第三共和国只是遭受了一场自然灾害或者屈服于一场疾病那么简单。1940 年 7 月,法国议会两院在未被占领的奥佛涅地区的一个温泉小镇召开会议,以压倒性的投票结果决定以威权式的维希政权取代共和国。只有社会主义者和左翼激进派反对这一改变,其他激进派和共和联盟的少数保守派则投了弃权票。(倾向苏联的共产党代表没有投票资格,因为当时的苏联选择与入侵法国的德国和平相处。)解放后,第三共和国的这种自我压制被从法国的宪法记录中删除了。1940 年 7 月的法律被宣布无效,维希政权作为非法国的一段插曲被抹去。在为期二十八个月的战后临时政府之后,法兰西第四共和国取代了第三共和国,似乎中间没有任何间断。

如果没有法国的战败,也就不会有维希政权的插曲。但如果没有战前法国右翼反自由、反民主的传统,维希政权也就无从得知要采取何种形式。在贝当的领导下,形形色色不甘心的右翼党派——威权主义、道德秩序、教权主义、社团主义、法西斯主义——瞅准了机会,纷纷为各自的影响力而战。维希政权的口号是"劳动、家庭、祖国",试图取代共和国的口号"自由、平等、博爱"。事实上,维希政府在国家复兴、"保护"法国人民和维护秩序这几个相互冲突的目标之间摇摆不定。维希政权各派系在国家复兴究竟应该是道德的复兴还是技术官僚意义上的复兴这一问题上存在分歧,但这无关紧要,因为它两者都做不到。至于保护法国人民免遭德国的占领和压榨,有些人认为维希政权部分做到了这一点,另一些人则认为这是一个蹩脚的借口,试图为七十年来一直为共和法国所反对的极右翼议程开脱。随着时间的推移,维希政府的目标收缩到了维持秩序上,而这意味着更多的警察，对本国人民更多的暴力，以及对德国占领者更多的让步，包括在驱逐法国犹太人方面与德国合作。

上述冲突的一个代表人物是皮埃尔·赖伐尔（Pierre Laval，1883—1945年）。与雅克·多里奥一样，赖伐尔的政治立场也是从左翼转移到右翼，他先后两次担任第三共和国总理，并在贝当领导下的维希政权中两次出任副总理，分别是在1940年和1942年至1944年。作为奥佛涅一位旅店主的儿子，赖伐尔最初是一位劳工律师和社会主义者，后来成为反议会的威权主义者，并在其商人朋友的帮助下变得富有。他不拘一格地认为自己在维希的作为并不是追求道德复归，而是代表了法德之间的一种和解。尽管他自认为对实力有着敏锐的判断，却未能理解占领者与被占领者之间力量的差距。他专注于"交易"，这使他对希特勒德国无可救药的非理性特征视而不见。在1945年充满争议的审判之后，赖伐尔被执行死刑。对于投票支持结束第三共和国的各党派而言，1944年至1945年是一个新的起点，唯一的方向是向上。

ii. 英国保守派之适应时势

在英国，保守主义对自由资本主义和选举民主的适应在罗伯特·加斯科因-塞西尔（1830—1903年）漫长的职业生涯中得到体现，塞西尔更多地被人们称为索尔兹伯里侯爵。索尔兹伯里年轻时便持积极的反自由主义立场，他当过记者，在19世纪中叶成为议员，1880年后成功地将一个大众政党团结在一起，这个政党在接下来140年中的大部分时间里以一种右翼自由主义的精神对英国进行治理。作为一个超然而又博学的人，索尔兹伯里为一个现代化的托利党奠定了基础架构，成功地化解了托利党所面临的三方面对手——经济的、制度的和社会的。在他的领导下，托利党学会了在为土地利益代言的同时，还要为商业和金融利益代言。对于旧制度下的忠诚所系，如王权、贵族、国教等，托利党在态度上继续保持尊崇，但在行动上逐渐放弃，并转向了一种对帝国和民族更加模糊但热情程度丝毫不减的忠诚。托利党在中产阶级和其他选民中,特别是在英格兰,受到足够的欢迎,成为英国在 20 世纪及以后力量最强的政党。迪斯累里在 1881 年去世后,索尔兹伯里出任上议院保守党领袖,并先后三次担任首相(1885—1886 年,1886—1892 年,1895—1902 年),四次担任外交大臣(1878—1880 年,1885—1886 年,1887—1892 年,1895—1900 年)。

索尔兹伯里在年轻的时候出于对金钱的需要,频频在《评论季刊》和《星期六评论》等保守派刊物上发表文章。他对自由主义-民主的信条抱有一种蔑视的态度,且这种态度从未改变,尽管后来他在公开场合的语气变得不再那么尖刻。索尔兹伯里认为,自由主义类似于一个"站不住脚的宗教",因为它植根于对人性的感性看法和对基督教的误解:"基督教世界的常识为国家政策开出的药方,往往与登山宝训中规定的原则截然相反。"关于民主,索尔兹伯里认为,所有的社区都会涌现出"天然的领导者",只要不受平等主义者的误导,人们都会不假思索地服从这些领袖。无限制的民主会催生出野心家和职业选手,而非更好或更一致的政府。更糟糕的是,它还会鼓励穷人掠夺富人,穷人的邪恶程度并不亚于富人,只是他们人数更多。

索尔兹伯里自认为是"国家病理学家",他与卡尔霍恩一样,持一种与马克思主义相近的政治观点,认为政治主要是为了追求物质利益。他对习俗和传统的依恋程度并不比功利主义者更高。他认为,对制度的评判标准是其带来的结果,而非熟悉程度或持久性,后两者不足以衡量制度的有效性。在年轻的索尔兹伯里看来,对任何制度安排的检验标准都是:它是否有助于增进稳定、安全与繁荣,尤其是是否有助于增进所有土地阶层的稳定、安全与繁荣,因为没有土地阶层就没有社会秩序。

随着时间的推移,索尔兹伯里关于土地利益至上的信念让位于这样一种认识:富人不局限于土地所有者,还包括一般性财产的大持有者,即银行家和实业家。他认为政治是不高尚的,这种看法在本质上从未改变,但对自由资本主义的默许赋予该看法一种暗淡的色彩。在 1883 年发表的《解体》("Disintegration")一文中,索尔兹伯里哀叹于经济周期给现代社会带来的不稳定效应。在经济繁荣时期,繁荣在扩散,物质不平等也在扩散,人们对物质不平等的嫉妒会超过对贵族阶层和特权的嫉妒。在经济萧条时期，人们不断增长的物质需求被"激进煽动者"所利用，从而将民众的不满转化为对社会制度的仇恨。索尔兹伯里忧郁地预见到一种"拥有者与非拥有者之间的长期冲突，这正是古代社区的致命弊病"。

索尔兹伯里认为，保守主义的任务是在不限制自由的情况下维持秩序，他同意密尔的看法，认为自由是"做已之所欲而又不危及邻人"。维持秩序便意味着压制"熔岩般沸腾的人的激情"，扼杀进步的妄想，而这又会忽视人类脆弱的文明"外壳"。

作为政党领袖和英国首相，索尔兹伯里对这幅保守主义图景进行调整以适应情势需要，但又不背叛它或者模糊它的独特性。1868 年他的父亲去世，他继承了一笔以现在币值衡量价值 5 000 万英镑的遗产，并继承了索尔兹伯里侯爵的头衔。1867 年，他从德比政府辞职，以表达对选举权扩大的抗议。19 世纪 70 年代，他作为内阁成员专注于印度和东欧事务。从他对外交事务的处理来看，索尔兹伯里早期对民主的高调抱怨并未妨碍他在实践中高超的政治谋略。1884 年英国选举改革将投票权扩大至农村贫困阶层，保守派在改革后的首次选举中获胜，这令保守派自身大感意外。索尔兹伯里在私下继续抱怨进步的幻觉，但在公开场合则成功地扮演了贵族民主派的角色。

爱尔兰问题给索尔兹伯里提供了机会。爱尔兰自治运动使自由党发生分裂，并为索尔兹伯里赢得了一位盟友，这就是前自由党成员约瑟夫·张伯伦。后者的自由统一党支持索尔兹伯里，并在 1895 年与保守派结盟，最终在 1912 年与保守派合并。与德国巴塞曼（Bassermann）所领导的国家自由党类似，张伯伦也代表了右翼的一支新生力量：支持大企业、帝国和关税，以及最重要的，阻止社会主义。在张伯伦的支持下，索尔兹伯里打造了制胜的多数派或联盟，先后在 1886 年、1895 年和 1900 年三次赢得选举。

索尔兹伯里在爱尔兰和帝国的问题上毫不退缩，但在张伯伦的压力下，他还是在自由主义改革方面作出让步。1897 年，他领导下的政府建立了工伤赔偿。他不仅不再像 1884 年那样反对选举改革，反而通过在郡议会推行选举进一步深化了选举民主，进而打破了乡村土地所有者对市政府的最后掌控。对英国保守主义的未来富有启示的是，在索尔兹伯里的领导下，保守党对自身进行了现代化改造，使之成为一个纪律严明、能够在民主游戏中获胜的全国性组织。成立于 1883 年的报春花联盟（Primrose League）* 旨在向民众传播保守主义，它在 20 世纪最初几年声称会员人数达到了 150 万之多。地方的"幕后操纵者"被专业的政党代理人所取代，选举中引入了竞选宣言，影子内阁† 也建立起来，为胜选后的执政作准备。最初设立于 1870 年的保守党中央办公室也得到加强，并首次置于议会首席党鞭‡ 的领导之下。这与法德两国形成了鲜明的对比：法国右翼党派有着高度的流动性，而德国保守派所获得的支持则有明显的地区差异。1918 年后英国保守党作为一个大型右翼政党所具有的影响力和凝聚力，使得英国保守主义更有能力经受 20 世纪二三十年代硬右翼的冲击，或使后者发生转向。

与加里波底（Garibaldi）§ 类似，索尔兹伯里在与他人独处时会腼腆，但面对人群时却游刃有余。他嘲笑 1896 年创办的《每日邮报》（*Daily Mail*）是"勤杂工写给勤杂工的"，但他也认识到使用媒体的必要性，并开始向媒体记者通报情况。索尔兹伯里的职业生涯是一堂大师课，会被接下来一个世纪及以后心存感激的保守派所铭记，教会他们如何在己方力量衰落、疲于奔命且信条不彰之时做到转弱为强、克敌制胜。

尽管索尔兹伯里认为政治受到利益的驱动，但他明白政治也必须以符号的形式被思考和谈论。他巧妙地将国家、帝国和王权融合为共同忠诚的对象。1897 年 6 月，在庆祝维多利亚女王登基六十周年大典上的讲

---

* 报春花是英国保守党领袖迪斯累里最喜爱的花。迪斯累里在 1881 年去世后，保守党人一直希望找到某种方式能够赢得各阶层民众对保守主义原则的支持。1883 年，伦道夫·丘吉尔，也就是温斯顿·丘吉尔的父亲，与其他保守党领袖一道成立了报春花联盟，在全国各地设立分支机构，在赢得民众对保守党支持方面大获成功。——译者注

† 在某些议会民主制国家，在野党为准备上台执政而设立的预备内阁被称为"影子内阁"，设有与执政党当局内阁各部门相对应的"影子大臣"或"影子部长"。——译者注

‡ 党鞭的职责是在立法机构中维护本政党的党纪，促使议员遵循本党的党纲投票，而非根据其个人意志或选民意愿投票。对于投票反对本党政纲的议员，党鞭会给予相应的党纪处罚。——译者注

§ 这里可能是指朱塞佩·加里波底（Giuseppe Garibaldi），意大利军队将领、爱国者与政治家，在意大利统一运动中发挥了重要作用。——译者注

话中，索尔兹伯里盛赞英国所进行的"伟大实验"，即"努力将这样一个帝国完全建立在相互善意的基础上"。作为保守派新的忠诚所系，帝国对民众有着极强的吸引力，这使它不同于教会和上议院。西利（J. R. Seeley）亲帝国的著作《英格兰扩张》（*Expansion of England*，1883 年）在出版后的三年内就卖出 8 万册，在此后的二十年内又卖出超过 1 万册。之后爆发的布尔战争 * 得到英国民众的支持，在遭遇意想不到的损失之前，这场战争帮助托利党赢得了 1900 年的卡其色选举†。

索尔兹伯里 21 年的掌权生涯‡可谓波澜不惊，以他对保守主义的忧郁看法来判断，这可算是一项成就。他给继任者留下的疑惑是：保守党究竟代表了什么？保守党的哪些战术策略和爱国诉求是无法隐藏的？1902年，索尔兹伯里将首相和保守党领袖的职位交给了他的侄子阿瑟·贝尔福（Arthur Balfour），此后不久托利党就在与卷土重来的自由党的竞争中遭遇惨败，后者开始重视社会，从自由放任转向了社会改革。在 1906 年的选举中，托利党的议会席位缩水至 157 个，其中的 100 个席位来自张伯伦领导的自由统一党及其贸易保护主义政策的支持者。保守派走向了分裂。对于贸易保护主义者而言，关税要一举解决三个问题：第一，帮助因外国竞争而失去优势的英国工业；第二，像法国那样，为社会改革买单，以安抚左翼而又不直接向富人征税；第三，正如"保护"一词所暗示的，关税还可以作为一项保护政策以缓解人们的普遍焦虑，这种焦虑源于英国领先地位的丧失、相对的经济衰退和军事上的软弱，军事软弱在第二次布尔战争中暴露无遗，这次战争并未像人们早先预料的那样传来捷报。在阿瑟·贝尔福和丘吉尔（Churchill）这样的自由贸易论者看来，贸易保护主

---

* 这里指第二次布尔战争（1899 年 10 月至 1902 年 5 月），发生在英国与南非阿非利卡人之间。——译者注

† 在 1900 年英国大选中，借助于布尔战争期间的民众热情，索尔兹伯里领导的保守党击败自由党，再次成为执政党。之所以称其为"卡其色选举"，是因为战争期间英军开始以卡其色作为其军装的主色调。"卡其色选举"后来被用来指任何受到战时或战后民众情绪影响的选举。——译者注

‡ 索尔兹伯里自 1881 年迪斯累里去世后开始担任保守党领袖至 1902 年卸任英国首相，前后共计 21 年，其中三次担任首相，任首相时间合计 13 年。——译者注

义政策是输掉选举的不二法门,丘吉尔曾加入过自由党。对许多英国选民而言,自由贸易及其所能带来的廉价食品,正如 1945 年之后的国民保健服务一样,已经成为英国不成文宪法的重要组成部分。

英国保守主义正面临类似于法国的那种右翼困境:是与对民主力量充满警惕的自由派妥协,这些自由派担心民主会推动自由主义向左转;还是在爱尔兰、上议院和工会问题上向右屈服,以安抚极端保守派。保守党究竟是应该向议会所表达的民主意志低头,还是应该冒险寻求议会外的解决方案?围绕这些问题,保守党分裂为灵活派和死硬派、妥协派和顽固派。在顽固派保守党人的煽动下,内战阴云笼罩着爱尔兰,这些顽固派又受到了托利党领导人的善待。

保守主义史学家基思·费林(Keith Feiling)在 1913 年出版了一本名叫《托利主义》(Toryism)的小册子,借助于四个典型保守派人物之间不乏幽默感的对话,将 20 世纪早期英国右翼所面临的困境和焦虑生动地展现了出来。四位对话者完整覆盖了保守党内部各政治光谱:一位"出身高贵的悲观者"和"真正的托利党人"(即索尔兹伯里的灵魂);"一位有钱又有闲的人",也是"原则上的"托利党人(即富人阶层,他们以个人利益而言可划归保守党);一位前自由党议员(即政治野心家,见风使舵的托利党人);以及一位激进的持帝国立场的托利民主党人(即张伯伦派,他们士气高昂、胸怀大志)。四人都担忧英国这艘船"头重脚轻":帝国很大、国家很小,税收很多、纳税人很少,进口很多、货币很脆弱,世界不确定、军队规模小。尽管对话没有结果,但他们依然表达了共同的担忧:保守党正在失去其目标和独特性。书中俏皮的语气未能掩盖这样一种忧虑:与 1846 年类似,保守党正处于分裂状态,对自己没有把握,也缺乏指导思想。如果将上述对话的场景设定在 2020 年,将其中的"帝国"置换为"脱欧",那么对国家和政党之处境的担忧也不会有多大不同。

一战使保守党摆脱了不利局面。战争期间,政党竞争被冻结(1916年,托利党与自由党组成了以劳合·乔治[Lloyd George]为首相的联合政府),爱尔兰问题被搁置,从而使保守党有时间进行重新思考和重新组合。保守党并未能在 1918 年之前赢回主导权,却赢得了议会多数席位,并在接下来的 27 年中(其中 3 年除外)都保持了这一多数优势。在 1918

年举行的战后首次选举中，博纳·劳所领导的托利党赢得了 382 个席位，处于分裂的自由党则失去了 100 多个席位，从此走向衰落，最终成了一个边缘政党。自 1908 年开始，议员们有了薪水，下议院的大门由此向实力不断增强的工党敞开，工会会员人数从 1914 年的 400 万增加到超过 800 万。在 1918 年选举中，工党赢得了 57 个席位，五年后它的席位增加至 197 个，超越自由党成为英国第二大党。

在左一右的意义上，议会社会主义以改革派工党的形象取代了自由党，成为托利党的左翼对手。具有商业头脑的新型保守派——用劳合·乔治充满蔑视的话说，即"得益于战争的厚颜无耻之徒"——取代了自由党在议会中的地位。领导保守党复兴的是斯坦利·鲍德温，他是英格兰中部地区一位制造商的儿子。尽管保守党内部依然纷争不断，但鲍德温从索尔兹伯里和博纳·劳那里继承而来的这个政党与其对手相比，依然是一架令人生畏的全国机器。

鲍德温（1867—1947 年）以其轻快和技巧，将保守主义塑造为英格兰中部地区自然而然和不可避免的政治，其中心是民族团结、共同价值观和无阶级。鲍德温被粗心之辈斥为虚张声势的无知之徒，这使他领悟到了话语的重要性。他的表哥鲁德亚德·吉卜林（Rudyard Kipling）* 称他是家族中真正的诗人。鲍德温的演讲和文章在 1926 年被汇编成了《论英格兰》(On England) 一书，他在书中塑造了一种关于英国人民及其重要之事物的愿景，这种愿景长期以来被保守党所分享。鲍德温将爱国主义与保守主义，将对英格兰的热爱与对社会主义和理智主义的敌意融为一体。

鲍德温曾三度出任首相（1923 年 5 月至 1924 年 1 月，1924 年 11 月至 1929 年 6 月，1935 年 6 月至 1937 年 5 月），并三次赢得选举。1922 年，保守党在卡尔顿俱乐部†召开会议，投票终止了与遭人憎恶的劳合·乔治之间

---

* 英国作家、诗人，1907 年诺贝尔文学奖获得者。——译者注

† 卡尔顿俱乐部成立于 1832 年，最初是托利党人在伦敦的一个集会场所，后来发展成为保守党活动中心和总部。1922 年 10 月，保守党在卡尔顿俱乐部召开会议，以 187：87 的投票结果决定退出与自由党组成的联合政府。当时的自由党首相劳合·乔治因承认爱尔兰独立地位、推进印度自治以及个人的贪污丑闻而引发保守党人的不满。——译者注

的联合,在这次会议上,鲍德温崛起为保守党的一位强势人物,并在 1923 年 5 月成为保守党党魁。他经历了 1926 年短暂的大罢工*,经受住了大萧条的考验,成功地阻止了莫斯利派†,并妥善处理了爱德华八世的退位风波‡,这场风波让一个依然偏爱王权的国家感到不安。与这些成功记录相对应的是,鲍德温在担任首相期间的三次选举中两次遭遇了失败,他向本党内部的高关税派屈服,纵容南方而忽视北方,并与其他人一样在希特勒问题上遭遇滑铁卢。他在 1937 年退休,是少数主动选择离开的保守党人之一,并没有像其他人那样或因病下台或被急于摆脱弱势领袖的本党赶下台。

鲍德温以理性的眼光看待对手,并乐于接受妥协。他接受左右翼的均势,将工党当作一个合法的对手,同时四处搜寻中产阶级选民。他避免抹黑对手。在 1926 年大罢工期间,他不理会丘吉尔等人进行武力镇压的主张,将罢工视为对国家的考验而不是阶级问题,让其自行停息。他起初反对本党右翼要求取缔工会的要求,但后来选择屈服,接受了 1927 年的《贸易纠纷法》,该法禁止同情式罢工§,并限制从工会会费中强制进行政党捐款——这是工党的一个重要资金来源。

鲍德温有着公认的机智。他往往让对手先发难,他把自己强烈的宗教信念藏在心里,他不对公众展示自己会弹钢琴、热爱绘画和广泛阅读的一面,因为他意识到英国选民通常不喜欢文化炫耀并对知识分子的伪装充满警惕。他曾经这样写道:"知识分子是一个异常丑陋的字眼,用来指

---

* 是 1926 年 5 月 3 日至 5 月 12 日发生在英国的一场罢工,约 170 万名工人参加,要求政府不要降低停工的煤矿工人的工资并阻止工作条件恶化,最终未获成功。——译者注

† 指以奥斯瓦尔德·莫斯利(Oswald Mosley)为首的英国法西斯分子。莫斯利在 1932 年组建了不列颠法西斯联盟,认为法西斯主义是英国的唯一出路。——译者注

‡ 爱德华八世于 1936 年 1 月即位为英国国王,数月后欲迎娶准备第二次离异的辛普森夫人,由于这一婚事与爱德华八世的教会领袖身份相冲突,并会导致内阁集体辞职而引发宪政危机,爱德华八世选择退位并最终与辛普森夫人成婚。他前后在位 326 天,是英国在位时间最短的君主。——译者注

§ 是指为声援和支持其他行业或地区的罢工而举行的罢工。——译者注

称异常丑陋的事物。"鲍德温代表了这样的图景：岛上居民自由自在并以某种方式与外部世界相隔绝。这幅画面有着长久的迷人魅力。

尽管被认为无所作为，但保守党在 20 世纪二三十年代依然采取一系列措施来推进社会改革：1925 年颁布《鳏寡、孤儿和老年人养老金分担法案》；对贫民窟进行清理并推行住房改革；不再对工业和农场征收被称为房地产税的财产税，由此给地方当局带来的收入缺口由中央政府拨款填补；对煤炭、纺织和电力行业进行"合理化"（rationalizations）。在鲍德温的领导下，政府在 1927 年特许设立了英国广播公司，并在 1928 年颁布了《平等公民权法案》，将女性投票年龄降低至 21 岁 *，保守派确信女性选民会更多地投票给右翼而非左翼。女性选民在 1935 年占到全体选民的一半以上，在当年的选举中托利党赢得了 386 个议席。

得益于一个包容的、在全国有强大组织的政党，英国保守主义在 20 世纪二三十年代并未给破坏性左翼党派（如在法国）或者毁灭性极端势力（如在德国）留下多少空间。在初期，面对希特勒的强势领导、对德国左翼的镇压以及德国的经济复兴，英国保守党普遍持赞赏态度，但对于英国本土边缘化的法西斯主义则没有几个人赞同。保守党以外的其他英国政党均处于衰落或分裂之中。托利党人曾在 1931 年至 1935 年与其他党派共同执政，但其他政党均未能在 20 世纪 30 年代成为议会多数派。

鲍德温鼓励采取实际行动来帮助托利党克服智识上的自卑感，这个问题在早期被保守派所否认。保守主义作家阿瑟·鲍特伍德（Arthur Boutwood）对保守党之缺乏理念进行了合理化论证，他在 1913 年出版的《国家复兴》†一书中坚称，保守党不需要"政治哲学"或"独特的理念"，因为保守主义是一种务实的态度。他重复了休·塞西尔（Hugh Cecil）在《保

---

* 在此之前，根据 1918 年人民代表法案的规定，女性满 30 周岁才有投票权。——译者注

† 关于此书的书名，原文 National Review 似为一处错误。作者此处所谈论的应是鲍特伍德 1913 年出版的著作 *National Revival，a Restatement of Tory Principles*，即《国家复兴：托利党原则之重述》，此书尚无中文版。此外，*National Review* 的确存在，但不是一本书，而是一份保守派杂志，创刊于 1955 年。而鲍特伍德 1924 年去世，因此断无可能在 *National Review* 上发表过文章。译文对此处错误进行了订正。——译者注

守主义》(*Conservatism*，1912 年)＊一书中的观点：保守主义与其说是目标和理念的集合体，不如说是位于第二阶的对治理的看法。塞西尔的这本书是应出版商的要求，对霍布豪斯《自由主义》(*Liberalism*，1911 年)†一书的回应。在塞西尔看来，保守主义与拥有希望和理想的自由主义不同，它植根于一种对巨大的或迅速的变化保持警惕的自然"倾向"，植根于"对未知事物的不信任"，以及用一句神秘的话来说，植根于一种"我们对于熟悉事物的偏好，因为习俗事实上已经将我们的本性同化了"。这种"自然的"态度在保守主义对法国大革命的回应中采取了一种历史的形式。从这个前提出发，塞西尔推导出了——用哲学家安东尼·昆顿的话说——"近乎巧妙的辩护理由，从而为有限税收、大英帝国的维持以及爱德华时代保守党纲领中其他相当偶然的因素进行辩护"。

并非所有的保守主义者都像鲍特伍德和塞西尔那样满足于对理念不闻不问。在《为保守主义辩护》(*A Defence of Conservatism*，1927 年)一书中，安东尼·卢多维奇(Antony Ludovici)对托利党在不断发酵的左翼思潮面前保持沉默而哀叹。在 20 世纪 20 年代，保守党面临着来自左翼智识上的对立，包括左翼书社‡、费边社§和工人教育协会＊＊。在劳合·乔治的推动下，自由派知识分子推出了以颜色编码的政策文件，如黄皮书、橙皮书等。对此，警觉的保守主义者作出了回应。哈罗德·麦克米伦(与他人合作)出版了《工业与国家》(*Industry and the State*，1927 年)和《中间道路》

＊　此书已有中文版面世，见［英］休·塞西尔：《保守主义》，杜汝楫译，商务印书馆 2021 年版。——译者注

†　此书已有中文版面世，见［英］霍布豪斯：《自由主义》，朱曾汶译，商务印书馆 1996 年版。——译者注

‡　左翼书社(Left Book Club)是一家出版集团，成立于 1936 年，于 1948 年停止发行。它为会员定期提供书讯和主要政治杂志动态，是 20 世纪 30 年代末和 40 年代英国主要的左翼团体。——译者注

§　费边社(Fabian Society)是英国的一个社会主义团体，成立于 1884 年，其奉行的思想被称为"费边主义"或"费边社会主义"，主张通过温和改良而非阶级革命走向社会主义。——译者注

＊＊　工人教育协会(Workingmen's Educational Association)成立于 1903 年，创始人是英国教育家阿尔伯特·曼斯布里奇(Albert Mansbridge)，是英国最大的成人教育志愿提供者和最大的慈善组织之一。——译者注

(*The Middle Way*, 1938 年)。在博纳·劳纪念信托基金的资助下，阿什里奇学院(Ashridge College)于 1929 年成立，致力于培养保守派骨干。同一年，保守党研究部 * 成立。保守派关心的是更多地了解社会现状，而非社会曾经怎样或者应当怎样，他们的精神是技术专家式的，类似于法国的塔迪厄。在保守派话语中，谈论习俗和传统正让位于关注眼前的问题并寻找解决之道，专业知识正在取代自然权威，成为右翼进行统治的资格要件。

英国右翼对德国共产主义的恐惧助长了他们最初对希特勒主义的同情。如果当初希特勒衰落了而德国共产主义崛起了，那么欧洲的右翼也许还有英国的右翼就会看起来岌岌可危。然而，随着德国力量和诉求的增长，对希特勒的恐惧在上升，进而使英国保守党踌躇不决。工党奉行和平主义，类似于法国的左翼党派。英国官员和外交官对绥靖政策既支持又反对，其态度取决于绥靖的地点和方式。为了实现顶住德国压力的更大目标，就需要作出战术上的让步，这在很大程度上是一个共识。但问题是，要作出怎样的让步？在主要参与者之间，所有的选项都面临着反对的多数，这些选项包括：在帝国还是东欧作出让步，与法国结盟还是不结盟，强化海军还是强化空军。财政部表示，在每一个选项上都缺乏资金。德国也并非唯一的威胁：英国为了其亚洲殖民地和地中海的自由，还要同时提防日本和意大利。军事将领警告说，作为岛国的英国无法做到三面作战。无论是鲍德温还是 1937 年继鲍德温之后出任首相的内维尔·张伯伦(Neville Chamberlain)†，都未能解决这个难题。

战后，在丘吉尔及其比弗布鲁克报业(Beaverbrook Press)友人们的推动下，鲍德温曾被人们认为是失去十年中的梦游者。这个名声对鲍德温不公平。在 20 世纪七八十年代对历史的重新评价中，20 世纪 30 年代的英国并不像专业人士和一般民众想象的那样糟糕，鲍德温也因其社会

＊ 保守党研究部(Conservative Research Department)是英国保守党中央机构的一个组成部分，由内维尔·张伯伦于 1929 年创立，是英国右翼政党的第一个智库组织，其成立初衷是为保守党领导人提供政策建言，后来被认为是保守党政治家的训练基地。——译者注

† 约瑟夫·张伯伦之子，在 20 世纪 30 年代后期曾担任保守党党魁和英国首相。——译者注

和经济成就以及对保守党的现代化改造而受到赞誉。然而，这个新的判断尽管更加公允，但其本身却可能是扭曲的。尽管保守党公开标榜自己是一个一国政党，却治理着一个分成两半的国家：一半是受到保护的、繁荣的东南部和中部地区，那里的工程和汽车产业发展良好，提高了劳动生产率；另一半则是贫困的北部。对此，鲍德温的保守主义怎么都说不过去。国家荣誉感和帝国野心对丘吉尔产生了误导，促使他在 1925 年将英镑及其汇率设定得过高，此后价格下跌引发经济萧条，政府遂祭出紧缩措施来加以应对，但未能降低经济中的公共债务水平。尽管 1939 年的工人人数高于 1929 年，但失业率在 20 世纪 20 年代中期猛增，且一直居高不下，直至二战爆发。

即便上述不当评价得到纠正，鲍德温也永远无法在历史的想象中超越他的党内同僚温斯顿·丘吉尔，后者曾在长达二十年的时间里使鲍德温备受来自党内右翼的困扰。丘吉尔曾担任英国首相，他所掌管的政党曾视他为一个自私的特立独行者，后来他成了一位鼓舞人心的战时领导人。与迪斯累里或撒切尔夫人一样，丘吉尔（1874—1965 年）似乎也以其宽宏大量的个性化解了保守党内部的冲突。他先是保守派，后来成为自由派，最后又回归保守派。他从 1908 年开始担任国家高级职务，并两度出任首相（1940—1945 年，1951—1955 年）。错误、失败、酗酒、抑郁和债务一直伴随着他的职业生涯，但凭借着运气和决心，他从未被完全击败或被赶出政治领域。丘吉尔性格急躁而执着，他在每一个年代都遭遇过指责和嘲笑，如 1915 年加里波利战役的军事惨败 *，1925 年对货币的管理不善（英镑以过高的币值向金本位制回归），20 世纪 30 年代对帝国的怀念、对法西斯主义的钦佩以及在绥靖政策上的模棱两可，1940 年在挪威再一次遭遇军事惨败†，以及 1940 年至 1945 年对内政的漠不关心。如果

---

* 加里波利之战是第一次世界大战中发生在协约国与奥斯曼帝国之间的一场大规模攻防战，时任英国海军大臣的丘吉尔最初提出了此战的战略构想，并将之付诸实施，英军在此次战役中伤亡惨重。——译者注

† 这里指的是二战中的挪威战役，发生于 1940 年 4 月至 6 月。交战的一方是挪威、英国、法国，另一方是德国。德国最终获胜并占领了挪威，挪威流亡政府随即在伦敦成立。——译者注

保守党最初选择的哈利法克斯伯爵（Lord Halifax）同意在 1940 年 5 月接任首相＊，那么丘吉尔就将成为一个有争议的堂吉诃德式人物而被历史所铭记。一经成为战时领导人，他就传递出一种绝不气馁的抵抗意志，首先是坚决而不厌其烦地对内阁和将军们如此要求，其次则通过广播和下议院演讲向全国人民传达这种意志。与戴高乐类似，丘吉尔（尽管他从未与戴高乐友好相处）也拥有一种创造性的语言能力，能够在数百万人的脑海中刻画出简明的图像并展示出清晰的路线：他先后将希特勒主义和共产主义描述为毋庸置疑和势不两立的战争对手，这是一场事关保卫家园和文明之生存的战争。他的《第二次世界大战回忆录》（Second World War，1948—1953 年）被批评为胜利者书写的历史，《英语民族史》（History of the English-Speaking Peoples，1956—1958 年）则因标题带有后帝国的虚构色彩而受到指责。†但这些著作因铭刻了共同的记忆而大受欢迎，前者在 1953 年为丘吉尔赢得了诺贝尔文学奖。

丘吉尔对党派漠不关心，对主义也没有耐心，他一直声称自己是一个自由主义者。的确，他可被划归为自由放任的右翼自由派，他既不认为应该告诉人们如何行为，也不太相信有必要帮助人们的生活。与维多利亚时代的道德责难者或爱德华时代的社会改革者不同，他对罪恶或贫困都不太关心。另一方面，丘吉尔对战争有着非科布登式‡的喜好，并怀有一种家长式的信念，认为凭借与生俱来的财富（其母亲出身美国富商家庭）和英国贵族身份（其父亲是英国贵族），自己天然地居于领导者的位置。

丘吉尔对大众民主的戏剧性元素运用自如。他的演说和经历塑造了一部可信的民族叙事诗，他本人在其中扮演这样的角色：善于表演而又无赖任性；酷爱香槟和雪茄并沉溺其中；不知道歉为何物，同时干劲十足，常

＊　1940 年 5 月，张伯伦辞去英国首相职务，他原本希望由当时的外交大臣、缓靖政策的执行者哈利法克斯伯爵接任首相职务，但后者认为丘吉尔才是更合适的战时领导人。后英国各大党派磋商，决定由丘吉尔接任首相并组成联合政府。——译者注

†　这两本书已有多个中文版面世，读者可自行查阅。——译者注

‡　理查德·科布登（Richard Cobden）是英国政治家、英国自由贸易政策的主要推动者，他相信自由贸易能够带来世界和平。关于科布登的相关情况，可见［美］埃德蒙·福赛特：《自由主义传》，第 89—92 页。——译者注

常负债累累,却又爱财如命;以及最重要的,一个永不退缩的战士,屡败屡战、屡战屡败,像一出连续剧。这当然不是单纯的表演,他扮演的恰恰是一个放大的自己。选民们并不信任那些所谓"优秀者",反而是丘吉尔的毫不掩饰赢得了他们的信任。在与选民脱节的保守派看来,丘吉尔有着一种与戴高乐类似的对大众情感的感同身受。

英国摆脱了20世纪30年代最糟糕的时期,却并非看起来那般轻松。它成了一个自由主义的民主国家,这个过程比法国更加顺利,也没有德国那样强加于自身的灾难,但依然用了较长的时间。英国在19世纪的大多数时间里有自由却无民主,它从20世纪初开始以更加民主的方式增进自由,引进全民投票权,赋予劳工以工作中的话语权,建立社会保障,这些都成为宪政体制的组成部分。在这个过程中,保守主义起到正反两方面的作用:一方面阻碍并拖延了改革,另一方面又窃取了自由主义以及后来社会主义的外衣。英国保守主义的主流依然延续了德比和索尔兹伯里的战略路线:看似顽固不化,实则作出让步,而非徒劳地进行对抗。1880年至1945年英国保守党的行进轨迹印证了历史学家格林(E. H. H. Green)的判断,他称保守主义是"对自由主义的逐步吸收和超越"。托利党顽固派依然存在,但他们将激进主义的矛头指向了外部:先是捍卫一个不可捍卫的帝国,次则在爱尔兰问题上支持新教徒,后来又转向反对欧洲主义。

iii. 德国保守派的举棋不定

鉴于德国后来给自身及世界带来的灾难,很难让人不将德意志帝国和魏玛共和国的政党政治叙事呈现为向着1933年*的致命行进。按照这种叙事,德国首先通过战争实现了自上而下的统一,后来又臣服于保守的威权主义者俾斯麦,后者服务于东普鲁士的保守利益。俾斯麦去世后,受到造船商和武器制造商怂恿的军事阶层不断滋扰保守派精英——后者

---

* 德国在这一年进入纳粹党统治时期。——译者注

担心陷入社会主义和国家的"包围"——并使之卷入了一场战火遍及整个欧洲的灾难性战争。德国战败后，名誉扫地的右翼发现自己唯一的目标是颠覆新成立的共和国并促成希特勒的崛起。

上述叙事的各要素无疑是真实的，但将之描述为一个通向灾难的单一路径，而完全不考虑其中的复杂性和运气成分，则是错误的。1880 年至 1945 年的德国保守主义绝非一目了然或始终如一的，也绝非仅仅代表了一种利益。它既不是 1918 年之前容克贵族趁手的工具，也不是 1918 年之后法西斯主义的萌芽。德意志帝国保守主义的支持者并非仅限于东普鲁士，也并非仅对上层阶级有吸引力，它还引起了中产阶级和小农户的共鸣。魏玛时期的保守派既包括共和国的敌人也包括共和国的支持者。德国右翼的境遇也并不是独一无二的：面对自由主义现代性的挑战，德国右翼面临着与法国、英国和美国右翼类似的选择，即要么适应、要么抵抗。

保守主义无论在哪里都有其特质和自身的特殊性，但德国保守主义的特殊性并不是独一无二的，它与法国右翼有着相同的缺陷，那就是组织不善、内部派系林立，而不像英国那样有一个强大的全国性政党。德国保守派关于政策的内部争论，如实行关税还是自由贸易，支持还是反对帝国，对财富和收入征收间接税还是累进税等，在法国、英国和美国的右翼那里也很普遍。信仰上的分歧——如天主教 vs.新教、路德宗 vs.加尔文宗——影响到了德国保守主义，同样也在某种程度上影响了英国和美国的右翼。"落后的"东部与"现代的"西部固然赋予了德国保守主义以地域性，但美国南北双方的地域冲突也是如此。

尽管如此，德国自身的特殊性依然使保守派的选择变得复杂，这个选择即加速还是延缓自由主义的民主。其特殊性之一是德意志帝国混乱的权威结构，之二是 1918 年之后全新的议会制政体。在 19 世纪七八十年代，权威的混乱被俾斯麦的专横跋扈和议会的相对软弱所掩盖。1890 年，一位年轻且热衷于掌握话语权的德皇 * 策划了俾斯麦的辞职，议会得到了加强，权威的混乱也走向公开。在魏玛共和国时期，议会的权威在理

---

* 即威廉二世，1888 年至 1918 年在位，是德意志帝国的末代皇帝。——译者注

论上得到认可，但在事实上还需要来自自由和民主右翼的支持，然而它却从未完全得到过这种支持。

俾斯麦去职以后，关于他的神话开始出现，声称没有他将一事无成。俾斯麦忠诚的助手兼公关人员洛塔尔·布赫尔（Lothar Bucher）曾表示："失败从来与他无关，除他之外一切都不重要。"早在马克斯·韦伯断定俾斯麦的离开并未留下任何政治教育遗产之前，左翼自由派人士特奥多尔·巴尔特（Theodor Barth）便在 1888 年写道："他是那种无门无派的大师，有追随者但无继承者。"

上述关于俾斯麦的神话充其量只说对了一半，即便没有俾斯麦，德意志帝国的政党、政治和制度本身也能够运行得很好。但它正确地指出了一点，即俾斯麦占去了右翼过多的空间。俾斯麦主导一切的存在使得不安分的德国右翼无须将自身更好地组织起来，也就无从成为民主政治中的一支政党力量。

在 19 世纪的保守派中，铁血宰相俾斯麦属于一种特殊类型。他是一个务实的威权主义者，瞧不起自由派和民主派，但只要自己说了算，他也可以与两者合作共事。他在 1862 年至 1890 年（1873 年中十个月的间歇除外）担任普鲁士王国首相和外交大臣，1867 年至 1871 年担任北德意志邦联*首相，并在 1871 年至 1890 年出任德意志帝国宰相。俾斯麦主导德国政治近三十年，他所依赖的是个人与王权的亲密关系（这是他威权主义的一面），以及在议会和大众想象中对公共空间的掌控（这是他自由和民主的一面）。作为一位出身北萨克森的容克贵族，俾斯麦有着自身的阶级态度：怀疑商业和中产阶级，蔑视民众，并与索尔兹伯里一样对生命的可能性持一种以虔信派信仰为支撑的悲观看法。他目空一切的个性很大程度上源于他高大的身材、睥睨他人的机智和对事功永不满足的欲望，尽管他同时患有失眠症和抑郁症。在俾斯麦看来，健全的政治意味着对各政党和机构进行离间、使它们互相争斗，这在他的回忆录《思考与回忆》

---

　　* 北德意志邦联在普奥战争后由德国北部 22 个邦国组成，虽命名为邦联，但在实际运作模式上是一个联邦制组织，同时只是一个过渡组织，于 1871 年被德意志帝国取代。——译者注

（*Thoughts and Recollections*，1898 年）中有大量体现，这部回忆录是在布赫尔的帮助下完成的。高超的外交需要在相互竞争的各外国力量之间合纵连横，这正是俾斯麦在《基辛根备忘录》（Kissingen Memorandum，1877 年）* 中所概括的。

俾斯麦更多地诉诸武力而非说服来追求德国统一，经过与丹麦、奥地利和法国的三场战争，他做到了这一点。一经成为德意志帝国宰相，他就让议会自由派靠边站，并将国家权力的矛头先是指向天主教会，因为后者在 1872 年至 1878 年的布道质疑了帝国权威，而后又指向社会主义者，因为后者在 1878 年至 1890 年对选举代表制的呼吁令商业和金融界为之震惊。为了平息后一种批评，德国在 1883 年至 1889 年推行社会改革计划，引进了疾病保险、工伤保险和国家养老保险。反社会主义的法律被延长了四次，第五次延长请求被帝国议会否决，此时俾斯麦的时代已经结束。在国际上，俾斯麦在 1878 年加入反对自由贸易的行列，不再参与对殖民地的自由主义争夺，而是专注于确保德国在欧洲的主导地位。

俾斯麦即兴为帝国制定了一部离不开他的领导才能的复杂宪法。该宪法确立了男性普选权和一个未被赋予合理征税权的弱势议会；设立宰相一人、内阁大臣若干人，均由德皇选择和黜免；宪法没有规定权利法案，没有设置独立的法院，也没有赋予议会外代表以豁免权。帝国的基干依然是普鲁士的旧制度，以国王（即德皇本人）为最高首领，并由一个阻挠议事的、非民选的右翼所控制。

这样的宪法设置要运作起来，就似乎需要一双强有力的手。俾斯麦死后，数百座关于他的图腾塔和身披铠甲的雕像在德国各地竖立起来，而几乎没有什么纪念碑为帝国议会或其政党政治家而建。然而，对石像的崇拜可能会产生误导。俾斯麦并不全然代表了德意志帝国的保守主义，后者既是一个关于弱点的故事，也是一部关于力量的史诗。

德国统一之后，右翼在很大程度上接受了一点：他们必须在民主条件

---

* 基辛根是德国巴伐利亚州的温泉城，也是世界著名的疗养胜地，俾斯麦生前曾多次造访这座小城。1877 年，俾斯麦在这里写下了《基辛根口谕》，也就是文中所说的《基辛根备忘录》。在这份口谕中，俾斯麦阐述了他的外交政策原则。——译者注

下进行战斗。也就是说,他们认识到自己需要来自民众的支持,并且由于出现了充满活力的左翼新对手,民众的消极默认也不再被认为是对右翼的一种支持。19世纪80年代之后,德国右翼在选举中的劣势开始显现。1887年德国右翼迎来了高光时刻,当时右翼党派总共赢得了47%的全国选票;在此之后,三大右翼政党,即德国保守党(DKP)、自由保守党(FKP)和国家自由党(NL),在帝国议会中的席位稳步下降,到1912年三大党派的总计得票率下降至26%。旧的右翼党派的支持率在下降,社会民主党和天主教中央党的支持率则在上升,并最终获得了帝国议会超过半数的选票和席位。天主教中央党有着自由派和保守派两翼,时而偏左,时而偏右。

选举中的落败反映了德国保守党未能从乡村走向快速发展的城市。1912年,在人口不足两千人的地方,右翼能够赢得55%的选票,而在人口超过十万人的城市中,仅获得25%的选票。右翼在东普鲁士以外的地区也有支持者,但在保守派选区的得票率往往不敌天主教中央党。1890年,禁止社会民主党(SPD)出任公职和参加选举的禁令失效*,之后德意志帝国的选举版图稳步地呈现为一个三色格局:黑色代表天主教莱茵兰地区和巴伐利亚州,天主教中央党居主导地位;红色代表工业的萨克森州,社会民主党占优势;蓝色代表东普鲁士,是保守派的地盘。

更深层次的困难是不确定保守派究竟代表着什么。保守派最初的对手自由主义已经发生了变化,自由派部分转向了左翼,部分转向了右翼,从而无法再为保守派提供一个据以定义自身的清晰标靶。无论是自由派还是保守派都缺乏一个单一的主导性政党。俾斯麦1880年向自由贸易的转向分裂了国家自由党,从中分化出一个人数虽少但声势不小的左翼自由派。国家自由党的多数派依然支持俾斯麦,并与德国保守党和自由保守党合作。这三个政党在目标和政策方面存在内部分歧,并共同面临被外部的某个代表特殊利益的右翼联盟俘获的危险,后者主张更高的关

---

* 德国社会民主党(Social Democratic Party)的前身是1875年成立的德国社会主义工人党。1878年俾斯麦政府颁布《社会党人法》,宣布该党为非法,并对其进行镇压。1890年俾斯麦辞职后,该法停止生效。同年,社会主义工人党更名为社会民主党,恢复政党活动。——译者注

税、更多的殖民地、规模更大的海军，以及更少的移民，尤其是更少的犹太移民。

这些压力使 1880 年至 1906 年担任自由保守党领袖的威廉·冯·卡多夫备受打击。作为商业代言人，卡多夫在 1876 年创立了全国工业游说团体。自由保守党的选民基础是城市中产阶级，这在很大程度上类似于国家自由党，两党在观点和利益上都比较接近。与英国城市中的托利党和右翼自由党类似，德国自由保守党想要一个摆脱了土地利益纠缠的高效率地方政府，卡多夫成功地推动了这一点。为了促进大企业利益，他支持保护性关税，但在复本位制 * 和低利率方面未能赢得支持。他也未能满足自由保守党第三个选民群体的要求，那就是德国西部的农民，他们希望对进口农产品征收更高的关税，但城市选民则表示反对，认为这是变相征收食品税。卡多夫所面临的难题并不是德国所独有的，面对乡村—城市冲突，法国右翼与英国右翼一样，也几乎没有现成的答案，这在前文已有所体现。随着自由保守党在 1903 年的选举中只获得 3.5% 的极低票数，卡多夫的光环消失了。

1876 年至 1892 年担任德国保守党领袖的赫尔多夫也面临同样尴尬的任务。德国保守党名义上归他领导，但不安分的政党成员却几乎无人跟随他指引的方向，这些成员包括：当代基督教浪漫主义者、社会福利保守派，以及普鲁士议会中反对俾斯麦的阻挠议事者。尽管有这样的困难，赫尔多夫在整个 19 世纪 80 年代的帝国议会中依然给予俾斯麦以坚定的支持，并在 1890 年一如既往地支持对俾斯麦的反社会主义法律进行第五次延期，尽管最终失败了。然而，情绪发生了变化，右翼分裂了。天主教中央党和国家自由党与左翼自由派联起手来反对右翼，同时国家自由党认为面对社会主义，更加明智的做法是驯服它，而非剥夺其合法性。

赫尔多夫在 1892 年下台，当时他的政党在高涨的反犹主义情绪的裹挟下进一步向右转。赫尔多夫的宿敌是阿道夫·施特克尔（Adolf Sto-

---

　　* 也称金银复本位制，指以金、银两种铸币同时充作本位币，并规定其币值对比的一种货币制度。与之对应的是单本位制，即银本位制或金本位制。——译者注

ecker)，后者是一位路德宗传教士兼煽动家。施特克尔在 1878 年创立了基督教社会党，该党对银行家、犹太人和自由派充满敌意，同时呼吁在救助穷人方面发挥基督教的作用。施特克尔在宫廷中有一群追随者，他曾经在那里布道，他还与大城市的人群建立了融洽的关系，后者认为赫尔多夫的德国保守党沉闷而过时。施特克尔与历史学家海因里希·冯·特赖奇克(Heinrich von Treitschke)共同呼吁阻止来自东方的犹太人移民。（特赖奇克的右翼民族主义将在本书第六章中讨论）。施特克尔的呼吁使德国保守党深感不安，促使后者在 1892 年的《蒂沃利纲领》(Tivoli Programme)中将反犹主义确立为一项官方政策。这种政策转向并未给德国保守党带来多少好处，不仅没有为它赢得席位，反而在公众的反犹情绪退潮之后成为一个障碍，正如在法国那样。对民意之煽动感到失望的德国保守党重新专注于捍卫关税并抵制对富人征税。施特克尔陨落了，但他为一种新型的、对内部对手进行抹黑的大众化保守主义留下了指南。

魏玛共和国时期的德国保守主义显示了缺席的力量。共和国的诞生及其短暂的存在和灭亡众所周知，毋庸赘述，但德国右翼在共和国每一个阶段所扮演的角色却属于保守主义政党政治的叙事范围。

随着德意志帝国在一战末期走向崩溃，议会中的三个右翼政党解散并重组为两个新的集团。旧的国家自由党多数派组成了以古斯塔夫·施特雷泽曼为首的德国人民党（德语缩写是 DVP），该党起初敌视魏玛共和国，后来转而支持共和国。原先的德国保守党和自由保守党共同创建了一个右翼政党，即德国国家人民党。除两党的成员之外，德国国家人民党还吸收了施特克尔的基督教社会联盟的残余势力和国家自由党中的极右翼派别，以及一新一旧两个大众游说团体的追随者，即集结了战后老兵的钢盔党＊和支持农民的土地联盟。为了组织起见，新成立的德国国家人民党依赖于原先德国保守党脆弱的全国网络。尽管该党自称为"国家的"，但它却带有浓厚的新教色彩，并集中于东普鲁士地区。在对魏玛共和国的态度方面，德国国家人民党徘徊于坦率的敌意与勉强的默许之间。

＊ 全称是钢盔前线士兵联盟，是一战结束后德国的一个准军事组织，在魏玛共和国末期是德国国家人民党的武装组织。——译者注

德国国家人民党的名称很能说明问题。在 1918 年 11 月成立之时，它拒绝在名称中出现"保守"字样。反对者争辩说，该党的名称因其与声名狼藉的德意志帝国精英阶层相关联而被玷污，后者因发动战争而遭到选民的憎恨。传统保守派则对该党自称为"人民的"政党而感到不满，在他们看来，这是在向人群卑躬屈膝。这些围绕名称的争吵反映了这个新政党的两面性：它既是精英的也是大众的，既是温和的也是激进的，既准备与共和国合作也乐意对共和国实施破坏。

在险象环生的最初几年中，右翼抓住机会试图破坏共和国，但最终归于失败。在 1919 年的制宪国民议会上，两大保守党即德国国家人民党和德国人民党均徒劳地对《凡尔赛和约》和《魏玛宪法》投了反对票。德国国家人民党的主要成员均对 1920 年的卡普政变 * 表示支持，然而除了接受以 1918 年《斯廷内斯-列金协议》† 为代表的劳资和平外，这两个政党并没有其他严肃的替代选项。魏玛共和国在 1923 年又经历了一系列危机，如左右翼的政变企图、外国的占领和恶性通货膨胀，危机过后共和国终于稳定下来：经济开始好转，社会重归和平，法德关系缓和，议会制政体也开始了有效运作。

在接下来的第二个时期，即 1924 年至 1928 年，以库诺·冯·韦斯塔普(Kuno von Westarp)为首的德国国家人民党中的温和派促使该党与魏玛共和国合作。在一次自由投票中，该党有一半的成员投票支持道维斯计划(Dawes Plan)，该计划借助于美国的贷款缓解了令人头疼的战争赔款问题。对于遭遇失败的卡普政变，韦斯塔普曾表达过支持，但后来他认识到公开抵抗是徒劳的，反共和的极端主义正在失去吸引力。随着共和

---

* 卡普政变(Kapp Putsch)是一场试图推翻魏玛共和国的政变，德国公务员兼记者沃尔夫冈·卡普(Wolfgang Kapp)是政变名义上的领袖，故称卡普政变。——译者注

† 在一战末期的 1918 年 10 月，德国企业家利益团体与工会组织展开谈判，经过一个多月的讨价还价，劳资双方达成一项协议，史称《斯廷内斯-列金协议》(Stinnes-Legien Pact)，该协议承认工会是工人的代表机构，承认工人享有结社自由，并确立了八小时工作制。关于该协议的谈判过程、协议内容及其历史意义，可见孟钟捷：《德国 1920 年〈企业代表会法〉发生史》，社会科学文献出版社 2008 年版，第 55—62 页。——译者注

国逐步稳固，内阁职位对韦斯塔普的政党产生了吸引力，德国国家人民党在 1924 年之后拿下了多个部长职位，保守主义在更大程度上变得不再那么激进了。随着社会日益稳定，右翼进行抵抗和破坏的政治成本也日益升高。相对于混乱和不确定，人们更喜欢秩序和稳定，这是一种日常的、不具党派色彩的倾向，就此而言，在德国的商业、法庭、教会、大学乃至规模被压缩的军队中所存在的保守主义势力也逐渐认识到，与自己念兹在兹的极右翼替代选项相比，魏玛共和国是一种更不坏的选择。简言之，随着共和国在 20 世纪 20 年代中叶逐步站稳脚跟并稳定下来，激进右翼的路径看起来是行不通的。随着这种新常态的出现，右翼的抵抗核心放弃了政党政治，转而投身智识领域，他们将在本书第六章中以"保守主义革命"（conservative revolution）的面目再次出现。

然而，德国新生的自由主义民主体制只赢得了短暂的喘息时间，韦斯塔普很快就失去了对德国国家人民党的掌控。这究竟预示着什么，在当时是不清楚的：德国国家人民党可以选择与右翼自由派结合，这样就会失去自身的独特性；它也可以拒绝这种结合，这样就会模糊自身与反魏玛的"保守主义革命"之间的界限。这些选项令肤浅评论的拥趸们为之兴奋，却并未展现出对政党政治最起码的理解。除了主张恢复君主立宪的戏剧性提议之外，德国国家人民党不再公开反对魏玛共和国。

作为代表商业利益的政党，施特雷泽曼的德国人民党有着更重的分量。在德国东普鲁士以外遭遇经济困境的其他地区，德国国家人民党开始将许多右翼人士视为无关紧要。1928 年，德国国家人民党遭遇选举惨败，得票数下降一半，并失去了 30 个席位。以阿尔弗雷德·胡根贝格（Alfred Hugenberg）为首的德国国家人民党右翼罢免了韦斯塔普，后者与少数盟友选择出走，组建了一个软弱并很快被人遗忘的政党保守人民党（Conservative People's Party）。韦斯塔普随后引退，着手撰写一部关于德国右翼的多卷本史学著作。胡根贝格随之走上前台，在魏玛共和国灾难性的第三个时期（1929—1933 年）扮演了主要角色。

如果说有人将魏玛共和国时期不妥协右翼的利益与职业集于一身，那么这个人就是阿尔弗雷德·胡根贝格（1865—1951 年）。他的商业版图涵盖了武器制造、报纸和电影业，赚钱与他的政治目标相得益彰，其政治目标是：使德国变得强大，并防止其走向社会主义。在胡根贝格看来，德国的力量意味着国家实力和纯粹的德国性。要阻止社会主义，就要对小企业和处境艰难的农民伸出援手。作为互助论和互助银行的信奉者，胡根贝格对大资本和大工会之间的社团主义协定持谨慎态度。

在胡根贝格那里，商业利益与政治利益难以区分开来。他曾出任武器制造商克虏伯公司的财务总监，在他的指导下，该公司在五年内将股息回报率提高了75%。当1914年战争爆发时，他提出了兼并主义的战争目标。1920年，他作为右翼强硬派国家自由党的成员，加入了战后成立的德国国家人民党；在此之前，他曾短暂加入过德国的战时政党祖国党（Fatherland Party），后者成立的宗旨是反对和谈。胡根贝格在传媒领域的利益包括新闻服务、广告代理、议会报道办公室、地区报纸、新闻影片以及乌发电影公司（UfA）。

尽管有着强大的影响力和商业能量，但胡根贝格在政党政治领域的表现却出奇的糟糕。与他接管并试图驾驭的那个政党的大多数成员不同，胡根贝格既不是君主主义者也不是反犹主义者，尽管当他掌管的报纸攻击犹太人时他并未加以干涉。1929年，他试图发动全民投票以挫败扬计划（Young Plan，继道维斯计划之后缓解德国赔款压力的第二次尝试），最终以失败告终。1931年他又卷土重来，推动形成了哈茨堡阵线（Harzburg Front），这是德国国家人民党、纳粹党和钢盔党之间的一次短暂结盟，其主要后果是使纳粹党进入了原先保守的中产阶级选区。随着失业率在1932年攀升至17%以上，纳粹党手中掌握了一张王牌。纳粹党是政党政治的局外人，提供了一种未经尝试也未曾失败过的替代选项。与亲魏玛的党派和右翼保守党相比，纳粹党看似没有可供指摘之处。共产党也可以如此声称，但在中产阶级看来纳粹党相对没有那么可怕。至此，胡根贝格与其他德国保守派一样，已经无力回天。当他们起而阻止希特勒时，他们已经没有能力这么做了。要如愿以偿地控制希特勒，他们需要借助自由和民主的手段，然而他们以往对此类手段的支持却微乎其微。

魏玛共和国是德国迈向自由主义之民主的一个突破口，然而自由主义的民主需要左翼和右翼之间的均势，每一方都要承认对方的合法性，都要认可对方享有轮流执政的机会。1918年之后的德国右翼无论其组织性还是可信度，均不满足上述条件。究竟是一个活跃而充满敌意的右翼力量破坏了魏玛共和国，还是相反地，右翼出于对自身无力赢得民主游戏的担忧而畏缩不前？对此，历史学家看法不一。然而，无论哪种看法，德国保守主义都显示出了一种缺席的力量。魏玛共和国的失败很大程度上要归咎于自由-民主保守主义的软弱。

iv. 美国也非例外

美国镀金时代大致从重建结束延续至新世纪之初，这个时代呈现出两副面孔：一面是史诗般的国家建设和大规模的经济扩张，另一面是社会忽视、城市肮脏和持续的南北分裂。人们关注哪副面孔取决于他们持何种立场：财富及其捍卫者目之所及都是一目了然的、发乎自然一般的成功，贫困及其反对者看到的则是可被矫正的社会失败。这两种截然不同的观点将顽固的右翼保守派和热切的左翼改革者区分开来。由于美国共和党在这一时期很大程度上垄断了执政地位，这种反差除了存在于共和党与民主党之间外，还存在于共和党人内部。

在南北战争之后的半个世纪里，美国迸发出一种惊人的经济增长，进而重塑了自身，这种经济增长主要集中于北方和中西部的工业地区。一个原本从农业、贸易和奴隶制中汲取少量资本的小规模的大西洋经济体，由此转变成一架现代经济引擎，从技术创新和工业中源源不断地产出可供再投资的财富。美国的经济起飞得益于北美这片开放的大陆，以及战争的刺激，然而这些优势条件本身不会起作用，必须有人来运用它们。到19世纪80年代，美国超越英国成为全球领先的钢铁生产国。美国铁路总里程在1913年超过20万公里，是西欧的两倍。20世纪初，美国人均GDP超过英国，在此之前英国是除澳大利亚之外人均GDP最高的国家。以1870年至1913年间的年均经济增速观之，美国的实力也一览无余：英国在此期间增速最慢，为1.3%，法国是1.4%，德国是1.8%，美国则是2.2%。这种惊人的转变使得美国的富人政党有理由引以为傲。

美国保守主义从安德鲁·卡内基（Andrew Carnegie，钢铁业）、约翰·D.洛克菲勒（John D. Rockefeller，石油业）、康内留斯·范德比尔特（Cornelius Vanderbilt，铁路）、J. P. 摩根（J. P. Morgan，金融业）等那个时期伟大的企业家和金融家身上，发现了自己的当代英雄，而无须从历史当中去发掘，或者模糊地寄希望于未来。这些著名人物作为雄心壮志的典范和进步的推动者，代表了一种自由放任的保守主义，其所具有的权威是任何政党政治家和政治思想家都无法相比的。他们比政党宣言更好地体现了一种保守的"财富福音"，对此卡内基（1835—1919 年）在其《财富》（"Wealth"，1889 年）一文以及广受欢迎的《卡内基自传》（*Autobiography*）* 中有着雄辩的宣示。根据该福音，社会进步被视为一种自然力量，最好的做法是不去干涉它，让它自发地扩展其净收益。卡内基在文章中这样写道，社会依据一种"竞争法则"走向进步，该法则往往"对个体是残酷的"，但"最有利于竞争"，因为竞争——只要不受善意干预的影响——能够确保"每个领域里都适者生存"。从伦理上说，仅凭进步就可以使人明辨是非。"人性是一种有机体，"卡内基在去世不久后出版的自传中这样写道，"它天生拒绝有害的也即错误的东西，并在尝试的基础上接纳有益的也即正确的事物。"卡内基从赫伯特·斯宾塞（Herbert Spencer）和社会达尔文主义者那里借鉴了这种浮夸但听起来真实的言说方式，该方式如果运用不当，就会让人以为是在为弱肉强食的竞争和拒绝照顾弱者进行辩护。在卡内基那里，这种"有机体的"比喻却并非如此，他接纳了关于羞耻和感恩的社会情感，相信"一个人死于富有便是死于耻辱"。他捐赠数百万美元用于公共图书馆和其他用途，并创建机构来研究和促进社会和平。

在党派意义上，美国的共和主义是分裂的。共和党中执政的多数最初被称为"坚定派"（Stalwarts）†，他们乐于对商业以及自身与商业的舒

---

* 《卡内基自传》已有多个中文版面世，感兴趣的读者可自行查阅。——译者注

† 在美国第十九任总统海斯执政期间，共和党分裂为坚定派和混血派两个派别。坚定派是共和党中的保守派，"混血派"则是坚定派所使用的蔑称，用来指称共和党中持温和自由主义立场的派别。在坚定派看来，混血派不够纯正，只能算半个共和党。——译者注

适关系不加干涉。共和党中的改革者少数派则试图净化政治与商业，其首要目标是防止双方侵入对方的地盘，这个少数派有着多种称呼，如"混血派"（Half-Breeds），"独立派"（Mugwumps）以及后来的"进步派"（Progressives）。

主张自由放任的多数派 * 认为，对商业最好是不管不顾，放手让其创造财富，对法律最好是让其服务于此目的，民选官员最安全的选择是被收买而非为某个神圣目标而奋斗。关于坚定派对政治家职责不那么高尚的看法，纽约共和党人的主心骨罗斯科·康克林（Roscoe Conkling）曾有这样的总结："政党不是靠举止、女性杂志或滔滔不绝建立起来的。"

持改革立场的共和党少数派最初所追求的目标是更清廉的政治和更清洁的城市，他们最初并未主张政府干预经济，也未主张国家保护工厂工人和小农。在经历了长期的农场萧条和 1893 年的经济恐慌之后，变化在 19 世纪 90 年代发生了，共和党进步派开始呼吁一种新路线。在西奥多·罗斯福的领导下，进步派使共和党分裂为右翼和左翼、保守派和反保守派，从而在 1912 年将以伍德罗·威尔逊（Woodrow Wilson）为首的进步民主党人送入白宫。†

民主党内部同样存在左右两翼。遍布美国南北的波旁民主党‡形成了一个自由放任的右翼，他们在经济上的主张近乎是科布登式的，反对高关税，反对货币宽松，反对彼时美国在美洲和太平洋地区的帝国扩张。他们在 1884 年和 1892 年先后两次击败共和党人，成功地将格罗弗·克利

---

* 即上文提到的"坚定派"。——译者注

† 在 1912 年的总统选举中，前总统西奥多·罗斯福和时任总统威廉·塔夫脱之间的竞争分散了共和党的选票，最终使民主党候选人威尔逊当选。——译者注

‡ 波旁民主党（Bourbon Democrats）是历史上美国民主党的一个分支，存在于 1872 年至 1904 年，在意识形态光谱上接近保守主义或古典自由主义，主张自由放任的资本主义，反对帝国主义和海外扩张，其代表人物是美国第二十二任和第二十四任总统克利夫兰。需要注意的是，波旁民主党与法国波旁王朝或波旁家族并无关联，这里的"波旁"指的是美国生产的一种威士忌酒。"波旁民主党"这个称谓也并未被当时的民主党人所接受和使用，而是更多地被民主党的批评者所用，用来嘲讽该党所持有的老旧观点。——译者注

夫兰（Grover Cleveland）送入白宫，在此之前克利夫兰曾打破了纽约州布法罗市腐败的城市机器＊。波旁民主党的目标是让企业依赖市场而非依赖政府，并让政府置身政治之外。该党的自由放任主张在美国南方则有所不同：它主张继续保留陷入贫困的南方种植园精英阶层，不改变黑人对白人的从属地位。随着奴隶制的废除，这种从属地位被重新嵌入了民主党州议会所通过的歧视性法律当中，一直延续至20世纪60年代。

在民主党左翼，随着1896年之后镀金时代走向终结，波旁民主党被新崛起的平民派民主党（Populist Democrats）和进步派民主党（Progressive Democrats）所超越，前者以威廉·詹宁斯·布莱恩（William Jennings Bryan）为首，后者以伍德罗·威尔逊为首。两个派别分别代表了工人阶级和中产阶级，都主张扩大国家对社会肩负的责任。与欧洲一样，一个积极、尽责的国家的新民主愿景将成为20世纪美国党派竞争的主色调，它提供了一个轮廓清晰的"他者"，从而使美国两党内部的保守派可以据此定义自身。无论平民派还是进步派，都未将对南方的干涉纳入其广泛的国家职责范围，并且两者都对北方普遍存在的反黑人歧视戒心重重。

从1869年至1933年的64年间，共和党入主白宫长达48年，掌控参议院和众议院分别长达56年和32年。他们将自己的成功归结于几个因素。第一个因素是重视选举。在这一时期，共和党始终为商业代言，同时他们像商业那样，不断适应社会的变化。起初，共和党人在全国范围内展开形式多样的魅力攻势，赢得了美国北方农村小镇居民的选票。最初在选举中助共和党一臂之力的是共和国大军†，这是一个老兵团体，他们"挥舞着血衣"，将民主党视为一个"反叛党"。随着内战的记忆逐渐褪去，共和党人继而将民主党描述为一个在危机四伏的城市中散布外来性的移民党——这些移民包括来自爱尔兰、意大利和波兰的天主教徒，以及来自东欧的犹太人——以此诉诸本土主义者对美国性被稀释的担忧。然而，就

＊ 克利夫兰曾在1882年1月至11月担任纽约州布法罗市市长，任职期间他与腐败的市政机器对抗，赢得了清除腐败的声誉。——译者注

† 共和国大军（Grand Army of the Republic）是美国的一个老兵组织，由参加过美国内战的老兵组成，于1866年创立，在1956年最后一位内战老兵艾伯特·伍尔森（Albert Woolson）去世后，该组织解散。——译者注

像在欧洲一样,诉诸民族自豪感和偏见并不总是能够确保赢得选举,这种策略太容易被工资和物价等现实问题所压倒,从而无法成为一种全天候的竞选资源。此外,共和党还需要使用现代竞选手段,尤其是筹款,这种具有选举思维的新共和主义的典型代表是马克·汉纳(Mark Hanna,1837—1904 年)。与索尔兹伯里侯爵在英国的保守党代理人一样,汉纳为20 世纪美国的选举活动打造了一整套工具。

汉纳是一位出身克利夫兰的商人兼共和党政治经理,他在 1896 年成功地为威廉·麦金莱(William Mokinley)赢下了总统竞选之旅。汉纳从标准石油、摩根银行和其他财团那里筹集到以当前价值衡量超过一亿美元的资金,他使缺乏魅力的麦金莱在俄亥俄州一直处于领先地位,他将共和党的发言人送往全国各地,广泛宣扬稳健货币、高关税和向繁荣回归。麦金莱的对手布莱恩是民主党和平民主义党派共同推举的候选人,主张通过低息贷款来应对经济萧条,其选民基础是工厂工人、小农场主和城市贫民。在选民投票中,布莱恩所获票数与其竞争对手相差无几,但他的竞选主张吓退了美国南方、大平原地区和西部山区以外的中产阶级选民,最终在选举团投票中遭遇惨败。布莱恩在 1900 年和 1908 年的选举中又两次遭遇失败,并且随着共和党开始蚕食工人阶级的选票,他的得票数一次比一次低。面对组织起来的劳工,共和党人的第一选择是和解,正如在欧洲那样,尽管他们很快将强制作为一个备用选项。比如,作为俄亥俄州州长的麦金莱曾支持工会,他宁愿接纳工会,也不愿打一场阶级战争,他的口号充满温情:“对商业有益,就是对劳工有益。”共和党人并没有忘记工人阶级的忠诚与偏见,只是他们渴望得到“劳动的美国人”手中的选票。对“劳动”一词的强调,使共和党可以不动声色地责备逃避义务者;对“美国人”一词的强调,则悄无声息地将天主教徒、移民和黑人排除在外。

保守派成功的第二个因素是对机构尤其是对国会和法律的控制。正如伍德罗·威尔逊在《国会政体》(*Congressional Government*,1885年)* 一书中所言,总统是弱势的,国会是强势的。可以回想一下,最早的

---

　　* 此书已有中文版面世,见[美]伍德罗·威尔逊:《国会政体:美国政治研究》,黄泽萱译,译林出版社 2019 年版。——译者注

自由保守主义者麦迪逊在参与设计美国宪法时，始终带有一种对侵入式政府的担忧。若保守派希望牵制过于活跃的行政分支，那么他们借助国会进行拖延和误导的手段比比皆是，这方面一个极好的例子是约瑟夫·坎农（Joseph Cannon，1836—1926年），一位来自伊利诺伊州的资深国会议员。坎农在1903年至1911年担任权倾一时的众议院议长，他认为自己的职责是挫败西奥多·罗斯福及其进步派共和党人考虑不周的政策实验。好斗的"乔大叔"坎农 * 掌握着众议院委员会的席位分配权，从而确保改革法案无法从保守派的眼皮子底下溜过。继西奥多·罗斯福之后，共和党人塔夫脱入主白宫，他曾寄希望于利用坎农来推进保守派的事业，然而民主党人与进步派共和党人联起手来，打破了坎农对权力的掌控，保守派也随之失去了在众议院中对变革进行否决的权力。这一变化促成了威尔逊第一个总统任期（1913—1917年）内的改革，改革内容包括推行所得税和实行参议院直选，这两项改革之前一直受到美国国会的阻挠。

参议院的议事阻挠权在新世纪落到了由共和党人和南方民主党人组成的保守派联盟手中。由于法律实际上阻止了黑人投票，右翼民主党人在南方选举中屡屡获胜。由于缺乏来自共和党反对派和民主党内部倒戈者的竞争，南方的众议员和参议员连选连任近乎终身任职，持续积累年资和霸占主席职位。在北方保守派共和党人的帮助下，南方将参议院变成了一个阻挠的所在，其权力直至20世纪60年代才被打破。在1933年之后的罗斯福新政时期，南方与北方民主党人共同投票支持大政府，通过联邦工程向贫困地区提供帮助，并以联邦价格补贴的形式向农民尤其是大农场主伸出援手。1945年之后，南方变得更加富有，也更加工业化，南方民主党人随之与北方共和党人共同投票反对大政府和大工会，但依然支持对南方有利的高额国防开支。南方民主党人对参议院的掌控推迟了妇女投票权和黑人公民权利的到来，阻碍了强制医疗保险的推行和惩罚的人性化。对许多（尽管并非全部）美国保守派而言，来自国会的阻挠是值得的，它可以制衡有害的或不适当的社会工程。国会中的阻挠者反对20

---

　　* 约瑟夫·坎农在世时被人称为"乔大叔"坎农（Uncle Joe Cannon）。——译者注

世纪 10 年代的威尔逊主义，反对 20 世纪 30 年代的罗斯福新政，反对 20 世纪 60 年代的"伟大社会"＊，他们可以援引保守派反对自由主义改革的一个三重论点：改革代价太大、得不偿失，常常是徒劳的和无效的，或者会带来意想不到的后果。

保守派成功的最后一个因素是法律。在内战和罗斯福新政之间的国家建设时期，美国法律服务于几个重要目的：一是保护商业自由，以发展经济并增进繁荣；二是消除国内壁垒，协调州与州之间的法律，并畅通交通尤其是铁路运输，以打造一个全国市场；三是使南方州免遭联邦的干涉，以避免危及南方黑人在法律上的从属地位。

美国联邦最高法院限制工会的组织活动，推翻州法关于最低工资、最高工时和童工用工条件的规定，以违宪为由否决联邦所得税，认可公司是法人并享有普通公民的全部权利，从而将其纳入宪法第十四修正案正当程序的保护之下。美国最高法院和其他法院破坏了战后的民权法，支持为南方种族隔离提供支撑的臭名昭著的"隔离但平等"原则。

当时的一位主要保守派法官是斯蒂芬·J. 菲尔德（Stephen J. Field），来自加利福尼亚，是工会的坚定支持者。自 1863 年任职最高法院之后，菲尔德与立场相同的大法官们一道维护联邦法律，捍卫经济自由主义。他的论证基点是"实质性"正当程序，而非"程序性"正当程序。美国宪法第五和第十四修正案规定，非经"正当法律程序"，美国公民的权利不受侵犯。菲尔德认为公民权利应当包括财产权，后者如此被人看重和根深蒂固，以至于不受各州社会立法的干涉。

鲁弗斯·乔特在四十年前曾心向往之的"美国律师业的保守力量"正日渐浮现。由于迫切需要提高律师执业标准，协调各州律师执业资格，并回击对律师不当行为的指控，美国律师协会于 1878 年成立。法学院的数量也在增加：1870 年全美有 28 所法学院，在校学生 1 600 人，到 19 世纪末

＊ "伟大社会"（Great Society）是 20 世纪 60 年代美国总统林登·约翰逊（Lyndon Johnson）及其所属的民主党提出的施政方针，主要目标是实现经济繁荣和消除族群不平等。在该方针的指导下，美国政府启动了针对教育、医疗、城市、农业和交通的重大支出计划，在某种程度上可以视为罗斯福新政的一种延续。——译者注

增加至 100 所，在校学生 13 000 人。美国顶尖法学院用来培养国家精英——正如英国的牛津和剑桥或法国的高等专业学院（*grandes écoles*）那样——这些精英进入政府，投身政治，直接或间接地赋予美国的公共辩论以鲜明的法律主义外衣。

20 世纪 20 年代，正如一种哀伤的语气开始在美国保守主义思想中变得流行，一种安慰式的怀旧元素也进入了共和党的话语之中，这种语气类似于鲍德温对英国性发出的"一国式"赞歌。它谈到了保守主义对社会团结和共同忠诚的最初关切，它试图平息因迅速和令人炫目的变化而产生的焦虑情绪，并试图回答美国人是谁以及美国代表着什么。保守主义需要雄辩，因为社会、经济和国家都不如保守派所愿：社会呈现为多元和分裂，政府规模虽小却在迅速扩张，并且无论乐意与否，美国都已参与到了世界当中。令美国右翼备受困扰的是，他们究竟应该在多大程度上接受这种令人不安的局面，或者在多大程度上试图去改变它。这个问题触及三方面的关切：社会凝聚力、政府的角色和对国家实力的运用。按兵不动意味着接受那不可接受的，起而反抗却又意味着将保守派变成激进分子或革命者。这种两难处境在整个 19 世纪以及之后一直困扰着美国右翼，并使之陷入分裂。

美国这个以白人和新教徒为主并分散在小城镇的国家发生了巨大的变化。工业已经司空见惯，但新世纪又带来了更加深刻的变化。与德国一样，美国这个在大多数人的记忆中以农业为主的国家经历了完整的工业化，并借助商店和办公室实现了最为快速的生产力提升，向着以服务业为基础的经济转型正在迅速推进，市场也在向着人类生活的更大领域扩展。马克思曾简略提及的对人的技能的买卖不止出现在田间和工厂，而是处处可见。人们以越来越好的生活条件和越来越多合宜且负担得起的产品为荣，这重新唤醒了保守派原有的对物质进步价值的不安。回想一下柯勒律治对"道德提升"的怀疑，以及泰纳对"现代人的悲伤"的担忧，本着同样的精神，美国保守主义思想家对现世成功的伦理后果忧心忡忡。宗教保守主义在教会中发展壮大，无论是新教还是天主教。

相应地，一幅更加古老也更具庇护色彩的美国世界图景在右翼的写作和演讲中一直挥之不去。沃伦・G.哈丁（Warren G. Harding）和卡尔文·柯立芝（Calvin Coolidge）的总统就职演说设定了 20 世纪 20 年代共和党的基调，两人的演说词均出自白宫"文员"贾德森·韦利弗（Judson Welliver，1870—1943 年）之手。作为一位中西部记者兼后来美国石油学会的游说者，韦利弗体现了政治运作的日益专业化。

哈丁 1921 年就职演说的主题是美国"天命论"（providentialism）和单边主义。在哈丁看来，美国是被选定的，也是卓异的。"毫无疑问，"他对听众说，"上帝一定是有意建立了这个新世界的共和国……。我们已经目睹公民自由、人的自由和宗教自由在这里得到验证和荣耀。"美国是其他国家的榜样，而不是它们的监护人或保护者。它拥有主权且不受约束："它无法作出任何政治承诺，也不承担任何经济义务，这种义务将使我们的决定受制于其他任何东西而非我们自身的权威。"

柯立芝 1925 年就职演说的主题则是民族自豪感、财产的真正价值和节俭的美德。他没有呼吁更公平的经济分配，而是代之以关于财产的模糊看法："只要忠实地遵守人的权利，就无须过多关注财产权。在我们的体制下，人的权利至高无上。宪法所保障的并不是财产，而是持有大大小小财产的权利。"至于节俭，它既适用于家庭，也适用于政府："社会的稳定恰恰依赖于生产和节约。无论个人还是政府，浪费和挥霍资源即是否认其权利、无视其义务。经济上挥霍无度往往会带来国家的道德败坏。"

柯立芝的话即将被弃置一旁。一场严重的衰退很快就将摧毁美国的繁荣，而驰援者并非市场，而是政府和战争。民主党随之在 1932 年赢得总统和国会选举。此后，民主党执掌总统职位达 20 年，对国会的控制除两次短暂间隔外，也长达近 50 年之久。在左翼批评者看来，民主党所推动的以政府为主导的改革——罗斯福新政、公平政策＊、新边疆†和伟大

＊ "公平政策"（Fair Deal）是美国总统杜鲁门（Truman）在 1949 年 1 月提出的一系列雄心勃勃的政策建言，其内容包括建立全民医保、拓宽社会保障、提升最低工资、实行教育补贴等。由于杜鲁门任职期间保守派控制着美国国会，只有少数政策得以顺利推行。——译者注

† "新边疆"（New Frontier）是美国总统约翰·肯尼迪（John F. Kennedy）所推行的一系列经济和社会政策，包括在社会改革和福利方面的大规模投入，以及建立和平队（Peace Corps）和进行太空探索等。——译者注

社会——在纠正社会弊病和经济不平等方面过于束手束脚。而在右翼批评者看来,将国家用于社会目的则为保守派提供了一个社会主义的标靶,无论保守派有着怎样的分歧,他们都会同意向这个标靶开火。

选举中屡屡败北的共和党人在 20 世纪 30 年代发起了一场漫长的智识反击。在杜邦兄弟(du Pont Brothers)的资助下,美国自由联盟于 1934 年成立,旨在促进自由企业并抵制政府干预。弗里德里希·哈耶克和路德维希·米塞斯(Ludwig Mises)作为经济学家在欧洲很大程度上被忽视,但他们作为商业布道者在美国则大受欢迎,两人的作品在美国右翼中赢得了人数虽少但不断增长的追随者。正如金·菲利普斯-芬(Kim Phillips-Fein)在《看不见的手》(Invisible Hands,2009 年)一书中提到的,哈耶克在美国的宣扬者贾斯珀·克兰(Jasper Crane)很好地以现代话语重述了柯勒律治关于保守派知识分子之必要性的基础性观点:"知识精英今天的观点会决定性地影响公众明天的看法。"1946 年,克兰与伦纳德·里德(Leonard Read)等自由论者共同创立了经济自由基金会,该基金会是自由市场智库的先行者,自 20 世纪 70 年代以来,自由市场智库成为政治-政府格局的一部分。

本章开头所提到的梯也尔对右翼的警告——要么接受自由主义的民主,要么让自己变得无关紧要——在美国的背景下似乎是不必要的。这难道不是因为美国政治一开始就是自由主义的并很快变得民主了吗? 正如本书所言,这种看法充其量只道出了部分事实。美国的保守主义从一开始就很强大,它在某些方面是自由主义的,某些方面则不是。概而言之,美国保守派在经济上主张自由放任,但却对自由主义所笃信不疑的开放式进步持怀疑态度。他们不相信平等,怀疑人的自治能力,并反对直接的、未经过滤的民主。在宗教意义上,美国保守主义倾向于对人类持有一种奥古斯丁式而非伯拉纠式(Pelagian)的看法,认为人是有原罪的,并且在现世无法获得救赎。他们抵制自由资本主义的伦理和文化放纵,这种抵制在新教和天主教会中赢得了早期的支持。

美国的保守主义是独特的,但并非独一无二的,它与欧洲的保守主义有着相同的内部冲突和紧张。它们都面临着资本主义、自由主义和民主条件下现代化变革的狂飙突进,它们也都必须确定在多大程度上与其早期的自由主义对手达成妥协。在经济层面，它们必须权衡自己所代表的富人的利益能够承受多大程度的让步。在政治层面，它们必须权衡自己的独特性允许自己与自由派达成何种程度的妥协。

这些问题没有现成的答案。保守派也许会信口开河，但他们不再相信伯克的主张，即政治右翼不需要大理论家。以捍卫财产和资本主义为开端，一场以自由主义和非自由主义左翼为对手的智识大战拉开了帷幕。

第六章
思想与思想家：对民主和公共理性的不信任

保守主义与自由主义的历史性妥协从来都不是整齐划一的、完全的或终局的。到 19 世纪末，自由主义本身正在发生变化，以回应民主在选举、经济和文化方面提出的要求。进步自由派正在向左转，以期通过福利和监管改革来平息经济不满。市场自由派则在向右转，以抵制进步自由派的姑息做法；在那里，市场自由派与从右向左转的保守派相遇，后者不再执着于留住"昨日的世界"，而是试图预先阻止一个社会主义的未来。19 世纪初被一位富有远见的德国律师所注意到的保守的自由主义＊，到 19 世纪末已展现出其全貌。

首要的问题是，除了审慎的格言和告诫式建议之外，保守主义是否还能提供更多的东西？除了主张自己比自由派和民主派能够更好地运作自由主义的民主，保守主义还有其他可说的吗？如果答案是肯定的，那么这些额外的主张能否以一套独特的目标和思想体系来清晰地加以表达？如果答案依然是肯定的，那么这些思想是否不仅仅是消极的和反应性的，也就是说，不仅仅是一个批判性手册，仅用来批驳自由主义和民主的自圆其说？自 19 世纪末以来，保守主义思想家往往可划分为两类：一类满足于揭露对手的缺陷，另一类则汲汲于试图构建自身的保守主义哲学。

＊ 这里指的是本书第二章提及的德国律师路德维希·哈舍尔，他在"保守的自由主义"与"破坏性自由主义"之间作了区分。——译者注

1880 年至 1945 年，保守主义思想家积累了强大的弹药来反对民主自由主义。他们不接受社会主义的经济主张，并认为自由主义改革是姑息式的，不会起作用；他们质疑人民大众的理智，指出公共理性的限度；他们哀叹于民主文化所鼓动的伦理目标缺失和对平庸的满足感。右翼批评者将矛头指向了自由主义之民主的一个核心缺陷，那就是：自由主义之承诺要么是错误的，要么尽管正确，却无法适用于所有人。不是每个人都具有同等的能力或值得同等的赏罚。最严厉的保守派批评家持一种破坏性的实则是革命性的看法：在现代条件下，民主自由主义的典型实现形式——选举式多党议会制政体——注定会失败。

由于担心民主会对经济效率构成威胁，马洛克、萨姆纳和熊彼特努力抵制社会主义关于民众掌控经济的念想。马洛克和萨姆纳还强调善意的社会改革是徒劳的。三位思想家都坚持认为社会需要有能力的精英。

其他人则关注自由主义现代性的社会和文化方面。古斯塔夫·勒庞（Gustave Le Bon）、特赖奇克和索雷尔专注于人民的无理性和大众社会的反复无常，而过度思考、过于轻信的自由派则对此既不了解也无法给出答案。同样地，作家马克西姆·杜·坎普（Maxime Du Camp）、亨利·亚当斯和门肯（H. L. Mencken）则对大众品味和普遍观点不屑一顾，他们为现代右翼重新修饰了一幅古老的画面：普通人发育不良，像畜群一样易于被领导。

面对在他们看来堕落的、毫无生气的文化，艾略特等保守主义作家敦促一种向卓越的隐退。与自由主义-民主社会相疏离的作家们宣扬民族价值的复归（默勒[Moeller]），或鼓吹委身于行动之中（云格尔）。基于对自由主义-现代世界的强烈厌恶，莫拉斯和施米特均发表了针对议会民主制的悼词。

作为 19 世纪末至 20 世纪初保守主义思想的代表，这几位思想家有着共同的关注点。他们的写作在很大程度上都是批判性的，他们清楚地表明自己反对什么，却没有表明自己赞成什么。他们批评民主自由派，因为后者轻易地相信平等和人的理性。在他们的社会和文化批判背后有一种默默的坚守，他们所坚守的是人对信仰、追随和归属的渴望——

这种渴望在他们看来是社会秩序之所倚，却被自由主义者顽固地拒绝承认。

i. 为资本主义辩护：马洛克、萨姆纳与熊彼特

威廉·马洛克（1849—1923 年）是一位富于思想的英国小说家、多产的政治作家和保守主义事业的代言人，他不相信人类能够实现向上的进步。马洛克确信保守主义者在与左翼自由派和社会主义者的论战中正处于下风，于是他着手让英国右翼摆脱精神上的萎靡不振。面对他所认为的右翼的精神懈怠，这位反社会主义者在 1882 年曾沮丧地咆哮道："所有带有组织性思想或系统色彩的东西都属于攻击方"——他在这里指的是左翼——而己方所能够拿出来应对的只有"一套老掉牙的，甚至无法对自身作出解释的过时主张"。

英国费边社于 1884 年成立，它主张一种温和的议会制社会主义，很快便吸引了一众著名知识分子的追随，包括韦布夫妇（Beatrice and Sidney Webb）、萧伯纳（Bernard Shaw）、H. G. 韦尔斯（H. G. Wells）和埃米琳·潘克赫斯特（Emmeline Pankhurst）。在更早的 1881 年，一位富有的保守派、后来成为马克思主义者的亨利·海因德曼（Henry Hyndman）创办了社会民主联盟。亨利·乔治（Henry George）在《进步与贫困》（*Progress and Poverty*，1879 年）* 一书中认为，工人和资本家应保留各自应得的收入，但不劳而获的土地租金应属于所有人；约瑟夫·张伯伦所支持的一个自由党激进派在 1885 年提出了激进计划，其中关于税收的建言便部分受到《进步与贫困》一书的启发。

在马洛克看来，经济民主的主张，无论称之为社会主义、社会民主、马

---

* 此书已有中文版面世，见［美］亨利·乔治：《进步与贫困》，吴良健、王翼龙译，商务印书馆 1995 年版。——译者注

克思主义还是乔治主义＊，都是基于一种一厢情愿。它的主张，比如让国家指导生产、让公共部门提供社会福利，或者赋予工人以企业中的发言权，也许会得到表格和统计数据的支持，却是基于一个双重错误：一方面它低估了现代经济生产的复杂性，另一方面则高估了人的自组织能力。正如马洛克在《社会平等》(*Social Equality*，1882 年)之后的一系列反社会主义著作中声称的那样，物质改善和可持续的繁荣依赖于有才华的精英的明智引导。这里的精英指的并不是世袭阶层或社会种姓，而是具有企业家才能的一群人，他们可能具有各不相同的具体技能和卓越之处，但企业家精神的一般性要求却一以贯之，那就是：创新、组织技能和领导才能。就其本质而言，这些有益的美德是供不应求的，而期待通过教育将它们传播给民众或者期待它们能够在车间民主中重现则是愚蠢的。"要使给定数量人口的总产出增加，唯一的方法，"马洛克写道，"并不是让劳动的多数从事任何一种新的工作，而是让少数具有卓越能力的人从智识上发挥对多数的引导作用。"

马洛克并不是马尔萨斯式的悲观主义者，他相信经济繁荣会不断增长并扩展。然而，经济繁荣不可能来自多数人生产技能的提升，多数人在其间的角色类似于顾客，其作用是扩大需求。正如马洛克在《贵族与进化》(*Aristocracy and Evolution*，1898 年)一书中所说，物质进步只会来自"极有天赋的少数人的才能和活动"。并且，随着财富的扩散，每个人的物质处境都会有所改善，但结果永远不会平等。贫困也许会减少乃至消除，但不平等却不会消失。

马洛克将其直言不讳的不平等主义扩展到政治民主领域，他对民主合法性的怀疑与帕累托(Pareto)、莫斯卡(Mosca)、米歇尔斯(Michels)等精英理论家所精心论证过的质疑相呼应。在马洛克看来，政治并不是民意的反映，而是发生在小团体之间的权力争夺。他认为保守主义者应该

＊　乔治主义(Georgism)史称"单一税运动"，是美国经济学家和社会改革家亨利·乔治提出的一种经济学说。该学说认为，尽管人应该拥有自身所创造的财富，但土地乃至所有自然资源所产生的租金收入应该平等地归所有社会成员所有。该学说集中体现在《进步与贫困》一书中。——译者注

抵制而非默认选举权的进一步扩大。英国 1884 年改革法案实际上已经将投票权扩大至大多数城市男性工人。总的来说，在马洛克时代，大约60% 的英国男性享有投票权，他担心这会引发经济民主方面的连锁反应：对财富进一步征税，以支持福利计划，帮助产业工人和穷人；以及在工作场所对工会的权威进行过度保护。

到 20 世纪头十年，英国保守党中央办公室已将马洛克的著作《劳工与大众福利》(*Labour and the Popular Welfare*，1893 年)用作议会议长的竞选材料。该书借鉴了阿尔弗雷德·马歇尔(Alfred Marshall)的《经济学原理》(*Principles of Economics*，1890 年) *，对当时流行的社会主义主张进行了驳斥，这些主张包括"所有财富都来自劳动"，利润是一种剥削，财富足以赋予再分配税以效力(马洛克指责乔治主义将英国土地租金收入高估了七十五倍)等。与后来的熊彼特一样，马洛克强调企业家精神是继劳动力、土地和资本之后的第四个生产要素，他称其为"产业能力"，尽管在他所处的前技术时代企业家精神无法量化且具有某种神秘性。马洛克并不反对所有的经济和社会改革。工会可以改善劳资关系并强化工资的稳定性，但它不能永久地提升工资水平。在某些公共服务上的开支是有用的和必要的，如果说这种支出是"社会主义的"，那么马洛克承认自己也是社会主义者。

尽管主要依赖手中的笔，但马洛克也参与了由同行、铁路巨头和大实业家所发起设立的反社会主义的保卫自由和财产联盟。他还玩票一般地参加过议会竞选，后来退出了。他还曾短暂涉足过商业领域，但被董事会乏味的议事过程劝退了。合作也许并不被马洛克所看重，他曾在《回忆录》(*Memoirs*，1920 年)中充满怒气地写道："许多人共同从事的事业不可能取得成功，除非由某个实力非凡的人来领导。"

社会达尔文主义的叙事在马洛克时代大行其道。在《贵族与进化》中，马洛克将进化描述为在很大程度上受到"少数的有意活动"所引导的"一系列非预期事物的有序呈现"。他决心找到一种天意的权威，因此不会接受自然的随机力量。他对进化的描述是一种即兴的混合物：他将适

---

* 此书已有多个中文版面世，感兴趣的读者可自行查阅。——译者注

用于人类社会的动物进化与基督教的"天命论"结合了起来，其中关于上帝的部分被"具有非凡能力的"少数所取代。

　　与其说马洛克是一位思想家，不如说他是一位辩论家。他是英国德文郡一位牧师的儿子，在牛津大学期间表现平庸，但他是一位娴熟的作家，靠频频发表文章和出版的三十多本书为生。他的成名作是《新共和》（*The New Republic*，1877 年），一部对自由主义的和世俗的理智主义进行嘲讽的思想小说，故事的场景设定在一座英国乡间别墅中，主人要求客人在晚餐时谈论"生命的目标"。马洛克在书中着重取笑了包括阿诺德、赫胥黎（Huxley）、乔伊特（Jowett）和拉斯金等在内的某些当时最著名的头脑，他的讽刺比洛夫·皮科克（Love Peacock）* 更加入木三分，却又不像沃（Waugh）† 那样恶毒。

　　马洛克对似是而非的非此即彼有一种特殊的偏爱。在经济和政治方面，他严重依赖个人主义和集体主义这一所谓排他性的二元划分。由于承认个人有其卓越之处并具备更高的才能，他似乎暗示我们应该拒绝给予任何类型的人类集体以权威或道德价值。在《生活值得过吗？》（"Is Life Worth Living?"，1879 年）这篇关于信仰和道德的文章中，马洛克指出，如果放弃对超自然之物的信仰，那么也就无法抵御虚无主义对道德本身的拒绝。

　　尽管马洛克生性挑剔、难以相处，但他依然对宗教信仰充满渴望，因为他对现代人灵性的丧失感到不安。在《生活值得过吗？》一文中，马洛克指出了现代社会的"种种奇特之处"，如：基督教对西方社会的形塑作用，科学正将基督教贬低至无足轻重的境地，以及紧绷的"现代人的自我意识"（他认为现代人过于关注自身、对自己过分严格）。马洛克认为，由于失去了对超自然之物的信仰，人也就丧失了"所有关于艺术的奇怪的兴趣"，并创造出一个"道德景观"被"毁灭"的世界。尽管马洛克从未加入过罗马天主教会，但他依然像纽曼那样对天主教所主张的无可置疑的权威

----

　　* 这里指的应是托马斯·洛夫·皮科克（Thomas Love Peacock），英国诗人兼小说家。——译者注

　　† 这里指的应是伊夫林·沃（Evelyn Waugh），英国著名作家，被称为英国 20 世纪最优秀的讽刺小说家。——译者注

钦佩不已。他写道，天主教会是"在某种超自然教导下组织并发展起来的日益壮大的人类道德意识"。

马洛克并未像世俗主义者那样试图为道德寻找一个非宗教基础；相反，他嘲笑这种做法，并称之为"实证主义"。"实证主义"是一种"迷信"，它试图以一个理想化的人来取代天定的造物主，将之作为世界的道德指引。由于人类意志薄弱、形形色色且缺乏慷慨或利他精神，实证主义发现自己必须将人类想象得比他们实际上更好。因此，实证主义的世俗道德便鼓吹出一种人为的"人性热情"，一旦这种"热情"与令人沮丧的人类实情相遭遇，它便会坍塌为对"自责、厌世和冷漠"的失望情绪，这里显示出马洛克第二个错误的非此即彼。他对宗教信仰的热情同样遭遇了失望。马洛克的批判文字固然缺乏说服力，但这些文字中所蕴含的激情却更加重要，他对自由主义不切实际的社会改良和自由世俗主义的批判持续为20世纪的保守主义经典输送着养料。

与马洛克一样，美国社会思想家威廉·萨姆纳（1840—1910 年）坚信，为了对社会主义者和自由主义-民主改革者作出回应，保守派必须加重自身的智识砝码。与马洛克不同的是，萨姆纳乐于以上帝的超自然权威来换取自然的世俗权威，寄希望于后者能够为道德和政治奠定坚实的基础。

萨姆纳伴随着宗教长大，并成为一名牧师，只是后来他与宗教信仰失之交臂。按照萨姆纳本人的说法，他并没有放弃宗教信仰，只是将它锁进了抽屉里，后来再打开抽屉时，才发现那里空空如也。萨姆纳从布道转向执教看起来轻而易举：1872 年，在没有正式辞去教会职务的情况下，他成为耶鲁大学的一名教授，并在接下来的 37 年中在那里讲授社会学方面的课程。彼时的耶鲁正从一所年轻男子精修学校兼牧师训练学院发展为一所现代大学，其研究生课程遵循德国的教育路线，专注于科学和人文学科领域的可靠知识，萨姆纳参与了这一演变过程。对他而言，研究社会是一个经验问题，在性质上与自然科学并没有什么不同。

萨姆纳在许多著作和文章中提出了一种自由放任的保守主义，这种保守主义认为人类生活受到"竞争之激励"的驱动，认为不受约束的市场是繁荣昌盛最可靠的保障，并认为国家所要向人民提供的"仅限于和平、秩序和权利保障"。萨姆纳不是乌托邦式的无政府主义者，也不是自发的和自我纠正之秩序的盲目信徒,他心目中的无休止竞争并非霍布斯式"所有人对所有人"的战争。社会需要制度和共同规范,儿童也必须被引导进入道德生活并接受教育。

至此,萨姆纳与其自由主义-民主对手和社会主义对手的共同点走向终结。萨姆纳不相信存在着适用于全人类的普世的道德标准,社会有着与其自身相适应的规范和安排——他称之为"民俗"(folkways)。民俗之变化缓慢且不可察觉,其变化受到适应与选择之力量的驱动,这种力量是人无法或近乎无法控制的。社会批评是空洞、善意的干涉,也是徒劳的。按照萨姆纳的悲观看法,人与人不是平等的,无情的竞争将人分为两类:一类是"适应者"和"能力更强者",他们具有"个人和社会价值";另一类是"不适应者",他们在能力和价值方面都更差。平等是一个"明目张胆的谎言",而所有伟大的成就都来自人类精英。他在《民俗论》(*Folkways*,1906年)一书中写道:"在任何社会和任何时代,只有精英才会思考。"

上述观点神奇般地将道德事实转变成了"自然"事实。从这个深信不疑的前提出发,萨姆纳得出了具有实用性的建议。由于世界各地人们的"民俗"各不相同,将外国民俗强加于人的帝国式努力注定会失败,萨姆纳因此反对美国在西属美洲所进行的自由-帝国主义式的吞并行为。由于人并不具有很大的可改善性,政府和文化权威最好还是留给少数有头脑和判断力的人,民主代议制政府并不能保证统治者都是"适应者"。他认为,财产所有者在地方政府中理应享有更大的发言权,而"懒散者"则不应享有发言权,萨姆纳本人在纽黑文曾有过这方面的短暂经历 *。在内战结束后的 1876 年,萨姆纳作为投票欺诈调查团的成员之一访问了路易斯安那,这次访问使他相信,拒绝赋予自由黑人以投票权是一个合法(即便是暂时)的权宜之计。

尽管萨姆纳并非民主党人,但他是一个彻底的经济自由主义者,他始终认为贫困并不是剥削造成的,因此使资本家赤贫无助于消除贫困。相反,消除贫困的唯一途径是提高生产力,为此——正如马洛克和熊彼特所

---

   *　萨姆纳曾在 1873 年至 1876 年担任耶鲁大学所在的纽黑文市市政官。——译者注

认为的——就需要明智的资本家而非无事生非、脱离实际的社会改良者。

萨姆纳对精英的辩护并不是从阶级角度作出的。雷贝格曾认为某些贵族不适合进行统治，萨姆纳则走得更远，他接受了英国自由主义者阿克顿勋爵早先的观点，即每一个阶级都不适合进行统治。所有的利益集团都会试图俘获政府。富人倾向于寻租，关税的存在则是为了纵容无竞争力的行业。萨姆纳对自由市场至上的信念进行了有力阐述，但该信念并不总是容易兑现的。当进步党人以竞争的名义将矛头指向商业和银行信托时，作为一位保守的反进步党人，萨姆纳选择站在信托一边。

萨姆纳相信道德事实可以在"自然"事实中找到，相应地，他讲述了一个令人印象深刻、包罗万象的社会进化故事，而他那种种一般性的主张和实用的建议据说都源出于此。要对他的政治思想进行梳理，一种不那么合适的方式是将他论证的逻辑顺序颠倒过来。萨姆纳几乎所有的政治观点都源于他一开始就提出的两个自由放任的道德假设：其一，不值得救助的穷人是自然界中无可避免的失败者，花费资源去帮助他们是一种浪费；其二，所有试图以突然、"武断"的改革来改变社会习惯和道德态度的大规模努力都是徒劳和错误的。

尽管通常被称为社会达尔文主义者，但萨姆纳早在阅读达尔文的著作之前就形成了自己的主要观点。他使用了斯宾塞的"适者生存"一词，但他的社会进化论显然是他自己的。他并未将人类社会比作动物王国，也未试图将社会事实简化为生物学事实。当时有一种观点，认为人的本能是一种遗传性状，这种性状又源于遥远的动物祖先遗传给现代人的身体特征，对于该观点，萨姆纳持谨慎态度。诚然，按照萨姆纳的说法，社会变迁受到"自然选择"的支配，但他所说的选择是基于相互竞争的信仰、实践和制度，而非基于生物变异。只有"适应"环境的制度才能够生存，这些制度本身是"好的"或"正确的"，而持久性则证明了它们的价值所在。

社会竞争和选择的机制是模糊不清的。萨姆纳在"生存斗争"（人 vs. 自然）和"生命竞争"（人 vs. 人）之间作了区分，但他发现要将两者截然分开是困难的。在萨姆纳的怀疑者看来，这套关于进化的说辞仅仅是为了给他的自由放任观点装饰一个展示的舞台。当萨姆纳在《民俗论》中论证对规范的自然抵抗时，他从达尔文主义转向了通常的历史，一系列人物次第登场，包括文艺复兴时期的人文主义者、新英格兰清教徒、奥地利的约瑟夫改革者＊和威廉德国的社会政治家。在萨姆纳看来，这些人都未能将外国民俗嫁接到本国社会，也未能以更快的所谓自然速度推进人所无法察觉的文化变迁。怀疑者认为萨姆纳的保守主义观点只与他的社会进化论有着异常松散的关联，这种看法被当时参与争论的进步论者和女权主义者所进一步强化，后两者使用一种进化论的话语来为自己不同于萨姆纳的观点作出辩护。

　　萨姆纳最为人所知的也许是他提出的"被遗忘的人"，这个概念最早出现在《社会各阶层彼此亏欠什么》（*What Social Classes Owe Each Other*，1883 年）一书中，用来驳斥对社会之"自然"运行进行干涉的行为。例如，国家规定的救助穷人的义务不均衡地落在了全体纳税人身上。在这里，"被遗忘的人"是那个面临重重压力的纳税人 A，他按照遥远的干涉方 C 所选定的改革计划缴纳税收以帮助穷人 B。"被遗忘的人"还可能是工会出于维持高工资的目的而限制会员资格进而导致就业无门的待业工人。萨姆纳认为这种干涉包含着像禁酒运动这样的道德监管，他称之为"喋喋不休的福音"。他写道："几乎所有防止罪恶的立法努力实际上都是在保护罪恶。"他认为这样的法律干扰了针对罪恶的"自然疗法"，即让罪恶自行"衰落和解体"。萨姆纳建议人们想象一下阴沟里的醉汉：花钱让警察或其他人来帮助他是没有意义的，因为醉汉躺在阴沟里"恰得其所，是符合事物发展趋势的"，与其花钱救他，不如让"自然"发挥作用"把他清理掉"。

　　尽管萨姆纳的表达极富吸引力，但他的上述主张都是社会改革者可以回答的。比如，税收同样可被认为是所有人为社会秩序之好处而支付的代价。工会的代价必须与它所带来的好处相折抵，这一点已被其他保守主义者如马洛克所认可。醉汉也许的确对社会毫无用处，但称他为大

＊　约瑟夫改革者（Josephine Reformers）指的应是拥护哈布斯堡王朝统治者约瑟夫二世改革政策的人。约瑟夫二世于 1765 年至 1790 年出任神圣罗马帝国皇帝，是一位具有启蒙思想的君主，在位期间他推行被称为约瑟夫主义的改革政策，试图通过一系列激进的改革法案将奥地利打造成自由派心目中理想的开明国家，他本人也被后世称为"开明统治者"。——译者注

自然的废物则完全回避了一个现实问题，那就是：为何要拒绝对他施以同情呢？

萨姆纳将同情心从社会美德贬低为社会恶习，这促使社会学史学家 J. H. 亚伯拉罕（J. H. Abraham）称萨姆纳的工作是一种"极端的和非人道的社会进路"。这或许是因为萨姆纳过于笼统地概括了自己年轻时自食其力的艰难经历。萨姆纳八岁的时候母亲去世，之后由一位不爱他的继母抚养长大。他的父亲是一位来自英国兰开夏郡的机械工，很爱他，却常常不在他身边，先是在美国西部后来在距离俄亥俄州不远的地方为寻找财富而四处漂泊，最后在破产中死去。萨姆纳的成长轨迹可谓不凡：他先是接受神学和古典文化的熏陶，后来在德国和牛津大学学习，此后一直在耶鲁大学任教。这种成功除了源于他的才华和努力之外，没有其他明显的解释。如果他能做到这一点，为何其他人不能呢？这个问题背后所隐含的同情心的欠缺正代表了一种自由主义式的严厉，并非所有的美国保守主义者都乐于接受这种严厉。

如果说萨姆纳的自我赞扬使得他的自由放任保守主义看起来是一个异类，那么他在其他方面则完全符合保守主义的传统。尽管在他看来市场应该完全自由和不受干扰地运作，但社会秩序也依然需要权威的精英、持久的习俗和稳定的制度。他的主张仅仅是混乱无序的社会中一个富有吸引力和影响力的选项，尽管这个社会的物质条件正在快速（即便是不均衡）地获得改善，但社会精英却对自下而上的民主压力感到忧心忡忡。

萨姆纳确信人的良好意图有其局限性，但在保守主义者应该怎样调和传统与变革的关系方面，他的观点则是模糊和不牢靠的。他蔑视政治改革中的"伤感者"，认为他们未能准确理解非预期后果法则。这种蔑视成了 20 世纪右翼手中的修辞武器，用来反对进步的自由主义式社会改革主张。但是正如哲学家 C. D. 布罗德（C. D. Broad）在萨姆纳去世后不久的另一篇通信中指出的，对改革的理性怀疑有利也有弊。的确，并非所有改革的可能后果都能够事先预见到，然而"非预期后果法则"的要求不止于此，它还声称那些无法预见的后果更可能是糟糕的而非美好的，尽管没有足够的理由去证明这一点。

出身奥地利的经济学家、资本主义的保守派捍卫者熊彼特（1883—

1950 年)是一位不那么极端、更加世故也更具理性色彩的思想家，他不理会历史怀旧和道德批判，而是将政治经济置于保守主义的核心。他在《资本主义、社会主义与民主》(*Capitalism*，*Socialism and Democracy*，1942 年)* 一书中指出，自由资本主义是组织一个稳定社会的所有坏方法中最好的那一个，而好方法是不可实现的。他与自由主义现代性的保守主义妥协是微妙的，就其对对立双方的调和而言又是黑格尔—马克思式的，包含了丰富的"是的，如果"与"是的，但是"之类的限定。资本主义富于创造性，同时也具有毁灭性，其创造性的一面持续地摧毁人们熟悉的产品、企业和工作机会，同时又催生出新的产品、企业和工作机会。资本主义需要这种创新以及将创新推向市场的企业家，随着规模的扩大和复杂化，资本主义也亟须官僚体制的理性化。如果没有民众的接纳，资本主义就不可持续，但来自民主的干预又会对资本主义的效率构成威胁。资本主义能否在民主中生存？熊彼特对此的回答是否定的，但他同时增加了一个"是的，但是"的限定：如果存在一个开放、权威的上层，一个高效、廉洁的官僚机构，一种广泛的社会共识，以及一个足以抵挡多数之压力尤其是在经济和财政管理方面抵挡多数之压力的制度性堤坝，那么资本主义将能够在民主中生存。

熊彼特出生的 1883 年对经济学而言是重要的一年：凯恩斯也在这一年出生，马克思在这一年离世。与马克思不同，熊彼特并不认为资本主义自我吞噬的特性是致命的。与凯恩斯不同的是，他不认为国家行为可以驯服资本主义的周期。资本主义的动荡可以说是现代生活的一个事实。"创造性毁灭，"他写道，"是资本主义的本质性事实。它是资本主义之存在的基础，也是每一个资本主义企业必须朝夕相处的东西。"在熊彼特看来，经济生活不是为了寻求平衡，而是如他所写的那样，是一个"变化的过程"。对于保守主义者，尤其是一个持自由主义和自由放任立场的保守主义者来说，这是一个需要阐释并加以捍卫的硬道理。善于反讽的熊彼特对其间的冲突心知肚明。

熊彼特终其一生都瞧不起那些尽管毫无商业和金融经验却对商业和

---

*　此书已有多个中文版面世，感兴趣的读者可自行查阅。——译者注

金融不屑一顾的反资本主义知识分子，但他同时对旧精英之文化权威和一贯以来支配地位的丧失感到惋惜——这种文化权威和支配地位均被资本主义所破坏。熊彼特本人的背景是复杂的，在阶层分明的奥地利，他既是商业人士，同时也是上层阶级的一员。

在第一次世界大战末期，熊彼特对资本主义和帝国主义进行了反思，他不认为在资本主义和世界性冲突之间存在一种列宁主义式的关联。18世纪的思想家曾寄希望于商业可以软化风俗并使斗争不再成为一种生活方式，作为对此的一种呼应，熊彼特在《帝国主义社会学》（"Sociology of Imperialisms"，1918 年）一文中论述了自由主义-民主制度所具有的文明化和促进和平的作用。在四分之一个世纪之后的更加惨烈的二战期间，熊彼特怀着一种被局势强化了的怀疑精神，谈及了民主和资本主义的弱点所在。

在 20 世纪二三十年代，许多欧洲地区，包括意大利、西班牙、葡萄牙、波兰、希腊、立陶宛和南斯拉夫在内，均处于法西斯或威权政权的独裁统治之下，德国和奥地利屈服于纳粹主义。熊彼特彼时正在美国执教，美国经济部分受益于战争准备，已从严重衰退中复苏。在智识层面，市场资本主义的捍卫者正处于守势，社会主义计划、公有制和凯恩斯主义干预被左翼认为是必要的救援手段，以应对走向失败的社会经济体制。波兰经济学家奥斯卡·兰格（Oskar Lange）和其他人正在对米塞斯的反社会主义主张作出回应，米塞斯认为：价格离不开市场，并且在缺乏价格的情况下资源无法被有效配置，因此无市场的计划经济注定会失败。

正是在这种自我怀疑的气氛中，熊彼特在《资本主义、社会主义与民主》中描述了资本主义进行自我伤害的多种方式，如它鼓励对自身健康带来伤害的社会恶习，阻止自身生存所需的节俭、延迟满足和纪律等社会美德。在它所带来的一派混乱中，资本主义激发出对动荡受害者的过度关注，这集中体现在格拉德斯通式的自由主义中，并被凯恩斯式的改革所继承。"激进主义者可能会坚持认为，民众正迫切需要被拯救以脱离难以容忍的苦难"，熊彼特写道，可是"过去从来没有像现代资本主义社会那样有如此之多的个人身心自由……以及如此积极地赞同……（并）乐于接受负担"。

　　熊彼特并不认为资本主义有着防御严密的堡垒，相反，他看到了资本主义"正在倒塌的围墙"，他担心自己正在目睹资本主义早期所具有的那种冒险、创新精神走向衰落，他担心企业家精神正在让位给企业管理主义和政府管制。流通股有限公司打破了所有制和创新之间至关重要的关联。

　　令熊彼特为之担忧的另一个更加微妙的麻烦之处是，前资本主义精英阶层的惯常做法和权威习惯等"封建"残余被清除一空，而流动的市场资本主义又无法提供新的替代物。与韦伯一样，熊彼特担心一个理性主义的、缺乏英雄气概的资产阶级无以肩负起国家的严肃性，"无力面对不论大国还是小国通常都要面对的国内和国际问题"。借助于一个混合了新政堤坝与哥特式教堂的比喻，熊彼特这样写道："在打破前资本主义社会结构的过程中，资本主义……不仅打破了阻挡其前进的障碍，还打破了防止其倒塌的飞拱。"

　　正如其他对资本主义之未来轨迹进行预言的叙述一样，究竟哪个是因、哪个是果是不清楚的，对此阿尔伯特·赫希曼在《对市场社会的不同解读》（"Rival Interpretations of Market Society"，1982 年）这篇雄辩的文章中已经指了出来。如果资本主义的确软化了风俗，使竞争变得不那么充满火药味，那么这究竟是好事还是坏事？熊彼特最初认为这是好事，因为它使国家之间不那么热衷于相互争斗。但他后来产生了担忧，因为这种"软化"既解除了资产阶级的武装，该武装曾被用来完成摆脱旧秩序之"枷锁"的历史任务，也使资产阶级丧失了自我克制，而自我克制为有效的资本主义所必需。与 20 世纪中叶另一位观察家路易斯·哈茨一样，熊彼特也渴望知道：如果提供文化和道德指引的某些旧枷锁依然以某种方式得以保留，那么一个完全屈服于市场权威的资本主义社会是否无法更好地运转？正如赫希曼所说，每一个诸如此类的宏大主张都包含着部分真理。这些主张一直存在于对资本主义之"文化矛盾"所进行的思考之中，这种思考在 20 世纪五六十年代德国和美国的新保守主义者中流行一时。

　　在资本主义的重重磨难中，最让熊彼特感到担心的还是反资本主义的知识分子。他写道，在"日益增长的敌意"中出现了社会批评家，他们所带来的腐蚀性破坏有可能使"资产阶级堡垒……在政治上变得失守"。此类知识分子只需具备语言才能，而无须担负处理事务的责任，他们牢骚满腹，从而使自己无法被雇用。自由主义资产阶级对言论自由的执着使他们变得不受控制，只有威权统治者才能让他们安分守己。在熊彼特的告诫中，最令1945年后的保守主义者心有戚戚的，莫过于他呼吁右翼要作好为捍卫资本主义进行思想斗争的准备。

与前面提到的精英理论家一样，熊彼特也仅在最受限或最具象征性的意义上相信人民主权，他将选举民主视为小团体之间争夺执政权的斗争："民主是政治家的统治。"以往对民主政府自下而上的辩护——即它服务于共同利益或者它反映了民意——并不奏效。共同利益要么是一种理论上的臆想，要么是一个真实存在但无法准确测量的量，单个的人或全体的人都无法合理地产生一个确定的、可辨别的意志，为此熊彼特提出了一个自上而下的领导权竞争理论。他写道，选举民主是一种"达成政治决策的安排，根据这种安排，个人通过竞争性地争取人民的选票而获得决策权"。熊彼特列举了这种以限定性方式接纳民主所带来的诸多好处，如：它可以为坚决果断的领导提供一个不容争议的空间，它可以削弱阶级斗争，它可以提供定期的机会来撤换不受欢迎的政府，以及它可以杜绝假民意之名、实际上仅针对少数人的民粹主义主张。

为了使民主的"政治家统治"不至于伤害到资本主义，熊彼特设定了几个条件。首先，政治家应该是有才干的。其次，政治决策的范围应该受到限制，尤其是在经济和货币问题上。第三，民主的"自我控制"应该占上风，也就是说，人们必须接受正当实施的法律，即便他们不同意该法律，并且应该鼓励每个人容忍不同的意见。这些条件异常严格，足以使我们质疑熊彼特实际上是在说，不，资本主义无法存在下去，还是在说它可以存在下去，只是被一种好心的社会主义的改良主义给阉割了。

似乎是为了凸显这种忧郁的愿景，熊彼特明确了谁是主宰者——或者更确切地说，谁不是主宰者。"人类无法自由地作出选择，"他写道，"经济和社会事物按照自身的动能向前推进，随之而来的情势发展使得个人和团体无论所欲为何，都必须以特定的方式行事——这实际上并未破坏他们的选择自由，而只是……减少了他们作出选择的可能性。如果说这就是马克思主义的精髓，那么我们势必都是马克思主义者。"

前文提起过，熊彼特善于运用反讽手法，他要表达的主旨往往并非表面看起来的那样。他过于保守以至于无法心存希望，他过于清醒地认识到那个世纪的失败和灾难以至于无法高唱赞歌。面对周遭环绕的对社会主义心存乐观者，他扮演了对资本主义满怀悲观者的角色。如果这种对熊彼特思想的解读是正确的，那么他对资本主义所抱有的希望比他表现出来的要大。他1950年去世后半个世纪的历史证明了他的正确性。然而，他的反讽还有另一面：他究竟在多大程度上确信保守主义能够在资本主义中存在下去？

熊彼特对瓦尔拉斯（Walras）的分析经济学推崇备至，尽管他本人并不十分精通数学，但他拥护瓦尔拉斯所开创的计量经济学。然而，在熊彼特看来，将经济建模为一个寻求平衡的系统是不完整的，因为这样一来经济就失去了其历史形态。熊彼特并不是唯一一个认为经济学应该是动态而非静态的经济学家。在他那个时代，关于商业周期和增长的理论大量涌现，而熊彼特走得更远，或者说另辟蹊径。他所发现的资本主义的历史形态从非技术意义上而言是混乱无序的。技术创新以及将创新推向市场的企业家精神，不间断地颠覆着与人们的工作和生活息息相关的社会经济模式。

在那些关心人的目标选择或人的义务的保守主义者看来，这是一幅令人心惊的图景。保守派据以反对自由主义的一个基础性看法认为，人的目标和义务只有在一个充其量发生缓慢变化的确定的社会框架中才有其意义。如果社会框架一直不间断地和无法预料地发生变化——这在资本主义那里似乎是不可避免的——那么谈论目标和责任也就失去了立足点，共同伦理和文化的基础也开始消失。社会的习惯、惯例与忠诚可以使人的生活避免沦为市场的一团混战：在那里，一切东西都可以交易，每天的交易价格却又不尽相同。问题是，上面所说的资本主义会允许社会保留这些习惯、惯例与忠诚吗？

对于这个问题，作为反讽者的熊彼特并未给出明确的答案，然而他所表达的是另一个"是的，如果"。自由保守主义可以在资本主义中存活，其前提条件是：有一个开放且具有吸纳能力的上层，有一个熟练且独立的官僚机构，以及人们对共同生活中的伦理和文化价值观能够达成一定程度的共识。简言之，只要社会不被市场吞噬，那么自由保守主义就能够存活。

熊彼特遗留给20世纪末保守主义的是一系列审慎的经济忠告和一个社会谜题。他重申了保守主义以往的告诫，即健全的经济管理需要平静的政治和称职的政府。他强调，当务之急是确保经济管理，尤其是货币管理，免受民主压力的影响，提防阻碍企业家精神的政策和改革，并大力捍卫资本主义以对抗引发混乱的左翼知识分子。除了最宽泛的表达之外，熊彼特还遗留了一个悬而未解的社会谜题，这个谜题令后世的保守派思想家，尤其是令德国和美国的保守主义者，备受煎熬，那就是：如何在创造性毁灭这样富有成效的颠覆中继续保持卓越、权威和伦理价值观？

20世纪后半叶，继熊彼特之后的右翼主流思想家面临一个问题，那就是如何在经济自由主义相互竞争的需求与保守主义对社会伦理结构的关切之间作出调和。此时，右翼思想家们需要作出抉择：一种解决之道是诉诸武力，迫使社会服从于经济，寄希望于随着时间的推移效率能够顾及伦理；另一种选择是像第欧根尼（Diogenes）那样，继续寻找那些应当被加以保留的社会价值观，这些价值观作为人们熟悉的规范和对伦理权威的尊重，正在以令人困惑的速度消失。

ii. 对人民进行想象的六种方式：特赖奇克、勒庞、杜·坎普、亚当斯、门肯与索雷尔

到1880年，国家建构和民主创造了一个新的存在，即民族国家。然而，什么是民族国家？《牛津英语词典》中关于"民族国家"的词条这样写道："一个由在历史、文化或种族上具有共同民族身份的人民组成的独立的政治国家。更一般地说，指任何独立的政治国家。民族国家区别于由两个或多个历史上不同的民族组成的国家，也区别于仅由一个历史民族的一部分组成的国家。"该词条还煞有介事却又轻描淡写地补充道："然而，这种区别常常是有问题的。"对于那些难以把握的概念，如人民

（people）、民族（nation）和国家（state），保守主义者努力试图达成一致的理解，其艰难程度丝毫不亚于自由主义者。

自古典时代以来，"人民"（the people）一词便有着不同的含义。作为一个政治术语，它可以指一个城邦、共同体或国家中的全体公民（citizenry），即那些肩负公民义务、享有共同权利并在公共辩论中发挥作用的人，而非指所有的人。作为一个人口统计术语，它可以指全体居民（populace），即公认的领土上的一群人，无论他们的年龄或地位如何，还可能包括外国人。作为一个阶级术语，它还可以指普通民众（common people），即缺乏财富、地位或发言权的广大社会群众，他们在愤怒或饥饿时可能成为要求苛刻的暴民群体。

最后，也是最棘手的，"人民"还可能意味着国民（national people）或民族（nation），这是一个看似自然却出现较晚和充满争议的解读，借鉴了上面的三种含义。一国的人民，如法国人、英国人等，有别于另一个国家的人民（外国人）。他们不都是高贵的、富有的，也不都是平凡的，而是来自任何阶级。他们受制于同样的法律和政府，如果这个政府是明智的，它会听取人民的意见。当存在普遍的社会无知时，民族由哪些人组成，或者说国民都是些什么人以及他们究竟与哪些人相像，诸如此类的问题首先要交由想象（imagination）来作出回答。

当19世纪的自由主义者和保守主义者将这些相互冲突的概念整合在一起时，他们的起点恰好相反，两者的对比也变得更加鲜明。对于任何不熟悉或有争议的事物，人们很自然地会发问：它来自哪里？由什么构成？对于民族也是如此。民族是如何形成的？人们是如何成为一个民族的？在回答这些问题时，自由主义者以一国的公民为起点，进而从公民中引出民族。如果这个自由主义者同时也是民主派，他会将普通民众也包含在公民中。因此，在自由主义者看来，民族是一个衍生的政治概念。保守主义者则相反，他们以民族为起点，从民族中建构出全体公民。作为与众不同的一群人，民族在祖先或文化意义上被想象出来，也就是说，它的成员被认为有着共同的起源，或共同的信仰、忠诚和历史记忆。一旦缺少其中的某一个，民族也就无以成为一个公民的整体。因此，对保守主义者而言，民族成了一个基础性社会概念。

尽管从相反的起点出发，双方却找到了交汇点。自由派会强调说，要形成一个民族，人们实际上需要某种形式的"志同道合"。对于这一点，密尔在《代议制政府》(*On Representative Government*，1861 年)＊中作了有力的阐述。反过来，保守派也可能扩大人们形成公民所需的共同信念，使之包括对特定政治生活方式的明确承诺。

在 19 世纪以前，这些关于人民、民族和国家的谜题主要困扰着为君主和大人物提供建议的律师和神职人员。在民主时代，它们则以横向和纵向两种方式闯进了政治领域。在横向方面，分离但志同道合的人们渴望统一，如德国；志不同道不合的人们则希望分离，如美国的南方人，如奥匈帝国和奥斯曼帝国境内的各民族，如爱尔兰作为英国有争议的一部分则同时体现了统一与分离。在纵向方面，它们则事关人民主权的特性。民主控制应当具备怎样的广度和严密程度？当人民主权由争吵不休但人所共知的小团体行使时，它是一回事；当它由数量庞大却籍籍无名的人民大众行使时，则又是另一回事。

保守主义者非常了解人。当然了，地主也认识佃户，老板也认识工人，政治家了解选民，牧师认识教区居民，老师也了解学生，然而这种了解更多的是私人的而非社会的，是个人的而非匿名的。也就是说，右翼对人的了解往往是深刻和有洞见的，而非肤浅和宽泛的。这赋予了右翼一种相对于左翼的优势，后者声称为全体人民代言，但他们对人民的认识过多地来自书本和理论。尽管如此，右翼要在民主中发展壮大，也必须考虑全体人民。人民究竟是敌是友？是善变的还是可靠的？是社会的破坏者还是社会的基石？对于这些问题，右翼都需要给出答案。然而，它该去哪里寻找答案呢？社会理论在当时大量涌现，但总体而言，社会统计、意见抽样和社会知识尚处于起步阶段。如前所述，自 19 世纪 40 年代开始，社会观察家如弗里德里希·比劳、尤金·比雷(Eugène Buret)、恩格斯和路易斯-勒内·维莱姆(Louis-René Villermé)等人，就已对工厂作业和城市贫困进行了研究。19 世纪 50 年代，法国工程师兼原初社会学家弗雷德里克·勒普雷对家庭结构和财产转让模式进行了研究。1872 年，德国历史

＊ 此书已有多个中文版面世，感兴趣的读者可自行查阅。——译者注

经济学家古斯塔夫·施穆勒（Gustav Schmoller）创立了欧洲第一个社会经济智库社会政策学会。然而，对人民整体的认识依然少之又少，而人民作为一个整体如今已被保守主义者勉强接纳为新的主人。由于对社会的统计、分类和类型化正在缓慢推进，右翼依然需要诉诸想象，以想象的画面来填补对人的认识的空白。最初，这些画面是焦虑的和阴暗的。

19 世纪末 20 世纪初的保守派思想家和作家在对人民进行想象时，通常围绕六个主题中的其中一个来展开。这六个主题分别是：第一，居于首位的人民的民族（national）特征，该主题被特赖奇克这样的爱国历史学家所看重；第二，群众的无理性（nonrationality），这是古斯塔夫·勒庞所极力倡导的；第三，群众的兽性（bestiality），这是群众无理性的一个更加等而下之的变体，马克西姆·杜·坎普在其对巴黎公社的火热描述中再现了这一点；第四，日常的见利忘义（venality），亨利·亚当斯在其对选举民主充满矛盾的讽刺中对此表达了遗憾；第五，人民的愚蠢（stupidity），门肯在其反对自由主义观点和中产阶级文化的讽刺作品中对此进行了奚落；第六，人民救赎性的敌意（hostility），该主题被乔治·索雷尔援引用来反对自由主义和议会民主制。索雷尔是一位难以被归类的极端主义者，他与保守派一样厌恶自由主义关于进步的虚伪言论，同时他又认为人民是沉默但有效的救世主。

民族是一个整合性的概念，被 19 世纪末的保守主义者所用，以缓和他们关于民族内部和平相处的美好愿景与社会明显分裂的事实之间的紧张关系。就内部而言，民族这一概念可以以一种温和、包容的方式被当作一种共同忠诚的焦点所在，就像过去的君主一样；或者它也可以以一种排他的、往往是种族主义的方式被无节制地使用，用来区分那些属于本民族的人和不属于本民族的人。就外部而言，民族被视为一个国家，与其他国家共同构成一个竞争性世界：它要么以和平的方式成为这个世界的榜样和改进者，要么以好战的姿态通过武力的方式对其他国家所犯之错误进行纠正。无论在上述哪种意义上，民族都被当作一个整合性概念：它象征着人民（一个共同的整体），净化着人民（排除不受欢迎者），并以自豪感或复仇心激励着人民（在更广阔的世界中采取行动）。迪斯累里式的保守派和美国共和党人诉诸民族的包容性，将之作为一个象征性的统一体。19

世纪八九十年代的法国和德国的部分右翼派别在本国采纳了排他和净化的民族观念，英国和法国的自由帝国主义者以及德国俾斯麦式的现实主义政治家，则援引民族观念来服务于其军事和外交目的。

在将现实政治与民族排他性相结合的民族主义历史学家中，海因里希·冯·特赖奇克（1834—1896 年）是一个突出的例子。尽管被本国学者瞧不起，但特赖奇克却是一位有着巨大影响力和知名度的作家。他关于 18 世纪和 19 世纪德国历史的多卷本史学著作 * 曾是有教养的中产阶级书架上的珍品，并为德国谋求与世界强国平起平坐的战略提供了公众支持。历史学家西奥多·蒙森（Theodor Mommsen）质疑特赖奇克的学术成就并指责他的反犹主义，但依然认为特赖奇克手中的笔是德国最锋利的武器。特赖奇克有其自身的学术和政治平台：他是一位大学教授，长期担任政治月刊《普鲁士年鉴》的编辑，同时还是德意志帝国议会的议员。作为议会成员，他代表国家自由党，尽管他的自由主义色彩很淡薄。特赖奇克是撒克逊人，出生在德累斯顿，后来成为普鲁士的一位狂热爱国者。他先是主张自由贸易，后来成为贸易保护主义者。他最初对俾斯麦充满怀疑，后来成为俾斯麦的崇拜者。他对霍亨索伦王朝的推崇和他的反犹主义在 19 世纪八九十年代引起了德国右翼的注意。当时的保守主义面临两难抉择：它可以选择谨慎地推行自由主义的改革，也可以选择与大众行动主义相结合的民族自信。特赖奇克的保守主义属于后者。

在其关于德国历史的著作中，特赖奇克将德国土地的复杂性及其分裂进行了归集，将之导向一个单一的路径，该路径最终通往普鲁士君主统治下的德意志帝国。德国的多样性，如莱茵兰和东普鲁士、天主教和新教、农业和工业等，都被融入普鲁士国家这一更高的统一体中。他发现德意志民族感情在拿破仑时代之前就已存在，并对后拿破仑时代的德意志邦联、奥地利人和南德意志人大加抨击，认为他们共同阻碍了德国的统一。他还抨击法国自由派、自然法理性主义者和犹太世界主义者，并向诗

---

* 这是一部五卷本的史学著作，其中第一卷已有中文版面世，见［德］海因里希·冯·特赖奇克：《十九世纪德国史（第一卷）：帝国的覆灭》，李娟译，上海三联书店 2020 年版。——译者注

人海涅开火。他在 1874 年对社会主义展开强烈批评，认为后者以"嫉妒和贪婪"的名义"使社会主义同志与其祖国和国家相疏远"。他认为施穆勒所倡导的那种姑息式自由主义改革是一种发乎感性的拒绝，即拒绝承认与生俱来的自卑和软弱。然而，他接受普选权，并对普鲁士三级选举权充满敌意。

在 1879 年写给一位友人的信中，特赖奇克表达了对政治正确（尽管"政治正确"一词当时尚未出现）的不满，他抱怨说你可以用最严厉的字眼来批评日耳曼或法兰西的民族缺点，但你绝不能对犹太人这样做。在 1880 年的一本遭人诟病的小册子中，特赖奇克以自己历史学家的权威为日益高涨的反犹主义背书。"年复一年，从永不枯竭的波兰摇篮中涌出一群又一群忙于兜售裤子的年轻人，源源不断地越过我们的东部边境，他们的子孙将在未来的某一天成为德国证券交易所和报纸的主宰。"蒙森指责特赖奇克挑起了莱比锡学生的反犹太抗议活动，双方的争论围绕着对同化的不同理解而展开：蒙森认为犹太人应该在政治上融入德意志帝国，特赖奇克则将这种公民同化与犹太人放弃自身信仰混为一谈。这种分歧源于双方在民族观念上的不同：一方是自由主义—包容的，另一方是保守主义—排他的。对自由主义的蒙森而言，要成为优秀的德国人，就必须成为优秀的公民；而在保守主义的特赖奇克看来，要成为优秀的德国人，就必须成为某一特定类型的人。

卡尔·罗乔（Karl Rochau）＊ 在 1853 年创造了现实政治（*Realpolitik*）一词，该词最初被自由派用来提醒自己注意现实情况，特赖奇克改变了这个词的用法，将之转变为一种右翼的要求，呼吁不受限制地运用国家权力。"国家"，在特赖奇克看来，并不是"一个要刷牙、洗脸并被送去学校的好孩子"。国家，正如黑格尔认为的那样，是"伦理生活"最为全面的框架，而"伦理生活"是社会中人们共同的、规范指导下的生活。这个框架发端于家庭，借助于法律、商业和官僚机构，最终达到国家权力这个最高的有

＊　此处似为一处错误，译者并未查询到卡尔·罗乔这个人，历史上创造现实政治（Realpolitik）一词的是德国记者兼政治家奥古斯特·路德维希·冯·罗乔（August Ludwig von Rochau），而非卡尔·罗乔。此处的译文仍按原文译出，请读者注意。——译者注

机体。黑格尔将国家权力分为王权、行政权与立法权，特赖奇克则不信任权力分立。

在谈到德国统一时，特赖奇克写道，军队而非帝国议会才是更牢固的国家纽带，因为议会只会让人们学会"相互仇恨和虐待"。他似乎遵循了一种将弱势与强势两相对比的写作模式：弱势的一方即和平、社会、中产阶级和自由主义社会政策，强势的一方即战争、国家、军队和容克保守主义。按照他所设定的控制等级，普鲁士控制着德国，德国控制着欧洲（尤其是虚伪的英国），德意志帝国则控制着殖民地的低等民族。

德国人民是哪些人？特赖奇克认为德国人民首先是爱国者，他们对民族观念有着共同的热忱，而德国性正是基于这种热忱，而非基于血统或生物学。这份热忱是所有真正的德国人所共有的，尽管它也出现在贵族和下层阶级中，但它最为强烈的所在还是社会核心，即受过教育的中产阶级。"一个民族如果没有过高的自我赞誉，它也就根本无从认识自己……。德国人总是处于失去其民族性的危险之中，而这正是因为他们太缺乏这种坚定的自豪感。"同胞情谊、共同的历史感以及民族自豪感，所有这些与密尔及 19 世纪其他自由主义者对民族的看法相去并不远。然而，两者的区别在于：自由主义者认为，对民族的依恋仅仅是诸多政治德性中的一种而已，还不是最主要的那一种；而在特赖奇克那里，民族感情似乎就是一切。

观诸 20 世纪初的德国历史，将排他性民族主义视为全体德国人所特有或德国所独有，是一种诱人但错误的做法。这种民族主义在德国尽管很强大，却既不普遍也不稳定。德国在 20 世纪 10 年代的缓和政策以及它在 1917 年至 1918 年军事上的幻灭、争取和平的努力和军队的哗变，与 19 世纪 90 年代德国沙文主义和 1914 年的积极备战形成了鲜明对比。德意志帝国缺乏国家象征：正式的德国国歌直至 1922 年才出现，1871 年开始使用的红白黑三色旗也并非为了表达爱国情感，而是出于航运公司对船舶国籍旗的需要，其颜色的选择同时满足了普鲁士（白色与黑色）和德国贸易大城市（白色与红色）的要求。帝国从未有过固定的称号，德意志各邦国依然保留着自身的象征和机构。如前所述，帝国宪法被广泛认为是一部国际条约，而非一个新国家的受洗证书。

19 世纪后半叶，民族统一的神话在美国、英国和法国也曾流行一时。乔治·班克罗夫特（George Bancroft）在其出版于 1854 年至 1878 年的史诗级历史著作 * 中，将美国的创立及其后续历程描述为无私的美国人为文明社会之自由而进行的一场有目的的神圣行军。约翰·菲斯克（John Fiske）† 的通俗历史混合了达尔文主义的推测和天命的美国主义。西奥多·罗斯福的历史畅销书《西方的胜利》（*The Winning of the West*，1889—1896 年）则详述了在殖民西部的过程中，好的即合作的"野蛮人"如何被重新安置，坏的即反抗的"野蛮人"如何被扫除一空。在英国，西利1883 年出版的《英格兰扩张》一书被称为"帝国主义的圣经"，他在书中写道，一种去领土化的英国性以和平的方式扩张到世界各地——尽管西利认为印度除外。该书在出版后的三年中销量达到八万册，并在 1911 年再次卖出超过一万册。牛津大学历史学教授、托马斯·卡莱尔的传记作者詹姆斯·弗劳德（James Froude）记录了爱尔兰的反天主教历史以及大英帝国的沙文式庆祝活动。爱德华·弗里曼（Edward Freeman）在《诺曼征服史》（*History of the Norman Conquest*，1867—1879 年）‡ 中，将英国早期的撒克逊自由与来自法国的诺曼镇压进行了对比。尽管从党派角度而言弗里曼是一位格拉德斯通式的自由党人，但他同时是一位恶名昭彰的偏执狂，毫不掩饰自己对黑人、犹太人和爱尔兰人的蔑视。在海峡对岸，法国考古学家兼历史学家努马·甫斯特尔·德·库朗日（Numa Fustel de Coulanges）在其关于早期法国的学术研究中，删去了关于德国部落的内容。法兰西第三共和国伟大的教育家兼"国民教师"欧内斯特·拉维斯（Ernest Lavisse）对历史教科书进行审核把关，这些教科书要颂扬法国的史诗，他在给最年幼孩子的入门书中这样写道："你们要热爱法国，因为大

---

* 班克罗夫特有一部多达十卷本的美国史传世，其书名是《美利坚合众国的历史：从美洲大陆的发现谈起》（*History of the United States of America，From the Discovery of the American Continent*），详述了从地理大发现到1782 年间的美国历史。这套十卷本史学著作尚无中文版。——译者注

† 这里指的应是美国历史学家兼哲学家约翰·菲斯克，他使欧洲的进化理论在美国广为流行。——译者注

‡ 此书已有中文版面世，见[英]爱德华·奥古斯都·弗里曼：《诺曼征服英格兰》，唐月花译，华文出版社 2020 年版。——译者注

自然赋予其美丽，历史赋予其伟大。"

民族感情并不会自发地产生，民族想象也需要来自作家和知识分子的精心推动与培养。也就是说，民族并不是虚构的。而要推动并促成民族，首先就必须要有共同的信仰与共同的忠诚。对保守主义者而言重要的是：民族之想象究竟是以包容还是以排他的方式进行。

普遍的传统看法认为，群体中的人们兼具威严、愚蠢、可怕、野蛮与兽性。风平浪静之时，群体成员的行为是不假思考的，像畜群一样成群结队地相互模仿。一旦受到刺激，他们就会像狂躁的酒鬼、反复无常的妇女或者精神错乱者那样行事。这是传统上对全体人民的一般性看法。古斯塔夫·勒庞（1841—1931 年）的贡献在于，他将长久以来对暴民的恐惧置于一个听起来真实的基础之上。作为一位兴趣广泛的法国医生、社会思想家与科学普及者，勒庞在政治家和思想家群体中赢得了声誉，后两者尽管对他的方法表示质疑，却欣然接受了他的结论，即人民大众是不可信任的。

勒庞的成功部分在于他重塑了古老的偏见。他强调，人群并不是没有头脑的，相反，他们有一种特殊的心理。在《乌合之众：大众心理研究》（*The Crowd：A Study of the Popular Mind*，1895 年）* 中，勒庞描述了一种受隐秘本能所驱动的集体心理，这种心理甚至能够使群体中最为理性的成员噤声。"孤立地看，"他写道，"一个人可能是有教养的个体；一旦身处群体之中，他就成为野蛮人。"这种格言式表达是勒庞的典型风格。作为巴黎著名的沙龙常客，勒庞是如今人们熟悉的那类人物的早期代表，即富有天赋的社会科学普及者，他能够将复杂性和不确定性简化为可口的下咽物。当法国作家兼沙龙主持人马尔特·碧贝斯克（Marthe Bibesco）被问及为何政界名流会容忍勒庞时，她回答说，因为勒庞向他们提供方案，而政治家靠方案为生，正如厨师靠食谱为生一样。

对因大众民主的到来而感到恐慌的读者而言，《乌合之众》既带来了好消息，也带来了坏消息。社会从来不会因激进干预而被重塑，它只会随着观念和日常惯例的逐渐演变而缓慢变化。这听起来似乎使人宽慰，但

---

* 此书已有多个中文版面世，感兴趣的读者可自行查阅。——译者注

需要承认的一点是,前民主的社会框架已不复存在。大众(the masses)所带来的威胁与其说是他们的投票权重,不如说是他们的诉求内容令人生畏。更加糟糕的是,大众是无理性的,并且如果从人群(crowds)的角度观之,大众又是可被操控的。

勒庞解释说,人群不是一个偶然的聚合体,而是有组织、有目的的,尽管这种目的与组织性是无意识和不合理的。人群之形成无须其成员的明确认知,每个成员都感受到群体规模所赋予的"不可抗拒的力量",然而一切都是"可暗示的",并且人群经由"传染"而获得自身的目的。在人群中,每个人都变成了"野蛮人,即按照本能行事的动物"。人群的思考不借助于推理,而是借助于想象和类比,其行为也不明智,尽管它可能怀有一种被环境所决定的"情绪",这种情绪可以是快乐和平的,也可以是充满仇恨与攻击性的。相应地,人群可以从事犯罪行为(如骚乱),也可以投身英雄壮举(如战斗)。

在大众社会,以往对人的控制机制不再有效。无论宗教还是传统制度均无法控制人群,然而领导者会不可避免地从人群中脱颖而出并发挥引领作用。这些领导者可能是暴君,也可能具有政治家风度;可能是邪恶的,也可能是良善的。他们总是行事专横,其权威并非来自智慧或卓越的能力,而是来自对人群的理解以及对群体成员的典型化(typifying)。成功的群众领袖从不解释或试图证明其言论的正确性,他只是简单地断言,然后不断重复。

勒庞将人群分为两类:一类是异质的(有着混合的成员身份),另一类是同质的(成员属于相同的类型)。异质人群可以是"匿名的"(如街头人群),也可以是"非匿名的"(如陪审团或议会,两者都倾向于群体思维)。同质人群则包括教派和社会等级(如牧师、法官、军官或工人),还包括社会阶层(如农民、中产阶级)。一旦群体思维支配了某个社会等级,它往往会具体化并持续下去;之后,该等级只会听从自身,并试图攫取权威以控制大众。

群体思考的倾向并无法将社会精英和"有教养"的民族与下层阶级或"未开化"的民族区分开来,为此勒庞转而求助于普遍的偏见来为其不友善的观点辩护:他对女性怀有敌意,理由是女性天生不如男性;他反对普及免费教育，理由是很少有人能够通过学校教育获得改善，而普及免费教育是 19 世纪 80 年代茹费理改革的目标之一；他敌视黑人，认为"你可以授予黑人以文学士和博士学位，但你无法使他变得开化"。

在勒庞看来，普选权令人遗憾，但不可避免。政府引导舆论的能力越来越差。然而，他承认，对于"开化民族"而言，议会依然是最好的政府形式，且不无讽刺地补充道，"至少对思想家、作家、艺术家和学者而言"是如此。群众是不宽容的、独断的和保守的，他们"对传统有着不容置疑的迷信，对任何可能改变他们生活状况的新奇事物怀有一种下意识的恐惧"。一个有支配力的强势领导者便足以操控他们。

尽管勒庞基于事实的大众行为研究框架有着明显的不一致和重叠之处，但他生动地描述了整体意义上的人群如何受到自身所无法完全理解的力量的驱使，这幅清晰的画面深深地刻在了对自由主义议会制度表示怀疑的人们的脑海中，这些怀疑者既包括左翼也包括右翼，他们的怀疑是：自由主义议会制度能否经受住法兰西第三共和国所经历过的种种考验，如财政疲软、腐败丑闻、四处蔓延的罢工以及 1893 年的经济衰退。

尽管勒庞否认自己具有党派意图，但他的《乌合之众》一书出版后不久便多次再版，以多种方式明显助长了保守主义对民主自由主义的怀疑。该书通过将集体行动污名化为群众行动，进而将群众行动污名化为非理性的，似乎证明右翼有理由对工人阶级的组织与诉求感到恐惧（工人阶级的诉求包括工会权利、以选举推进社会改革，以及让国家掌控经济）。通过暗示社会群体的所有行动都容易出现群体式的非理性，勒庞的著作进一步加剧了保守派对具有独立思想的理性公民的怀疑，他们怀疑后者是否具有影响力，甚至怀疑后者本身是否存在，而这种理性公民正是政治自由主义所倚重的。

弗洛伊德并不认为自己最先认识到了"无意识心理状态"的作用，相反他在 1921 年称赞勒庞最早做到了这一点。在熊彼特看来，勒庞"沉重打击了关于人的本性的传统看法，这种看法正是古典民主学说的基础，也是关于革命之民主传说的基础"。熊彼特写道，尽管勒庞有所夸大，但他"促使我们面对可怕的事实"，即"（人的）原始冲动、幼稚病和犯罪倾向"，对此"我们每个人都心知肚明却没有人愿意去面对"。

勒庞并不是一位系统性思想家,而是一位借鉴者和整合者。他从斯宾塞主义者的社会达尔文学说那里借鉴了生物文化等级的观点,将人类分为高等文明和低等文明。他借鉴了阿尔弗雷德·富耶(Alfred Fouillée,1838—1912 年)的观点:我们对道德和社会的认知,并非默默地受制于我们所浑然不觉的物质力量,而是受到富耶称之为"观念力"(*idées forces*)的指导思想的左右。勒庞的作品延续了加布里埃尔·塔尔德(Gabriel Tarde)1890 年关于模仿在社会生活中的作用的研究,以及西皮奥·西格莱(Scipio Sighele)1891 年关于犯罪人群的研究,提醒人们不要忽视先前的争论。此类作品在关于自由主义民主社会的保守主义思想中留下了鲜明的印记,一直延续至下一个世纪,其典型代表便是西班牙右翼思想家何塞·奥尔特加·加塞特(José Ortega y Gasset)的著作《大众的反叛》(*The Revolt of the Masses*,1930 年)*。它们还出现在 1945 年之后美国和德国新保守派对民主伦理和文化所持的悲观看法中。

对大众的研究变得更加复杂和专业化,也更具实证性。然而,尽管有着科学上的抱负,这些研究却从未成功褪去其政治色彩。进入 20 世纪,大众展现出了两个鲜明的传统:其一突出表现在社会心理领域,其二表现在自由市场经济领域。第一个传统迎合了保守主义对民主的恐惧,它试图证明勒庞所主张的人群的愚蠢以及他们对专制领袖的服从。自由主义民主在 20 世纪二三十年代的崩溃,以及法西斯主义、纳粹主义等的崛起,共同推动了 20 世纪中叶对政治非理性、破坏性群众运动和所谓"威权"(即顺从)人格的研究。美国社会心理学家埃里克·霍弗(Eric Hoffer)对狂热的根源进行了探讨,写成了《狂热分子:群众运动圣经》(*The True Believer*: *Thoughts on the Nature of Mass Movements*,1951 年)†一书,一时洛阳纸贵,据说成为艾森豪威尔最乐于向访客赠送的书籍。

相比之下,第二个传统即经济方面的传统,则强调大众的智慧。这是一种满怀希望的传统,它借鉴了理性选择理论以及认为自由市场具有卓

---

　　*　此书已有中文版面世,见[西班牙]奥尔特加·加塞特:《大众的反叛》,刘训练、佟德志译,山西人民出版社 2020 年版。——译者注

　　†　此书已有中文版面世,见[美]埃里克·霍弗:《狂热分子:群众运动圣经》,梁永安译,广西师范大学出版社 2011 年版。——译者注

越的信息收集能力的观点，以丝毫不带焦虑的眼光看待大众决策。集体决策固然充满了歧路式的陷阱和悖论，但它绝不会严重到摧毁人们对大众智慧所抱有的信心的程度。只要人群多元且能够独立思考，以及最重要的，不受引导、欺凌或被随意指使，那么人群的规模越大，集体决策就会越好。

简言之，从19世纪末到20世纪中叶，人群的愚蠢令焦虑的保守派为之伤神不已。1945年之后，由保守派转化而来的市场自由派张开双臂迎接大众智慧，与此同时并未完全忘记大众所具有的愚蠢和渴望权威的另一面。保守主义在焦虑和希望之间左右徘徊。一方面，对财产的保护、对市场的信任以及对政府的怀疑，促使保守派将目光转向为数众多、互不关联而又充满智慧的人群，并从后者那盲目却又不受引导的判断中看到了睿智。另一方面，保守派依然对同样数量众多却又融为一体的愚蠢人群有着根深蒂固的恐惧，他们从未完全摆脱这样一种怀疑：经济理论中的智慧人群不仅不是自发秩序的源泉，相反他们实际上是一种经过伪装的不道德的自由厮杀。

勒庞将人民视为乌合之众的看法简单而易懂，这幅图景一直存在于保守主义对大众民主的恐惧、对文化平等的抱憾，以及对政治自由主义所主张之自立与理性公民的拒绝之中。彼时的文学家用那个时代的语言描绘了暴民的善变和危险，这又赋予勒庞观点以可怖的色彩。这方面的一个著名例子是法国作家马克西姆·杜·坎普(1822—1894年)。作为一位不太知名的作家和富于冒险精神的早期摄影师，杜·坎普最为人所知的是他与福楼拜和波德莱尔的文学友谊，波德莱尔将其诗集《恶之花》(*Fleurs du mal*) * 中的"遨游"一诗献给了杜·坎普，这是一首对祛魅的刻薄赞美诗。杜·坎普之所以没有被人们遗忘，完全是因为他的四卷本著作《巴黎惊厥》(*Convulsions de Paris*，1878—1880年)，该书对1871年巴黎公社进行了强有力的描述，使之与1793年和1848年并列成为保守主义对巴黎暴民心怀恐惧的经典场景。作为一部谩骂与嘲讽的杰作，《巴

---

* 诗集《恶之花》已有多个中文版面世，感兴趣的读者可自行查阅。——译者注

黎惊厥》的场景设定为一个由公社文件和官方报告所构成的欺骗性事实框架。杜·坎普在 1848 年是一名国民警卫队士兵,他曾与叛乱分子作战,受过伤,对共和党人怀有强烈的反感,这为他的书赋予了文学力量。《巴黎惊厥》呈现了一幅充满争议的荒唐画面:巴黎普通民众意志薄弱、体弱多病且异常蠢笨,被几百名文化程度不高的恶棍引入歧途。

在妖魔化巴黎人民的过程中,杜·坎普巧妙地将事情的另一面呈现了出来。巴黎公社与其说是一场叛乱,不如说是在国家权威消失之后巴黎为自身生存而进行的一场斗争。1870 年 7 月至 9 月,法国军队在与普鲁士所进行的一场错误的战争中溃败,从而终结了专制的法兰西第二帝国。为了锁定胜利并结束战争,德军包围了法国首都巴黎。1871 年 1 月,由于粮食供应不足,法国寻求议和。在随后的一场选举活动中,激进的城市地区与保守的乡村地区展开争夺,试图控制这个新生而脆弱的共和国。厌战的选民选择了以梯也尔为首的右翼政府,授权他接受德国提出的苛刻的停战条件。

在那次选举中,激进派候选人席卷了巴黎议会席位。在更贫穷、人口也更稠密的巴黎东部城区,人们对议和感到反感,渴望继续战斗,并对政府救助债权人感到愤怒,同时又对民主权利和社会改革抱有希望。1871 年 3 月,当正规军开始与巴黎民兵称兄道弟之时,惊慌失措的梯也尔将军队和政府部门撤退到了凡尔赛。失去国家权威的巴黎选出了一个由大约九十名成员组成的自治公社,其中大多数成员都是小型专业人士和自雇工匠。激进的巴黎所认为的自治,在保守的凡尔赛看来则是革命,而凡尔赛所认为的恢复政治秩序,在公社看来则是富人所发动的阶级战争。

无政府主义和乌托邦的话语在政治俱乐部中响起,但巴黎公社既不是无产阶级的,也不是革命的,它的目标是为巴黎争取更大程度的自治,并去除加诸工匠和小企业身上的负担。公社仅仅持续了七十二天的时间,这对于实现任何目标来说都是不够的,却足以使梯也尔重整旗鼓,并将这场很大程度上因政府自身而起的自发性起义镇压下去。1871 年 5 月,十三万法国正规军从西部郊区进入巴黎。短短七天之后,便有约一万名公社保卫者、手无寸铁的公社援助者和运气不佳的旁观者被军队杀害,囚犯被即刻枪杀。在被逮捕的三万六千人中,有大约一万人被处决、监禁或流放。

凭借着检察官一般的技巧，杜·坎普从这些混乱可怕的事件中找到了一个罪魁祸首，那就是由激进的麻烦制造者和左翼知识分子组成的"第四阶层"，他们的目标是终结那些"仅存在于他们想象中的"特权，并"基于与生俱来的权利"而将政府授予"那些什么也不学、什么也不知道、什么也不想做的人"。他们被嫉妒心所驱使，而嫉妒是"心怀不轨的卑鄙者的原罪"。这支不具有代表性的失望者大军包括"落魄的小资产阶级，渴望成为老板而不得的绝望工人，因赚不到钱而倍感愤怒的老板，失业的新闻记者、医生和教师"。在杜·坎普看来，屈服于这个虚构之怪物的政治教训在整个欧洲都异常普遍："集体主义者、法国的巴黎公社成员、德国社会民主党人、俄国虚无主义者……不同的标签，相同的毒药。"

相对于杜·坎普的激烈和直言不讳，美国作家兼历史学家亨利·亚当斯（1838—1918 年）则充满了暗示和哀婉。作为一个幻想破灭的进步主义者，亚当斯认为人民就其总体而言是善良的，却又是易于被驾驭的。政治参与是人民生活的一部分，但不是主要的部分。如果缺乏一个足够警觉的公民群体，那么美国令人称羡的民主制度就将被富有的利益集团所俘获，他们会收买政客，进而以人民的名义进行统治。在亚当斯看来，这是一项肮脏的交易。

亚当斯的祖父和曾祖父都曾担任美国总统 *。他出生在一个重视财富却不信任卓越的国家。他相信，财富和卓越都是民主国家所必需的，但他不知道如何使财富、卓越和民主协调一致，这种紧张关系贯穿在他的第三人称自传《亨利·亚当斯的教育》(*The Education of Henry Adams*，1907 年)†和小说《民主》（1880 年）中，后者虽是虚构的，但讽刺的却是在镀金时代的华盛顿成为热门话题的腐败性游说。

作为历史学家回顾早期的美国，亚当斯认为，1815 年美英战争结束之前的美国有其特殊而固有的特征，它的民主在那个时代是独一无二的。

---

* 亨利·亚当斯的曾祖父是美国开国元勋之一、第二任总统约翰·亚当斯，其祖父是美国第六任总统约翰·昆西·亚当斯。——译者注

† 此书已有多个中文版面世，感兴趣的读者可自行查阅。——译者注

他在 1889 年至 1891 年出版的早期美国史中这样写道："战争不重要，英雄更不重要，只有人民才是永久的关注点。"回顾自己所处的时代，亚当斯对民主自治几乎不抱希望，因为它会被私人利益所扭曲。

小说《民主》通篇流淌着幻灭的情绪，书中讲述了一个夹杂着党派斗争的婚姻爱情故事，这个情节设定远没有亚当斯的思想游戏来得重要。女主人公是一位热心善良的寡妇，来到华盛顿观察这里的社会风尚。书中的反派角色是一位腐败但有权势的参议员拉特克利夫（Ratcliffe）。亚当斯借拉特克利夫之口表达了一种鄙视大众选举和社会改革的观点："没有哪个代议制政府会比它所代表的社会好多少或差多少，净化社会就是净化政府。"亚当斯年轻的时候是一位进步主义者，曾相信社会改革，但后来失去了信心。读者难以确定亚当斯究竟是对拉特克利夫的玩世不恭感到厌恶，还是被他的坦率所吸引，同样的不确定还出现在他的自传对宾夕法尼亚州参议员兼政治玩家西蒙·卡梅伦（Simon Cameron）的描写当中。

尽管女主人公也像亚当斯那样被拉特克利夫所吸引，但她依然拒绝了他的求爱。当她质问他的腐败行径时，他回答说，接受一家不安全的汽船公司的款项以换取立法支持并不会带来伤害，只要这有助于他的政党，因为他的政党比其对手更能为社会带来好处，而为社会做好事是他的最高职责。女主人公发现拉特克利夫是一个"道德疯子"，但她不无懊悔地总结说，我拒绝他的追求，"人们十有八九会认为我犯了一个错误"。她离开了政治华盛顿，投身于"她的贫民窟和她的监狱、她的学校和她的医院"的善举。亚当斯从未放弃对人民主权这一理想的信念，认为它是组织政治的最不坏的方式，但他开始认为，人民因过于分散、整日奔忙和软弱无力而无法抵抗金钱的集中力量。

如果说亚当斯是一位犹疑不安的保守派，那么相比之下，门肯（1880—1956 年）则代表了右翼语言艺术家和揭穿谎言者的咆哮。亚当斯希望人们比以往更睿智，门肯则从未怀疑过他们的愚蠢，他取笑他的中产阶级读者，称之为"傻瓜共同体"，因为他们既自命不凡又循规蹈矩。然而，正是这些读者使他成为全国最受欢迎的怪老头和智者，成就了他辉煌的职业生涯。门肯是一位巴尔的摩记者、评论家兼编辑，被誉为《聪明人》（*The Smart Set*）和《美国水星》（*American Mercury*）杂志的精神领袖，这两份杂志致力于揭露政治愚蠢并嘲笑文化上的努力。

门肯私下里对黑人、犹太人以及除他所仰慕的德国人以外的几乎所有外国人都有着不加限制的歧视，这种歧视如今不再可能见诸报刊或书籍，除非被人原文引用或者间接陈述。下面的一些简短文字来自门肯已发表和未发表的作品，可以让我们领略一下他的尖刻风格，比如他说："厌女症患者指的是厌恶女性的男性，正如女性之间相互憎恶一样。"他还说："如今受过教育的黑人依然是失败者，不是因为他在生活中遇到了不可克服的困难，而是因为他是黑人。简言之，他生来就是低种姓的人，其惰性和无能要经过在文明社会生活五十个世代之后才会改观；即便如此，优越的白人种族仍将领先他们五十代人。"

政府、普通公民和公众的智力一样受到门肯的蔑视：民主是"从猴笼里管理马戏团的艺术"，"所有政府在本质上都是反对优秀者的阴谋：它唯一且永久的目标是压制并削弱后者"。门肯开玩笑一般地煽动读者的暴力："假设明天有三分之二的众议院议员被扔进华盛顿的垃圾焚烧炉，我们除了不用再支付他们薪水以及他们寄生虫的薪水之外，还会失去什么呢？""我建议对于公民殴打、鞭打、踢打、挖眼、切割、伤害、挫伤、致残、烧伤、棍击、抽打、剥皮甚至私刑处死公务员的行为，不再以不法行为论处。"

关于普通公民的道德和心智能力，门肯写道："普通人对自由的热爱十有八九是虚幻的，就像他对理性、正义和真理的热爱一样。自由并不会让他事实上变得快乐，他会不自在，有点担惊受怕，并会产生难以忍受的孤独。"普通、虔诚的美国人很容易轻信，因为"通常而言，宗教对人类来说是一种诅咒"。他们无法清晰地进行思考。公民从未形成一个审慎的整体，相反，他们一直都是缺乏思考能力的一群人。"当公职候选人面对选民时，他面对的并不是有理智的人，而是这样一群人：他们的主要特征是完全没有能力在不同看法之间作出权衡。"

同样地，知识阶层也无法提供多少帮助。美国缺乏一个"拥有健全的信息、抱持怀疑的思维方式，以及最重要的，在地位和权威上安全稳固的知识贵族"。可笑的是，那些本应肩负起伦理和文化权威的人未能完成他们的任务，大学校长往往是"四处走动的马屁精"，他们不参与"思想的交锋和知识的追求与传播"，而是"巴结富有的蠢人，与乌合之众把酒言欢"。

在当时，门肯因其机智幽默和对传统观念的批判而广受推崇，尽管他并未受到每一个人的推崇。20 世纪 20 年代，沃尔特·李普曼（Walter Lippman）认为门肯是"对受过教育的这一代人影响最大的一个"。到 20 世纪 30 年代，广大读者的情绪发生了变化，门肯开始变得使人厌烦、陈腐老套，加之他本人也没有多少积极的看法，他成为一个脾气暴躁、不合时宜的保守主义者，将罗斯福视为比希特勒更应该受到谴责的人。

门肯的讽刺不只是出于怨恨。他阅读并撰写过一篇关于尼采的研究，尼采是他最喜欢的思想家。像乔治·奥威尔和维克多·克莱普勒（Victor Klemperer）一样，门肯也深刻地理解了我们所用的词语的政治意义。在《美国语言》（*The American Language*，1921 年）一书中，他捍卫美国口语的创造力和民间活力，反对"正确用法"的沉闷。然而，他本人却毫不顾忌地四处发出破坏性言论。

门肯的辩护者认为他从不自负或者从不自以为是。他的偏见是如此之强以至于到了嘲笑偏见本身的程度，并且正像他最近出版的日记所显示的，他的偏见在目标上是不加选择的。辩护者坚持认为，门肯对人类愚蠢的蔑视并不是有选择的，而是普遍的，也就是说，他嘲笑人类及其缺陷，与人的信仰或出身无关。此外，在捍卫自由言论这一至高原则方面，没有人比门肯更加用力，正如他在《我之信仰》（*What I Believe*，1930 年）中所宣称的。最后，拥趸们从门肯对大众的恐惧中发现了一种对未经过滤的民粹式民主的警告，门肯所担心的正是美国有可能陷入这样一种民主当中。

门肯的声誉可以作为政治气候的一种非正式试金石——他的声誉在 20 世纪 30 年代下跌，在 20 世纪 80 年代恢复，当时一种粗糙的门肯主义在美国右翼媒体上流行开来，自由派则因政治正确而倍受抨击。本着门肯的精神，德国和法国的硬右翼派别在 21 世纪 10 年代发出了决定性呼喊，勇敢地说出他们声称"不被允许说"的话。门肯不相信民主制度下的选民能够作出明智的选择，这种看法在当前的美国右翼学者当中引发了共鸣，后者实际上主张剥夺那些愚蠢或无知的选民的投票权。

对门肯的反应在一定程度上取决于这样一种判断：如果人们认识到在公共场合发言不能像门肯笔下那般恣意妄为，那么这究竟是一件令人遗憾的事情还是一件好事？它还取决于人们对门肯自以为是的口吻有多么信服。门肯的论证依赖于一种华而不实的论据："人们普遍相信 p，普遍的信仰往往是错误的，因此非 p。"门肯对尼采关于道德的论述有着不假思索的、深深的仰慕。作为一位道德怀疑论者，尼采的问题在于，要击垮道德，你需要让其中的一些保留下来。而门肯的问题则在于，作为一个持保守主义立场的反对者，他似乎总是知道哪些看法是错误的，却很少能够指出哪些观点是正确的。

在这一章的思想家与作家中，乔治·索雷尔（1847—1922 年）是政治立场最公开、同时也最难从政治上加以归类的一位。他把人民想象成工人阶级，把工人阶级想象成用来对付自由主义者和议会民主派的有效武器。这两幅想象的图景既不完全正确也不完全错误，因此对于所有认为自由主义民主不可救药的人来说，索雷尔的作品一直都是不可或缺的百宝箱。索雷尔被定性为古怪的马克思主义者和法西斯主义的先驱，他思想中最清晰的脉络是对自由主义的鄙视，这使他既受到激进左翼的青睐，也被不妥协的右翼视为同伴，由此为他在保守主义的历史上赢得了一席之地。

索雷尔著述丰富，但他之所以被人们铭记，主要是因为他的两部著作，即《论暴力》（*Réflexions sur la violence*，1906 年）* 和《进步的幻象》（*Illusions du progrès*，1908 年）†，前者是关于自由主义和社会主义的一本论文集，后者则论述了进步作为一种政治理念的历史。两部著作有着相同而强有力的主题：在政治层面，嘲笑自由主义-民主对公共理性、选举和议会政府的信任；在社会层面，谴责自由主义-民主政治所赖以维系的中产阶级的软弱。索雷尔从工人阶级的敌意中看到了揭露自由主义-民主骗局的手段，也看到了使一个堕落的社会重新焕发活力的能量源泉。

自由主义社会失去了曾经从资本主义中获得的丰沛能量，早期的活力消失了，取而代之的是一种颓废、消极的消费伦理。在政治上，这种伦

＊ 此书已有中文版面世，见［法］乔治·索雷尔：《论暴力》，乐启良译，上海人民出版社 2005 年版。——译者注

† 此书已有中文版面世，见［法］乔治·索雷尔：《进步的幻象》，吕文江译，上海人民出版社 2003 年版。——译者注

理表现为自由主义民主令人窒息的虚伪，它通过程序、交谈和得过且过的改革扼杀了社会活力。索雷尔寄希望于工人阶级的敌意，以揭示自由主义所念兹在兹的平等进步与自由主义社会阶级分裂的实际状况之间伪善般的不匹配。

索雷尔仰慕并追随勒庞和塔尔德，否认集体行动受到理性和说理指引的观点。勒庞和塔尔德关注群众如何思考（勒庞认为群众思维是乌合之众式的，塔尔德认为是模仿式的），索雷尔则专注于群众的思考内容。索雷尔写道，社会行为受到神话的指引，这些神话是前反思式的（pre-reflective），没有什么道理，也不可辩驳，就此而言它们是不理性的。但神话并不是没有思考的，它们有自己的内容与所指，所描绘的是社会的过去和应有的样子。如此一来，神话就像保守主义者勒普雷（索雷尔同样崇拜他）笔下对社会秩序至关重要的"权威"一样，成了集体的规范。在索雷尔看来，神话是深刻而迫切的，它表达了一个民族最强烈的执念。

索雷尔在革命神话与乌托邦之间作了区分，前者名副其实、广为流传，后者则站不住脚，是知识分子炮制的产物。革命神话具备使自身经久不衰的必要条件，知识分子神话则缺乏这一点。革命神话在某种意义上是有理由和可信的，知识分子神话则是虚假的，具有欺骗性。在知识分子所构建的乌托邦神话中，最站不住脚的莫过于那种认为市场社会具有自我组织性的自由主义神话。（索雷尔也许补充了一个晚近版本的自由主义神话，即关于神话之终结的神话。）社会主义神话则兼具革命神话和乌托邦的色彩，它是"严肃的、令人畏惧的、崇高的"，并有一个更具革命性的竞争对手，那就是鼓吹全面罢工的工团主义神话。社会主义者想要对国家掌权者取而代之，工团主义者则想要取代国家本身。

索雷尔笔下的"暴力"并非指打砸商店或屠杀富人，而是指时刻准备彻底抛弃自由主义和民主规范。按照这样的理解，政治暴力便包括了所有不受法律限制、以推翻旧秩序为目标的激进行动，这种行动之进行并非出于仇恨或复仇精神，而是像军事行动那样不动声色地推进。在这个意义上，总罢工也是一种暴力。准备推翻社会规范的意愿是普遍存在的，如此一来，暴力便永远不会过时。唯一的问题是，暴力是野蛮的还是高尚的？身体暴力只是一种表现形式，是面对国家警察时的一种极端防御。

索雷尔并不是严格意义上的保守派，因为他完全不属于任何政治阵营。作为德雷福斯的支持者，他反对那些借由对政府的滥用来推动其原则并成就其事业的自由派政治家。作为激进的工团主义者，索雷尔在法国倡导马克思主义，并支持 20 世纪初的罢工浪潮，他的马克思主义更多地关注伦理而非经济。对索雷尔而言，马克思遭遇了与马克思本人所批判的政治经济学家相同的还原性失败（reductive failing）：两者都将伦理建立在经济之上，而在索雷尔看来，情况恰恰相反。索雷尔认为，工人应该赶走资产阶级，不是因为资产阶级有钱，而是因为他们软弱无力和意志薄弱。第一次世界大战之后，他曾与反自由主义的右翼眉来眼去，并转向反犹主义，最终成了列宁的崇拜者。

索雷尔对马克思的批评延伸至对狭隘的人类进步观念的普遍不满。他在《进步的幻象》一书的结尾写道，更多的知识、更多的物质财富和更多的闲暇并不必然使人更加幸福，他认为这种错误观点继承自 18 世纪的启蒙改革家，它源于一种温和的"消费伦理"。他指出，幸福在很大程度上取决于积极主动和拥有使人满意的工作，这与密尔遥相呼应，后者服膺于类似的古老智慧。索雷尔对生产伦理和消费伦理的两相对比，在 1945 年之后关于资本主义反噬自身的担忧中被再次提及。

索雷尔的思想包含着相互冲突的元素：他认为上升与衰落交替出现，同时又主张以急剧断裂为标志的历史阶段的向前推进；社会神话有时是无关真假的阶级武器，有时是合于时代的实用性社会规范，有时被错误地视为幻象和欺骗或者被正确地当作实现解放的真理；他确信自由主义民主制度有着显而易见的缺陷，但同时对于可能的替代方案又几乎保持沉默。对于坚信（并且乐见）民主自由主义即将衰亡的人来说，索雷尔的著作提供了修辞武器。对于希望改革民主自由主义的批评者来说，索雷尔的作品是一个有用的提醒，它揭示了矫枉过正的害处。

索雷尔的吸引力在于一种批判性的蔑视——既蔑视自由主义民主，又蔑视姑息式的改革。在他看来，两者都只服务于资产阶级及其政治和智识帮手，与此同时欺骗并分散民众的注意力。索雷尔对选举、议会和永无止境的争论的蔑视，深深地刻在了 20 世纪的历史进程中。墨索里尼声称索雷尔的著作一直是他的床头读物。在施米特的行政"决断论"（decisionism)背后,处处体现着索雷尔对非理性行动的赞美和对议会的鄙视。索雷尔认为人民是一个具有同质性的民众群体,出于对自由派精英的蔑视而团结起来,这种看法在 21 世纪 10 年代硬右翼民粹主义的崛起中有着响亮的回响。

iii. 文化衰退和道德失范:云格尔与其他德国人、德里厄·拉·罗谢勒、南方重农派与艾略特

1914 年至 1918 年战争打击了自由主义-民主的自信心,重新激活了不妥协的保守派,为后者提供了大好的机会来贬低他们认为堕落、缺乏目标和灵魂的自由主义社会。繁荣、开放国家之间的相互残杀动摇了自由主义的信念,而根据自由主义理论,这种情况应该永远不会发生。对"低等"民族的殖民统治和为屠杀铺平道路的帝国争霸,暴露了自由派在进步和平等方面的口惠而实不至。战争爆发时民众对战争的狂热支持,在战争结束时转变成了叛乱、反叛和革命,使得自由主义对选举民主的信任变得暗淡。

这种动荡的自由主义情绪被经济学家凯恩斯捕捉到了,他在 1923 年的一篇文章中以近乎绝望的语气写道:"今天的我们是最没有信仰的一群人,我们的每一座宗教和政治建构都已残破不堪。"凯恩斯所谈论的并非政党政治意义上的"自由主义",而是保守派政府付出巨大努力试图建立的一个自由主义世界。对于 1914 年至 1918 年战争以及随之而来的严酷的和平时期,主流保守主义要承担很大的责任,特别是右翼知识分子。

法国大革命的批评者认为大革命只是表面症状,其背后是更严重的弊病。与此类似,第一次世界大战也为 20 世纪二三十年代的不妥协右翼提供了看似决定性的证据,以证明自由主义正统已然失败。部分硬右翼继续留在政治领域,作为激进分子试图从边缘改变主流,其他人(主要是作家和思想家)则退回到更高的层次,对一种精神空虚的自由主义和粗糙的民主文化展开批判。两者之间的界限可能很细微,法国的莫拉斯和德

国的恩斯特·云格尔都曾一度扮演这两种角色，英美诗人艾略特则完全退回到反现代的批评当中。他们与保守派主流作家的实用主义辩解以及"事情有可能更糟"的乏味辩护形成鲜明对比，从而汲取了批判性力量。右翼的这种意见纷争在当前关于保守主义的知识混乱中依然回荡不止：一边是情绪激烈的不满者的大胆抨击和大声疾呼，另一边是对右翼自由主义乏味却坚定的辩护。

在20世纪20年代和30年代的意见纷争中，各色人物和声音次第登场。德国的奥斯瓦尔德·斯宾格勒（Oswald Spengler）、阿图尔·默勒·范·登·布鲁克（Arthur Moeller van den Bruck）和恩斯特·云格尔以各自的方式为"保守主义革命"发声。美国的南方重农派（Southern Agrarians）倡导农场和乡村，认为那里的生活比城市的工厂作业更加高尚。法国右翼作家兼法西斯同情者皮埃尔·德里厄·拉·罗谢勒（Pierre Drieu la Rochelle）则以一种个人行动的狂热来对抗他所看到的自由主义的衰弱。针对自由主义现代性的失范，伟大的现代主义诗人、美裔英国人艾略特主张一种植根于基督教传统的高阶文化准则，仿佛与柯勒律治遥相呼应。他们每个人都是政治的局外人，他们对民主自由主义智识氛围的批评明显集中于伦理和文化层面。作为保守主义者，他们同时认为自己的批评具有政治上的重要性。

"保守主义革命"一词的流行要归功于德国著名保守主义者阿明·莫勒（Armin Mohler），他在1949年出版了一本同名著作。回顾早期的魏玛共和国，莫勒将1918年之后德国右翼骚动不安的知识分子分为五种类型：年轻保守派、民族主义者、形形色色的反魏玛联盟的参与者、重农派和民族革命者。该分类是否精细准确并不重要（莫勒后来对其进行了调整），重要的是其广泛的历史目的，那就是寻找一种存在于20世纪20年代的更加纯正的、保守的、反自由的激进主义，从而可以将法西斯主义和纳粹主义视为污染物或者完全他类的非保守主义运动。按照莫勒的观点，保守主义革命的思想家都认识到了一点，那就是自由主义无法认识到自身的不连贯性，同时这些思想家也都对自由主义的伪善持蔑视态度：自由主义声称自己有着普遍的善意，事实上却服务于阶级和财富；它声称自己对进步充满信心，同时却对世界大肆劫掠，让人民深陷战争泥潭。

一个世纪之后回望，有三位德国"保守主义革命"的作家备受关注，他们分别是：奥斯瓦尔德·斯宾格勒，著有《西方的没落》（*Decline of the West*，1918 年）*；阿图尔·默勒·范·登·布鲁克，著有《第三帝国》（*The Third Reich*，1923 年）；以及恩斯特·云格尔，一位长寿和备受争议的作家，阿明·莫勒曾在 1948 年至 1952 年担任他的文学秘书。

如果斯宾格勒研究文明兴衰的皇皇巨著仅冠以其副标题"世界历史形态学概要"，那么我们有理由怀疑它能否在出版后的八年内畅销超过十万册。许多德国人认为这是一部对国家失败和《凡尔赛和约》之耻辱进行研究的著作，尽管斯宾格勒早在 20 世纪 10 年代初就开始构思其整体架构，彼时还是一个相对缓和并对自由主义充满希望的时期。作为一位芭蕾大师兼舞蹈家的儿子，斯宾格勒师从杰出的经济学家和哲学家，之后他继承了母亲的遗产，这使他能够过上绅士学者的生活。

斯宾格勒像一位技艺高超的哥特建筑大师，对清晰的结构和全面的象征主义充满渴望。他以一种清晰易懂的方式对界定清晰、包罗万象的类目进行排列组合，以涵盖长程的历史空间，人类生活的方方面面都几乎能在这一整体框架中找到其象征意义和恰当位置。眼下的现代社会也许是混乱和令人困惑的，但斯宾格勒在其超历史中为现代社会安排好了它在世界秩序中的位置。西方的现代人——斯宾格勒指的是进步的自由主义者——则面临一个令人沮丧的消息：自由主义的西方在世界历史进程中发挥了它应有的作用，这多少是一种安慰，然而斯宾格勒所传递的主旨信息则不会令他们感到欣慰，那就是西方的使命已经完成。

根据斯宾格勒的说法，高等文化兴起、盛行，然后以大约一千年的周期衰落。他识别出了八种"高等"文化，而西方之崛起便是基于最后的三种，它们分别是：阿波罗式文化（希腊）、麻葛式文化（闪米特—古基督教—伊斯兰教）和浮士德式文化（晚期基督教）。每一种文化都是具有生命力、能够自我反思的整体，没有哪个文化仅仅体现在某个特定种族或族群中。文化使各阶级团结在一起，并使信仰、习俗和艺术融为一体。在纯粹的早

---

*　此书已有中文版面世，见［德］奥斯瓦尔德·斯宾格勒：《西方的没落》，齐世荣等译，商务印书馆 1963 年版。该书于 2001 年重印。——译者注

期形式中，文化根深蒂固，是有机的和乡村的，它们与城市一起成长，同时也承载着腐朽的种子——过度思考、忽视本能、丧失亲密感与自然性。在不断扩张中，高等文化"木乃伊化"并成为文明。从斯宾格勒的历史体系中，人们会看到与浪漫保守主义类似的反现代的鲜明对比——乡村 vs.城市、理性 vs.感性、整体 vs.部分，以及假定城市居民、批判性思考者和自由主义者都是对立双方中错误的那一方。

西方已经从强大走向虚弱，从文化走向文明，其"木乃伊化"在政治上表现明显。自由主义民主制度和金钱成为资产阶级在媒体的帮助下对抗贵族的工具。自由使人的聪明才智得以发挥，机器随之被创造出来，它既使人受益又使人被奴役。金钱带来了所有价值的市场化，在"最后一役"中，金钱独裁将被凯撒主义所终结，历史循环将再次开启。

斯宾格勒的政治观点并非一定要借助于夸张的历史描述和浪漫的反现代主义才能够理解。他在《普鲁士精神与社会主义》(*Preussentum und Sozialismu*，1919 年)一书中已明确表达了其政治观点：德国既不需要马克思主义，也不需要自由主义，而是需要一种"普鲁士社会主义"，这是一种期盼已久的混合体，它能够在保守派的控制之下将社会福祉和民众认可结合起来。

阿图尔·默勒·范·登·布鲁克(1876—1925 年)在其著作《第三帝国》中同样呼吁对立各方的和解，并提出了一个保守主义德国的未来愿景。默勒是一位建筑师的儿子，自学成才，他名字中的"阿图尔"取自哲学悲观主义者叔本华。与拉斯金 * 一样，默勒在其建筑学著作《普鲁士风格》(*Der Preußischer Stil*，1916 年)中发现建筑形式蕴含着重要的道德意义，尽管有着异常露骨的沙文主义意图。默勒将普鲁士传统中的"男子气概"价值观，即讲求实际、尽职尽责、尊重权威和自我克制，与在德国其他地方的巴洛克和浪漫主义建筑中发现的"女性化"价值观进行了对比，后者表现为梦幻般的普世主义和感官的盛宴。

---

* 这里指的应是约翰·拉斯金(John Ruskin)，英国维多利亚时代主要艺术评论家之一，其写作题材异常广泛，涵盖地质、建筑、文学、教育等诸多领域。——译者注

在政治上，默勒与斯宾格勒一样，主要持一种消极的看法，他最清楚自己所反对的是眼前的这个时代。《第三帝国》所描述的那个新德国既不进步也不反动，既不实行绝对主义也不实行宪政。它那模糊列举的价值观是永恒和保守的，同时又有着"与矛盾共存"的现代勇气。它的社会主义是"有机的"，即从国民性格中生长出来。新帝国将是古老而现代的，但它首先绝不是自由主义的，也不奉行议会体制。"自由主义，"默勒写道，"意味着民族的死亡。"美国历史学家弗里茨·斯特恩（Fritz Stern）恰当地将默勒的论证风格称为"标签消灭法"。默勒的希望既是现代的也是传统的，这一特点也体现在纳粹的演说和教义中。他的论证混合了愤怒、不满和伪学问，典型地体现了 20 世纪 20 年代大部分德国右翼人士在公共辩论中对非理性所持的欢迎态度——这种堕落在当今的硬右翼派别中仍有余音。

长寿且备受争议的恩斯特·云格尔在军事上一战成名是在 1914 年至 1918 年战争期间，在这场战争中，他以最年轻的军官身份获得了国家最高荣誉"功勋勋章"。他在文学上的成名作是《钢铁风暴》（*Storm of Steel*，1920 年）*，这是一部根据战争日记写成的记录战壕战斗的畅销书。英国的战争回忆录往往是悲怆、自嘲，甚至滑稽的。云格尔则不同，他在书中强调了战争的道德机会，这一点同样体现在他后来编辑并拓展的一系列文章中，特别是 1922 年发表的《作为内在体验之战斗》（"Battle as Inner Experience"）一文。他认为，面对恐惧时的勇气可以让平凡的生命得到升华。

云格尔的战争体验在他后来的写作中被概括为一种通过疏离实现救赎的伦理。每个人都在大众社会中被碾压，无论其力量是混乱的（即自由主义）还是有组织的（即极权主义）。然而，正如云格尔在战争结束时对部队减员所作的反思那样，被碾压并不意味着被征服。借助于策略性的拒绝，个人自尊可以得到挽救：在政治上，拒绝传统的政党政治工作；在文化上，放弃崇拜和热诚，转而采取超然观察的态度（云格尔本人便是甲虫方

---

* 此书已有中文版面世，见［德］恩斯特·容格尔：《钢铁风暴》，胡春春译，人民文学出版社 2022 年版。"容格尔"即"云格尔"。——译者注

面的专家）；在伦理上，避开宏大的想法，履行对同事和家庭的责任。云格尔不认为自己是思想家，而是一个以道德虚无主义为对手的保守主义者，这种虚无主义被认为困扰着自由主义现代性。他寻找栖身之处的努力经历了20世纪20年代的"保守主义革命"和20世纪30年代的内心移民＊，一直要到1945年后才尘埃落定，最终找到的结果与英国奥克肖特所主张的默默的责任感相去不远，那就是：战时坚忍地提供服务，和平时期避开政治漩涡。

20世纪20年代，云格尔加入了保守主义革命，很快写出了反对魏玛共和国的书籍和小册子，魏玛共和国试图实现自由主义和民主，云格尔对此深恶痛绝。他将现代生活中的文明弊病归咎于资产阶级自由派。对于民主，他在1925年这样写道："我憎恨它，就像憎恨瘟疫一样。"在那几年中，他与同样难以标签化的朋友如恩斯特·尼基施（Ernst Niekisch）一道，试图发起一个右翼工人运动，但后来对派系内斗逐渐感到厌倦。云格尔的公开政治思想在《工人》（*Der Arbeiter*，1932年）一书中有着最充分的表达，他在书中描绘了一个模糊的愿景：一个由艺术家—士兵精英阶层所领导的流水线式社会。这个愿景很难与默勒的"普鲁士社会主义"†区分开来，批评者恰当地称之为右翼布尔什维克主义。希特勒掌权之后，由于云格尔并不是纳粹党人，他抵制了纳粹党内的拥趸们试图将他打造成他们的文学巨星的努力，并退出了公共生活。在《在大理石悬崖上》（*On the Marble Cliffs*，1939年）‡这部寓言小说中，云格尔用晶莹剔透的散文笔法

＊ "内心移民"（inner emigration）是一个关于个人或社会群体的概念，指个人或群体感到与国家、政府和文化脱离，它可能源于个人或群体对激进政治或文化变革的不认同，或者因为个人或群体对某种意识形态的信仰超越了对国家或民族的忠诚。在德意志第三帝国时期，随着"一体化"和"精神动员"的推进，恐怖主义笼罩文学艺术界，"内心移民"成为包括云格尔在内的许多德国作家的选择。更进一步的了解，可参阅理查德·J.埃文斯所著的"第三帝国"三部曲，九州出版社2020年版。——译者注

† 此处似为一处错误，从上文来看，提出"普鲁士社会主义"的是斯宾格勒而非默勒。此处仍按原文译出，请读者注意。——译者注

‡ 此书已有中文版面世，见［德］恩斯特·容格尔：《在大理石悬崖上》，秦文汶译，人民文学出版社2019年版。——译者注

描述了爱好和平的湖区居民如何被魔鬼所领导的恶棍们击垮，这被广泛而非普遍地解读为一种默默的抵抗。在某些人看来，它是对希特勒主义的含蓄攻击；在另一些人看来，它是对大众社会压制卓越和勇气的一种新尼采式抗议。

作为一位政治保守主义者，云格尔嘲笑现代社会的无序，但他的散文却异常现代，丝毫不带有保守色彩。安德烈·纪德（André Gide）*、贝托尔特·布莱希特（Bertolt Brecht）†和豪尔赫·路易斯·博尔赫斯（Jorge Luis Borges）都是他的仰慕者。1939 年他再次应征入伍，作为一名军官，他在德军占领的巴黎和东线战场开始了第二本战时日记的写作，这本日记充斥着格言警句、不成熟的哲学想法以及宗教冥想，同时还有奇怪但不怎么有趣的梦境。小小的快乐与突如其来的恐惧相伴随，颠簸的影像时隐时现，仿佛在湖面上一般。德国评论家卡尔-海因茨·博雷尔（Karl-Heinz Bohrer）恰当地称云格尔的这部作品是"震撼美学"，它的内容完全不合常理，没有任何条条框框，也不讲究任何平衡。赞赏者认为他冷静、超然的写作真实体现了现代生活的割裂，怀疑者则认为其风格矫揉造作、不讲道德。

1944 年底，云格尔在家附近的一条被轰炸过的乡间道路上散步时，沉迷于保守主义的愉悦之中，并将其记录在日记中。他边走边自言自语地说，自由主义者要为所发生的一切负责。他写道，"当看到旧自由派、达达主义者（Dadaists）‡和自由思想者这些终其一生都在致力于消灭保守派并破坏秩序的人最终开始进行道德说教时"，那种感觉真是太美妙了。"都怪自由主义者！"是保守主义与生俱来的指控，这种指控使魏玛共和国陷入困境，并困扰着我们当前的政治。如果不对云格尔本人的痛苦遭遇（他的一个儿子阵亡，另一个自杀）表示同情，那将是不合适的；同样地，如

---

* 法国作家，1947 年获得诺贝尔文学奖。——译者注

† 德国戏剧家、诗人。——译者注

‡ 达达主义是一战期间兴起的一场文艺运动，涉及视觉艺术、文学、戏剧和美术等领域。达达主义者深受虚无主义的影响，追求清醒的非理性状态以及无意、偶然和随兴而做的境界等。这场运动是对野蛮的第一次世界大战的一种抗议。——译者注

果不对他的文字作出回应也将是失聪的，因为从政治角度而言，那似乎意味着他一无所获。

1945 年之后，云格尔放弃了他"向世界的青年人呼吁"＊的努力。尽管他呼吁的语气具有很强的神秘色彩，但他关于战后欧洲各国之间本着基督的精神达成相互谅解的愿景，被 1945 年之后致力于重建自由主义-民主右翼的德国保守派所广泛接受。然而，云格尔并没有参与到这项任务中，而是借助于他常常使用的寓言式写作，与战后德国的右翼知识分子共同发出批评的声音，这些批评将在本书第五部分进行讨论，它们是：不公正的战争追责、现代国家不受制衡的权力、全球化对本土与传统的侵蚀，以及技术如脱缰野马般在全球的盲目传播。

云格尔曾经写道，保守主义者保守了他们的敌人，他的意思是说，保守主义是一种抵抗的信条。与此类似，他在其他地方将保守主义描述为无政府主义，这种保守主义在很大程度上是消极的，是对民主社会和文化不加理睬，它唯一具有建设性的建议是个人逃避，这也是云格尔在《林中道路》(*Forest Passage*，1951 年)一书中所主张的行动方案。正如本书后文所要显示的，这种关于个人救赎的"个体式"保守主义在 20 世纪 80 年代之后再次出现，被文化和哲学评论家们所推崇，他们敦促那些认为与自由主义现代性没有妥协余地的保守主义少数派原则性地撤退。

在法国作家皮埃尔・德里厄・拉・罗谢勒(1893—1945 年)看来，1914 年至 1918 年战争也是一种自由主义式自杀。然而，与云格尔不同，

＊ 云格尔在 1942 年开始书写《和平，向欧洲和世界的青年人呼吁》一文，提出他对二战后欧洲如何实现和平的主张。他认为在二战中，欧洲各国经历了共同的战乱与痛苦，因此必须承担起共同的战争罪责。他强调欧洲团结的重要性，认为只有人人都承担起责任，并承认欧洲是一体的，才能够实现真正的和平。这篇文章命运坎坷，手稿曾被毁掉，云格尔又重新书写，之后辗转在德国军官和第三帝国的反抗力量中间流传，被人们广泛阅读，正式的德文版直至 1949 年才得以出版。上述内容来自 Laura Honsberger, "A Difference of Degrees: Ernst Juenger, the National Socialists, and a New Europe"，文章链接是 https://dlib.bc.edu/islandora/object/bc-ir:102328/datastream/PDF/view；云格尔《和平》一文的英文版链接是 https://ia902902.us.archive.org/10/items/ThePeace/ErnstJuenger-The-Peace.pdf，感兴趣的读者可进一步查阅。——译者注

德里厄笔下的老兵们并不是英雄，而是愤世嫉俗者。并且，在德里厄看来，更大的灾难将要到来。与其他法国右翼类似，他专注于社会堕落和国家衰落。需要强调的是，当时的整个政界都对法国的状况感到担忧，引发担忧的焦点问题包括：法国迟到的工业化、战争损失（有超过 10% 的现役男性丧生）、人口出生率下降、乡村和小城镇人口减少、法语逐渐式微以及美国的文化入侵，尤其是在法国曾经作为先驱的电影领域。这些担忧加总起来，其结果往往是相互牵制和瘫痪。比如，当时的法国需要更多的工厂和城镇，但同时需要保护田地，且城镇居民的生育意愿也更低。再比如，法国人既需要更加努力地工作，也需要安排更多的时间从事文化活动。无论如何，衰退的信条很受欢迎，难以反驳。

如果法国被击倒，它应该向谁求助？如前文所述，像塔迪厄这样的温和保守派认为美国是两党式现代性的典范。相比之下，法国的文化保守派往往将美国主义视为一种文明疾病，一种自由主义的软骨病和民众自我放纵的混合体。在《未来生活场景》（*Scenes from Future Life*，1930 年）一书中，乔治·杜哈曼（Georges Duhamel）将当代美国描绘成一种反法国的存在：愚蠢的电影、未开化的爵士乐、工业化的食品和野蛮的体育运动。与人性化、根基深厚的法国人相比，无根的美国人是良心的奴隶，他们在日复一日的工作间隙用寥寥无几的时间进行惩罚性的自我提升。杜哈曼认为，美国文化推崇"可逆的"也就是可变的价值观，而一个国家需要的是"不可逆的"价值观。类似这样对美国的总结式批驳还有罗贝尔·阿隆（Robert Aron）和阿诺·当迪厄（Arnaud Dandieu）所著的《美国之癌》（*The American Cancer*，1931 年）一书。

德里厄的目光更加冷静和不易激动。他不信任技术官僚的复兴，认为文化上的吹毛求疵是舍本逐末。他将目光投向南方和东方，关注存在于罗马、柏林和莫斯科的那些不自由的、集体化的和一党制的现代性，所有这些都吸引着他，但他未能选定其中的某一个，而是游走在政治的边缘，寻找一个既不是共产主义也不是法西斯主义的非自由主义空间。

德里厄的流浪轨迹勾勒出两次世界大战之间法国右翼的大致分布图：首先是左翼的超现实主义，德里厄被其非理性所吸引；之后是法兰西运动，德里厄被其威权主义所吸引，但其基督教的道德说教令他反感。德里厄的《法西斯社会主义》(*Socialisme Fasciste*，1934 年)一书被认为是各种"主义"的大杂烩，其中没有一个能为法国所用：资本主义(疲惫不堪)、马克思主义(在经济上过于狭隘，且尼采的色彩不够浓)、民族主义(不够法西斯化)、法西斯主义(需要一个克里斯玛型领袖，但法国缺乏这种领袖)。之后，德里厄又转向以多里奥为首的反议会的人民党，作为其他一党制道路的替代方案，但再一次抽身离去。德国占领巴黎后，德里厄担任《新法兰西评论》(*Nouvelle Revue Française*)的编辑，并与纳粹审查员合作。巴黎解放后，他因感到羞耻而开枪自杀。

德里厄的杰作是《吉勒》(*Gilles*，1939 年)，这是一部以二战前的巴黎为政治背景、充满自我厌恶和绝望的半自传体小说。小说的主人公是一位富有魅力的反英雄人物吉勒，他与德里厄一样在战场上负伤，后来在城市中游荡。他厌恶自己，厌恶他那富有的犹太人情妇，厌恶他那信奉马克思主义的波希米亚朋友，厌恶陷入四面楚歌的法国共和派自由党人。吉勒不仅有措辞巧妙的仇恨言论和令人厌恶的想法，也会时不时做出小小的体面之举——或者说有体面行为的冲动，因为懒散和自我厌恶往往会妨碍人付诸行动。无能为力是吉勒的问题，正如德里厄所认为的，同时也是法国的问题。小说的结局是，吉勒作为一名不幸的、毫无准备且满腹狐疑的志愿者，在西班牙内战中为反共和派献了身。在德里厄看来，早在1940 年法国战败之前，与战败类似的国家屈服便是法国唯一可行的选择——这一绝望而夸张的结论凸显了德里厄思想的枯竭。他对法国自由主义-民主之正统的拒绝是如此彻底，以至于他无法想象任何其他的替代方案。他说自己是"不自觉的法西斯主义者"，但以右翼虚无主义者来称呼他则更加贴切。"唯一热爱法国的方式，"德里厄写道，"就是憎恨它现在的样子。"

1917 年 4 月美国加入欧战和 1917 年 11 月爆发的布尔什维克革命改变了美国保守主义的剧本。苏联的崛起将一个曾经革命的国家变成了一个反革命的世界强国，帕特里克·阿利特(Patrick Allitt)在《保守主义者：美国历史上的观念和人物》(*The Conservatives*：*Ideas and Personalities throughout American History*，2009 年)一书中恰当地指出了这一点。反共产主义不再是区分美国右翼与左翼的唯一标准。相反，对外战争分裂了美国右翼。正如所见，保守派在美国如何运用其全球性力量上存在分歧：有的主张与其他国家联合行动，有的主张单独行动。在国际高层政治领域，共和党人分裂为多边主义者和单边主义者，单边主义者即人们熟知的孤立主义者，尽管称其为孤立主义者具有误导性。

在国内政治方面，美国保守派围绕接触还是分离发生了分裂。主流保守派选择继续参加博弈，与民主自由派展开周旋，直言不讳的右翼少数派则选择作壁上观，他们对当地社会的批评可以说来自人们熟悉的政党竞争之外。这方面的一个突出例子便是 20 世纪 30 年代的美国南方重农派。

重农派是与范德堡大学相关的一个作家和知识分子群体，他们致力于捍卫本地区的文化目标和理念，反击北方的偏见。在论文集《我将坚守我的立场》(*I'll Take My Stand*，1930 年)中，这些作家和知识分子支持"南方的生活方式"，反对"美国或主流的生活方式"。他们认为这场竞争是"农本主义与工业主义的对抗"，农业社会因其历史久远且为人熟知而无须定义，农业社会也需要有工业、各类专业人士、学者和艺术家，甚至城市。然而，农业是"主导性行业"，并且无论是为了财富、享乐还是声望，农业都是最有回报的劳动。"土壤种植"是"最佳和最需要谨慎对待的职业"，因此它应该"在经济上被优先考虑并招揽最大数量的劳动者"。

作为对南方文学的颂扬，《我将坚守我的立场》是对门肯 1917 年《伪艺术的撒哈拉》("Sahara of the Bozart")一文迟来的反驳，后者的标题是对法语"美术"(beaux arts)一词的恶搞。在《伪艺术的撒哈拉》中，门肯对新南方 * 所声称的文化优越性进行了驳斥——称其为"不入流的庞大天堂"，并以南方的种族观念嘲讽大多数南方白人是混血儿。在《我将坚守我的立场》的首篇文章中，约翰·克罗·兰塞姆(John Crowe Ransom)对自由主义所笃信的进步、努力工作和创新进行了反击。书中还有一位历史学家指责北方伪善地将美国内战改写为反对奴隶制的"圣战"，他认为，

---

* 新南方(New South)是美国南北战争后在南方重建的背景下出现的一个术语，指称一个努力摆脱奴隶制和对种植园经济的依赖，试图发展工业、基础设施和城市化的南方。——译者注

这场战争实际上是工业与农业之间的竞争（尽管他对黑人的种族歧视削弱了他的观点）。在文章《荆棘丛》（"The Briar Patch"）中，罗伯特·潘·沃伦（Robert Penn Warren）为种族隔离和"隔离但平等"原则进行了生动却又混乱的辩护。他认为，一个南方黑人期望获得与南方白人一样舒适的酒店床位是完全可以的，但不能要求住在同一家酒店——这就回避了一个浅显的道理：歧视所带来的伤害不在于舒适程度，而在于尊严。

与英国保守派天主教徒希莱尔·贝洛克（Hilaire Belloc）和 G. K. 切斯特顿（G. K. Chesterton）一样，南方重农派支持以"分发的"的方式将土地分配给人们，供其在小社区里进行耕作。这种"回归土地"的呼声过于乐观。作家艾伦·泰特（Allen Tate）从一个富有的城市兄长那里继承了农场，很快就发现这项工作太辛苦了。那些更接地气的文章作者们意识到他们所呼吁的变革即便不是乌托邦的，也是激进的，因此他们勉为其难地接受了工业，但要以南方的方式进行，而不是由北方人强加或者控制。

对美国商业文明的反对并非仅限于重农派，而是广泛地存在于社会批评当中，无论是左翼的还是右翼的社会批评。文化左翼以个人解放和更丰富的生活为名，嘲笑美国消费主义和物质主义的肤浅。以欧文·白璧德（Irving Babbitt）和埃尔默·莫尔（Elmer More）为代表的文化右翼，则以更高的人道价值观为名发出同样的嘲笑。重农派在一定程度上分享了这种文化精英主义，但他们还以另一种方式攻击"商业文明"：那就是代表南方及其特殊的生活方式。就像卡尔霍恩一样，他们要求不被打扰。重农派之保守是怎样的呢？分离主义和地域主义本身既非右翼也非左翼，既非保守也非不保守。然而，正如卡尔霍恩一样，重农派所捍卫的地方价值观和态度却是极右的、不民主的和不自由的。

美国人艾略特（1888—1965 年）很早便离开其美国中西部的故土，去往欧洲并成为杰出的现代主义文学家，他是诗人、剧作家、出版人兼评论家，同时也是反对自由现代性的保守派。文化传统之于艾略特这样的文学头脑便如稳定的制度之于保守派的政治头脑那样，具有同等重要性。传统回应了现代性的精神空虚，对此艾略特在《荒原》（*The Waste Land*，1922 年）*

---

　　*　此书已有多个中文版面世，感兴趣的读者可自行查阅。——译者注

中进行了诗意的探讨。传统并非继承而来，而是需要努力维护和捍卫，对此艾略特在《圣林》（*The Sacred Wood*，1920 年）中有专门的解释。他的文章旨在确立一部诗歌典范，并通过既非清教徒也非说教的方式，将诗歌特有的道德价值确立为"激情中可见的真理"。如果缺乏一个核心的传统，作家和思想家就会变得狭隘、贫乏。

1939 年，艾略特出版《基督教社会观念》（*The Idea of a Christian Society*，1939 年）一书，开始涉足社会批评。也是在这一年，他自 1922 年以来一直担任编辑的《标准》（*The Criterion*）杂志停刊。他对现代社会的诊断是暗淡的，当前的宗教保守派可能会对此心有戚戚。他将一个以宗教为导向、"与自然和谐一致的社会"与异教社会相对比，后者不符合自然，因为它建立在"私人利益""公共破坏"和"自然资源耗竭"的基础之上。彼时，自由主义正在失败，但尚无明确的替代方案。尽管法西斯主义能够调和权威与社群，但它因信奉异教而存在缺陷。为了抵抗异教和物质主义的步步紧逼，艾略特转向了"基督教社会前景"。他承认，这个观念不会对大多数人有吸引力，然而还有别的选择吗？其他选项要么是"冷漠的衰落，没有信仰并因此缺乏自信心，没有人生哲学（无论基督教还是异教的），没有艺术"；要么是"极权主义的民主"，有着"组织性和一致性"，以"卫生道德服务于效率提升"。同时，人们要想在一个非基督教的社会中过基督徒的生活正变得越来越困难，因为基督徒被卷入一个不再中立并且是非基督教式的"制度网络"，深陷其中无法自拔。基督徒仅仅成为一个被容忍的少数派是不够的，事实上"基督徒最难以忍受的事情就是被容忍"。

二战后艾略特的观点有更多的乐观成分。在《文化定义笔记》（*Notes towards a Definition of Culture*，1948 年）中，他认为高鉴赏力仍有可能"渗透"到更广泛的文化中去。艾略特承认，"文化"一词无法简单地定义，但仍可被识别和描述。关于文化，他强调的一点是文化主要通过家庭来传承。等级制度是另一个因素："在一个有活力的社会中，阶级和精英将是明显可见的。"最重要的是，认为文化可以不需要宗教，或者像阿诺德那样把文化直接当作宗教，都是错误的。艾略特写道，你不能把文化变成宗教。

艾略特熟悉反自由主义的历史。他钦佩柯勒律治的一贯主张，即保守派知识分子应该在政治和社会问题上有自己的明确观点。艾略特本人的大学学位论文便是关于布拉德利的伦理思想。与布拉德利一样，艾略特也认为个人自由、对他人的责任和社会秩序是无法被割裂的。他还认为，社会秩序不能与文化分离，文化也不能与宗教分离。欧文·白璧德曾是艾略特在哈佛大学的老师，著有《民主与领袖》(*Democracy and Leadership*, 1924 年) * 一书。在关于该书的一篇早期文章中，艾略特将他所赞同的对人文学习的支持与他所不赞成的世俗主义的宗教人道主义进行了对比。白璧德主张在大学推行全面的人文教育，作为对民主文化的必要平衡，他反对查尔斯·艾略特·诺顿(Charles Eliot Norton)所主张的选修课程，认为这给了本科生太多的选择，并反对按照德国模式进行研究生培养，认为这会培养出狭窄的专家。艾略特在这场辩论中支持白璧德，但当白璧德试图让人文主义"与宗教联起手来对抗人道主义和自然主义"时，艾略特退缩了。艾略特的意思是，就一个具有宗教思想的保守派而言，人文主义者(即有教养的世俗主义者)、人道主义者(即世俗的、行善的自由主义者)和自然主义者(具有科学思维的宗教否定者)都站在了错误的一边。在艾略特看来，白璧德在文化上犯了与阿诺德同样的错误，那就是试图将文化变成一种宗教。"你不能把人文主义本身变成一种宗教。"艾略特语气严厉地写道："人文主义观点附属于宗教观点，也取决于宗教观点。"他用自己特有的雄辩，高度总结了他的文化保守主义："保守主义对现代性的回应是拥抱它，但要批判地拥抱它，要充分意识到人类的成就是罕见和不稳固的，我们没有天赐权利去摧毁我们的遗产，而是必须始终耐心地服从秩序的声音，并树立有序生活的榜样。"

iv. 自由主义民主的悼词：施米特与莫拉斯

对自由主义民主之自信心更直接的打击来自它在 20 世纪二三十年

---

* 此书已有中文版面世，见［美］欧文·白璧德：《民主与领袖》，张源、张沛译，北京大学出版社 2011 年版。——译者注

代政治上的失信。左翼一方是努力在自由主义和斯大林主义之间寻找鸿沟的作家们，他们寄希望于重新书写马克思主义关于历史进步的宏大叙事，使之通向一条终结人类冲突的解放之路。在右翼一方，激进保守派喋喋不休地抱怨自由主义无法凝聚人们的热情，抱怨代议制民主无法进行治理和作出决策。德国的卡尔·施米特和法国的夏尔·莫拉斯是两个杰出的例子，两人都没有提出明确的替代方案，都处于保守主义的边缘地带，且都憎恨自由主义。当危机来临时，施米特拥抱纳粹主义，莫拉斯则选择为威权主义效力。

在德国以外的地区，卡尔·施米特（1888—1985 年）有着海怪一般的特质，虽然人们经常听说他，却很少看到他，但可以肯定的是他的观点是深刻和令人震撼的。他是立场保守的反自由主义者、天主教徒，还是一名纳粹分子（1933—1945 年）。施米特与希特勒主义的长期合作阻碍了对他思想的公正评价，然而作为一名公法律师，他撰写了一部关于宪法的标准著作。他在 1933 年之前是一位政治评论家，曾在短小而尖刻的著作中质疑自由主义-民主之信念。

施米特借助于充满力量和暗示的警句，对国家、政治权威和民主的本质提出了令人心惊的问题："现代国家理论中所有的重要概念都是世俗化的神学概念。""主权者就是决定例外状况的人。""独裁并非与民主相对立。""当谈论人性时，你是在撒谎。"这位法学家的独特风格宛如瞬间点亮的闪光灯那般令人炫目，传记作者保罗·诺亚克（Paul Noack）称施米特是用"概念密集的神话"进行辩论。

施米特最为人知的一句话是："政治特有的区分……便是敌友之分"，这句话具有震撼人心的力量。像许多优秀的警句一样，它所蕴含的真实性足以分化其整体的虚假性。1930 年 10 月，甫一接触施米特《政治的概念》（*The Concept of the Political*）＊一书，云格尔便给施米特去了一封信，祝贺他"引爆了一颗无声的炸弹"。透过法学学者的外衣，云格尔发现了一位意识形态工兵。

在魏玛时期，凭借着自己的专业知识，施米特参加了预示着共和国短

　　＊　此书已有多个中文版面世，感兴趣的读者可自行查阅。——译者注

暂生命的宪法纷争。与许多政治人物一样，他希望有一个权力更大的总统。作为一个关心社会秩序的保守派，他对反宪政的右翼和左翼派别都充满戒心。在《合法性与正当性》（*Legality and Legitimacy*，1932 年）* 一书中，他提出了取缔纳粹和德国共产党的理由。

1933 年，许多德国保守主义者仅仅将纳粹主义当作一种次要的恶加以接受，但施米特却成了纳粹的狂热支持者。在海德格尔的鼓励下，施米特加入了纳粹党，帮助起草使德国各邦纳粹化的法律，但一直对希特勒保持警惕，直到 1934 年。在那一年，希特勒血腥镇压了其竞争对手，其中便包括施米特的庇护者库尔特·施莱歇（Kurt Schleicher）。在一篇臭名昭著的文章《元首保卫法律》（"The Führer Protects the Law"）中，施米特试图为这场屠杀辩护。然而，尽管施米特雄心勃勃且善于顺应时势，但他依然过于学术化和不够粗野，未能成为纳粹的"御用法学家"。在被边缘化之后，他退回到学术生活，但退得不够彻底以至于未能逃脱 1945 年之后的耻辱。与海德格尔不同的是，海德格尔除了早期有过亲纳粹的赞美之外基本上都保持了沉默，而施米特则与希特勒主义保持了长期的公开交往。他净化自己的作品，删减对犹太或左翼思想家的引用，并增加反犹主义的旁白。1936 年他发表演说，主题是"德国法律与犹太知识分子的斗争"，演说结尾引用了希特勒的话："通过抵挡犹太人，我在为上帝的工作而奋斗。"1940 年之后，他在被占领的欧洲发表关于纳粹法律和文化政策的谈话。1945 年之后，在被美国人审讯并获释后，他转向地缘政治研究，撰写了著作《大地的法》（*The Nomos of the Earth*，1950 年）†，这是一部关于美国逐渐主宰国际秩序的权力政治史。

施米特之所以被人铭记主要是基于他 1933 年之前的作品，这些作品关注的是政治权力和国家团结。他更多的是一个批评者而非建设者，对自由主义民主的弱点有着持续的担忧。他在很大程度上认同保守主义的信念：人们无力进行自我治理，制度具有脆弱性，因此需要政府采取果断

---

* 此书已有中文版面世，见［德］卡尔·施米特：《合法性与正当性》，冯克利、李秋零、朱雁冰译，上海人民出版社 2015 年版。——译者注

† 此书已有中文版面世，见［德］卡尔·施米特：《大地的法》，刘毅、张陈果译，上海人民出版社 2017 年版。——译者注

和强有力的手段。施米特认为，自由派和民主党人在上述三个方面都犯了错误。民众激情往往令自由派措手不及，并且自由派在捍卫自身制度和价值观免遭敌人攻击方面往往行动迟缓。代议制民主在大众社会是无用的，因为大众神话会压倒博学者之间的理性争论。

施米特反对自由主义民主的第一步是将民主代议制与对权力的自由主义限制脱钩。他在《议会民主制的危机》（*The Crisis of Parliamentary Democracy*，1923 年）中指出，尽管议会是自由主义理论的瑰宝，但它既不是主权者决策的关键点，也不是知情辩论的场所。议会决策要么是通过斡旋交易而作出的（因此并不是民主的），要么在冗长的谈话中被无限期拖延（因此是无效的）。在自由派看来，限制专断统治的至关重要的机制，如权力分立、独立法院、有效且受法律约束的行政机关，在没有民选议会的情况下依然是可能的。在施米特希望打破的那根链条的民主一端，民选议会只是一种摆设。人民主权论诉诸统治者与被统治者之间的同一性，但这种同一性缺乏可行的表达方式。施米特承认，全民公决和公民投票可以使议会制政体更加民主，但他对选民的知识和智慧评价不高。此外，直接民主同样容易受到政党政治的操纵，而政党政治是施米特烦恼的根源。

自由主义民主的另一个主要缺陷是它无法触及神话元素。这是对索雷尔的致敬，而索雷尔的作品是施米特所喜欢的。神话可以是理性的或非理性的，例如马克思主义提出了一个关于无产阶级自我统治的"理性神话"。然而，施米特认为，阶级神话是偶然的和脆弱的，它取决于不断变化的经济利益算计。随着工人阶级变得富裕，无产阶级神话的吸引力势必会减弱。更强大的是"非理性"神话，施米特认为，只有"非理性"神话能够吸引并留住大量人口。一个适合当下的神话便是"国家"（nation）。

归属于某个国家不涉及"如果"和"但是"，这是一个最基本的事实，或者是一种无需理由的约定，就像信仰一样。无论哪种方式，对国家的忠诚都提供了马克思主义和自由主义民主所缺乏的那种必要的凝聚力。（马克思主义的凝聚力不太可能持久，而自由主义民主从一开始就没有凝聚力。）施米特总结道，适应当下的民主既不是议会制的也不是全民公决式的，相反，它将是一个在克里斯玛型领袖领导下自愿动员起来的国家意志。施米特提醒读者，在概念空间中有足够的地方容纳非自由主义的民主，而这距离法西斯主义或纳粹主义仅一步之遥。

国家可以凝聚人民，那么谁来界定国家呢？施米特在《政治的概念》中给出了答案，他在书中用六十页的篇幅谈到了政治义务、主权、群体认同和人生目的。为了将这些迥然不同的话题联系在一起，他使用了一个情感性词语——"敌人"。他写道，敌人的存在催生了国家（nation），使人们与国家机器（state）紧密相连，创造出了主权的需求，并使政治从日常俗务中解脱出来。他的文章是如此丰富而简洁，以至于不同的人们从他的论述中看到了不同的身影：霍布斯式的"现实主义者"、黑格尔式的民族国家推崇者，抑或奥古斯丁式的悲观主义者。霍布斯的类比提供了最多的启示，但与霍布斯笔下敌对的邻人不同，施米特口中的敌人来自外部。在施米特看来，敌人是一个国家可以据以定义自身并可能与之战斗以求得生存的任何外来者。（这里存在一个明显的循环论证：没有敌人，就没有国家，而只有国家才能够发现敌人。）施米特强调，这种有约束力的敌意不一定是理性的或者能被强烈感知到的，敌人不一定非得是经济或地缘政治竞争对手，他们甚至不需要被憎恨，他们只需成为对国家而言的他者。

正如哲学家伯纳德·威廉斯（Bernard Williams）所评价的，施米特的敌友论在某种程度上是乏味的，也是无害的。所有政治都涉及各种党派和阵营，也都包含竞争与冲突。然而，从另一个角度而言，施米特的主张既非乏味也非无害，因为它似乎将政治转化为一种特殊类型的冲突，即战争。如果政治必然会导致敌友对立，那么公民团结所需要的就不再是共同的原则，而是外部的敌人。公民多样性也将会被当成低级别的内战，而非可议价的利益和可接纳的观点之间的冲突。

缺乏理性目标或敌对情绪的纯粹敌意具有太多的神秘性，为此施米特（在修订版中）很快为这种防御性警惕补充了一个有用的理由：对外部敌人保持警戒，可以赋予政治以紧迫性和果断性，而这是自由主义的民主永远无法做到的。尽管有这种改变，施米特仍然以一种准精神的方式看待他的敌友之分。他似乎是在说，如果接受这种敌意，生命就会得到提升和强化。与他生前身后的文化保守派类似，施米特也对自由主义现代性中明显的方向迷失和前途渺茫的无目的性感到不安。然而，在保守派看来，奇怪的是，施米特试图用政治来填补这个空白，因为与政治相比，另一个更加自然的填补物是具有权威的宗教，后者正是纽曼所寻求的。施米特的通信者兼对话者列奥·施特劳斯（Leo Strauss）曾向施米特指出这一点，施米特也承认他思想中存在宗教元素。

施米特往往借助于引人注目但错误的非此即彼选项来论证：自由派要么是无能的懦夫，要么是虚伪的操纵者；真正的民主要么是持续的全民公决，要么是永久的独裁；政治要么是完全非道德的，要么是最高的道德。他正确地指出，当自由主义的民主需要捍卫自身生命时，它必然会伤害到其他一些高价值，但即便是在极端条件下，这种伤害也仍应尽可能地受到限制。法院监督之下的有限制的紧急权力是一回事，施米特所赞同的不受限制的"委任"独裁（"commissarial" dictatorship），即便是暂时的，则是另一回事。与他一再暗示的相反，自由派并未忽视忠诚、激情和神话，并且由于自由派了解其所蕴含的力量，因此才坚持主张不歧视、政教分离以及不侵犯人们最深层的信仰。

在施米特严密的论证链条中，有一个反复出现的模式。作为一个政治上的反自由主义者，施米特高度重视社会团结和共同目标，自由主义的多元化、竞争和多样性让他感到不安。在道德上，现代生活（正如泰纳所描述的）带给他的观感是私密的和漫无目的的，因此在施米特看来，自由主义应受到双重谴责，而后自由主义的政治则能够提供双重治疗。施米特无法想象政治权威如何可以在政党竞争和公共争论中生存下去，他同样无法想象道德权威如何能够在个人判断和监护导师名誉扫地的情况下幸存下来。他困惑地寄希望于不受制衡的权力来恢复政治和道德的双重权威，正如扬-维尔纳·米勒（Jan-Werner Mueller）在《危险的心灵：战后欧洲思潮中的卡尔·施米特》（*A Dangerous Mind：Carl Schmitt in Post-War European Thought*，2004 年）* 一书中恰如其分地指出的：施米特在"意义方面对政治要求过高，在道德方面却要求过低"。

夏尔·莫拉斯（1868—1952 年）是法兰西运动这一当时主要的君主主

---

*　此书已有中文版面世，见［德］扬-维尔纳·米勒：《危险的心灵：战后欧洲思潮中的卡尔·施米特》，张龑、邓晓菁译，新星出版社 2006 年版。——译者注

义党派背后的智识力量，也是法兰西第三共和国不屈不挠的批评者，还是自由主义和议会制政体的怀疑者。他以冷静的笔触表达对道德败坏的欢迎，敦促追随者诉诸暴力，并在事后否认自己负有责任。莫拉斯最喜欢的攻击对象是"内部的陌生人"，他以这个轻率用语指称法国新教徒、犹太人、共济会成员以及尚未入籍法国的移民。

莫拉斯的心智观念有三个基点。第一个是植根于地中海世界的阳光明媚的古典过去。莫拉斯出生在法国马赛北部的港口城市马蒂格，他阅读古典作家的作品来放松身心，并写下清澈、阳光般的散文，丝毫不带有阴郁或讽刺色彩。他尤其不允许民主式的礼节掩盖他对群众的蔑视。他认为权威就像美丽或智慧一样是大自然的恩赐，只需认可和尊重即可，并且人类的美德或卓越尽管无可挑剔，但却很罕见。他说："我是罗马人，我是人类。对我来说，这两者是相同的。"他对想象中的罗马价值观的尊重延伸到了罗马的继承者即天主教会，这是他思想的第二个基点。莫拉斯并非宗教信徒，但他认为教会、宗教礼仪和宗教传统是道德秩序的源泉，而自由主义现代性（正如他所认为的）已经侵蚀了这种秩序。

莫拉斯思想的第三个基点是奥古斯特·孔德（Auguste Comte）的"实证主义"。莫拉斯既不认同孔德对人类进步的信念，也不认同他对社会理性组织能力的信任，尽管如此他仍然追随孔德，拒绝以神秘主义或非理性主义的方式对待政治。在莫拉斯看来，政治观念应该源于对人类生活事实的了解，而这又需要首先了解人们置身其中的传统的特殊性质。

莫拉斯对自由主义的主要反对意见是：自由主义认为社会是由单个的人组成的一个集合体，这些单个的人能够相互合作，并在选择的基础上认可某个权威。莫拉斯认为任何这样的想法都是荒谬的，都是对显而易见之事实的公然违背。莫拉斯依然认可孔德的观点，即社会需要共同的信仰作为黏合剂，信仰的内容则不重要。对信仰的呼吁似乎与"实证主义者"相冲突，并与反对形而上学并尊重社会现实的科学思维相龃龉。但这并未给莫拉斯带来困扰，因为在他看来，罗马天主教植根于法国传统，这也是一个明显的事实。天主教很好地发挥了一个健康社会所需要的共同信仰的功能。孔德式"实证主义"观点使莫拉斯与法国极右翼的非理性主义流派拉开了距离。

在对社会展开思考时，莫拉斯更关注过去而非现在。他的自由派对手们也许对 19 世纪充满怀念，但莫拉斯更向往的是中世纪。对他来说，19 世纪是一个道德和知识无政府状态的时代，其根源在于新教改革。他心目中的黄金时代随着基督教普世主义的崩溃而终结。

莫拉斯未与权威发生过争执，也对权力本身没有异议，他将统治和服从视为社会生活中自然和不可避免的一部分。他不相信任何普遍意义上的进步，只相信局部的改进。莫拉斯指出，自由主义者将进步比作自然而然的变化，他们似乎忘记了一点，即在自然界中，出生与成长最终会导致衰败。他补充说，人类并非一个个体，但如果自由主义者坚持将人类视为一个个体，那么他们肯定会错误地认为人类改进的潜力是无限的。自由主义者把人类当作神。莫拉斯问道，为什么自由主义者就是无法接受，当他们谈论进步时，他们实际上是在谈论希望呢？

莫拉斯认为，自由主义者对所有人的尊重不过是对商业利益的脆弱的掩饰。自由主义者寻求秩序的努力注定会失败，他们抨击权力、坚持无休止的改革并过分强调尊重个人选择，这实际上破坏了社会中真正可用的秩序来源：对权威的尊重、对延续性的尊重，以及对社会由以构成的集体结构的尊重。在莫拉斯看来，"自由主义"与"无政府主义"尽管是不同的词语，但指的是相同的事物。他认为自由主义和自由意志主义（libertarianism）之间几乎或完全没有中间立场。

在莫拉斯那里，反自由主义的原则性论点与强烈的偏见共存。在他看来，第三共和国的弱点很大程度上归因于它对那些他所鄙视的内部外来者的依赖：新教徒、犹太人、共济会成员和移民。这四者共同构成了一个由"法律国家"（legal country）——一个在很大程度上虚构的实体，也就是法律上的国家——所发起的长期阴谋，以剥削和操纵"真实国家"（real country），即由普通男女、村庄、城镇、协会和教区所组成的事实上的国家。莫拉斯的解决方案是君主制，即"缺陷最少的"政府形式。如果君主制得以在法国恢复，那么它将代表传统以对抗现代性，代表世袭制以对抗选举制（与出身相比，选举更不利于选出优秀的领导者），代表权威以对抗议会制政府的优柔寡断和瘫痪，以及代表从雅各宾-波拿巴主义国家的窒息控制下解放出来并重获自由的公社、地区和协会。

莫拉斯的实际建议存在明显的困惑之处。尽管他坚持认为观念和政策应该从周围环境中自然地生长出来，但他的君主主义却是激进的，甚至是革命的——这是一种乌托邦式的努力，试图推翻一个在百多年间已经广泛扎根且发展壮大的共和政体。他对自由主义的仇恨比他对实际变革的建议更加明显。至于他的分权君主制如何运作，看起来也似乎了无新意而不值得追求。他对法国狂热而排他的热爱与他的罗马-基督教普世主义格格不入。他既憎恨法国的内部外来者，也同样憎恨德国人和德国。"他们是野蛮人，"他写道，"最优秀的德国人也知道这一点。"在莫拉斯看来，国家之间的平等不过是人与人之间的平等，没有哪个国家比法国更优越——他指的是"真实法国"，而不是那个俨然已经落入敌人之手的"法律法国"。

莫拉斯在君主主义"街头"的追随者所关心的并非赢得争论，而是制造麻烦，莫拉斯则两者都关心。他在自己担任编辑的报纸《法兰西运动》（*Action Française*）上用激烈的文字煽动右翼的街头好斗者，之后又拒绝承认对后者造成的破坏负有责任。例如在1934年，受到《法兰西运动》煽动的右翼暴徒便曾试图冲击巴黎议会。在1936年至1938年人民阵线政府执政期间，莫拉斯的报纸呼吁追随者"杀死"犹太裔社会党总理莱昂·布鲁姆。这份报纸还指责布鲁姆的内政部长罗杰·萨朗格罗（Roger Salengro）在1914年至1918年战争期间"开小差"，而事实上萨朗格罗只是在战争中被俘，但这一诽谤促使他自杀。法国政治的自由派中心勉强守住了阵脚，但诸如此类的毒素一直挥之不去，使得1940年之后法国的选择变得越来越狭窄与恶化。

最后要说的一点是，莫拉斯对第三共和国的仇恨近乎压倒了他对德国的仇恨。在他看来，法国的沦陷是一个"神圣的惊喜"，他欢迎贝当元帅的威权主义统治，将之作为君主制的次优替代方案。似乎是为了证明理论上的热情并无法使人免于艰难的选择，莫拉斯的追随者分裂了：一些人选择与德国人合作，一些人选择加入反德国的抵抗运动，还有一些人既不合作也不反抗。莫拉斯的选择则一如既往地古怪：他既反对合作也反对抵抗。战后，他为自己动机上的狡猾付出了代价，法国法庭以叛国罪判处他终身监禁，他一直服刑到1952年，那一年他因健康原因被释放。他诚恳地宣称,自己皈依了天主教信仰,之后不久便去世了。

施米特和莫拉斯的思想和事业为政治右翼划定了一个外部边界,将保守的威权主义者纳入其中,而将非保守的法西斯主义者排除在外。威权主义和法西斯主义在实践中的差异可能很小,并且都让人类付出了很高乃至致命的代价,然而它们并不是一回事。简言之,法西斯主义是一种极权主义形态,它对国家、社会、经济和文化生活的各个方面都施加控制。它的运作借助于一个有着全面意识形态的单一政党,该政党通常有一位自称代表人民的克里斯玛型领袖。它的敌人是多元化和多样性的,它以暴力和恐惧扼杀反对派,并通过动员民众参与来稳定自身。相比之下,威权主义允许存在独立的经济和社会机构,允许有限的代议制和一定程度的宗教自由。它的敌人是民主参与,它同样以暴力和恐惧扼杀反对派,但它依靠统治者的消极默许来稳定自身,以社会安宁来换取被统治者放弃政治角色。法西斯主义者是非保守派,将反自由主义推向了极端;右翼威权主义者是保守派,将对民主的恐惧推向了极端。

如果将民主视为自由主义对所有人所承诺的福祉,那么它就为保守派提供了一个双重目标。保守派可以就承诺的范围或内容提出异议,他们可以反对民主所邀请的客人名单,也可以反对它所拟定的菜单。关于客人名单的一个问题是无度分配(distributive overreach),自由主义向所有人承诺公民尊重和免受权力之侵犯,无论他是谁,也无论他的优点或能力如何,问题是这种普世性关切有着怎样的递送成本。从民主即每一个人的角度来看,自由主义之保护和尊重的代价都太高,适得其反或不可实现。这种批评更多是务实的,而非原则性的。在自由主义目标本身的价值方面,保守派保持了沉默。上述抱怨被一股脑地塞进了那种认为民主自由主义令政府不堪重负的一揽子主张当中,并在1945年之后的右翼中变得司空见惯。

保守派关于客人名单的另一个反对意见涉及与平等有关的事实和原则问题。自由主义的问题是,它的菜单过于丰富以至于无法令所有人满意,尊重应该是基于人的才能与卓越,但很少有人具备这种特质。除了法律上或最牵强的准宗教意义上的平等之外,没有哪个人本身应该受到尊重。此外,如果每个人都能像自由主义者所认为的那样,对权力(无论该权力是国家、财富还是社会习惯）说"不"，那么每个人都需要进行自我治理，在经济上自力更生，在道德上自我引导。但这样的人，即便存在，也是极其稀少的。因此，宽厚地说，自由主义可能对少数人有用，但它永远不可能适用于所有人。它可能在平等者之间有效，但并非每个人都平等。对于保守主义者来说，民主自由主义，即适用于所有人的自由主义，注定会落空或失败。

然而，在保守主义者看来，自由主义菜单的问题更加严重。其问题不仅仅是它的承诺无法兑现给所有人，而是总体来说，它无法对任何人兑现，因为它的承诺是不一致的。自由主义承诺尊重每一个公民，并承诺会带来社会进步，但它无法说明哪个更重要。它声称要提供社会秩序，却又认为道德和物质冲突不可避免甚至应该受到鼓励。最糟糕的是，自由主义对人民多有幻想，而不是接受他们的本来面目：充满激情、不理智、渴望引导、需要扎根。自由主义散布自由和选择，却无视人们的需求。如果这些批评都是正确的，那么"自由保守主义"顶多只是一种保守主义的悬浮液，上面漂浮着些许自由主义的碎片，而非两者完全融为一体的溶解液。按照这样的理解，对于一个真诚的保守主义者而言，与民主自由主义的妥协永远都只是策略性的。

第五部分

保守主义的第三阶段
（1945—1980 年）：
政治掌控与思想复苏

1945 这一年

1945年,人类有史以来最具破坏性的战争终于结束,它夺走了超过两千万到三千万士兵和五千万平民的生命。战败的德国被美英法苏四国军队占领,德国分裂为东部的苏联占领区和其他三个西方占领区。

这一年,在反殖民的抵抗运动中,法国军队杀害了数千名阿尔及利亚人和数百名叙利亚人,大马士革遭到炮轰。越南和荷属东印度群岛(即后来的印度尼西亚)摆脱了日本的占领,但其独立运动被英国军队扼杀,使法国和荷兰重新夺回了对殖民地的控制权。

这一年,法国维希政权领导人贝当和赖伐尔因叛国罪受审,贝当因年事过高被赦免,赖伐尔则被处决。自由法国的领导人戴高乐继续担任临时政府首脑,临时政府很快在起草新宪法的问题上发生分裂。在英国,保守党在七月大选中被工党击败。在美国,罗斯福总统去世,其继任者杜鲁门(Truman)开始了民主党入主白宫的第十三个年头。

这一年,美国只有五千个家庭拥有电视机。以调整后的美元计算,美国一加仑汽油的价格与当前相当,主食如面包和牛奶的价格是今天的两倍。早期的电子计算机ENIAC开始运行,新型微波炉和第一支成功的圆珠笔开始销售。科幻作家阿瑟·C.克拉克(Arthur C. Clarke)在一篇杂志文章中提到,人造卫星有朝一日也许将被用于通信。面向非裔美国读者的《乌木》(Ebony)杂志开始在芝加哥发行。

这一年,许多将在20世纪60年代重塑道德和文化准则的人出生,而世人对此一无所知。他们包括学生政治领域的丹尼尔·孔-本迪(Daniel Cohn-Bendit)、摇滚乐领域的埃里克·克莱普顿(Eric Clapton)和皮特·汤森(Pete Townshend),以及电影领域的赖纳·维尔纳·法斯宾德(Rainer Werner Fassbinder)。

第七章
政党与政治家：恢复勇气并重获权力

对保守主义而言，1945 年是一个谷底，除了向上，别无他途。在过去半个世纪的多数时间里，政治右翼一直处于执政地位，但不论公平与否，它们现在都为经济萧条和战争付出了代价，具有社会关怀的自由主义则占据了制高点。要恢复元气，右翼只能调整自身以适应形势发展，别无其他选择。经过调适，右翼的复苏迅速展开。到 20 世纪 50 年代，右翼政党重新掌握了权力，或者像在法国那样，与其他政党分享权力。他们以右翼自由派的身份在政治中心执掌权力，其地位之所以稳固是因为非自由主义和威权主义都不再是可行的选项。

尽管恢复的速度很快，但过程本身并不顺利，也并非没有争议。主流保守主义接受并很快掌握了新的自由主义民主现状，但来自右翼边缘派的反抗依然在持续燃烧。在智识方面，保守主义的自信心正在恢复。然而，事实再次表明，成功是一把双刃剑：保守派思想家越是接受主流观点，其特色就越不鲜明，观点也就越模糊；他们越是拒绝自由主义-民主的正统观念，就越是与政党政治和政府的实际需求不相关。

随着民主自由主义提出的要求越来越多，保守主义妥协的代价也在上升。张伯伦提出的那个旧问题，即"财产要向民主支付多少赎金？"，以新的面目再次出现。保守派在多大程度上接受福利资本主义？对财产和自由市场的关注将他们推向一个方向，对市场之危害性的家长式关切又将他们推向另一个方向。保守派在多大程度上接受一体化和多边主义？同样地，自由贸易的国际主义为保守派提供了一个答案，对国家和自治的深刻认同则提供了另一个答案。关于 20 世纪 50 年代至 60 年代社会向文化和道德放任的快速转向，保守主义者也存在分歧：一些人勉强接受，且本着谨慎的精神，只打有把握之仗；另一些人选择抵抗，坚持原则，捍卫古老、严格的价值观。

在 1945 年之后的四十年里，主流保守派基本上承受住了妥协的代价。他们推进得很慢且不无遗憾，但确实做到了，他们获得的回报是赢得了执政地位，这同样是有代价的。主流保守派的成功积累了留待未来解决的党内难题，不愿妥协的边缘派则认为妥协的代价过于高昂，这些代价包括：福利制度既无效又败坏道德，国家被上下其手，放开道德约束带来了一种无法挽回的损失。尽管这些不同的指控并未构成一揽子有条理的主张，但每一项主张都足够震撼人心，以至于在 1980 年之后共同演变为硬右翼针对旧的主流保守派的一场反叛。

各国的模式不尽相同。在德国，保守派在 1933 年之后陷入了沉默，或者屈服于一种最终带来道德毁灭、军事占领和国家分裂的极权主义歧路。这种自我施加的伤害是如此全面，以至于它为战后的德国保守主义提供了一个确定的场所，使后者得以利用 1933 年之前的元素——特别是基督教的社会传统——来重建自身。

法国右翼政党则因战败和参与维希政权的威权实验而名誉扫地。经过重建，他们在 20 世纪 50 年代开始与其他政党分享权力，但并未赢得控制权。戴高乐将军没有战败和通敌之类的污点，他将法国保守派团结在一起并在 20 世纪 60 年代掌握了政府领导权。到 20 世纪 70 年代，当主流保守派再次分裂时，由于自由派和戴高乐派之间的分歧足够小，联盟能够继续存在。

1945 年，作为在野党的英国保守党和美国共和党都理所当然地成为庆祝二战胜利的一方。尽管人们（不仅仅是左翼）指责他们要为 20 世纪 30 年代的经济失败负责，并指责他们没有更早地站出来反对德国和日本，但这两个政党在其前战时领导人丘吉尔和艾森豪威尔的领导下很快重新掌握了权力。与法国一样，英国为维持一个破碎帝国所作的徒劳努力非但没有成为各党派的共识，反而引发了各党派的内部分裂。二战的胜利者并非仅限于自由民主党人，还包括共产党人，这一点被巧妙地利用了。很快，冷战为"自由世界"与共产主义世界的对抗提供了一个框架，在维护西方整体团结的名义下，左翼和右翼之间的竞争受到限制。美国的右翼继续分裂为多边主义者和单边主义者，单边主义者在 1945 年至 1980 年失势，但在世纪末和新世纪初携其不断增强的力量再次归来。

1945 年之后，保守派要应付而非引领社会气候。随着经济的变化和知识的传播，保守派对社会秩序和权威的理解中那些曾经根深蒂固的旧的不平等开始瓦解，如：男性优于女性，白人优于黑人，老年人优于年轻人。（关于二元和非二元不平等本身的争议尚未出现。）保守派对社会变化所带来的道德和文化动荡感到不安，不确定应该如何应对。在他们的传统观念里，家庭是社会秩序的细胞，然而如今的妇女开始工作和上大学。当保守派对社会进行描述时，母性不再代表女性。这种变化也许是不可逆的，但对许多右翼人士来说仍然是不可接受的。文化保守派发现自己处在一个尴尬的境地：在一个很大程度上由政治保守主义所创造的世界中感到不自在。

随着伦理和文化等级的消失，一种普遍的焦虑开始蔓延。"谁来捍卫伦理和文化标准"这个问题究竟还是否重要？还是只要有人这么做就行？原则上，任何人都可以抵制道德放纵和品位的民主化，仲裁者不一定非得是男性、白人或老年人。的确，对于思想开明的保守派而言，重要的是应该有标准，并且这些标准应该得到遵守。角色与角色扮演者之间的区别很容易说清，但在 20 世纪 60 年代以来文化战争的硝烟中，文化保守派往往容易忘记这一点。

i. 法国的常态化、自豪与愤怒：比内、戴高乐与布热德

在 1945 年后的法国，保守派选民面临三个选择，分别是：常态化，即在一个消费社会中日益走向繁荣；自豪，即在法国去殖民化和欧洲化的过程中展现民族的伟大；愤怒，即来自硬右翼的挫败感。

安托万·比内是推动法国常态化的英雄，他领导了全国独立人士和农民中心（以下简称 CNIP），该党的前身是战前法国农村中的中右翼经济自由派。戴高乐是民族自豪与荣誉的代言人，他领导了在他主导下形成的名称各异的党派运动（1958 年）。皮埃尔·布热德（Pierre Poujade）则代表了愤怒，他在 1953 年成立了一个抗税性质的政党，借此将分散各处的法国极右翼势力招至麾下，从而打开了一个政党政治空间，该空间最终在 20 世纪 70 年代被反主流的国民阵线（National Front）* 所占据。各党派之间是流动的，也具有彼此相容的可能性，比如对布热德这样的硬右翼而言，愤怒与自豪可彼此相容；在戴高乐主义看来，自豪与常态化则彼此相容。

这场政党竞争在前后相继的制度框架下展开：首先是 1944 年至 1946 年由戴高乐领导的临时政府，戴高乐未能在新宪法上取得成功并选择引退；其次是 1946 年至 1958 年†的法兰西第四共和国，它实行强议会、弱总统；再次是 1958 年以来的法兰西第五共和国，戴高乐在新宪法上赢得了胜利，实行强总统、弱议会。

戴高乐主义（以及共产主义）的传奇使第四共和国黯然失色，尽管它所取得的成就已相当可观。面对物资短缺和冬季严寒的早期困难，饱受战争创伤的法国需要进行国家重建。全国依然有三分之一的劳动力在农田劳作，他们饱受自 19 世纪 80 年代以来断断续续的农业衰退之苦。东北部大片的工业区遭到洗劫或摧毁，政府几乎破产，整个法国负债累累，法郎也一蹶不振。

从那个暗淡的时刻开始，法国在接下来的三十年里迅速复苏，这一时期后来被称为"辉煌三十年"。在 1947 年至 1973 年，法国年均经济增长率达到 4% 至 5%，到 20 世纪 60 年代初其经济规模已超过英国。1945 年，法国的人均收入仅为美国的一半；到 20 世纪 70 年代，法国的

---

* 国民阵线是法国一个极右翼民粹主义政党，1972 年由让-马里·勒庞（Jean-Marie Le Pen）创立，于 2018 年 6 月改名为国民联盟（Rassemblement National，RN）。——译者注

† 此处原文是"1944 年至 1958 年"，似为一处错误，法兰西第四共和国的存续时间是从 1946 年至 1958 年，译文据此进行了订正。——译者注

人均收入已为美国的五分之四。这种爆发式增长在法国历史上是空前的,至今也未再重现,它在一定程度上是对经济衰退和战争损失的弥补。当然,这一成就并非法国独立完成的,来自美国的援助也助推了法国的经济复苏,彼时的美国渴望一个稳定的欧洲并对法国共产党的强大实力保持警惕。

随着法国的稳定和现代化,不包含愤怒与自豪的常态开始日益受到右翼选民的欢迎。稳定的繁荣对保守主义来说已经足够,这正是政治家安托万·比内的主张,他自称"消费者先生"。比内以其审慎的风格和简洁的语言,吸引了那些渴望平静生活的法国保守派,后者乐见右翼还有眼下这样一种选择,而不仅仅是道德远征和社会战争(如贝当以及彼时西班牙的佛朗哥[Franco]),或者激动人心却目标不明同时具有威权色彩的民族联合(如戴高乐)。比内支持消费者和纳税人的普遍关切,由此转移了左翼基于阶级立场要求实行再分配和在工作场所实行民主的呼吁。

比内出生在法国中东南部的小镇圣桑福里安,是一位帽子制造商的儿子,他的出身便体现了他的政党全国独立人士和农民中心(以下简称CNIP)及其选民的价值观。他喜欢说:"金钱是国家的肖像。"在他看来,财政纪律、经济健康、社会秩序和道德操守是相互依赖的。从某种意义上说,他是一位价值观保守主义者,这里的价值观指的是良好的内务管理和稳健的财务状况。(在主管国家财政期间,他曾两次遏制通货膨胀。)他支持摩洛哥独立,并且尽管对阿尔及利亚的民族自决充满警惕,却对法属阿尔及利亚的顽固派多有不满。他没有戴高乐那样保守的反美主义,也不反对欧洲。比内既不是律师也不是知识分子,他不喜欢巴黎,自称是一个简单的法国人,对挥霍无度的政府和税收人员持怀疑态度。在1965年的法国总统选举中,比内是中右翼非戴高乐主义选民的希望所在,但他拒绝参加选举并且没有作出解释,据说是因为担心个人丑闻被曝光。

比内的立场是日常的中右翼保守主义,不看重教条和宏大的东西,不关注社会公正或人的道德,只承诺保持船只的平稳,让人们过上平静的生活。这种立场吸引了CNIP的农村选民,这些选民是具有地方意识的小农和小店主。如果将比内的"常态"往前追溯,它曾出现在七月王朝时期奥尔良派的经济自由主义中，之后它还出现在普恩加莱的民主同盟 * 以及梅利纳和马林（Marin）的乡村天主教共和联盟†的主张当中，两者都是法兰西第三共和国时期的政党，前者吸引了赚钱不易的城市非专业人士，比内曾是其成员之一。向后展望，比内的"常态"在遗产上发生了分化，他所主张的财政紧缩在瓦莱里·吉斯卡尔·德斯坦的任期内得以延续，形成了一种新型的关于平静生活的保守主义。

吉斯卡尔曾在 1962 年至 1966 年和 1969 年至 1974 年两度担任法国财政部长，并于 1974 年至 1981 年出任法国总统。他认为，"三分之二的法国人"都是社会和经济上的自由主义者，同时对社会主义左翼充满敌意。吉斯卡尔相信技术官僚式的经济和财政管理，并且这种管理最好不受来自民主压力的干扰。他认为，第五共和国与旧的 CNIP 一样，权力过于集中。他执政期间将权力下放到了地方，强化议会的作用，并将媒体从政府监管中解放出来。与旧的 CNIP 不同，他的政党的自由主义色彩不仅体现在经济层面，还体现在社会层面，他执政期间放松了对避孕、堕胎和离婚的法律限制。作为一个亲欧派，吉斯卡尔强化了法国与德国的关系，推动欧洲经济共同体发展成为一个更加紧密的联盟。在 1966 年因亲欧主义被戴高乐解职后，吉斯卡尔以他的中右翼追随者为基础正式组建了独立共和党（Independent Republicans）。1978 年，独立共和党更名为法国民主联盟（Union pour la Démocratie Française，UDF），成为吉斯卡尔在 1978 年巩固其总统地位的工具。

对于夏尔·戴高乐（1890—1970 年）来说，政治并非调节利益关系或者管理日常事务，而是关于国家力量的恰当运用。作为一位职业军人、总统和政治家，他与丘吉尔一样（尽管两人从未融洽相处），体现了意志和神

---

* 民主同盟原称民主共和同盟，是 1901 年由雷蒙·普恩加莱所创立的一个政治组织，最初是一个中左翼党派。第一次世界大战后随着法国君主主义者和波拿巴主义者的消失，民主同盟成为法兰西第三共和国一个主要的中右翼政党。——译者注

† 乡村天主教共和联盟（Catholic Fédération Républicaine of Méline and Marin）创立于 1903 年，其创立者包括曾担任法国总理的朱尔·梅利纳和曾多次出任法国内阁部长的路易·马林，共和联盟是法兰西第三共和国时期最大的保守派政党。——译者注

话在政治生活中的力量。戴高乐对政治的看法结合了具有强烈公投色彩的民主观、对议会的质疑,以及领导人与人民之间的密切关系,正是后者使反对者认为他具有威权色彩。要按照法国的传统对戴高乐进行归类是困难的,他很快形成了自己的"主义",这似乎意味着,尽管人们努力尝试,他还是无法被归类。戴高乐是非同寻常的,正如他所处的时代一样。

戴高乐是 1914 年至 1918 年的一战老兵,在战后担任参谋官,他曾努力争取实行军队机械化,但未获成功。1940 年德国占领法国时,他的坦克部队进行了英勇的抵抗,但终归失败,随后他离开法国前往伦敦,将自己塑造为影子般的自由法国的化身。随着 1944 年解放的临近,他成功避免了盟军对法国的占领,确保了法国在德国的占领地位,并争取到法国在战后和平谈判中的一席之地。作为 1944 年至 1946 年临时政府的领导人,戴高乐的首要任务是恢复经济,制止对通敌者的报复行为,使法国重新获得对印度支那和阿尔及利亚的殖民控制,并建立强有力的总统制。遭遇挫折后,他开始了一段漫长的"穿越沙漠"之旅 * ,直至 1958 年阿尔及利亚危机时才重返政坛。美国和其他国家对法国施压,要求法国与阿尔及利亚独立势力进行谈判,这导致政府的分裂,引发法属阿尔及利亚人的反叛,使许多人担心可能引发内战。反对者称他的上台是一场政变,但从程序上讲,戴高乐被时任法国总统科蒂(Coty)任命为总理,并得到了议会的确认。对于夺权的传言,他嗤之以鼻:"权力能被夺取吗?时势使然罢了。"他推动一部具有强烈总统制色彩的宪法,并在 1958 年全民公投中获得压倒性支持,此后不久阿尔及利亚的停战与独立也获得了压倒性认可。

在戴高乐执政期间,法属非洲获得了独立,法国发展了自己的核武库(借助美国的技术),并致力于欧洲一体化。他出于民族自豪感的一些反常姿态,比如使法国退出北约、阻挠欧洲俱乐部、排斥英国以及呼吁第三世界成为冷战中的一个中间选项,无论是戏剧性的还是真诚的,都及时得

---

* "穿越沙漠"之旅指的是 1946 年至 1958 年戴高乐政治生涯的一个低谷时期。1946 年戴高乐推动宪法改革加强总统权力的努力因法国左翼的反对而失败,他被迫辞去临时政府总理职务,并在 1953 年退出政坛隐居,其间撰写了他的战争回忆录,直至 1958 年借法属阿尔及利亚危机而东山再起。——译者注

到了纠正。法国本质上也一直保持着大西洋主义、反苏和欧洲立场。戴高乐主义的起起落落反映在戴高乐本人所发起的各次公投结果中:1958年宪法公投获得83%的支持,1961年阿尔及利亚民族自决公投获得75%的支持,1962年阿尔及利亚和平与独立公投获得91%的支持,1962年法国总统直选获得62%的支持,而1969年参议院和地区改革公投则遭到否决,这促使戴高乐退休。

戴高乐身材瘦长、性格孤傲、处事沉着,一生都在被人嘲笑,但这也让他本人对嘲笑有了免疫力。他对政党政治感到厌恶,尽管很难被恰当地贴上标签,但将他划归右翼是没有问题的。他作风独断、信念坚定,能够说服他人相信他对法国负有天职。然而,当他在1946年和1969年两次遭遇挫折时,他并未试图重申自己的意志,而是选择出走,这使对他的威权主义指控不攻自破。作为一位传统天主教徒,他将关于个人道德的限制性法律(他多少思考过这个问题)视为熟悉和令人舒适的家居用品,认为没有理由去更换它们。在他看来,政治确实负有一种道德使命,那就是:维护国家的独立与安全。

戴高乐本人难以被归类,这使得对戴高乐主义的归类也变得困难。它究竟是一种包含在法国本土波拿巴主义中的对自由主义民主的独特的现代替代方案,还是在自由主义-民主规范被威胁或被抛弃时通过非常规手段对这些规则的一种回归? 对这一问题的回答是:戴高乐主义更多地属于后者而非前者。这个答案的线索就是戴高乐曾试图捍卫的第三共和国的保守主义,以及他遗留后世的存在于第五共和国的戴高乐式保守主义。第三共和国的保守主义之所以从自由主义的民主蜕变为非自由主义和独裁,是因为它遭遇了军事溃败,这是唯一的原因。当1969年戴高乐最终退出政坛时,戴高乐式保守主义正行走在更自由、更议会化和更多元的道路上。尽管他本人固执且难以归类,但戴高乐主义则无疑属于妥协的保守主义。

戴高乐之后,在乔治·蓬皮杜(Georges Pompidou,1911—1974年)的推动下,戴高乐主义从一个个人化的过渡运动转变为一个亲欧洲的中右翼政党,随着时间的推移,该党与其吉斯卡尔式竞争对手即法国民主联盟(UDF)之间的界限逐渐模糊。蓬皮杜曾担任法国总理,并在1969年至

1974 年担任法国总统,他在竞选中大肆宣扬自己的奥弗涅血统,尽管他同时还是一位毕业于巴黎高等师范学院的前银行家。作为一个世俗保守派,他既不像教条主义左翼那样认为人是善的、社会是恶的,也不像教条主义右翼那样认为人是恶的、社会是善的。作为充满活力的资本主义和强大国家的捍卫者,蓬皮杜像吉斯卡尔一样,遵循着右翼自由主义的高标准,这种自由主义经历了七月王朝、第三共和国、第四共和国,一直延续至今。

在蓬皮杜之后,戴高乐主义的传承者是雅克·希拉克(Jacques Chirac),他在 1976 年创立了保卫共和联盟(Rassemblement pour la République)。在言辞和象征方面,保卫共和联盟援引了波拿巴主义关于人民、领导者和国家的剧目。在核心选民方面,它比吉斯卡尔的中右翼政党法国民主联盟更具有地方和中产阶级色彩,法国民主联盟则吸引了都市的专业人士选民,两者的区别更多地存在于个人和历史层面而非党派纲领方面。两党曾共同执政,到 20 世纪 90 年代已合二为一,直至二十年后面对硬右翼政党国民阵线的成功,它们陷入混乱而再次分裂。

战后法国愤怒的代言人是皮埃尔·布热德(1920—2003 年),他是法国战后硬右翼势力之父。布热德在青少年时期曾是雅克·多里奥的追随者,后来对维希政府感到失望,逃离法国前往阿尔及利亚首都阿尔及尔。再次归国时,他成为一名宗教书籍的流动推销员,后来在他的家乡法国洛特省开设了一家书籍和文具店,小店主的经历让布热德走上了政治道路。1953 年,他成立了一个抗税政党,旨在保护店主和小企业免受大型连锁店和税务部门的侵害。三年之后,他的政党拿下了 13% 的选票和五十多个议席,包括后来的国民阵线创始人、年轻的让-马里·勒庞(Jean-Marie Le Pen)所赢得的一个席位,令右翼主流派大感震惊。布热德的政党是一个由无政治立场的抗税者和右翼的不满者组成的流动联盟,其成员鱼龙混杂,包括亲法阿尔及利亚人、君主主义遗老遗少和维希复仇主义者。将这些形形色色的人们团结在一起的是对议会的愤怒和蔑视(布热德称议会是"巴黎最大的妓院"),对议员的愤怒和蔑视(称他们是"鸡奸犯"),对政府技术官僚的愤怒和蔑视(称他们是一切麻烦的制造者),以及对法国国家的愤怒和蔑视(称国家是"小偷和恶棍")。布热德所掀起的风潮很快平息，但在 20 世纪 70 年代之后又卷土重来。蓬皮杜故作姿态地对布热德主义表示关注，吉斯卡尔则对其不闻不问。1981 年，布热德对社会主义者密特朗表示支持，这与他一贯以来对中右翼主流派的蔑视态度相一致。布热德和以勒庞为代表的硬右翼都对戴高乐主义关于人民和国家的话语主题运用自如，但与戴高乐主义不同的是，他们是以一种愤怒、排他和反精英的方式在运用。戴高乐主义的目标是稳定，硬右翼的目标则是破坏。

ii. 英国保守党中的温和派与强硬派：
从麦克米伦到撒切尔

尽管英国右翼在 1945 年并不需要一个新的政党之家，但旧的住处却屋顶残破、洪水不断。在 1945 年 7 月的大选中，保守党失去了一半的议员席位，这是自 1906 年以来赢得席位最少的一次。战争期间，保守党的地方办事处关闭，社会活动停止，筹款工作中断，致使该党的组织被瓦解。丘吉尔是保守党唯一的胜选希望，却在选举中一败涂地。他将保守党的战时伙伴、现在的竞选对手工党比作德国的盖世太保，这让人们哄堂大笑。尽管人们对他在战时的领导心存感激，并意识到英国所经历的苦难，但人们明白是俄罗斯和美国，而不是英国，为战争胜利作出了最大的贡献。左翼选民怀疑保守党人（包括丘吉尔在内）参战的目的不是为了击败法西斯或保卫英国工人，而是为了维护帝国。战争搁置了一系列受自由主义启发、受民众欢迎的社会改革议程，现在选民们要求这些改革，但保守党似乎在这些问题上支支吾吾或意见不一。

尽管遭受重创，保守党还是很快展现出强大的自我修复能力，它在 1945 年 7 月的大选得票率超过 39%（包括其盟友国家自由党和国民工党在内），仅比十年前的上一次选举得票率略低。党组织迅速恢复，到 20 世纪 50 年代初，全国范围内的党员人数接近三百万，是工党党员人数的三倍。在巴特勒（R. A. Butler）的领导下，保守党研究部推出了政策文件和规划,使保守党恢复了智识信心,并重新参与公共辩论。

保守党内部一如既往地争论不断。一些保守党成员仿效工党,走上受自由党启发的社会改革之路,他们大致沿袭了以迪斯累里—鲍德温的一国保守主义为代表的妥协路线,这些人在 20 世纪 50 年代的代表人物是麦克米伦,他乐于接受一种温和的持改革立场的自由保守主义。另一些保守党成员则遵循皮尔和张伯伦的激进传统,奉行一种更加严厉的路线,皮尔和张伯伦都认为保守党对流行观念的支持是政党衰败和国家衰落的外在表现。20 世纪 50 年代反对中间路线保守主义最明确的当属伊诺克·鲍威尔(Enoch Powell),他是后来奉行超自由主义(hyper-liberal)同时坚持民族优先立场的硬右翼的先驱,这个硬右翼派别在不久之后接管了英国保守党。

每个派别都有自己的俱乐部和压力团体。1951 年,妥协派成立了鲍小组(Bow Group),被一位成员自嘲为努力让保守主义被《卫报》读者接受的一种尝试。1961 年,激进派成立了主张自由市场的周一俱乐部(Monday Club)。之后,随着激进派在 20 世纪 70 年代占得上风,这两派分别被称为温和派(Wets)与强硬派(Dries)。与其他"二元对立"一样,这种划分也存在争议。许多保守党人横跨两派,或者曾经是其中一派,后来转为另一派。尽管如此,温和派与强硬派依然代表了同一阵营中的对立双方。

最初,保守党并不反对自由主义式的社会改革,而是在这些改革方面对工党予以策应。保守党所承诺的并不是福利资本主义的替代品,而是一种运行得更好、浪费得更少以及(尽管他们并未声张)不那么慷慨的福利资本主义。比如,右翼对国家医疗服务的支持是基于工党的让步,即医生在提供新的免费服务的同时,依然可以继续其私人执业。在经济领域,他们则采纳了一种温和的凯恩斯主义,这体现在 1947 年的《工业宪章》中,它将充分就业作为政策目标,将赤字预算作为实现该目标的手段。在外交政策方面,保守党与工党之间几乎没有分歧,1949 年的《保守党关于外交政策的会议声明》有着与工党同样强烈的反苏立场,并隐晦地提及一个"持续演变"中的帝国,这也意味着英帝国不会一直维持它现有的样子。印度与缅甸在工党执政期间相继获得独立,彼时的工党已经失去了对局势的掌控。在重新赢得权力之后，保守党痛苦地意识到：自己缺乏维系帝国其余部分的意愿与能力。

工党的困境推动了保守党的快速复苏。在经历了自1940年以来的单独执政或联合执政之后，工党领导人已身心俱疲。当时的英国负债累累，经济上捉襟见肘，在布雷顿森林体系的固定汇率制下捍卫疲软的英镑成为一场正在上演的全国性大戏。在1950年2月举行的大选中，工党的多数优势缩减至五席。选举过后，工党继续蹒跚前行，十八个月后保守党取得了明显的胜利，开启了长达十三年的执政期。大英帝国的不断收缩、在中东的惩罚性遭遇（1956年苏伊士运河危机），以及英国在复兴中的法国和德国的映衬下相对的经济衰退，所有这些都带给保守党政治阶层比选民更多的震动。在整个20世纪50年代，英国的住宅存量增加，经济有所增长，生活水平提高，政府支出增加而又对税收影响不大。在1955年和1959年举行的两次选举中，保守党的多数优势一直在扩大。在1959年选举中，保守党欢快地宣称——借用1952年失势的哈里·杜鲁门的话说——他们"从来没有这么好过"，人民也作出回应，从而使保守党赢得了将近50%的普选选票。

受益者是哈罗德·麦克米伦，他在1957年至1963年担任英国首相。麦克米伦（1894—1986年）是一位出版商兼政治家，在1945年前曾是失业严重的英国北部斯托克顿地区的国会议员，后来又成为繁荣的东南部布罗姆利区的国会议员。在二战爆发前，麦克米伦代表了一个被鲍德温保守主义所忽视的英国，寄希望于政府能够提供帮助。他的著作《中间道路》是一部为带有国家统制色彩的保守党温和派所写的凯恩斯主义圣经。之后，在不放弃福利或国家干预的前提下，麦克米伦追随经济自由主义的风潮，寄希望于以不断增长的繁荣来维护社会的健康。外交事务令他伤神：他加速了英属非洲的终结，完成了帝国的撤退，并勉强说服其政党同意英国的未来在于欧洲，但戴高乐却拒绝了英国加入欧洲俱乐部的请求。

繁荣在增长，但这种增长既不快速也不可靠。保守党选举代理人发出警告：1955年至1958年补缺选举的糟糕结果是一个早期信号，预示着中产阶级对一个提供补助的干预型国家正在失去耐心，后者的膨胀速度似乎赶上甚至超过了经济增长速度。在1958年的财政危机中，麦克米伦拒绝大幅削减预算，从而引发了财政部的辞职潮，辞职者包括时任财政部经济事务秘书、持激进自由市场理念的伊诺克·鲍威尔。在思想领域，保守党右翼表面上按兵不动，幕后却十分活跃。周一俱乐部加入了更早的产业目标（Aims of Industry）*和自由联盟（League for Freedom），成为拒绝与麦克米伦中间道路妥协的保守党人寻求替代方案的场所。

到 20 世纪 60 年代初，麦克米伦领导下的政府饱受丑闻困扰，他本人也年老体衰，成为当时文化变迁中错误的一方：在那场文化变迁中，人们对年龄和权威都不再那么顺服。麦克米伦之后，一位老派保守党人开始了短暂的临时执政，†紧接着工党重新赢得执政权，保守党的灵魂之战随之在三方之间展开：第一方是麦克米伦式的中间派，第二方是激进的市场推动者（鲍威尔），第三方是爱德华·希思（Edward Heath），希思采取折中立场并在 1965 年赢得了保守党的领导权。希思代表着一种过渡性的选择：它的一端连接着那种具有妥协和共识精神的老派保守主义，另一端连接着一种不妥协的和斗争性的新型保守主义，也就是即将为人所知的撒切尔主义。

希思（1916—2005 年）在 1965 年至 1975 年担任保守党领袖，并于 1970 年至 1974 年出任英国首相，崇拜者认为他是撒切尔主义的先驱，批评者则认为他是一个失败的温和派。令激进派感到不安的字眼，如"妥协"和"模糊处理"之类，被加之于他。事实上，希思与激进派有着许多共同的目标，如减少监管，增加竞争，停止政府控制工资和物价的努力，遏制工会（工党曾尝试这样做），减少直接税、增加间接税，以及推行"有针对性"的（即不那么大手大脚的）福利。然而，保守党右翼从未原谅希思的一点是，他在 1973 年最终将英国带入了欧洲。希思的运气不佳，他接连遭

＊　产业目标成立于 1942 年，是一个由工商业领导者组成的独立的自由企业游说团体，其成立的初衷是反对蔗糖、钢铁等英国关键产业的国有化。尽管该组织并不直接介入政党政治，但它与英国保守党有着密切的关联。——译者注

†　1963 年 10 月 18 日，麦克米伦在丑闻和身患重病的双重压力下辞去了首相一职，由时任英国外相的亚历克·道格拉斯-霍姆（Alec Douglas-Home）接任。霍姆的任期仅维持了一年时间，在 1964 年 10 月的大选中以微弱差距败于工党。——译者注

遇了第三次中东战争、石油危机和全球滞胀。此外，在工会、爱尔兰等深层次、长期的冲突方面，他也过于信任人的理性。

基思·约瑟夫（Keith Joseph，1918—1994 年）是一个知识分子型保守党人，他在 1956 年至 1987 年担任保守党议员，亲身经历了保守党的一系列改变。约瑟夫先是在麦克米伦政府中担任大臣职务，后来支持希思，最终倒向撒切尔。20 世纪 60 年代，他忙于投票废除死刑并参与同性恋合法化问题的讨论，无暇顾及保守党右翼。70 年代，他转向右翼激进派，用自己的智慧和语言天赋参与创立了撒切尔主义。他表示，私营企业在英国并未失败，只是从未得到过尝试的机会。英国的问题是"被过度治理、过度支出、过度征税、过度借贷和过度人为操纵"。他在 1974 年创立了政策研究中心（Centre for Policy Studies），作为他本人实现政治抱负（尽管失败了）的基地，该中心在很长时间内都是对保守党思维进行革新的场所。

当时的保守派普遍认为英国正在走向毁灭，约瑟夫的著作《逆转趋势》（*Reversing the Trend*，1975 年）正迎合了这一点。他在书中援引右翼关于衰落的经典主题，将诸如交通补贴、公共住房、单亲家庭等各不相同的问题，编织成一个令人信服的图景，描绘了一个需要被拯救的失败社会。约瑟夫相信，在政治上，坚定的价值观和对社会健康度的清晰认识比狭隘的经济理性更加重要，经济理性固然必要，但单靠它是不够的。经济和社会的健康与健全，依然与责任和勤奋这些恰当的美德息息相关。

如果这些曾在英国存在过，那么约瑟夫无疑会成为一个新保守主义者。与（下文将要描述的）美国和德国同行一样，约瑟夫也以一种超然、彻底的方式把握政治的本质，却对大众民主没有丝毫感觉。他为撒切尔提供了思想资源，但撒切尔以一种自由、微妙和非沙文主义的方式与保守党选民形成共鸣，这是约瑟夫永远无法做到的。撒切尔从他的思想中获得了成功，但她同时知道怎样做（或者听起来）是非自由的、生硬的或充满民族主义色彩的。就此而言，约瑟夫是撒切尔的良师，鲍威尔则不是。约瑟夫代表了一种接受民主自由之限制的经济激进主义；而鲍威尔，如后文所述，则预示了一种更具破坏性和民粹主义的硬右翼立场。

iii. 重塑德国中间立场:
阿登纳与基督教民主主义

1945 年,在德国所招致的自我毁灭中,几乎没有哪个真诚的德国保守派所信仰的东西没有受到波及。保守派观念中那些人们熟悉的元素,如社会团结、习俗所具有的权威、无需理由的忠诚等,都显得污渍斑斑。对占领德国者(无论是苏联还是西方国家)的憎恨,不足以替代对保守派而言至关重要的民族自豪感。德国战败了,领土被剥夺,国家被分裂,许多城市被摧毁,数百万人流离失所。在 1946 年至 1947 年的这个冬天,疾病和饥荒四处蔓延。在西德,经济的资本存量在战争中非同寻常地保存了下来,但工业、供应链和商业都遭到严重的破坏。德国加诸自身的战争灾难和大屠杀的滔天罪行都需要进行解释和追责。许多立场保守的德国人将这场战争视为西方反对布尔什维克的斗争。无论持何种观点,所有的德国人都对外国占领感到愤怒。

对于在战后负责处理战争残骸的德国右翼政治家来说,迫在眉睫的任务是重建经济、恢复政治主权和民族团结,以及恢复德国在世界上的道德声誉。这些任务都完成了,尽管并非按照一定的顺序或以相同的速度进行。右翼内部围绕这些问题发生了争论。首要的是要有一个新的政治框架,它包括一部西德临时宪法,即 1949 年《基本法》,以及新的保守党派,即基督教民主联盟(CDU)及其巴伐利亚"姐妹党"基督教社会联盟(CSU)。

一种诱人但错误的观点认为,胜利的西方盟国将自由主义的民主空投给了那个破败、不受欢迎的德国。按照这种看法,《基本法》是一种外来强加的东西,与左翼不自由、右翼不民主的德国传统格格不入。事实上,这部具有典范意义的自由主义-民主宪章是在没有外国压力的情况下由基督教民主党和社会民主党的律师们共同起草的。基督教民主党律师阿道夫·聚斯特亨(Adolf Süsterhenn)这样总结基本法的首要目标,即它旨在避免"权力集中于任何一个地方"，这是一个自由主义的原则，被当时的许多保守派所接受。《基本法》第一条呼应了天主教政治传统，它规定："人的尊严不可侵犯"，所有国家权力都有义务尊重和保护它。此外，公民有义务反抗暴虐的政府。保守派在警惕西方共产主义者的同时，也不忘提防己方令人棘手的极右翼，他们认可最高法院可以取缔"反宪法的"政党。

左右分歧以及右翼内部的地区差异得以缓解。与社会民主党相比，基督教民主党希望实行集权程度更低的税收和收入分配制度。巴登和符腾堡加入天主教巴伐利亚的行列，希望获得更大的地方自治权，这两个地区以小农和手工业为主的自由地方主义（liberal localism）力量很强大。当新成立的联邦共和国提交给各州批准时，巴伐利亚投了反对票，但同时表示如果有三分之二的州批准，他们也会同意加入，事实的确如此。尽管巴伐利亚人依然对盛气凌人的新教北方心存疑虑，但当《波茨坦公告》将新教普鲁士从西德剥离后，天主教在保守派中的影响力增强。

基督教民主联盟的大本营是莱茵-鲁尔区，这个地区既有工业也有农业，既有新教徒也有天主教徒。相应地，基督教民主联盟是一个大杂烩：党内的中间派希望促进商业与社会和平；右翼是国家保守派，其前身是魏玛时期旧的德国国家人民党；左翼则代表了天主教工人运动，例如该党1947年的阿伦纲领 * 便带有鲜明的社会天主教教义的烙印，它宣称："资本主义经济体系未能满足德国人民的国家和社会利益。"

基督教社会联盟的大本营在乡村和传统意识强烈的巴伐利亚州，该党对基于产业和平†与社会福利的经济复苏态度冷淡。基督教民主联盟声称自己继承了1933年之前天主教中央党的衣钵；与之类似，基督教社

---

 * 1947年2月，基督教民主联盟在位于英国占领区的德国小城阿伦发布了阿伦纲领（Ahlen Program），公开批评资本主义经济体系。该纲领支持经济计划和指导，支持大型工业的去卡特尔化和国有化，以及为工人提供广泛的共同决策权，成为基督教民主联盟内部对基督教社会主义立场的最清晰表达。——译者注

 † 产业和平（industrial peace）是一种产业关系状态，在这种状态下，劳资双方和平相处，均放弃采取产业行动，即工人不罢工、工厂主不闭厂。要形成这样一种和平状态，就需要确保工人享有平等的工资、良好的工作条件、合理的工作时长、假期以及最低限度的生活便利设施。——译者注

会联盟也声称自己的前身是旧的巴伐利亚人民党。与人民党一样,基督教社会联盟捍卫自身的天主教身份和保守的独立性。从形式上讲,基督教社会联盟是一个独立的政党,与基督教民主联盟结盟但未合并。

1949年后德国主流保守主义的第三个要素是自由民主党(Free Democrat Party,FDP),也称自由党。作为一个枢纽性政党,自由民主党既有宽容、具有社会意识的一面,这使它能够与社会民主党结盟(1969—1982年);又有保守、拥护自由市场的一面,这使它能够与基督教民主党结盟(分别是在1949—1956年、1961—1966年、1983—1998年、2009—2013年)。在20世纪50年代,作为一个主张公民自由并深受公务员欢迎的中产阶级政党,自由民主党与全德集团*一道,为那些因曾在纳粹政府任职而受到制裁的前官员辩护。

在右翼主流政党的侧翼还有几个不妥协的边缘党派,其中最大的是德国党(German Party,1947—1961年),该党在下萨克森州颇具实力,它为那些被基督教民主联盟所压制或忽视的来自右翼的不满和反对提供了庇护之所,后者支持诸如君主制、汉诺威地区主义以及与社会福利和工会相对立的自由市场观念。德国党在德意志帝国(以及纳粹党)的红白黑三色旗下活动,其主导基调是大众民族主义,并在德国联邦议院赢得了部分席位(分别是在1949年、1953年和1957年)。全德集团则为来自东普鲁士的难民和因在纳粹政府任职而被禁止工作的公务员提供支持,其影响力促使基本法增加了一项内容,该法在1953年作出修改,要求政党至少赢得5%的政党名单选票才有资格在联邦国会中获得席位。

这一变化促使德国右翼政治力量加速整合为一个大的联盟,即基民盟-基社盟(CDU-CSU)。德国从魏玛时期吸取的一个教训是,党派分裂和目标混乱会削弱右翼力量,而这些力量原本可以抵挡纳粹对权力的进攻。1949年,总共有十个党派赢得了德国联邦议会席位,基民盟只获得了31%的选票,自由民主党获得12%,德国党获得4%。到1957年,党派

---

* 全德集团(All-German Bloc)的全称是全德被驱逐者和权利被剥夺者集团(All-German Bloc of Expellees and Rights-Deprived),于1950年在西德成立,是一个右翼政党,代表了那些在二战期间以及战后逃离或被驱逐的德国人的利益。——译者注

数量减少到四个,基民盟-基社盟获得了 50.5% 的选票。

随着西德新的政治框架的稳定和繁荣的增长,边缘党派的吸引力逐渐减弱,基民盟吸纳了他们的关切,为他们提供了获得政府职位的机会。到 20 世纪 50 年代末,德国党的政治家与选民开始融入基民盟-基社盟,德国党于 1961 年解散。这些边缘团体的命运不佳并不意味着硬右翼已经从党派政治中消失,相反它此后经历了多次起起落落,直至 1990 年两德统一后,它从蛰伏已久的东德根据地强势归来,骚扰并削弱中右翼,这部分内容详见本书第九章。

在右翼顽固派看来,20 世纪 50 年代的德国并不是他们理想中期望去热爱的国家。新的货币、新的宪法,甚至分裂的国家,即便是不正常的,也都逐渐被人们所接受。对于保守的反现代论者和其他的右翼拒绝者而言,要承认西德是一个资本主义的、自由民主的西方国家,是一件令人恼火的事情。然而,西德的确是繁荣的,也是异常稳定的,并且以保守派选举获胜这一初步指标来判断,西德也是受民众欢迎的。在西德的前五次选举中,基民盟-基社盟和自由派的联合得票率分别是 43%(1949 年)、55%(1953 年)、58%(1957 年)、58%(1961 年)和 57%(1965 年)。

右翼思想家和小型杂志继续对西德提出批评,这些批评将出现在本书第八章关于 1945 年至 1980 年右翼思想的章节。此类批评与不妥协的保守派对自由主义现代性常见的指责相呼应,这些指责如今重新转向为消费社会的一致性和物质主义、德国民族自豪感的缺失,以及对除"工具性的"经济福祉和社会安宁以外的其他公共价值观之信仰的丧失。更微妙、更引人关注的右翼批评者则强调其中的一些反对意见,同时拒绝其他的反对意见,从而为与自由主义-民主正统观念达成智识上的妥协埋下了伏笔。

主持西德正常化和德国右翼整合的领导人是康拉德·阿登纳(Konrad Adenauer, 1876—1967 年),他于 1949 年至 1963 年担任西德总理,并于 1950 年至 1966 年领导基督教民主联盟。阿登纳头脑冷静地推行一种恢复与修复的政治,几乎没有为热情或极端主义留下多少空间。他在 1957 年的竞选海报上写着:"不要实验!"这个口号既概括了阿登纳的保守主义,也概括了他在处理德国战后任务时的谨慎与执着,这些任务事关德国的经济、国家主权与道德声誉。

阿登纳在 1949 年 9 月担任总理的就职演说中为自己定下了基调,他强调个人自由与责任、高效的市场以及确保福祉的社会保障。他摒弃了德国特殊性的主张,坚定地将德国置于西方世界,并承认德国对美国负有债务(对苏联的债务则被掩饰)。他将国家的道德根基放在尊重法律和尊重人的固有道德价值的"基督教-西方"政治文化中,按照他的措辞,基督教-西方主义将启蒙理念与基督教传统相融合。他暗示,自由主义者和基督徒之间没有什么可互相恐惧的。

基督教-西方主题在竞选中有着直接的用途。斯大林主义在整个东欧的影响力、1953 年发生在东德的一场被镇压的动乱,以及人们从东方向西方的流动,都有助于保守派选民接受基民盟对冷战的描述——那是一场发生在斯大林主义与基督教-西方自由之间的文明斗争。基民盟在选举中将社会民主党人描述为危险的马克思主义者,20 世纪 50 年代的一张基民盟宣传海报这样描述一位社会民主党领导人:"奥伦豪尔(Ollen-hauer)播种,斯大林收割。"另一幅海报则以十字架和中世纪圣徒的形象为背景,发出这样的告诫:"拯救西方文化!"

阿登纳注意到一个分裂的右翼曾给魏玛共和国带来怎样的伤害,为此他将基督教民主党打造成一个居主导地位的、包容一切的中右翼政党。除了吸纳激进的边缘党派外,基民盟还与更右翼的基督教社会联盟维持着竞争性联盟关系,后者在 1961 年之后的三十年里一直由弗朗茨-约瑟夫·施特劳斯(Franz-Josef Strauss,1915—1988 年)所领导。施特劳斯出生在慕尼黑的一个屠夫家庭,二战中曾参加东线作战,他令左翼为之头痛,并被中右翼视为眼中钉,但他幕后的言行要比他公开的硬右翼形象低调许多。

阿登纳顶住德国右翼的复仇主义压力,承认了国家领土的巨大损失,并主导了数百万被驱逐者和难民的回归。面对持中立立场的左翼,他顶住了要求统一的压力(苏联曾在 20 世纪 50 年代初以此相诱惑),更愿意在美国的保护伞下恢复并加强联邦共和国(这引发了反美保守派的抱怨)。他听取全德集团的建议,以对受害者的赔偿来取代对肇事者的惩罚(去纳粹化),他很少鼓励针对希特勒主义和大屠杀的全国性清算。他相信，正派的行为和对友谊的尊重能够更好地促进德国道德声誉的恢复。20 世纪 60 年代，来自社会民主党的继任者维利·勃兰特（Willy Brandt）以及历史学家和思想家开始填补阿登纳战后政策遗留的空白。

然而，阿登纳直面了天主教在政治中的地位以及政党在天主教中的作用这一挥之不去的问题。作为一个信奉天主教的莱茵兰人，阿登纳及其家人都对普鲁士抱有怀疑，并对俾斯麦所发起的以新教为主导的文化斗争多有不满。他曾在 1917 年至 1933 年代表天主教中央党出任科隆市长，他对纳粹充满敌意，尽管他曾提议与纳粹组成地方联盟来反对左翼，该建议遭到纳粹的拒绝。他曾两次入狱，并于 1945 年再次当选科隆市长。20 世纪 20 年代，阿登纳曾是天主教中央党内一个派别的成员，该派别试图让该党"走出塔楼"（也就是放弃其主要的天主教信仰）并成为跨宗教政党，如今他已实现了这个目标。

保守派批评者指责阿登纳牺牲了东部的土地、屈服于美国的利益并强化了德国的分裂，对此阿登纳回应说：一个自信、繁荣的西德最终将成为东德无法抵抗的诱惑。西德的确走向了繁荣，在经济部长路德维希·艾哈德（Ludwig Erhard）的领导下，西德经济迅速恢复。在 1950 年至 1963 年，西德的实际工资翻了一番，工作时长下降，失业率从 8% 降至接近于零。此后又过了四分之一个世纪，东德最终崩溃，投入了西德的怀抱。这样迅速而和平的拥抱离不开社会民主党人对东德的外交开放，以及 20 世纪 70 年代东西德之间相互猜疑的减少，而这正是以施特劳斯和基社盟为首的德国右翼所强烈反对的。

与戴高乐一样，阿登纳在社会道德问题上也是保守主义的，认为选举固然必要但令人遗憾，并且他的治理风格也同样专横。他从中右翼的角度进行治理，对自由主义现代性抱有保守式的顾虑。他相信，要对抗大众社会、物质主义和无神论，最好的武器是耐心、问责和勇气等公民美德。

阿登纳留下了这样一个政党：其战略目标是永远不在冷战问题上与美国为敌，约束国内的德国优先复仇论者，同时永远不错过与东德建立更好关系的机会。在欧洲，它的目标是实现法德和解，打造一个更加紧密的欧洲联盟。阿登纳的继任者赫尔穆特·科尔（Helmut Kohl）继续沿着这条道路前进，他在 1973 年基民盟选举失利时成为该党主席。1959 年，社会民党在巴特哥德斯堡抛弃了最后的马克思主义外衣 * ，并在此后与自由党一同执政。科尔致力于稳定党的地位，扩大党员规模，并争取自由党人的支持。他阻止了施特劳斯对基民盟领导权的争夺，后者试图将基民盟重新打造为一个独立的右翼多数党，但未能成功。1980 年，基民盟-基社盟选择施特劳斯作为领导人参加竞选，但他遭遇了失败，从而为科尔让出了道路。1982 年，自由党再次改变立场，放弃了社会民主党，将总理职位交给科尔。德国政治的稳固中心为自己赢得了另外三十年的生命，但正如本书将要呈现的，面对后冷战时代充满动荡的新世纪，它将承受巨大的冲击。

iv. 分裂的美国右翼：艾森豪威尔-塔夫脱， 洛克菲勒-高华德，福特-里根

"唉，这意味着社会主义又要多执政八年。"一位保守派共和党人在看到艾森豪威尔赢得 1952 年该党总统提名后沮丧地叹息道。共和党右翼所中意的人选小罗伯特·塔夫脱（Robert Taft Jr.）在与艾森豪威尔这位无党派军事英雄的角逐中败下阵来，许多充满疑虑的党内人士将后者视为秘而不宣的新政拥护者。塔夫脱则团结了新一代保守派，重新挑起了 20 世纪三四十年代的战斗，自豪地坚持美国优先论者（America Firsters）† 和反罗斯福自由联盟‡ 的战斗传统，但他们的人数还不够多。

---

　　*　1959 年 11 月 15 日，德国社会民主党在巴特哥德斯堡（Bad Godesberg）举行特别党代表大会，通过了《德国社会民主党基本纲领》，也就是著名的《哥德斯堡纲领》，该纲领放弃了阶级政党和马克思主义的概念原理，使社民党完成了从工人阶级政党向人民党的转变。——译者注

　　†　1940 年 9 月，无党派压力团体美国优先委员会（America First Committee）成立，它是当时美国最主要的倡导孤立主义的压力集团，主要目标是反对美国介入二战。1941 年 11 月，该委员会解散。——译者注

　　‡　1934 年 8 月，美国自由联盟（Liberty League）成立，其成员主要是富裕的商业精英和当时著名的政治人物，主要目标是反对罗斯福新政，主张私人财产和个人自由。自由联盟于 1940 年解散。——译者注

而即将入主白宫的艾森豪威尔，则是那些在经历了民主党长达二十年的改革之后，满足于活在当下并与眼前的美国达成妥协的共和党人的选择。

艾森豪威尔一派的共和党人也许从未听说过诸如根茨、夏多布里昂或施塔尔等人，但他们无疑正在追随那些审慎的 19 世纪迁就主义者 * 的教诲：不要试图以一场革命来终结另一场革命。然而，他们的胜利仅仅是一个开始，对未来提供不了多少指引。围绕共和党之传统所展开的争夺依然在继续上演：一方是努力维持自由主义民主之现状的温和右翼，另一方是希望彻底改变现状的保守派叛乱者。接下来三十年的美国保守主义故事——以罗纳德·里根（Ronald Reagan）的当选为终点——可被视为对 1952 年的一场漫长复仇。

塔夫脱（Robert A. Taft，1889—1953 年）是一位继承者：他出生于俄亥俄州，父亲是一位来自内陆腹地的美国总统†，他本人是参议院共和党领袖，也是罗斯福新政和战争期间不断膨胀的大政府的反对者。他反对罗斯福在 1939 年至 1941 年对战争所作的谨慎准备，也反对杜鲁门在全球范围内的反苏活动。他认为对于一个自尊、自给自足的国家而言，国际法和多边治国之道是错误的工具。他质疑纽伦堡法庭的合法性，并反对北约，因为在他看来，北约是为了应对夸大的威胁而建立的一个累赘机构。他批评杜鲁门一边宣扬和平、一边发动战争，还指责他将美国在朝鲜的活动掩饰为联合国发起的行动。

作为企业自由的捍卫者，塔夫脱塑造了劳资关系。为应对因战后裁员和通货膨胀急剧上升而引发的罢工浪潮，塔夫脱与他人共同发起了《塔夫脱-哈特莱法案》（1947 年），该法案旨在限制工会自由，并在杜鲁门行使否决权的情况下获得通过。尽管该法案并未触及以新政时期《瓦格纳法》（1935 年）为基础的成立工会和组织罢工的广泛权利，但它依然禁止了野

---

* 迁就主义（accommodationism）是一个哲学和法律概念，用来指称宗教与理性主义或反宗教共存的状态。在自由主义民主国家，迁就主义政策常常被用来保护宗教信仰自由。——译者注

† 塔夫脱的父亲是美国第二十七任总统威廉·霍华德·塔夫脱（William Howard Taft）。——译者注

猫罢工＊、二级纠察†和同情式罢工，以及关于谁来做什么工作的管辖权罢工‡，而后者的工作分配权是确保资方对车间进行控制的一项措施。该法案还禁止或限制将工会会籍或支付工会会费作为就业的条件。美国南部和西部的一些州也如法炮制，出台了各自"工作权"方面的法律来限制工会。诸如此类的反工会立法在吸引北方企业进入"阳光地带"§以及增强"阳光地带"在全国政治中的影响力方面发挥了一定的作用。

民主党自由派嘲笑艾森豪威尔是沉迷于高尔夫球的无所事事者，塔夫脱的追随者则嘲笑他是毫无风险意识的全球主义者。尽管如此，艾森豪威尔依然以其高超的技巧主导了1945年后美国经济和战略实力的巩固。作为前欧洲盟军最高指挥官，后来又在1953年至1961年担任美国总统，艾森豪威尔对美国新政传统所带来的改变更多是在速度上而非方向上。他追求对苏联的遏制（使其不再扩张，而冷战鹰派则要求苏联"回撤"），他接受朝鲜战争以"平局"收场以及承认美国无法取胜，他在1956年苏军进入匈牙利时保持沉默，他还寻求与赫鲁晓夫达成缓和。他反对法英在苏伊士运河的不当干预，却批准了美国主导的对古巴的入侵（后来在肯尼迪执政期间以失败收场），并认可了美国支持下的危地马拉和伊朗的政变。面对失控的、热衷于"抹红"对手＊＊的约瑟夫·麦卡锡（Joseph McCarthy），艾森豪威尔并未公开反对这位党内同僚，而是坐等麦卡锡走向自我毁灭。尽管在种族隔离问题上保持沉默，他还是任命厄尔·沃伦

＊ 野猫罢工（wildcat strikes）是未经过工会同意而发起的罢工，这种罢工在许多国家被认定为非法。——译者注

† 二级纠察（secondary picketing）指向没有劳工纠纷的企业施加压力，以促使这些企业再向劳工纠纷严重的企业施加压力的一种罢工形式。——译者注

‡ 在美国劳动法中，管辖权罢工（jurisdictional strikes）是指工会为了维护其成员对特定工作分配的权利，并抗议将有争议的工作分配给其他工会成员或未组织的工人而进行的集体拒绝工作的行动。——译者注

§ "阳光地带"是贯穿美国南部和西南部的一个地理区域，这个区域普遍气候温暖、阳光明媚。——译者注

＊＊ "抹红"（red-baiting）又称"红色诱饵"，是指通过负面宣传将对手指责为无政府主义者、共产主义者、社会主义者、斯大林主义者或持类似意识形态的人，以打击对手的言论或逻辑论证的有效性。——译者注

（Earl Warren）为最高法院首席大法官，并在 1957 年命令阿肯色州联邦军队执行沃伦法庭的反隔离裁决，该裁决在南部地区遭到长达十年的阻挠。他主张小规模预算、稳健的货币政策，并让经济自行走出衰退，却并未认真阻止民主党把持的国会大幅提高政府支出。他的联邦高速公路计划推动了城市郊区的出现，吸引了城市中产阶级，促使政党政治的分歧演变为社会地理的差异。

在告别演说中，艾森豪威尔警告这个国家不要过度发展"军工复合体"，然而他未能遏制的许多支出都被用于武装力量上。在信仰和道德方面，艾森豪威尔是传统的保守派，对即将席卷全国的文化冲突几乎没有感知。他谨慎对待政教分离这一宪法原则，他的第一次就职演说以向"朋友们"的个人祷告开场，之后才正式向"公民同胞们"讲话。国家可以被禁止干预宗教事务，但宗教仍然是公共生活的一部分。他的第二次就职演说是对"美丽富饶之美国"的抒情式祈祷，并警告不要对政府行动期望过高。在他执政期间，许多美国人的生活得到了改善，以后来的动荡时期观之，那的确是一个充满了确信和福祉的时代，这个判断是诱人的，也是有选择的。保守派共和党人对艾森豪威尔更多的是容忍，而非热衷。艾森豪威尔有一种才能，通常被称为审慎的保守主义，那就是不打无把握之仗，而是将其留给后来者。

其中的一场战斗是为共和主义的灵魂而战。反击的力量正在蓄势，它们分散而隐匿，既在政治之内，又在政治之外。大约从 1960 年，也就是艾森豪威尔任内的最后一年开始，共和党右翼开始慢慢重新掌权，松散的抵抗运动形成了，它们将保守派招至麾下，这些抵抗运动所反对的是：新政后的社会改革主义，政府强推的公民权利，以及四处蔓延的重新焕发自信的世俗现代主义。共和党右翼的第一个抵抗是在经济领域，它吸引了那些曾经反对新政而如今反对民主党"伟大社会"战略的大企业游说团体以及心怀不满的中产阶级纳税人，后者也就是萨姆纳所称的"被遗忘的人"，他们厌倦了自己的税款被用于资助那些他们眼中的懒惰者、未婚母亲和其他"不值得救助的"穷人。

来自右翼的第二个抵抗是白人对解除种族隔离和对公民权利的反击，这种反击始于南方，但不限于南方。到 20 世纪 60 年代末，《民权法案》使得公开阻挠变得无用之后，对种族融合的抵抗以一种改头换面的方式继续存在，那就是以"郊区权利"的名义控制地方税收、社区学校（即不允许学童到外区上学），以及住宅区划分。曾担任亚拉巴马州州长的种族主义者乔治·华莱士（George Wallace）在1968年初选中赢得了北方工会工人的支持，他的成功是一种警示，引起了理查德·尼克松（Richard Nixon）的注意。抵抗还来自中产阶级白人自由派，他们默默地将自己的家庭和孩子们与他人隔离开来，从而进一步强化了自由派所感受到的来自保守派的蔑视，后者更乐于承认自己的恐惧与偏见。来自右翼的第三种抵抗则囊括了基督教保守派，他们对道德放纵、宗教淡然以及对宪法政教分离原则的一种更加自由主义的解释感到恐慌，这种解释体现在最高法院1962年的一项裁决中，它禁止公立学校在正式场合进行祷告。

这些引发抵抗的原因，即反对大政府、反对民权和反对非宗教，并没有明显的共同之处。尽管如此，它们依然汇合到了一起，正如20世纪50年代在南加州和美国西南部地区所发生的那样，那里是共和党右翼的温床。20世纪三四十年代，来自美国中西部和南部农村地区的移民为南加州和西南部地区带来了简单的信仰和对世界主义的反感。宗教右翼利用地方电视广播来发展其教会，法学院则训练学生以反自由主义的方式解读法律。以牧场和小企业为主的地方企业具有自给自足和反政府的精神特质，依赖墨西哥裔美国工人的农业企业则逃避联邦监管和工会。国防部门是一个大雇主，其经费由大政府支付，美其名曰为了对抗共产主义。这便是贝利·高华德（Barry Goldwater）成长和繁荣的土壤。

高华德（1909—1998年）架起了一座桥梁：一端是以塔夫脱为首的共和党旧派系，另一端是里根领导下的共和党，后者在1980年之后迅速将自由派排除在外。高华德出生于亚利桑那州，曾获得飞行员执照，并于二战期间在亚洲驾驶空中运输机，后来在凤凰城步入政坛，在1952年亚利桑那州美国参议员竞选中，他借着艾森豪威尔的影响力击败民主党多数领袖而成功当选。高华德进一步推动了反工会立法，并敦促对工会的敲诈勒索展开调查。

高华德在1960年进入全国政治舞台，当时他反对艾森豪威尔的共和主义，因为后者提出了一套他称之为"廉价新政"的国内议程。彼时的尼克松是艾森豪威尔的副总统，依靠东海岸的党内自由派赢得了 1960 年总统选举的党内提名，并让共和党的一位大人物做他的竞选搭档 * 。南部和西部的共和党人对此感到愤愤不平，决心接管共和党，并让高华德作为他们的旗手。

对共和党右翼而言，纳尔逊·洛克菲勒（Nelson Rockefeller，1908—1979 年）为他们所不喜，因为他代表了他们所蔑称的"东海岸建制"。作为石油大亨的孙子、纽约州州长兼自由派共和党人的领导者，洛克菲勒支持堕胎、环保、联合国、跨党派的外交政策，所有这些都是共和党右翼所反对的。洛克菲勒在 1960 年旧金山共和党大会上输给了高华德，并受到在场者的嘲笑，这标志着自由派共和党主义开始走向终结。尽管部分高华德的支持者立场偏执，但高华德本人绝不像自由意志论者那般偏执，比如他在晚年的时候支持同性婚姻。尽管如此，他还是将形形色色的硬右翼势力团结在了一起，迫使尼克松和福特不得不应对，并在 1980 年后赢得了对共和党的领导权。

理查德·尼克松（1913—1994 年）的总统任期是"枢纽性"的，它代表了共和党重心的双重转变：一是从东海岸转向南部和西部，二是从艾森豪威尔的中间道路转向 1980 年后开始盛行的反自由主义的党派之争。南加州是尼克松的发迹之地，他最初是一名热衷于"红色诱饵"的律师。艾森豪威尔任他为副总统是为了安抚共和党右翼；同样地，尼克松在 1964 年选择一位波士顿上层人士作为他的竞选搭档是为了安抚温和派†。尼克松在选举中落败，但自由派民主党人和自由派共和党人面临着对民权、越南战争和文化战争的强烈反对，借着这股愤怒的东风，尼克松先后在 1968 年和 1972 年两次赢得总统选举。他代表右翼参选，却（与民主党国

---

* 这位竞选搭档是小亨利·卡伯特·洛奇（Henry Cabot Lodge Jr.），曾任美国外交官和参议员。——译者注

† 此处似为一处错误，经查询尼克松并未参加 1964 年美国总统选举，在他所参加的三次选举（分别是 1960 年、1968 年和 1972 年）中，第一次的竞选搭档是来自马萨诸塞的小亨利·卡伯特·洛奇，洛奇出身显赫，属于波士顿婆罗门上流社会的一员；后两次的竞选搭档是来自马里兰州的斯皮罗·阿格纽（Spiro Agnew）。因此此处应为"1960 年"而非"1964 年"，译文仍按原文译出，请读者注意。——译者注

会一道）以中间道路进行治理。他的政府在联邦雇员中推行平权行动，大幅增加支出和借款，实行工资与物价控制，推动美元贬值，与苏联达成缓和，与中国打开局面，并从越南撤军，无论撤军的决定是多么勉强和残酷。尼克松的职业生涯以丑闻告终——作为总统，他撒谎并试图掩盖竞选中的犯罪行为。他在1974年辞职，以避免被国会确定为有罪，后者几乎是确定无疑的。尼克松是一个过渡性人物，他留下了一个分裂的党：一方是逐渐衰落的温和派，另一方是能力和信心都不断增长的激进派，后者得到了反自由主义智库和慷慨的保守派捐助者的大力支持。

杰西·赫尔姆斯（Jesse Helms，1921—2008年）是这次变革的信使，他是一位前广播员，自1973年起担任北卡州联邦参议员达三十年之久。他是一位有才华的硬右翼代言人，其角色与英国的伊诺克·鲍威尔别无二致。赫尔姆斯从边缘起步，很大程度上将共和党南方的声音变成了全国的声音。他以自己的反自由主义立场为傲。具体而言，他反对民权，反对以消除种族隔离为目的的跨区上学，反对在学校禁止祷告，反对堕胎合法化，反对延长未获通过的赋予女性平等权利的修正案的最后期限，以及反对增进同性恋者的权利。赫尔姆斯认为自由主义既无效又具有腐蚀性，这个指控并不自洽，但具有广泛的说服力。他协助在所谓的文化左翼中树立了一个敌人，并将其从喧嚣电台的仇恨对象变成了保守派右翼的主要标靶之一。尽管在争夺右翼领导权的竞争中失败了，但赫尔姆斯的竞选活动为里根在1980年入主白宫铺平了道路，并使共和党在那一年赢得了参议院选举，这是一场因"水门事件"而迟来的胜利。从某种意义上说，共和党人正在推开一扇门。20世纪70年代的滞胀和1978年至1986年的第二次冷战打破了后新政时代的共识，即福利凯恩斯主义叠加遏制-缓和政策。中西部塔夫脱共和主义以发端于南部和西部的里根保守主义的面目再次归来，这个重大转变并非仅仅存在于政党政治内部。正如本书第八章将要显示的，不妥协的反自由主义右翼同样有着深厚的智识根源。

第八章
思想与思想家：回应自由主义正统观念

在对战后知识界进行审视时，美国文学评论家莱昂内尔·特里林（Lionel Trilling）在《自由主义的想象》（*Liberal Imagination*，1950 年）一书中写道，已经不再有"严肃而智慧"的保守主义可供自由主义者与之展开辩论了。特里林是在谈论美国，但他充满轻蔑的判断在欧洲也得到了广泛认可。在 1945 年后的数年内，大西洋两岸右翼思想家的共同境遇是无人关注和被忽视。然而，默默而持续地对自由主义-民主正统观念提出的质疑很快恢复了右翼知识分子的自信心。

就其本身而言，特里林的指责并不容易回答，因为究竟什么才是"严肃的"保守主义思想呢？毕竟，保守派对流行的自由主义政策都进行了深思熟虑的抨击，这些政策事关社会改革、市场监管和国家扩张。更广泛地说，许多保守派质疑自由派关于开放、竞争社会的看法如何使他们低估了一个开放竞争之社会所将带来的道德危害。一些保守派甚至寻求明确的保守主义原则来支持这些批评，但没有人提出另一套保守主义正统观念。如果这种缺乏正是特里林所说的"严肃而智慧"的保守主义思想的缺失，那么他设定的标准过于严格。抛开这种苛刻的标准，战后右翼的思考实则充满了活力，并很快对政党政治产生了影响。

主流右翼受益于冷战时期反共产主义和经济自由主义的清晰思想框架，其中对反共产主义的支持来自中间派科学哲学家卡尔·波普尔的著作《开放社会及其敌人》（*The Open Society and Its Enemies*，1945 年）＊，

＊　此书已有多个中文版面世，感兴趣的读者可自行查阅。——译者注

该书对黑格尔-马克思传统中的历史决定论和整体性思维进行了批判。波普尔的作品在自由派(无论左翼还是右翼)参加冷战的地缘政治缘由之外,还为他们提供了反极权主义这一更为坚实的理由。在经济领域,社会理论家弗里德里希·哈耶克提出了关于市场智慧与自发社会秩序的有影响力的观点(后来被其芝加哥大学的经济学同事们进一步强化),从而为以商业自由和有限政府为内容的经济自由主义提供了支撑。

迈克尔·奥克肖特为首选的政治行动风格增加了第二重思考。他关于智识宁静与政治谦逊的"反理性主义"呼吁被一些(秉持非奥克肖特精神的)人视为体现了真正的保守主义,而另一些人则笼统地将其视为针对左翼自由派社会改革所发起的有益论战。另一种不同的解读是将奥克肖特置于完全的无党派立场,他所呼吁的是以温和来对抗狂热、对抗系统思维、对抗极端主义,不论后三者来自哪个派别,因为奥克肖特在20世纪20年代至40年代间见证了太多的这种狂热、系统思维和极端主义。

在英国,一位21世纪硬右翼的先驱发出了自己的声音。伊诺克·鲍威尔本人及其整个职业生涯都在反对对国家持友好态度的中间立场以及反对多边主义,后两者在20世纪五六十年代对英国保守主义富有吸引力。鲍威尔立场坚定、富有感染力,他是早期对自由市场和国家(nation)这一不稳定的双重王权提出质疑的人之一,这种双重王权不久之后就被欧美的右翼奉为圭臬。

自由主义对社会和文化权威的漠视为保守主义的批评提供了心仪的靶子。在德国,盖伦提出了一种哲学人类学,认为人是焦虑和困惑的,没有纪律和制度能够为他们提供指引。其他人则从不同角度批评自由主义社会在伦理上的无定式(shapelessness)。就职于伦敦的奥地利流亡哲学家奥雷尔·科尔奈(Aurel Kolnai)将自由主义的伦理-文化乱象与对卓越的尊重和"社会高贵"进行了对比——"社会高贵"是一个开放的、非阶级的观念,仅仅这个观念本身就可以阻止"质的平等主义"出现,后者意味着没有哪种忠诚或信念比其他的忠诚或信念更有价值。法国思想家贝特朗·德·茹弗内尔(Bertrand De Jouvenel)提醒后世的读者重新关注19世纪的抱怨,即自由主义通过将人们彼此隔离并削弱公民社团的中间立场,而将过多的权力赋予了中央国家。哲学家兼历史学家R. G. 科林伍德（R. G. Collingwood）则代表保守主义为历史知识辩护，他认为，历史对于理解政治至关重要，而自由主义却遵循成本收益计算的功利主义精神，正在将政治压缩为经济学和社会观察。

美国大学为那些爱思辨的局外人提供了庇护，他们深刻地讲述了关于自由主义之起源缺陷的种种堕落的故事。埃里克·沃格林（Eric Voegelin）是另一个奥地利流亡者，他认为自由主义现代性的乌托邦源于早期基督教理想主义者的一个错误转折，这些理想主义者认为堕落的人类可以通过世俗手段获得救赎。理查德·韦弗（Richard Weaver）是芝加哥的一位保守派思想史学家，他将人类宿命般的堕入自由主义现代性追溯到 14 世纪的经院哲学神学家，认为这些神学家将对人类天然有益的东西从道德的驾驶位上挪开，取而代之的是人所选择的任何他们想要的东西。阿拉斯代尔·麦金太尔，一位移居美国的英国人，在《追寻美德》（*After Virtue*，1981 年）＊ 及其他作品中，以更加敏锐的洞察力和更晚近的历史关切，对自由主义的道德基础提出了质疑。

美国保守派还注意听取更世俗的思想家的意见，双方都认为自己在参与一场争夺国家灵魂的心灵之战，每一方都有着明确的伦理文化观念和可资利用的武器。威廉·巴克利（William Buckley）是一位天主教保守派，于 1955 年创办了《国家评论》（*National Review*）并兼任主编，他将右翼分散的力量召集在一起，恢复了他们的信心，并为他们提供了一个平台。犹太裔前马克思主义者欧文·克里斯托（Irving Kristol）则从 20 世纪 60 年代末开始引领了一场新保守主义的批判风潮，动摇了左翼自由主义的正统观念。两人都出身纽约，到 20 世纪 80 年代，他们已在美国首都高高扬起胜利的旗帜。

i. 英国硬右翼的先驱：鲍威尔

如果有哪位思想家被认为开启了自 20 世纪 80 年代以来英国保守主

＊ 此书已有多个中文版面世，感兴趣的读者可自行查阅。——译者注

义的长期右转，那这个人非伊诺克·鲍威尔(1912—1998年)莫属。在一个充斥着中间派妥协的年代，鲍威尔引领了撒切尔主义，但他的贡献不止于此。就提升市场地位而言，撒切尔主义(即便不是撒切尔本人)在根本上是全球的和多边主义的。鲍威尔也推崇全球市场，但他希望将政治交还给国家。作为曾经的经济全球主义者兼地缘政治单边主义者，鲍威尔是英国保守主义反欧派的先驱。

鲍威尔1968年因发表关于移民问题的煽动性演说而被影子内阁解雇，当时一位敏锐的保守党评论家意识到了鲍威尔的吸引力，他写道，遏制鲍威尔主义将使他的政党在未来十年内穷于应付。然而，这位评论者的预测还是偏离了五倍，事实上在未来的半个世纪里，遏制鲍威尔主义令保守党心力交瘁，这种遏制最终在21世纪头十年归于失败。

20世纪50年代初，持右翼立场的鲍威尔曾是"一国"(One Nation)组织的成员，该组织由年轻的保守党议员组成，尽管它的名称让人回想起迪斯累里和鲍德温的社会团结保守主义，但其成员除了具有社会思想的保守党温和派之外，还有像鲍威尔这样引发分歧、注重市场的强硬派。他在1953年提议，让地方政府和志愿者组织满足基本的社会和医疗需求，而不是建立福利国家。他还要求降低税收。

鲍威尔将"一国"这个宽松、感性的口号强化为相互关联的地缘政治、社会政治和民族主张。首先，后帝国时代的英国在世界上形单影只，英联邦是一个骗局，美国是一个恶霸而非朋友，欧洲是一个陷阱。其次，战后自由主义的英国国家与疏远的英国社会格格不入。最后，英国是特殊的、独一无二的。这三个观念，即孤单、疏离与特殊性，在2010年后的英国右翼中一一得到了体现。

鲍威尔通过三个后帝国时代的顿悟，确信了英国的孤单地位。1947年，英国首相艾德礼(Attlee)宣布要立即实现印度独立，听到这个消息后，鲍威尔表示他迷茫地整夜在街头徘徊。接下来，鲍威尔认为1956年美国为阻止英国在苏伊士运河的灾难性冒险而进行的干预是一种背叛，这证实了英国依赖这个实力远超自己的前盟友是多么愚蠢。最后，欧洲的联邦主义方向促使他反对自己曾经支持的这项事业，并成为一个激进的反欧派。

至于社会与政府之间的"危险的疏离"，鲍威尔在英国伍尔弗汉普顿选区的个人经历使他确信，英国政府未能准确理解来自前殖民地的移民所具有的社会影响。他认为，政治家与选民失去联系是错误的。他在1972年写道："在英格兰多达两百万来自西印度群岛和亚洲的移民中，说英格兰是他们的国家并不比说西印度群岛、巴基斯坦或印度是我们的国家更为真实。……他们在这里是并且始终是外来的。"仿佛是为了验证一个格言可以包含多少个错误，鲍威尔在此后的1978年表示："肤色就像制服一样。"他声称要以一种特殊的方式为人民说话，本着民粹主义的精神，他声称自己所言正是"人民"认为是真但不敢说出口的东西，因为"精英"正统不许他们这样做。

在鲍威尔看来，英国国家的特殊性是一种提示，英国是他眼中的"此处"。对他而言，英国之所以特殊，是因为英国是他的。他并没有像迪斯累里或鲍德温那样试图提炼出英国性的精髓，并嘲笑他的保守派同仁用来描述英国历史的那些怀旧"神话"，尤其是以工业和帝国为代表的维多利亚黄金时代。他也并未捍卫所谓的英国价值观，也未抵制外来价值观，就此而言他的民族主义并非沙文主义。作为一位通晓多种语言的翻译家兼剑桥大学希腊古文研究学者，他最初的知识追求集中于德国的思想与写作，因此从文化角度而言，鲍威尔是一位见识广博的普世主义者。他捍卫当下的英国，就像罗马式的世界主义者莫拉斯捍卫法国那样，因为后者是法国人。鲍威尔的爱国主义尽管是附带的，却是绝对的和无条件的。他坚称："即便国家被共产党统治，我也会为它而战。"这与迈斯特遥相呼应，后者曾表示只要教宗有令，他会向魔鬼致敬。就其关于权威的一元化愿景而言，鲍威尔的"一国"理念是新霍布斯式的：联合王国不可分割，英格兰民族不可分割，议会至高无上、不受任何法律或条约的约束。

作为一个公开标榜自己是不爱思考的政党中的知识分子，鲍威尔最初是一个笃信无神论的尼采式怀疑论者，最后却成为英格兰国家及其国教的坚定信仰者。尽管经历了这样剧烈的变化，但他强健的头脑、激情的性格和尖刻的口吻却始终未变。他无所不能又勤勉努力，但他太过自我，以至于无法适应政党政治或无法在政党政治中发挥作用。他有着远超对手的头脑和才能，但在37年的议会生涯中，有长达34年都只是后排议员。他的傲慢与他的原则性两不相让，他拒绝出任他认为配不上自己的职位，他宁愿辞职，也不愿遵循自己无法接受的路线。1968 年之后，他在保守党的生涯实际上已经结束。尽管他当时依然是卫生大臣，但在当时的人们看来，那是因为他特立独行或机会主义。鲍威尔是保守党温和派伊恩·吉尔摩（Ian Gilmour）在其保守主义作品《右翼内部》（*Inside Right*，1977 年）中猛烈抨击的两位右翼思想家之一，另一位是哈耶克。吉尔摩认为，哈耶克的缺点是教条主义，鲍威尔的缺点则是反复无常。正如吉尔摩指出的，鲍威尔在移民、欧洲、埃及、国防和爱尔兰问题上都发生过一百八十度态度大转弯。

鲍威尔的激昂掩盖了他的反复无常，但他同时对"使社会得以维系的微妙和脆弱"笃信不疑。本着伯克的精神，他禁止破坏性实验，然而在中间派的调和之下，他却成了破坏者。他的基督教信仰是奥古斯丁式的，不带感情色彩，这种信仰在政治上与对自由主义进步或现世平等的不信任形成了共鸣。鲍威尔用索尔兹伯里式的语气说，基督教并不是一个为了迎合现代的"甜蜜心态"而讲述的一个"有着大团圆结局的故事"。人类容易犯"无知、无能、堕落"的错误，而"纯粹的人类犯错倾向"实际上"足以导致高失败率"。生活中的成功或失败都不是因为功绩，穷人不一定值得同情，富人也不一定有罪。即便如此，每个人都对家庭和社区负有责任。

鲍威尔如何调和他的民粹主义与议会主义？如何调和他的极端热情与他对既定价值观的尊重？吉尔摩将鲍威尔的声誉归因于他的雄辩，并以此来批评他。然而，这个指控并不成功，雄辩是鲍威尔作为预言者的天赋，人们倾听他的言说，在这种倾听和重复的过程中，鲍威尔成功地帮助英国右翼创造了一种新的氛围。

ii. 保守主义的第二性：盖伦

对于自由派（也包括自由主义的保守派）而言，鲍威尔关于合法权威的霍布斯式愿景所具有的问题是，该权威的行使将过于任性、过于强大，最终无法被限制，这也是令施米特感到困惑的问题。无论鲍威尔所构想的合法权威的行使者是谁，无论它是议会、民族、人民，还是某种想象的组合，自由派都想知道如何在事实上对抗和反驳这种权威。即便承认有效的权威必然具有至上性和不可分割性，但在自由派看来，这并不意味着它就是合法的权威。对自由派来说，权威如何行使同样重要，相比之下鲍威尔似乎认为有效性便足够了。

这个问题在阿诺德·盖伦(1904—1976 年)的保守主义中以一个社会问题的面目再次呈现出来。盖伦是战后德国最富于探究精神的右翼思想家之一，他以一种自然主义的方式来探讨保守主义观念中的一个核心要素，即稳定的制度。人类需要并珍视稳定的制度，这是由人的存在方式所决定的，如果没有稳定的、被普遍接受的制度，人们就会失去指引，也就无从形成目标。盖伦所说的"制度"是指广义上的社会规范和习俗，没有这些规范和习俗，人们就会失去方向，无法表达他们的需求，进而感到茫然。保守主义耳熟能详的主张认为伦理有其社会根源，并且公认的社会伦理是必要的。盖伦以人类动物的脆弱性和依赖性来解释这两项主张，但他未能解释的是，某些规范本身是否比其他规范更可接受，还是说只要规范被广泛接受就足够了。

盖伦的保守主义既非民族主义的，也非沙文主义的。按照他的说法，对规范的需求是普遍的，而规范的内容则是相对的。也就是说，规范之形成和体验因文化而异，没有哪个社会有资格去评判其他社会之优劣。同样，盖伦的文化观也不带有任何种族色彩，他认为种族观念是虚假的。他对人类生物学的态度是消极的。在他看来，生物学告诉我们很多关于人类最初构造的知识，但很少告诉我们社会生活如何造就人类。

盖伦认为，人类——用尼采的话说——是"不完整的动物"。早期的无助、漫长的成熟过程以及在高等动物中独有的身体低专化(underspecialization)都是具有开放性的元素，这些元素会让人产生焦虑和紧张，进而让人渴望一个秩序的框架。人生来就有未发育成熟的器官和非特定的本能，可以慢慢适应广泛的任务，但无法预先适应某个具体的任务；人有着异常广泛的感官，使我们对这个世界保持开放，同时也意味着"不稳定和处于风险之中，心里负担过重"；人还拥有过剩的精力，却无处可用。制度（被认为包括了规范、习俗和社会框架）为人提供了指引，使人可以摆脱过度刺激、引起焦虑的那种开放性。规范慢慢具有了一种天然性，遵循它会产生"一种有益的确信，一种生命的解脱"。从焦虑和选择中解放出来的能量可以"比如说，向上升腾"，变得"可用于特定的、个人的、独特的和新颖的目的"，个人的多样性和独创性也将变得可能，但仅当遵循现行规范之时。任何不顾规范寻求与众不同的人都注定会失败。

自由主义现代社会的技术官僚特征并未让盖伦感到担忧。技术官僚主义——以专业知识和管理为内容的中立规则——正在趋于稳定，也因此具有了合法性。盖伦认为，面对技术官僚主义，保守主义者不应发出浪漫式的抱怨，而应以"现实主义"的精神来处理，这一思路将他与施米特以及更早之前的根茨联系在一起，后两者都强调保守主义者无论如何都要对实际情况作出应对。

相反，让盖伦感到担忧的是现代性所具有的自由主义特质。他批评雄心勃勃的"人道主义"，并批评自由主义越来越多地将个人与政治混为一谈。与其他保守派一样，他也对社会的无纪律深感忧虑，他担心如果没有宗教一般的敬畏、神圣和禁忌感，社会规范就会变得岌岌可危，这种思想在美国天主教保守派和英国的斯克鲁顿那里得到了延续。

在盖伦看来，制度的衰败或被破坏可分为几个阶段。人们耳熟能详的规范会发生"动摇"，失去其自然性，变得容易被人质疑，最终被当作可选择的惯例。主观主义可能会抬头，人们可能会体验到"好运的降临"，仿佛他们具有"超个人的重要性"。在"运行良好的制度"中，"个人敏感性和主观摩擦"会被"中和"，因为人们是"基于外部现实"来理解自己的。相比之下，当今社会似乎正在走向失败。盖伦在 1960 年写道，人们"从未像今天这样如此坚决地依赖于有限的好运降临"，与此同时这些好运的降临又从未显得如此脆弱。

那种认为不受引导的个人选择不仅无法使人获得解放，还有可能使人受制于国家或社会习俗之权力的思想并不新鲜。自托克维尔以及 19 世纪包括密尔在内的其他对文化民主感到担忧的思想家以来，这一思想便司空见惯。尽管如此，盖伦依然从中获得了新的教益。在那种"主观"条件下，公共争论逐渐衰败，"烦躁情绪"随之出现，每一种烦躁情绪都与社会的某个方面相冲突，无法通过公开讨论来加以"缓解"。正如盖伦所言："人们越是利用基本的自由来说出自己内心的想法，也就是说，表达他们的主观主义，人们之间的真实接触就越不会有效果。"左翼自由派哈贝马斯认真对待盖伦的主张，他同意盖伦关于公共争论衰败的观点，但关于是什么导致了公共争论的衰败，他有不同的看法：他将之归咎于专横的制度，盖伦则认为问题在于人们要求的过多。

　　盖伦的保守的反自由主义观点是高度复杂和深思熟虑的。自由主义理念既破坏了传统规范，又给人施加了不可能完成的任务。盖伦以辩证的技巧，用黑格尔的方式颠覆了人类自由的意义。自由远非大自然的恩赐，而是我们与生俱来的诅咒，洛克式自然权利与空白的心灵观相结合，将我们呈现为一个无助、可怜的俘虏形象。我们需要借助于家庭的培养和社会规则来摆脱原始的自由。西方古典思想中的前自由主义者寄希望于以政治权威来保障人的自然自由，并使他们免受彼此的伤害；盖伦则寄希望于以社会来拯救人们，使之摆脱自然自由，并免受自身的伤害。

　　盖伦的反驳令人振奋，推理巧妙，然而他的观点还是存在一些问题，并且这些问题是相互关联的。从他令人印象深刻的思想体系中很难得出可行的建议，这不仅是因为他看问题的角度过于刁钻，还因为任何关于选择的原则——无论公平还是幸福——在他的思想体系中都缺失了。我们可以回想一下，鲍威尔的不足之处是，他未谈及合法权威的行使要面临怎样的原则性限制（如果有的话）；盖伦的不足之处则在于，他没有给出明确的原则性指导，从而告诉我们哪些制度或规范更能使我们摆脱困惑，并使我们生活得更好。

　　盖伦与战后德国其他的右翼知识分子一样，面临着重新思考保守主义的问题。他们与世界各国的保守派面临着相同的选择：究竟是寻找并捍卫独特的保守主义价值观，还是秉承务实、后意识形态的精神，将保守主义转变为一种政治风格或节奏标识（适度的、缓慢的）。他们还面临一个特殊的问题，该问题事关德国保守主义的近期历史。除了少数不满者之外，德国保守派都认为本国右翼的忠诚所系与承诺——如社会团结、对哲学推理的怀疑、对人类不完美的认识——必须进行重塑，即必须摒弃过去半个世纪以来败坏德国右翼的民族沙文主义和异教徒非理性主义，问题是如何做到这一点。一种方法是将保守主义放在历史长河中来重新加以思考，将之作为基督教-西方传统的现代政治表达。另一种方法则着眼当前来对保守主义进行重新思考，将之作为对 20 世纪德国右翼的认可，认为德国右翼尽管有着希特勒那样的罪行，但依然是美德的化身，它向布尔什维克主义开战，并在这场斗争中定义了自身。第一种即长远视角下的西方-基督教保守主义在 20 世纪 50 年代的右翼知识分子中盛极一时，后来销声匿迹，直到 21 世纪 10 年代在德国年轻的右翼分子中再次崛起。第二种即近期视角的保守主义——即反对布尔什维克的现代保守主义——在 20 世纪 80 年代的史学家之争 * 中爆发。这场关于纳粹主义历史根源的政治学术争论后来也销声匿迹，并同样在新世纪再次回归，成为硬右翼"言不可言之事"的话语的一部分。

一个具有诱惑力的选项是以天主教和贵族精神来重塑西方-基督教保守主义。新教普鲁士位于彼时的东德，相应地天主教在德意志联邦共和国的影响力更强。这方面的一个焦点是被称为新西方（Neues Abendland）的一个知识分子团体，该团体得到了巴伐利亚富有的上层人物的支持，它创办了一份同名刊物《新西方》，于 1946 年至 1958 年发行。该刊物支持欧洲一体化，但不是为了贸易或安全，而是为了重建西方——一个想象中的前现代欧洲文化统一体。该团体对民主态度冷淡，带有威权倾向，它推崇西班牙的佛朗哥†和葡萄牙的萨拉查‡，认为两人是基督教领导者的当代典范。现代性的弊病——如世俗化、道德准则的丧失、社会冲突和民族对抗——与团结、稳定和信仰等前现代美德形成鲜明对比。纳粹主义被归咎于现代性罪恶的致命扩散，这些现代性罪恶包括了自由主义、马克思主义、

---

    * 史学家之争（Historikerstreit）是 20 世纪 80 年代末发生在西德的一场学术争论，争论的一方是保守派知识分子，另一方是中左翼和其他知识分子。争论的主题是如何将纳粹德国和大屠杀纳入德国的历史编纂学，以及更一般地如何将这两者整合进德国人的自我认知。——译者注

    † 即弗朗西斯科·佛朗哥（Francisco Franco），在 1936 年至 1975 年担任西班牙军政领袖，在西班牙维持了长达 40 年的独裁统治。——译者注

    ‡ 即安东尼奥·德·奥利维拉·萨拉查（António de Oliveira Salazar），葡萄牙政治家，在 1932 年至 1968 年担任葡萄牙总理，是葡萄牙第二共和国的最高统治者。——译者注

尼采式个人主义和达尔文主义。该团体的第二份杂志《水星》(*Merkur*)于1947年创刊，最初由汉斯·派施克(Hans Paeschke)担任主编。《水星》既刊登上面提到的右翼观点，也刊登来自其他政治光谱的反对观点。

在德国战后右翼思想中，更强烈的脉络是务实。对文明的担忧、对大众文化(尤其是美国文化)的恐惧，以及对城市生活的抱怨(绿色主义尚未出现)在20世纪50年代逐渐消失了。右翼认为，实现社会秩序的更好的途径是繁荣与国家安全，而非伦理文化之类的虚幻之物。德国的务实保守主义是在国家分裂和摆脱历史耻辱的非正常条件下的一种对正常状态的追求。1962年，当《月刊》(*Der Monat*)杂志向德国作家和思想家提出"什么是保守主义？"这一问题时，大多数撰稿人都认为保守主义是结合了自由主义、审慎和不严格的基督教的一种令人满意但缺乏明确所指的混合体，只有云格尔的前秘书莫勒公开反对自由主义及其缺陷。

对原则的渴求并未消失。到20世纪60年代，德国右翼知识分子再次与自由主义兵戎相见，两方面的话题为右翼提供了新的目标与动力，其一是关于德国近代历史的争议，其二是学生抗议的爆发。卡斯帕尔·冯·施伦克-诺金(Caspar von Schrenck-Notzing)所创办的杂志《评论》(*Criticón*，1970—1998年)，在对待德国纳粹历史方面以不偏不倚著称，该杂志帮助点燃了史学家之争，这场争论发生在保守派和左翼自由派历史学家之间，争论的焦点是如何在学术上对纳粹时期进行恰当的清算。20世纪60年代的政治抗议与反文化热情相结合，重新点燃了保守派对自由主义现代性的焦虑。这两方面的话题携起手来，正如美国新保守主义者那样，共同发出对社会纪律的呼吁，而这样的纪律似乎是成功的消费资本主义所无力提供的。

iii. 自由主义现代人的失宠：
韦弗、沃格林与麦金太尔

在1978年6月哈佛大学的一场引人入胜的演说中，俄罗斯作家亚历山大·索尔仁尼琴（Alexander Solzhenitsyn）告诉听众，西方已经丧失了所有的勇气，西方的政治家和知识分子也陷入沮丧和困惑之中，不负责任的媒体传播错误的信息，助长了"大众的强烈偏见"，并排斥不合时宜的观点，道德伤害假个人自由之名而逍遥法外，而民众被物质利益所压迫，不再愿意为理念而死。所有这些弊病都源于西方对精神价值的抛弃以及随之而来的对"恶之腐蚀"的屈服。

索尔仁尼琴的批评引发了不同的看法。美国保守派对此普遍持欢迎态度，因为他们对苏联在第二次冷战开始时所施加的压力感到担忧，并对他们所认为的美国道德衰败的证据感到不安。对于非保守派而言，索尔仁尼琴的演说带有党派偏见，是有选择的，且夸大其词。两周后，在华盛顿的一次公开露面中，美国总统夫人罗莎琳·卡特（Rosalynn Carter）回应道："亚历山大·索尔仁尼琴说我们可以感受到这片土地上无所不在的邪恶的压力。……好吧，我根本感受不到这种压力。……美国人民并不软弱、懦弱，也没有精神懈怠。"

这里存在着两幅相互竞争的关于一个国家文明之健康状况的想象图景。索尔仁尼琴对精神萎靡的西方的描绘来自一系列令人敬畏的保守主义现代大师的作品，这些作品从19世纪的俄罗斯人开始，尤其是费奥多尔·陀思妥耶夫斯基（Fyodor Dostoevsky）和反动沙皇的顾问康斯坦丁·波别多诺斯采夫（Konstantin Pobedonostsev），然后经过斯宾格勒和其他现代衰落论者，到20世纪中叶在美国重新焕发活力，美国的保守主义思想家对其进行了重新加工，赋予其人们熟悉的关于道德困惑和衰败的现代话语。

这里将要考察三位20世纪中叶关于自由主义失序的理论大师，分别是理查德·韦弗、埃里克·沃格林和阿拉斯代尔·麦金太尔，他们都在美国工作。沃格林和麦金太尔是欧洲移民，他们用历史和地理的广泛笔触进行写作。在这三位思想家看来，"西方"无论如何都意味着古典地中海世界、中世纪基督教世界以及当今富有的非共产主义国家。他们都认为普遍的精神衰落是不言自明的，但都未专门关注由此而来的这种或那种社会危害，也未提及解决办法。在他们笔下，西方的麻烦即便无法归为一类，似乎也至少源于一种共同的道德失序。他们所提供的学术和历史细节令人印象深刻，在沃格林那里，这种细节更是具有压倒性。然而，尽管有这些细节，这幅画面的吸引力也依然在于其简单和熟悉，每个人都讲述了一个路西法式的关于傲慢与堕落的古老故事。自由主义者所认为的进步，在这些思想家看来却是具有毁灭性的、应得的衰落。扭转这种衰落（假设扭转是可能的）是一个关于道德以及如何看待道德的问题。

他们中的每一个人都对社会进行了诊断，都讲述了一个历史故事，并提出了治疗建议。他们的诊断结论一致，都认为人们正遭受自由主义现代性的折磨。关于自由主义现代性的开始时间，他们有不同的看法：沃格林认为是 12 世纪甚至更早，韦弗认为是 14 世纪，麦金太尔则认为始于 18 世纪的启蒙运动。在治疗方面，他们都建议抵制自由主义将道德私有化的努力，并将道德重新纳入政治与公共生活。韦弗、沃格林和麦金太尔开辟了通往当前"价值观"保守主义的道路，他们划出了一个政治领域，保守主义者也许希望将之占为己有。

理查德·韦弗（1910—1963 年）出生于北卡罗来纳州，曾在范德堡大学学习，在那里他接触到了南方重农派，后来前往芝加哥大学任教。他最著名的作品是 1948 年出版的《思想的后果》。在书的开篇，韦弗对 20 世纪二三十年代的保守主义文化悲观论者如斯宾格勒、默勒和杜哈曼进行了赞许式的揶揄，他写道："这是另外一部关于西方解体的书。"随后是一篇长达一百八十七页的对自由主义现代性的罪恶进行声讨的文字。在韦弗看来，自由主义现代性的错误在于它放弃了一种世界观，转向另一种世界观：在前者，万事万物皆有其恰当的目的，也因此有其自身的价值（无论人们是否喜欢）；在后者，万事万物都毫无意义，除非人为了自身的目的而赋予其意义。他写道："在这个世界上，人不能使自己的意志成为法律而不去考虑界限和事物的固有本质。"信仰与社会、道德与自然的统一曾经在中世纪存在过，现在它们都消失了。在接下来的章节，韦弗描述了那些在统一与现代性的竞争中消亡或失踪的东西，它们包括"不动声色的"惊奇心，对等级的尊重，大自然的目的感，不带自我色彩的艺术，人格与财产的牢固关联，以及纯洁、真实的公共话语。最为严重的损失是虔诚，一种不被打扰的尊重态度，承认"比自我更大的事物有其存在的权利"。如果现代的人们能够摆脱这些严重的错误,那么他们也许就会重新回归对财产的尊重,对政治语言的关心,以及对自然、社区和历史的虔诚。

韦弗对中世纪的赞美反映了历史学家对前现代历史态度的转变,这种转变在前一个世纪已经为人熟知。中世纪不再被讥讽为停滞和黑暗,然而历史学家可以承认前现代所取得的智力成就,同时不必像韦弗那样贬低现代性。另一个问题是韦弗令人不解地专门提及 14 世纪方济各会神学家奥卡姆的威廉(William of Ockham),认为正是他将我们推向了现代性的深渊。按照韦弗的描述,奥卡姆狡猾地以唯名论(nominalism)来引诱我们。唯名论是关于普遍现象之本质的标准哲学解释之一,而某些奥卡姆学者否认其持有这种观点。

尽管有些古怪,但韦弗的书依然对右翼有所启发。到 20 世纪 40 年代,任何类型的意识形态都带有某种知识分子的酸腐气。有人坚持认为,意识形态可以等同于乌托邦理想;而乌托邦理想,正如 20 世纪 20 年代至 40 年代的历史所显示的,预示着集体主义的暴政。宏大的理念已经过时,流行的做法是将政治研究当作一门中立、基于事实的科学。在德国,反意识形态的做法吸引了像盖伦和奥多·马夸德(Odo Marquard)这样的保守主义者。然而,韦弗告诉保守派不要理会当前的风气,他敦促保守派不要接受当时盛行的知识氛围,而是要变得意识形态化。

韦弗接下来出版了一部更优秀的作品,并有了一个行动计划。他的《修辞的伦理学》(*Ethics of Rhetoric*,1953 年)是一个必要的提醒,即政治之实践是借助规范的言辞来进行的,尤其在演说和公共辩论中。韦弗认识到,思想和术语在政治中会受到粗暴对待。他尤其对"社会科学修辞"充满怀疑。他认为,这种修辞借用不合身的自然科学的外衣,不可避免地将自己伪装成规范性言论。然而,防范修辞滥用至关重要。韦弗的写作秉承着与奥威尔和克莱普勒同样的警示精神:奥威尔在 1946 年发表了《政治与英语》("Politics and the English Language")* 一文,克莱普勒在 1947 年出版了他的法西斯话语研究著作《第三帝国的语言》(*Lingua*

---

* 这篇文章已有中文版,收录在《政治与英语》一书中,见[英]乔治·奥威尔:《政治与英语》,郭妍俪译,江苏教育出版社 2006 年版。——译者注

Tertii Imperii）*。韦弗以伯克和林肯的演说为例,反对伯克的过度修辞、论证上的多变和权宜,赞扬林肯以律师般的精神坚持明确界定的定义与原则。

韦弗对二战后美国右翼的另一个贡献是制订了一份智识作战计划。在《保守主义事业的修辞策略》("Rhetorical Strategies of the Conservative Cause", 1959 年)一文中,韦弗提出了一套葛兰西式的辩证作战计划:强化论证,将其指向最脆弱的目标,并在资金充足的大学和智库中进行辩护。到 20 世纪 80 年代,韦弗所呼吁的保守主义运动已经展开,并有望将反对派扫地出门。

埃里克·沃格林(1901—1985 年)是一位出生于德国的美国学者和社会思想家,他关于政治话语的宏观历史进路总体上更具推测性。他曾在维也纳学习和任教,担任法学实证主义理论家汉斯·凯尔森(Hans Kelsen)的助手。沃格林将种族理论斥之为伪科学,由此遭到纳粹的骚扰并于 1938 年移居美国。从 1942 年起,他在仅限白人的路易斯安那州立大学找到了教职,在那里讲授思想史。当时,这所大学刚从一起挪用公款丑闻中恢复过来,这起丑闻使该校前校长和几名州政府官员锒铛入狱。

沃格林笔下的故事与韦弗类似,都是关于人类堕落的故事,但他对语言和历史的了解更为深入,其作品涵盖了从前古典时代至今的长时段历史。沃格林的作品包括一系列文章,一部供教学使用的八卷本政治观念史,以及他的代表作、五卷本的《秩序与历史》(*Order and History*, 1956—1987 年)†,他在这些作品中详细讲述了一个人类堕入现代性的完整故事。在沃格林看来,诱使我们堕入现代性的那个"主义"苹果并不是唯名论,而是诺斯底主义(gnosticism)。他所说的"诺斯底主义"指的是关于社会规范之性质的一种带有腐蚀性的错误,该错误的最初制造者是基督教早期严守道德戒律的神秘宗教派别,即诺斯底派(Gnostics)。按照沃格林

---

　　* 此书已有中文版面世,见[德]维克多·克莱普勒:《第三帝国的语言》,印芝虹译,商务印书馆 2013 年版。——译者注

　　† 《秩序与历史》五卷本已有完整中文版面世,感兴趣的读者可自行查阅。——译者注。

的描述，诺斯底的错误后来遍布神话、宗教和政治领域，该错误将对当前社会进行整合的规范与对期望中未来社会的理想化描述混为一谈。沃格林的观点很简单，即试图重塑社会是在追逐镜花水月，他为该观点缝制了一套奢华的历史哲学外衣。

按照沃格林的描述，宗教和政治曾经难以区分，国王和祭司的权威曾经是一体的，神圣秩序和社会秩序也曾经并无不同。之后，在基督徒的帮助下，这两个领域被区分开来，国王不再需要担任祭司，人们也变得在没有上帝的情况下可被治理。作为对这种分离的盖棺论定，人们试图实现没有国王的自我管理。然而，在沃格林的叙述中，政治与宗教的统一只是被压制，并未被克服，宗教改头换面以另一种形式通过后门重新进入政治。人们无法胜任自我管理的任务，于是四处寻找失去的神圣权威。然而，在世俗的自然主义时代，他们无法找到这样的权威，于是将自己神化。他们想象中的神性自我与他们的实际自我之间反差太大，诺斯底式现代性作为试图解决这一冲突的一系列尝试，也因此归于失败。所有这些尝试都表现为急功近利地试图在现世兑现基督教启示中的救赎承诺。

在《秩序与历史》中，沃格林记录了诺斯底错误的发展轨迹：它始于基督教诞生之初的诺斯底派，后来又出现在中世纪中晚期的思想中，最终在自由主义中大获全胜。晚近的现代人则遭遇了该错误的一种特别严重的形式：一方面，他们接受现实世界的一切，认为它是理所当然的（借用一种不那么确定的区分，即对他们而言，没有什么是"超越的"，一切都是"现世的"）；另一方面，他们依然被一种朝着理想中的"末世"或最终状态前进的愿景所吸引。沃格林对自由主义现代性的警告反映在这样一个口号中，即"不要将末世现世化"，据说学生们将这句口号印在 T 恤衫上。

沃格林认为，他从诺斯底主义中找到了现代性常见弊病的病因，那就是过多的个性与社会的"大众化"交织在一起，共同引发了全面控制的幽灵。现代自由主义者将理想社会的描述与现实社会的评判标准相混淆，从而否定了人的局限性，并招致了失败、失望，乃至更糟糕的局面。

沃格林无法被轻易划归某个党派或智识派别。他关于自由主义现代社会中间阶层空心化的基本观点并不新颖，早在一个世纪前，作为保守主义自由派的托克维尔就曾经对过度的个人自由与集体主义暴政的不健康耦合表达过担忧。这种看法在 20 世纪中叶的保守派那里是很常见的，如茹弗内尔、科尔奈以及（更加温和的）科林伍德。沃格林对意识形态的反感也并不独特。

沃格林对历史的处理方法既有其吸引力又令人不快。吸引人的是他的反实证主义。他认为，如果没有同情的参与，就不可能理解一个民族的历史的意义。历史知识并不需要寻找和确认因果法则，相反，它需要的是对人们如何思考和象征性地表达他们的历史经验进行富有想象力的理解，科林伍德和奥克肖特会同意这一点。然而，沃格林对该方法的实现方式却天马行空，难以理解。他的包罗万象的故事回溯到汤因比，再经由斯宾格勒，追溯到黑格尔的历史哲学讲座（1822 年）和谢林的《世界时代》（*The Ages of the World*，1815 年）*。之后，在其职业生涯的晚期，沃格林以其开放的精神认识到了此类史诗的局限性，进而背离了上述进路。他放弃了历史沿单一路径前进的观点，无论是如教条的进步论者所坚称的向上演进，还是如保守的悲观论者所宣称的向下演进。

沃格林本人的保守主义程度如何呢？如果政治中所有的"主义"都犯了混淆现实与理想的诺斯底错误，那么保守主义自身如何能够幸免呢？为了回答这个持久的难题，沃格林采取了一种人们熟悉的做法，他坚持认为保守主义思想并非保守派所禁止的那种第一位阶的、过于雄心勃勃的理论。对沃格林而言，保守主义是一种"次要的意识形态"，它知道自己反对什么，它反击和驳斥的是那些过于乐观的理想和无法实现的计划。这种第二位阶的保守主义通常被称为"消极的"，它并没有自身"积极的"或"实质的"主张。自伯克以降，对这一主张的不断重复并未使难题消失，这样的回答带有逃避意味，消极的总是可以被重新表达为积极的，反之亦然。次要意识形态难道就不是意识形态了吗？持续、全面地拒绝宏大政治观念本身是否就是一个宏大政治观念？对此，反意识形态的保守主义很少给出清晰或一致的回答。

面对沃格林的批判，可怜的自由主义者也许会认为自己已经无缘胜

---

* 此书已有中文版面世，见［德］谢林：《世界时代》，先刚译，北京大学出版社 2018 年版。——译者注

利。沃格林指责说，自由主义既陷入了神话思维，又被误导相信自己已经避开了神话思维。这种对自由现代主义的指控在海德格尔和施特劳斯等后神学思想家那里司空见惯。在沃格林对独特的现代观念的诸多描述中，最尖锐的是他认为现代思维具有自我破坏的倾向。"现代主义的本质，"他写道，"在我看来，在于运用一门学科特有的方法来批评这门学科本身。"这个更易于理解的观点构成了第三个堕落论者阿拉斯代尔·麦金太尔反现代批判的基础。

在 20 世纪 70 年代以《追寻美德》一书为高潮的一系列讲座和著述中，麦金太尔反对这样一种看法，即认为政治自由主义建立在有缺陷的道德图景之上。自由主义者假定人们碰巧想要的东西决定了他们的价值观和理想，而事实上，价值观和理想决定了人们应该想要的东西。价值观和理想源于社会的共同实践，这种共同实践本身赋予人以生活的目的，而自由主义现代性扰乱了社会并破坏了其实践。如果没有给人们提供目的和"叙事"（即理解自身实践的方式）的共同实践，那么任何关于价值观和理想的讨论都会沦为无稽之谈，成为对已经失去连贯性的道德话语的随声附和。

对麦金太尔而言，道德的不连贯性是自由主义的原罪，这种瑕疵同样传递给了马克思主义者和自由的功利主义者。麦金太尔认为，自由主义堵塞了生活方式，它远非关于自由的哲学，而是一套关于约束的学说。自由主义者从 18 世纪的启蒙运动中继承了其致命的缺陷，即"一台摧毁观念的机器"。启蒙运动放弃了亚里士多德关于人在其社会属性中寻找目的的观念，进而打破了道德与社会之间的联系，道德话语从此便陷入了混乱。

道德话语混乱的外在症状包括抽象性、缺乏社会依托、非人格性和缺乏决断力。道德被认为是权威的，但麦金太尔认为，自由主义关于道德的争论无休无止。私人道德中唯一剩下的向导是"审美家"和"治疗师"，公共生活受到"管理者"的监督。在"管理主义"之下，政治社会的首要任务变成了对人们的需求进行不偏不倚的成本效益平衡。尽管没有了目的，但道德谈论依然以自由主义的特有形式继续存在，如：主张权利，麦金太尔将其比作擅自占地者在公共土地上张贴"禁止入内"的通知；揭示或暴露道德伪装背后的真正利益；以及抗议，这是如今表达异议的唯一途径，因为内战已不复为一个选项，并且通过辩论说服他人的希望也已破灭。

在其个人信念方面，麦金太尔先是从左翼自由主义转向反自由主义的马克思主义，后来又转向反自由主义的左翼天主教教义。有人认为这是一种时尚的流浪，有人则认为这是一种符合密尔生活实验精神的真正探索。友好的批评者怀疑麦金太尔实际上是一个隐秘的自由主义者，考虑到他的让步和保留，麦金太尔所设想的美德社会与自由派——如19世纪致力于本地控制和小规模的德国合作论者——所希望的并没有根本不同，尽管与一般的自由派所乐于接受的相比，麦金太尔的主张具有更多的思想一致性。在麦金太尔看来，没有人会因为被骚扰或被欺侮而过上一种自由更少、美德更多的生活。相反，他希望后自由主义的少数群体有一种"道德抵抗"的伦理，会退回到"小社区"，如自我管理的社团或教会大学。麦金太尔的思想在1980年后的保守派中得到了传承，当时一种麦金太尔式的消极抵抗在大西洋两岸21世纪的"价值观"保守派中变得流行起来。

麦金太尔对自由主义现代性的批评比韦弗更成熟，比沃格林更易于理解，但他与后两者有着共同的缺点：他们对现存之物（即道德失序）与缺失之物（即道德秩序）所发出的指责，仅停留在缺乏实质内容的一般性水平上，这使得它们的可信度很难被准确衡量。那些欣赏他们布道之晦涩的人们可能会认同他们，而那些希望他们敞开天窗说亮话的人则可能会不认同。即便进一步追问，你也很难从麦金太尔那里发现他明确反对哪些具体的安排和看法。人类智识的历史因其年代差异甚大而过于宏大和具有流动性，人类向现代性的堕入也因其年代差异甚大而让人回想起索尔·贝娄（Saul Bellow）的小说《赫索格》（*Herzog*）*中反英雄人物给海德格尔起草的明信片："什么是陷入平凡？当它发生时，我们身处何处？"

此外，麦金太尔对前现代时期的描述也存在一种紧张关系，他夸大了前现代时期的智识统一性。如果像19世纪以来的历史学家所教导的那

＊此书已有中文版面世，见[美]索尔·贝娄：《赫索格》，宋兆霖译，上海译文出版社2006年版。——译者注

样，推理和论证在中世纪曾生机勃勃，那么并非每一个人都会彼此认同或者相信同样的事物。写出《追寻美德》一书的麦金太尔似乎已经忘记了自己的另一部杰作《伦理学简史》（*Short History of Ethics*，1966 年）＊。在这部作品中，他清晰地解释了柏拉图主义和亚里士多德主义、斯多葛主义和伊壁鸠鲁主义之间深刻而持久的冲突。

如果像麦金太尔等批评者所认为的，自由主义社会充斥着个人权利，那么它也充斥着相对应的责任。密如蛛网的现代公民权利与义务不仅远非对道德的摈弃，反而可被视为一种新的政治道德，一种对政治共同体共有观念的表达。各式各样的反歧视规则就是一个很好的例子。的确，这些规则令部分右翼人士感到恼怒，它们被污蔑为自由主义国家对人民自由的干涉，或者社会所强加的令人窒息的政治正确。这些指责过于夸大其词，但即便它们属实，也很难成为自由主义之非道德或现代社会失范的证据。

然而，仅仅这样说还不足以凸显批评者的疑虑。麦金太尔的疑问是最尖锐的，他想知道，为何自由主义社会本身充斥着如此之多未能实现的梦想，为何它对每个人（无论是否是自由主义者）都应珍视的贵重之物带来了如此之多的伤害？他想知道，为何自由主义社会在破坏共同体机构、腐蚀卓越性、使文化商品化以及使穷人边缘化方面如此富有成效？麦金太尔暗示，这些弊病的存在并非因为自由主义的理想未能实现，而是因为它们本身就是自由主义理想可预见的后果。在麦金太尔看来，自由主义的罪恶在于敦促社会对人们放手，并鼓励他们随心所欲。

部分自由主义者反对说，麦金太尔过分夸大了现代社会的弊病而忽视了其所取得的成就，对此麦金太尔回答说，这些自由主义者被他们的"道德个人主义"遮蔽了双眼，以至于无法看到这些缺陷。麦金太尔认为自由主义社会是一个由自利、孤立的自我组成的幼稚园，他们甚至无法认识到自己正在摧毁集体利益。通过将自由主义的缺陷归咎于"道德个人主义"，麦金太尔提供了一个解决办法，但他本人不会采纳这个办法。他

＊　此书已有中文版面世，见[美]阿拉斯代尔·麦金太尔：《伦理学简史》，龚群译，商务印书馆 2003 年版。——译者注

的整个批评将政治自由主义与一个有争议的道德图景更紧密地联系在一起，而同样地，他也可以打破这种联系。许多政治自由主义者可能会同意麦金太尔的指责，即自由主义现代性忽视并任由太多具有共同或内在价值的事物走向消亡，但他们可能不会同意麦金太尔对其原因的解释。麦金太尔将这种失败归咎于道德，而自由主义者，至少是那些具有社会意识的自由主义者，则认为该失败源于其他的原因。当这些自由主义者思考为什么晚期现代社会未能保护应受保护之物时，他们不必再诉诸于文明失败所导致的个人冷漠或道德盲目。自由主义民主之表现不佳还有一个更显而易见、也更务实的原因，那就是：支付能力的缺乏和政治意愿的丧失。

iv. 赢得美国舞台：柯克、巴克利与克里斯托

尽管现代人从恩典中堕落的弥尔顿式的故事令人震撼，但大多数美国保守派的观点更接近街头谈论水平。市场经济、反共产主义和公民道德定义了战后美国右翼重拾智识自信的广阔领域，并肩作战的美国保守派包括：20 世纪三四十年代以经济自由主义之名义反对新政的老批评者，以及在不久之后的 20 世纪 60 年代反对伟大社会的新批评者；反共产主义者，他们对外反击苏联的力量和压力，对内则在一个反集体主义的社会中追捕集体主义者；以及被贴上各式各样"价值观"或"文化"标签的保守主义者，他们对自由主义民主社会的道德纵容以及对共同文明准则的忽视感到不安。

1945 年之后，美国保守派最容易将反共产主义与经济自由主义或"价值观"保守主义结合起来，然而要将"价值观"保守主义与经济自由主义结合起来，却困难重重。尽管作出了种种"融合"的努力，但没有哪个美国保守派能够将这三者很好地结合在一起。

美国战后"传统"之传统的创始人是拉塞尔·柯克（1918—1994 年）。他是密歇根一位铁路工程师的儿子，曾在二战中位于美国西南部的一处

化学武器站点工作，经营过书店，担任过大学教师，并与理查德·韦弗成了好友，后者鼓励他进行写作。柯克师从杜克大学保守派思想大家约翰·哈洛韦尔（John Hallowell），哈洛韦尔本人则师从圣母大学的格哈特·尼迈耶（Gerhart Niemeyer）。这些影响使柯克将高教会派基督教信仰（圣公会或天主教）与彻底拒绝政治自由主义结合了起来。柯克的贡献在于，他将这两者带出了象牙塔。在《保守主义的精神》（1953 年）一书中，他近乎以一己之力创建了一部关于思想与思想家的不朽经典，作为对特里林声称在美国找不到严肃的保守主义的初步回应。

柯克笔下的保守主义始祖是伯克，而伯克的保守主义后裔几乎是清一色的英美人，他们风格温和，在很大程度上接受了自由主义宪政，并且有保留地接受了选举民主。柯克在书中将威权主义者、反议会主义者、反民主主义者以及经济自由主义者和自由意志主义者排除在外。他这样做的理由是，他们在这个或那个方面无法满足他关于保守主义的六项准则：信仰超验秩序，接受神秘，社会秩序必然以阶级为基础，自由与财产相互依存，信任习俗（即便是受欢迎的创新也必须尊重习俗），以及承认审慎是指导性政治实践价值。尽管柯克本人对这六条标准的应用很狭隘，但这些标准却异常宽泛，只要对它们进行个别变通——如以道德客观性来代替超验秩序，以适度的怀疑来代替神秘的接受，或以功绩而非平等的结果来代替基于阶级的社会秩序——那么即便是一个在经济上持右翼立场的美国自由派也可被视为柯克式的保守主义者。

柯克指出了保守主义的敌人，从而以一种消极的方式作出了自己独特的贡献，这些敌人包括：18 世纪的哲学家、卢梭式的政治浪漫主义者、边沁式的功利主义者、坚持科学思维的实证主义者以及马克思主义者。柯克认为，他们共同的缺陷是有着过度理性化的意识形态思想。如前所述，攻击意识形态本身在当时是一种普遍现象。与韦弗一样，柯克的目标也是拒绝政治意识形态而又不陷入唯科学主义。保守主义的敌人或误用或忽视了"道德想象"，即一种人所共有的发自本能的是非感。对想象力的诉求可以追溯到伯克，还有盖伦这样的欧洲思想家（盖伦写道，"想象力……是基本的社会器官"），以及更加晚近的如斯克鲁顿这样的文化保守主义者。

柯克在当时并未产生多大的影响力，他在许多方面都是一个局外人。尽管他为人慷慨，关心有需要的人，但他的保守主义由于与政党政治和政府政策脱节而给人以过分讲究的感觉。作为一位脱利腾天主教徒（Tridentine Catholic），柯克偏爱传统的拉丁礼弥撒，尽管当时的教会正在现代化并变得自由。柯克笔下的美国保守派，如费舍尔·艾姆斯（Fisher Ames）＊、鲁弗斯·乔特和约翰·兰道夫（John Randolph）†等，从来都不可能在喧嚣的媒体或研究生研讨课上被专门讨论。重新恢复一种不那么超然的保守主义的任务便落在了那些对智识竞赛更有感觉的人身上，其中之一便是威廉·巴克利以及他在《国家评论》（1955 年创刊）杂志的写作伙伴，其他人则是新保守主义者，他们集结在《公共利益》（*Public Interest*，1965 年创刊）和《评论》（*Commentary*，1945 年创刊）杂志周围。

威廉·巴克利（1925—2008 年）牢记熊彼特的警告："资本主义秩序表现得不愿有效控制其知识部门。"对巴克利来说，理论上的清晰没有赢得公众对右翼事业的支持来得重要。作为保守主义思想的论坛，《国家评论》在 20 世纪中叶的右翼复兴中发挥了重要作用，正如四十年前的《新共和》在自由主义进步潮流中所起的作用一样。在巴克利的公共电视脱口秀节目《火线》（*Firing Line*）中，正统的左翼自由派嘉宾也许会惊讶地发现一个见多识广、辩论逻辑令人生畏的对手。他不拘一格，具有战略眼光，将那些桀骜不驯的冷战分子、道德保守派和经济自由派团结在一起。他为那些思虑缜密的美国保守派打开了一条中间道路，这条道路的左侧是艾森豪威尔的中间路线，右侧是极右翼的边缘派别。

巴克利的合作者包括冷战专家詹姆斯·伯纳姆（James Burnham），以及前中情局人员、后来成为耶鲁大学教授的威尔默·肯德尔（Willmoore Kendall）。伯纳姆是一位前天主教徒和前托洛茨基主义者，他从全面的战略角度考虑问题，尽管他惯于骤然转变立场，但他将其解释为战术上的灵活。在《管理革命》（*Managerial Revolution*，1941 年）一书中，伯纳姆辩

＊ 费舍尔·艾姆斯，美国联邦党政治家、国会众议员，联邦党在众议院的重要领袖之一，以雄辩的演说技巧著称。——译者注

† 约翰·兰道夫，美国政治家，曾担任美国众议员和参议员，主张州权，反对强大的中央政府。——译者注

称管理者如今控制了西方社会，而在《西方的自杀》(*Suicide of the West*，1964 年)中，他则认为自由主义已经掌控了管理者。在此期间，伯纳姆作为鹰派，主张对苏联实施"反击"而非"遏制"战略，后者是民主党人和温和派共和党人的主张，但伯纳姆后来改变了这一看法。在大学讲授政治思想的肯德尔不理会伯克，而是钟情于他心目中的英雄洛克，认为洛克并非通常所认为的自然权利的捍卫者，而是人民主权的捍卫者，因此也是现代民粹主义的先驱。

《国家评论》被自由派无视，并遭到许多保守派的鄙视。柯克认为它幼稚，哈耶克不喜欢它的个性化风格，并取消了订阅。这本杂志在出版第一年就差点夭折，并在 1956 年改为双周刊。然而，在杂志的内部努力和外部共和党右翼觉醒的双重推动下，《国家评论》经受住了早期的考验，到 20 世纪 60 年代初，其发行量已超过六万份。

巴克利的父亲是一位南方石油商人，父亲的资金助了巴克利一臂之力，但他的成功决不仅仅是因为他的背景。巴克利是一位非典型的美国保守派，他既非普通民众，又非新教徒，也非中西部人。他结交了许多聪明的自由派朋友，包括约翰·肯尼斯·加尔布雷思(John Kenneth Galbraith)及其妻子，巴克利与他们在格施塔德* 一起聚会。他与共和党右翼的可怕人物亨利·基辛格(Henry Kissinger)保持着联系，并帮助后者编辑回忆录。他说，自己之所以成为保守主义者，更多的是出于信念而非性格。

巴克利的信念深居右翼一侧。在《耶鲁的上帝与人》(*God and Man at Yale*，1951 年)† 一书中，巴克利写道，耶鲁大学是由基督教个人主义者资助的，他们的子嗣在那里学习成为社会主义无神论者。大学应该放弃其学术自由的伪装，让校董会决定该教什么内容，解雇那些持不同意见的教师，并重新致力于实现大学的最初使命，那就是推广"对上帝的信仰和对我们经济制度的优点的认识"。在《从自由主义走来》(*Up from Liber-*

---

*　格施塔德(Gstaad)是瑞士著名的滑雪和度假胜地。——译者注

†　此书已有中文版面世，见[美]小威廉·法兰克·巴克利：《耶鲁的上帝与人》，林毅译，江西人民出版社 2015 年版。——译者注

alism，1959 年）一书中，巴克利反对将公民权利民主地扩展至所有人，并为种族隔离以及南方拒不执行法庭要求学校取消种族隔离命令的行为辩护。与卡尔霍恩对奴隶制的看法类似，巴克利对种族隔离的看法是：无论是对还是错，它都在当地的习俗中根深蒂固，无法快速改变。至少在社会保障的问题上，巴克利也说过同样的话。他反对社会保障，但同时认为社会保障由于被广泛接受而无法被替代。首先要做的，并不是废除种族隔离或社会保障，而是说服人们相信它们应该被废除。

尽管巴克利走精英路线，也很富有，但他对公众意见依然很敏锐。1960 年，他创立了美国青年争取自由组织（Young Americans for Freedom，以下简称 YAF），这是一个由大学生组成的保守派行动团体，类似于同年成立的左翼组织学生争取民主社会（Students for a Democratic Society，以下简称 SDS）。这两个组织各自成为接下来十年青年运动的右翼和左翼先锋。1970 年的一项研究指出了它们的社会差异：左翼 SDS 成员中有 55% 的人出身社会中上层，这一比例在 YAF 中只有 28%；有工人阶级背景的 SDS 成员仅占 17%，这一比例在右翼 YAF 中则是 39%。尽管巴克利扮演着贵族的角色，但他依然不同寻常地更接近大众。

1960 年，当巴克利请伯纳姆就《国家评论》杂志的右翼立场发表评论意见时，伯纳姆称该杂志所呼吁的是"自由意志主义、孤立主义、强硬的反共产主义、传统主义、麦卡锡主义、自由放任、美国革命之女主义＊、州权主义和形形色色的半疯癫主义"。换句话说，对于像伯纳姆这样的意识形态战士来说，《国家评论》并不持某个单一立场。当他敦促巴克利推动杂志向中间立场靠拢以吸引保守主义核心之外的读者时，巴克利听从了他的建议，表明他意识到他们处于弱势地位。肯德尔悲观地表示这本杂志正在进行一场"不对称战争"，巴克利则更加戏谑地将它看作自由主义君主宫廷中的保守主义逗乐小丑，几乎没有人将它视为未来的希望。关于保守主义思想的总体前景，尼迈耶的判断是：自由派已占上风，保守派已

＊ 美国革命之女（Daughters of the American Revolution，DAR）是一个成立于 1890 年的非营利组织，其成员资格仅限于美国独立战争期间以各种方式为美国独立作出贡献的人的直系女性后裔，宗旨是提倡教育和爱国主义。——译者注

出局，两派的观点都是前后一致和不变的，保守派不太可能在短期内获胜。尼迈耶的时机判断有误，《国家评论》在 20 世纪 60 年代和 70 年代先后成为高华德共和党人和里根共和党人的头号媒体，局外人正迅速成为局内人。

在 2005 年的一次电视采访中，保守派专栏作家乔治·威尔（George Will）这样介绍巴克利："没有巴克利，就没有《国家评论》，没有《国家评论》……就没有保守派接管共和党，也就没有里根。没有里根，就没有冷战的胜利。"很明显，威尔夸大了美国——更不用说里根政府——在结束冷战中所发挥的作用，但巴克利在共和党右翼崛起中的作用的确是重大和无可否认的。然而，即便如此，他也并不孤单，美国的新保守派同样发挥了作用。

许多美国新保守派都曾是马克思主义者，而所有的美国新保守派都曾是自由主义者，尽管是立场保守的自由主义者，用他们中最早的成员之一欧文·克里斯托那著名的纽约腔说就是，这些人都曾经"被现实毒打过"。克里斯托这里指的是那些放弃了不切实际的梦想并接受了某些社会事实的自由主义者。以党派忠诚而论，这些新保守派可算是民主党人，他们先是与尼克松共和党人合作，之后又与里根共和党人合作。当共和党在 21 世纪转向硬右翼时，这些新保守派大多弃之而去。

新保守派以《公共利益》和《评论》杂志为中心集结在一起，前者由克里斯托和该群体中思想最为深刻的丹尼尔·贝尔（Daniel Bell）在 1965 年共同创办，后者由诺曼·波德霍雷茨（Norman Podhoretz）于 1960 年至 1995 年担任编辑。纽约州民主党人、大学教授、美国参议员丹尼尔·帕特里克·莫伊尼汉（Daniel Patrick Moynihan）于 1977 年至 2001 年在华盛顿为新保守派发声。《华尔街日报》社论版主编罗伯特·巴特利（Robert Bartley）在 1972 年至 2002 年为新保守派开设了专栏。巴特利意识到，尽管商业界读者对知识分子持怀疑态度，但这些在和蔼可亲的反国家主义面前缴械投降的读者依然愿意倾听新保守派的伦理和文化观点。

新保守派这一名称包含着双重意涵。他们坚持保守派对社会秩序的一贯看法，认为社会秩序建立在纪律和对财产的尊重之上。他们是反自由主义者，尽管他们所反对的自由主义并非保守派最初所反对的那种自由主义，而是被现今的大政府和持不同意见的左翼所把持的社会自由主义。

他们同时也是"新"的，是非传统的，植根于"现在"。新保守派接受多元开放和社会流动性，他们担心资本主义的文化代价，但在很大程度上接受其经济成本和收益。与盖伦和其他战后德国保守主义者一样，美国新保守派关注的也是现在而非过去。他们没有伟大思想家的经典，他们的论证无须借助于一种虚构的传统，对他们而言，历史并未照亮现在。例如，波德霍雷茨曾经声称，美国内战对他来说就像玫瑰战争 * 一样遥远。新保守派认为自己是反意识形态的、务实的和"现实主义的"，他们对人性或人类前景也几乎不抱有传统保守派那般的悲观看法，他们还本着英格兰的风格，毫不掩饰自己即便没有宏大的思想也可以过活。克里斯托将新保守主义的气质描述为"愉快的"和"改良的"，也就是说，新保守派持有一种共同的进步信念。他们并未退回到一种敌对的、反现代的愤懑当中，而是寻求改善并修复生活于其间的这个世界，因为"不加入他们，就无法打败他们"。克里斯托在重复施塔尔和梯也尔的古老请求，即不要让保守主义成为一种反革命。

然而，新保守派首先需要移除其竞争对手，这些对手包括：福利资本主义的捍卫者，即新政拥护者和 20 世纪 60 年代伟大社会的推动者，以及民权活动者，他们将追求反歧视和平等权利的自由主义运动转化为在批评者看来以种族配额和"积极歧视"为内容的非自由主义运动。福利和平权行动成为新保守派密集批判的目标。在政治上，新保守派呼应了中产阶级和北方郊区白人居民（这两个群体往往是重叠的）的抗议活动，前者对税负多有不满，后者对"混合"学校（即黑人白人同校）充满警惕，并对旨在消除种族隔离的跨区上学充满敌意。在智识上，新保守派将其自由主义竞争对手认为是社会需求和公民排斥（需要政府加以纠正）的东西，重构为对社会的过度索求和对个人责任的拒绝承担（应被否决和不加理

---

    * 玫瑰战争（Wars of the Roses）也称"蔷薇战争"，发生于 1455 年至 1485 年，是英王爱德华三世的两支后裔即兰开斯特家族和约克家族的支持者为了争夺王位而发生的内战。——译者注

会)。他们批评说,福利令政府不堪重负,并使受助者意志消沉,而平权行动则是不自由和不公平的,会适得其反。

如果说政府自由主义式的积极作为为新保守派提供了一个批判的目标,那么它在个人无纪律、道德纵容以及具有误导性的所谓文化相对主义等问题上的自由主义式的不作为,则成为另一个目标。新保守派在《公共利益》和《评论》杂志上连篇累牍地发表文章,批评在他们看来一个令人不安和意志薄弱社会的最明显病症:色情内容四处扩散、性放纵、家庭被腐蚀、进步的或"以儿童为中心"的教育、前卫艺术(尤其是当以公共资金支付时)、学校对学生行为不端的纵容,以及以所谓政治正确的名义而越发准备压制令人不快的想法。与这种贺加斯式的(Hogarthian)＊社会衰退相反,新保守派主张一系列社会美德,如公民责任、奖励优秀以及接受社会流动性(既包括向上流动也包括向下流动,尽管人们思考更多的是向上的阶梯而非向下的滑道)。

尽管如此,新保守派依然在晚近的自由主义-现代社会中游刃有余,其方式是其他美国保守派所不具备的。他们没有时间去深究柯克那充满学究气的、对过去进行装饰或对遥远传统进行探究的传奇故事,没有时间去感受南方的怀旧情绪,也没有时间去关注那些古典自由论者——无论是兰德式(Randians)†的反社会自由论者还是哈耶克式的教条主义自由论者。克里斯托声称自己从未读过《通往奴役之路》,他怀疑哈耶克关于"现代资本主义的理论"只会"被那些因长期浸淫于经院哲学而思想被其塑造的人所相信"。

新保守派的写作和批判中处处展现出一种实用智慧。他们主张限制和改善而非严重削弱或剥夺政府权力,他们所追求的并不是一个处处平等的社会,而是一个开放、包容、流动和多元的社会,他们希望调和而不是

＊ 这里指的应是威廉・贺加斯(William Hogarth),英国著名讽刺画家,其作品经常讽刺和嘲笑当时的政治和风俗,后来这种风格被称为"贺加斯风格"。——译者注

† 这里指的应是爱丽丝・奥康纳(Alice O'Connor),一位俄裔美国籍作家和哲学家,以笔名安・兰德(Ayn Rand)为人所知,她的作品强调个人主义、理性利己主义和彻底自由放任的资本主义。——译者注

阉割资本主义。他们是自由主义的保守派或者保守主义的自由派，然而他们始终是知识分子，他们最关心的还是与其他知识分子之间的论战。

20世纪70年代末，年轻一代保守派在许多争论中都赢得了胜利，并在之后步入政坛——如理查德·珀尔（Richard Perle）、埃利奥特·艾布拉姆斯（Elliott Abrams）、保罗·沃尔福威茨（Paul Wolfowitz），他们于1981年至1993年在里根或布什政府中任职。他们的对手并非伟大社会时期的自由派知识分子，而是第二次冷战期间在华盛顿的智库或大学中的鸽派。这些第二代新保守派接受了一种自命不凡的冷战结束史观，与威尔对巴克利言过其实的赞誉别无二致。他们带着一种知识分子的幻觉进入了后苏联世界：他们相信苏联的解体是因为美国的压力，美国的压力源于里根主义对美国自信心的恢复，而新保守主义作家在美国自信心恢复过程中发挥了巨大的作用。与巴克利一样，新保守派认为论证和理念在实力看涨的共和党右翼的崛起中发挥了作用，这一点无疑是正确的。然而，从这一点直接跳跃到国家的自信心和全新的地缘政治能力乃至一种历史的无所不能，则是一种天马行空式的思维方式。这一过程因为这些年轻的新保守派支持伊拉克战争以及随后美国对伊拉克的占领而宣告终结，正如越南战争终结了1945年后美国的改革式自由主义一样。2006年2月，曾经的新保守派弗朗西斯·福山（Francis Fukuyama）在《纽约时报》上为新保守主义发表了一篇具有诅咒性的"讣告"，他以列宁主义来比喻新保守主义对以强大意志为支撑的思想的力量所抱有的信念：布尔什维克"相信历史可以通过正确运用权力和意志来推动。列宁主义在其布尔什维克版本中是一场悲剧；当在美国推行这一主义时，它又成了一场闹剧"。

新保守主义在其他方面所表现出的唯理智主义使其无法在美国右翼获得正统地位，尽管它在其他方面的信条和对社会事实的理解表明它应当获得这一地位。其中之一是宗教。虽然尽力而为，但新保守派永远无法与基督教保守派坐下来好好交谈，尽管他们与以色列右翼和美国的宗教右翼之间有着策略上的和谐。此外，作为高雅人士，新保守派永远无法在大众文化中感到自在，普通人很少能够像他们那样读如此之多的书，或者有他们那样的辩论天赋。

2013 年，新保守主义的早期历史学家彼得·斯坦费尔斯（Peter Steinfels）再次出版了他修订后的经典之作《新保守派：改变美国政治的人》（The Neoconservatives：The Men Who Are Changing America's Politics，1979 年），他在书中对该运动所取得的成就重新作了如下总结：作为保守主义者，他们关注往往被自由派所忽视的社会的文化和道德基础；他们以批判的眼光看待政府充满善意的投资行为，时刻关注可能产生的反常后果；他们以伯克式的渐进来调和自身对激进主义的进步倾向；他们并不背负柯克那样的保守主义的传统包袱，并且可以补充的是，他们以嘲笑的态度对待自由市场的教条；他们接受了福利国家以及以公司为主导的资本主义的"功能性理性"，并寄希望于以家庭生活以及工会、教会和社区的缓冲来对两者形成某种制衡；他们代表了"一种由保守派知识分子所尽责守护的文化"；以一种韦伯的方式，他们不再抱有幻想，而是奉行一种斯多葛式伦理，即适度的自由、得来不易且不确定的舒适，以及"避免乌托邦式狂热"。

斯坦费尔斯在这里没有指出的是，美国新保守派和其德国同行之间存在一种关联，后者同样不无疲惫地接受了复杂的技术官僚社会的局限性和必然性。对美国的改革派自由主义者而言，新保守主义过于狭隘和恐惧地看待政府和社会能够做什么和应该做什么这样的问题。对于其他保守派而言，新保守派过于自由主义、过于知识化、过于脱离美国伟大和善良这一不可或缺的国家神话。尽管如此，美国新保守派的愿景，用斯坦费尔斯的话说，依然是"严肃的和可信的，并且明白无误地以当代美国的现实为基础"。对于那些努力从社会事实（即便不是所有的社会事实）入手的保守派来说，这都是一种赞扬。然而，新保守主义与责任和政府的相遇却发人深省，从发出保守主义式的批评到掌控一个自由主义的现代当下，这段艰难历程是右翼在 1980 年之后更广泛故事的一个缩影。

第六部分

保守主义的第四阶段
（1980 年至今）：
超自由主义与硬右翼

1980 这一年

1980 年,第二次冷战加剧。在阿富汗,苏联军队在镇压反政府叛乱者方面毫无进展,后者控制了乡村地区,并开始得到美国的秘密援助。波兰的团结工会运动从格但斯克造船厂的罢工发展为对波兰共产党一党统治的公开反对,苏联持不同政见的物理学家安德烈·萨哈罗夫(Andrei Sakharow)在莫斯科被捕,美国对苏联实施粮食禁运并抵制莫斯科奥运会。在中国,邓小平正在推进改革开放。

这一年的 4 月,一支美国空降部队试图营救在德黑兰被扣为人质的美国外交官和其他人员,但行动归于失败,造成人员死亡。11 月,共和党人罗纳德·里根击败了时任总统吉米·卡特(Jimmy Carter),以超过一半的普选票和 44 个州的选举人票而赢得美国总统选举。

这一年,在德国联邦选举中,出身巴伐利亚的弗朗茨-约瑟夫·施特劳斯赢得了基民盟-基社盟的大部分席位,但社会民主党与不满的自由党人结盟,使赫尔穆特·施密特(Helmut Schmidt)继续担任总理职务。

这一年,玛格丽特·撒切尔的英国首相任期进入第二年,英国年通胀率达到 18%,国家给罢工者提供的福利减半。

这一年,一个精神错乱的年轻人在纽约枪杀了约翰·列侬(John Lennon),发生在慕尼黑啤酒节的右翼恐怖袭击导致 13 人死亡。

这一年,罗兰·巴特(Roland Barthes)、希区柯克(Alfred Hitchcock)、奥斯瓦尔德·莫斯利(Oswald Mosley)和让-保罗·萨特(Jean-Paul Sartre)去世,维纳斯·威廉姆斯(Venus Williams)、瑞恩·高斯林(Ryan Gosling)和金·卡戴珊(Kim Kardashian)出生。

这一年,魔方开始销售。在医学领域,全身磁共振成像(MRI)扫描仪开始用于常规医疗检查。

这一年,蒂姆·伯纳斯-李(Tim Berners Lee)开始了一项工作,这项工作将导致万维网的诞生。比尔·盖茨(Bill Gates)与美国国际商用机器公司(IBM)达成协议,为个人电脑开发操作系统。

第九章
政党与政治家：接纳硬右翼

在 1980 年之后的三十年里，一个自信、经济上奉行自由主义的右翼开始主导政府与公共辩论，最终发现自己陷入成功的陷阱。它看似击败了历史上的左翼，没有了直接的反对者，但是这种处境危机四伏。表面上，政党竞争还在继续，欧美的主流中右翼与中左翼交替执政。然而，抛开口号、象征与党派忠诚，他们追求的议程大体上没有什么区别，主要框架是推动自由市场和限制政府权力。冷战的结束（1989—1991 年）使人们满怀期待地相信，随着自由繁荣的扩散，地缘政治竞争本身也将终结。在海内外，人们普遍认为自由保守主义取得了完全的胜利。

主流保守主义曾一度看似正在实现其二战后的目标，即打造一个自由主义的、有商业思维的现状，并将之作为政治的共同框架。然而，主流保守主义越是对自己的成就感到满意，来其右翼的异议也就越多。地缘政治并未消失，而是以新的面目继续运作，这对右翼而言是难以想象的，因为在冷战期间他们就已在地缘政治上变得懈怠。

在 21 世纪 10 年代，一个非自由主义的硬右翼以不断加快的速度从保守主义中间派那里夺走选民，其方式要么是通过新成立的政党从外部蚕食主流右翼，要么是像在英国和美国那样，曾经处于边缘的主张和不满逐渐占据了中心。在观念上，中右翼发现自己为之前的自满付出了高昂的代价，他们失去了自信心，也不确定自己的立场是什么。更确切地说，它之前的顺风顺水依赖于一种右翼经济自由主义，这种经济自由主义似乎对地方和国家的需求漠不关心，也特别容易受到经济危机的冲击，正如

2008 年的经济崩溃所显示的。简单地说，主流右翼未能将 1945 年之后政党政治的成功转化为一种独特的保守主义正统，而大批无所顾忌且有头脑的硬右翼战士趁机从这个空隙中涌了进来。

叛乱者所反对的那种右翼自由主义被法国思想家皮埃尔-安德烈·塔吉耶夫（Pierre-André Taguieff）恰当地贴上了"布吉主义"（bougisme）的标签，塔吉耶夫那本具有先见之明的著作标题便是《反抗布吉主义》（*Résister au bougisme*，2000 年）。"Bouger"在法语中的意思是"移动""挪动"或"挪开"。塔吉耶夫所创造的这个词表达了反现代抵抗者的核心抱怨：市场社会持续不断动荡这一事实被其主事者转化为一个所谓的权威命令："请动一动！""让开！""离开这里！"

塔吉耶夫的先见之明是，他意识到，对人们大喊大叫，让他们去做他们不想做的事情或者他们无力去做的事情，这种情况如果持续几十年，最终会激起人们的顽强抗拒，并会引发愤怒和公开的抵抗。二十年过后，主流中间派发现自己与之缠斗的正是这样一种顽固的拒绝挪动。塔吉耶夫向政治布吉主义者给予了他们应得的羞辱待遇（*bras d'honneur*，类似于竖中指），在他看来，这些人永远在用冗长的辞令和看似聪明的理论宣称变革对人民有益，尤其是当变革不受指导或干预，而是任其漫无目的地自我发展之时。对超自由主义正统的反对与其说是针对不安分的变革本身，不如说是针对那些把不安分视为一种恩惠或美德的布吉主义变革者。

i. 20 世纪 80 年代和 90 年代的中右翼

玛格丽特·撒切尔是第一批也是最为雄辩的布吉主义者之一，她是英国保守党领袖（1975—1990 年）和英国首相（1979—1990 年）。1993 年，退休后的撒切尔向政治作家乔治·厄本（George Urban）提出了一个问题："保守党的真正问题是什么？"针对这个问题，她继续说："保守党的名字……。我们不是一个'保守的'党派，而是一个鼓励创新、富有想象力、追求自由、敢于探索新方向、恢复国家自豪感和富有全新领导意识的政党……。这不是'保守'。这个名字完全错了。"然而，保守党的问题并不能通过改变名称来解决，尽管后来的保守党领导人的确尝试改变口号和形象。

英国右翼所面临的问题是欧美右翼共同困境的一个局部表现。尽管经济激进主义取得了种种成功，但从地方角度而言，它已经过时，并且正变得无能为力。第二个"真正的问题"是，1990年之后，保守党不再有撒切尔。也就是说，它缺乏一个既激进又温和、既坚持布吉主义又同情抵抗者、既可以是全球主义者又可以是民族主义者的领导人。它缺乏一个具有凝聚力的在场者，以掌控这些冲突并一致对外以应对外部敌人的挑战——如工会、地方政府、公务员群体、苏联——而非陷于内部的互相攻击。

撒切尔的善于言辞和简明扼要，对于她在党内的崛起、她对英国选民的吸引力以及她在世界上的声誉而言，都是至关重要的。在一个男性主导的世界里，她的勇气和战斗精神也是她成功的重要原因。然而，她之所以能够主导英国保守党，最主要的原因还是她遵循了成功的保守党领导人——如索尔兹伯里、鲍德温、丘吉尔——处理党内分歧的历史模式。撒切尔是一位科布登式的中产阶级自由主义者，她信奉开放市场、自由贸易和不干涉个人道德或信仰的有限政府。她不受阶级和地位的影响，她所热切追求的是让那些有进取心的男女们都能够不受嫉妒心或既得利益的阻碍而取得成功。与此同时，与奉行和平主义的科布登不同，撒切尔是一个挥舞旗帜的爱国者，她嘲笑绥靖政策，接受战争的风险（如在阿根廷和伊拉克），并认为"实力第一"是西方在第二次冷战中所能采取的最佳战略。

撒切尔非但没有抵制或分散权力，反而集中和垄断了权力。她的政府打破了产业工会、封闭的英国银行业和地方议会所享有的权力，破坏了政府各部门的团队精神。这些改革被认为是成功地为工人争取到了自由，但实际上它们剥夺了工会的权力，将其交还给管理层。这些改革将经济权力集中到大银行和大企业手中，且往往是外国的大银行和大企业；将政府权力集中到白厅（Whitehall）﹡的中央政府手中，而白厅的权力又被

﹡　白厅是英国伦敦西敏市内的一条道路，位于国会大厦和特拉法加广场之间，因1698年被焚毁的白厅宫（Whitehall，又译"怀特霍尔宫"）而得名。白厅是英国政府中枢所在地，许多政府部门均坐落于此，"白厅"也由此成为英国政府的代名词。——译者注

集中到首相办公室。撒切尔的支持者声称她挽救了英国经济（或者避免了更糟糕情况的出现），这在当时是可信的并被广泛接受，但仍有可能被后来的历史所修正。从那时至今的四十年来，英国许多深层次的经济问题依然如故，如低生产率、低工资、低储蓄和低投资。

后撒切尔时代的保守党面临的"真正问题"并非政党名称，而是到 20 世纪 90 年代它已无龙可屠，无国有资产可卖，无新方向可供探索。保守党的最后一项私有化努力，即 1994 年的铁路私有化（彼时撒切尔已经下台），很快演变成隐秘的再国有化。撒切尔主义本身的经济遗产也毁誉参半，它利用市场思维使政府变得更加有效这一创新做法被认为是成功的，并被广泛效仿，但意想不到的成本也随着时间的推移而显现出来。它打造一个"拥有财产的民主"的计划也步履蹒跚，2020 年英国人个人持有股票的比例只有 20 世纪 80 年代的一半。撒切尔的另一个目标即让人们拥有自己的住房，似乎也超出了大多数年轻人的能力范围。这些代价和失败随着时间的推移变得显而易见，但 1997 年之后新工党对撒切尔主义的部分接纳推迟了人们看到这些代价的时间。

在欧洲问题上，撒切尔认识到她的政党结合了英国统治阶层外交观念中相互冲突的传统，正如 18 世纪晚期的一个标语所表达的："辉格党支持大陆，托利党支持郡县。"撒切尔曾一度既是辉格党人又是托利党人，既是亲欧派又是反欧派。她批评欧盟的发展方向，而这个方向很大程度上是她或她的政党所设定的。1989 年之后，保守派推动了欧共体（欧盟）的快速扩张，他们提倡欧洲单一市场，在这个市场上，商品、服务、资本和人员可以自由流动，但他们同时抵制为平衡这些市场自由而实施的社会和劳工权利欧洲化。她挫败了党内热衷于欧洲货币一体化的亲欧派，这导致她在 1990 年 11 月下台。

撒切尔的民族意识，尤其是英格兰民族意识，使她的科布登式自由主义变得模糊。除了美国和旧的自治领，她不信任外国人，尤其不信任科布登所崇尚的德国人和密尔所热爱的法国人。撒切尔的英国史诗是一个迷人的故事，它讲述如何将这个国家从外部敌人和内部怀疑者所引发的衰退中拯救出来。这个故事借鉴了像保守党人罗德（Round）和自由党人弗里曼（Freeman）这样的 19 世纪英国民族主义历史学家的发明，呼应了伊诺克·鲍威尔的黑暗愿景但又不带有他的宿命论，并预见了英国脱欧派广受欢迎的沙文主义。此外，撒切尔还能以鲍德温的口吻谈论英格兰人罕见的节制与明智。

撒切尔并不仅仅依赖于演说，她冷静的头脑总能明辨哪些是可做的、哪些是可说的，这种特质很少离开她。在爱尔兰和南部非洲这两个给保守党带来痛感的前帝国问题上，她平衡了自己的情感与理智。她曾公开宣称"永远不要与恐怖分子谈判"，但她的官员秘密而成功地代表她与爱尔兰和南部非洲的"恐怖分子"进行了对话。在第二次冷战中，她对苏联的态度极其强硬，但透过苏联军事力量的表象，她看到了背后破碎的体制，并乐于接纳苏联的改革者兼破坏者，尤其是米哈伊尔·戈尔巴乔夫（Mikhail Gorbachev）。

到 1990 年，她的成功日渐远去。她向推动地方税改革的内阁大臣们作出让步，这个改革计划激进但考虑不周，引发了骚乱，后来被撤销。她对欧洲的态度不温不火，与当时在保守党内、商界和全国盛行的亲欧主义格格不入。当她日渐衰弱的领导力威胁到保守党在民意调查中的表现时，她被赶下了台，这是保守党的惯常做法。党内的反欧派很快实施了报复，一个习惯于在关税和自由贸易、爱尔兰和帝国问题上进行内部斗争的政党将其战斗热情转向了欧洲。撒切尔曾成功地平衡了党内派系，随着她的离去，一个缺乏明确目标和理念的政党开始向国家优先的（nation-first）硬右翼倾斜。

因敏感于 1918 年后保守主义的鲁莽行为，1945 年后的德国右翼特别注意渐进性与连续性，前文对此已有所提及。1973 年，摇摆的德国自由民主党从勃兰特时代的社会自由主义转向市场自由主义，此时赫尔穆特·科尔（1930—2017 年）开始了他在基民盟长达 25 年的领导生涯，并自 1982 年起开启了长达 16 年的总理生涯。科尔虽有缺陷但被低估了，他在各个方面都被贬斥为偏狭的莱茵兰人和视野有限的党派调停者。左翼认为他是一个受制于商业的市场激进派（尽管他向德国"社会市场"模式的转变证明是左翼多虑了）。基民盟右翼则怀疑他的保守派资历，他们对 20 世纪六七十年代的文化剧变感到不安，不相信科尔作为一个不热心的天主教徒所提出的主张，即新的执政联盟将兑现其"道德和智识变革"的承诺。他们还以国家的名义反对科尔，认为他似乎对德国国家主权和民族自豪感漠不关心。科尔将基民盟与阿登纳的西方主义捆绑在一起，他在第二次冷战中迫于美国的压力要求欧洲重新核武化，他推动了法德关系，但几乎未做任何事情来结束德国的分裂。

科尔似乎笑到了最后。经过一连串几乎无人能预测的事件，苏联共产主义解体了，东德也倒向了西德的怀抱（1989—1990 年）。德国国内关于下一步该如何做的争论愈演愈烈，此时科尔作出了明确的决定，并赢得了广泛的支持。他决定：两德将统一，不是分阶段地，而是立即统一；不是通过各邦之间的谈判以及一部可能的新宪法，而是在西德 1949 年宪法之下以西德吸纳东德的方式实现统一；两德在经济上不再相互分离，而是成为拥有统一货币的单一经济体，东德人按照 1 : 1 的比例将其原有的近乎一文不值的货币兑换成西德货币。财政紧缩政策的追随者对此暗暗叫苦，西德人抱怨说他们为此要交更多的税。东德企业则担心，在同等金融条件下，西德的竞争对手很快会将他们扫地出门，这的确发生在许多企业身上。尽管如此，科尔还是胜利了。他坚持认为，东德人不应以贫民的身份加入德国。

尽管对成本抱怨不断，但大多数德国人依然认为统一是成功的，并值得为之骄傲。然而，不妥协的保守派自 20 世纪 50 年代以来一直渴望并坚持认为主流右翼仅仅是口头支持两德统一，事实令他们失望。在科尔的民族主义批评者看来，统一将旧东德纳入了一个西方化的联邦共和国、一个自由主义的"民主体制"，以及一个联盟网络，这些都是一个半主权的西德在历史的胁迫之下同意的。在地缘政治方面，批评者曾渴望让德国毫无负担地回归国家主权，承担起世界责任，并自由地合纵连横，而这是德国的实力（即便过去那般强大）和地缘政治环境都不允许的。在文化上，批评者曾希望发扬他们所理解的德国性，从压抑的羞耻感和关于什么是不可言说的所谓规则中解脱出来。随着时间的推移，诸如此类的争论与旧东德的经济不满结合起来，共同推动了硬右翼在 21 世纪 10 年代的惊人崛起。

科尔所领导的德国统一是和平的统一，对周边国家几乎没有带来干扰，因此消除了一个潜在的冲突，这个潜在冲突在过去的四十五年中一直笼罩着这片尽管实现了和平却易于爆发战争的大陆。然而，在真正保守的民族主义右翼看来，统一所带来的战略收益与其代价相比微不足道，这些代价包括：德国进一步欧洲化和西方化，进一步丧失其独特性，并逐渐放弃了自身的自豪感。统一非但没有重建德国，反而成为导致德国性消失的又一个不幸的阶段。

人们有理由期待科尔出现在关于德国右翼的任何历史经典中。然而，值得注意的是，在 1996 年出版的《保守主义百科全书》（*Lexikon des Konservatismus*）中却没有出现科尔的身影，这部书囊括了 18 世纪以来的欧洲右翼，编纂精良，堪称欧洲右翼不可或缺的《哥达年鉴》*。《保守主义百科全书》的编辑是施伦克-诺金，一位博学之士、保守主义德国性的捍卫者，同时还是《评论》杂志的前编辑。统一者俾斯麦（1871 年）和拯救者阿登纳（1949 年）都入选了诺金的名单，但统一者科尔（1990 年）却没有入选。难道是因为科尔过于沉闷、过于中产阶级、过于轻易接受政治捐款，以及过于专注等而下之的政党管理和政府运作，以至于无暇仰望保守主义的理想吗？部分德国右翼从不认为科尔是真正的保守主义者。科尔对高文化不够关心，并且尽管他主持了德国的统一，但他对这个国家似乎从未展现出足够的自豪感。最糟糕的是，他似乎认同其社会民主党竞争对手赫尔穆特·施密特的观点，即有远见的人需要去看眼科医生。也就是说，科尔否认保守主义需要宏大的理念，在他看来重要的是政治表现，而非愿景。他的继任者安吉拉·默克尔（Angela Merkel）持有同样的观点。这给德国右翼留下了一个空间，使之可以去寻找愿景。

与科尔一样，罗纳德·里根（1911—2004 年）在 1980 年和 1984 年两次轻松赢得总统大选之前，也受到广泛的嘲笑和无视。即便在共和党内部，他也被认为是一个准备不足、讲着蹩脚笑话和极端观点的乡巴佬。里

---

　*《哥达年鉴》（Almanac de Gotha）首次出版于 1763 年，因出版地位于萨克森-科堡-哥达公国而得名，是欧洲皇室和贵族的名录，内容涉及欧洲高层贵族的家谱、传记和头衔，还包括政府、军事和外交使团，以及按国家、地区分类的统计数据，被认为是君主制及其宫廷、在位王朝和前王朝、王子和公爵家庭分类的权威。该年鉴从 1785 年至 1944 年由哥达的尤斯图斯·佩尔特斯（Justus Perthes）出版社出版，后从 1998 年起，在伦敦以英文版出版。——译者注

根曾两次赢得美国人口最多的加利福尼亚州的州长职位，但这一事实却不被人看重，因为加州共和党人的胜利要归功于南加州，而那里的右翼是出了名的精神错乱。

里根战胜了他的诋毁者，部分是因为他的精明和才华，部分是因为他的经验（在入主白宫的第一个月他迈入七十高龄），很大程度上也是因为他的好运，尤为重要的是，他将美国保守主义互不协调的各派系团结在一起，使之成为一个可运作的联盟。与撒切尔一样，随着里根的退休，对美国右翼的控制也随之消失，右翼各派系彼此之间更加自由地重新开战。

里根将共和党内的自由市场乐观论者、极右翼自由意志论者、家庭价值观说教者和美国优先主义者团结在了一起。与早先的尼克松一样，他赢得了对民主党不满的选民的支持，这些选民对城市犯罪感到不安，对将民权目标从不歧视延伸到矫正式优待感到气愤。在水平高超的演说家的帮助下，里根对这个处于分裂中的国家的声音有着敏锐的感知，这个国家热衷于党派冲突，同时又渴望作为一个国家有着良好的自我感觉。里根同时吸引了美国自由主义的左右两翼，即支持新政的民主党人和奉行紧缩政策的大企业共和党人。他离过婚，也不做礼拜，但却能以明显可感知的真挚情感对原教旨主义基督徒听众说，每个人都"领受圣经和主耶稣的命令"去反对"罪与邪恶"。他将美国自由的福音传递给了西部和中西部的杰斐逊主义者和杰克逊主义者，后两者对自身的自力更生有着自豪的确信。他还将自由的福音带给了南方白人，后者因自由派北方人再次闯入他们的社会而深感不安，这些北方人怀有善意但不切实际，也似乎并不理解南方社会。此外，里根还将自由福音传递给了遍布全国研究生院的聪明而年轻的自由意志主义者。

里根的成功绝不仅仅是因为他对不同的声音有感知力。一个能够让右翼各派系团结起来的主题是对政府的敌意，为此里根巧妙地嘲讽"大政府"的代价，他的技巧如此高超以至于使听众忘记了他向他们请求的正是一个大政府。他公开反对政府的开支和浪费，却眼睁睁地看着赤字飙升；他夸口说自己可能老了但并不愚蠢，却从未向国会提交过一份平衡预算案。这些都不重要。在反政府福音中，里根领导下的右翼找到了一个能够使自身团结起来的主题，而这正是当前的右翼所欠缺的。对每一个右翼派别而言，大政府便是那个一贯的恶人：在企业和银行看来，是大政府制定了信贷、工作安全、消费者和环境方面的法规；在道德保守派看来，是大政府赋予了法律前所未有的自由放纵；在美国优先论者看来，是大政府发动了具有毁灭性的越南战争，奉行对外国人纵容的多边主义，并时不时出台与苏联缓和关系的软弱政策。

里根的成功与其说是运气，不如说是对运气的认识和利用。他接手了前任总统吉米·卡特所开启的国防建设以及从中孕育并迸发出的高科技创造力。里根就职后，前任美联储主席保罗·沃尔克（Paul Volcker）继续留任，就在里根上台的前一年，沃尔克将利率推高至两位数的水平，这是一个会带来经济衰退的残酷举措。在该措施的作用下，美国的通胀率在里根上任之初已降至 3.5%，从而为延续至新世纪的长期经济繁荣铺平了道路。里根所接手的是一场美国已稳操胜券的超级大国之间的对抗，其竞争对手苏联因深陷失败的泥潭而开始崩溃。里根以娴熟的优雅和技巧充分利用了这些机会，他知道何时去推开这扇门。1987 年 6 月，他在柏林戏剧性地喊道："戈尔巴乔夫先生，推倒这堵墙吧。"

里根在 1989 年 1 月卸任时，美国正处于志得意满和战略成功的时刻，即便是一个普通的政治家也足以赢得荣誉。事实上，正是他的能力、运气和时机使他在同时代的人当中脱颖而出，成为一个历史人物。美国右翼的所有党派都可以宣称里根是他们的。相比之下，后来入主白宫的共和党人乔治·W.布什（George W. Bush，2001—2009 年）和唐纳德·特朗普（Donald Trump，2016 年当选）则在击退民主党的同时，也成功地分裂了自己的政党。

在法国，政治潮流似乎朝着相反的方向流动。社会党领袖弗朗索瓦·密特朗在法国共产党的支持下赢得了 1981 年总统大选。在随后组成的社会党内阁中，共产党人出任了数个部长职务，法国随之进行了一场由国家主导的试图刺激萎靡经济的短暂试验。然而，正如经济自由主义者所预见的，随着法郎的贬值和通货膨胀的上升，政府被迫调转方向，转而实行财政紧缩，这宣告了实验的终结。这场实验得出的结论是，在货币风险敞口和欧洲一体化的现代条件下，单枪匹马的"阿尔巴尼亚式"政策已不复为一个可能的选项。1985 年，也就是德国社会民主党在巴特哥德斯堡制定新党纲四分之一个世纪之后，法国社会党在图卢兹正式从其党纲中剔除了国家主导社会主义的残余内容，这种教义上的转变反映了社会的变化。1930年，法国劳动力在农业、工业和服务业中的分布近乎均等，如今则绝大部分从事服务业，几乎没有多少人从事农业，全国也只有20%的人居住在乡村，工业劳动力也在萎缩。尽管法国的"街头工人"负有盛名，但到20世纪末，法国是欧洲工会会员人数比例最低的国家之一。因此，密特朗在1981年至1995年的两届总统任期绝非极左翼在政治上的突破，相反它标志着法国政治中间派地位的巩固。通过边缘化共产党并扼杀党内的激进分子，密特朗团结并推动法国左翼向右转。

以此观之，法国并非看起来那样是1980年后右翼居主导地位的一个例外。密特朗的总统任期也是一个保守派的故事，因为它帮助团结了法国的中右翼，这些中右翼形成了一个与他相对立的单一反对党。无论如何，随着戴高乐主义者和右翼自由派在社会、信仰和象征方面的差异迅速减弱，这项任务变得更加容易。1981年之后，两者的差异减弱到如此的地步，以至于戴高乐党和自由主义的法国民主联盟在1986年的议会选举中提出了一个共同的竞选纲领。爱德华·巴拉迪尔（Edouard Balladur）是一位信奉自由市场的戴高乐主义者，他曾敦促中右翼党派合并，认为尽管这些党派各具特色，但已不再有所不同。巴拉迪尔的提议有些超前，但这些政党最终在2002年合并为人民运动联盟（Union pour un Mouvement Populaire，UMP）。

密特朗对法国保守主义的另一个贡献不是针对主流右翼党派，而是针对硬右翼。为了在1986年的选举中限制中右翼的得票数，他将选举规则改为比例分配制，这使右翼的选票被分散，国民阵线在议会中赢得了36个席位。密特朗的策略未能阻止中右翼在选举中获胜，他被迫与一个保守派政府"共处一室"。然而，国民阵线已从边缘获得突破，如今的保守派选民有了一个硬右翼选项。随着中右翼对自己的立场越来越模糊，硬右翼变得越来越具有吸引力。国民阵线进一步巩固了它在20世纪80年代的成功，在历次选举中它的得票率稳定保持在10%—15%，并在1999年成功避免了一次潜在的破坏性分裂。

相比之下，对于英国、德国和美国的右翼叛乱者而言，20世纪90年代是更加艰难的时期。在英国，撒切尔的继任者、保守党首相约翰·梅杰（John Major）在1995年挫败了极端自由市场派兼反欧派韦桓德（John Redwood）试图将他赶下台的企图。德国人则专注于吸纳东德，尽管痛苦但富有成效，且未给邻国带来干扰。科尔及其政党卷入了金融丑闻（这在一定程度上是制度设计带来的后果，该制度旨在防止大资金介入选举政治，尽管有其价值但容易被违反）。德国硬右翼似乎仍处于20世纪50年代阿登纳曾经将之隔离的地方：在责任政治的边界之外。然而，保守派知识分子开始在影响力较小的杂志上掀起波澜，批评德国民主制度在道德和文化上的放纵，正如二十年前美国新保守派所做的那样。在保守派看来，这个联邦共和国视野狭隘，使德国精神为之消沉并且"乏味"。

在美国，以纽特·金里奇（Newt Gingrich）为首的国会共和党多数派难以驾驭，他们搞砸了针对总统克林顿的阻挠行动。作为一位中间派民主党人，克林顿在联邦预算赤字消失的同时削减了福利。由于民主党做到了共和党长期以来试图做但未能做到的事情，共和党便转向了制度战（关闭政府）和道德骚扰（利用总统关于性行为不端的谎言）。如果有一个强有力的竞争者，民主党原本有可能在2000年赢得克林顿之后的第三个白宫任期，但在佛罗里达州具有决定性的选票问题上，最高法院按其保守派-自由派的党派路线以5：4的投票结果将未决票判给了共和党人。

撇开各国的差异不谈，到20世纪90年代，一种务实、经济上奉行自由主义、以结果而非原则来评判自身的中间派已经成为右翼的主流，和解的保守主义似乎已经战胜了反抗的保守主义，然而不妥协的右翼只是在等待时机罢了。新世纪的到来打破了原先的假设，动摇了保守主义的中间地带，事实上这种意义上的新世纪已经先后到来了三次，分别是在2001年、2008年和2016年至2017年。

在地缘政治上，2001年对美国的恐怖袭击以及随后美国领导的阿富汗战争和伊拉克战争所引发的分歧，让战后西方的团结受到质疑。在经济上，2008年的全球金融危机和随之而来的紧缩政策使不受约束的全球资本受到质疑。在政治上，以2016年至2017年选举胜利为代表的硬右翼的崛起，使自由主义-民主的中间路线受到质疑。

ii. 硬右翼的崛起：
勒庞家族、德国替代选择党、英国脱欧与特朗普

2000 年后，硬右翼在选举中的崛起之路既不顺畅也不一致，各国之间有着重要而显著的差异，但也有一些共同之处正在呈现。早期的预警信号来自法国，国民阵线在 2002 年的总统选举中成功地闯入了第二轮投票。在 2009 年的美国，共和党内叛逆的茶党 * 在华盛顿组织了一次纳税人游行。在 2013 年至 2014 年的英国，反欧盟的英国独立党（United Kingdom Independence Party，UKIP）在地方和欧洲选举中获得成功，这令英国保守党感到恐慌。在 2013 年的德国，一个由拥护自由市场的大学教授和反移民活动家组成的联盟成立了一个新的右翼政党，即德国替代选择党（Alternative for Germany，AfD）。

不久之后，硬右翼就收获了长达十八个月的回报期。在 2016 年至 2017 年，欧洲和美国的老牌政党在选举中接连遭遇挫折，暴露了自由主义中间派信誉的破产。2016 年 6 月，在英国举行的全国公投中，有 51.9% 的投票者在未提出明确替代方案的情况下呼吁英国退出欧盟，尽管左翼和右翼的主流政治家、商界领袖、经济学家、历史学家、科学家、军事专家和外交政策专家几乎一致认为，退出欧盟将被证明是一个经济、社会和战略上的错误。2016 年 11 月，在美国总统选举中，纽约房地产开发商兼电视节目主持人唐纳德·特朗普作为一名特立独行的共和党人，借助于右翼的"美国优先"选举策略赢得了总统选举，尽管他在普选中只获得了少

---

* 茶党（Tea Party）是一个 2009 年初兴起于美国的财政保守运动，主张降低税收并减少政府开支，以减少美国的国债和联邦预算赤字，其成员由自由意志主义、保守主义和右翼民粹主义的支持者组成。茶党的名称来自 1773 年波士顿倾茶事件中反对英国征税的波士顿茶叶党，也有人将 TEA 解释为 Taxed Enough Already，意为"税已经收够了"。无论如何，茶党的立场都是主张适当减税。——译者注

数选票,但在选举人团选举中却获得了大多数选票。2017 年 4 月至 5 月间,在法国的两轮总统选举中,国民阵线领导人玛丽娜·勒庞(Marine Le Pen)击败了中左和中右的传统政党,进入了第二轮投票。勒庞虽然最终输掉了选举,但在第二轮投票中赢得了 34% 的选票,这对此前一直处于边缘的政党而言是一个受欢迎的突破。在 2017 年 9 月的德国大选中,硬右翼的德国替代选择党在联邦议院赢得了 94 个席位,占总数的七分之一;自 20 世纪 50 年代初以来,德国的硬右翼从未赢得过全国的代表权,也从未有过如此强大的实力。

在这里取得突破的是一个硬右翼,它重新浮出水面,并在西方主流政治中站稳了脚跟。它最鲜明的元素是排他性的本土主义、教条式的自由意志主义以及一味地诉诸民意。尽管这些元素明显地分类不当且相互矛盾,但它们共同构成了对民主自由主义(或者用标准的说法,自由主义的民主)的威胁。

在描述这些运动时,"硬右翼"(hard right)一词比"新右翼"(new right)更合适,因为其口号、主题和诉求都是过去已有的。它们可以追溯到 20 世纪和 19 世纪保守主义右翼的历史性分裂,事实上也就是追溯到保守主义对资本主义现代性从未解决的矛盾心理,从而追溯到保守主义与政治自由主义最初的分歧。

"硬右翼"一词也比"极右翼"(far right)更为合适,因为"极"意味着边缘,而"硬右翼"已经离开边缘地带,成为政治竞争的正常组成部分。在英国,硬右翼以受到英国独立党惊吓的保守党的面目上台执政,温和派或逃离或遭到排挤。在美国,激进化的共和党在 2016 年控制了联邦政府的三个分支、50 个州立法机构中的 32 个机构以及 33 个州长职位。2018 年,共和党失去了在众议院的多数席位以及对几个州的控制,但它对包括最高法院在内的联邦司法机构的控制进一步加强。尽管法国和德国的硬右翼势力被成功地排除在政府之外,但他们得到了广泛的、并且似乎是越来越多的民众支持。法国国民阵线——如今更名为国民联盟——和德国替代选择党夺走了原先支持主流保守党的选民,而主流保守党则面临一个抉择:或坚持原有立场,或向右转。

正如研究硬右翼问题的荷兰专家卡斯·穆德(Cas Mudde)所尖锐指

出的，正常的病态已经变成了病态的正常。关注 2016 年总统大选的美国作家克莱·舍基（Clay Shirky）在谈到硬右翼的民众支持时也提出了类似的观点："特朗普代表了愤怒白人的声音，他之所以上台不是因为他的观点不同寻常，而是因为他的观点就是寻常的观点，并且大声表达了出来。"总之，硬右翼并不怪异，也不极端，它很受欢迎，也很正常。事实上，正是因为它既受欢迎又很正常，它才令人担忧。

为了避免"硬右翼"这个词在这里听起来有失偏颇，以及避免对事件的描述有所夸大，我们有必要回顾一下主流保守派在面对这一态势时的激烈和沮丧。他们并没有本着客观的精神，心平气和地详细审视硬右翼的明显弱点和不协调之处。他们也没有去问，"硬右翼"是否是一个由自由左翼装扮的滑稽恶人。他们的反应是震惊和悲痛，就好像失去了一个同伴或者一件珍贵的东西。他们为传统而战，却震惊地发现自己可能会失败。特朗普胜选之后，报纸专栏作家乔治·威尔、戴维·布鲁克斯（David Brooks）和罗斯·杜塔特（Ross Douthat）——三人分别代表了美国老中青三代保守派的看法——发表了一系列专栏文章，强烈谴责特朗普对共和党主义的攫取。面对被英国脱欧派所占据的保守党主义，奉行自由-保守主义立场的《经济学人》杂志也得出了同样严厉的判断。在 2019 年 12 月英国大选前夕，《经济学人》称保守党领袖鲍里斯·约翰逊（Boris Johnson）"对真相漠不关心"，认为他的亲密顾问多米尼克·卡明斯（Dominic Cummings）是"诡计多端的空想家"，敦促选民将选票投给奉行中间路线的自由民主党。

尽管各国的硬右翼互不相同，但它们还是有着四方面的共性。第一，它们有一个共同的特征。硬右翼将经济自由主义者和愤愤不平的民族至上主义者团结在一起，共同反对那些在他们看来自私自利、脱离现实的精英，他们认为正是这些精英扭曲了真正的保守主义。硬右翼表现出一种激进的意愿：一旦掌权，就会立即颠覆人们熟悉的规范和安排。无论掌权与否，硬右翼都使用一套共同的修辞手法，巧妙地掩盖其内部的紧张关系。

第二，硬右翼体现了保守主义的历史特征。其原因是，硬右翼并不是一个新鲜事物，它的批判主题和支持者都来自有着悠久历史传统的不妥协的保守派。尽管右翼温和派常常在（好的）保守主义和（坏的）硬右翼之间作出区分，但硬右翼本身却是保守主义不可或缺的一部分，而非对保守主义构成威胁的一个外来物。在某些时候，它安静而克制；在其他时候，正如现在这样，它声音洪亮，力量更强，也更自信。它一直都在那里，作为一个阴影或良心般的存在，时刻提醒人们注意保守主义对自由主义现代性最初的矛盾心态。第三，从任何一种历史意义上称硬右翼是"法西斯主义"都是错误的，称它是"民粹主义"或"民族主义"则是恰当的，但也仅当对这两个具有误导性的标签有了仔细理解之后。第四，也是最后一点，硬右翼的复苏得益于各种各样的因素，如对移民的愤怒、金融危机、软弱的主流候选人等，这些因素在不同的地方有不同的重要性。更深层次的原因是自由主义中间派的普遍失败：无论右翼还是左翼，中间派均未能兑现民主自由主义的承诺并使之保持良好状态。

当前的硬右翼起源于一对奇怪的组合：一方是支持小政府和社会宽容、无视国家边界、赞同经济全球化的自由意志主义者，另一方是专注于文化认同和国家衰落的本土主义保守派。两者都声称自己代表想象中的人民，反对所谓的精英。自由意志主义右翼声称，一旦摆脱了大政府政治阶层的控制，人们就会生活得更好；本土主义右翼则声称，一旦摆脱了对现实毫无感知、对外国人友好的世界主义者的控制，人们就会生活得更好。两者都放弃了自由主义的中间立场，但是朝着不同的方向。两者都过度执着于保守主义的某一个要素——分别是捍卫财产和市场，忠于国家——以至于忽视了其他的价值和关切。将这对奇怪组合捆绑在一起的是一个共同的敌人，即自由主义中间派以及一系列令人着迷的主题和诉求。

硬右翼崛起背后的推动力通常被认为是2008年金融危机后民众的愤怒，这些愤怒源于经济困难、公共服务衰退和政府疏于履职，所有这些又被长期以来人们对似乎不受控制的移民的不满情绪所进一步加剧。的确，这些因素削弱了中右翼自我声称的能力，从而为硬右翼打开了空间。然而，尽管硬右翼力量的快速增长依赖于民众高涨的怒火，但它最初所依靠的实则是保守派商人和银行家源源不断的资金注入。这架政党机器由上层建立和资助，后来获得了以选民支持为基础的牵引力。法国国民阵线的财务状况不透明，但让-马里·勒庞从其俄罗斯支持者那里借款的传言一直不绝于耳；20世纪70年代，勒庞凭借从一位保守派水泥大亨那里继承而来的遗产，开启了国民阵线的政治崛起之路。尽管德国替代选择党在进入联邦议院后得到了公共资金的资助，但据《明镜周刊》（*Der Spiegel*）报道，该党从一开始就获得了亿万富翁奥古斯特·冯·芬克（August von Finck）及其资产管理人恩斯特·克努特·斯塔尔（Ernst Knut Stahl）的资助。在2016年向英国两大脱欧运动捐赠的2 400万英镑中，约有1 500万英镑来自7位富有的捐赠者。2016年美国共和党的亿万富翁捐助者包括PayPal的创始人彼得·蒂尔（Peter Thiel）、拉斯维加斯赌场老板谢尔登·阿德尔森（Sheldon Adelson）、强生公司继承人伍迪·约翰逊（Woody Johnson）和公司掠夺者兼企业集团所有者卡尔·伊坎（Carl Icahn）。需要注意的是，支持并不意味着共谋，所有政党都依赖于外部资金。这里的关键是，尽管形形色色的选民出于形形色色的原因厌倦了中间派主流政党，但要给这种不满提供一个坚实的平台和一个有意义的焦点，则需要金钱、知识分子和政治运作。

硬右翼的选票来源于多个群体：首次投票的选民，心怀不满的左翼选民，以及最重要的，心怀不满的保守派选民。他们有着形形色色的社会背景，有些人经济状况不佳，但硬右翼选民的一个典型特征是学历水平不高。在2016年美国大选中，特朗普在大多数教育类别选民中的表现都等于或优于其民主党竞争对手希拉里·克林顿（Hilary Clinton），唯一的例外是拥有大学学历的选民。德国替代选择党在全国赢得了近13%的选票，但在大学毕业生选民中只有7%的支持率。硬右翼或许得到了富有捐赠者的资助，但在本书考察的这四个国家中，它对中下层和工薪阶层选民有着强烈的吸引力。

年龄在某些国家是一个因素，在其他国家则不是。在德国，替代选择党对首次参加投票的选民具有强烈的吸引力，而在老选民支持者中，除了部分前左翼选民外，大多数是失望的保守派选民。在2017年法国总统大选的第二轮投票中，社会党左翼选民几乎无人转投国民阵线，而原先支持让-吕克·梅朗雄（Jean-Luc Mélenchon）的不屈法国党（Les Insoumises）的左翼新选民，有半数投票给了马克龙，五分之二未参加投票，不到十分之一的人投票给了勒庞。相比之下，勒庞在第二轮投票中获得的300万张选票中，大多数都来自主流保守派弗朗索瓦·菲永（François Fillon）的选民。硬右翼的选票就是右翼的选票，这并非老生常谈。硬右翼已从保守派选民群体中成长起来。

硬右翼选民的投票高峰年龄也不尽相同。英国脱欧运动在年轻人中不受欢迎，在老年人中却颇受欢迎。类似的模式也出现在美国大选中：特朗普的受欢迎程度在四十岁以上选民中稳步增长，在四十岁以下选民中则持续下降。相比之下，法国和德国硬右翼政党的核心支持者是中年男性，两国年轻选民投票支持硬右翼的比例仅略高于全国平均水平。德国替代选择党在老年人中的支持率逐步降低乃至消失，这或许是因为老年人的经历更接近非自由主义的过去，如纳粹和共产主义时期。

隐藏在这些变化背后的是一种更广泛的恒常性。支持国民联盟（前国民阵线）、英国脱欧、德国替代选择党和特朗普的选民多数不是左翼，而是右翼。将注意力集中于他们所居何处、年方几何、何时毕业以及收入多寡，以期建立一个令人信服的社会模式的做法，忽略了一个具有政治意义的要点。就其本质而言，投票支持硬右翼的选民是保守派选民，他们对当前的自由式保守主义感到失望。诚然，部分硬右翼的支持者是工人阶级，但几十年来，左翼也一直在失去工人阶级的选票。财产与右翼工人阶级的联盟是成功的保守主义选举策略的历史性组成部分。

如果说财产与不满之间的关联是新出现的，那么硬右翼所传递出的信息则是以往就有的。它吸收了保守主义的历史元素，如保护财产、赞扬国家，并对它们进行了强化。在智识上，经济自由主义和民族主义指向两个截然相反的方向：前者主张开放边界并具有全球性，后者则是庇护、排他和封闭的。然而，当被冠之以"超"或"极"时，两者都有助于摒弃右翼中间主义。右翼自由意志论者希望摆脱温和资本主义，否认市场对社会的责任，抛弃具有社会意识的保守主义。极端民族主义者则希望逆转全球化，关闭自由开放的大门。两者都在离开自由主义的中间立场，却是通过不同的出口。它们有一个具有破坏性的共同目标，这个目标强大到足以掩盖它们之间的差异，但两者均未提供一个稳定的替代方案。它们在更大的利益层面是互相背离的：一个主张全球和企业，另一个主张国家和社群。考虑到硬右翼的不一致性，它所青睐的模式是政党政治的分裂和智识上的即兴发挥。

德国替代选择党是一个不稳定的混合体，其成员包括自由意志主义者和光头党（skinheads）、前银行家和破坏性激进分子、前基督教民主党人和之前的不投票者。该党的两位议会领导人之一是爱丽丝·魏德尔（Alice Weidel），她曾在高盛和中国银行工作，会讲普通话。魏德尔代表了一种新类型的不妥协保守派，她对主流事务的反对是切合实际的，而不是说教的或劝诫的。她认为，希腊应该退出欧盟，德国应该留在欧盟，但要抛弃欧元；欧盟应该限制移民并在中东投资，以阻止那里的移民外流。据广泛的媒体报道，魏德尔每年都与她的女性伴侣和她们的两个孩子在瑞士生活一段时间，她赞成民事伴侣关系，但不赞成同性婚姻。德国替代选择党在联邦议院的另一位领导人是亚历山大·高兰（Alexander Gauland），他曾担任基民盟律师兼公关人员，同时是一位作家。高兰以其文雅的笔触，重述了保守派已有的焦虑，这些焦虑包括：主流右翼对科技的接纳，对德国人品格的忽视，以及对家庭、祖国和高文化的漠不关心。

相比之下，德国替代选择党的主要激进分子比约恩·霍克（Björn Höcke）则采取了"语不惊人死不休"的策略。关于柏林的大屠杀纪念碑，霍克说："我们德国人，是全世界唯一一个将耻辱纪念碑竖立在首都中心的民族。"同样地，霍克的党内同僚、出身图林根的斯蒂芬·布兰德纳（Stephan Brandner）在竞选中也用"默克尔应该被关进监狱"和"典型的叙利亚难民家庭由一个父亲、一个母亲和他们的两只山羊组成"这样的话语来取悦选民。霍克在2019年选举中的表现震惊了整个德国，当时他所领导的德国替代选择党在图林根州选举中以24%的得票率跻身该州第二大党。

在法国，成立于1972年的国民阵线同时结合了排外主义和自由市场原则，前者对种族偏执者有吸引力，后者对小企业家有吸引力。在成立后的三十年里，该党第一任领导人让-马里·勒庞驾驶着这架政党机器摇摇晃晃地行驶在路上，在胜利与灾难之间来回穿梭。国民阵线在2002年迎来了一次出其不意的选举成功，但在此后的十年里陷入了分裂和漂泊。在一个年迈创始人的领导下，这个资金匮乏的政党眼睁睁地看着尼古拉·萨科齐(Nicolas Sarkozy)领导的主流右翼附和其主题并重新夺回其选民。

当勒庞的女儿玛丽娜于2011年接管国民阵线时，她着手通过淡化偏执来使她的政党"去妖魔化"。她大谈工资与福利，以赢得工薪阶层的选票；大谈面对恐怖活动要加强安全，以赢得中间选民的选票；与此同时，她还以暗示的方式继续迎合本党基础选民的偏见。她放弃了父亲公开倡导的种族主义，作出亲犹太人的姿态，不再对选民进行家庭价值观的说教，并从福利主义的角度呼吁以"保护性国家"来确保所有人的经济平等，从而取代了原先那种狭隘、亲商业的反劳工路线。在她的演讲中，"族裔"取代了"种族"，父亲口中的"国民优先"(即法国公民优先享受政府服务)变成了"社会爱国主义"。她将国民阵线更名为国民联盟，但敏锐的人们仍然能够听到国民阵线那充满敌意的反移民旧旋律。与德国替代选择党一样，国民联盟在民意调查中的成功也引发了领导人之间的竞争(2016年之后，玛丽娜的副手辞职)，以及关于党的性质和目标的分歧。玛丽娜的策略在总统竞选中表现不俗，但在随后实行简单多数选举制的议会选举中则表现不佳，这种选举安排对小党派不利。她解雇了自己的得力助手弗洛里安·菲利波特(Florian Phillipot)，后者希望使国民联盟摆脱偏执，不带任何负担地赢得主流。玛丽娜更倾向于坚持自己原有的策略，即对本党经证实的吸引力进行三边定位：一是以暗示性偏见来吸引硬右翼原有的基础选民，二是以社会正义来吸引心怀不满的左翼选民，三是吸引因恐怖主义和不安全而感到担忧的摇摆的中间选民。就其思想而言，玛丽娜·勒庞的国民阵线-国民联盟依然是一种"大路货"，其间充斥着福利倡导、右翼天主教义、跨党派反欧主义以及至少自斯宾格勒以来一直受硬右翼青睐的神谕地缘政治(oracular geopolitics)。

勒庞家族第三代、让-马里·勒庞的外孙女玛丽昂·马雷夏尔(Marion Maréchal，1989—)希望提升该党的智识水准。她目前担任社会、经济和政治科学研究所(Institute of Social, Economic and Political Sciences)负责人，这家机构位于法国里昂，是一家规模依然很小的培训学校兼智库，由当地企业资助。与其美国盟友斯蒂芬·班农(Steve Bannon)一样，马雷夏尔也试图吸引对旧右翼和自由主义中间派感到失望的欧美年轻保守派。

马雷夏尔继承了勒庞家族的语言风格。为了与外祖父和姨妈保持距离，她放弃了勒庞家族姓氏，改用母亲的姓氏*，对于那些还记得贝当元帅（Marshal Pétain）的人来说，"Maréchal"这个姓氏本身就带有硬右翼色彩。她可以是挑衅的："法国正在从天主教的长女变为伊斯兰教的小侄女。"她也可以是理智的，她指出了穆斯林占多数的社区在法国面临的困难，而这是主张文化多元的自由主义者所难以面对的："在那些社区，妇女权利正在失去其基础。"她触及了令其他年轻右翼为之专注的反自由主义主题：关于家庭与性、有机共同体、对新自由主义的厌恶，以及对科技巨头的怀疑。

尽管马雷夏尔听起来是开放的和即兴的，但她的核心口号依然来自以巴雷斯（Barrès）†和莫拉斯为代表的法国硬右翼传统，即扎根（enracinement），这个词充满了矛盾色彩。有根（rootedness）是可取的，而无根（rootlessness），言下之意，则是不可取的。这听起来平淡无奇，并且在很多方面也的确如此。无根可被包容和同情地谈论，从而成为疲惫的现代人普遍学会忍受的一种状况，甚至转化为一种优势；或者，它也可以被恶意、排他地讨论。马雷夏尔无须明说的一点是，当谈到无根者时，她希望听众眼前浮现的是没有原则根基的世俗自由主义者、没有基督教世界根基的穆斯林，以及没有任何根基的可怖移民。

在美国，特朗普转移注意力的戏剧性策略及其在国会的早期失败，使得社会和环境法领域的熊熊大火以及对联邦法院自由派法官的清洗未能登上报纸头版，且在幕后继续进行，几乎未遇到什么阻力，但其影响将会在数十年内慢慢呈现。在国会遭遇挫折后，特朗普像以往的总统那样，诉诸于行政命令和紧急权力，但不同的是，他"向人民"发出了一种激进的、撼动制度的辩护性呼吁，这是自新政以来罕见的。在国际层面，硬右翼非保守主义的修正主义在特朗普那里也表现得很明显：他质疑或撤回了美

---

    * 实际是其继父塞缪尔·马雷夏尔（Samuel Maréchal）的姓氏。——译者注

    † 此处指的应是莫里斯·巴雷斯（Maurice Barrès，1862年8月至1923年12月），法国小说家、散文家和保守主义政治家。——译者注

国之前所作的承诺，如伊朗核协议、全球气候协议和西方联盟本身。他并未挺身而出捍卫自由主义的民主和普世价值，而是赞扬威权主义者。特朗普右翼也并未像1945年以来的历届美国政府（无论是民主党政府还是共和党政府）那样，将美国主义、西方主义和普世主义融为一个公开宣称的良性三位一体，而是将美国主义单独分离开来，认为它本身是正当的和值得捍卫的。

在英国，硬右翼修正主义将自己打包成一个具有自我毁灭性的单一核选项，那就是脱欧。自21世纪头十年以来，新兴的英国独立党（成立于1993年）和保守党内部坚持英国优先的不妥协的旧派系，一直以其娴熟的技巧和坚定的决心推行反欧主义，两者约占议会政党席位的三分之一。在2010年至2016年担任英国首相的戴维·卡梅伦（David Cameron）因与欧洲伙伴的外交失败而心慌意乱，并对英国反欧主义的抬头感到惊慌，进而呼吁就英国是否留在欧盟举行全民公投，他预期能够赢得这场公投。眼看以微弱劣势落败，倍感震撼的卡梅伦毫不拖泥带水，而是在公投后的几小时内宣布，"人民"的"指示"应该被"执行"。他随后辞去首相职务，留给继任者的是一套以人民反对精英、民主反对议会为内容的反自由主义民粹话语，对于该话语，卡梅伦的继任者特蕾莎·梅（Theresa May）小心翼翼地逐步接受，鲍里斯·约翰逊（Boris Johnson）则一股脑地全盘吞下。

将约翰逊的激进主义称为"硬右翼"可能有些夸大其词，他并未试图将保守党引向更右的方向，事实上他未试图将它引向任何方向。约翰逊的主要目标是领导这个党，因此将他的观点贴上标签在某种程度上是没有意义的。与特朗普一样，他也没有确定的观点。在这一点上，他在英国保守党中并不孤单，因为自冷战结束和撒切尔主义垮台以来，保守党一直没有明确的观点。反欧主义似乎填补了这一空白，但它是消极的和暂时的。由于缺乏自身的目标和内容，约翰逊的激进主义体现为他本人强硬的硬右翼风格，无视熟悉的自由主义-民主规范，并声称代表"人民"反对精英和机构。作为一名技艺高超的"骑墙者"，约翰逊适合因性格而即兴发挥，也适合因困境而被迫即兴发挥。他接手并发现自己必须驾驭的是一个分裂的硬右翼，后者令人难以置信地承诺既要取悦具有全球意识的企业，又要取悦那些因公共服务不到位、工作不稳定和住房短缺而感到厌倦的选民。

iii. 硬右翼的主题曲：
衰落、俘获、敌人与受害者情结

硬右翼所运用的修辞主题是共享的，也是传统的，其中之一便是衰落（decline）。硬右翼认为，社会与道德健康的恶化俯拾即是。人们被告知：一个曾经强大的国家正在衰败，一个曾经团结的社会已四分五裂，一个曾经道德高尚的人日渐堕落。特朗普的口号"让美国再次伟大"的一个预设前提便是衰落。对国家毁灭之故事的追捧，使埃里克·泽穆尔（Eric Zemmour）的《法国的自杀》（*The French Suicide*，2014 年）和德意志联邦银行前成员蒂洛·萨拉辛（Thilo Sarrazin）的《德国自我毁灭》（*Germany's Destroying Itself*，2010 年）成了畅销书。始于 20 世纪初斯宾格勒等人的西方文明衰落这一古老主题再次浮出水面。

按照国家衰落的叙事，政治与政府已落入了那些既不理解人民也不为人民说话的自私自利的精英手中。特朗普承诺要"排干沼泽"，国民阵线将法国的问题归咎于巴黎腐败的政治阶层，德国替代选择党自诩为必要的替代者，以代替那些不具有代表性、精疲力竭且正在让德国分崩离析的中左和中右政党。用霍克的话说，德国替代选择党的承诺是"一砖一瓦地恢复我们的德国"。

在英国脱欧运动中，衰落与俘获（capture）被巧妙地结合在一起。欧洲削弱并束缚了一个曾经荣光的国家，在欧洲化的英国精英的帮助下，欧盟将英国宪法打入了囚牢。在英国，反欧盟的民粹主义报纸《每日邮报》的头条作者们，擅长将一个由民选议员（"破坏者之家"）、高等法院法官（"人民公敌"）和他们的欧洲主子（"欧盟对英国的战争"）所组成的魔鬼党与遭到诽谤的善良的岛民（"英国，现在你来决定吧！"）对立起来，这里的"岛民"则巧妙且带有欺骗性地糅合了《每日邮报》的读者、选民和国家。

俘获的反面是解脱。真正的国家（nation），即硬右翼口中的"人民"，目前是无人代言的，也是软弱无力的。国家和社会的公共机构，即政府、媒体、大学和法院，都落入了不义之徒手中。如果能够将国家从敌对精英的手中解放出来，那么一场救赎的解放就指日可待。

最后，国家内部和外部的敌人为硬右翼提供了另外一个主题。国家内部的敌人是自由派（包括左翼自由派和右翼自由派），他们之工作并非为了人民或国家，而是为了他们自己。自由派决定性的道德缺陷可表现为贪婪、不信神或缺乏爱国主义。他们自利到不道德的地步，对信仰的召唤充耳不闻，对自身目标和偏好之外的东西没有强烈的依恋。这里对典型自由派的描述尽管有所夸张，但正如下文所示，这种描述有着强有力的哲学上的辩护理由。

外部敌人则是其他国家、外国纠葛和国际承诺。"我们国家优先"是如此普遍的呼声，以至于硬右翼经常被称为民族主义者，但这是一个误称。严格意义上讲，19世纪以来人们所熟悉的民族主义者希望捍卫或创建一个现代民族国家，并将之作为最高的、压倒一切的政治目标。这种理解充其量只是部分捕捉到了硬右翼对国家权力的态度。

在地缘政治上，硬右翼意识到，民族国家存在于这个世界上，因此必须与这个世界合作，从这个意义上讲它是国际主义的。硬右翼与众不同之处在于，它希望国家按照自己的意愿在世界上发挥作用，也就是说，它放弃了多边主义，转而奉行单边主义。对于像英国这样的弱国而言，单边主义是一种幻想。对于像美国或中国这样的强国来说，单边主义意味着专断和破坏。

硬右翼也不像19世纪的民族主义者那样将对国家的责任置于其他公共责任之上，特别是在德国和意大利，那里的民族主义者的首要责任是创建一个民族国家。相比之下，硬右翼政客谈论更多的是谁属于这个国家，谁应被排除在国家之外，而不是公民应对国家负什么责任。以这样的方式，硬右翼坚持一种排他性的国家观，将国家视为民族的而非民主的，这是一种主张与生俱来的权利、共同的起源和历史连续性的国家观，而非一种包容理解的、基于共同的公民身份和共同致力于最低限度的必要公民规范的国家观。诚然，在实践中，即便是在后一种具包容性的国家观之下,要捍卫国家地位,除了遵守自由主义规范之外,也很可能需要采取措施以限制移民,并在提供公共服务方面对公民和外国人区别对待。但即便如此,这里也存在一个至关重要的区别,那就是如何为此类措施进行辩护:它们究竟是包容的还是排他的,究竟是自由主义的还是非自由主义的。

受害者情结作为硬右翼的一个主题,将其他主题联系在了一起。与硬右翼所要捍卫的国家(nation)一样,硬右翼本身也成了篡权势力的牺牲品。硬右翼代表人民发声,却无人倾听。多数人被噤声,只有少数人在发声,这少数人即不具代表性的自由主义者、媒体和大学。然而,软弱中蕴含着力量,因为压迫终会自我毁灭,而美德最终占了上风。正义的苦难预示着未来的清白,这种观念有着古老的宗教渊源。"在这个邪恶的世界,在这个邪恶的时代,"奥古斯丁在《上帝之城》(*City of God*)中写道,"教会通过她目前所承受的屈辱,正在为未来的高升作准备。"这一深刻的主张成为了基督教保守主义的基础音符,令弱者为之宽慰,令强者为之心安。然而,受害者情节这一主题并不局限于基督教保守派,它通常被用来弥合硬右翼两大支持者群体之间的鸿沟:一方是特权关系、社会优势和财富,另一方是对文化或经济剥夺的怨恨。这种不自然的联盟的双方都可被描述为受害者:一部分人是贪婪的侵入性国家的受害者,这个国家夺走了原属他人的东西,干涉了它不理解的事务;其他人则是伪善而冷漠的自由派的受害者,这些自由派对穷人无所作为,尽管声称自身没有道德规范,但他们向穷人强加了一种放纵的道德观。

硬右翼的轻蔑和谩骂更加响亮,也更易于在社交媒体上发布,但它依然借鉴了对自由主义现代性进行辱骂的一种纯粹的保守主义传统,这种传统可以追溯到门肯、尼采、波德莱尔和迈斯特。硬右翼激烈、火热而愤怒,这些品质令它感到骄傲,而非羞耻。当自由派在它的吼叫面前畏缩并陷入沉默时,硬右翼并不认为自己输掉了争论;相反,它认为自己赢了。

尽管几乎所有人都对2010年后硬右翼的崛起感到惊讶,但它的主题或诉求都不是新的或原创的。它那些尴尬的联盟、老套的主题和对激进主义的偏好都是右翼的传统,这些传统可以一路向上追溯,从20世纪六七十年代,到20世纪二三十年代,再到19世纪90年代和20世纪头十年,可以一直追溯到保守主义试图与资本主义和民主进行和解的最初斗争。

硬右翼的主题出现在20世纪六七十年代。回想一下本书第七章，尼克松在赢回乔治·华莱士的选民时使用了它们，他诉诸"沉默的大多数"，从而造就了尼克松民主党人。他们后来成为里根民主党人，之后被遗忘，直到最近被意外地重新发现，并成为特朗普民主党人。回想一下伊诺克·鲍威尔，这位英国的自由市场提倡者和帝国怀旧者，他才智出众、通晓多门语言，同时又能够完美地倾听英国的非理性。他不无理由地指出，20世纪的保守党人"对选票之所在有一种极好的感知"。

硬右翼的主题出现在20世纪二三十年代。特朗普的"美国优先"口号本身便来自1939年奉行不干涉主义的美国优先委员会。蛊惑人心的路易斯安那州州长休伊·朗（Huey Long）和右翼天主教电台牧师库格林（Coughlin）承诺，要在不伤害富人的情况下帮助小人物，正如今天的共和党人那样。20世纪20年代，一场整齐划一的"三K党"游行在华盛顿举行，呼吁出台歧视性的移民法。在德国，默勒告诉迷茫的读者，自由主义是"国家死亡"的终章，并呼吁年轻人接受一种令人振奋但细节不明的集体替代方案。

硬右翼的主题还出现在19世纪90年代和20世纪头十年。法国极右翼思想家夏尔·莫拉斯基于民族与民众的区分，论述了"法律国家"和"真实国家"。回想一下，正如莫拉斯所说，法国这个法律国家已被其内部敌人所俘获，这些内部敌人是自由派、犹太人、共济会成员和外邦人，外邦人是法语中一个带有冒犯性的古老词汇，类似于英语中的"意大利佬"或"外国佬"。莫拉斯相信，法兰西民族的真正成员是君主主义者和希腊罗马文明的天主教继承者。在同一时期的德国，持极端保守主义立场的普鲁士报纸《十字报》将反教权的自由主义者（通常是犹太人）污名化，称其为内部的敌人，认为正是这些人破坏了原先将国家团结在一起的东西，即基督教信仰，尽管这里的基督教信仰指的是路德宗而非天主教。在美国，硬右翼尽管没有那么书卷气和教条主义，但其激烈程度也毫不逊色。反共济会、反天主教徒和反犹太人运动是19世纪和20世纪早期美国政治的一个特征，更不用说在南方和北方都普遍存在的反黑人种族主义，它或者受到法律的认可，或者被社会所提倡。

硬右翼有着古老而富有营养的根基，这是可以预料的。它目前的复兴是右翼在最初面对资本主义现代性时所具有的矛盾心态的最新呈现，这种矛盾心态一直都未能得到解决。硬右翼的复兴及其对民主自由主义所抱持的历史矛盾心态令人担忧，因为民主自由主义年久失修，而它的修复只有在具有自由主义倾向的右翼的协助或默许之下才能成功。

iv. 民粹主义是什么以及不是什么

从历史上看，民粹主义同时兴起于 19 世纪末的左翼和右翼，彼时的政治局外人对局内人心怀不满，以人民的名义提出诉求。在右翼，主流保守派逐渐适应了自由主义-民主的道路，与此同时一个具有破坏性的右翼激进边缘派将保守主义原有的忠诚所系——即社会和谐与国家团结——变成了具有排他性的目标。他们声称自己代表着"国家"或"人民"，从而使自己有别于那些不具有代表性的、分裂的精英。这些搅局者将一个关于国家拯救的迷人而浪漫的故事用于邪恶的政治目的；在德国，这带来了毁灭性的后果。这个故事是这样的：国家之所以体弱多病，是因为它在道德上分裂了，它不能自我治愈，而是需要一个有远见的向导，从而在救赎式的团结中使国家重获健康。

这样的故事是那些具有末世情结的学者所熟知的，而在 20 世纪的历史背景下，它必然会让人想起法西斯主义和纳粹主义，但重要的是，我们要清楚地知道这个故事没有告诉我们什么。硬右翼并非法西斯主义者，并且除了边缘分子之外，他们也不是原法西斯主义者＊。法西斯主义从 19 世纪八九十年代心有不甘的右翼的思想和愤怒中汲取了养料，但同时又有着自身的历史特殊性。虽然带有右翼色彩，但法西斯主义并不属于

＊ 根据《大英百科全书》（*Encyclopedia Britannica*），原法西斯主义（proto-fascism）是一种先于法西斯主义而出现的政治运动，通常会促成法西斯主义的出现，有时也会演变成法西斯运动本身。在更广泛的意义上，"原法西斯主义"指的是任何一种有可能使法西斯主义之出现成为可能的政治运动。——译者注

右翼，而是处于自由主义-民主世界的左右政治光谱之外。20世纪20年代，在一场没有欧洲胜利者的毁灭性的世界大战之后，法西斯主义在意大利兴起。它所依赖的不仅仅是对克里斯玛型领袖的狂热崇拜和一种关于全能社会的愿景，还依赖于一个统一的布尔什维克敌人和一个单一的群众政党。如前所述，与保守的威权主义者不同，法西斯主义者旨在扼杀一切独立性和多样性。威权主义者依靠恐惧和默许来实施控制，法西斯主义者则依靠恐惧和民众动员。尽管法西斯主义通过选举赢得了权力，并得到了犹豫不决的宪法当局的支持，但它将非法和暴力当作常规和可接受的政治方法。德国的纳粹主义还添加了反犹主义这一毒素。

在本书所谈论的四个国家中，这些历史因素并未同时出现，或者到目前为止，它们并未成为危险的力量。这并不意味着，硬右翼不会变成一种经过净化的、更加温和的现代法西斯主义变体。应该强调的是，它不一定非要成为原法西斯主义才会引起恐慌，这里涉及的问题绝不仅仅是历史概念上的争论。人们经常听到这样的自满情绪：尽管来自硬右翼的威胁看起来很可怕，但它实际上被夸大了，因为硬右翼并不是法西斯主义。为了赢得在主流右翼中的地位，硬右翼的辩护者特别倚重"非法西斯主义，因此是可接受的"这一说辞。没错，第一句话是正确的，第二句话却并非如此。硬右翼可以对自由主义和民主构成威胁，同时无须成为任何一种历史意义上的法西斯主义。法西斯主义并不是削弱或终结自由主义民主的唯一途径。

"民粹主义"的标签更加贴切，但也很容易被误解。对民粹主义的恰当理解是，它不是一种群众运动、制度安排或民主形式，而是一种政治自证的方式。用它本身有争议的话说，民粹主义是一种精英现象，它涉及的不是人民与精英之间的角逐，而是精英内部的竞争，其中的一方，即民粹主义的一方，声称代表人民。勒庞家族中聪慧的成员玛丽昂·马雷夏尔在2019年1月干净利落地指出，"'民粹主义'一词背后首先是'人民'：被抛弃的人民，没有代表的人民"——她以此暗示说，只有硬右翼才能够代表人民。

右翼民粹主义者声称要捍卫一个有德行的国家，反对腐败的体制和险恶的外国人；左翼民粹主义者则声称要保护劳动人民，反对腐败的体制和富人。无论左翼还是右翼，民粹主义者往往都是政治的局外人，他们善于利用选民对现任政府的憎恶情绪。作为反叛者，他们常常打破熟悉的党派格局，给"民粹主义者"这个飘忽不定的定义注入新的力量，成为选举意外落败或者根基深厚的政党突然崩溃之后失败者对胜利者的称呼。民粹主义者可以组建新的政党，也可以俘获现有政党，比如像英国脱欧派对保守党的掌控、科尔宾（Corbyn）* 的极左支持者对工党的掌控，或者像美国的硬右翼反叛者对共和党的掌控那样。无论民粹主义者做什么，也无论他们多么高调地声称代表所谓神秘的"人民"，他们都是激进分子，并且往往与他们想要取代的当权者有着相同的背景和教育。

即便民粹主义者在选举中获胜，他们所声称的代表"人民"也是言过其实和夸张的。在竞争性的多党制民主国家，选举只是给了获胜者短暂的执政许可，没有哪个选举多数是稳定的，也没有哪个选举多数能够百分之百地免于在下次选举中被逆转；并且，如果认为选举结果表达了一种连贯的看法——而非一个基于有限选项的投票结果——那么这是带有误导性的，因为所有的投票结果都是从不一致的意见和特定判断中得出的统计建构。民粹主义者在执政期间往往会欺凌批评者，偏袒亲信，攻击那些作出他们不喜欢的裁决的法官，并对其他民粹主义者的过激行为睁一只眼闭一只眼。一旦我们认识到这一点，就可以公正地说，特朗普与英国的保守党领袖梅和约翰逊都表现得像民粹主义者一样。

2018 年 6 月，当特朗普政府驻德国大使被问及他本人发表的似乎支持德国硬右翼的言论时，他在社交媒体上以外交辞令这样回应道："认为我支持候选人或政党是荒谬的，"但他补充说，"我坚持我的评论，即我们正在经历沉默的大多数人的觉醒，这些人拒绝精英和他们的封闭圈子。"在英国，约翰逊在十二万名保守党成员的投票中当选为该党领袖，并因此成为首相，他一上任就号召"英国人民"对抗议会。不久之后，他在大选中获得压倒性胜利，从而主导了议会，使得政府能够以常规方式运作，而无须对机构提出异议；不过，民粹主义的冲动依然存在于议会提案中，试图

---

* 杰里米·科尔宾（Jeremy Bernard Corbyn）是英国左翼政治家，他在 2015 年 9 月 12 日以压倒性优势当选工党领袖。——译者注

限制司法权力并将英国法律重新与欧洲人权保护隔离开来。

与代议制民主相比，人们很容易将民粹主义与直接民主或参与式民主相混淆。然而，这是错误的，正如扬-维尔纳·米勒（Jan-Werner Mueller）在《什么是民粹主义？》（*What Is Populism*?，2016 年）*一书中明确指出的，民粹主义者会支持代议制政府，但前提是他们自己成为代表。根据米勒的说法，一旦民粹主义者通过代议制方式当选，他们就会诉诸公民投票或全民公决来确认已经决定了的行动方案。民粹主义者对多党竞争或联合政府感到不安，而他们最乐于看到的是，台上的对手们士气低落和无法胜任。他们以人民意志的守护者自居，声称比对手更了解人民的意志。由于对对手的权威心怀嫉妒，民粹主义者对国家和社会内部的抗衡力量漠不关心或怀有敌意。

对于政治和政府如何在庞大而复杂的宪政民主体制内运作，民粹主义无法给出合理描述。在自由派（无论左翼还是右翼）看来，严格来说并不存在所谓的"人民的意志"，因此也就谈不上当选者去了解或者代表这种意志。正如麦迪逊和基佐所言，人民主权包含了一种拒绝，即拒绝将主权授予任何单一利益或阶级。当主权代表人民时，它代表全体公民，并对全体公民负责；当主权代表所有人时，它并没有特定的代表对象。主权之决策并非来自直觉或占卜，而是来自常常令人沮丧的宪法程序。相比之下，在民粹主义者看来，人民的意志是单一的和不可分割的，并且能够被权力可靠地感知到；人民并非公民，而是一个文化民族的混合体，这使它区别于外国人；人民同时还是普通民众，这使它区别于精英。

民粹主义在美国有其自身的历史。美国人民党（American Populists）是 19 世纪 90 年代的草原激进派，他们作为工人阶级构成了当时政治运动的半壁江山，另一半是当时美国中产阶级的进步主义。由于"民粹主义"一词已被占用，如果将 2016 年的共和党浪潮称为"民粹主义"而不加以说明的话，那将是一种误导。就在特朗普登上全国政治舞台之前，沃尔特·拉塞尔·米德在 1999 年发表了一篇富有远见的文章，即《杰克逊传

＊　此书已有中文版面世，见［德］扬-维尔纳·米勒：《什么是民粹主义？》，钱静远译，译林出版社 2020 年版。——译者注

统》，为"杰克逊主义者"（Jacksonians）这个更合适的标签给出了充分的理由。在他看来，杰克逊主义者是一种独特的选民类型，仅从阶级或教育程度来看，他们可能曾经是忠诚的民主党人，但自 20 世纪 60 年代以来，他们倾向于投票给共和党。根据这篇文章的描述，杰克逊主义选民通常是白人和中下阶层，他们不喜欢联邦政府，不喜欢在国内外大发善心，也不喜欢税收——前提是不危及对他们有利的项目，如医疗保险、抵押贷款利息减免和社会保障。他们相信荣誉、军人美德以及与上层人物之间的平等，米德认为这是许多美国黑人共有的道德准则。

在特朗普的集会、口号和演说中，白人杰克逊主义者无处不在，但他们并不是特朗普的唯一选民。尽管米德的理想型描述很有说服力，但特朗普的选民无法被简单地归类，只能称之为典型的共和党人，而这又是重复和无益的。整个欧洲的情况也是如此，那里的硬右翼选民同样五花八门、类型众多，包括反移民的本土主义者，道德传统主义者，反欧盟的自由意志主义者，以及捍卫西方基督教价值观、反对伊斯兰教入侵的人们。

作为对美国和英国选举结果的一种解释，"被遗忘的白人民主党选民"和"心怀不满的工党选民"得到了应有的关注。左翼自由派未能赢得工人阶级的选票，这不足为奇。自 20 世纪 60 年代末以来，曾经忠于民主党的一部分白人工人阶级选民开始投票给共和党。20 世纪 70 年代，英国工党在工人阶级中的得票率已经从历史高点的三分之二下降到一半。

的确，近几十年来，英国旧的工人阶级及其机构的空心化在加速，"工人阶级"在某种程度上正在成为"非工人阶级"的残酷代名词。据估计，不从事劳动的无技能适龄工作男性的比例从 20 世纪 90 年代的 3% 上升到目前的 30%，如今典型的工会会员是就职于公共部门的五十多岁的女性。最近的调查表明，近 80% 的工党成员属于前三类（ABC_1）社会群体，也就是富裕的中产阶级。简言之，曾经典型的工党选民——即白人男性工人——在经济、社会和政党政治三个方面都被抛在了身后。目前工党的性质反映了这种变化，其成员主要是公共部门专业人士、少数族裔和受过大学教育但因房价过高而感到失落的千禧一代。如果坚持用单一因素来解释 2016 年英国脱欧的投票结果，那么这个因素不是阶级而是年龄。年轻选民强烈支持留欧，他们的投票率是 65%，仅略低于全国 72% 的投票率，然而65岁以上强烈支持脱欧的选民的投票率约为90%。

同样地，"被遗忘的白人民主党选民"也不能很好地解释特朗普的共和主义。2016年，特朗普以不到八万票的优势拿下了对其选举人团胜利作出贡献的三个大州，分别是密歇根州、宾夕法尼亚州和威斯康星州。这些州通常被错误地认为是民主党州，而实际上在1972年尼克松当选和1984年里根以压倒性优势当选的过程中，它们都转向了共和党。在20世纪四五十年代，威斯康星州选民曾两次将鼓吹"红色恐慌"的共和党顽固分子约瑟夫·麦卡锡送进美国参议院。如果坚持对美国总统选举结果作出单一因素的解释，那么一个同样合理的原因是民主党黑人选民投票率的急剧下降。

当然，宗教在1980年后的硬右翼共和主义中也发挥了作用。据说，许多白人新教徒对统计数据揭示的美国感到痛苦：统计数据显示，美国新教徒和白人的数量在持续减少。然而，这种社会学研究是有问题的，因为"白人"和"新教徒"作为分类都太过粗糙，并且福音派新教徒中有自由派也有保守派。20世纪七八十年代右翼复兴中的许多作家和思想家都是犹太人或天主教徒。即便用更精细的分类，这个解释也经不起推敲，它假设"人民"对"精英"感到怨恨，从而为民粹主义观点打开了大门。一个更好的解释是相互竞争的精英之间存在的怨恨。

几十年前，丹尼尔·贝尔在《被剥夺者》（"The Dispossessed"）一文中提出了类似的建议，这篇文章出自《激进的右翼》（*The Radical Right*，1962年）一书。在这篇文章中，贝尔描述了他在美国的边缘内部人群体中发现的一种"地位差异"，这些人包括中型企业经理、军官、小镇名流等。他们是自己领域的"精英"，但他们的领域太小，无法在全国范围内对争论或政策发表意见。通常情况下，他们对自己的企业、军事任务或小镇的了解要比华尔街的银行家或华盛顿的决策者更多。然而，这种地方性知识在中央集权的组织（无论国家还是企业）中被低估了。贝尔认为，这些边缘内部人在各自领域所享有的权威与"他们在整个国家中的权力和威望"之间存在不匹配。在贝尔看来，怨恨更多地与社会地理相关，而不是与社会阶层相关。

这个富有成效的思路可进一步延伸至一种愤恨的情感，这种愤恨感涉及所谓文化地理。正如本书第十章将要谈到的，在硬右翼作家和思想家中，一个明确的信息是，他们愤怒地认为自己不知何故被排除在国家争论之外，并且他们感同身受的担忧和强烈捍卫的原则被简单地忽视掉了。这种被忽视的感觉并不是什么新鲜事物，这在本书前面的内容中已有充分的展示。右翼从未实现过平衡：它对权力的掌控毋庸置疑，同时它在智识上的自卑感一直挥之不去。

自由主义-民主社会存在严重的弊病，亟须修复。硬右翼民粹主义者声称自己是这种不满情绪的传递者，但他们不具有足够的可信度。他们所代表的利益显然是无法调和的：全球主义的自由派和具有民族意识的本土派，无视边界的资本和被遗弃的社区，希望放松管制的企业和希望加强道德控制的宗教信徒。为了修复社会，硬右翼承诺从税收中获取资金，然而被遗弃的人们因收入太低而无须缴税，企业和富人则要么不能支付，要么不愿支付。民粹主义者声称自己代表"人民"，实际上却服务于相互冲突的利益。他们应该被质问，用托马斯·曼（Thomas Mann）的话说：你们怎么能厚颜无耻到这种地步，将自己与所在的国家（country）混为一谈？

发出这种质问是容易的，它也可以成为一个很好的辩论点，但硬右翼不会那么轻易地被驳倒。为了掩饰自身的冲突并调和自己所服务的不同利益，硬右翼展开了强大而诱人的魅力攻势。与此前的威权主义者和法西斯主义者一样，面对人们对现状普遍抱有的幻灭感，硬右翼向人们许诺以安全：对于全球商业，它承诺要为躁动不安的财富提供安全保障，当地方社区变得不友善和要求过多时，这些财富可以毫无顾虑地进行转移；对于在突如其来的社会变革狂潮中受到冲击的普通人，它承诺向他们提供所渴望的生活保障，即一个想象的共同避风港，它可以是邻里、社区、国家或国民。

在硬右翼的主张中缺失或者说在其承诺清单中被严重忽视的是自由主义的一个双重主张，即保护人免遭权力的侵害以及尊重所有的人，无分高低贵贱。秩序与安全对于保守派一直都很重要，但对自由主义保守派而言，不能不惜一切代价地去追求秩序与安全。在硬右翼看来，在动荡、困惑的时代给人们带来安全具有压倒一切的重要性。保守派面临一个严峻的抉择，它必须在自身的两种不同传统中作出选择，而不能两者兼顾。

第十章

思想与思想家：认同还是反对
一种超自由主义的现状

加里·威尔斯(Garry Wills)是自由主义的晚期皈依者,他在1979年出版的《一个保守主义者的自白》(*Confessions of a Conservative*)一书中评论道,现代美国右翼"深陷……一种保守的哲学与一个它实际上并不想保守的秩序之间"。不久之后,保守派思想家兼政治家戴维·威利茨(David Willetts)不无遗憾地指出英国也存在同样的紧张关系。在一本名为《为何投票给保守党?》(*Why Vote Conservative?*,1997年)的选举小册子中,威利茨曾夸口说,保守党政府在过去二十年里像破冰船一样,在"国家控制的冰冻荒原"中奋力前行。然而,当他在位于汉普郡的安全选区内拉票时,他发现对于某些保守党人来说,保守主义不再仅仅意味着自由市场和抨击政府。当他敲开一位保守党选民的家门时,屋主热情地欢迎他,并告诉他,她长期支持的那个政党不再是保守的,而是应该更名为"拆迁队"。

在1980年后的数年间,右翼思想家面临一个智识上的困境,与如今保守派政党所处的困境如出一辙。彼时的右翼大获全胜,其宿敌已缴械投降,左翼则乱作一团,或者披着右翼的外衣出走。当时的保守派面临一个艰难的事实,正如美国学者哈维·曼斯菲尔德(Harvey Mansfield)所说,他们"不再是顽强的少数派"。他们一贯以来将自己描述为智识上的局外人,如今则成了局内人。然而,如果没有一个可以用来反对的正统观念,保守派怎么能够知道自己是谁以及代表着什么?怎么能够知道该与谁展开辩论?

保守派不再有一个左翼的战略对手来对自身及其观点作出界定。在19世纪早期,自由主义曾扮演了这样一种角色,后来这个战略对手变成了选举民主,接着又变成了经济民主。1945年之后的自由保守主义有两个据以定义自身的左翼对手:一个是持左翼自由主义立场并由政府调控的资本主义,其名称五花八门,如国家主义、凯恩斯主义、新政主义、社会改革主义或福利主义,这个对手在20世纪80年代被逐出了竞争舞台;另一个是世界共产主义及其或真实或想象的西方支持者,这个对手随着苏联的解体也遭遇挫折了。

对右翼异议者而言,上述两个左翼对手的消失在某种程度上意味着一种智识上的解放,从而使他们的才能和活力得以释放,并恢复了昔日被视为边缘或古怪的保守派情感。政府中的右翼主流派的接连失误为批评者提供了机会,其超自由主义的盲目过激为保守派异议者提供了一个经济上的批判目标。在新的宽容氛围下,主流保守派同意结束道德监管,这为异议者提供了道德和文化上的批判目标。最后,在推动无视社区的全球主义的过程中,右翼主流派为硬右翼提供了一个对全体国民有着强大吸引力的理由,那就是:保护并修复我们的国家庇护所!至于如何形成一种后自由主义的正统,没有哪个硬右翼能够说得清楚,但寻找这种正统的过程依然令人振奋。对寻找者而言,这比重复那些令人窒息的自由-保守主义正统的蹩脚论点更加生动,也更诚实。

在硬右翼看来,右翼主流派在解释自己为何向现实妥协时有两种说辞,但两者都缺乏说服力:一种是"市场有效,政府无能",另一种是妥协只是战术性的,而非战略性的。市场已经扩展到生活的方方面面,包括教育、健康、艺术等领域;在过去,国家代表社会保护这些领域使之免受来自商业的压力,而如今政府已被剥夺了对社会哪怕是最低限度的家长式义务。原先被用来调节资本主义和教化人民的那种投入,如今则转向抑制政府自身的欲望,减少政府责任,收缩政府规模。自由主义右翼鼓励了特权阶层的增长,这些特权阶层受到三重保护,即无忧无虑的财富、社会认可和政治纵容。自由主义右翼抛弃了传统,忽视了人们对归属感的需求,打倒了一个又一个权威。简言之,主流保守主义并未与自由主义现代性达成妥协，而是选择了缴械投降。这就是硬右翼批评者的观点。

自 19 世纪初以来，不妥协的右翼就一直在谈论自由主义现代性，他们在 1945 年之后再次谈论这方面的教训，但人们充耳不闻。1980 年后，这些异议者决心让自己的声音被听到。德国替代选择党的一位主要思想家马克·容根（Marc Jongen）总结了这种激进的不满情绪，他认为，右翼和左翼自由派都是"反动派"，他们所捍卫的东西已经名誉扫地，无法挽救。在容根看来，保守派与 20 世纪 20 年代的不满现状者遥相呼应，是"今天的革命者"。

i. 右翼自由派、反全球化者与道德文化保守派

美国的"古保守派"（paleoconservative）保罗·戈特弗里德（Paul Gottfried）在其著作《美国保守主义》（*Conservatism in America*，2007 年）中总结了不妥协的右翼对自由主义现状的态度。与往往忽视过去而更倾向于观察当下社会的新保守派不同，戈特弗里德主张保守主义政治应植根于对国家历史和文化的把握。他写道，美国右翼的历史任务是提供"意识形态上的反对"。在他看来，保守派是右翼的一部分，并且是更真实的一部分，他们相信要保留习俗、标准和等级制度。然而，真正的保守派在右翼的斗争中失败了，而胜利者让自己成为"左翼的对话伙伴"。胜利者认可全球进步所带来的局部代价，并在保守主义传统上作出了和解性让步，这些传统事关人们对归属感的需求、国家身份的价值以及对非市场价值观的尊重，但他们不会在经济全球主义和文化自由主义方面作出丝毫让步。按照戈特弗里德的说法，对于无论左翼还是右翼的自由派而言，自由主义的民主都唾手可得。由于新的超自由主义（hyper-liberal）右翼继续以保守派自居，戈特弗里德接受了这种说法，并创造了"古保守派"一词来称呼真正的保守主义信徒。

戈特弗里德对右翼内部斗争的描述在美国之外也有相对应的例子，一个法国的例子是弗朗索瓦·于格南在 2006 年出版的著作《不可能的保

守主义》（*Le conservatisme impossible*）。于格南是一位具有社会意识的反自由主义天主教徒，也是社会基督教杂志《生活》（*La Vie*）的撰稿人，他在书中描述了法国独特的保守主义的反自由主义传统在形成和延续方面所遭遇的历史性失败。类似的断裂也被德国的保守派和英国已故的罗杰·斯克鲁顿注意到，下文对此有所讨论。

在不妥协的右翼看来，安于现状的保守主义对自身的错误视而不见，但仔细审视就会发现，后者所承诺的实则是经济和文化毁灭，其全球主义是不切实际的，宽容也是具有腐蚀性的。硬右翼的一致看法到此为止，关于何者优先的争论浮出水面：部分硬右翼是地缘政治上的反全球化者，主张将国家放在第一位；另一些人则是"文化"保守主义者，主张治愈或者放弃一种病态的文化，这里的文化是广义的，包括道德和关于良好生活方式的观念。然而，这些异议者都没有给出明确的替代方案。

反全球化者认为，国际开放的成本大于收益，他们试图通过在社会和经济上把国家放在首位来离开或者限制开放的国际秩序。在他们看来，以在全世界推广的方式来捍卫自由主义的民主，更不用说为其而战，是一种注定失败且不负责任的愚蠢行为。在文化保守派看来，政治和社会问题归根结底是精神问题，他们在当代的世俗氛围中看到了无根性和衰败。这两类保守派都不合时宜且毫不妥协地致力于恢复或放弃，他们有相通之处：两者以各自不同的方式专注于国家（nation），按照他们的说法，自由派在卖空国家，即经济全球主义在社会层面掏空了国家，伦理和文化民主则在道德层面削弱了国家。不论是哪一种原因，不妥协的保守派都成了——用德国季刊《骚动》（*Tumult*）引以为傲的话说——"共识破坏者"。

尽管不妥协的保守派可能是破坏者，但他们所造成的伤害却是可以商榷的。批判某个正统观念是一回事，提供一种替代方案则是另一回事。四十多年前，德国政治史学家马丁·格里芬哈根（Martin Greiffenhagen）在描述当代保守派在持续抵抗自由主义现代性的过程中所面临的困难时，就准确地指出了这个普遍性问题。他描述的是德国，但他的观点却具有广泛的适用性。在 1971 年发表的《德国保守主义的困境》（"The Dilemma of Conservatism in Germany"）一文中，格里芬哈根写道："1945 年之后，保守主义所面临的困难是，要在一个繁荣依赖于工业和国际主义的后意识形态气候中重振人们对保守主义理念的热情——这些理念包括社会团结、反物质主义、民族情感等——而工业和国际主义正是保守派所要质疑的两样东西。"创立一种反自由主义正统观念的任务变得更加艰巨，因为"后意识形态"的自由主义者善于否认正统观念的必要性。

因此，自1980年以来，期望破坏性保守派提出新的正统观念或宏大叙事，是要求太高了。当然也有一些著名的例外，他们以广阔的视野进行思考，这类典型人物（下文将有讨论）包括牛津大学和圣母大学的约翰·菲尼斯（John Finnis），他是一位道德严格主义者和天主教自然法传统的娴熟捍卫者，天主教自然法传统影响了保守派的美国法学院和法院，促使其转而反对自由主义的宽容；包括刚刚提到的罗杰·斯克鲁顿，他用数十年时间描绘了一幅令人信服的保守主义图景，这幅图景专注于文化和反自由主义；还包括难以被归类的德国煽动者彼得·斯洛特戴克（Peter Sloterdijk），他以百科全书式的大胆论调鼓励读者超越自由主义-民主的束缚去思考和感知。他们每个人都为一种替代性的社会和文化图景积累了素材并破坏了自由主义防线，但未能将这些素材整合成一种替代性的正统观念，也没能赢得并站稳智识高地。

在四十年前还较为冷清的中间层次公共辩论，如今则充斥着大量挑战自由主义正统观念的小型期刊、杂志和网络刊物。在法国，除了保守派的旗舰日报《费加罗报》（Figaro）外，还有《当代价值观》（Valeurs Actuelles）、《元素》（Eléments）和《不正确》（L'Incorrect）等刊物。在德国，此类刊物有《青年自由》（Junge Freiheit）周报，它充当了硬右翼和中右翼之间的枢纽；季刊《骚动》，一份旨在"打破共识"的刊物；以及致力于反正统的杂志《分离》（Sezession），其名称正体现了其目标。在美国，破坏性保守派有着广泛的言论渠道，从而动摇了自由主义（无论右翼还是左翼）在公共辩论中占据垄断地位的说法。这些渠道包括虽然是天主教刊物但包容多元的《首要之事》（First Things），它严厉批评政治自由派并宣扬道德严谨；帕特里克·布坎南（Patrick Buchanan）所创办的反对全球化、支持特朗普的杂志《美国保守派》（American Conservative）；持硬右翼立场的布赖特巴特新闻网（Breitbart）；反自由主义的《克莱蒙特书评》（Claremont Review of Books）；以及像"胡佛每日报告"（Hoover Daily Report）这样的聚合网

站，这些网站发布来自保守主义各派别的有着充分论证的反自由主义
文章。

公共辩论中著名的反自由主义人物，如帕特里克·布坎南、格茨·库
比契克（Götz Kubitschek）、阿兰·芬基尔克罗（Alain Finkielkraut）、阿
兰·德·伯努瓦（Alain de Benoist）等人，通过短文、文章、谈话广播和播
客等媒介传播自己的观点。他们所发表的并非学术专著，而是短文合集，
当斯克鲁顿以煽动者而非哲学家的身份写作时，他也擅长运用这种模式。
当法国自由派皮埃尔·罗桑瓦隆（Pierre Rosanvallon）在世纪之交对这种
破坏性右翼的文章风格进行反思时，他想知道的是：这种硬右翼思想的骚
动是否仅止步于"共同的否定和厌恶"？这个尖锐问题背后的潜台词是：
是的，仅此而已。

的确，不妥协的右翼对当前自由主义正统的批判不能说是连贯的和
经过深思熟虑的，更遑论形成一种积极的保守主义正统了。尽管如此，它
还是有一套强有力的修辞主题，如前文提到的衰落、俘获、国家内外的敌
人、拯救等，这些主题在公共辩论中表现出色。如果硬右翼是可信的，那
么西方将是一片愁云惨淡：国家衰落，精神和文化价值观被践踏，内有自
由派敌人，外有难以同化的移民不断涌入。毁灭眼看就要到来，只有自由
主义者看不见，因为他们被一种正统观念遮蔽了双眼，这种观念过分重视
选择、贬低优绩、颠覆标准，最糟糕的是，它阻止保守派说出有关凄凉景象
的事实真相。拯救可以收复荒漠，但它究竟如何或者何时发生，很难说得
清楚。就像任何有说服力的福音一样，硬右翼福音的每一个元素都包含
某些真理成分，但总体而言，这种激进福音本身与主张审慎和节制的保守
主义处于战争状态。

ii. 美国土壤中的硬右翼：
布坎南、古保守派与德雷赫

恰如伊诺克·鲍威尔在 20 世纪 50 年代引领了三十年后的英国撒切

尔主义一样，帕特里克·布坎南在 20 世纪 90 年代也引领了如今美国的特朗普主义。布坎南是美国古保守派的支持者，后者是一个松散的前茶党运动，由硬右翼共和党人组成，拒绝与他人共享当时的欢乐氛围。彼时繁荣的经济使美国的公共赤字缩小，冷战的结束似乎使美国在世界上没有了敌人或对手。然而，古保守派对此并不满足，他们对移民心存怨言，他们从新的世界贸易秩序中看到的是代价而非收益，他们痛斥大政府，认为它在国内开支过多，在国外则徒劳无功地过度扩张，他们哀叹文化的贫瘠和道德的松懈。他们认为造成这一切的罪魁祸首是自私自利、未能将美国人放在第一位的华盛顿政客。至于谁更糟糕，究竟是永远可鄙的民主党人，还是出卖了保守主义事业的伪共和党人，他们并不确定。他们尤其憎恨新保守派，认为新保守派破坏和败坏了小布什政府，由此证明了他们的背叛。

在右翼内部的敌对关系中，没有哪种比古保守派与新保守派之间的敌对更加激烈。在古保守派中，没有人比布坎南更能洞悉美国右翼的情绪。他为尼克松撰写过演说稿，在里根政府中担任过白宫联络主任，并在美国有线电视新闻网（CNN）的《交火》（*Crossfire*，1982—1991 年）节目中为电视辩论设立了新的行业标准。很少有人像他那样善于用简单的语言表达观点，对于这种表达所有人都能理解，但似乎只有他的自由派对手除外。如果说古保守派是一部电影，那么特朗普将是主演，而布坎南则会获得编剧的称号。

"古保守派"是 20 世纪 90 年代创造的一个复古标签，但是作为共和主义的一种思潮，它很早就存在，并在前文提到的塔夫脱和高华德身上有所体现。这两人是共和党右翼的英雄，但他们的党派却眼睁睁地牺牲给了东海岸的多边主义者和大手大脚的支出者。尽管里根是一位技巧高超的党派团结者，但他依然令古保守派感到失望。没错，里根的确减税了，但也令赤字激增，并且他几乎没有推进天主教和福音保守派所期望一位右翼总统应该推行的那种道德改革。在古保守派看来，乔治·W.布什的"大政府保守主义"甚至比里根政府更糟糕，它带来了更多的老年人医疗保险、更多的政府监视，以及为了拯救银行而购买更多的联邦银行坏账。

许多最知名的古保守派人物，包括布坎南在内，都是天主教徒。信仰上的混杂是古保守派和新保守派彼此怀疑的一部分。许多新保守派是犹太人，犹太人新保守派的自尊心与自由派拒绝对人进行归类和污名化是相容的，但古保守派却并非如此。古保守派往往无所顾忌地发出反犹主义的暗示和谩骂。举个例子，右翼网络杂志《富有想象力的保守派》(The Imaginative Conservative)专注于探讨拉塞尔·柯克的美国伯克主义，这份杂志曾发表过一篇过度兴奋的古保守派文章，将新保守派描述为："前马克思主义者，他们在皈依宗教并成为唱诗班老师后，又打算撰写牧师的布道词。"在古保守派殉难于精英之手的烈士名录中，很少有人像约瑟夫·索布兰(Joseph Sobran)1993 年被《国家评论》杂志解雇那样令人记忆犹新，他在那里的写作生涯长达 21 年，但他恶毒的反犹主义观点让巴克利难以忍受。在布坎南看来，索布兰是当时最优秀的专栏作家之一。古保守派扮演着"内部边缘人"的角色，鼓动民众对抗知识精英。而事实上，他们也是知识精英的一部分，并与他人争夺精英阶层的战利品。

布坎南曾在 1992 年和 1996 年两次参加共和党总统初选，均以总票数约五分之一的劣势落选。2000 年，他还以独立的改革党(Reform Party)领袖的身份参加总统大选，得票率不足 1%。2002 年，他创办了《美国保守派》杂志，这是一本双月刊，集中火力抨击小布什政府，这些抨击来自右翼的不同阵营，包括自由意志主义者、单边主义者和古天主教等。

布坎南的作品揭示了他的主题：《共和国而非帝国》(A Republic Not an Empire，1999 年)一书反对对外干预和多边参与；《西方的死亡》(The Death of the West，2002 年)一书对白人人口的下降发出警示，呼吁白人生育更多的子女；《右翼错在哪里》(Where the Right Went Wrong，2004 年)一书则将矛头对准新保守派，认为正是新保守派削弱了里根政府，并在后来俘获了小布什政府。布坎南反对说，美国人正在他们从未战斗过和没有任何利益的地方作战。1990 年，他仿效法国绥靖主义者马塞尔·戴亚(Marcel Déat)1939 年"为了但泽而死？"＊的疑问，发出这样的质问：

＊ "为了但泽而死？"(Mourir pour Dantzig?)是马塞尔·戴亚于 1939 年 5 月 4 日在巴黎报纸《L'oeuvre》上发表的一篇文章的标题。这篇文章涉及纳粹德国对波兰的最后通牒之一，即要求将但泽自由市的控制权移交给德国。在文章中，戴亚主张绥靖，指责波兰煽动好战情绪并将欧洲拖入战争，认为不应该让法国人为不负责任的波兰政治活动付出代价。——译者注

"如果金日成发动攻击,为什么美国人要第一个去死?"作为自由贸易的早期背叛者,他认为世界贸易秩序只为华尔街的银行家服务,《北美自由贸易协定》(NAFTA)出卖了美国工人。移民在这个国家泛滥成灾,他们违反国家的法律,导致从加利福尼亚到佛罗里达的各州破产。《旧约》和《新约》的"永恒真理"已被从学校中"驱逐"出去,有必要发起一场战斗,让"美国的灵魂"回归。"被遗忘的芸芸众生"处境日益艰难,大政府却视而不见,尽管对民众"冷若冰霜",它却愿意听取外国游说者和财富 500 强捐助者的意见。

在布坎南的著作中,保守派评论家看到了混乱、过度杀戮以及白人本土主义和反犹主义。这并不重要,因为布坎南从未认为自己是在与迂腐的知识分子对话。他的目的是用一套实用而简单的思想教义手册与右翼的基础民众建立联系,就像特朗普一样。尽管特朗普不像布坎南那样依赖于教派忠诚,但他重新演绎了布坎南的主要主题,只不过换了几个措辞而已。

尽管布坎南的主题看起来互不相关,但它们可以捆绑在一起,反对一个共同的敌人。正如里根在政策层面引导美国右翼各派别停止互相指责而是一致瞄准大政府那样,布坎南在公共辩论中也敦促同伴停止彼此之间的争吵,而共同将矛头指向自由派媒体。布坎南为尼克松创造了"沉默的大多数"一词,它错误但令人着迷地暗示,正义的民意正在被扼杀。他还为斯皮罗·阿格纽(Spiro Agnew)＊撰写了 1969 年 11 月在得梅因的演说稿,这场演说作为反自由主义右翼的开场白,开启了持续至今的口水战。阿格纽谈到了"某种形式的审查",其中"四千万美国人每晚接收到的新闻由少数几个只对公司雇主负责的人决定,并由少数几个承认自己有偏见的评论员进行过滤"。近半个世纪之后,布坎南依然为那场演说感到自豪。他在 2016 年对记者表示,尼克松和阿格纽向人们展示了主流新闻和电视如何"打着中立的旗帜,背地里却携带违禁品"。布坎南相信,这种说法至今仍被人们接受,因为"人们知道这是真的"。

尽管布坎南的反智主义并非美国右翼的专利,但右翼对自由派媒体

＊　斯皮罗·阿格纽彼时担任美国副总统。——译者注

以及为右翼输送人才和思想的大学的怀疑却是愤怒而深刻的。根据皮尤研究中心 2017 年 7 月的一项研究，多数共和党人和倾向右翼的独立选民认为高等教育对国家有负面影响。该研究报告称，自 2010 年以来，对学院和大学的不信任一直在增加：2010 年有 32% 的共和党人对学院和大学持负面看法，这一比例在 2017 年上升至 58%。回想一下，按教育程度划分，特朗普的最大优势是受到未接受过大学教育的白人选民的欢迎（67%：28%）。在 1970 年，对保守派而言高度一致的最佳投票预测指标是大学教育，如今情况则恰好相反。尽管共和党依然能够赢得富裕阶层的选票，但它越来越多地依赖于未接受过大学教育的白人群体。右翼对高等教育的普遍不信任受到保守派政客的鼓动。2016 年，特朗普嘲笑大学收取学生家长二十万美元，所教给孩子们的却只是"僵尸研究"以及"如何憎恨我们的国家"。"教授观察名单"（Professor Watchlist）网站列出了批评保守派思想并据称歧视保守派学生的大学和学院教师。近年来，对高等教育中既定观点的蔑视已经从政治文化话题延伸到自然科学的可信度，包括干细胞研究、气候变化、进化和流行病学方面的研究成果。

尽管布坎南善于言辞，但与特朗普这样半文不白的操纵者相比，他总是处于守势。然而，作为补偿，布坎南目睹了他的主张在共和党右翼中的传承和蓬勃发展。无论承认与否，他都有理由宣称自己有两位政治传人，且都是天主教徒：一位是不敬神的斯蒂芬·班农，另一位是圣徒般的罗德·德雷赫（Rod Dreher）。

班农是一位前海军军官、银行家、新闻高管和特朗普前助手，他试图在美国硬右翼和欧洲硬右翼之间架起桥梁。他站在弱势群体一边，反对自由贸易和移民，同时又不危及富人的利益。班农重复了布坎南的信条，他认为，民众的不满来自就业机会的输出和银行的过度权力；美国为富人和穷人提供"社会主义"，为其他人则提供"达尔文式资本主义"；主张自由市场的自由派是人民的敌人；左翼自由派声称代表人民，而实际上他们要么是好管闲事的干预者，要么是脱离现实的"懦夫"。班农称自己是"右翼民粹主义者"，将国家放在第一位，并"最大化公民价值"。从特朗普政府离职后，班农与马雷夏尔和英国天主教右翼人士本杰明·哈恩韦尔（Benjamin Harnwell）联手在欧洲进行布道。2019 年底，哈恩韦尔和班农与意大利政府发生纠纷,被迫离开位于罗马东南部的一座前加尔都西会修道院,此前他们在那里建立了一所硬右翼智库兼大学,即"人类尊严研究所"(Dignitatis Humanae Institute)。

罗德·德雷赫是布坎南《美国保守派》杂志的忠实支持者和著名作者。与该杂志一样,德雷赫也对外国干预抱有一种地缘政治上的担忧,但他更为人熟知的是描绘了一幅关于美国文化的绝望道德图景。关于是什么困扰着美国文化,长期以来在美国保守派中流传着两个截然不同的故事,一个乐观,一个悲观。乐观故事讲述的是自由派对美国文化的占领。在20世纪五六十年代,一群不具代表性的世俗自由派精英控制了教会、大学、媒体和法院,这些机构原本掌握在本质上敬畏上帝和有道德的人民手中,保守派的任务是要重新夺回这些地盘,这一目标激励着基督教右翼为共和党的灵魂而战。在20世纪80年代里根-布什执政的鼎盛时期,基督教右翼几乎相信自己已将美国的政治多数派与潜在的道德多数派重新统一了起来。

德雷赫讲述的是那个悲观的故事,这集中体现在他的著作《本笃选项》(*The Benedict Option*, 2017年)中。世俗的堕落是如此诱人,以至于它很难不占上风,而如今的美国有一个道德败坏的多数。无论公司还是政客都不关心人们在床上做什么,或者他们事先是否进行了祷告。一个暴力、不信神和沉迷于性的文化无法被治愈,只能被抛弃。德雷赫建议美国基督徒放弃正面抵抗,退回到小型、自我隔离的社区,在那里可以保存和传承适当而敬虔的传统,以拯救他们的家人免遭精神上的摧残。德雷赫的书名在向努西亚的圣本笃(Benedict of Nursia)致敬,后者是6世纪西方帝国解体时基督教隐修制度的领袖。德雷赫更近、更直接的灵感来源是麦金太尔。如前所述,信奉天主教、反对自由主义的麦金太尔希望建立一套教学机构,以传播反正统的传统。麦金太尔的哲学深邃而德雷赫的学说单薄,麦金太尔的视野是社会的而德雷赫的视野是个人的,似乎德雷赫本人也无法摆脱他所谴责的那种自我卷入和社会分裂。德雷赫批评自由主义的多元化和对多样性的容忍,但正是因为有了这些东西,他所提议的那种撤退才有了安全空间。德雷赫关于精神隐退的建议免费搭乘了它所声称要反对的自由主义的便车。

硬右翼声称自由主义正统观念会扼杀和审查人们的言论，这种看法有着民众和历史两个版本。其民众版本即对言论的软性审查在美国司空见惯，它实际上意味着正统观念扼杀那些"人民"知道但不能说出口的东西。其历史版本在德国和法国更为常见，它意味着自由主义正统观念让历史噤声，也就是说，德国对 1933 年至 1945 年和法国对 1940 年至 1944 年的历史耻辱感阻碍了它们对国家历史的诚实、客观的认知。进而，由于国家团结依赖于一种对历史的共同认知，删减历史实际上也就削弱或否定了国家。的确，1945 年之后，德国新右派（Neue Rechte）和法国新右派（Nouvelle Droite）不得不为国家传统的自豪感开脱，使之免遭新纳粹主义或秘密贝当主义的指控。无论如何，这一任务已经完成。因此，硬右翼认为，不应再让过去的耻辱遮蔽当前的争议。

按照硬右翼本身的描述，他们要说出事实真相，却被自由派噤声。自由派本身出于历史的愧疚而沉默不语，并过于迅速地将对手与可耻的过去联系在一起，而耻辱的过去既非自由派的对手所为，也从未得到过其对手的支持。例如，右翼抱怨说，他们无法质疑移民问题，否则就会被认为是在鼓吹生物种族主义或排他性天主教。出于本身的利益，德国新右派和法国新右派努力将自己与 20 世纪三四十年代的右翼区分开来。他们坚持认为，要自己为完全无涉的过去负责，是自由派的诽谤。

iii. 德国和法国右翼的新声音

与盖伦或马夸德等以哲学模式对 20 世纪六七十年代的文化动荡作出回应的德国战后思想家不同，德国硬右翼思想家和评论家更加善于进行公开辩论。急于否认右翼与不光彩的过去相关联的一位德国人是格茨·库比契克，他拥有一家小型智库，即位于萨克森-安哈尔特州施奈尔罗达庄园的国家政策研究所（Institut für Staatspolitik），以及一家名为安泰（Antaios）的出版机构。库比契克是德国新右派在线杂志《分离》的编辑，该杂志的编辑人员都是具有历史、哲学和艺术等大学教育背景的作家。这些右翼成员还很年轻，无法成为早期离心运动——诸如新纳粹怀旧（20世纪五六十年代）或心怀不满的新马克思主义（20世纪六七十年代）——的流亡者，因此很难对他们进行准确定位。

库比契克对政治标签持谨慎态度。作为一位天主教徒，他认为伦理和文化价值观更加重要。他与美国的德雷赫持有许多相同的看法。在库比契克看来，现代性的弊病是精神层面的，这些弊病包括机械化的生活观、消费主义和基督教信仰的丧失。自由主义为太多的事情而道歉，它为别人犯下的错误自责，也为无人制造的错误自责，并在国家自豪感方面过于怯懦。当然，这并不意味着库比契克的爱国主义特别自由或包容。身处一个自1871年统一之前就一直在争论什么是"德国性"的多元化国家，库比契克毫无疑问地知道哪个地区最具有德国性。在他看来，西德人在道德上过于苛刻（意味着他们有着错误的专横和理想主义），对移民太过宽容，本身也过于软弱；而在东德，那里的移民较少，"德国仍然是那个德国"。

在库比契克看来，尽管国家自信心不足在德国有自己的表现形式，但在欧洲和美国等其他地区，这种自信心不足也很普遍，并且正在进一步恶化。库比契克还以斯宾格勒的方式怀疑西方是否还有生存的意志。2017年，《分离》杂志推出特刊《德国的终结》（"Finis Germania"），这是罗尔夫·彼得·西弗勒（Rolf Peter Sieferle）遗作文章的合集，由安泰出版，一经问世就引起了轰动。《德国的终结》中收录的西弗勒的文章涵盖了硬右翼耳熟能详的主题，包括卸下德国人的良心负担、允许一个不愿肩负世界权力的国家不负责任、联邦共和国沉闷的一致性，以及在更一般意义上自由民主党人的智识缺陷。库比契克是霍克的朋友（关于霍克见本书第九章），两人共同代表了替代选择党中一个被称为"羽翼"（Flügel）的派系，该派系最为关心的是移民和民族认同问题，并在替代选择党成立后不久就策划罢免了一位自由市场经济学家党魁。

《分离》杂志究竟是新保守主义正统观念的种子，还是一种花花公子式的放纵？这份杂志的报头有一行拉丁文"即便世人皆如此，我也依然如故"，这是法国君主立宪主义者斯坦尼斯拉斯·德·克莱蒙-托内尔（Stanislas de Clermont-Tonnerre）的座右铭。托内尔在1792年被杀害，当时法国国王倒台，一群巴黎人攻击了杜伊勒里宫。《分离》杂志倡导的并非一个"作为祖国的欧洲"，而是一个"对资本主义持怀疑态度"、超越了一切民族沙文主义的欧洲。它呼吁"智识斗争"和"元政治"（metapolitics），后者即探讨如何谈论政治；除了移民问题外，《分离》杂志似乎超脱于当前紧迫的政府或政策问题之外。《青年自由》周报，一家依然活跃的网络报纸，则以更加日常的语气对类似问题进行探讨，它由迪特尔·施泰因（Dieter Stein）于 1986 年创办，是替代选择党与右翼主流派之间的桥梁。

替代选择党的语气和措辞，可以从该党的智识发言人马克·容根在 2014 年 1 月撰写并发表于政治文化杂志《西塞罗》（Cicero）上的一篇简短"宣言"中领略到。硬右翼耳熟能详的主题一直都存在，容根只不过是用 20 世纪 20 年代至 30 年代的"革命保守主义"话语将它直截了当地表达出来而已。容根认为，替代选择党肩负着一项"历史使命"，那就是为德国提供一种"失控的现代性"之外的替代选项，在现代性的失控状态下，"一切稳定的东西"都可能"永远消失不见"。尽管遭到唾弃，尽管有种种努力试图令其噤声，但替代选择党依然被认为是"一股力量"。在马克思看来，资产阶级和无产阶级是相互敌对的，自那时以来"金融资本"的利益和资产阶级的利益发生了分离。替代选择党代表的是"资本家中产阶级"，该阶级被"无产阶级化"了，并因此成为新的"革命阶级"。替代选择党的敌人是竭力压制反对派的"资产阶级自由主义"及其金融盟友"银行社会主义"。在自私自利的"权贵阶层"的领导下，欧洲中央银行大笔买进"破产国家"的不良债务，使德国储户的财产面临被掠夺的危险。欧盟作为"结构性腐败的中心怪兽"，必须将其从既非松散的邦联也非政治统一体的"混合"状态中解放出来，交由"优秀的欧洲人"进行彻底改革。从事这项工作并保护其文化的德国人必须将国家从底层的福利负担和上层的金融精英那里解放出来，他们必须抑制良心的败坏，自信地捍卫国家价值观，并在世界上傲然自立。容根认为，"愿意融入社会"的移民不会希望自己生活在一个不确定自己代表什么的充满歉意的国家。他还补充说，替代选择党内部激进派和温和派之间的争吵是媒体捏造出来的。容根的上述观点有着令人熟悉的配方，那就是 20 世纪引发不满和怨恨的那些因素，这在前面的保守主义故事中已经提到。乍一看,大多数德国中间保守派会对容根的主张嗤之以鼻,但容根已经证明自己对少数派的市场行情了如指掌。

在法国,主张文化保护的反全球化呼吁在阿兰·德·伯努瓦和阿兰·芬基尔克罗那里有着雄辩的表达。伯努瓦在 1968 年动荡*之后成为法国"新右派"的领袖,而芬基尔克罗则在此后不久转而反对马克思主义的普遍性。伯努瓦更多地从欧洲视角考虑问题,芬基尔克罗更多地以法国为视角,然而在一个罗马普遍主义和法国民族主义往往相互融合的国家里,这两种视角既有不同之处,也有相似之处。

作为思想家和文化评论家,芬基尔克罗(1949 年—   )捍卫法国传统,使之免遭他认为的多元文化主义和道德相对主义的腐蚀。作为散文家和好争论者,芬基尔克罗在三十年的时间里从左翼立场出发,抨击或抛弃了一个又一个进步偶像,如法国共产主义、性解放、后现代主义、身份政治。当他发现法国共产党胆小而容易驯服后,他在 20 世纪 60 年代又成为一名毛主义者。赫伯特·马尔库塞(Herbert Marcuse)曾认为,压抑性欲尽管对文明有益,但对每个人却是有害的。芬基尔克罗对此则不以为然,并与帕斯卡尔·布吕克内(Pascal Bruckner)合著了《新的爱情障碍》(*Le nouveau désordre amoureux*,1977 年)一书。他们认为,自由性爱非但不是解放,反而是对女性的伤害。在《心灵的溃败》(*La défaite de la pensée*,1987 年)一书中,芬基尔克罗对"理论"左派可疑的反人文主义和以牺牲文化价值为代价的对大众娱乐的时髦拥抱表示哀叹。20 世纪 90年代,芬基尔克罗从破除偶像转向了捍卫他所认为的法国应该保留的东西,那就是:一个非歧视的世俗国家和一个由爱国公民共享的共同文化。对芬基尔克罗而言,"右翼"标签并不是他自己的选择,而是因为左翼自由派和左翼激进派与他断绝了关系。

要使一幅被笼统地称为新共和主义的各要素保持一致并不容易。芬基尔克罗的批评者众多,但他们往往只抓住其中的一个要素不放,那就是

---

*　这里指的应是发生于 1968 年的五月风暴,是 1968 年春夏之交发生在法国的持续约七周的学生运动,其间有大量的罢工、游行、占领大学及工厂的行动,导致法国经济发展停滞。——译者注

他对多元文化的敌意和对文化相对主义的怀疑，而忽视了他对非歧视和公民价值观的坚持。丹尼尔·林登贝格（Daniel Lindenberg）在《重归秩序》（*Le Rappel à l'ordre*，2002 年）一书中将芬基尔克罗称为法国的"新反动派"之一。形形色色的批评者还包括：小说家米歇尔·韦勒贝克（Michel Houellebecq）；历史学家皮埃尔-安德烈·塔吉耶夫，他除了创造出"布吉主义"一词来描述新自由主义正统外，还通过写作对反犹主义在法国的回归发出警告；以及中间派杂志《辩论》（*Débat*）的自由派编辑马塞尔·戈谢（Marcel Gauchet）。林登贝格《重归秩序》一书引发了各方的争论，这本小书的标题让人回想起 1926 年让·科克托（Jean Cocteau）的一本文集，科克托在书中呼吁艺术家和音乐家放弃前卫，回归古典传统。根据法国排斥中间派的政治法则，芬基尔克罗遭到左翼的普遍谴责，但受到右翼的赞赏。在左翼看来，他是一个没有多少价值的伪思想家（皮埃尔·布迪厄称他是一个"有文化的贫穷白人"），是反移民的国民阵线的先驱。在右翼看来，他是一位思路清晰、勇气十足的思想家，说出了左翼不想听的话。

在芬基尔克罗关于文化和同化的思考中，学校和教育处于核心地位。反对者认为他坚持世俗教育、捍卫法语以及对法国文化传统的自豪感是新殖民主义的霸凌和反穆斯林的偏见，对此芬基尔克罗回应说，他曾呼吁欧洲介入，以反对塞尔维亚在南斯拉夫战争中对波斯尼亚穆斯林的攻击。他坚持认为，他的反对者回避了穆斯林移民所带来的社会文化挑战，忽视了日益高涨的反犹主义。在《不幸的身份》（*L'identité malheureuse*，2013年）一书中，芬基尔克罗再次重申了他对法国未能使穆斯林移民融入法国共和主义道路的担忧，以及他对法国学校教育衰落的哀叹。在书中，他试图在欢迎和排斥之间找到一条狭窄的通道。作为启蒙的传承者，芬基尔克罗认为法国身份是复杂的，并认为任何传统都不应被贬低或否认，然而外来传统不应被植入和强加给法国："新来者拒绝让东道主体现国家的欢迎之道，这在移民史上还是头一遭。"历史学家皮埃尔·诺拉（Pierre Nora）曾在芬基尔克罗入选法兰西学术院院士时发表赞助致辞，他在《不幸的身份》出版时这样评论道，法国即便没有一个移民，其身份认同也依然会是一个问题。

芬基尔克罗的公民共和主义和他对世俗主义的强调，似乎与他本人的犹太意识、他对以色列的批判性肯定以及他对法国反犹主义死灰复燃的不懈警告之间存在矛盾之处。在批评者看来,他似乎一边攻击身份政治,一边赞美自己的身份。作为纳粹时期波兰难民的孩子,芬基尔克罗对此有现成的回答:由于他了解种族和文化迫害,他才坚持世俗的不歧视。只有在一个非歧视的社会中,对一种信条的狂热忠诚才能与对另一种信条的狂热忠诚并存。对此,他的批评者作出如下的类似回应:在法国和其他地方,那些忠于少数派的人明显比忠于多数派的人处境更糟,世俗国家在两者之间的中立进一步强化了对那些处境不利的人的排斥。或者,批评者也可能说,世俗主义贬低了它声称要保护的信仰和文化。这种辩证法是人们熟知的。自由派主张在信仰或种族忠诚问题上保持中立和非歧视,对此左翼指责自由派虚伪地忽视了社会弱势群体,右翼则指责他们不光彩地忽视了他人的信仰,同时向他人强加自己的信仰。芬基尔克罗这位潜在的自由派陷入了困境,被进一步拉向了右翼一方。

作为一位年过七旬的有争议的杰出人物,芬基尔克罗如今受到新一代天主教右翼人士的尊敬,后者包括加拿大人马蒂厄·博克-科特(Mathieu Bock-Côté)和贝雷尼丝·勒韦(Bérénice Levet)。他们称赞他复兴了一种在他们看来有原则的保守主义,或者说一种带有相当伯克式原则的保守主义,这个原则即法国对有着共同文化和传统的法国人而言具有某种"独一性"或特殊性。博克-科特与芬基尔克罗一样,对多元文化主义和法国教育精神的侵蚀感到担忧。勒韦是一位著名的反女权主义者,她在著作中指责女权主义者近几十年来发起的改革对妇女和家庭造成了伤害。芬基尔克罗的法国共和主义究竟在多大程度上能够与后两者基于宗教的道德诉求相融合,是另一个问题。以博克-科特和勒韦为代表的年轻激进分子延续了一种积极参与政治的传统,比如在20世纪80年代,面对大规模的天主教抗议,社会党政府被迫撤回了一项学校改革。2013年,年轻一代走上巴黎街头,参加"为所有人游行"运动,这是一场反对同性婚姻合法化的抗议活动,但它除了开创了一场继续进行的同名政治道德运动之外,并未取得任何成果。这种喜忧参半的结果很能说明问题。在法国,道德保守主义似乎在政治上力量有限,除非与其他运动或政党联系在一起,即便如此,它所带来的政策变化也是很小的。克里斯蒂娜·布坦(Christine Boutin)的职业生涯就是一个很好的例子,她是一位右翼天主教徒兼反堕胎斗士。2002年,布坦参加法国总统选举,赢得了34万张选票,后来赢得选举的尼古拉·萨科齐回报了她的支持,但却任命她为住房部长,而不是卫生部长。布坦后来支持勒庞,并在之后退出了政坛,而法国允许堕胎的法律依然有效。先前残留的堕胎禁令,即强制性的一周等待期,已在2015年被废止。

年轻一代右翼天主教激进分子所谈论的是改变心态和逃离自由主义正统观念。在实践中,这意味着系统内部的局部变革,主要涉及学校和性伦理。他们并没有宏大的战略来颠覆目前的自由主义现状,更不用说用什么样的社会来取代它了。

伯努瓦(1943年—)走向当时所谓法国新右派的旅程早在法国失去法属阿尔及利亚的过程中就开始了。尽管作为公众人物他不像芬基尔克罗那样知名,但他更加专注于论证,也同样多产,并创办了右翼智库"欧洲文明研究与学习小组"(Groupement de Recherche et d'Etudes pour la Civilisation Européenne,GRECE),该智库的名称及其持有者宣告了伯努瓦的意图,即建立一个"文化上的对抗力量",来捍卫欧洲的价值观。伯努瓦在政治上从来都不容易界定,他更清楚自己的亲欧主义不包含什么,而非包含什么。他认为基督教的普世主义令人窒息,是"极权主义的",这一缺陷也是其他伟大的一神教所共有的,如犹太教(伯努瓦认为犹太教不宽容、狂热,是神的奴隶)等。因此,他的"新右派"之"新"就在于摒弃了基督教保守主义。与美国和德国的新保守派不同,他的"新右派"并不试图关闭20世纪60年代被打开的文化空间。他的理智主义和对学说的迷恋——如他在《从右翼的视角》(*Vu de droite*,1977年)一书中对克劳塞维茨、毛泽东、波普尔、戈比诺(Gobineau)和葛兰西等三十多位形形色色的思想家进行了微观研究——使他成为一位倾向于马克思主义的带有不同标签的六八一代 * 。伯努瓦的欧洲价值观不包括自由主义价值观,他

---

　* 这里指的是1968年发生在法国的五月风暴。六八运动不仅限于法国,而是一场世界范围内由左翼学生和民权人士共同发起的反战、反官僚精英的一系列抗议活动。——译者注

谴责自由市场全球化、民主平等（"向下拉平"）和人权（"被道德污染的法律"）。他厌恶政治自由主义所赖以立足的两个主要哲学，即"效率哲学"（功利主义）和以权利为基础的自由主义，尤其是当两者延伸至捍卫普世权利时。伯努瓦不是法国优先论者，也不是超级爱国者。与许多保守派不同，他不相信国家是一个文化族群，基于这样的理由，他认为应该劝阻移民社区，使之不要封闭地生活在自己的族群小圈子里。他的欧洲主义与欧盟无关，他认为欧盟是一个不民主的自由市场推动者。伯努瓦所设想的欧洲是这样一个区域：各国的传统各具特色又相互重叠。20世纪80年代，当法国主流右翼政党与全球化资本实现和解时，伯努瓦多年来默默无闻的葛兰西式辛勤努力终于有了回报，那就是他成功地在国民阵线与以法国民主联盟和保卫共和联盟（UDF-RPR）为首的主流中右翼之间打开了一个空间。

伯努瓦与法国天主教右翼的不同之处在于，他对生物遗传工程和物种生物学改良的可能性有着"超人类主义"的兴趣。尽管有人认为他是国民阵线的辩护者，但他在1992年表示国民阵线令他反感。伯努瓦对德国保守主义革命的思想家心怀敬意，如云格尔及其秘书莫勒，他们为这场运动命名，并将其某些思想带入20世纪末。相比之下，伯努瓦的思想很难说是积极的，他对历史和思想有着广泛的兴趣，但对制度和政策漠不关心。他最主要的思想也许是消极的，即"不平等主义"，在他看来，自由主义者所奉行的"平等尊重"的平等主义是一种幻觉。遵循孔德—斯宾格勒的模式，他认为这种平等主义神话经历了不同的阶段，如神话的基督教平等、哲学的启蒙平等和科学的马克思主义平等，如今这些阶段都已成为过去。伯努瓦认为，在一个既非"个人主义"也非"集体主义"的社会中，承认不平等的时机已经到来。

伯努瓦的"既非又非"究竟意味着什么，并不明确。随着时间的推移，他对自由主义民主的反对发生了转变：从起初对西方文明的防御，逐渐演变为对美国资本主义"经济人"的厌恶。伯努瓦后来的反美主义使他与法国极左翼中同样心怀不满的人站在了一起。他最近出版的著作有《民粹主义时刻：右翼—左翼，结束了！》（*Le moment populiste*：*Droite-gauche*，*c'est fini*！，2017年）和《反对自由主义：社会并非市场》（*Contre le libéralisme*：*La société n'est pas un marché*，2019 年）。他所理解的右翼的任务依然是抵抗自由主义的民主，揭露其虚伪，嘲笑其虔诚。然而，他对可能的替代方案几乎没有什么构想，并且除了对现状的蔑视之外，他对这种替代方案所包含的价值观也几乎没有多少认识。

伯努瓦在其著作和所创办的杂志《元素》中，耐心地收集观点和资料，以解释为何今天的保守派应该拒绝自由主义的民主。更晚发行的杂志《不正确》则借助于讽刺和嘲笑来达到同样的目的，其名称是对"政治正确"的一种嘲弄，彰显了言不准言之事的决心。按照《不正确》所刊登的文章，法国最近的历史是一场左翼恶棍和小丑的游行，打头阵的是"腐败巫师"密特朗。考虑到左翼在 20 世纪所犯下的罪行，他们的道德主义应该被迎头痛击。老欧洲已经死去，新欧洲在波兰和匈牙利初现曙光，基督教民主正在这两个国家被重新塑造。自由主义的民主已经奄奄一息：没有目标，没有权威，郊区一片火海，并且正处于自杀性的人口衰退之中。阅读《不正确》与收听"喊叫电台"（shout radio）并无不同：读过之后，打动你的并非它的观点，而是它的愤怒。

如此看来，对于皮埃尔·罗桑瓦隆所提出的那个问题——除了共同的"否认和厌恶"之外，还有别的东西吗？——似乎必须回答："不，没有了。"芬基尔克罗代表法国文化和语言所发出的恳求以一种自由主义的方式提出，最终诉诸对普世的启蒙价值观尤其是相互宽容和公民尊重的一种地方化。尽管语气愤怒、措辞挑衅，但硬右翼关于国家面临之威胁或移民之代价的言论并不像表面看来的那般反自由主义或反民主，它们否认种族偏见和生物种族主义，以此向自由主义致敬。在自由主义一侧，只有教条主义和普遍主义的自由意志论者否认在民主忠诚与国家情感之间存在关联。

在审视完硬右翼的骚动不安后，自满的自由派（无论右翼还是左翼）可能会松一口气。除了众所周知的焦虑和虚张声势的博学外，很少有什么事情能够令自由主义共识的捍卫者夜不能寐。除了战术上的连接点以外，没有什么东西能够赋予硬右翼以智识上的一致性。在非自由主义竞争者所造成的地缘政治威胁和自由主义现代性本身所带来的全球性威胁面前，不妥协的右翼所发出的智识上的抱怨看起来更像是一个局部困扰，而非一种严重关切。它是对 19 世纪 90 年代以来人们熟悉的主题和姿态的一次重新演绎，这些主题和姿态一再复活、一再失信，它们是：关于西方衰落的末日般愿景，人民与精英的错误对比，对政府或政策的漠不关心，以及试图打破自由主义正统的自助性尝试，这种尝试尽管有着诸如追求"元政治"之类的宏大计划，但最终还是发现自己重归自由主义正统。

不自满的自由派会同意这一切，但依然会感到担忧。硬右翼的批评很少能够形成一个整体，也无法自洽地形成一套替代性的正统观念。然而，考虑到民主自由主义明显的缺陷和未能兑现的承诺，以及它在政治中间派失去了直言不讳、清晰有力的捍卫者，硬右翼的每一个观点都在某些地方对某些人具有吸引力。当一个人患有几种轻微感染时，每一种感染本身并不危险，也都是可以治愈的，但如果不管不顾，它们就有可能结合起来，成为系统性问题。

iv. 三位不妥协的思想家：菲尼斯、斯克鲁顿与斯洛特戴克

作为自由主义-现代正统的批评者，约翰·菲尼斯、罗杰·斯克鲁顿和彼得·斯洛特戴克在进行严肃辩论时所选择的模式更多地是哲学的，而不是辩论的。菲尼斯是一位法律哲学家，斯克鲁顿是一位美学哲学家（于 2020 年 1 月去世），斯洛特戴克则难以被归类。三人都指责政治自由主义在混日子，缺乏一幅关于人类是什么以及什么对人类有益的可以为之辩护的图景。

作为一位新托马斯主义者，菲尼斯反对将善从政治关切中剔除，认为我们可以从人性中推导出对人而言什么是善、什么是恶。自然法传统受到保守的天主教的青睐，作为自然法传统的拥护者，菲尼斯认为法律和政治应该促进良好的生活方式，阻止或禁止不良的生活方式，尤其是在性与家庭方面。

斯克鲁顿笔下的人是一个扎根于社会的人，有着丰富的情感，而这些

情感被自由主义所忽视，如忠诚、虔诚、神圣感与负罪感。作为一位英国文化评论家，斯克鲁顿继承了柯勒律治和艾略特的保守主义血统，希望恢复被自由主义忽视的价值观。他认为，本着自由主义的精神，这种恢复应该由我们自己而不是由政治或法律来实现。

斯洛特戴克就职于德国卡尔斯鲁厄国立设计学院，是一位多产且博学多才的教授。多年来，他在德国电视台主持一档哲学脱口秀节目。作为思想家兼知识分子综艺人，斯洛特戴克在太多的事情上发表了太多的观点，以至于无法清楚地回答人类是谁以及他们应该过怎样的生活。与政治自由派不同，他认为这个问题既合乎情理又亟待回答。他笔下的人类是一个在杂乱空间中富有创造力的工具制造者。在冗长而混乱的著作中，他探讨了我们应如何"免疫"并保护自己免受当前混乱的影响。

菲尼斯对道德、法律和政治的看法源于中世纪的传统和他所处的时代氛围。托马斯·阿奎那（Thomas Aquinas）的经院哲学理性主义是一个焦点，20世纪五六十年代有关个人行为和道德方面的法律的自由化是另一个焦点。在密尔提出这些变革一个世纪之后，对个人行为的限制性法律开始解除或减轻。这种变革一旦开始，就来势汹汹，曾经被禁止的事情可以做了，曾经不可言说的事情可以说了，曾经被法律禁止和惩罚的事情不仅在法律上变得无可指摘，而且被越来越多的人认为在道德上也是无辜的，如协议离婚、避孕、同性恋、堕胎、同性婚姻等。在大约一代人的时间里，原先令保守派（包括自由市场保守派在内）感到舒适自在的熟悉的道德家园变成了一片废墟。公共领域萎缩，私人领域扩大，法律以及某种程度上的社会本身都从个人道德中被分离出来。

从民主角度而言，公众舆论欢迎这些变化，并且这种态度迄今未变。而在智识层面，保守派开始了反击，它拒绝承认法律对私人行为无权置喙。在右翼，菲茨詹姆斯·斯蒂芬的幽灵战胜了密尔的幽灵。保守派坚持认为，法律应该划定哪些是好的与合理的，也是人们可以做的，哪些是不好的与不合理的，也是人们应该被禁止或被阻止去做的。在这场斗争中，自然法是最受欢迎的武器。在捍卫道德严格性方面，菲尼斯是冲锋陷阵的急先锋。

2019年，在八十岁荣休的高龄，菲尼斯成为新闻热点，当时一份要求剥夺他学术荣誉的请愿书在他长期执教的牛津大学流传一时，问题出在菲尼斯对同性性行为的看法上。他认为，同性性行为在道德上是错误的，因为它破坏了家庭，并认为政府可以公开劝阻这种行为。请愿者都是年轻学者，他们认为菲尼斯的作品是掩盖偏见的幌子。而老一辈学者尽管不同意菲尼斯的道德结论，但称赞他是一位哲学家，并捍卫他的学术自由。

在法律哲学领域，菲尼斯的许多观点也被持自由主义立场的法律哲学家所谈及。例如，双方都认为存在与法律有关的道德事实，这些事实可以被认识和推理。在这一点上，保守派和自由派可以达成一致，但他们的分歧在于法律应该在多大程度上侵入道德领域。也就是说，自由主义者可以与法哲学家菲尼斯从某一侧共同走进法学森林，但困惑之处在于，道德严格主义者菲尼斯会从森林的另一侧走出来。

在菲尼斯看来，道德关乎对人而言何者为善、何者为恶。善并不取决于选择或惯例，而是存在着我们可以学习（和遗忘）的事实。然而，事实并不意味着简单或显而易见，因为善是复杂的。菲尼斯列出了人类生活中七种基本的善，它们是值得追求和珍视的"状态"（包括活动与能力），即生命和健康、知识（本身）、友谊、娱乐、审美体验、实践合理性和宗教信仰。（奇怪的是，有目的的工作在这里缺失了，尽管它出现在现代自然法传统关于基本善的其他清单中。）这个清单中的每一项都不能归约为其他任何一项。在这个框架下，菲尼斯以辩证的技巧捍卫了一种严格的个人道德观，这种道德与主流规范格格不入，特别是在性与婚姻方面。

如前所述，菲尼斯接受了自由主义-现代公共辩论的世俗氛围。在捍卫自己的道德立场时，他并未直接诉诸宗教信仰，并且认为西方自由主义世界的其他道德保守派也应如此。在改造自然法传统时，菲尼斯首先借鉴了阿奎那学说中的非神学要素，也就是说，他诉诸人类理性的普遍标准（鉴于人类是理性生物）或者诉诸事实上被人类经验证实了的最能促进人类整体福祉的东西，来赋予道德准则以正当性。有鉴于此，有学者从菲尼斯的论证中看到了康德主义的元素（即准则的普遍性）和功利主义的元素（即道德和法律共同致力于实现公共利益）。因此，菲尼斯所主张的法律的道德性有两个方面：作为一位世俗主义者，他一方面要运用大量的自由主义思维；另一方面，为了推导出他的非自由主义准则，尤其是关于性道德和刑罚方面的准则，他还必须对人类整体福祉之要素进行扩张解读，使之不仅仅局限于大部分自由派人士认为自身利益所需的那些要素。菲尼斯在反驳中指责自由主义者未能一以贯之地坚持他们自己的方法，却得出了他们想要的结论。双方都质疑对方作为论证起点的道德直觉是经演绎推导而来的。

在这场高质量交锋中，并非所有的宗教保守派都像菲尼斯那样屈服于仅基于世俗原因的规则。对信仰的勇敢呼吁可以从《首要之事》杂志中听到，这是一份反对自由派观点的天主教杂志，其已故创始人约翰·诺伊豪斯（John Neuhaus）认为自由派观点是基于一种对"裸露的公共广场"的错误信仰。该杂志宣称其主要目标是"对抗世俗主义意识形态，这种意识形态坚称公共场所必须是'裸露的'，信仰在塑造公共对话或制定公共政策方面没有地位"。这一目标声明令人激动，但模棱两可：如果它意味着信仰者应该在公共辩论中享有平等的地位，那的确很好；如果它意味着信仰之理由应该与非信仰之推理同等重要，那就有问题了。究竟应该赞成哪种信仰呢？《首要之事》是一份思想开放的普世主义杂志，承认多种信仰并存。它以另一种含糊的措辞承认一个"宗教多元化的社会"。如果各种信仰在当下的话题上存在分歧，那么解决分歧之道是考量那些使各宗教彼此分开的非宗教因素。如此一来，他们就是在以非宗教的方式进行辩论，而非以信仰的方式。但是，如果像《首要之事》所希望的那样，各方以信仰的方式展开辩论，那么宗教原因便无法解决他们之间的分歧，其结果便是，公共辩论无法提供解决方案，宗教分裂的历史将会重演，"公共广场"也将变成私人礼拜堂。反过来，如果坚持认为尽管信仰存在分歧，但不同的信仰仍然具有非信徒无法分享的、植根于宗教的核心道德，那么这一主张也依然会再次一分为二。除非这个核心道德异常不合常理，否则非信仰者在大多数情况下都会认同其内容，并在道德的宗教源头上与信仰者产生分歧。宗教原因再一次从辩论中消失。

除了避开神学前提和运用世俗论点外，菲尼斯本人还进行了第二次自我否定。例如，与维多利亚时代的严格主义者菲茨詹姆斯·斯蒂芬不同，菲尼斯并未提出这样一个问题："公众是怎么想的？"在什么是道德的、什么是不道德的，以及作为秩序守护者的国家应该相应地允许或禁止什么的问题上，斯蒂芬诉诸传统观点，而菲尼斯尽管承认当前盛行的宽松主义氛围，却将自己的严格主义立场建立在对人类需求的哲学观点之上。的确，宽松主义者已经在半个世纪的时间里获得了舆论的持续支持，但如果舆论发生了改变呢？这种改变可能很细微，也可能很显著，它可能会在世俗主义气候不变的情况下从宽松转向严格，而世俗主义将宗教原因排除在公共辩论之外。或者，它也可能转而反对世俗主义本身，从而使严格主义获得宗教的支持。

目前来看，这两种转变都不太可能发生。例如在美国，对堕胎的看法似乎很稳定。皮尤研究中心的民意调查数据显示，自 20 世纪 90 年代以来，在允许还是禁止"全部"或"大多数"堕胎的问题上，持允许（58%）和禁止（37%）态度的民众比例几乎没有发生变化。然而，这并没有阻止欧洲的保守派在这方面作出努力，如前文提到的；也没有阻止美国的共和党人在州立法机构提出反堕胎法案，其提案用语既带有政党政治色彩，又带有宗教色彩。2019 年 12 月，俄亥俄州的一名州议员在为这样一项法案辩护时声称："控制邪恶并作出妥协的时代已经结束。"

如果说菲尼斯代表了现代自然法传统高冷的一端，那么其大众的一端则由美国学者帕特里克·德尼恩（Patrick Deneen）担纲。2012 年 5 月，德尼恩在《首要之事》上发表了《不可持续的自由主义》（"Unsustainable Liberalism"）一文，并在其著作《自由主义为何失败》（*Why Liberalism Failed*，2018 年）中拓展了这一批评。在德尼恩看来，自由主义的深刻缺陷包括："人类学个人主义"，试图使人"摆脱构成性关系，摆脱非选择性传统，摆脱限制性习俗"；唯意志论的选择观，否认"存在错误或糟糕的选择"；以及人与自然的分离，认为自然是一种普遍秩序，其中包含了对人而言何者为善或何者为恶的规范。在这里，德尼恩犯了斯蒂芬·霍尔姆斯（Stephen Holmes）在《反自由主义剖析》（*Anatomy of Antiliberalism*，1993 年）* 一书中称为"反义词替换"（antonym substitution）的错误，这是

---

* 此书已有中文版面世，见［美］斯蒂芬·霍尔姆斯：《反自由主义剖析》，曦中等译，中国社会科学出版社 2002 年版。——译者注

一种修辞手法，它将自由派所反对的内容从其背景中剥离，代之以保守派赞成的内容。自由派并未将个人选择与道德选择相对立，而是将其与某种专断权威宣称是道德的选择相对立；他们并未将个人自由与承认权威相对立，而是将其与对专断、无约束权威的服从相对立；他们也未将个人的自我意识与个人的社区根源相对立，而是将其与个人在宗族或社会群体中非自愿的、通常是从属的成员身份相对立。自由派不愿在执行道德中使用强制性法律并不意味着他们否定道德。

在等待舆论转变的同时，道德严格主义者（尤其是在美国）依然寄希望于从法律的高度采取自上而下的方法。菲尼斯的两位牛津大学学生在美国法律界非常知名。尼尔·戈萨奇（Neil Gorsuch）曾师从菲尼斯，如今是美国最高法院大法官。他的另一位学生罗伯特·乔治（Robert George）是普林斯顿大学法学教授，撰写了《曼哈顿宣言》，该宣言呼吁教会和慈善机构抵制某些法律，那些法律使他们卷入对堕胎、同性婚姻和胚胎破坏研究的暗中支持。乔治在保守派的论战中比戈萨奇更加直言不讳，他认为自由派是"女权主义、多元文化主义、同性恋解放主义和生活方式自由主义"等"世俗主义正统观念"的奴隶。

戈萨奇和乔治都是联邦党人协会（Federalist Society）的成员，该协会是一个由保守派和古典自由派律师组成的游说团体，成立于 1982 年，最早的分会设在耶鲁大学和芝加哥大学，其目标是从"激进主义"的自由派法官手中夺回联邦法院。该协会的副会长是华盛顿有影响的权力斡旋人伦纳德·利奥（Leonard Leo），据说利奥曾向特朗普提供了可被右翼保守派接受的最高法院大法官提名人选，包括戈萨奇和布雷特·卡瓦诺（Brett Kavanaugh）。最高法院的另外四位现任大法官，包括首席大法官在内，也都是联邦党人协会的成员。该协会所支持的法官通常反对枪支管制和堕胎，并认为携带武器是一项权利，生育孩子是一项义务。联邦党人协会决心颠覆过去半个世纪以来的宪法决策模式，并因司法能动主义（judicial activism）而受到批评。司法能动主义即法官将立法权从民选的立法机构手中夺走，它曾是保守派法学家在 20 世纪六七十年代对自由派法官提出的指控。自 2015 年以来，联邦党人协会在其目标宣言中超越了上述紧张关系，其目标是"倡导如下原则：国家之存在是为了维护自由，政府权力之分立是我们宪法的核心，司法部门确切的职责是解释法律是什么而非应该是什么"。

　　关于罗杰·斯克鲁顿，最大的谜团是他怎么会只是一个人。斯克鲁顿是哲学家、记者兼小说家，他曾经说过，如果自己每天不写够四千字，就会感到不洁净；他出版了五十多本书籍，编辑了一份政治杂志，写了许多学术文章，并在四十年的时间里发表了无数语带讽刺的短评，不断激怒着自由派读者。他涉猎领域之广令人生畏，他的写作主题涵盖了道德、人格哲学、政治思想、美学、音乐、建筑、饮酒、性道德和环境保护等。他的哲学学养深厚，并且能够以无与伦比的技巧清晰地阐述自己的观点，这一点在其著作《康德》（*Kant*，1982 年）＊和《政治思想词典》（*Dictionary of Political Thought*，2007 年）中有淋漓尽致的表现。他以简明易懂的写作方式在那些曾经对公众开放而如今只对专业人士开放的领域中驰骋。尽管他的口吻带有地方气息，但他的学识领域和语言却是世界性的。作为哲学家，他可以是严肃的，也可以是煽动的。作为英国的一位杰出人物，他提供了一个地方性反例，以反驳一种陈腐的错误观念，即保守派惧怕思想。

　　斯克鲁顿接受过科学和数学的教育，且从未对这两门学科失去信心，认为它们是可靠的知识。在哲学上，他秉承科林伍德和德国唯心主义的精神，反对将自然科学等同于所有的知识或唯一的知识模式。他思想的主旋律是抵制科学主义及其近亲"明朗主义"（clairantism）†，后者错误地相信祛魅性解释，对于模糊不清的事物则不加解释。他坚信"保守派需要更多的思考"，于是在 1974 年创办了"保守主义哲学团体"（Conservative

---

＊　此书已有多个中文版面世，感兴趣的读者可自行查阅。——译者注

†　关于"clairantism"一词，斯克鲁顿在其著作《淡淡的遗憾：一生感悟》（*Gentle Regrets：Thoughts from a Life*，Bloomsbury Reader，2012）中这样写道："我向来不是进步主义者，也从未体味过实证主义者及其后继者所拥有的那种欢愉的 clairantism。（正如 J.L.奥斯丁［J. L. Austin］所称的，）它是这样一种信念：认为事物的神秘性是我们自己创造的，只要努力去消除这种神秘性，科学就能够提供关于我们处境的完整和最终的真相。"除此之外，译者未能找到更多关于"clairantism"的资料。根据斯克鲁顿此处的论述，译者倾向于将"clairantism"译作"明朗主义"，意在传达实证主义者对科学揭示真理能力的积极态度。——译者注

Philosophy Group）；他在 1978 年试图获得保守党议员候选资格，但未获成功；1982 年，他与约翰·凯西（John Casey）共同创办了《索尔兹伯里评论》（*Salisbury Review*），并担任编辑长达 18 年之久，这是一份代表传统价值观的保守派季刊，与代表自由意志主义的右翼保持了距离。

斯克鲁顿的部分著作旨在将保守主义政治置于一种哲学观的基础之上，单是这样一种尝试，就使他在当今英语知识界中几乎独树一帜。他的写作风格是英国式的，以文笔清晰著称，这使他与德国传统的哲学唯心主义格格不入。二十五年之后，他称自己 1980 年出版的第一部著作《保守主义的含义》（*The Meaning of Conservatism*）* 是"面对来自自由市场主义者的背叛，对保守党价值观所作的某种黑格尔式辩护"。这个描述是恰当的。

斯克鲁顿认识到，欧洲和美国的主流保守主义实际上是右翼自由主义。对市场社会的赞美忽视了自由市场对社会带来的伤害，更糟糕的是，这种赞美并不等同于哲学。在 1980 年的《保守主义的含义》及其后续版本中，斯克鲁顿旨在填补这一空白。他试图将纯粹的保守主义观点与哈耶克的市场思维区分开来，当哈耶克寻求哲学上的辩护理由时，他实际上是在求助于一种日常的功利主义。他还试图挖掘奥克肖特关于社会知识之有限和政治效忠之性质的跨党派暗示，并将它们明确地用于保守主义的目的。斯克鲁顿后来对自由市场的态度更加友好，强调人的基本自由，并抵制似乎否认这种自由的"整体性"社会图景。他开始称《保守主义的含义》为"一部年轻人的著作"，尽管该书的主题一直都在他的哲学保守主义中占据核心地位。

对斯克鲁顿而言，权威、制度与效忠构成了社会秩序环环相扣的核心，而维护和传承社会秩序则是政治的首要任务。这些要件是相互关联的：没有权威，就没有秩序；没有制度，权威就无从提出要求并使自己免于专断；而没有效忠，也就没有制度，因为制度所需要的不是明智的顺从，而是不假思索的接受，斯克鲁顿称之为敬畏或虔诚。他将这种秩序称为"建制"，而建制是"政治伟大的内在目标"。

---

* 此书已有多个中文版面世，感兴趣的读者可自行查阅。——译者注

秩序，或者说建制，并不是由前社会的（presocial）人所选择的，也不是由某个具有奠基性的宪法法案所创造的，而是借助于习惯化和对未曾中断的传统习俗的关怀而逐渐形成的。政治的任务是守护秩序，除此之外它没有别的指导性目标，比如促进更大的平等或社会正义，再比如维护更大的等级制度和特权。

斯克鲁顿所认为的那些被社会秩序需要的制度与保守主义的经典主张十分相似，它们包括了法律、私人财产和个人自由，并且这些要件也是环环相扣的。自由需要财产，因为如果没有了财产，人就不会有社会人格——一个人在社会中行动的自主能力。此外，无主物会带来无法解决的冲突。财产与自由都受到法律的保护，尤其是受到法官制定的普通法的保护，因为普通法与制定法不同，它专注于在当前所办理的案件中实现应有的正义，除此之外别无他求。尽管财产与自由都为秩序所必需，但两者都必须受制于一种共同的效忠精神，一旦离开了这种效忠，制度将会土崩瓦解。这种效忠应该是对一个社会整体的效忠，这个整体比地区要大，但比人类整体要小，这种整体最常见的就是国家（nation）。国家使人们互相关联，这种关联不是基于种族或宗教，而是基于共同的文化、共享的历史记忆和公民责任。一个健康的国家要允许多样性和分歧存在。

斯克鲁顿笔下的社会与政治区别于他认为的自由主义所要求的那些截然不同的图景。他所描绘的社会与政治图景不是"契约性的"，而是摒弃了任何一种认为"社会义务产生于相互同意"之类的观念，并在个人自由与普遍的效忠所隐含的非个人义务之间实现了平衡。它也不是"进步的"，而是禁止以某种改进的模式作为所要实现的目标，以之对现实社会作出评判并认为现实社会是不符合这种模式的。它相信人性的概念，并将否认人性之需求与限制的自由主义观点视为空洞，而对家庭、归属和稳定的热切追求正是人性的题中应有之义。

从历史上看，斯克鲁顿的这幅图景具有世界主义的渊源，它继承了奥克肖特和伯克的传统。通过否认政治在维护社会秩序或曰"建制"之外还有其他的目的，斯克鲁顿呼应了奥克肖特将"理性主义"从政治中放逐的观点。通过将习俗与"装束"相关联，他采纳了伯克将社会规范比作人的动物性外衣的隐喻，这种认为社会为人提供了"第二性"的思想在战后德国的保守主义思想中异常突出，正如盖伦的思想所展示的。

与此同时，斯克鲁顿自豪地秉承康德的精神，将理性（即我们给予并接受理性的能力）作为人之本性的核心。按照康德的论证方式，斯克鲁顿提出了一个链条：没有自我认知，就没有理性；没有对他人的认知，就没有自我认知；没有对他人的认知，就没有社会性和道德赖以立足的人与人之间的相互接受。反过来说，理性植根于社会和道德之中。

然而，理性不必是普遍的。斯克鲁顿以此呼应了黑格尔，因为他所谓的"理性"处处都显示出局部和历史的形态。人们在生活中给予彼此以指导和解释的理性来自他们所生所长的社会内部。每一个社会都有生成习俗的那些制度，如家庭、学习、法律、财产和交换，这些制度在不同的社会中以不同的方式呈现，并以不同的方式形成习俗。因此，人们对习俗的效忠也势必是相对的，也就是说，这种效忠是针对此时此地的社会习俗，而非针对其他社会的习俗。多样性可能会受到认可甚至欢迎。我们也许会认为生活在一个有着多种社会和多种习俗的世界中是一件好事，但对多样性的认可并不等同于效忠，因为它并不涉及对其他习俗的接受。承认其他习俗之存在，正如容忍其他信仰之存在一样，依然容许人们坚持认为其他习俗是错误的。

许多问题依然有待回答，如：是什么促使斯克鲁顿摆出了明显的和解姿态？其对于"习俗""社会"这样的关键术语也要作出更加丰富的界定。社会究竟始于何处？一国的习俗在多大程度上是统一的？在资本主义现代性中，劳动分工和人员及资金的自由流动起到了腐蚀作用。社会有其多样性，各种习俗在社会中共存，相互冲突的忠诚与共同的忠诚彼此碰撞。面对这样的事实，如果坚持认为在一个冲突不断的自由主义现代社会中某个国家的（national）习俗要占主导地位，那看起来像是在恐吓。反过来，如果声称我们每个人都可以选择一种体现国家的习俗，那看起来也是无稽之谈。在一个多元化的现代国家中，保守派应该去哪里寻找统一呢？对此，斯克鲁顿并未言明。在他关于"人类"的更宽广的思考中可以找到一个答案，但这个答案是间接的，也不具有明显的保守主义色彩。

斯克鲁顿的《论人性》（*On Human Nature*，2017 年）是哲学人类学中影响深远的一本论著。与他的许多作品一样，这本书也可以以一种更加党派或更加中立的态度来理解。在对"人类"作出描述时，斯克鲁顿遵循了一种在自然科学和人文探究之间的明确划分，这种划分在德国的哲学传统中异常明显。科学，尤其是生物和神经科学，更好地解释了人的动物性存在。然而尽管科学可以解释人体内"发生的事情"，但它无法解释人的理性自我，无法揭示是什么样的机理使我们认识到彼此是理性生物。

这个错误观念，即认为科学能够告诉我们关于自己的全部真相，只是隐含在一种牵强而扭曲的人性看法中的三个错误之一。在斯克鲁顿看来，这种看法如今很常见，并扭曲了自由主义的社会图景。第二个错误是对道德自主性的误解。我们每个人都要为自己的选择负责，就此而言，我们在道德上是自由的。与此同时，我们也受到未经选择的社会关系的道德约束，这些社会关系向我们强加了义务，并塑造了我们的生活目标。我们可以自由地遵守道德，却不能自由地选择遵守哪种道德。自由主义社会图景的第三个错误是，将一切有价值的事物都视为通过偏好或同意而获得的。这个错误所隐含的危险是，将价值等同于价格，并使一切重要的东西都可被交换。对此，斯克鲁顿反驳说，许多事物有其本身的重要性，如美丽、学识、自然环境和社会共同体。这些"永恒事物"，包括一个人所属的国家在内，需要被珍惜和保护。对待它们的正确态度不是问"这是做什么用的"或者"这些值多少钱"，这实际上是将比如美丽或学识当成了完成任务的工具，它们完全可被其他工具所替代，并以适当的价格进行交易。正确的态度应该是向这些"永恒事物"展现出斯克鲁顿所称的虔诚，即毫不质疑的认可、尊重和爱。

可以将这些错误恰当地称为"科学主义""自由意志主义"和"交易主义"（transactionalism），但斯克鲁顿本人并未如此称呼它们。按照斯克鲁顿的说法，这三者在自由主义的世俗社会可被认为是对人类的恰当描述，即人类是一种现世的、受理性引导的和追求满足的存在物。然而，上述每一个错误都是有缺陷的和肤浅的，它们对人类道德本质的理解并未给污染、玷污或亵渎等观念留下任何空间，它们对人类动机所作的售货柜台式的描述忽视了人的罪恶感和对救赎的渴望。本着中立的态度，哲学家可以在质疑斯克鲁顿推理的同时，欣赏其理论的综合性。本着党派的精神，政治自由主义者可以这样问自己：在斯克鲁顿得出的关于人类的哲学结论中——如羞耻感和罪恶感的不可避免、禁忌所具有的非理性权威、道德事实之存在——哪些是自己基于政治观点而无法认同的？

尽管各种理论就其整体而言通常是建立在自由主义的基础之上，但政治自由主义者不一定非得是洛克式契约论者、"个人主义者"（一个有点模糊、多功能的术语）、对非选择性义务的否认者，或者对道德"客观性"的质疑者。政治自由主义者对人类个体的科学理解不一定是简化的，他们将价值与价格等同起来也不一定是出于交易目的。以这些有争议的推测观之，并不存在通向政治自由主义及其一系列主张的直接而必然的路径——政治自由主义的主张包括：承认社会在价值观上存在分歧（这并不是否定价值观），担忧不受限制的权力会虐待人类，相信人是可改进的，以及尊重人本身（无论他们是谁）。

政治自由主义者也不必否认诸如美丽、学识和未被破坏的大自然等"永恒事物"的固有价值，作为保守派文化评论家的斯克鲁顿曾令人动容地捍卫这些价值。与斯克鲁顿一样，自由主义者也能够并且经常发现那些有价值的东西被人忽视和保护不周。在《美无处不在》（*Beauty*，2009年）* 一书中，斯克鲁顿写道："美正从我们的世界中消失，因为它在我们的生活中似乎变得无关紧要。"这句话只说对了一半，斯克鲁顿对当今文化的暗淡看法不仅忽略了创作者所取得的丰富艺术成就，而且忽略了观众、听众和读者接触人类文化遗产的前所未有的现代途径（如照相机、录音和网络图书馆）。也就是说，它忽视了这幅图景的悲观选择性。许多文化是粗糙的和丑陋的（并且很可能一直如此），但斯克鲁顿的不足之处在于他对文化衰败所作的解释。他的描述有着过于狭隘的学究气，并在因果关系上不令人信服。他不合情理地将责任单方面归咎于那些引发混乱的批判性头脑，尤其是现代主义者和反古典派，他们要么持有错误的标准，要么没有标准。从斯克鲁顿的责任清单中遗漏的还有社会或经济因素，因为当今的文化衰败还要归因于追求利润的文化产业、受欢迎的保守派媒体和资金不足的学校，以及大学和文化团体所具有的管理思维——

---

* 此书已有中文版面世，见［英］罗杰·斯卡顿：《美无处不在》，陈开华、刘娟译，河北教育出版社 2016 年版。——译者注

大学和文化团体本应捍卫人文价值观，如今却给人文价值观贴上了价签。从经济学角度而言，斯克鲁顿的批评夸大了对值得保留之文化的需求不足，忽视了一个由货币主导的文化市场所带来的供给侧扭曲。作为一位捍卫财产的保守主义者，斯克鲁顿完全有可能面对一个当代版本的张伯伦之问，即财产准备为文化复兴支付多少赎金？张伯伦在 19 世纪 80 年代面对社会改革的代价时提出了这个问题。

斯克鲁顿的哲学和他的政治之间的错位与前面提到的一个问题相伴而生，那就是：如何在多元化的现代社会中实现国家的团结？从斯克鲁顿关于社会想象的诸多论述中，我们可以找到这个问题的答案，其关键是我们的想象力，也就是将一件事物"视为"另一件事物的能力，比如从一组涂抹的标记中看到一幅图像，从一连串的声音中听到一段旋律，或者从建筑物中发现严格来说并不存在的美学特征，如优雅、平衡或者吸引力。在斯克鲁顿看来，这种想象的能力不仅支撑着我们对艺术的参与，也支撑着我们的社交能力和对道德的接纳。第一步是我们将彼此看作人。这并不意味着人是虚构的，因为将他人看作人并不会使之前不存在的东西变得存在。对人际的想象并不是不着边际的联想般的幻想；相反，它依赖于知识，尤其是关于责任、怨恨、赞美和责备的知识。这种想象可被理解为一种有目的的心灵活动，并进而具有某种程度的"客观性"：它究竟是清晰的还是模糊的，好的还是坏的，以及是否可被争论和纠正。在这些判断上，人们可以趋于一致。一旦将彼此看作人，我们在彼此眼中就会成为家人、同事、朋友。在斯克鲁顿看来，如果没有这种想象，也就不存在社交世界。

这种思想的自然延伸为斯克鲁顿提供了一个答案，使他可以回答这样一个问题：如何在多元化的现代社会找到一个统一的国家整体？根据他对社会想象力的描述，保守主义者完全可以说，当我们将彼此视为公民同胞时，我们就看到了国家的整体。如果没有这样一种承认，就不会有共同的社会以及这个社会中的种种习俗和价值观，正是这些习俗和价值观使得我们每个人都意识到自己属于同一个国家。这样的看法，在自由主义者看来，也可能成为对国家团结与社会多样性进行调和的开端。但它或许并不适用于斯克鲁顿，因为他的政治观点对国家认同提出了更多的要求，而不仅仅是共同的公民身份；斯克鲁顿所要求的不仅仅是公民的和政治的承诺，还要求更广泛的道德和文化忠诚，而这种忠诚在现代社会是不存在的。尽管我们努力尝试，却无法实现社会的有序或团结。

斯克鲁顿过多地将人置于一个具有不合常理的稳定性和支持性的社会中，但很少关注人应该如何在易变的生命体中寻找立足点。他笔下的人与萨特（Sartre）的描述并无不同，常常有着过于自由、活跃和富有想象力的心灵，却忽视了人类普遍的共同之处，那就是：一个在很大程度上不自由、需要被满足和要求苛刻的身体。这种失衡在他的政治观点中再次出现。以保守主义的传统而论，斯克鲁顿是一位反进步主义者，他认为我们应该不加评判地接受人之现状。然而，奇怪的是，他笔下的那些拘泥于社交细节、过于深思熟虑的人物形象更加符合自由主义者据说是错误的想象：他们具有浓厚的康德色彩，更像是天使或聪明的火星人，而非贫困、头脑不清和不完美的凡人，对后者的治理一直令政治保守派忧心。

对斯克鲁顿那兼具说服力和感染力的学说的最后一个担忧事关地方习俗的道德可靠性。对保守主义者而言，本着互谅互让的谨慎精神放弃对外国习俗的"圣战"是一回事，想象自己身处一个异域社会并向这个社会发问："你的地方习俗具有何种道德权威？是什么赋予它们以正确性？"则是另一回事。这对自由派而言是一个问题，但并不意味着它在保守派那里不成问题。事实上，它是保守派无论何时何地都必须面对的一个问题。对于该问题，保守主义的一个经典回答是：时间的积淀赋予习俗以道德上的可靠性。这个回答最初发端于休谟和伯克等人。随着时间的积累，人们习以为常的价值观变成了具有道德要求的价值观。也就是说，时间赋予其以价值，传统则保守该价值。但问题在于，时间和传统并不总是可靠的，它们也会保守反面价值（disvalue），比如传统就曾保守过奴隶制和妇女的从属地位。对此，"反理性"的保守主义者可能会表示认同，但他们依然会坚持认为，社会安排只能从内部加以评判，而不能从外部用社会以外的或普遍的标准来衡量。西方社会对奴隶制和妇女从属地位的拒绝便是伴随着西方社会自我认识的提升而出现的：其对人格的认识越来越不受限制，也越来越具有普遍性。黑格尔的影子在这里清晰可见。这种和解看起来具有吸引力，但困难之处在于，这种自由主义的"普世主义"标准在另一种描述下被奥克肖特和斯克鲁顿斥为"理性主义"，认为其不具有适用性。然而，这些标准源自西方社会内部，是随着西方社会以更加美好的眼光看待这个世界而出现的，它们并非与社会不相容的外部舶来品。

斯克鲁顿在批判自由主义时所犯的一个错误是夸大其词，这往往会削弱其批判的冲击力。他的夸大堂而皇之、引人注目，可谓继承了保守主义夸大的传统，该传统最早可追溯到伯克和迈斯特言辞的奔放。此外，斯克鲁顿还可以运用右翼最不留情面的讽刺作家（如门肯，甚至尼采和波德莱尔）的手法来嘲笑、讽刺和贬低自由主义者。他的夸大其词集中体现在《愚人、煽动者和恶棍：新左翼的思想家》（*Fools，Firebrands and Scoundrels：Thinkers of the New Left*，2015 年）一书中，并经常出现在他的政治写作中。总体而言，斯克鲁顿的思想水准比德尼恩要高，但他也常常陷入错误的对比之中。比如他认为，自由主义者并不主张无限制的平等，而是主张减少不平等；并不主张掠夺财富，而是主张财富应当承担更多的责任；并不主张取代资本主义，而是主张约束资本主义；并不否定市场价值，而是拒绝将市场作为唯一的和首要的价值。

20 世纪 80 年代，当斯克鲁顿首次谈及保守主义时，他对自由市场激进主义持一种更加明确的怀疑态度。他是一位不妥协的保守派，并自豪地声称自己从未见过撒切尔夫人。他是一位小写的保守主义者，而非英国政党意义上的保守党成员。随着时间的推移，斯克鲁顿对自由市场的态度变得更加友好。在其著作中，他不仅开始引用反理性主义者如伯克和奥克肖特，还开始引用功利主义者哈耶克，来支持这样一种观点：社会的连接过于复杂、微妙和敏感，以至于无法理解，也无法为了实现政治理想而加以干预。在出版于 1980 年和 1984 年的前两版《保守主义的含义》中，他将英国保守主义与美国右翼区分开来。他写道，英国的自由和"美国的共和式自由"是不同的。"自由的概念……不能在保守主义思想中占据中心地位，"他继续写道，"没有哪个保守主义者会认为民主是其政治观点的必备要义。"然而，在他后来的作品中，诸如此类的大胆论调逐渐让位于一幅令美国的右翼自由派感到舒适的保守主义图景。在 2017 年的《保守主义》（*Conservatism*）一书中，斯克鲁顿强调，保守主义哲学一直珍视"个人之自由"，并拒绝接受建立在保守主义基础上的集体主义社会图景，认为它是"一个由习惯和顺从所束缚的有机网络"。随着年岁的增长，斯克鲁顿至少在经济的意义上变得更加自由主义了，这与人们通常所认为的生命模式正好相反——根据该模式，人们随着年龄的增长会变得更加保守。

2019 年初，德国政治文化杂志《西塞罗》报道了一次精神火炬的传递。在当年的二月刊中，该杂志宣布德国左翼自由派的"眼中钉"斯洛特戴克在读者投票中脱颖而出，在五百位德国主要知识分子中拔得头筹，而德国自由主义民主良心的守护者哈贝马斯只能屈居第二。这次投票不具有官方性，也不是一种公开的荣誉，但在德国这样一个素来尊重知识分子的国度，它就像教堂的会众对牧师发出阵阵嘘声，而将欢呼送给小丑一般。

斯洛特戴克 1947 年出生于德国的卡尔斯鲁厄，他的大本营便是位于卡尔斯鲁厄的国立设计学院。他的成名作是一部篇幅长达 960 页的大部头著作《犬儒理性批判》（*Critique of Cynical Reason*，1983 年），代表了一场由受过启蒙的后自由主义思想者对自由主义启蒙运动所发起的蒙面攻击（masked assault）。随后，他又出版了"球体"（*Spheres*）三部曲，分别是：《气泡》（*Bubbles*，1998 年）、《球体》（*Globes*，1999 年）和《泡沫》（*Foams*，2004 年）。这个三部曲是一部信马由缰的、思辨性的人类学著作，一气呵成、很少停顿，依次探讨了人类个体、人的庇护之所和人的社会存在。除了出版数十本文集和访谈外，斯洛特戴克还与尼采的传记作者吕迪格尔·萨弗兰斯基（Rudiger Safranki）共同主持了一档名为"玻璃屋：哲学四重奏"（*In the Glasshouse：The Philosophical Quartet*，2002—2012 年）的电视思想节目。如果用一句话概括斯洛特戴克的主张，那就是：摆脱自由主义的道德束缚，停止对技术的恐惧，重新思考我们的道德家园。

尽管两人存在种种差异，但斯洛特戴克在德国的文化地位与斯克鲁顿在英国的地位并无不同。两人都反对 20 世纪 60 年代末和 70 年代初的智识左翼主义，都在异国他乡体验过与他们所熟悉的成长环境截然不同的生活方式。斯洛特戴克追随叔本华的脚步，对东方思想着迷不已，并在印度的一个修行场所度过了他的成长时光。斯克鲁顿则出于对 1968 年巴黎学生抗议的反感，在苏联共产主义的最后几年中，勇敢地与中欧持不同政见者合作。两人在学术界都是非主流的成功者，并且都惹恼了大学：斯克鲁顿是因为嘲讽了在他看来大学对自由主义的虔诚，斯洛特戴克则是因为无视学术上的学科划分。两人都无所顾忌地让自己成为争论的一部分，并在媒体上大出风头，且都以每年一本以上的速度出书。尽管不乏吹毛求疵者和贬低者，但两人都成了蜚声海内外的著名人物。两人都有着语言天赋，尽管斯克鲁顿的写作风格简洁明了，而斯洛特戴克则更加偏好多音节、晦涩难懂的用语。两人都几乎对所有事物发表见解，尽管斯克鲁顿比斯洛特戴克更加谨慎，不轻易对自然科学发表观点。斯克鲁顿的论证清晰而简洁，通常以清晰的文章或短篇章节为载体，他曾表示，自己受过训练的分析哲学是一种他既无法遵循也无法忘怀的传统。而斯洛特戴克则似乎阅读或涉猎了自荷马以来的所有文献，他所注重的并非论证，而是隐喻、暗示、类比、格言、新词和嘲讽性的学术分类，以及滑稽或引人注目的插图（尤其是裸体女性和残忍的场景）。在他的作品中，理性有时候会在长达数页的篇幅中缺席。他曾经夸耀说：“我永远不会独处，因为我的内心总是在进行多重对话。”如果读者想从他那里得到一个明确表述的观点或深思熟虑的结论，那将是徒劳的。但有一个问题始终是斯洛特戴克和斯克鲁顿所共同关心的，那就是：在当下伦理文化的一团混乱中，什么是一个思想者应该为之庇护和保守的？

与斯克鲁顿一样，斯洛特戴克也乐于嘲弄左翼自由派。在政党方面，他曾希望自由派与基民盟能够在 2017 年实现联合。他嘲笑左翼自由派的“愤怒活动家”是“国际悲观主义者”，这些人专门“输入苦难”并将之转化为“高质量的谴责物”。他不假思索地列举右翼常见的对福利国家的反对意见，如“现代国家掠夺其富有的公民”，税收成为一种“战利品”，自由主义的民主国家随之变成了“毫无生气的国家”和“盗贼统治的国家”。作为一位反自由主义的思想家，斯洛特戴克引人关注的地方首先是他庞杂的作品。

《犬儒理性批判》是斯洛特戴克的一种尝试，他试图对启蒙运动作出限定，从而为对我们生活方式的真正批评留出空间。那些错误的批评者是“现代犬儒主义者”（cynics），他们为权力效劳，从而扭曲了对真理的追求。他们是人们常见的所谓“揭露者”（unmaskers），其中以斯宾诺莎、休谟、伏尔泰、尼采和弗洛伊德为典型代表。他们通过揭露错误的观念，假装要动摇社会及其习俗。然而，他们实际上剥夺了我们思考或谈论社会的途径，从而加固了社会。在斯洛特戴克看来，"现代犬儒主义者"采取了八种辩论策略：启示是空洞的，宗教是虚幻的，形而上是徒劳的，理想掩饰了自我利益，道德是无根基的，自我认识是行不通的，人性是一种虚构，自我是一种错觉。我们只剩下基督教那过时的自我谴责和对所处世界的不满。自由主义的民主社会甚至不再假装为自身提供合理性。

斯洛特戴克笔下的现代犬儒主义者是伪装的保守派，他们剥夺了自由主义-民主之正统观念的正当性，从而蒙蔽了内部的人们，使他们对外部可能的批评视而不见。这是如今对启蒙运动的一种常见批评，无论是法兰克福学派的新马克思主义者还是麦金太尔式的反自由主义者，都曾表达过这种批评。斯洛特戴克的创新之处在于他请来了现代犬儒主义者的对手，即"古代犬儒主义者"（kynic）＊。古代犬儒主义者是真正的破坏者，以（居住在木桶里的）第欧根尼为代表。现代犬儒主义者居高临下、一本正经地展开理性辩论，古代犬儒主义者则借助于戏谑和小丑表演来表达观点，他们并不是批判传统，而是对传统进行嘲弄。他们的小丑表演是有目的的，试图在一个扭曲的"半理性"社会中保持自己作为理性的存在。西方思想可被认为是发生在现代犬儒主义者和古代犬儒主义者之间的一场较量，斯洛特戴克以其自认为滑稽的方式描述了这一点。

斯洛特戴克属于哪一方呢？他究竟是现代犬儒主义者还是古代犬儒

＊ 斯洛特戴克区分了"cynicism"和"kynicism"。关于两者的区别，学者徐贲在《犬儒时代的良心与希望》一文中指出，斯洛特戴克"区分了古希腊有明确抵抗意愿的犬儒主义（kynicism）和现代的那种妥协、服从、不抵抗的犬儒主义（cynicism）"。徐贲进一步写道："古代的犬儒主义者在不同程度上拥有自己的伦理信念和道德准则，以此为标准来鄙视和嘲笑人世间的虚伪、骄奢、势利、物欲和功利……。现代犬儒主义……已经蜕变为一种将道德原则和良心抛到一边的虚无主义和无为主义……，虽然有某种不满现实的意识，但却放弃了道德坚持或良心行动……乐于奉行得过且过、随遇而安、何必认真、难得糊涂，甚至浑水摸鱼的生活态度。"也有人将"kynicism"译作"狗智主义"，本书不采此译，而是依据这两个词的原本含义，分别译作"现代犬儒主义"和"古代犬儒主义"。上引自《犬儒时代的良心与希望》，载徐贲：《颓废与沉默：透视犬儒文化》，东方出版社 2015 年版。——译者注

主义者？就其对人类现状之所言（以篇幅论，他的此类言说有很多）来看，他在这两种角色之间来回摇摆。他曾豪迈地宣称，自己那卷帙浩繁的"球体"三部曲旨在向海德格尔看齐，要像海德格尔呈现人类的时间体验那样呈现人类的空间体验。在《存在与时间》一书中，海德格尔承诺要描绘一幅人类生活图景，这幅图景比自然科学或模仿科学的"实证主义"哲学所能提供的更加真实。海德格尔认为，自然科学和实证主义哲学因其过于超然的观点和过于笼统的范畴而歪曲了人类的生活体验。艺术与文学借助于对事例的呈现，捕捉到了生活的颗粒性（graininess）和独特性，而哲学因其更广泛的视角，可以更加接近生活的深层真理。然而，在这里，海德格尔陷入了他所谴责的"实证主义"陷阱，他对人类体验的哲学描述变得过于笼统，而在那些不太笼统的地方又显得自相矛盾。他声称不存在人性，不存在作为人的"本质"，但同时又坚持认为，人的生命的有限决定了人的其他一切方面，这个简单的事实表明，人的生命的本质正在于其时间上的有限性。斯洛特戴克毫不畏惧地涉足这个领域，他在《气泡》的开篇宣称，具有决定性的事实是人类在空间上的有限性。他随后在书中呈现的并不是中世纪形而上学那般晦涩的进一步探讨，而是一段令人眼花缭乱而又自由散漫的冥想，其主题是人类对物质保护和庇护的需求。在这里，加斯东·巴什拉（Gaston Bachelard）的空间诗学比海德格尔更有指导意义。斯洛特戴克的主题是"内部"（interiors），他经常使用的比喻是"免疫"。他说："只有在构成内部的免疫结构中，人类才能够继续其世代进程，推进人类的个体化。"简单地说，人类是有着脆弱内在的身体生物，更乐于在私人空间中寻找庇护。

斯洛特戴克敏捷的头脑很快摆脱了房屋等任何世俗之物的束缚。他的《气泡》一书信马由缰，所谈及的话题包括：羊膜囊；哥白尼革命，它使"天空免疫系统变得不再对人有用"；锡耶纳的圣凯瑟琳（Catherine of Si-ena）＊之信念，她认为耶稣带走了她的心，而她在没有心的情况下继续生活；人类面孔、肖像和相面术的"出现"；卵、卵子和双胞胎等。书中也的确

＊　又译圣加大利纳，14 世纪天主教女圣人。据说 1366 年耶稣向她显现。——译者注

收录了一篇关于哲学人类学的长篇大论，即《存在的驯化：对空间清理的阐释》（"The Domestication of Being：For an Elucidation of the Clearing"）。在这篇文章中，斯洛特戴克像海德格尔一样认为人性并非源于生理和语言，而是源于制造工具和建造庇护所。

以斯洛特戴克本人的话说，他 1999 年出版的《球体》是"一座坟墓，用来埋葬那种无所不包的整体性思想"。书中涉及很多主题，包括：球体的象征意义，地图的制作，织巢鸟的巢筑行为，吉拉德关于人们需要替罪羊以减轻罪恶感的理论（被斯洛特戴克称为"社会圈层的免疫反应"），一部将哲学视为试图对一切发言的徒劳尝试的简明哲学史（即《球体的本体论证明》一文），信息传递者（从赫尔墨斯［Hermes］* 到互联网），官僚控制，命运之轮，以及帝国主义掠夺（以麦尔维尔的分类作类比，后者将鲸鱼分为"有主鲸"即已被捕获者和"无主鲸"即可被自由捕获者†）。这些混杂的学问一路跌跌撞撞，最终得出了不令人惊讶的历史结论。16 世纪和 17 世纪的分裂性冲突打破了"一致对外的普遍性容器"，将欧洲人推入了现代性。一种"朝着个人主义生活方式迈进的时代趋势"显示出其"免疫学上的重要性"，因为"个体摆脱了群体，并使他们的幸福与政治共同体的健康状况相脱节"。也就是说，在人们各行其是的情况下，自由主义社会要如何维系，仍是一个未知数。

斯洛特戴克 2004 年的著作《泡沫》摒弃了传统的、截然不同的两种对社会的隐喻——将社会看作一个有机体（保守主义观点）或者认为社会充斥着原子化的个人（自由主义观点），而是将其看作泡沫。泡沫是"由固体或液体材料内部的气囊所构成的多室系统，各室之间由薄膜状的墙壁所分隔"。在泡沫社会中，"具有共同的脆弱性和隔离性的各单元"被"堆叠在密集的格子中"。（或者，用康德更简洁的话说，人们既喜欢置身于社会之中，也喜欢置身于社会之外。）与泡沫一同漂浮的，除了热气球、毒气战和空调等之外，还包括柏拉图、霍布斯、齐美尔（Simmel）和罗尔斯对社会

---

* 赫尔墨斯是古希腊神话中的奥林匹斯十二主神之一，神界与人界之间的信使。——译者注

† 这里指的是美国作家赫尔曼·麦尔维尔（Herman Melville）在小说《白鲸》（*Moby Dick*）中对鲸鱼所作的分类。——译者注

的简短描述。

在某个明显心神不宁的时刻,斯洛特戴克描述了各种各样的"人类免疫系统",也就是各种社会环境,包括纯粹的岛屿、太空站和温室。其中温室最受斯洛特戴克的青睐,因为纯粹岛屿隔绝了其他人,太空站隔绝了自然,温室则避免了这两种危险。典型的温室建筑包括伦敦的水晶宫、巴克敏斯特·富勒(Buckminster Fuller)的短程线圆顶(geodesic domes)和尼古拉斯·格里姆肖(Nicholas Grimshaw)的伊甸园计划。当然,温室也有缺点,它可能是过度保护的(如福利国家)。尽管如此,温室仍然是人类的最佳希望所在。

总结"球体"三部曲这部长达 2 100 页篇幅的作品,斯洛特戴克似乎想要告诉我们:自由主义现代社会已经解决了物质生活的主要问题,现在是时候关注社会和自然环境了。持自由主义保守立场的德国绿党也会说出同样的话,但绝不会如此动听。

斯洛特戴克过于相信进步,尤其是技术进步,这使他无法成为一位合格的海德格尔主义者。他对人类可改善性(improvability)的信心使得将他定位为保守主义者也颇为困难。他曾经说过,保守主义者是政治忧郁症患者,是"反现代主义者、宗教原教旨主义者、古典形而上学的信徒和拥有上等图书馆和酒窖的人。换句话说,他们是所有坚持完美的形而上学、更加相信衰退而非进步的人"。保守主义的忧郁在 19 世纪达到顶峰,当时的保守派以向后看的方式抵抗自由主义现代性。如今,20 世纪的恐怖使保守派不再可能向后看,而 20 世纪的成功又使他们无法再固守"艰苦、悲惨的保守主义天主教和否认财富的保守主义"。斯洛特戴克再一次用冗长的句子、繁复的词汇和散漫的表达传递出一个简单的观点,即保守主义者已经演变成具有强烈经济意识的右翼自由派。

在 1999 年的一篇标题颇具挑衅意味的文章《人类动物园规则》("Rules for the Human Zoo")中,斯洛特戴克将政治比作驯化动物,这引起了左翼自由派的批评,认为他唤起了历史上种族主义和优生学的幽灵。在其他文章中,斯洛特戴克则对使人类得以改善的技术前景赞不绝口。在这两种模式中,斯洛特戴克思考更多的并非生物工程,而是关于"心智和精神的技术"。他坚持认为,自己的"人类技术学"所关心的并不是肢体修复术，而是改变心智（mentalities）。

在需要改变多少的问题上，斯洛特戴克则摇摆不定。在 2008 年的《愤怒与时间》（*Rage and Time*）一书中，斯洛特戴克比许多人更早地指出，我们这个时代的典型政治情感是愤怒。作为激情的一种，愤怒的对立面是快乐，两者在古典意义上（和在精神分析层面）常常被拿来作对比。作为"意气"（thymos）*的一种，愤怒在不同程度上被等同于激情、怒火和雄心勃勃，它的近亲是骄傲和对认可的渴望。当受到冒犯或遭遇挫折时，愤怒就会转变成怨恨。如此看来，愤怒是人类的普遍情感，而管理愤怒（这是该话题的另一个侧面）则是政治的历史使命。犹太教、基督教和共产主义传统都各自有一套愤怒管理策略。犹太人将愤怒储存在上帝那里，而上帝会在没有任何警告的情况下，将怒火撒向犹太人的敌人或犹太人自己。基督徒将愤怒转向内部，让每个人都生自己的气。共产主义者则再次将愤怒带了出来，并在资本家和工人这两个敌对阵营之间平均分配。在自由主义的资本主义体系下，厄洛斯（Eros）†（即快乐）占据了上风，愤怒被分发给所有的人，并在购物和娱乐中释放出来。这似乎意味着自由资本主义已经驯服了愤怒，然而这种"愤怒"经济并不高效，对愤怒的分发也并不完全平等，并非所有市场都能够出清，那些迷失方向、灰心丧气的人们依然带有无法排解的愤怒情绪。之后，这种愤怒就会不可预测地爆发出来，表现为抗议、骚乱和恐怖活动。对《愤怒与时间》最好的解读，也许是将它看作对所有类型知识分子的一种斯威夫特式的讽刺，这些知识分子包括自由主义经济学家、进化生物学家、新马克思主义者、海德格尔主义者和斯洛特戴克本人，他们试图用巧妙但虚假的类比来解释我们在自由主义现代社会所面临的困惑。

在《你必须改变你的生活》（*You Must Change Your Life*，2009 年；2013 年）一书中，斯洛特戴克以愉悦的心情对"人类自我超越的倾向"展现出信心。他在书中倡导一种部分带有奥克肖特色彩、部分带有印度神

---

* 柏拉图在《理想国》中提出，人的灵魂由三个部分组成，分别是理性、意气和欲望。——译者注

† 在希腊神话中，厄洛斯是爱与情欲之神。——译者注

秘主义色彩的实用的宁静主义（quietism），即放手去做可行之事，不要像过分谨慎、事事讲求理性的自由主义者那样去努力重塑社会，也不要永远担心"为什么"。在这方面，斯克鲁顿曾谈到明智的保守主义者在不必考虑理性时所感受到的快乐。对于这样一种快乐，斯洛特戴克很少拒绝，这也是他的书读起来有趣也让人抓狂的一个原因。

斯洛特戴克的流行标志着德国知识界氛围的变化。他对反技术的、海德格尔式的对自由主义现代性的批判感到不满，他对批判理论和以哈贝马斯为首的第三代法兰克福学派也不再抱有幻想，哈贝马斯认为"理论"的目标是"实现社会化个体的自我启蒙，使他们知道什么是自己可以追求的，进而知道什么是自己将要追求的"。斯洛特戴克反对硬右翼，并与硬右翼的知识代言人、自己昔日的追随者容根决裂。然而，他对硬右翼的恐惧并未强烈到足以打消自己对左翼自由派所抱有的怀疑的地步，并且他呼吁在温和的中间地带建立右翼与左翼的联盟。知识界的守门人往往无视斯洛特戴克，或者将他视为江湖骗子。无论乐意与否，斯洛特戴克都在一个守门人和专家普遍不被信任的氛围中获得了成功。

上述三位思想家，即一位保守的天主教法律哲学家、一位继承了柯勒律治与卡莱尔精神的现代英国文化批评者、一位德国后海德格尔式的后自由主义者，共同构成了一个典型的三人组。作为自由主义现状的批评者，他们意识到人们正身处动荡之中，并试图从中找到一个立足点：菲尼斯寻求一种扎根于可理解之秩序（intelligible order）的道德，这种秩序的根基是超越人类的；斯克鲁顿寄希望于从习俗和传统中生长出来的伦理与文化忠诚；斯洛特戴克则是一大批现代思想家的最新代表，他以自己独特的方式，努力在一个充斥着科学、世俗主义和怀疑式"揭露"的令人失望的世界中，寻找任何可用之物，以达致一种对生命的人道的理解。尽管三位思想家的论证很有力，也具有丰富的象征意味，但他们都未能逃脱他们所批评的自由主义风气。换句话说，他们的论证是为了说服自由主义者，而不是让他们噤声，或者用密尔的话说，抹掉他们。为了说服自由主义者，批评者需要并接受一些共同的基础看法。

菲尼斯承认，在现代社会，他的道德严格主义必须以世俗而非宗教的理由来加以辩护。政治自由派可以在很大程度上分享斯克鲁顿的文化保守主义观点，尽管斯克鲁顿对发表偏执言论有着挑衅般的偏好，但随着时间的推移，他的政治保守主义有了更加强烈的自由主义色彩。斯洛特戴克的著作则闪耀着非正统的暗示与建议，他的智识焰火在绽放的瞬间将整个天空点亮，使各种困惑一一呈现——有关于晚期现代社会的，也有关于地球之可持续性的——这些困惑也是开明的保守主义者和自由主义者所共有的。

难道说自由主义现状的观点和假设目前被如此广泛地接受，以至于不妥协的保守派也无法逃脱它们的掌控？不妥协的保守派似乎不认为自己像黑格尔那样已经洞察了世界精神的下一步走向，也未表明他们在自己的哲学观与对政治自由主义的专题批评之间找到了一条清晰的中间道路，甚至未能提出一个反自由主义正统观念的初步框架。他们的怀疑与批评也未能明显动摇对自由保守主义的主流辩护，这些辩护继续由右翼思想家大声地说出。事实上，令人惊讶的是，这两个阵营似乎很少交流，也很少回应对方的观点。与 1982 年斯克鲁顿创办《索尔兹伯里评论》时敦促保守主义者要"更多地思考"相反，如今捍卫自由主义-民主现状的保守主义者似乎热衷于少思考，或者至少少猜测，而是集中精力进行政策和实践上的修复。少数主流思想家的确敢于提出一些宏大的想法，但他们的信心参差不齐，主张一种经过精心思考的保守主义，将之作为一种最不坏的可供选择的政治观点。这些思想家又可分为务实派、中间派、伦理焦虑派和坚定的"现实主义者"。

V. 为现状辩护：
实用主义、中间道路、焦虑抑或"现实主义"

实用保守主义（pragmatic conservatism）基于一系列关于明智政府的高阶抽象准则。近年来，实用保守主义的一位杰出辩护者是安东尼·昆顿（1925—2010 年），他认为政府的任务是"操纵车辆沿着一条狭窄、蜿蜒的道路行进"。他的著作《不完美政治》（*Politics of Imperfection*，1978

年)尽管局限于英国传统，但或许是近年来最好的保守主义哲学史著作，
其内容既包括宗教传统(如胡克、伯克、柯勒律治、纽曼)，也包括世俗传统
(如哈利法克斯、博林布鲁克、休谟、迪斯累里)，并认为这两者彼此兼容，
共同表达了同一个观点：政治是对人类局限性的管理。昆顿曾担任撒切
尔夫人的顾问(并被后者封为贵族)，但他并不是教条的自由市场主义者，
也不是任何意义上的教条主义者。他在伦理上是功利主义者，在知识上
是经验主义者，在事关存在的问题上是唯物主义者。他将哲学看作挑战
假设的过程，包括他自己的假设，这与休谟的精神相符，休谟曾这样问霍
勒斯·沃波尔(Horace Walpole)："如果你不喜欢争论和纸牌游戏，那么
你喜欢什么呢?"

昆顿在保守主义思想家中很罕见地正视了一个经常被回避的问题：
保守主义对意识形态的拒绝本身难道不是一种意识形态吗？他写道："保
守主义所排斥的理论可以与它所代表的理论区分开来。"被排斥的理论和
保守主义的排斥本身都是普遍的，前者基于奉行糟糕理论所带来的恶政，
后者则不太令人信服地基于未经测试的或先验的原则。这种区分很容易
被前文提到的一种反对意见所驳倒，那就是哲学家 C. D.布罗德针对有些
人以非预期后果为理由来反对自由主义改革所提出的巧妙反驳。布罗德
指出，没有证据表明所有的非预期后果都是糟糕的。同样，并不是所有基
于非经验主义原则(如奴隶制是错误的)的改革都被证明是不好的。我们
同样有过良好的理论带来善政这样的经验。

政治哲学家约翰·凯克斯(John Kekes)提出了一种和解的中间道路
(via media)。在《什么是保守主义?》("What Is Conservatism?"，1997 年
7 月)一文以及《为保守主义辩护》(A Case for Conservatism，1998 年)*
一书中，凯克斯在深思熟虑的基础上提出了他认为右翼应当接受自由主
义中间路线的理由。他的方法是先找出缺乏吸引力的各替代方案，然后
在这些不同方案之间寻求妥协。对于凯克斯而言，保守主义是一种"政治
道德"，即一种恰当地思考政治并对社会安排作出评判的观点，它并非第

---

*　此书已有中文版面世，见［美］约翰·凯克斯：《为保守主义辩护》，应奇、葛
水林译，江苏人民出版社 2003 年版。——译者注

一层级的对利益或价值观的辩护，而是第二层级的关于政治推理是否明智的看法。

按照凯克斯的观点，保守主义者认为社会安排是有目的的，这个目的就是促进并鼓励人们过上美好的生活。至于某种社会安排究竟是成功的还是失败的，其衡量标准只能是历史经验，而不是它是否符合某个假定的社会契约、是否满足所谓更美好社会的理想标准，或者是否服务于人类的整体利益。保守主义者常用的一个比喻是，那些持续存在的社会安排"使房屋成为家"。然而，持续存在的不一定都是值得存在的，并且人们对于何谓美好生活的看法也不一致。因此，保守主义者需要更多地说明他们为何支持某种社会安排，以及他们为何如此构想美好的生活。

凯克斯挑选出关于如何看待美好生活的几组截然不同的极端态度，敦促我们在相对立的两者之间寻找平衡。第一组是形而上地诉诸超验的道德秩序，还是对道德价值观表示怀疑，这两者都不太关注实践。第二组是奉行"绝对的"（即普遍的）标准，还是奉行相对的（即"当下有效的"）标准。面对这两组不同态度，明智的保守主义者会拒绝道德怀疑主义和普遍的标准，但一些普遍适用的规则仍是必要的，以确保在所有地方都存在一个道德底线，否则地方多元主义就会盛行。人们依然可以批评自己所处的社会，只要这种批评在该社会具有说服力。第三组是过分看重自治的主张（自由主义），还是过分看重社会的要求（保守主义），自由主义者可能会在第一个方面出错，因为有些人喜欢遵守命令（如僧侣、士兵），保守主义者则过于担心人们一旦摆脱了道德监管就注定会过上糟糕的生活。接下来，凯克斯将地方道德传统划分为三类，即无法容忍的（需要抵制和废除）、可以容忍的（经验表明它们不会促成美好的生活，但最好还是让其自然消失）和良性的（应该被鼓励）。从这些关于政治道德推理的高阶思想出发，凯克斯进一步探讨了中间政治道路如何在实践中运作。他的温和保守主义支持有限政府，放弃不切实际的空想，将自身局限于维护社会秩序和个人自由，以及遵循法律，并保持法律程序的透明。

在凯克斯对一种理智的、听起来自由主义的保守主义的辩护中，隐约可见亚里士多德中庸之道（mean）的影子。凯克斯的主张容许发现自由主义中间路线的缺陷，并呼吁进行修正，这使得明智的保守主义者在与温和进步的功利主义者或细心呵护权利的自由派进行辩论时,几乎没有什么理由发生争执。

昆顿保守主义的世俗乐观和凯克斯中间道路的温和节制似乎都与当前精神上的动荡格格不入。一位与当前的困境更加合拍的思想家是美国第三代新保守主义者尤瓦尔·莱文(Yuval Levin),他不无焦虑地对右翼自由主义的正统观念进行了具有伦理导向的辩护。在《破碎的共和国:在个人主义时代重建美国社会契约》(*The Fractured Republic*：*Renewing America's Social Contract in an Age of Individualism*,2016 年)一书中,莱文讲述了一个关于一致(20 世纪四五十年代)、狂热(20 世纪七八十年代)和焦虑(20 世纪 80 年代至今)的历史故事。社会分裂、无视技术变革的代价和"超个人主义"令莱文忧心忡忡。他对市场社会并没有深刻的不满,但他认为市场不应该具有至上性。然而,他对已有的社会民主药方持怀疑态度。他认为,无论是社会民主主义者还是自由主义者都没有正确理解自由,前者误认为自由是一种行动的权力,后者误认为自由就是不受约束。对于保守主义者而言,莱文以斯多葛式风格写道,自由就是自制(self-mastery),它要求人摆脱不受控制的激情。要在一个充斥着非自制自我的世界中提升自制力,就需要更好的"道德养成"、更有力的家庭、更有成就感的工作以及更广泛的公民参与。

对于一个承诺不破坏家庭并且始终坚持审慎地追求可欲之目标的保守主义者而言,上面的清单既高度笼统又令人生畏。莱文似乎是原本打算为自由主义现状进行辩护,结果却被自己的发现吓到了。当第一代新保守主义者在 20 世纪 60 年代抨击自由主义之正统时,他们所瞄准的目标是躁动不安、考虑不周的自由主义改革及其非预期的不良社会后果。当莱文在半个世纪之后的今天重复这一指责时,他所抱怨的眼前的这个现代社会正是 20 世纪 70 年代以来的保守派政府所努力打造的。莱文的社会分析与他的政治忠诚并不相符。

莱文的问题同样被《纽约时报》专栏作家戴维·布鲁克斯注意到了。布鲁克斯是一位雄辩和看重价值观的保守派,他也认为保守主义植根于一种道德观。布鲁克斯出生于加拿大,曾在巴克利的《国家评论》杂志实习,后来在《华尔街日报》任职,最终成为美国中右翼的公众良心。他对特朗普的崛起以及特朗普对共和党的掌控感到震惊，他认为自己的不安同时源于特朗普本人及其受欢迎程度。布鲁克斯以一种善意的、非正式共和党人的方式，首先向公民，其次才向政府，提出保守主义的道德要求。对于像莱文这样的审慎的保守主义者来说，这些要求往往听起来过于苛刻，然而这些要求所呼吁的不过是道德重建（moral regeneration）罢了。布鲁克斯的保守主义听起来远非对人类不完美（imperfection）的管理，而更像是一种进步的至善论（perfectionism）。他厌恶民族偏见和对专业知识的民粹式蔑视。然而与莱文一样，他并未详细阐释为何如此之多令他感到震惊的事情都发生在保守派执政时期。尽管如此，他的雄辩和对这一切的热情依然不减。他在 2018 年的文章中告诫人们说："保守主义要恢复元气就必须完成两项重要任务。首先，它必须找到足够大的道德目标，以取代以血统和土地为纽带的民族主义的吸引力。其次，它必须重新确立专业能力的标准，重申经验、正直和政治技巧的重要性。当你拿掉了卓越与正直，对伟大领袖的忠诚就成为唯一的硬通货。"

一种更加强有力的视自身任务为政治性而非伦理性的保守主义来自英国历史学家兼思想家诺埃尔·马尔科姆（Noel Malcolm）。20 世纪 90 年代中期，在伦敦附近举行的一次保守主义自由市场论者的聚会上，马尔科姆勾勒出了他的"保守现实主义"的诸要素。这种"保守现实主义"与曾令美国和德国新保守派为之伤神的那类社会伦理问题有着明显的不同，并将马尔科姆本人所赞同的经济上的自由保守主义与他所反对的欧洲大陆的基督教社会传统区分开来。在马尔科姆看来，法国和德国的基督教民主主义（Christian Democracy）重新唤醒了欧洲的政治普遍主义精神，从而使欧盟偏离了其狭隘的、国与国之间的目标。

那次会议的许多文章后来发表在《保守现实主义》（*Conservative Realism*，1996 年）一书中，这些文章对当前右翼思想的平淡与枯竭感到惋惜，因为它似乎陷于对市场的信仰与对旧的保守主义忠诚之间动弹不得。然而，马尔科姆却并非如此，他在《保守现实主义与基督教民主》（"Conservative Realism and Christian Democracy"）一文中，从保守主义角度对经济自由主义现状进行了坚定的捍卫，同时保持了一种温和的民族主义立场。

马尔科姆的"现实"保守主义对人性的可改善性持怀疑态度，关注"经济现实"，并清醒地认识到政治行动不足以改变这些现实。最重要的是，现实主义保守派与注重道德的保守派相反，他们认识到了政治的特殊性和政治领域的自主性。"对于保守主义者（尤其是现实主义保守派）而言，"马尔科姆写道，"民族国家（nation state）的存在，既意味着存在一个真正的政治共同体，又意味着代表这个共同体行使被称为主权的最终政治权威，这不是能够轻易改变的偶然性事实，而是我们政治景观的一个关键特征——事实上，是最为重要的特征。"

在这里，马尔科姆（他有着多方面的杰出才能，其中之一便是对霍布斯的研究）向我们展示了一幅霍布斯式的政治图景。在这幅图景中，政治共同体、民族国家和最终权威（即主权）的观念交织在一起：没有最终权威，就没有国家；没有国家，也就没有共同体。将这条脉络倒过来就是：共同体意味着国家，而国家又意味着主权。对于英国而言，将至高权威拱手让给欧盟将会削弱英国国家的力量，这又会进一步破坏政治共同体。简言之，英国政治共同体之形成只有在受制于毋庸置疑的单一权威之约束时才会出现。

按照马尔科姆的新霍布斯主义观点，保守现实主义可以维系一种"在政治和道德之间明确的或可行的区分"，而基督教民主则无法做到这一点。这里所说的道德，马尔科姆指的是天主教徒如伊曼纽尔·穆尼埃（Emmanuel Mounier）和雅克·马里旦（Jacques Maritain）所持的社会正义思想，这种思想在20世纪30年代受到罗马教宗的鼓励。19世纪90年代的罗马天主教会曾将经济自由主义视为一种弊病，并认为社会主义更加糟糕。然而，相比之下，罗马教宗在1931年所发布的《四十年》通谕（Quadragesimo anno）中，用马尔科姆的话说，将"经济个人主义和以剥夺及国有化为内容的集体主义"放在了"极具误导性的"对称位置，也就是说，这份教宗通谕认为两者同样糟糕。但在马尔科姆看来，这歪曲了事实。事实上，遭到痛斥的"经济个人主义"依然会带来繁荣，其前提是每个人都在共同规则和"实践与法律的共同体"框架内追求自己的经济利益。当以社会正义或公平工资的名义对"经济个人主义"进行干预并导致后者失灵时，大规模贫困就会出现。马尔科姆的主张是一贯的，那就是问心无愧地为一种不平等的、具有民族意识的（national-minded）自由市场体制辩护。

与之前的哈耶克和马歇尔一样，马尔科姆面对道德的要求也作出了谨慎但富有意义的让步，尽管这种让步带有一种工具色彩，即这种道德对于秩序和效率是有用的。马尔科姆认为，为了让人们分享其富足，"经济个人主义"之运作不仅需要"实践和法律的共同体"，还需要"共同的行为规则框架"。也就是说，银行家和商人至少彼此之间必须行为得体，他们必须信守诺言，不得欺诈。那么，这种"共同的行为规则"是否适用于银行家和商人对社会所负有的哪怕任何一点点责任呢？在这个问题上，马歇尔认为适用，哈耶克认为不适用，马尔科姆则对这个问题持开放态度。

马尔科姆打消了基督教民主主义者*在20世纪80年代对撒切尔政府工会改革所持的犹疑态度。他后来成为一位雄辩的脱欧派，当他发表脱欧言论时，正值雅克·德洛尔（Jacques Delors）结束其为期十年的欧盟委员会主席任期之际，这并非偶然。作为法国前财政部长，德洛尔曾领导并推动了法国最大的天主教工会的世俗化。作为欧盟委员会主席，德洛尔推动通过了劳工权利宪章，这激怒了英国保守党，促使撒切尔夫人发表了"布鲁日演说"（Bruges speech）。她在演说中表示，国家（state）边界之收缩并非自己所为，而是被一个欧洲的超国家（superstate）所再次强加。

马尔科姆进一步强化了他从自由保守主义立场对社会导向的基督教民主主义的拒绝。他写道，基督教民主主义的政治图景源于前现代的学术思想，后者"设想了一种由不同层级的人类合作或'社区'所构成的一个等级结构，也近乎是一个连续体，其中包括家庭、大家庭、朋友圈、更大的社会群体、地方社区、区域社区、国家、国家群落、世界"。在这个体系中，权威只是实现共同利益的一种工具，无论这种共同利益是大还是小。这幅图景带有中世纪色彩，为马尔科姆所不喜，在这幅图景中，"一位旨在守护并促进本团体共同利益的非正式社团主席所享有的权威与共和国总统所享有的权威……并没有本质的区别"。在马尔科姆看来，正是因为未能认识到政治共同体中最高权威的独特性，"基督教民主主义者才热衷于将

---

* 这里指的应是英国保守党中的基督教民主主义派别。——译者注

权威提升至全欧洲这样一个新的高度"。在基督教民主主义者看来，这种等级结构中的任何一个层级都不具有特殊性，其中当然包括全国政府这一层级。

在民主时代，政治共同体通过选举来控制权威行使者。欧洲的"民主赤字"问题是伴随着权威向上转移但民主控制并未同步向上转移而出现的。成员国陷入了模棱两可的两难境地：它们可以要求建立一个拥有民主控制的泛欧国家，可以回撤并在国家层面恢复主权与民主之间的平衡，也可以接受目前的折中方案。为第三种选择辩护的是一种关于民主赤字的更加微妙的观点。的确，国家主权的行使受到了欧盟成员国身份的限制。然而，对于中等规模的国家而言，当需要面对像美国和中国这样更大的主权国家时，身处一个更大的整体能够为它们带来更多的保护和更大的自由运作空间。欧洲选民无法直接控制欧洲层面的权力行使，但他们能够直接控制欧盟的政府间运作。

马尔科姆以保守主义的方式诉诸民主，与他诉诸企业道德一样，都是出于实用的考量，而非事关原则性问题。保守主义者所关心的是什么有利于政治共同体的健康与稳定，以及什么对这种健康和稳定是有害的。"从最长远的历史角度来看，"马尔科姆写道，"保守主义不一定与自由主义的民主相关联，但眼下的保守主义将自由主义的民主制度视为维持政治共同体健康的最可靠方式。"

与马尔科姆相比，美国保守主义自由意志论者杰森·布伦南（Jason Brennan）对民主尤其是选举的态度更加直接和不留情面。在布伦南看来，政治的首要目标是通过促进自由市场来促进繁荣，然而在他看来，选举民主阻碍了这一目标的实现。布伦南精通选举研究，但他对选民的知之甚少感到担忧。在《反对民主》（*Against Democracy*，2016 年）* 一书中，他再现了熊彼特对自由资本主义与选举民主是否相容所提出的怀疑。布伦南不再确信每位公民所享有的良好和有限的政府的权利是否依然受

---

* 此书已有中文版面世，见［美］杰森·布伦南：《反民主：选票失能、理性失调，反思最神圣制度的狂乱与神话》，刘维人译，联经出版公司 2018 年版。——译者注

到充分的保护，从而不受无知的多数人的威胁。他为"知识精英制"（epistocracy）辩护，即由那些明确知道自己在做什么的人所主导的能干政府，而不是由那些浑浑噩噩的投票者所选出的无能政府。关于"知识精英制"如何实施，布伦南持开放态度，基于此他提出了地方试验、双重投票、知识测试以及将经济与民主控制相隔离等种种建议。布伦南对选举民主的尖锐批判可被视为选民压制运动（voter-suppression movements）＊在学术层面的一种反映。选民压制在美国有着悠久的历史，同时存在于左右两翼，但最近引起了广泛的关注，因为共和党试图将贫困选民从选民名单中剔除。

在上文中，我们简要回顾了保守派如何为右翼自由主义进行辩护，作为最后一位出场的思想家，没有人比戴维·威利茨更加合适了，他的智识之旅体现了理性保守派在任何一方的愤怒和不耐烦的冲击之下所经受的考验。威利茨最初是一位激进自由市场论者，随着年龄和阅历的增长，他逐渐转变成了一位忧心忡忡的中间派。他曾在英国财政部任职（1978—1984 年），推动出台了富有新意的政策，包括用公共和私人融资的混合形式支付公共工程和公共服务费用。他曾是保守党国会议员（1992—2015 年），还是一位多产的作者。他的三本著作，即《现代保守主义》（*Modern Conservatism*，1992 年）、《保守主义是否已死？》（*Is Conservatism Dead?*，1997 年）和《挤压》（*The Pinch*，2010 年），足以追踪他的政治道路。第一本书自信地认为，撒切尔的保守主义在一定程度上治愈了战后英国最严重的社会经济问题。第二本书的出版正值英国工党在选举中获得压倒性胜利之时，表达了对社区和市场之间冲突的担忧。第三本书没有党派立场，主题事关人类后代之未来，书中谈到了所有富裕国家都面临的人口老龄化、税收、养老金、住房和社会流动性等问题，这些问题贯穿人的一生。威利茨富有政治智慧而又经验老到，他不会忽视宏大思想的力量，也不会忽视框架叙事的必要性，然而他同样认识到，随着时间的推移，宏大的思

＊ 选民压制是一种试图通过阻止特定人群投票来影响选举结果的策略，即通过压低某些选民的投票率来获得优势，其策略包括提升选民对选举的疲劳感以及恐吓或伤害潜在选民等。——译者注

想和框架叙事——姑且称之为撒切尔主义——会如何变得枯燥乏味和失去用处。威利茨并未提出一个新的保守主义宏大观念,而是选择以无党派的精神关注当前的弊病和尚未完成的修复工作,这些都是在现有框架下需要解决的。他似乎意识到,保守派要夺回智识高地,首先就必须重新赢得它在审慎和健全政府方面的声誉。这并不是说声誉攸关一切,而是说如果没有审慎和健全的政府,自由保守主义就会被愤怒的、不妥协的硬右翼从内部击溃。

尾声
右翼面临之抉择

我们如今生活在一个右翼主导的时代,但它究竟是哪一种右翼? 保守派所代表的究竟是什么样的传统? 如今即将掌控该传统的保守派又是些什么人? 一方是自由主义保守派,他们在 1945 年之后为创立和维持自由主义的民主作出了很大贡献;另一方是非自由主义的硬右翼,他们是由超自由主义的全球化者和自称代表"人民"的一国保守派所组成的一个奇怪联盟。

左翼的退却无处不在。老牌的欧洲中左翼政党正在迅速失去支持,欧洲左翼也早在半个世纪前就放弃了对任何具有历史意义的社会主义的承诺。社会主义这一大的传统如今充其量主要以审美的形式存在于大学的人文学科设置中,包括在美国,社会主义作为一种政治运动从未在那里形成过声势。除了经济体系面临崩溃危险的个别历史时期之外,美国民主党人一再表现出对凯恩斯主义、福利主义或社会民主政策的警惕,而这些政策被误认为是"社会主义"。在政党政治和智识层面均缺乏来自左翼的有效反对的情况下,保守派内部为掌控自身传统而展开的斗争正在重塑党派争论。

19 世纪早期的第一批保守主义者从对法国大革命的批判中汲取了养料,他们为社会之团结和习俗之权威发声,他们担心这两者同时受到资本主义及其政治上的拥护者自由主义的威胁。他们既不相信自由主义的进步,也不相信民主的平等。作为曾经习惯于发号施令而无须对自身作出解释的贵族统治者的继承人,第一批保守主义者对公共辩论缺乏耐心,并且很难接受他们需要有自己一方的观点和知识分子。

到 19 世纪末，主流保守派作出了历史性妥协，他们逐渐接受了选举民主。为了抵御经济民主（包括社会主义、工会主义、社会民主主义或福利主义以及它们之间的某种组合），保守派与右翼自由派结盟，后者同样担心来自左翼的经济挑战。在 1880 年至 1945 年，一种新的政治参与者出现了，那就是自由保守主义（或保守自由主义），主流保守派组成了中右翼政党。在他们的侧翼是来自右翼内部的两种异议力量：其一是被主流保守党边缘化了的保守派，他们拒绝与自由主义的民主现状妥协；其二是不参与政党政治且往往对政策漠不关心的保守派评论家，他们认为政治保守派正在帮助打造的自由主义-现代世界是丑陋的和不道德的。

在公众压力下，中右翼逐渐接受了社会改革和福利主义，这种妥协尤其发生在 1945 年之后。此后，社会-自由主义之共识作出了太多的承诺，耗尽了资金，并在 20 世纪 70 年代的通货膨胀中陷入困境，中右翼随之采取了一种以商业自由、小预算和开放边界为内容的激进的自由市场政策。这种激进的共识在新世纪再次遭遇挫折，从而在右翼中留下了一个政党政治与智识的空白地带，硬右翼便趁隙而入。

作为民粹主义者和自由意志主义者的混合体，硬右翼就像古代的奇美拉（chimera）＊一样，严格来说不应该存在。民粹主义者希望为一个排他的、全国性的"我们"提供更多的福利，希望减少议会和民选代表的发言权，减少专家和所谓精英的发言权，而由他们更多地直接代表自己。自由意志主义者则希望削减乃至完全抛弃福利资本主义，给无知的选民更少而非更多的发言权。一方呼吁来自全国性家园的保护，另一方则听从全球市场的权威。两者都承诺安全，但是以不同的方式。企业和银行得到了不受干扰的安全承诺，可以自由地将自身及其资产转移到所希望去的地方。人们被许诺一种期望已久的生活熟悉感——稳定的工作、有凝聚力的社区、有着明确边界的国家意识——许多人担心这种熟悉的感觉也许已经永远消失了。而那些地位岌岌可危的中间派政治家，无论左翼还是右翼，如果安慰自己说上述承诺都是无法兑现的，或者说上述承诺是彼

＊　奇美拉是古希腊神话中的一种狮头、羊身、蛇尾的喷火怪兽。——译者注

此冲突的，都将是一种自欺欺人。正如本书所展示的，不妥协的右翼有着足够的智谋，能够将明显的不一致转变为自身的优势。

当擅长嘲讽的熊彼特被问及资本主义能否在民主中生存时，他给出了自己的回答："是的，如果……"，之后列举了几个苛刻的条件，正如我们在上文所看到的。在当前环境下，熊彼特的问题可以反过来问：自由主义的民主能否在资本主义条件下生存？这个问题并未预设一个非资本主义的替代方案。相反，它假设资本主义在当前是无法避免的，并且保守派必须就此作出选择：他们是支持硬右翼，任由自由主义的民主落入不受控制的市场和国家民粹主义的手中，还是寻找盟友以共同重建一个被撼动的中间立场？

附录 A
保守主义关键词

掩盖与揭示(Cloaking and Unmasking)：社会向赤裸的和未臻成型的人类赋予了一种第二性，以掩盖其动物性。卡莱尔说："社会立足于一种外在虚饰"，伯克认为剥去"风俗的外衣"是危险的，而揭示者们（如马克思、尼采、弗洛伊德、进化心理学以及自然科学还原主义的追随者）则忽视了这种危险。

保守主义(Conservatism)：一种始于 19 世纪早期的现代政治实践，先是与前民主的自由主义展开竞争，后来与民主的自由主义展开竞争，最终勉强接纳了后者但一直努力对其加以调和。

保守主义之历史(Conservatism's History)：是对自由主义现代性的逐步征服史，尽管这种现代性并不令保守主义者感到自在。保守主义者在"接受还是抵制自由主义现代性"这一问题上无法达成和解，由此在保守派内部引发了争夺保守主义传统之衣钵的无休止竞争。

保守主义之观念(Conservatism's Outlook)：相信社会团结，信任既有权力，对进步的可取性或可实现性抱有怀疑；不相信人的平等，而是更加注重功绩、地位和财产；对人的期望很低，因此对政治行动的期望也很低。概括地说，保守主义之观念在每一点上都与自由主义的指导思想形成鲜明对比（参见"自由主义之观念"）。保守主义者对平等的怀疑和对人的低期望构成了他们对民主表示怀疑的基础，无论是选举民主、经济民主，还是伦理和文化民主。

衰退(Decline)：保守主义对自由主义对人类进步所抱有的希望持否

定态度,这种沮丧可以(但未必一定要)表达为一种历史的形式,即现在毫无疑问比过去更糟,但很可能比未来更好。当被问到"你好吗",保守主义的衰退论者(declinist)会回答说:"哦,一般般,比昨天糟,但比明天好。"

民主(Democracy):是自由主义对每个人(无论他是谁)所许下的政治承诺。政治民主承诺要赋予每个人以选票和发言权,以对抗国家权力;经济民主承诺要向每个人施以保护,以对抗财富和市场权力(参见"经济民主");文化民主则承诺要赋予每个人以伦理和文化判断上的最终发言权,不受法律或卫道士的干涉。民主使保守主义者对自由主义的怀疑变得普遍化:自由主义对少数人所作出的承诺已经令人生疑,这种承诺一旦以民主的方式扩及所有的人,那将是毁灭性的或者无法兑现的。

经济民主(Economic Democracy):大体而言,就是将经济利益给予所有的人。当以民主的方式保护所有人使之免受财富的侵害时,这种保护又可分为非自由主义(即社会主义)和自由主义(即改革主义)两种形式。在非自由主义形式下,经济民主拒绝对财富给予保护(其极端情形是,国家或社会拥有一切,不存在私人财产)。在自由主义形式下,经济民主保护每个人使之免受财富的侵害,同时保护财富免受国家和社会的侵害。自1945年以来,民主自由主义一直假定存在着经济民主,但在经济民主之强度(即是侧重于市场还是侧重于社会)的问题上一直纷争不断。(参见"超自由主义"。)

经济自由主义(Economic Liberalism):即保护财富、资本和企业,使之免遭国家和社会权力的干涉。由于财富会带来权力,这种自由主义也承诺(或者应该承诺)保护人们免遭财富的侵害。

平等(Equality):在保守主义者看来,人并不是平等的,将来也不会变得平等。人的才能、精力和能力各不相同,没有资格要求平等的资源或同等的社会尊重。人在道德价值上是平等的,应该受到法律的平等对待,但追求奖励和结果上的平等则是无法实现的,会扰乱社会秩序。

建制(Establishment):保守主义的一个常见论证思路是,社会秩序建立在权威力量的基础上,权威力量建立在既有制度(即经受住了时间检验的制度)的基础上,而既有制度又是基于人们不假思索、毫不吝啬的忠诚。如果政治被认为除了维护社会秩序以外不再有其他目标,那么建制就成为"政治的内在目标"(斯克鲁顿)。

经验(Experience):是用来对付自由主义知识分子的一种哲学手段。在许多保守主义者看来,经验是比"理论"或"抽象"观念更加可靠的政治指南。这种意义上的经验以一种循环的方式对自身作出解释:经验(即政治知识)并非来自可重复的实验(不具可行性),或来自对经验数据的挖掘(具有欺骗性),而是来自经历(即过去的活动);一旦经历(过去的活动)变得足够古老和反复,它就成为习俗(体现着知识),其起源(而非其内容)到那时已无人知晓。

家庭(Family):与法律和财产一样,家庭是一个稳定和有序社会至关重要的组成部分。

法西斯主义、威权主义和保守主义(Fascism,Authoritarianism,and Conservatism):作为极权主义的一种,法西斯主义并不在本书所介绍的自由主义现代政治的左右光谱之中。威权主义则在其中,居于光谱的右外边缘。威权主义者否认民主代表制,但允许经济及某些文化上的多样性,他们依靠恐惧和消极默认来进行控制。法西斯主义者则利用一党代表制,否认一切多样性,依靠恐惧和大众动员来进行控制。"保守法西斯主义"是一个自相矛盾的说法,"保守威权主义"则不然。

硬右翼(Hard Right):是保守主义中不同于中右翼的另一个组成部分,它拒绝接受自由主义民主现状中的一个或多个核心要素。硬右翼是一个不稳定的战术联盟,其成员包括主张自由市场的超自由主义者和大众反自由主义者,它声称代表"人民"反对"精英"。之所以称其为"硬右翼"而非"新右翼",是因为它的主题都是已有的;不称其为"极右翼"或"极端右翼",是因为自 1980 年以来,它已从中右翼那里夺走了部分选票,成功进入了主流政治。

富人和穷人(Haves and Have-nots):与任何政治传统一样,保守主义也为利益服务,在它所服务的诸多利益中,财产利益尤为突出。从这个意义上讲,保守主义首先是富人的政党。由于财产的形式多种多样,财产所有者也在发生变化,因此对右翼来说,识别谁是富人以及如何保护他们的利益并不总是容易的。(参见"私有财产"。)

人性(Human Nature):在保守主义者看来,人是不完美的,并且很大程度上是不可改进的。人对自身、社会和彼此的了解都很有限，人还是片面的、缺乏同情心，并不适合进行自我治理。这种对人类不拔高且总体上令人沮丧的看法，被认为赋予了保守派以一种相对于其对手的优势。"对于人性，我们保守主义者无论过去还是现在都一直很了解，而社会主义者过去没有现在也依然不了解人性"（玛格丽特·撒切尔）。

超自由主义（Hyper-Liberalism）：是指在经济生活中激进地否认或者无视社会和国家在财富权力之行使方面的发言权。通常与"新自由主义"交替使用。（参见"自由意志主义者"。）

不完美（Imperfection）：人的不完美导致了政治行动的不完美，并且两者在很大程度上都是不可改进的。尽管保守主义者普遍乐于接受这种沮丧的观点，但他们在将这种观点用于自身时却很谨慎。他们声称自己具备远超他人的审慎，这种主张与上述观点并不相符。"不完美"在民主市场中显得尴尬，因为"最不糟糕的选择"在民主市场上销量很差。

创新与变革（Innovation and Change）：保守主义者为传统而战，他们努力在变革的浪潮中辨认并坚守既定的价值观。与此同时，他们还拥抱资本主义这架引发现代性变革的巨大引擎。创新与传统的较量贯穿着保守主义故事的始终。

土地与乡村（Land and Countryside）：在反城市的浪漫主义保守派看来，乡村是美德、稳定与和谐的所在。早期的乡村赞美者包括威廉·科贝特和威廉·里尔。

自由主义（Liberalism）：是始于 19 世纪初的一种现代政治实践，先是被保守主义所反对，很快又面临民主的挑战。

自由主义之观念（Liberalism's Outlook）：社会是多元的，并且在物质和道德上充满了冲突；权力（即便是权威性权力）需要被抵制，尤其要受到与之相抗衡的权力的抵制；社会之改善（即进步）是可以实现的，也是可取的；每个人都应得到来自国家和社会的尊重，无关其功绩、地位或财产。自由主义者对人进而对政治抱有很高的期望，他们将政治视为不间断进行的公共辩论，并认为政治对于维持一个开放、竞争社会的稳定是必要的，也是有效的。在自由主义者看来，抵制权力和展现公民尊重是相互关联的：前者呼吁人们支持那些保护自己不受权力侵害的制度和传统，后者则呼吁国家、财富和社会谨守那种克制。

自由主义现代性（Liberal Modernity）：参见"现代性"。

自由意志主义者（Libertarians）：是极端的自由主义者，否认社会或国家对人们的选择和决定有发言权。在经济方面，他们可能是左翼（不愿捍卫财产），也可能是右翼（不愿干涉财产）。文化上的自由意志主义者则否认国家或社会在伦理或文化方面享有任何发言权。

政治之局限性（Limits of Politics）：许多但并非所有保守主义者都赞同一种安静主义（quietist）的主张，认为政治行动的有效性是受限的，政治责任的范围是很小的，并且对理智的人而言，政治只是其生活中微不足道的一部分。"将政治置于首位的人不配被称为文明人"（昆廷·霍格[Quintin Hogg]）。

温和与激进（Moderate-Radical）：只是政治风格或方式上的区别，而非不同类型的政治实践、观念或性格。保守主义者可以是温和的，也可以是激进的，其区别只是外在的而非实质性的。激进派行事热切，以期在全面胜利中使反对派噤声；温和派则行事克制，着眼于妥协，能够接受失败。这两种方式并非时时处处都有效：激进派可能过于激进，在变革方面走得太远；温和派则可能软弱无力，未能在需要的时候采取行动。"所有正统主义者合法化的都是革命"（梅特涅对激进君主主义者的评价）。

现代性（Modernity）：是自 18 世纪末以来的人类社会状态，其特征是人口快速增长、工业和金融资本主义四处蔓延、劳动分工、识字率和流动性。在智识上存在一个以世俗化和思想启蒙为标志的思想氛围。现代性将自然科学从神性和超自然中解放出来，使哲学不再仅仅是一门解释世界的学问，道德不再肩负救赎人类的任务，法律也摆脱了所假定的普世自然秩序。现代性被马基雅维利和霍布斯引入了政治思想领域，他们将统治者的责任限定为确保一个安全、稳定的框架，使人们能够在其中繁荣发展并追求世俗关切，统治者除此之外的一切责任都被免除。对自由主义者而言，现代性是一种解放；对保守主义者而言，现代性则意味着立足点和人类庇护所的丧失，他们将之归咎于自由主义者，因此也就有了"自由主义现代性"一词。"许多古老的作品变成了碎片，而许多现代作品从一开始就是碎片"（弗里德里希·施莱格尔[Friedrich Schlegel]）。

民族（Nation）：在将民族、社会、国家（state）等观念整合起来的不同方式中，保守主义者通常遵循一种特定的顺序（当然也有例外）。首先，民族被想象成一个有着共同的祖先和起源的特定人群，或者一个有着共同的信仰、情感和记忆的独特群体。接下来，这样的民族会形成一个稳定的社会，并从中产生国家和公民。"真正的政治只能通过伟大的民族存在来加以维系"（利奥波德·冯·兰克[Leopold von Ranke]）。

有机体的隐喻（Organic Metaphor）：将社会"有机地"视为一个"生命的整体"可以引申出各种各样的观点，这些观点大多是消极的：社会的起源是"自然的"，而不是人为制造或计划的；社会的变化模式是缓慢的，不存在突然的断裂；在构成上，社会及其成员是相互依赖的；在目的上，社会不是供其成员任意使用的工具，相反，社会有其自身的运作和维系方式，不受社会成员的利益或选择的左右。

人民（People）：一种想象的存在，往往用来指称公民、大众、普通民众，或者民族（nation）。

民粹主义（Populism）：是一种政治上进行自我辩护的风格。用其具有争议性的话来说，民粹主义是一种"精英"现象，它从政治家的竞争中产生，竞争的一方即民粹主义一方声称自己代表人民。"民粹主义是代议制民主的永久阴影和持续危险"（扬-维尔纳·米勒）。

实践（Practice）：政治作为一种历史实践，其实现的方式多种多样，保守主义（与自由主义和社会主义一样）只是一种地方性现代政治实践方式。每一种方式都有其杰出的追随者或"实践者"——如政治家、思想家、智库、媒体、捐助者、选民——以及一套发挥指导作用的目标和理念。保守主义有其自身的观念，但保守主义本身并不是一种观念。政治实践可被称为"传统"，而观念可被称为"意识形态"，这取决于解读的方式。政治实践一贯充斥着长袖善舞者之间的争夺，用哲学家西蒙·埃夫尼的话说，政治实践是"具有地方性的竞争实体"。

时效（Prescription）：在法律上，是指对某一资源可辩护之主张并非基于明确的所有权，而是基于长期、无争议的使用或占有。在政治上，它是一种为现有安排进行辩护的方法。如果对规范或制度的"抽象"检验（如正义、社会效用）被排除掉，那么长期、无争议的使用就可被认为是赋予合法性的另一种方式,因为按照这种观点,生存即表明其具有效用。一旦某种被长期接受的安排开始破坏社会秩序,保守主义者就必须决定是否应该继续保留它,此后保守主义者将不得不依赖于直觉(预感)或者受到禁止的对当前效用进行检验的"抽象"标准。

私有财产(Private Property):对于保守主义者而言,私有财产就像法律和家庭一样,对社会秩序至关重要。它避免了对生活资源无休止的争夺,它为富人创造了责任,为穷人带来了激励。要求获得财产即意味着改变财产的具体分配方式。然而,作为富人的捍卫者,保守主义者倾向于以默认的方式接受现有的财产分配格局,他们认为再分配式的干预是无效的,或者会带来不稳定。(参见"富人和穷人"。)

进步(Progress):就人或社会的整体改善而言,保守主义者通常否认进步的可实现性。他们认为进步是虚无缥缈的,要么是因为所期望的改善无法实现,要么是因为变化被证明是坏的而非好的,要么是因为变化在其他地方带来了更加糟糕的结果。保守主义者"倾心于现有之恶,这与自由主义者判然有别,后者希望以其他恶取而代之"(比尔斯[Bierce])。

左-右之分(Right-Left):是现代政治竞争领域的分界线。尽管左-右之分常常被认为是多余的和难以看到的,但它却持久存在并且似乎是不可或缺的。最初,保守主义者占据了右翼,自由主义者占据了左翼。随着民主派加入竞争,一些自由主义者选择向右移动,从而与有自由主义倾向的保守派模糊了界限。在本书中,"右翼"和"保守主义者或保守派"可互换使用。在最初,"右翼/保守主义"和"左翼/自由主义"是一个分界。随着时间的推移,出现了右翼自由主义者,即保守的自由主义者,或者用另一种说法,自由主义保守派。"自由保守主义"一词很早就受到认可,它既不会带来混淆,本身也不自相矛盾。

蔑视与愤怒(Scorn and Rage):蔑视是保守主义者面对幼稚的改革者和理想主义梦想家所具有的标准感受,其典型表现方式是谩骂和讽刺,这是右翼所擅长的文学体裁。愤怒则是保守主义者对自身的感受。他们面对自己既努力维持又意欲唾弃的现代社会,同时存在的责任感和羞耻感使他们倍感撕裂。"保守主义者始于沮丧,而进步主义者则终于沮丧"(尼克拉斯·卢曼)。"愤怒是我们这个时代特有的政治情感"(彼得·斯洛特戴克）。

第二性（Second Nature）：后天的培育、教育和社会赋予未臻成型的、脆弱的人类以一种"第二性"。这种观点最初由亚里士多德提出，是一种通用的思想，但可被用于保守主义的特定目的：如以伯克的方式否认共同的人性，进而对（自由主义的）普遍权利提出质疑；强调人的目标和性格的社会根源，进而指出（自由主义所倡导的）自我主张和自治的限制性。与左翼后现代主义的观点相反，社会规范非但没有禁锢人们，反而将他们从令人困惑的依赖和脆弱中"解脱了出来"（盖伦）。

社会团结（Social Unity）：对于保守主义者而言，一个秩序良好的社会是团结的，并在一定程度上是有凝聚力的。它不像自由主义者所声称的那样，由一群相互孤立和竞争的"原子化"个人组成，也不像社会主义者所描绘的那样，是阶级之间互相厮杀的战场。它承认存在利益和观念的冲突，但这种冲突被框架化了，不仅是出于对法律的尊重，也是出于共同的忠诚和社会责任。自由主义保守派和反自由主义保守派所争论不休的仅仅是这个框架的严密程度。

国家（State）：在自由主义右翼看来，国家在其恰当的职责范围内应该享有最终的决定权。也就是说，至高权力不是无限的和绝对的，它可以是有效的和不可挑战的。而非自由主义、民粹主义或威权主义右翼则普遍主张放松对国家权力的限制。

传统（Tradition）：是保守主义者在狂飙突进的现代变革中努力识别并保存的具有既定和持久价值的东西。在另一层意义上，它指政治传统或实践，如保守主义。保守主义是双重意义上的为传统而战：一是在资本主义的创造性破坏中孜孜不倦地寻找需要被保留之物，二是在保守派内部为争夺保守主义传统之衣钵而展开的斗争。

附录 B
保守主义思想的哲学根源

保守主义并非一种政治哲学。如果将其视为一种政治哲学,那么就混淆了从政治层面和从哲学层面对该观念进行探讨与论证之间的界限。尽管如此,保守主义观念依然从人类浩如烟海的关于人、道德和社会的一般性思想宝库中汲取了大量养分。我们可以用一个有用的对比来开启这场关于保守主义哲学根源的鸟瞰之旅,这个对比是一个广泛的老生常谈:在(追随卢梭的)自由主义者看来,人是好的、社会是坏的;而在(追随伯克的)保守主义者看来,社会是好的,只有心怀恶意的自由主义者才会持相反的看法。卢梭认为,好人可以使一个有缺陷的社会变得完善;而在伯克看来,社会需要约束那些不完美的人。到目前为止,一切都很简单明了。

保守主义思想的早期来源以及可被保守主义重复使用来为其自身辩护的观点在整个西方典籍中俯拾皆是。柏拉图不相信人的平等和人进行自我治理的能力。亚里士多德强调人与生俱来的社会性以及财产和家庭的重要性,他更青睐一种受到法律约束的宪法安排而非专断统治,并认为理想的社会是虚幻的,然而某些生活方式依然比其他生活方式更加优越。对亚里士多德而言,最为可取的是一种融合了轻松、公民参与和沉思的混合生活方式,而这需要有一个奴隶阶层,这是对不平等需求的早期论述。

西塞罗持斯多葛派观点,认为宇宙是有序的和可理解的,受自然法则的支配,而自然法则决定了自然的运作,进而指导人的行为(人天生是理性动物)。中世纪批判性思想的繁荣导致分歧的出现,这些分歧被后来20世纪的争论者拿来所用,当作他们之间争论的先声。国家(state)是纠正人类之邪恶和不完美的神圣的治疗手段吗？回顾历史，保守主义者倾向于同意这一点。即便不是神圣的，治疗型国家（remedial state）也是批判理性所无法透彻理解的。还是说，如奥卡姆和马西里奥（Marsiglio）所认为的，国家是为人类之目的而设计的一个人造装置？回顾历史，自由主义者赞同这种看法及其所隐含的建议，即国家可由其公民塑造，并且强制性法律是人们接受和平与秩序所付出的代价。

在16世纪的胡克看来，自然法是不同社会以各自的方式所制定的一种方案，这一思想遥遥指向了后来孟德斯鸠的反普遍主义观点，即合适的政治安排取决于气候、土地和人民。让·博丹（Jean Bodin）则预示了一种"现实主义"的保守传统，即无可争议的强大政府，但这种政府依然要受制于习俗、法律以及对宽容的要求。几乎每个人都接受了长久以来的智慧，即政府依赖于同意（consent），但并不是每个人都以相同的方式看待同意。有人将体制的存续当作同意的证据，如此一来，挑战的重担便落在了挑战者身上。在其他人看来，机构要赢得同意，就首先要证明自身的正当性。例如，默瑟（Möser）批评某个官僚制国家基于经济理性方面的理由而推行的集权改革，他认为这些改革理由忽视了看似无用或过时的习俗的潜在有用性。

"某人是保守主义者吗？"这个问题对19世纪之前的哲学家而言是一种时代错误，对后来的哲学家也常常具有误导性。有人认为霍布斯是保守主义者，因为他强调法治秩序的首要性和主权的绝对性。其他人则认为霍布斯根本不是保守主义者，并且即便他不是一位原布尔什维克主义者（proto-Bolshevik），也至少是一位威权主义的理性论者。当撒切尔夫人1987年在英国驻莫斯科大使馆招待戈尔巴乔夫夫妇时，她的外交部简报称赖莎·戈尔巴乔夫是一位忠实的马克思主义者。在回忆录中，撒切尔夫人记录了她（半开玩笑地？）认为是确证的事情：在参观大使馆藏书丰富的图书馆时，戈尔巴乔夫夫人从众多精美图书中挑选了霍布斯的《利维坦》（Leviathan）进行仔细翻阅。

黑格尔令20世纪的思想家备感困扰，后者试图在他身上贴上党派或意识形态的标签。对波普尔来说，黑格尔是一位极权主义者；对罗尔斯而言，黑格尔是一位"主张温和及渐进改良的自由主义者"；在斯克鲁顿看来，黑格尔则是一位社群主义保守派。黑格尔的遗产在他那个时代便在右翼黑格尔派和左翼黑格尔派之间引发了争论：右翼认为黑格尔的观点是，自由进程的终点是一个以法治为基础的君主立宪制；左翼则在资本与劳动日益迫近的斗争中看到了作为历史发展之动力的主人与奴隶之间斗争的延续。在主张阶级冲突的左翼社会主义黑格尔与主张无视个体的国家法律之统一的右翼自由主义黑格尔之间，还隐约出现了第三个黑格尔，这个黑格尔对伦理保守主义者富有吸引力，可以为后者所确信的道德规范之社会根源提供理论依据。

康德很少直接谈论政治，也很少被划入保守主义阵营。在 19 世纪早期发生在德国的争论中，康德被怀疑是现存秩序的敌人，因为他认为英国宪法是专制寡头政治，并对法国大革命表示欢迎。在某些人看来，康德是一位侵蚀信仰的理性主义者，尽管他描述自己的目标是设定理性的边界，从而为信仰和美提供空间。19 世纪晚期的德国新康德主义分成了两派，一派的首要关切是为自然科学确立康德主义的基础，另一派则更加热衷于捍卫历史理解的独立与安全。后来具备德国意识的保守派思想家（如科林伍德、斯克鲁顿）则强调历史无法被还原为自然科学。康德思想中的反功利主义元素在 20 世纪的复苏是由美国的自由主义者完成的。相比之下，斯克鲁顿在康德所强调的人类思维所具有的想象和建构的力量当中发现了其思想对保守主义的意义，特别是在道德、艺术和社会方面。

作为富人的代表，保守主义者从来都不缺乏对私有财产的复杂和高层次论证，这些论证包括黑格尔对私有财产制度本身的辩护。黑格尔认为，财产赋予人以法律资格，因为没有财产，人就无法自由行动，也无法负完全的责任。威廉·布莱克斯通（William Blackstone）曾以残酷的笔触表达过类似的观点：无财产者在财富和地位的欺凌面前毫无抵抗力，很容易被贿赂和收买。保守主义者还给出了哈耶克式的审慎论证，反对对私有财产制度进行无效干预：成功的财产再分配假定了原则上无法获得的知识。保守主义者还可以本着功利主义的精神诉诸财产的社会利益：私有财产有助于社会稳定，从而服务于公共利益；它使富人与现有秩序休戚相关，并使穷人有希望成为富人。通过赋予民法以生命和内容，财产维持了一种和平解决争端的方式，从而使社会在保持竞争性的同时不至于变得具有爆炸性。如果按照一般意义上的洛克精神，将财产理解为人们有权拥有的任何东西，那么在一个没有权利的社会中，人类的每一次互动在理论上都会变得有争议，并有可能导致不间断的纷争。最后，历史经验为私有财产给出了保守主义的总结性论证：人类在社会层面所尝试过的集体所有制全都未能奏效，它破坏了社会稳定，却并未解放或保护其成员；事实表明，从长远来看，私有财产在增加和传播财富方面做得更好。

从上文的快速鸟瞰中我们可以得出一个警示性结论，那就是："自由主义"和"保守主义"的标签是政治的而非哲学的。上文提到的哲学家都是先于自由主义和保守主义而出现的，他们很少有人认为自己是严格意义上的政治思想家。他们都在探讨治国之道、道德和事物的本质如何在哲学上结合起来，但并非以自由主义或保守主义的方式，尽管大多数哲学家都曾在某个时候被自由主义或保守主义纳入过己方阵营。强行将过去的哲学家纳入当前的党派框架是一种智识上的舞弊。

附录 C
保守主义者的生平：名录

i. 政治家

约翰·昆西·亚当斯（John Quincy Adams，1767—1848 年）：曾任美国总统（1825—1829 年），国务卿（1817—1825 年），联邦参议员（1803—1808 年），马萨诸塞州联邦众议员（1831—1848 年），美国驻荷兰、普鲁士、俄罗斯和英国使节。作为门罗主义的缔造者，亚当斯在与英国的新一轮战争以及西班牙从拉丁美洲撤退后稳定了美国的外交立场。他缺乏幽默感，易怒且自律，五十年如一日地撰写政治日记。作为一位严格的加尔文主义者，他相信必须以上帝的恩典来控制自己堕落的本性。他的父亲也曾担任美国总统，他的一个兄弟和两个儿子都是酗酒者，并且早早就过世了。作为反联邦主义的早期皈依者，他对中央政府持谨慎态度。作为一位反杰克逊主义者（1824 年后），他对大众民主感到担忧。

康拉德·阿登纳（Konrad Adenauer，1876—1967 年）：德国莱茵兰人、天主教徒，曾代表天主教中央党出任科隆市长（1917—1933 年；1945 年），后来担任西德总理（1949—1963 年）。阿登纳见证了德国的经济复兴、西欧一体化以及德国与法国和以色列的和解。他将基督教民主党打造成一个居主导地位的中右翼政党，成功地抑制了社会民主党，并在"社会—市场经济"框架下推进劳资和平。通过结束纳粹化，他帮助推迟了历史的清算。在战略层面，他将德国主权的恢复划分为几个阶段：依托西方抵抗苏联的压力，结束盟军对德国的占领，实现两德统一。在保守派批评者看来，他牺牲了东部领土，屈从于美国的利益，强化了德国的分裂。对此，他回答说，一个强大、繁荣的西德的吸引力是东德所无法抗拒的。他在社会事务上持保守主义立场，他的执政风格是专断的，并认为选举是令人遗憾的必需品（尽管他先后四次赢得选举）。尽管与自由主义的民主达成了和解，但他依然对现代性抱有保守主义的疑虑。他认为，要反对大众化、物质主义和无神论，最好的武器是耐心、公共问责和公民勇气。

斯坦利·鲍德温（Stanley Baldwin，1867—1947 年）：先后三次出任英国保守党首相（1923—1924 年；1924—1929 年；1935—1937 年）。他挫败了一次大罢工，在大萧条时期担任政府首脑，抵挡住了嘈杂的硬右翼，并妥善处理了一场王室退位风波，提升了君主制的声望。作为一位自由贸易论者，他依然向主张高关税的保守党人妥协，偏袒更加富裕的南部和中部而非贫穷的北部地区，并（像其他人一样）在应对希特勒的问题上遭遇了失败。他避免对抗（例如他拒绝了丘吉尔对罢工者使用武力的主张），假定对手都是愿意妥协的，并且在广播讲话和大众文字中，他对"一国"保守主义的图景进行了更新，使之成为一种没有分歧的常识性信条，适用于所有社会阶层。他描绘了一幅安于现状、与世隔绝的岛国人民形象，这与英国的社会和地缘政治事实并不相符，却为后来保守党关于英国战略地位的争论提供了想象的支撑。鲍德温所代表的保守主义与其说是一个缓冲，不如说更多是一种右翼自由主义。

西奥·冯·贝特曼-霍尔韦格（Theo von Bethmann-Hollweg，1856—1921 年）：德国无党派保守主义者，出身于一个高级官员和教授家庭，曾担任德国总理（1909—1917 年），外交和战争占据了他的总理生涯。他曾试图避免一场因他的犹豫而最终促成的战争。英国希望保持领先地位，这粉碎了他对海军所抱有的缓和希望。他未能阻止奥地利进攻塞尔维亚（1914 年 7 月）。他担任总理期间所起草的"九月计划"（September Program）在批评者看来是一个蓄谋已久的霸权战略，在支持者看来则是一份对不必要之战争进行合理化的愿望清单。鹰派不顾他的建议，拒绝了美国的调停（1917 年）。1917 年 7 月，当社会民主党的和平决议在国会获得通过之后，贝特曼辞职，他的职业生涯和他的时代就此结束。

乔治·皮杜尔（Georges Bidault，1899—1983 年）：法国抵抗运动成员、战后反维希的天主教右翼领袖，也是戴高乐的对手。他从自己所领导的人民共和运动（Mouvement Républicain Populaire）——法国版的基督教民主党——转向了顽固地捍卫秘密军事组织（Organisation Armée Secrète）的极右翼，该组织在法国以恐怖行动来反对阿尔及利亚的独立。作为战前反法西斯的天主教期刊《晨曦》（L'Aube）的撰稿人，皮杜尔与戴高乐不同的是，他与莫拉斯主义（Maurrasian）右翼无关。为了逃避因支持秘密军事组织而面临的检控，他逃离法国，后于 1968 年回到法国并获得赦免，但已然名誉扫地。尽管如此，他所领导的人民共和运动依然以其天主教的社会参与、强烈的国家主义、工会权利、温和的欧洲主义和家长式殖民主义，深刻地影响了战后的法国右翼。

伯恩哈德·冯·比洛（Bernhard von Bülow，1849—1929 年）：比洛与好友菲利普·尤伦堡（Phillip Eulenburg）以及他的导师、被称为外交界"斯芬克斯"（sphinx）的弗里德里希·霍尔斯坦（Friedrich Holstein）一道，主导了 20 世纪头十年德国的政策制定。在担任外交大臣（1897—1900 年）和德国总理（1900—1909 年）期间，他以不加掩饰的帝国主义取代了俾斯麦对殖民地的质疑态度，主张德国在"世界上的一席之地"。在政治上，他寻求建立一个自由主义-保守联盟，以阻止社会民主党人。尽管 1902 年的粮食关税令容克地主感到满意，但他们依然挫败了比洛试图推行的税收改革。比洛在私下里机智过人，但他的演说却充满了咆哮和挑衅，比如他在 1899 年的帝国议会上表示，"生存斗争"需要武装力量，德国人民如今不是"刀俎，就是鱼肉"。

亨利·卡伯特·洛奇（Henry Cabot Lodge，1850—1924 年）：一位博学而孤傲的波士顿上流社会成员，在美国加入国际联盟的问题上挫败了威尔逊。作为一位忠诚于党派的人，他支持腐败的共和党人布莱恩反对独立派改革者（1884 年），支持在任的塔夫脱反对自己的好友罗斯福（1912 年）。他持保守主义观点，反对开放移民和进步的改革，但支持过一项流产的法案，该法案旨在保护黑人选民。他的目标是将美国（"这个世界最大的希望"）打造成拥有强大海军的全球强国。作为一位单边主义者而非孤立主义者，洛奇希望建立一个以美国为基础的、无须条约承诺的自由主义世界秩序。他支持与西班牙开战，支持在中国推动商业上的"门户开放"。

乔治·坎宁（George Canning，1770—1827 年）：是小皮特的最杰出追随者，代表了一种新类型的公关型政治家。坎宁的父亲经商失败，母亲曾是一名演员，他凭借聪明才智脱颖而出。他创办的周刊《反雅各宾》（*Anti-Jacobin*，1797—1798 年）公开抨击激进主义并鼓动战争。作为外交大臣（1807—1809 年；1822—1827 年），他反对结盟，使英国脱离了欧洲，并推动西班牙美洲走向独立，从而为英国贸易开辟了道路。他支持天主教解放和议会改革，原本有可能将自由派托利党人和保守派辉格党人联合起来，却在 1827 年猝然离世。他的保守主义将精明与对国家的非理性依恋结合在一起："我们偏爱生活于其间的这个国家，对此我们无须隐瞒。"

约瑟夫·坎农（Joseph Cannon，1836—1926 年）：伊利诺伊州美国众议员（1873—1923 年，其间有间隔），一位经历过镀金时代的保守派。作为众议院议长（1903—1911 年），坎农行事专断，阻挠了进步派共和党人所寻求的改革。"乔大叔"坎农身材矮小、为人粗鲁且好斗，他牢牢掌握着众议院委员会的席位分配权，以确保众议院中以乔治·诺里斯（George Norris）为首的罗斯福总统的支持者所推动的改革法案无法在保守派的眼皮子底下溜过。罗斯福的共和党继任者塔夫脱（1909 年）希望延揽坎农，但民主党人与进步派共和党人联起手来，打破了坎农的权力以及众议院保守派对改革的否决权，使威尔逊第一个任期（1913—1917 年）的大规模改革得以及时推行。

尚博尔（Chambord，1820—1883 年）：亨利·达尔图瓦（Henri d'Artois），人称尚博尔伯爵，是一位反对法兰西第三共和国的正统派谋略家，也是对已消失的法国王位的三位觊觎者之一，前两位分别是奥尔良派路易·菲利普的儿子（在 1842 年意外身亡）和波拿巴派拿破仑三世的儿子（在 1879 年英国与祖鲁人的战争中作为支持英国的一方而阵亡）。尚博尔被称为"奇迹之子"，他在父亲贝里公爵（最后一位波旁王朝国王的儿子）被谋杀后七个月出生。1870 年之后，他希望结束长达四十年的流亡生涯，但他发动正统派政变的呼声无人理会。尚博尔固执且脱离实际，他相信"君主制总是引领着工人阶级"。据说他不知道怎样系鞋带。

温斯顿·丘吉尔（Winston Churchill，1874—1965 年）：对于英语世界的右翼

而言，丘吉尔在政党政治中的地位可与伯克在思想界的地位相媲美：堪称典范、备受争议，而又无懈可击。他最初是保守党人，后来成为自由党人，最后又回归保守党，从 1908 年起开始担任政府要职，并两度出任首相（1940—1945 年；1951—1955 年）。错误、失败以及酗酒、抑郁和个人债务一直伴随着他的职业生涯，但凭借着运气和决心，他从未被完全击败。他在每一个年代都遭遇过责难，如：1915 年的军事惨败，1925 年对货币的管理不善，20 世纪 30 年代对帝国的怀念以及在抵抗法西斯方面的模棱两可，1940 年在挪威再一次遭遇军事惨败。一经成为战时领导人（1940 年 5 月），他就传递出一种绝不气馁的抵抗意志，依靠军事顾问制定战略，依靠工党部长们处理内政。作为首相（1951—1955 年），他掌管全局，当时的保守党向工党学习，在快速增长的经济中推行社会保障和房屋建设。丘吉尔对党派漠不关心，对教条没有耐心，他一直声称自己是一个自由主义者。

亨利·克莱（Henry Clay，1777—1852 年）：美国反杰克逊派辉格党人、保守的民族主义者以及"美国体系"（关税、联邦工程、国家银行）的推动者。克莱出生在弗吉尼亚州，继承了位于肯塔基州的一个奴隶种植园。他曾担任众议院议长、联邦参议员以及肯塔基州联邦众议员（1806—1852 年，其间有间隔）。克莱和他的政党一样，赞成缓慢解放黑奴并使他们返回非洲，但最终未能解决奴隶制的挑战。作为一位边疆政治家，他被称为"西部的亨利"，被仰慕者誉为"伟大的调停者"，而对手则视他为没有原则的交易者。他有十一个孩子，其中六个女儿早早夭折，三个儿子要么发疯要么酗酒。他最喜欢的一个儿子在美国谋求西进的墨西哥战争中阵亡，而这场战争是克莱所反对的。

卡尔文·柯立芝（Calvin Coolidge，1872—1933 年）：在自由主义的魔鬼名录中，柯立芝是一个木制图腾，代表了美国进步主义（20 世纪 10 年代至 20 年代）和新政主义（20 世纪 30 年代至 40 年代）之间一个碌碌无为的中间阶段。他出生在佛蒙特州，曾担任美国总统（1923—1929 年），其前任是丑闻缠身的哈丁，后任是半自由主义的胡佛。作为一位共和党人，柯立芝主张小政府、支持商业。在担任马萨诸塞州州长期间，他派军队结束了一场警察罢工。在担任总统期间，他实现了所得税减免，在经济强劲增长的同时增加了财政收入。柯立芝本人言辞简洁，他在演说中展现了对一个上帝所眷顾的国家不加思索的信心，对"伟大人物"的"崇敬之情"，以及对财富心平气和的接受，只要这些财富被认为是"手段而非目的"。柯立芝的画像被里根总统挂在他的白宫办公室。

弗朗索瓦·科蒂（斯波图尔诺）（François Coty[Spoturno]，1874—1934 年）：出生于科西嘉的法国记者、香水制造商和反犹主义者，也是 20 世纪 20 年代和 30 年代极右翼事业的金主。1922 年，他获得了《费加罗报》的控制权，并于 1928 年创办了面向工人阶级的廉价报纸《人民之友》（L'Ami du people），这份报纸攻击各党派，散布反犹主义仇恨，赞扬墨索里尼式法西斯主义，并呼吁一位波拿巴式强人来控制法国。科蒂的香水财富曾一度支持过法西斯主义政党费索（Faisceau，1925 年）。1933 年，他成立了准军事组织法国团结会（Solidarité Française），参与了 1934 年的反议会暴乱。1936 年，费索和法国团结会连同其他军事联盟被布鲁姆政府一并取缔。

查尔斯·库格林（Charles Coughlin，1891—1979 年）：20 世纪 30 年代美国家喻户晓的硬右翼天主教电台牧师。当库格林的家庭布道变得带有政治色彩之时，他被广播公司扫地出门，但他的受欢迎程度足以让他进行独立广播。他反对新政，抨击银行家（尤其是犹太银行家），并且作为美国优先论者，他在 1935 年协助阻止美国加入国际法院。他支持右翼民粹主义无望地反对罗斯福（1936 年），同时他也反对美国参加二战。1940 年，他在广播中支持希特勒，这使他的追随者大为减少。他所在的教会禁止他参与政治（1942 年），他的报纸《社会正义》（*Social Justice*）也被拒绝提供邮寄服务。库格林一直担任底特律小花圣殿（Shrine of the Little Flower）牧师，直至退休。

夏尔·戴高乐（Charles de Gaulle，1890—1970 年）：法国军人兼总统，体现了意志和神话所具有的政治力量。在 1940 年英勇抵抗德军失败并流亡伦敦后，戴高乐象征着影子般的自由法国。在 1944 年解放时，他避免了盟军对法国的占领，并在被占领的德国为法国赢得了一席之地。作为临时政府领导人（1944—1946 年），他在自己的宪法提案遭到否决后引退。在 1958 年阿尔及利亚危机期间他再次担任总理，提出了一部加强总统权力的新宪法并提议放弃阿尔及利亚，两者均被全民公投批准。他主导了非洲的非殖民化，（在美国的帮助下）建立了核武库，并推动法国融入欧洲。他的一些相反的立场，如反对北约、反对欧共体（EEC）、反对冷战西方主义（Cold War Westernism），随着时间的推移也都一一逆转。除了戏剧性之外，戴高乐法国一直保持着大西洋主义、欧洲和反苏立场。戴高乐身材瘦长、性格孤傲，对政党政治感到厌恶，并以专制态度对待内阁成员，但在受挫时他会选择离开（1946 年和 1969 年）。他很难被贴上某个标签，很大程度上正如法国本身——带有右翼色彩，但属于中间派。

马塞尔·戴亚（Marcel Déat，1894—1955 年）：身为一名法国记者，戴亚相信，颓废的法国不是充满活力的法西斯国家的对手。他头脑聪慧，师从一众自由派教授，其本人是左翼绥靖主义者，后来转向了硬右翼。他呼吁与德国和解，反对干预西班牙内战，质疑法苏条约，并在 1939 年 5 月撰写文章《为但泽而死？》，敦促法国不要履行对波兰的承诺。彼时的戴亚与多里奥的法国人民党（PPF）和比卡尔（Bucard）的法兰西主义者（Francistes）争夺法西斯的支持。在维希，戴亚的政党在语言和象征上更趋纳粹化，他在 1944 年担任劳工部长，后来逃往德国。

雅克·多里奥（Jacques Doriot，1898—1945 年）：这位钢铁工人的儿子先是支持共产主义，后来转向法西斯主义，曾是位于巴黎郊区工人阶级聚居区的圣德尼市广受欢迎的代表（1928—1938 年）。面对来自纳粹的威胁，法国共产党的缓慢反应令他警觉，他呼吁左翼团结起来。当法国共产党倡导成立人民阵线时（1934 年），多里奥因为过早地倾向右翼而被开除。此后，共产主义成了他的主要敌人，他转向右翼，创建了法国人民党（1936 年）。在维希政府中被边缘化后，他领导了一支法国"反布尔什维克"旅在俄罗斯作战。在乘车逃往德国的途中，多里奥在一次盟军飞机的扫射中丧生。

德怀特·艾森豪威尔（Dwight Eisenhower，1890—1969 年）：欧洲盟军最高指挥官、美国共和党总统（1953—1961 年）。在民主党人看来艾森豪威尔是沉迷于高尔夫球的无所事事者，在塔夫脱共和党人看来他是新政支持者，他主导了1945年后美国实力的巩固。他追求对苏联的"遏制"（而鹰派则要求苏联"回撤"），接受朝鲜战争以"平局"收场，在1956年苏军进入匈牙利时保持沉默，并寻求与赫鲁晓夫达成缓和。他反对法英在苏伊士运河的不当干预，却批准了美国以失败收场的对古巴的入侵，并认可了危地马拉和伊朗的政变。他任由热衷于"抹红"对手的麦卡锡走向自我毁灭。他在种族隔离问题上保持沉默，但却任命厄尔·沃伦为最高法院首席大法官，并在1957年命令阿肯色州联邦军队执行法庭的反隔离裁决。他是小预算的捍卫者，却任由民主党控制的国会进行开支。他的联邦高速公路计划推动了城市郊区的出现，由此改变了美国政治。作为中右翼，他对党派或教条不太关心，但展现出审慎的保守主义，那就是不打无把握之仗。

菲利普·祖·尤伦堡（Philipp zu Eulenburg, 1847—1921年）：是素有"冲动的威廉"之称的德皇威廉二世的助手兼好友，后俾斯麦时代历任德国自由派总理的对手，也是一场恐同（homophobic）新闻运动的受害者，这场运动在1908年的诽谤审判中导致了他的下台，这场审判比奥斯卡·王尔德（Oscar Wilde）所经历的审判更加痛苦。尤伦堡是威廉二世进行个人统治的主要依靠，尤其是在外交政策方面，该领域在19世纪90年代末已变得半制式化（semi-formalized），马克斯·韦伯将其比作驾驶一辆高速列车，却不知前方道岔是否已经转换到位。彼时德国宫廷的成员人数多达2 320人，其行动或预算几乎不受任何限制，其预算甚至超过了总理、外交部门和联邦法院预算的总和。

斯蒂芬·J.菲尔德（S. J. Field, 1816—1899年）：一位有影响力的美国最高法院大法官，他支持商业自由免遭监管和工会要求的影响，但并未触及种族歧视的法律-道德弊病。作为一位经济自由主义者和社会保守主义者，菲尔德得到林肯总统的提名，在其任职最高法院的三十六年里，他从宪法"正当程序"条款（第五和第十四修正案）中发展出了一种新的理论武器，即实质性正当程序，用来对抗各州的社会立法。正当程序保护人民免受法律之不当行使的侵害，实质性正当程序则保护人民免受尽管合法制定但却有损人的权利的不当法律的侵害。这个武器是一把双刃剑，它被保守派用来支持自由放任，被自由派用来支持公民权利。

皮埃尔·弗朗丹（Pierre Flandin, 1889—1958年）：自1932年起担任法国中右翼政党民主同盟的领袖，是财政紧缩和绥靖政策的坚定倡导者。弗朗丹出身一个富有的专业人士家庭，在1914年之前接受过飞行员训练。在短暂担任法国总理期间（1934—1935），他反对法国因德国重新军事化莱茵兰而进行动员，对《慕尼黑协定》持欢迎态度，并在1939年反对开战。他后来在维希政权短暂担任代理总理，其间于1942年10月前往未被占领的阿尔及利亚，在那里他被自由法国逮捕并关押。作为惩罚，他在1946年被暂停公民权利，七年后这些权利被恢复，这使他得以在法国约纳省担任地方议员。

索尔兹伯里侯爵罗伯特·加斯科因-塞西尔（Robert Gascoyne-Cecil, Marquess of Salisbury, 1830—1903年）：一位博学而高贵的党派设计师，他塑造了这样一个保守党：代表商业和金融利益，尊重旧的忠诚所系（君主、上议院、教会），并赢得选民足够的支持，使其在20世纪的大部分时间里成为英国的主导政党。索尔兹伯里先后三次出任英国首相（1885—1886 年；1886—1892 年；1895—1902 年）、四次担任外交大臣，他的职业生涯不仅体现了他在欧洲和殖民地的治理才能，还生动展现了英国保守党对现代资本主义和选举民主的适应。年轻时期的索尔兹伯里认为更广泛的选举权意味着更多的野心家，而非更好、更具共识的政府。他那冷静理智的基督教信仰将登山宝训视为一种糟糕的政策指引。他认为，穷人的邪恶程度并不亚于富人，只是他们人数更多。晚年的索尔兹伯里及其代理人推动英国保守党走向现代化，建立起党的地方办事处，开始向媒体记者通报情况，并引入了竞选宣言和影子内阁。他的职业生涯是一堂保守主义的大师课，让保守派懂得如何在己方力量衰落、信条不彰之时做到转弱为强、克敌制胜。

格拉赫兄弟（Gerlach Brothers），即**利奥波德**（Leopold，1790—1861 年）和**厄恩斯特·路德维希**（Ernst Ludwig，1795—1877 年）：两人作为普鲁士宫廷秘密顾问团的保守派核心，为变化莫测、缺乏自信的国王腓特烈·威廉四世提供指导。作为基督教虔敬派信徒，格拉赫兄弟感受到个人信仰和服务社区的召唤。路德维希，两兄弟中政治色彩更浓的一位，后来皈依了路德宗。在拉多维茨这样务实的保守派看来，格拉赫兄弟的浪漫主义宪政观——一个尽责的国王在受人尊重的旧阶层的辅佐下进行治理——是一种中世纪的幻想。俾斯麦羡慕两兄弟与国王的亲近关系，但最终往往还是俾斯麦说了算。腓特烈·威廉四世在 1857 年的一场中风中失去行动能力，他的兄弟也是俾斯麦的盟友威廉成为摄政王，格拉赫兄弟随之失势。利奥波德在腓特烈·威廉四世的葬礼后不久便因感冒去世，这使俾斯麦想起"那些选择与王子一起死去的老臣"。对于路德维希，俾斯麦嘲笑说："他坐在自己的纪念柱上，拒绝任何人的意见与他一致。"

纽特·金里奇（Newt Gingrich，1943 年—　　）：曾任美国乔治亚州联邦众议员（1979—1999 年）、众议院议长（1995—1999 年），在共和党加速右转以及取消与民主党的跨党派妥协方面发挥了主导作用。在他促成联邦政府停摆（1995—1996 年）对共和党造成伤害之后，金里奇选择与民主党总统克林顿合作，共同限制福利支出。尽管如此，他所留下的遗产依然是将国会变成党派战争的舞台，这在很大程度上也是受到微软全国广播公司和福克斯新闻（1996 年开播）全天候战斗新闻的推动。在《重振美国》（*To Renew America*，1995 年）一书中，金里奇表达了右翼一贯的呼声：国家正在走向地狱，保守主义是应对衰败的唯一药方，"不存在中间选项"。

瓦莱里·吉斯卡尔·德斯坦（Valéry Giscard d'Estaing，1926—2020 年）＊：法国自由保守主义政治家。在他看来，三分之二的法国人是社会和经济自由派，但同时他们也反对左翼。他曾两次担任财政部长（1962—1966 年；1969—1974 年），并出任法国总统（1974—1981 年），他与赫尔穆特·施密特合作强化了法德关系，并推动了欧洲更紧密的联合。他创立的独立共和党是全国独立人士和农民

＊　本书英文版出版于 2020 年 10 月，当时德斯坦依然健在。2020 年 12 月德斯坦去世，故译者对此处进行了更新。——译者注

中心改头换面后的一个衍生物，后来演变为法国民主联盟（1978—2007 年）。吉斯卡尔相信技术官僚式的经济和财政管理，这两者都不受民主压力的干扰，但他在政府解禁媒体、强化议会权威，向地区下放权力，以及放宽对避孕、堕胎和离婚的法律限制方面又持自由派立场。

贝利·高华德（Barry Goldwater，1909—1998 年）：美国当代右翼政党政治先驱。高华德承上启下，一端是以塔夫脱为首的共和党旧派系，另一端是 1980 年后的里根共和党，后者迅速将自由派共和党人排除在外。借助艾森豪威尔的影响力，高华德在 1952 年当选亚利桑那州联邦参议员。他反对工会，对道德管控持开放态度（在晚年，他支持同性婚姻），并在外交政策方面持美国优先立场。他在 1960 年因抨击艾森豪威尔的共和主义是"廉价新政"而蜚声全国。艾森豪威尔的继任者尼克松需要东海岸共和党人的支持以确保党内提名，并选择了一位自由派作为竞选搭档。高华德代表受到冒犯的南部和西部共和党人举起了大旗，他在 1964 年的共和党党内提名中击败了洛克菲勒，但在总统选举中不敌约翰逊，只拿下了六个州，但这种挫折只是暂时的。高华德之后的美国右翼依托南部和西部，形成了一支令尼克松和福特穷于应付的共和党力量，并在 1980 年后赢得了党内主导地位。

马克·汉纳（Mark Hanna，1837—1904 年）：一位出身于美国克利夫兰的商人兼共和党经理，在 1896 年成功领导了麦金莱总统的胜选之旅。他从标准石油、摩根银行和其他财团那里筹集到相当于当前超过一亿美元的资金，他让麦金莱坐镇位于俄亥俄的家中，派出共和党发言人广泛宣扬稳健货币和高关税以使美国重获繁荣。民主党和进步党人将麦金莱共和党描述为有钱人的政党和镀金时代腐败的残余物。作为俄亥俄州州长，麦金莱的目标是争取"劳动的美国人"手中的选票，不动声色地将天主教徒、移民、黑人和逃避义务者排除在外。

1914 年之前的法国硬右翼：爱德华·德吕蒙（Edouard Drumont，1844—1917 年），是《犹太法国》（1886 年）一书的作者，还是反犹太报纸《自由言论报》（创立于 1892 年）的编辑。德吕蒙是反德雷福斯派中一个恶名昭著的人物，他将对犹太人的偏见细分为基督教传统（认为犹太人是杀害基督的凶手）、人类学形式（"科学的"种族主义）和政治经济形式（反对资本主义）。19 世纪 90 年代之后，他的风头被法兰西运动盖过，此时的法国除硬右翼之外，反犹主义已大为减弱。保罗·戴鲁莱德（Paul Déroulède，1846—1914 年），是一位军人、诗人、普法战争的俘虏和持硬右翼立场的突击手，以《士兵之歌》（1872 年）一书成名，这是一本哀悼阵亡战友、呼吁国家复仇的民谣小册子，将对法国乡村的热爱与对战争死难者的哀悼联系在一起："他们长眠在那片黑森林当中……那里属于我们法兰西。"他在 1882 年创立的爱国者联盟最初是议会的一个压力团体，后来发展成为一支反共和的街头力量，戴鲁莱德本人也变得更加粗暴，并很快受到人们的嘲笑。莱昂·都德（Léon Daudet，1867—1942 年），在法兰西运动中与莫拉斯并肩作战，是莫拉斯忠实的随从。他最初为德吕蒙的《自由言论报》撰写文章，后来在 1908 年离开并创办法兰西运动自己的报纸。他在 1917 年抨击"德国情人"（Bosch lovers），例如主张通过谈判获取和平的卡约（Caillaux）。

20 世纪 30 年代和维希法国时期的法国硬右翼：弗朗索瓦·德·拉·罗克（François de La Rocque，1885—1946 年），一位将军的儿子，曾在北非为军事殖民主义者于贝尔·利奥泰（Hubert Lyautey）效力。1931 年，拉·罗克接管了"火十字团"，这原本是一个荣誉退伍老兵协会，但拉·罗克将其向所有人开放，到 1934 年成员已达六万人，他利用科蒂和其他人的资金将准军事人员组织了起来。当 1936 年议会外团体被取缔后，"火十字团"成为"法兰西社会党"（Parti Social Français，PSF）。马塞尔·比卡尔（Marcel Bucard，1895—1946 年），一位公开宣称的法国法西斯主义者，于 1933 年创建并领导了法兰西主义者，一个准军事的街头暴力团体。比卡尔出身于巴黎郊区一个富裕的贩马商人家庭，原本将在教会度过一生，但战争的到来改变了这一切，他成了一名上尉，先后三次负伤，带着"战壕精神"的暴力印记复员回乡。他这样表达自己对自由派和左翼的看法："我喜欢我的左轮手枪，将用它来对付渣滓们及其报纸。"他的法兰西主义者模仿墨索里尼的"黑衫军"（squadristi），但即便在鼎盛时期人数也未超过 8 000 人，他们所起的主要作用是促使布鲁姆政府将他们和其他街头暴力组织一并禁止。法兰西主义者在 1940 年后再次归来，协助维希法国的民兵组织（Milice）镇压法国抵抗运动。1946 年，比卡尔因叛国罪被审判并处决。菲利普·昂里奥（Philippe Henriot，1889—1944 年），一位共和联盟政治家，20 世纪 30 年代初与爱国者联盟关系密切，维希时期他利用自身强大的演说能力在每周广播中宣扬国家革命（National Revolution）的理念。这些理念是一种大杂烩，包括反共和主义、经济社团主义、天主教社会和家庭政策、帮助农民、文化反动、迫害左翼以及排斥不受欢迎的外国人。维希政权的理念具体体现为社区十六项原则（Sixteen Principles of the Community），并被浓缩为"劳动、家庭、祖国"的口号，与共和国的"自由、平等、博爱"相对立。1944 年 7 月，昂里奥被抵抗运动突击队击毙。

爱德华·希思（Edward Heath，1916—2005 年）：英国保守党领袖（1965—1975 年）、首相（1970—1974 年），在仰慕者眼中，他是继任者撒切尔夫人的先驱；在批评者看来，他是一个失败的温和派妥协主义者。"妥协""模糊处理"之类令撒切尔主义者感到不安的字眼被加之于他。事实上，希思和撒切尔在许多目标上是一致的：减少监管，增加竞争，停止政府调节收入的政策，遏制工会（如工党所尝试的那样），减少直接税、增加间接税，以及推行"有针对性"的（即大体而言不那么大手大脚的）福利。保守党硬右翼从未原谅希思的一点是，他将英国带入了欧洲经济共同体，也就是欧盟的前身。他运气不佳（遭遇了全球滞胀、中东战争），并在解决（工会、爱尔兰问题等）深层次、长期冲突方面过于相信人的理性。

卡尔·赫尔费里希（Karl Helfferich，1872—1924 年）：德国货币专家、殖民主义支持者、1918 年后德国国家人民党领袖。赫尔费里希代表了在德国统一战争和 1914 年之间的一代高度合格的政府官员，这一时期的德国充满自信、对外扩张并获得成功。与他的实践智慧或民主政治意识相比，赫尔费里希有着更强的技术实力。在担任战时财政部长期间，他通过借贷来满足开支，从而为战后通货膨胀埋下了祸根。此后，他集中力量争取商界和地主阶层的支持，以稳定货币。彼时德国所需要的是他的政党对共和国的支持。亚尔马·沙赫特（Hjalmar

Schacht)在1923年击败他成为德国国家银行行长。赫尔费里希后来在瑞士贝林佐纳的一场火车事故中去世。

奥托·冯·赫尔多夫(Otto von Helldorff, 1833—1908年)：一位拥有四个大学学位的受伤老兵(1866年)，他将德意志帝国议会中的普鲁士保守派集结起来，使之成为俾斯麦的坚定拥护者。在担任德国保守党领袖期间，他成功地遏制了最后的基督教浪漫主义极端派以及以瓦格纳为首的社会保守派。赫尔多夫所肩负的任务因克莱斯特和《十字报》团体而变得复杂，前者是俾斯麦在普鲁士参议院中的对手，后者则担心阿道夫·施特克尔正在取代德国保守党在右翼中的位置。赫尔多夫对妥协的开放态度以及在卡普里维(Caprivi)任职首相期间不愿反对自由贸易的立场，使他失去了党内的领导地位和其他职务，并实际上结束了他的职业生涯。

杰西·赫尔姆斯(Jesse Helms, 1921—2008年)：美国广播员、北卡罗来纳州共和党联邦参议员(1973—2003年)、南方保守主义的硬右翼代言人。赫尔姆斯在很大程度上将共和党南方的声音变成了全国的声音。他以反自由主义立场为傲，他反对民权(1964年)，反对以消除种族隔离为目的的跨区上学，反对在学校禁止祷告，反对堕胎合法化，以及反对增进同性恋者的权利。赫尔姆斯助力了里根的崛起，他的筹款活动帮助共和党在1980年赢得了参议院席位。他认为自由主义既无效又具有腐蚀性，这个观点虽不自洽但具有广泛的说服力。他协助在所谓文化左翼中制造了一个敌人，将其从喧嚣电台的仇恨对象变成了保守派右翼的主要标靶之一。

厄恩斯特·冯·海德布兰德(Ernst von Heydebrand, 1851—1924年)：德国保守派领袖，被称为"普鲁士未加冕之王"，曾放言："普鲁士大臣们必须与我步调一致。"作为1870年对法战争的一位老兵，他领导了普鲁士下议院的保守党多数派(1888—1918年)，并担任德国保守党在帝国议会中的代表(1903—1918年)。他性格粗暴、难以相处，公开批评德皇，破坏了比洛的金融改革(1909年)，并挫败了威胁到容克地主利益的贝特曼-霍尔韦格。1918年君主制的崩溃结束了海德布兰德的政治生涯。战后的德国右翼急于与旧的精英阶层划清界限，因为选民憎恨他们发动了战争，但右翼依然决心阻挠这个使大众选举成为必要之物的共和国。

阿尔弗雷德·胡根贝格(Alfred Hugenberg, 1865—1951年)：德国保守派商人和媒体大亨，从1928年起领导了德国国家人民党的向右转，加速了魏玛共和国的垮台。作为一位汉诺威政治家的儿子，胡根贝格研究过德国迁徙史，曾是国家自由党成员，也是狂热的帝国主义者，并在一战期间主张领土兼并。他的商业利益包括武器制造(克虏伯)以及报纸和电影(乌发电影公司)。他的目标是加强德国的实力和抵制社会主义。尽管他本人既非君主主义者也非反犹主义者，但他的报纸却常常表现出这两种倾向。其与纳粹结盟(1931年成立哈茨堡阵线)，更多地帮助希特勒而非胡根贝格赢得了右翼选民的选票。随着德国经济在1932年陷入衰退，选民将责任归咎于魏玛共和国的各党派，包括胡根贝格所在的政党。与其他保守派一样，当胡根贝格意识到纳粹主义的危险时，为时已晚。

　　鲍里斯·约翰逊（Boris Johnson，1964 年——　　）：英国记者、作家、保守党议员、伦敦市长、外交大臣（2016—2018 年）和英国首相（2019—2022 年），出生于纽约。尽管约翰逊缺乏明确的目标或明显的原则，但他是一个少有的天才领导者，具有党内斗争的技巧、语言的力量、大胆的判断和强大的公众亲和力。2016 年，他富有激情的政治活动充满了半真半假的诱人言论，为英国脱欧公投推波助澜。无论是任职特雷莎·梅内阁期间还是退出内阁后，约翰逊都一直动员保守党人反对英国在脱欧上的延误，后来他接替特雷莎·梅出任英国首相，并在 2019 年 12 月赢得了压倒性选举胜利。由于议会中缺乏有效的反对派，约翰逊领导着一个由相互不合拍的超自由全球主义者和民族至上民粹主义者所组成的硬右翼政党，而自由派保守党人大多已离开或被驱逐。英国保守党如何解决自身的冲突以及约翰逊能否掌控这个党，仍是未知数。

　　基思·约瑟夫（Keith Joseph，1918—1994 年）：英国激进的经济自由主义者、保守党大臣和议员（1956—1987 年）。约瑟夫雄辩的才能和专注的思维帮助打造了撒切尔主义。他认为，私营企业在英国并未失败，只是从未得到过尝试的机会。英国的问题是"被过度治理、过度支出、过度征税、过度借贷和过度人为操纵"。他最关注的是右翼的一个经典主题，即衰落。他将零散的问题——如交通补贴、住房短缺、依赖福利的家长、学生抗议、道德放纵——编织成一幅关于失败社会需要被拯救的生动图景。他的呼吁促使人们采取纠正措施，但结果却参差不齐。比如，他对病人、老人和残疾人的关心是深刻的，但由于财政紧缩，对这些人提供帮助的范围受到限制。

　　威廉·卡多夫（Wilhelm Kardorff，1828—1907 年）：德意志帝国议会中亲俾斯麦的自由保守党领导人（1880—1906 年），自 1866 年起活跃于普鲁士下议院。卡多夫在银行业和重工业中拥有大量资产，并于 1876 年创立了德国的大企业游说团体。他为城市争取到地方政府的权力，使其摆脱了省级控制（1872 年），并为工业争取到保护性关税（1879 年），但未能说服其他自由保守党大亨如斯图姆（Stumm）接受廉价货币的复本位制。他反对卡普里维（1890—1894 年担任德国总理）的自由化和自由贸易改革，并在 19 世纪 90 年代支持以农民抗争为基础的土地联盟，后来又转而反对它，因为他担心民众的力量会压倒以精英为主导的自由保守党。

　　汉斯·雨果·冯·克莱斯特-雷措（Hans Hugo von Kleist-Retzow，1814—1892 年）：与英国的索尔兹伯里一样，年轻时期的克莱斯特也才华横溢地捍卫过已不再有人问津的理念。后来，他接受了时代的变化，与俾斯麦结盟并与其侄女结婚，但在 1870 年之后又回归到有着基督教—父权色彩的右翼。在此期间，克莱斯特在普鲁士参议院中与自由派对抗。作为现代国家和集中式教会的地方反对者，他领导了 1872 年在东普鲁士对帝国范围内警察和行政规则的抵制。作为德国保守党的代表（1877—1892 年），克莱斯特在无人响应的帝国议会中捍卫他那倒退的思想。他在年轻时就正确地预见到，他的"要么坚持原则，要么一无所有"的行事风格会阻碍他取得成功或谋得高位。

　　赫尔穆特·科尔（Helmut Kohl，1930—2017 年）：基督教民主联盟领导人

(1973—1998 年)、德国总理(1982—1998 年)。作为莱茵兰天主教徒,科尔受益于自由党从社会自由主义向经济自由主义的转向(1982 年)。他虽有缺陷但被低估了,他的高光时刻是两德统一。当其他人还在计划和困惑时,科尔政府已经作出了决定:两德要立刻统一,不是作为一个中立国家,而是作为欧洲和西方的一部分;不是通过两国协商制定一部新宪法,而是在西德1949 年宪法之下以西德吸纳东德的方式实现统一。科尔相信,尽管两德经济的融合需要几十年的时间,但西德已经足够富有,可以加速过渡。与俾斯麦的统一不同的是,科尔的统一是在和平中实现的,尽管有社会和政治成本,但并未带来更广泛的动荡。随后,科尔在旧东德进行了一场成功但令人诟病的竞选活动,将社会民主党"抹黑"为共产主义者。科尔退休后,有证据表明他长期提供秘密政治资金。尽管缺乏鲜明的愿景,但科尔在1989 年至1991 年间的行动表现出对一个扎根于欧洲的中间派德国的信心。

约瑟夫·拉涅尔(Joseph Laniel,1889—1975 年):法国中右翼保守派,出身于诺曼底一个纺织制造商家庭,1945 年后帮助重建了一个代表小企业主、店主和农民的右翼政党,以替代因维希政权而蒙羞的共和联盟。在 20 世纪 30 年代,拉涅尔与主张纸币贬值的塔迪厄一道,共同投票授予贝当以全权(1940 年),但拉涅尔随后加入抵抗运动,以一种荣誉的方式出现,并与他人共同创立了全国独立人士和农民中心。他后来担任法国总理(1953—1954 年),后因印度支那问题而下台。硬右翼阵营的布热德与拉涅尔争夺同一选民群体,拉涅尔支持国家(prostate),在选举中击败了布热德。拉涅尔在全国独立人士和农民中心内部的对手安托万·比内则反对国家干预,对布热德更加友好。

皮埃尔·赖伐尔(Pierre Laval,1883—1945 年):出身于德国奥佛涅偏远地区一个旅店主家庭,先是左翼后来转向右翼,并成为维希政权的主导人物。对赖伐尔而言,政治并不是文来文往,而是交易。他最初是一位劳工律师和社会主义者,曾担任巴黎"红色地带"某个城市的市长,后来成为反议会的威权主义者,并在其商人朋友的帮助下变得富有。他在1914 年之前是和平主义者(曾反对三年义务兵役制),此后致力于和解。20 世纪 30 年代初的两次总理任期和担任外交部长的经历使他亲身体验到面对危机时的束手无策。人民阵线的崩溃使他确信议会制政府已经终结。随着法国的战败(1940 年),维希右翼确认了这一点。与希望建立"新秩序"的理论家不同,善于交易的赖伐尔将法国被占领视为法德和解的机会。他严重低估了法国的弱点,并错判了希特勒领导下纳粹德国的无可救药。1945 年,他在一次有争议的叛国审判中被判处死刑并遭枪决。

安德鲁·博纳·劳(Andrew Bonar Law,1858—1923 年):英国首相(1922—1923 年)和保守党领袖(1911—1921 年;1922—1923 年),他标志着英国保守党走出了索尔兹伯里侯爵及其侄子贝尔福的时代。博纳·劳出生于加拿大,最初是一位钢铁商人,后来成为银行家,拥有阿尔斯特-苏格兰血统。他在 1900 年进入议会,成为反对党成员;随着1911 年贝尔福的退休,博纳·劳继承了一个因关税和上议院改革而陷入分裂的政党。他寄希望于《爱尔兰自治法案》能够将党内对立的两派团结起来。博纳·劳为人庸俗、滴酒不沾、非贵族出身,阿斯奎思

（Asquith）曾说他有着"格拉斯哥法警的头脑"。1922 年 10 月，他时来运转，当时的保守党在鲍德温的推动下终止了与自由党的联合，博纳·劳随后成为首相。

让-马里·勒庞（Jean-Marie Le Pen，1928 年—　）：出生于法国布列塔尼，青少年时期成为孤儿，是一位天生的战斗者。在勒庞 16 岁的时候，自由法国的军队以年龄太小为由拒绝了他。在巴黎学习法律期间，勒庞散发极右翼传单，打英式橄榄球，并参与街头斗殴。他先后在印度支那（为军队新闻部工作）和阿尔及利亚服兵役（后被指控实施酷刑）。20 世纪 50 年代至 60 年代，他全身心投入布热德运动（Poujadism）。1972 年，借助一位保守派水泥产业继承人的资金，勒庞与他人共同创立了国民阵线。在 20 世纪 80 年代之前，勒庞一直处于边缘地位，之后他放弃了派系间的街头斗殴，转而以传统的方式吸引右翼选民。在密特朗的帮助下（密特朗将选举规则改为比例分配制，从而分化了主流政党），国民阵线赢得了 35 个议会席位。随着右翼主流派在选举中获胜并很快重新修改选举法，国民阵线的影响力再次下降。然而，在 2002 年的总统选举中，勒庞进入了第二轮投票，这震惊了整个法国。国民阵线不再是极右翼政党，而是作为一个硬右翼党派进入了主流政治。

玛丽娜·勒庞（Marine Le Pen，1968 年—　）：当玛丽娜·勒庞 2011 年从父亲手中接过国民阵线的领导权时，她宣称自己的目标是赢得执政权。右翼主流派需要警醒的是，她的这一目标并非荒谬之论。她得益于两个因素：其一是人们对正统政治的不满，其二是她对国民阵线的"去毒化"。玛丽娜放弃了父亲公开倡导的种族主义，作出亲犹太人的姿态，不再对选民进行家庭价值观的说教，并从福利主义的角度呼吁以"保护性国家"取代原先那种狭隘、亲商业的反劳工路线。然而，细心的人们仍然能够听出那充满敌意的反移民旧旋律。选举中的成功带来了竞争（2016 年之后她的副手辞职）和目的冲突。国民阵线混合了神谕地缘政治、福利倡导、右翼天主教义和反欧主义。玛丽娜从三个方面施展其吸引力：以暗示性偏见来吸引右翼原有的基础选民，以社会正义来吸引左翼选民，以对安全和恐怖活动的担忧来吸引中间选民。2018 年 6 月，国民阵线更名为国民联盟。

哈罗德·麦克米伦（Harold Macmillan，1894—1986 年）：有两个麦克米伦——1945 年之前，他是失业严重的英国北部斯托克顿地区的国会议员，倡导凯恩斯主义疗法并撰写了《中间道路》（1938 年）一书，这是一部为带有国家统制色彩的保守党温和派所写的凯恩斯主义圣经；1945 年之后，他是繁荣的东南部郊区布罗姆利区的国会议员，在任职首相期间（1957—1963 年）他表示，英国从未如此美好过，并在 1959 年的大选中赢得了压倒性胜利。他加速了英属非洲的终结，完成了帝国的撤退。他希望英国能够加入欧洲俱乐部，但这一提议遭到了戴高乐的拒绝。财政困境、丑闻以及议会中一位他猜不透的新的工党领袖，凡此种种，都使他变得过时。

奥托·冯·曼陀菲尔（Otto von Manteuffel，1805—1882 年）：普鲁士内政大臣（1848—1850 年）、首相兼外交大臣（1850—1858 年），曾在位于萨克森的以学业压力大而著称的舒尔普夫塔中学接受教育（尼采和贝特曼-霍尔韦格也曾就读于此）。在 1848 年之后的宪政受挫时期，曼陀菲尔在普鲁士政府中的温和派与极端派之间保持了平衡。在外交政策上，他与拉多维茨相对立，抵制了以普鲁士为主导的德意志联盟的建立，并支持奥地利的反改革行为。在国内政策上，他与格拉赫兄弟相对立，推动制定了普鲁士自 1815 年以来所承诺的代议制宪法，却通过三级选举权的设置颠覆了其条款。1858 年，随着威廉一世成为摄政王，曼陀菲尔被解职，而俾斯麦的崛起使他成为一位过时的人物。

路易·马兰（Louis Marin，1871—1960 年）：法国洛林人、极端民族主义者，中学时期与巴雷斯同校，后来加入了 1903 年成立的共和联盟并在 1925 年成为其领导人。他的极端爱国主义吸引硬右翼分子纷纷加入该党，尽管他对硬右翼充满戒心。他试图扭转共和联盟使之反对绥靖政策，但出于对共产主义的警惕，他反对与苏联结盟。他支持反失败主义者雷诺（Reynaud）（1940 年 5 月），并与共和联盟少数派成员在维希政权的议会投票中光明正大地选择弃权，以试图挽救第三共和国。经过在抵抗运动的效力，马兰于 1945 年重新赢得了他在南锡的议席。由于 20 世纪 30 年代模棱两可的态度以及后来对维希政权的支持，共和联盟自身的名誉被严重败坏。

朱尔·梅利纳（Jules Méline，1838—1925 年）：法国农业利益的保守派捍卫者。作为一名律师，梅利纳长期代表孚日省出任国会议员（1872—1925 年）。他从 1881 年起领导了反自由贸易的游说活动，并推动通过了《梅利纳关税法》（1892 年），将农产品进口税从 3% 提高到 21%。他还推动了农业信贷的发展。1896 年，法国总理布儒瓦（Bourgeois）在通过一项所得税法案时遭遇挫败，梅利纳随之成为总理（1896—1898 年）。1903 年，他成为共和联盟领导人，共和联盟与民主同盟同为 1945 年前法国主要的保守派政党，但共和联盟的天主教色彩更浓、自由主义色彩更淡。作为法国边境地区的代表，梅利纳希望签订一份法俄协定来威慑德国。他在德雷福斯事件中担任总理，但采取了漠然置之的态度。此次事件中，他的政府起诉了左拉（Zola）＊。

安格拉·默克尔（Angela Merkel，1954 年—　）：德国总理，担任基民盟领导人长达二十年之久，对于她所领导的这个政党，默克尔曾说："我有点自由主义，有点保守主义，还有点社会基督教色彩（social-Christian），这也适用于基民盟。"默克尔出生于德国汉堡，婴儿时期被带到东德，她的父亲——一位路德宗牧师——在那里得到了一个牧师职位。她后来获得物理学博士学位并成为一位研究科学家，两德统一后进入联邦议院。她作为科尔的门生而崛起，但当科尔被曝卷入一桩党派资金丑闻后，她呼吁更换领导人。2005 年基民盟胜选后，默克尔成为德国首位女总理。她的欧洲主义坚定而清醒，认为欧洲无法在不付出代价的情况下捍卫其价值观。她常说的一句话是：欧洲占世界人口的 7%，全球 GDP 的 25% 和社会支出的 50%。她坚持原则、行事果断，但并不总是明智，她力主乌克兰加入北约，由

＊ 这里指的是法国作家埃米尔·左拉（Émile Zola）。在德雷福斯事件中，左拉在报纸上刊登了一封公开信《我控诉》（*J'Accuse ...!*），指责法国政府的反犹太政策并为犹太军官德雷福斯发声，后被检方指控诽谤罪并被法庭宣判有罪，左拉被迫逃往英国。——译者注

此激怒了俄罗斯。2015 年到 2016 年，她使德国接纳了 150 万难民（"我们能应对"），这助推了硬右翼党派德国替代选择党在联邦议院的突破。2018 年，她宣布自己不会在 2021 年寻求连任总理，但她亲自选定的自由中间派继任者很快被主张接纳硬右翼的基民盟派系驱逐了出去。

奥斯瓦尔德·莫斯利（Oswald Mosley，1896—1980 年）：英国法西斯主义的先驱，在 20 世纪 30 年代迅速崛起和陨落，这证明了英国人普遍相信嘲讽（mockery）的力量。莫斯利出身于英国斯塔福德郡的贵族家庭，先后担任过保守党议员、独立议员和工党议员。在担任大臣期间（1929—1930 年），他应对失业的凯恩斯主义提案被无视。此后，他辞去政府职务，于 1932 年创立了不列颠法西斯联盟，该联盟未能赢得议会席位，并在 1940 年遭到查禁，莫斯利此前已经被囚禁。如果以莫斯利为证据来证明英国保守主义具有对极端主义的免疫力，那是不足为信的，因为法西斯主义并不是保守主义走向非理性或硬右翼的唯一途径。

阿尔贝·德·曼（Albert de Mun，1841—1914 年）：法国社会天主教徒，在 19 世纪 80 年代希望建立一个类似于德国天主教中央党那样的天主教政党，但被教宗利奥十三世劝阻，因为教宗不愿在妥协有可能达成的情况下恶化教会与国家的关系。尽管阿尔贝是一位保皇党人兼正统派的代理人，但他仍然认为尚博尔继承法国王位的希望是荒谬的。1892 年，他接受了梵蒂冈的号召，即法国天主教徒要与共和国重归于好。尽管缺乏党派支持，阿尔贝依然借助于工人和青年协会来推进其社会天主教主义，倡导社会保险、收入和国家雇员的罢工权。他是反德雷福斯派，并且当 20 世纪初教会与国家之间爆发争端时，他成了狂热的反自由主义者。

理查德·尼克松（Richard Nixon，1913—1994 年）：一位"枢纽性"美国共和党人。尼克松的总统任期（1969—1974 年）代表了共和党重心的双重转变：一是从东海岸转向南部和西部，二是从艾森豪威尔的中间道路转向 1980 年后反自由主义的党派之争。民权运动、越南战争以及美国文化战争的开启再次加剧了 20 世纪 60 年代的党派分裂。尼克松在竞选中向右靠拢，却（与民主党控制的国会合作）以中间道路进行治理（如在联邦雇员中推行平权行动，增加支出和借款，实行工资与物价控制，推动美元贬值，与苏联达成缓和，从越南撤军）。尼克松留下了分化的党派和政府遗产：其一是共和党主流派，其二是毫无阻拦地通往共和党硬右翼。

埃拉德·冯·奥尔登堡-雅努绍（Elard von Oldenburg-Januschau，1855—1937 年）：一位直言不讳的德国容克强硬派，以 1910 年在帝国议会对同僚说的一句话而被人铭记，当时他说："德皇应该时刻准备派军官和士兵来关闭议会。"作为东普鲁士的一位地产主，奥尔登堡从省议会一路升迁至帝国议会和普鲁士参议院。他未能完成高中学业，喜欢自己在乌兰骑兵团度过的时光，鄙视民主政治。这种敌意延续到了魏玛共和国时期，当时他敦促他的朋友、总统兴登堡（Hindenburg）以法令进行统治，并在 1932 年支持帕彭（Papen）对普鲁士邦政府发动政变。

秩序党（Parti de l'Ordre）：是法国 19 世纪中期的一个右翼非正式组织，于 1848 年 5 月在巴黎的普瓦捷街举行集会，在"秩序、财产、宗教"的旗帜下抵制激进的共和党人和民主党人。其成员包括前政府部长和七月王朝的显贵、法国西部的地方正统派以及在二月革命中崛起的地方名流，二月革命推翻了公民国王路易·菲利普。这些显贵包括右翼自由派（梯也尔、托克维尔以及基佐的追随者），他们构成了法国中右翼的早期核心，后来在第三共和国时期以共和联盟的面目重新出现，并在 1918 年后成为民主同盟。

罗伯特·皮尔（Robert Peel, 1788—1850 年）：先后两次担任英国首相（1834—1835 年；1841—1846 年），索尔兹伯里曾嘲讽他两次背叛了他所在的政党（分别是在天主教解放和自由贸易问题上）。皮尔代表了英国保守主义分裂灵魂中具有商业头脑的一半。他出身一个新富的印花布制造商家庭，从小便头脑聪明并笃信宗教，在 19 世纪 20 年代出任改革派内政大臣。任职期间，他淡化了刑事法律的野蛮色彩，移除了天主教徒所面临的公民权障碍。他支持 1832 年《改革法案》，以避免"无休止的漩涡般的骚动"。在野期间，他为新命名的保守党组织撰写了《塔姆沃思宣言》（1834 年）。再次执政后，皮尔于 1842 年引进了所得税，并在 1846 年废除了谷物法。反皮尔的多数派保留了"保守党"的名称；少数派，即皮尔的支持者，在皮尔死后成为自由党（1850 年 7 月，皮尔在宪法山骑马时被马压伤不治身亡）。他被仰慕者所铭记，认为他是自由保守主义的缔造者，非仰慕者则认为他是信仰坚定的自由市场教条主义者。

安托万·比内（Antoine Pinay, 1891—1994 年）：1945 年后推动法国"常态化的英雄"，一位日常的中右翼政治家，不看重教条，对宏大的东西持怀疑态度。他自称"消费者先生"，认为自己的职责是深化和扩大经济繁荣。在担任总理（1952—1953 年）和财政部长（1958 年）期间，他两次稳定了法郎。尽管在二战前的 20 世纪 30 年代他曾沉迷于硬右翼，并在维希政权有过争议性的经历，但他在战后依然重获信用，主张小店主和农民的保守主义，将其汇聚成一个政党，即战后建立的全国独立人士和农民中心。比内曾希望创建一个非戴高乐主义、支持欧洲、经济上奉行自由主义的中右翼政党，这一希望被后来的吉斯卡尔主义（Giscardism）所实现，尽管后者在社会道德问题上更具自由主义色彩。

雷蒙·普恩加莱（Raymond Poincaré, 1860—1934 年）：法国洛林人、律师、民主同盟中的保守派共和党人。在其漫长的职业生涯中，普恩加莱担任过所有高级职务，代表着中产阶级关于工作、节俭和诚实的价值观。他与对手克列孟梭在对德强硬立场上是一致的。当法国军队在 1917 年发生哗变时，作为总统的普恩加莱任命"士兵的朋友"克列孟梭出任总理。普恩加莱主张苛刻的和平，曾派遣法国军队进入德国鲁尔区要求支付战争赔款。他支持银行业的硬货币政策，与主张工业软货币政策的塔迪厄相对立，并在 1926 年稳定了急剧下跌的法郎。他性格冷淡而狭隘，受人尊重但不讨人喜欢。他认为克列孟梭不讲原则，克列孟梭则认为他道貌岸然。

乔治·蓬皮杜（Georges Pompidou, 1911—1974 年）：戴高乐主义者，先后担任法国总理和总统（1969—1974 年）。戴高乐之后，蓬皮杜帮助将戴高乐主义从一个个人化的过渡运动转变为一个亲欧洲的中右翼政党，随着时间的推移，该党与其吉斯卡尔派竞争对手逐渐融合。在竞选中，蓬皮杜强调自己的奥弗涅血统，但他同时还是一位精英学校出身的前银行家。作为一位世俗保守派，他既不像左翼那样认为人是善的、社会是恶的，也不像右翼那样认为人是恶的、社会是善的。作为充满活力的资本主义和强大国家的捍卫者，蓬皮杜遵循着右翼自由主义的高标准，这种自由主义经历了七月王朝、第三共和国、第四共和国，一直延续至今。

后撒切尔保守主义：20 世纪 80 年代的两位英国保守党知识分子体现了后撒切尔保守主义的两个不同路径，即社会严格（social rigor）和社会政策。这两位保守党人分别是：韦桓德（John Redwoo，1951 年—　　），牛津大学历史学家，右翼保守党议员，长期以来的反欧盟活动家。他曾担任撒切尔的政策部门主管（1982—1987 年），解决了人头税（Poll Tax）所引发的混乱局面，并且两次竞选保守党领导人，但均告失败。他主张一种严格的社会保守主义，反对同性婚姻，支持恢复死刑。他在 1996 年这样总结自己的保守主义：有限但有效的政府，捍卫以传统家庭为基础的严格道德规范，确信国家会起诉和惩罚作恶者。戴维·威利茨（David Willetts，1956 年—　　）：曾在英国财政部工作（1978—1984 年），并为政府提供政策建言，尤其是在公私合作融资方面。在担任议员期间（1992—2015 年），他从撒切尔激进派转变为忧心忡忡的中间派，他的三本著作反映了这种变化，即《现代保守主义》（1992 年）、《保守主义是否已死？》（1997 年）和《挤压》（2010 年）。第一本书自信满满，认为撒切尔保守主义在很大程度上治愈了战后英国最严重的弊病。第二本书的出版正值英国工党在选举中获得压倒性胜利之时，表达了对社区和市场之间冲突的担忧。第三本书没有党派立场，其主题事关人类后代之未来，书中谈到了令所有富裕国家都为之挠头的人口老龄化、税收、养老金、住房和社会流动性等问题。

皮埃尔·布热德（Pierre Poujade，1920—2003 年）：法国战后硬右翼势力之父，青少年时期曾是雅克·多里奥的追随者，后来对维希政府感到失望，逃离法国并接受了英国皇家空军的训练。此后，布热德代表小店主和小企业的利益，反对大连锁店和税务征收员。1953 年，他成立了一个抗税政党，并在 1956 年拿下了13% 的选票，令传统右翼大感震惊。这个政党是一个由无政治立场的抗税者和右翼不满者组成的流动联盟，其成员鱼龙混杂，包括亲法阿尔及利亚人、君主主义遗老遗少和维希复仇主义者。布热德所掀起的风潮很快平息，但之后又卷土重来。蓬皮杜故作姿态地对布热德表示关注，吉斯卡尔则与他保持距离。布热德在1981 年支持密特朗。

约瑟夫·冯·拉多维茨（Joseph von Radowitz，1797—1853 年）：德国保守的宪政主义者，出身布伦瑞克的一个天主教贵族家庭，他接受了妥协而非反动，认为妥协是确保社会秩序的更可靠策略。作为普鲁士外交大臣（1848—1851 年），拉多维茨主张德国应在普鲁士的领导下走向统一，但未能赢得支持。与格拉赫兄弟一样，他与 1840 年即位的任性国王腓特烈·威廉四世关系密切。但与格拉赫兄弟不同的是，拉多维茨能够从现实中吸取教训。19 世纪 30 年代，他为教会和王权辩护，反对改革。到窘迫的 19 世纪 40 年代，他在《国家与教会》一书中写道，政府应该行动起来减少贫困。他认为，保守派将自由派排除在外是愚蠢的，因为此时真正的威胁是工人阶级的激进主义。

罗纳德·里根（Ronald Reagan，1911—2004 年）：里根将美国保守主义互不协调的各派系——如自由市场的乐观主义者、家庭价值观的道德主义者和"美国优先"的民族主义者——团结在了一起，同时吸引了政治中间派（他在 1980 年和 1984 年两次轻松当选总统），然而他领导的这个党逐渐将温和派和自由派排除在外。他对这个分裂的国家有着敏锐的感知，这个国家既热衷于残酷的党派冲突，同时又自我感觉良好。他通过巧妙地抨击大政府赢得了听众的喜爱，他的技巧如此高超以至于使听众忘记了他向他们请求的正是一个大政府。他凭借自己的魅力、运气和卓越的政治才能抓住了每一个机会。他同时吸引了美国自由主义的左右两翼、支持新政的民主党人和奉行紧缩政策的大企业共和党人。他也懂得如何吸引非自由主义的"圣经地带"（Bible Belt）* 基督徒和超自由主义的边缘派自由意志论者。里根之后，共和党逐渐向硬右翼转变，成为"美国优先者"、自由意志主义者和宗教保守派的混合体。

威廉·伦奎斯特（William Rehnquist，1924—2005 年）：美国最高法院大法官（1971—2005 年）和首席大法官（自 1986 年起）。伦奎斯特法院开始对过去三十年间自由派的裁决进行一种右翼式的"回退"，这既反映了公众的保守情绪，也反映了保守派法律学者的观点，后者认为 1950 年至 1970 年的美国法庭并非"克制"得不够，而是太"激进"以至于成了事实上的政策制定者。无论从理论上还是历史上来看，关于"法的原意"（original intent）解释与"法的实然"（law as it is）解释之间的争论与保守派和自由派之间的划分并不完全契合，比如 19 世纪末的保守派法院同样是激进的。然而，这场争论通常在左右两翼之间展开，令非法律人士和外国人感到困惑。

保罗·雷诺（Paul Reynaud，1878—1966 年）：法国民主同盟中少见的反绥靖主义者，雷诺之所以被人铭记是因为他在法国沦陷期间担任总理（1940 年 3 月至 6 月），尽管与失败有关，但他本人并不是失败主义者。他身材矮小、过于自信（绰号"米老鼠"），努力组织抵抗。丘吉尔判断法国已经失败，因此拒绝提供军事援助。雷诺则认为失去法国的英国也将难逃失败的命运，因此尽管危险重重还是请求援助。相反，丘吉尔的提议是政治联合。雷诺还未来得及在内阁中争取支持，法国已经投降，贝当逮捕了他并将他送往德国的监狱。雷诺早在 20 世纪 30 年代就是戴高乐的支持者，他在 1958 年再次支持戴高乐，但反对他直接参选总统。

亨利·罗什福尔（Henri Rochefort，1831—1913 年）：法国反议会主义的新闻人，出身于一个正统派贵族家庭，最初是左翼，后来转向右翼，是法兰西第二帝国的眼中钉、巴黎公社的拥护者、极端民族主义者、布朗热主义者和反德雷福斯派。他创办的八卦和讽刺报纸《灯笼》（*La Lanterne*）在 1868 年新闻限制放松时开始出版，销量很快达到 12 万份，但在发行十一期后被迫关闭。此后他经历了监禁、逃亡、巴黎公社中的争吵和第二次流亡，之后作为右翼人士重返巴黎。他力推

---

* "圣经地带"是指美国基督教福音派在社会文化中占主导地位的地区，多指美国南部。——译者注

不可靠的布朗热将军为法国的所谓救世主，但他的政变呼吁无人响应，此后他再次逃亡。在他的第二份报纸《不妥协报》（L'Intransigeant，1880年）中，罗什福尔称德雷福斯是"魔鬼岛上的犹大"，称社会主义者饶勒斯（Jaurès）为"叛徒的代言人"。

德比伯爵爱德华·斯坦利（Edward Stanley，Lord Derby，1799—1869年）：19世纪中叶的英国保守派领袖，因1834年爱尔兰教会改革问题而离开辉格党，并领导保守党反对废除谷物法。作为一位拥有土地的兰开夏郡贵族和上议院议员，他在下议院得到了迪斯累里的支持。他的目标是通过政治让步和社会缓和来抑制激进主义。他在19世纪50年代和60年代先后三次出任首相并担任保守党领袖（1846—1868年），他认为选举民主是不可避免的"黑暗中的一跃"。进步带来了好处也带来了伤害，比如铁路摧毁了劳动阶级的住处。"灵巧的手"可以从不可阻挡的变革"机器"中带来好处，但如果变革被"不顾后果地加速推进"，那么"压倒性破坏"就不可避免。

阿道夫·施特克尔（Adolf Stoecker，1835—1909年）：一位具有破坏性影响力的德国路德宗牧师，他宣扬给犹太人以尊重不是基督徒所应为。施特克尔出身下层阶级，在布道台上大放异彩，并因一篇爱国布道（1870年）而引起关注，随后成为宫廷牧师。他宣称为穷人服务，并在1878年创立了基督教社会党。他与民族主义历史学家特赖奇克一道，共同提议停止犹太人移民。施特克尔敦促德国保守党采纳了持反犹主义立场的《蒂沃利纲领》（1892年），此后反犹主义的热度消退，但在1918年后再次抬头。施特克尔将基督教虔敬主义的原初诉求（即抵制政府和教会集权），转变为向在大城市中寻找目的和归属感的选民发出排他性呼吁。

弗朗茨-约瑟夫·施特劳斯（Franz-Josef Strauss，1915—1988年）：德国慕尼黑出生的屠夫之子和二战中东方战线的老兵，在三十年的时间里一直是左翼和中右翼的眼中钉和肉中刺。从1961年起，他担任巴伐利亚基督教社会联盟领导人，在1978年至1988年担任巴伐利亚州州长，并担任联邦部长职务（尤其是国防部长和财政部长）。他在公开场合表现得很强硬，但在幕后当危险被抛诸一边、所摆出的硬右翼姿态被卸下后，他却很低调。他反对但未能阻止新东方政策（Ostpolitik）*。在他的时代，巴伐利亚变成了德国的加利福尼亚，而丑闻也与他的职业生涯相伴随，如航空航天回扣丑闻和监控媒体。在施特劳斯领导下，基民盟-基社盟在1980年的联邦选举中近乎获胜，但科尔在随后的党内控制权争夺中胜过了他。

罗伯特·A.塔夫脱（Robert A. Taft，1889—1953年）：一位亲商业的、奉行单边主义的共和党人，也是前总统之子。塔夫脱反对新政，对共产主义的威胁持怀疑态度，并在1952年共和党党内总统提名中败给了艾森豪威尔。他推动了《塔夫脱-哈特莱法案》（1947年），该法案在杜鲁门总统行使否决权的情况下依然获得

---

　　*　指西德在1969年开始与东德及其他东欧社会主义国家推进关系正常化的政策。——译者注

通过，限制了工会的罢工权，允许各州通过"工作权"方面的法律，这些法律很快在南部和西部各州被制定出来。他批评杜鲁门一边宣扬和平、一边让国家卷入战争，然而就他本人而言，即便他坚称"除非受到攻击，否则我们应该避免参战"，但依然主张"增强国防以应对任何可能的攻击威胁"。

安德烈·塔迪厄（André Tardieu，1876—1945 年）：一位保守的法国共和党人，具有社团主义和反议会倾向，在 1929 年至 1932 年的经济危机初期曾三次担任法国总理，他的口号是爱国主义、社会现代化和有效的国家。作为凡尔赛和平的捍卫者，塔迪厄领导了一场以国家"复兴"为目标的政治—商业运动，主张通过改革来加强行政权力，而这一切都预设了一个前提，那就是排斥左翼或使之转向（"社会主义是敌人"）。作为巴黎资产阶级的一员和不知疲倦的作家兼记者，塔迪厄对美国羡慕不已，他展望了以技术官僚的方式来运作政治和政府，而这成为戴高乐之后法国中右翼的重要特征。

玛格丽特·撒切尔（Margaret Thatcher，1925—2013 年）：英国保守党领袖（1975—1990 年）和英国首相（1979—1990 年）。撒切尔在保守党中的崛起、在英国选民中的成功以及在世界上的声誉归功于她的几个长处：简明扼要、善于言辞、勇气和果断，以及将自由主义的和非自由主义的保守主义整合在一起的能力。她在经济上是科布登式自由主义者，在道德管控上是密尔式自由主义者（她支持堕胎和同性恋合法化），她所热切追求的是让有进取心的男男女女都能够不受嫉妒心或既得利益的阻碍而取得成功。她非自由主义的一面是，她以打破非中央权力（工会、地方议会）的方式来集中中央权力。她的民族情感，尤其是对英格兰的情感，表现为对外国人的不信任（美国人除外），特别是对法国人和德国人的不信任。她讲述了一个迷人的故事，即将英国从内部和外部敌人所带来的国家衰退中拯救出来。她比所宣称的更加灵活，她曾公开表示"永远不要与恐怖分子谈判"，但她的官员却秘密而成功地代表她与爱尔兰和南部非洲的"恐怖分子"进行了对话。当她的领导力不同寻常地发生动摇以致威胁到选举前景时，她遭到"暗算"，这是英国保守党的惯常做法。她的反欧主义与当时盛行的亲欧主义格格不入。很快，保守党内的反欧派就实施了报复。

阿道夫·梯也尔（Adolphe Thiers，1797—1877 年）：法国记者、研究法国大革命的历史学家兼政治领袖，他漫长的职业生涯生动地展示了 19 世纪法国右翼在接纳民主共和主义（即自由主义民主）过程中的跌跌撞撞：他是法国波旁王朝的自由派对手（1830 年）、路易·拿破仑的盟友（后来又反目成仇）、巴黎公社的镇压者以及第三共和国的保守派捍卫者。梯也尔出身法国艾克斯的一个落魄商人家庭，从小聪明伶俐，后来离开乡村来到巴黎，进入文坛并受到塔列朗的赏识，后者称他为"天才小子"。梯也尔是七月革命（1830 年）的领导者，在 1848 年革命时转向了右翼。在拿破仑政变（1851 年）后，他被流放国外，之后又获准返回。在当选为国民议会议员后，他公开反对波拿巴主义专制、法国冒险主义和德国的日益强大。当法国在普法战争（1870 年）中遭遇军事溃败后，梯也尔接受了俾斯麦提出的苛刻和平条款：巨额赔款并割让阿尔萨斯和部分洛林地区给德国。他派遣麦克马洪的军队镇压了巴黎公社（1871 年 5 月），并出任法兰西第三共和国的首任总统

（1871—1873 年）。当继任者麦克马洪代表保皇党右翼反对法兰西第三共和国时，八十岁的梯也尔选择站在共和国一边。

英国的托利党和辉格党：是 17 世纪末至 19 世纪中期前民主时代英国议会中的政党分野，当时的寡头贵族围绕宗教和王朝争端（新教 vs.天主教；奥兰治-汉诺威王朝 vs.斯图亚特王朝）以及制度优先性（王权、内阁或议会）而存在分歧。"托利"（Tory）一词源自爱尔兰语 toraigh，意为"亡命之徒"或"沼泽地带的居民"，被宫廷新教徒使用来反对天主教徒詹姆斯二世的支持者。"辉格"（Whig）一词源自"Whiggamors"，原指 17 世纪 40 年代反对英国教会的苏格兰新教抗议者，被詹姆斯阵营用来指称其新教对手。辉格党和托利党在宫廷中争夺影响力，直至 1714 年汉诺威王朝的乔治一世继位。相互竞争的辉格党派系轮流执政直至 18 世纪 60 年代，当时的战争债务和殖民地动荡令英国政府疲于应付。乔治三世（1760 年即位）试图让政府摆脱派系的控制，并进一步强化王权。他的支持者是皮特派辉格党人，反对者是以伯克为代表的罗金厄姆辉格党人。激进主义和革命带来了新的分野，从中形成了现代政党。1794 年，罗金厄姆辉格党人（如今的波特兰派）在法国大革命问题上发生了分裂：福克斯支持法国大革命，波特兰反对大革命并加入了小皮特阵营。皮特-波特兰辉格党人成了托利党，福克斯派则保留了辉格党标签。在资本主义现代性的新的条件下，这些仍然模糊的政党，即代表秩序和等级的政党以及代表变革和平等的政党，被重新命名为"保守党"（1834 年）和"自由党"（1859 年）。

唐纳德·特朗普（Donald Trump，1946 年—　）："我认为这无关任何具体的政策立场，而是事关一位为民众而战的勇士。"密西西比州一位共和党人如此解读特朗普的崛起——后者继承了纽约的房地产生意，并通过美国全国广播公司（NBC）的真人秀电视节目走向白宫（2016 年当选）。特朗普受益于长期的民主传统，在这种传统中，破产和嘲笑不会成为一个人出任政府高官的障碍，他同时还受益于美国两党的对手们，后者愚蠢地低估了他的才能和大众吸引力。特朗普的电视节目《学徒》（Apprentice）挽救了一个濒临倒闭的电视网，赢得了两千万观众，尤其受到黑人和拉美裔人群的欢迎。他本可以作为一个中间派候选人参选，但他选择了自 20 世纪 60 年代以来共和党惯用的选举策略：拿下摇摆州那规模虽小却有着足够数量的心怀不满的白人工人阶级民主党人的选票。特朗普缺乏确定的思想、政治学说或党派依附，他的政治是即兴的和机会主义的。失望的保守派认为他出尔反尔、没有原则、缺乏根基，但他们忽视了他的优势。如果说特朗普在得知自己当选时确实大感震惊，但他很快就领会了一个共和党总统所期望代表的种种利益：大企业和金融利益（减税、减少监管、消除气候焦虑），以及那些确信自己受到压迫并需要己方勇士的人们。

维希法国的国家革命：一种理念的大杂烩，融合了反共和主义、经济社团主义、天主教社会家庭政策、农村援助、迫害左翼和犹太人、文化反动以及排斥不受欢迎的外国人，这些理念在社区十六项原则中有详细阐释，并被浓缩为"劳动、家庭、祖国"的口号，与"自由、平等、博爱"相对立。国家革命借鉴了右翼反自由主义的两大主流：莫拉斯极端民族主义的威权主义和存在于商业精英中的"国家复兴"

运动,这些商业精英确信法国在经济上是落后的。两者都利用了一种关于国家衰落的主张,即法国需要在一个激动人心的领导人的带领下推进激进变革,这一经典的右翼主张从 19 世纪初一直延续至今。

赫尔曼·瓦格纳(Hermann Wagener,1815—1889 年):德国前神职人员和保守派舆论家,出身于"最具普鲁士色彩的普鲁士城镇"诺伊鲁平(Neuruppin),位于距柏林不远的湖区,这里也是普鲁士文学纪念作家台奥多·冯塔纳的出生地。瓦格纳对自由思想的敌意激怒了他所在的自由教会,随后他从布道台转向媒体,帮助创办了极右翼的《十字报》(1848 年),这份报纸将攻击矛头对准了自由主义现代性,后者被认为摧毁了道德权威,并残酷地压榨穷人。瓦格纳以三十二卷的保守主义《政治与社会词典》(*Political and Social Lexicon*,1859—1867 年)回应了卷帙浩繁的自由主义《政治词典》(*Political Lexicon*),支持社会福利,反对自由市场。1873 年,瓦格纳因一桩被自由派揭露的股票市场丑闻而蒙羞。

丹尼尔·韦伯斯特(Daniel Webster,1782—1852 年):美国反杰克逊派辉格党人,曾担任马萨诸塞州联邦众议员和参议员(1823—1850 年,其间有间隔)。他与约翰·亚当斯共同反对在马萨诸塞州扩大选举权(1820 年)。作为律师,他在最高法院为私人契约和联邦政府管理商业银行业的权力辩护。他反对克莱所主张的联邦高关税,同时也反对卡尔霍恩试图使联邦关税归于无效的州运动(19 世纪 30 年代)。他担心美国吞并得克萨斯会打破南北之间的平衡,也不赞成墨西哥战争(19 世纪 40 年代)。与克莱以及之后的道格拉斯类似、但与林肯不同的是,他希望将奴隶制能否向西部扩张的问题交由"人民主权"来解决(即让新领土上的选民来决定)。韦伯斯特因再婚而富裕,但在西部的土地投机中破产。

爱丽丝·魏德尔(Alice Weidel,1979 年—   ):德国替代选择党的联合领导人。替代选择党在 2017 年赢得了 94 个联邦议院席位,这是自 1949 年以来德国硬右翼的首次突破。魏德尔是一位前银行家,与她的女性伴侣和她们的两个孩子生活在一起。她是一种新类型保守派,更倾向于挑战现有秩序而非维护它,她认为德国(而非希腊)应该留在欧盟,但要退出欧元区并限制移民,并在中东投资以阻止那里的移民外流。她赞成民事伴侣关系,但不赞成同性婚姻。与法国的国民阵线和英国的脱欧派一样,德国替代选择党缺乏一种明确的理念,只是吸引了形形色色强烈的不满。

库诺·冯·韦斯塔普(Kuno von Westarp,1864—1945 年):德国保守派、魏玛共和国的反对者,而当时的魏玛共和国正需要获得保守派的支持。韦斯塔普是1918 年前土地联盟的老兵,在 1914—1918 年间是一位战争鹰派,之后与他人共同创建了德国国家人民党。该党将保守派团结在了一起,而当时的保守派左右为难:一方面他们希望将自身与旧精英分离开来,后者因战争而遭到选民的憎恨;另一方面,他们要破坏的这个共和国又使得关心选民成为必要。韦斯塔普未能解决这一难题。他支持卡普政变(1920 年),但未能成功阻止德国国家人民党在胡根贝格的领导下进一步右转。他选择出走,组建了一个软弱无力的小党,并撰写了一部关于德国保守主义的多卷本史学著作。

美国辉格党和杰克逊派:美国辉格党在 19 世纪 20 年代和 30 年代作为杰克

逊派民主党的反对者而出现，成为被普遍认可的 19 世纪和 20 世纪美国五大政党体系中的第二个，这五大政党体系分别是：联邦党和民主-共和党（1792—1824年）、辉格党和民主党（1824—1856年）、从美国内战到镀金时代的共和党和民主党（1856—1892年）、商业共和主义和进步民主党（1892—1932年），以及抵制或者模仿新政民主党的共和党（1932—1980年）。主要的辉格党人包括来自新英格兰的韦伯斯特和来自肯塔基的克莱。辉格党在 19 世纪 50 年代解体，自由土地（共和）党于 1854 年成立，在林肯的领导下，该党依次推动了联邦、战争和废奴事业。

欧文勋爵兼哈利法克斯伯爵爱德华·伍德（Edward Wood，Lord Irwin，Earl of Halifax，1881—1959年）：一位颇具争议的英国托利党人，原本有可能出任英国首相，但在 1940 年 5 月将战时首相之位让给了丘吉尔，之后他的声誉被对手的追随者所掩盖。作为经济学家、一战老兵和虔诚的基督徒，哈利法克斯（作为欧文勋爵）在担任印度总督期间（1926—1931年）试图与甘地达成妥协，但被包括丘吉尔在内的极端帝国主义者所阻挠。关于他担任外交大臣期间（1938—1940年）在面对德国威胁时所采取的行动和所面临的机会，历史学家仍在争论。哈利法克斯（作为伍德）与他人共同撰写了《伟大的机会》（*The Great Opportunity*，1918年）一书，这是一部社会保守主义的宣言福音，融合了社会服务、高就业、反工会主义和帝国自由贸易，并提倡"民族团结"和"牺牲精神"。

ii. 思想家

亨利·亚当斯（Henry Adams，1838—1918年）：美国作家和历史学家。作为美国总统的孙子和曾孙，亚当斯一出生便自带财富与声望，而在当时的美国社会，受到推崇的是财富而非声望。这种紧张关系贯穿于他那部杰出的自传《亨利·亚当斯的教育》（1907年）和小说《民主》（1880年）中，后一作品讽刺了镀金时代华盛顿的政治游说和腐败。书中的反面角色是一位腐败的参议员，亚当斯借他之口表达了一种鄙视大众选举和社会改革的观点："没有哪个代议制政府会比它所代表的社会好多少或差多少，净化社会就是净化政府。"

斯蒂芬·班农（Steve Bannon，1953年— ）：前美国海军军官、银行家、新闻高管和特朗普前助手，代表了热切希望与欧洲建立联系的美国硬右翼势力。他站在弱势群体一边，反对自由贸易和移民，同时又不危及富人的利益。他认为，民众的不满来自就业机会的流失和银行的不当权力，美国提供给富人和穷人的是"社会主义"，提供给其他所有人的则是"达尔文式资本主义"。在班农看来，左翼自由派既是盛气凌人的精英，也是一群脱离实际的"懦夫"，而主张自由市场的自由派则是人民的敌人。他自我标榜的"右翼民粹主义"将国家放在第一位并提倡"最大化公民价值"，这套理论固然在诊断问题上声势很大，但在解决问题上却建树寥寥。

莫里斯·巴雷斯（Maurice Barrès，1862—1923 年）：法国作家和极端爱国者（hyperpatriot）。巴雷斯的出生地位于法国洛林，距离南锡不远，这个地区在 1871 年逃脱了德国的吞并。他将对地方根源（local roots）的信仰、对资本主义的反感、对国家作为"土地与死者"的神话愿景和对复仇的渴望，融合成了一种对法国右翼有着强大吸引力的政治文学体。他鄙视自由主义中间派，认为他们腐化堕落且教条般地世俗化。他支持软弱的布朗热将军的反议会主义，并在德雷福斯事件中与反犹主义者站在一起。与塞利纳（Céline）和德里厄一样，巴雷斯也是一位才华横溢的作家，他将蔑视与愤怒带入了思想小说。他的小说《无根之人》（*Les déracinés*，1897 年）讲述了一群聪明但不守规矩的洛林年轻人在巴黎被他们的康德学派教授误导的故事，这部作品得到了包括莱昂·布鲁姆和后来的共产主义诗人路易·阿拉贡（Louis Aragon）在内的对手们的赞赏。与莫拉斯一样，巴雷斯的文采和信念为他提供了仅仅依靠说理所无法提供的对抗自由主义现代性的武器。

阿兰·德·伯努瓦（Alain de Benoist，1943 年— ）：法国新右派的重要人物，于 1968 年创立了欧洲文明研究与学习小组（GRECE）。伯努瓦主张政治中应该禁止谴责，但允许轻蔑。他鄙视自由市场全球化、民主平等（"向下拉平"）和人权（"被道德污染的法律"）。他自称为异教徒和"民族多元主义者"，认为伟大的一神教都是"极权主义的"，但他同时捍卫"欧洲文明"。他认为社会是由互不相容的道德传统分隔开来的独特单元，这一观点呼应了莫拉斯和德里厄。伯努瓦反对民主自由主义的漫长而曲折的旅程始于阿尔及利亚的亲法极右翼。他表示自己如今"超越了左右两翼"。

梅尔·布拉德福德（Mel Bradford，1934—1993 年）：美国南方保守派作家和思想家，曾在达拉斯大学任教。布拉德福德将 20 世纪 30 年代和 50 年代的传统主义与 20 世纪 80 年代的古保守主义（paleoconservatism）连接了起来，是当今美国硬右翼的智识先驱。古保守主义的舆论载体包括了《南方党人》杂志（*Southern Partisan*，1979 年创刊）和洛克福德研究所（Rockford Institute）的《纪事》杂志（*Chronicles*，1977 年创刊）。布拉德福德嘲笑林肯，反对民权，并在 1972 年为乔治·华莱士的竞选而奔走。他认为自由主义者歪曲了美国传统，这个国家在文化上是盎格鲁-撒克逊式的，其宪法是保守的而非解放的，并且美国人民从未支持过自由主义之进步。里根曾提名布拉德福德担任美国国家人文基金会主席，但主流保守派对此感到震惊并加以阻挠，遂作罢。

F. H. 布拉德利（F. H. Bradley，1846—1924 年）：英国哲学家，自 1870 年起就职于牛津大学直至去世。作为英国主要的唯心主义哲学家，布拉德利拒绝接受始于洛克经由密尔而来的那幅常见的关于心灵、真理和知识的联想论（associationist）图景，而是主张从整体论的角度（holistically）来看待它们。在布拉德利看来，谬误始于成见，这一多用途的观点影响了他的伦理思想。他认为，康德主义和功利主义的错误在于，它们孤立地看待人格中某个无可争议的方面，因此也就孤立了道德。在《我的岗位及其职责》（"My Station and Its Duties"，1876 年）一文中，布拉德利批评了所谓自由主义图景，即人们因可与社会相分离，进而可以随心所欲地选择自己的目标和依附之物。然而,他的政治教训是微妙的:一个人可能因自我孤立或拒绝承担责任而辜负社会,而社会也可能辜负人,其方式是不提供岗位,进而使约束性义务和人的自我意识无从产生。给布拉德利贴上保守派的标签是有待商榷的,尽管与他追随的老一辈英国唯心主义者 T. H. 格林(T. H. Green)相比,他对社会改革持更加怀疑的态度。

杰森·布伦南(Jason Brennan,1979 年—):美国政治思想家,精通选举研究及选民信息匮乏问题。在《反对民主》(2016 年)一书中,布伦南再现了早期由熊彼特和哈耶克提出的关于自由资本主义与选举民主是否相容的质疑。作为右翼自由主义者,布伦南不再确信每位公民所享有的要求良好和有限政府的权利是否依然受到充分的保护,从而不受无知的多数人的威胁。他为"知识精英制"辩护,即由那些明确知道自己在做什么的人所主导的能干政府,而不是由那些浑浑噩噩的投票者所选出的无能政府。

奥雷斯蒂斯·布朗森(Orestes Brownson,1803—1876 年):布朗森反对新教偏见,为天主教徒辩护,认为后者才是忠诚的美国人。布朗森出生于美国佛蒙特州的一个农场,自学成才,最初信奉严格的加尔文主义,后来转向波士顿一位论(Unitarianism),最终皈依了天主教。作为反辉格党人和家长式社会基督徒,布朗森在《劳动阶级》(1840 年 7 月)一文中为工人对老板的诉求进行了辩护。他在《美国共和国》一书中批评自由主义曲解了自由与社会。对政府和公民而言,自由便是服从正义的法律。社会不是拼凑之物,而是"一个有机体,个人既生活在个人的生命中,也生活在社会的生命中"。布朗森力图以仁慈的道德指引来调和民主自由主义,在这个意义上他是保守的。

帕特里克·布坎南(Patrick Buchanan,1938 年—):出生于华盛顿特区的美国记者、"古共和党人"(Paleo-Republican)、天主教徒和单边主义者。布坎南是尼克松复出期间(1966—1968 年)的助手、演说稿撰写人和竞选助手,为尼克松创造了"沉默的大多数"一词。他敦促尼克松采取杰克逊式"反精英"路线,并袭击对手的工人阶级保留地,即"戴利-里佐(Daley-Rizzo)民主党人"(北方天主教族群)和"华莱士民主党人"(南方新教保守派)。此后,布坎南以"美国优先论者"的身份参加总统竞选,在共和党总统候选人初选中赢得了五分之一的选票(1992 年;1996 年)。他创办了奉行单边主义立场的双周刊《美国保守派》(2002 年),他反对伊拉克战争(2003 年),并在对布什一切尼(Bush-Cheney)政府感到失望后,敦促保守派在 2006 年投票支持民主党。

小威廉·巴克利(William Buckley Jr.,1925—2008 年):自信、机智的美国天主教辩论家、编辑和电视节目主持人,1945 年后在将保守主义重新带入美国公共辩论中发挥了重要作用。他的首要贡献是在 1955 年创办了《国家评论》杂志,该杂志团结了美国右翼的不同流派,如反共主义、传统主义和金钱利益。在排除掉各种古怪分子之后,巴克利巧妙地将那些桀骜不驯的冷战分子、道德保守派和经济自由派团结在一起。他曾说自己是"精神和哲学上的"保守派,而非"性格上的"保守派。巴克利善于拆穿真相,也善于驾驭语言,他能使偏见听起来彬彬有礼。在他的电视脱口秀节目《火线》中,有着像他一样优越出身和名校背景的因循守旧的自由派往往成为他狡黠的嘲弄和辩论激情的牺牲品。巴克利对美国保守派重获智识自信的贡献更多是在策略上而非学说上的，他的贡献主要体现在政治和管理方面。他始终将一个共同的自由派对手置于视野之内，以此使右翼忽略自身的内部分歧。

埃德蒙·伯克（Edmund Burke，1729—1797年）：爱尔兰裔英国国会议员和政治思想家。在政治上，伯克是反中央集权的罗金厄姆辉格党人的助手兼思想家，他支持美国殖民者，有选择地鞭挞印度殖民地的腐败，并反对所有对法国大革命抱有希望的人。他在世之时便已声名卓著，思想远播，但在19世纪很大程度上被人忽视，后来他的演说和著作成了保守派的精神渊源和可用教义。伯克认为法国大革命的错误在于将教会土地出售给了法国国家的债权人，以及法国文人没有缘由地信任过于宽泛之原则（"构建、修整或者恢复一个联邦所需的技艺是……无法通过先验方法习得的"）。保守派从伯克那里获得了反面教训，可被用来反对社会导向的自由主义改革。借助于政府行为将资源以至社会权力从一个阶层转移到另一个阶层是冒险的或徒劳的。要求习俗制度自证其合理性通常是白费功夫，因为这些测试依赖于习俗本身。由于人的才能和倾向各不相同，不存在通用的原则来指导人们应该如何被对待、指导或倾听。政府既不是道德导师，也不是人类进步的保障者。可以肯定的是，健全政治依赖于精明和审慎。在伯克看来，保守主义最可靠的指引是明智的相机行事（expediency）。

詹姆斯·伯纳姆（James Burnham，1905—1987年）：美国前天主教徒、前马克思主义思想家、威廉·巴克利在《国家评论》杂志的得力助手。在《管理革命》（1941年）一书中，伯纳姆认为管理者控制了西方社会，而在《西方的自杀》（1964年）中，他认为自由主义控制了管理者。伯纳姆出生于一个铁路巨富家庭，曾是大学讲师、托洛茨基主义激进分子和情报人员。巴克利依赖于伯纳姆的头脑、他在辨别怪人方面的敏锐嗅觉以及他对主流保守派会接受什么的熟练感知。在其"第三次世界大战"专栏中，伯纳姆以反共的极端立场发出怒吼，然而他实际的主张要比他的文字温和许多。他自称是《国家评论》杂志的左翼调和力量，但随着年龄的增长，他变得越来越顽固。

约翰·卡尔霍恩（John Calhoun，1782—1850年）：美国南卡罗来纳州律师、联邦参议员及副总统（1825—1832年）。卡尔霍恩为少数群体的权利辩护，尤其是那些反对制造业关税的南方农业州以及南方土地奴隶主的权利。在《论政府》和《美国的宪法和政府》（均在他去世后出版）两部作品中，卡尔霍恩寄希望于以宪法堤坝来对抗具有侵入性的和改革的自由主义国家，他认为宪法是对抗不当权力的阻挡装置。民主所代表的是受到认可的利益而非全体大众的利益，特定地区的利益则需要通过诸如协同多数（concurrent majorities）的方式来加以保护。人在道德上是平等的，但在才能或精力上却并不平等，因此自由和平等是对立的。"自由，如果强加于不适合它的人身上，将是一种诅咒，而非祝福。"卡尔霍恩后来被人称为"上层阶级的马克思"，他超越了南北冲突，开始关注劳动与资本之间的斗争："在我们油尽灯枯之后，较量将在资本家和工人之间展开"（1828年）。

托马斯·卡莱尔（Thomas Carlyle，1795—1881年）：英国作家和历史学家，

著有《法国大革命》(*French Revolution*，1837)* 和《克伦威尔》(*Cromwell*，1845年)；他相信伟大人物的影响力，著有《论历史上的英雄、英雄崇拜和英雄业绩》(*On Heroes，Hero-Worship and the Heroic in History*，1841年)†；他批判自由放任的资本主义，著有《文明的忧思》(*Past and Present*，1843年)‡。卡莱尔深受德国思想和写作的影响，拒绝崇拜"功利主义这头怪兽"。当金钱支付成为"人与人之间的唯一纽带"时，真正的价值被遗忘，社会革命的威胁也随之而来。他容忍奴隶制的存在，并在美国内战中支持南方。他对中世纪的赞美、对选举的敌意以及对强有力领导人的偏爱使他与政党政治保守主义格格不入，然而作为自由资本主义的伦理文化批评者，卡莱尔的影响力是持久的。

　　弗朗索瓦-勒内·德·夏多布里昂(François-René de Chateaubriand，1768—1848年)：出身于法国布列塔尼的一位浪漫主义者，他认为对生活和政治而言更重要的是充满激情的依恋，而非审慎的推理或党派服从。他曾是反革命军队中的志愿者、流亡者、拿破仑的外交使节以及后来拿破仑的批评者，并于1818年创办了《保守派》杂志。作为法国外交大臣(1822—1824年)，他力主干预并镇压西班牙自由派，随后又调转矛头反对法国的极端保皇派。他的后启蒙时代作品《基督教真谛》(1802年)强调信仰所具有的美学和情感吸引力("我哭泣，故我相信")，并赋予天主教以时尚气息。他的自传《墓畔回忆录》(1849—1850年)与奥古斯丁和卢梭的《忏悔录》齐名，同为非保守式自我创造的杰作。他自称是"本性上的共和党人、理智上的君主论者，以及名誉上的波旁主义者"。尽管莫拉斯不够大度地将他视为一个披着伪装的异教徒利己主义者和自由派无政府主义者，但夏多布里昂依然为保守主义留下了他的遗产，那就是：对自由主义现代性之"空虚世界"的浪漫主义式反感，以及相应地对信仰和忠诚的"全心全意的"信任。

　　鲁弗斯·乔特(Rufus Choate，1799—1859年)：美国律师、马萨诸塞州保守派辉格党人、联邦众议员和参议员(1841—1845年)。乔特在法庭上的辩护华丽而巧妙(比如他曾以"梦游"的辩护理由成功使一桩谋杀案的嫌犯脱罪)。与比彻(Beecher)和爱默生一样，乔特以公民演说取代了教会布道。他是其前任参议员韦伯斯特的好友兼葬礼上的悼词人，代表当时东部各州的合法机构发声，对美国疆界的不断向西拓展感到忧虑，并反对吞并得克萨斯。他最著名的两场演说是1844年关于软实力的《由精神文化发展起来的国家力量》("The Power of a State Developed by Mental Culture"，1844年)和1845年关于法律之稳定作用的《美国律师业的保守力量》。

　　威廉·科贝特(William Cobbett，1763—1835年)：一位人民的托利党人，热爱王权与乡村，憎恨使人暴富的贸易，憎恨廷臣、金融家和在伦敦觅食的"选区贩

---

　　*　此书已有中文版面世，见[英]托马斯·卡莱尔：《法国大革命：一部历史》，刘毅译，吉林出版集团股份有限公司2017年版。——译者注

　　†　此书已有多个中文版面世，感兴趣的读者可自行查阅。——译者注

　　‡　此书已有多个中文版面世，感兴趣的读者可自行查阅。——译者注

子"（被收买的政客）。科贝特出身于英国萨里郡的一个旅店主家庭，先后担任过律师助理、士兵、《政治纪事报》（*The Political Register*，1802—1835 年）的出版者兼编辑以及国会议员（1832—1835 年）。在他看来，税收是社会上层的无所事事者出于自私的贪婪或为了发动毫无意义的战争而对普通民众进行掠夺的阴谋。出于对政府缓解农业困境的提议的不信服，他动身前往乡村观察那里的状况和需求，并将其记录在他的《乡村骑行》（*Rural Rides*，1830 年）一书中。

塞缪尔·泰勒·柯勒律治（Samuel Taylor Coleridge，1772—1834 年）：英国浪漫主义诗人和反自由主义的社会批评家，呼吁一个由知识分子构成的"知识阶层"来抵制过度自由和大众民主中的文化平等。知识阶层将维系国家的伦理文化传统并使政治文明化。柯勒律治的文字带有德国唯心主义的印记，但他的核心思想——体现在《论教会与国家宪制》（1830 年）一书中——却与德国哲学无甚关联。他注意到英国社会存在一种"悲惨的分裂"，并将其与前现代的所谓统一相对比。尽管负责任的政府必须听取有产者的意见，但在工业资本主义社会，柯勒律治担心"商业精神会因过量而失衡"，其狂暴的能量需要土地利益来加以约束，也就是说需要来自上议院或下议院的监督。正如黑格尔的体系所表明的，王权代表了国家和人民更高的一体性。对于保守主义传统而言，柯勒律治对当时英国制度的冗长描述并不重要，重要的是他认可并提倡这样一种观点，即保守派需要自己的知识分子。

R. G.科林伍德（R. G. Collingwood，1889—1943 年）：研究罗马的英国历史学家、考古学家、历史哲学家，也是保守主义温和派的默默支持者。他出生于英国湖区（Lake District）边缘的一个小镇，他的父亲是拉斯金的秘书。科林伍德反对将历史变成经验科学，也反对将政治变成功利主义的计算。在《新利维坦》（*The New Leviathan*，1942 年）一书中，他写道，自由主义者"认为自己在克服人类愚蠢的重负，推搡着进步的车轮向前走，并且我认为他们相信保守派也是那重负的一部分。保守派认识到必须有一个进步的政党，而自由派在我看来则从未认识到必须有一个与其相对抗的政党"。

约瑟夫·康拉德（Joseph Conrad，1857—1924 年）：波兰裔英国水手和小说家，他将叙事技巧与对人类不完美的认识相结合，并且在他的政治小说中，还与"历史命运是模糊的"这一反启蒙信念相结合。康拉德探讨了殖民主义和资本主义的腐败，著有《黑暗之心》（*Heart of Darkness*，1899 年）和《诺斯托罗莫》（*Nostromo*，1904 年）；还探讨了革命者的愚行，著有《间谍》（*The Secret Agent*，1907 年）和《西方目光下》（*Under Western Eyes*，1911 年）*。康拉德并非党派意义上的保守派，他缺乏巴雷斯或云格尔那样的右翼承诺，也没有莫拉斯那样一以贯之的保守主义观念。他通过聚焦人的道德脆弱性和人的预见能力的低下，间接地反对自由主义对人类进步的希望。

帕特里克·德尼恩（Patrick Deneen，1964 年—　）：美国圣母大学政治学教

---

*　这里提到康拉德的四部作品均有多个中文版面世，感兴趣的读者可自行查阅。——译者注

授，继承了已故约翰·纽豪斯的伦理—文化反自由主义思想。在《自由主义为何失败》（2018 年）一书中，德尼恩以古典时期的控诉性演说对自由主义发出这样的指责：它主张平等权利却造成物质上的不平等，它依靠同意来建立合法性却阻止公民承诺，它空洞地捍卫个人自主权却维持过度干涉的国家。德尼恩提出的解决方案是地方社区和自由机构，在那里保守主义的反文化（counterculture）可以蓬勃发展。德尼恩以及哈佛法学院的反自由主义者阿德里安·维米尔勒（Adrian Vermeule）和乔治城大学的杰森·布伦南，他们的存在共同驳斥了美国法学院和政治系被自由派垄断这一说法。

本杰明·迪斯累里（Benjamin Disraeli，1804—1881 年）：作为一位英国政治家、政治小说家、政党领袖和英国首相（1868 年；1874—1880 年），迪斯累里生动地展现了英国右翼对自由主义现代性的逐渐适应。作为一位浪漫主义的"青年英格兰"托利党人，他反对投票权的扩大并捍卫既定的制度，如土地财产、教会和君主，这些在他看来体现了保守主义关于忠诚、服从和信仰的理想。他最终成为一位务实的经理人兼战术家，并在很大程度上接受了大众民主、社会变革和上层阶级文化特权的丧失。在《英国宪法辩护》（1835 年）一书中，迪斯累里攻击辉格党人是自私的执政者，陷入了功利主义这一有缺陷的哲学当中。他曾一度是社会改革者、帝国主义者、人民民主派和一国托利党，为此批评者称他是一个没有原则的人。他迷人、招摇、自我推销且经常负债累累，为此他的主要竞争对手、自由党人格拉德斯通认为他"过于表现自己"。迪斯累里以其对党派的忠诚、对计谋的娴熟和对职位的嗅觉体现了一种自我保护的本能，这种本能也是他所在的党派能够保持显著连续性的基础。

罗德·德雷赫（Rod Dreher，1967 年—　）：美国保守派讲述了一个充满希望的故事。1945 年后，一群不具代表性的世俗自由派精英控制了教会、大学、媒体和法院，这些机构原本掌握在本质上敬畏上帝和有道德的人民手中，保守派作为道德多数派的领导者，必须重新夺回这些地盘。他们还讲述了一个黯淡的故事，这个故事被美国保守派思想家罗德·德雷赫所认同，那就是：世俗的堕落是如此诱人，以至于它很难不占上风；美国人过去是并且仍将是一个不道德的多数。作为一位充满活力的争论者，德雷赫受到阿拉斯代尔·麦金太尔的影响，认为对这个暗淡故事的正确回应不是政治，而是小型反文化社区中的精神和智识复兴，他在《本笃选项》（2017）一书中对此作了辩护。

皮埃尔·德里厄·拉·罗谢勒（Pierre Drieu la Rochelle，1893—1945 年）：法国小说家、记者和文学编辑，在德国占领期间（1940—1944 年）曾优雅地抨击自由派、议会主义者和犹太人。德里厄与沙文主义者巴雷斯和反犹主义者塞利纳一起，共同强化了这样一种说法：20 世纪 30 年代的法国右翼有着最差的作者却有着最好的文字。在小说《吉勒》（1939 年）中，德里厄描写了一位富有魅力的反英雄人物，他与德里厄一样在战场上负伤，后来在巴黎游荡，他厌恶自己，厌恶他那富有的犹太人情妇，厌恶他那信奉马克思主义的波希米亚朋友，厌恶陷入四面楚歌的法国共和派自由党人。德里厄更像是一个爱国的虚无主义者而非法西斯主义者，他没有提出任何替代方案。他在 1937 年写道："如今热爱法国的唯一方式就是憎恨它现在的样子。"

马克西姆·杜·坎普（Maxime Du Camp, 1822—1894 年）：法国作家、摄影师，福楼拜的好友，以其描写 1871 年巴黎公社的多卷本著作《巴黎惊厥》（1878—1880 年）而著称，这是一部保守主义的杰作，以公社文件和官方报告所构成的欺骗性事实框架为背景，充满了谩骂与嘲讽。杜·坎普在书中呈现了一幅充满争议的荒唐画面：巴黎普通民众意志薄弱、体弱多病且异常蠢笨，被文化程度不高的恶棍引入歧途。驱动公社社员的是嫉妒，"那是心怀不轨的卑鄙者的原罪"。他写道："集体主义者、法国巴黎公社成员、德国社会民主党人、俄国虚无主义者，不同的标签，相似的倾向；……不同的标签，相同的毒药。"杜·坎普以最为紧张的笔触宣泄了保守主义对大众民主的恐惧。

T. S.艾略特（T. S. Eliot, 1888—1965 年）：出生于美国的著名英国现代主义文学家和反对自由主义现代性的保守派异见者，诗人、剧作家、评论家、出版人兼散文家。美学传统之于艾略特所具有的文化意义正如稳定制度之于保守主义所具有的政治意义那样，具有同等重要性。传统可以解答现代性的精神空虚，对此艾略特在《荒原》（1922 年）中进行了诗意的探讨。传统并非继承而来，而是需要努力维护和捍卫。他的作品《圣林》（1920 年）旨在确立一部诗歌典范，并通过既非清教徒也非说教的方式，将诗歌特有的道德价值确立为"激情中可见的真理"。在异教徒的物质主义英格兰，最佳选择是"悲观的放弃"（《基督教社会观念》，1939 年）。乐观的一点是，他认为高鉴赏力仍有可能"渗透"到更广泛的文化中去（《文化定义笔记》，1948 年）。艾略特钦佩柯勒律治，并撰写了一篇关于布拉德利伦理思想的论文。在艾略特看来，个人自由、对他人的责任和社会秩序是不可分割的。他呼吁从民主文化中退出并回归美学，这在智识上滋养了保守主义，但并未提供任何政治指导。

阿兰·芬基尔克罗（Alain Finkielkraut, 1949 年— ）：法国思想家和文化评论家，他捍卫西方传统，特别是法国传统，反对文化多元主义和道德相对主义所带来的混乱。作为散文家和广播兼网络争议人物，芬基尔克罗在 20 世纪 60 年代是一位毛主义者，在 70 年代对性解放持怀疑态度，在 80 年代痛斥后现代的反启蒙左翼，90 年代之后一直对法国公民认同的丧失和对共和价值观的背叛感到痛心。他指责道，懦弱的欧洲在 1936 年放弃了民主西班牙，在 1991—1995 年同样抛弃了波斯尼亚。芬基尔克罗抱怨说，法国左翼回避了穆斯林移民所带来的社会文化挑战，对日益高涨的反犹主义也视而不见。

约翰·菲尼斯（John Finnis, 1940 年— ）：澳大利亚出生的牛津大学法律哲学家，其杰出的学生包括美国最高法院大法官尼尔·戈萨奇。菲尼斯在学术上反对一种常见的自由主义法律观，即法律应在个人道德问题上保持中立。在《自然法与自然权利》（1980 年；2011 年）* 一书中，菲尼斯捍卫一种新托马斯主义的法

---

　　* 此书已有中文版面世，见［美］约翰·菲尼斯：《自然法与自然权利》，董娇娇、杨奕、梁晓晖译，中国政法大学出版社 2005 年版。——译者注

律观，认为恰当的法律应该对人类生活中的善以及维持这种善所需的条件作出权威性论述。尽管人类的善独立于选择和惯例，但它既不简单也不统一。菲尼斯指出了七种独立的基本善：生命和健康、非工具性知识、友谊、娱乐、审美体验、实践理性和宗教信仰。在这个框架内，菲尼斯捍卫一种严格的个人道德观，尤其在堕胎、性和婚姻问题上。尽管他是坚定的天主教徒，但他依然在世俗层面上主张国家负有进行道德管控的责任。菲尼斯认为，在自由主义民主社会，道德管控必须尊重既定程序和民主同意。

阿诺德·盖伦（Arnold Gehlen，1904—1976 年）：出生于德国莱比锡的社会哲学家，早期与"保守主义革命"有过短暂的接触，1945 年后致力于将德国保守主义思想与排他性仇恨、失信的哲学和对现代社会的恐惧分离开来，以实现德国保守主义思想的去激进化和现代化。盖伦认为，保守主义的深刻洞见是，人需要稳定的制度。人类是这样一种造物：他在早期是无助的，并令人困惑地具有开放的生物能力。因此，家庭纽带和社会指导是必不可少的，技术官僚现代性正在趋于稳定，也因此具有了合法性。对于技术，人们不应发出海德格尔式的抱怨，而是应该去应对。相比之下，自由主义现代性的要求是不确定的或无法实现的，因此是一种乌托邦。它摧毁了既定的规范，却对人们提出了过高的道德要求，因此人们需要从不可能的义务中"解脱"出来。困难之处在于，既要拥抱技术官僚现代性，同时又不抛弃嵌入的规范。盖伦给出的答案是，本着"现实主义"的精神将政治—制度道德与小团体的个人道德区分开来。然而，他担心自由主义社会是否有严格的纪律来维持个人道德，这一主题与美国的新保守主义有关。

弗里德里希·冯·根茨（Friedrich von Gentz，1764—1832 年）：普鲁士公关人员和外交官，自 1802 年起为奥地利人（尤其是梅特涅）工作，并担任后拿破仑时期（1814—1822 年）的议会秘书兼起草人。作为康德的学生，根茨翻译并梳理了伯克的《法国革命论》。根茨坚信，革命者的错误根本不在于他们有政治理念，而在于他们有错误的政治理念。根茨赋予国家理性以新的内容，使之为社会秩序和国际秩序服务。他在政治上是"现实主义者"，认为政治是权力的行使，而权力的任务是维护既定秩序。在欧洲各国之间，这意味着权力平衡；在各国内部，则意味着基于地方性选择的制度安排，除非这些安排会扰乱欧洲大陆的和平；对德国人而言，这意味着促进信仰（进而培养服从），而非意味着民主（要塑造舆论而非跟随舆论）。根茨问道："你我都不希望民众变得富有、变得不再依赖我们，否则我们该如何进行统治呢？"他留给"现实主义的"保守主义的遗产是，将国家内部的制度秩序与国家之间的持久秩序相联系。

奥托·冯·基尔克（Otto von Gierke，1841—1921 年）：德国法学家和法律史学家，强调公民社团的历史和法学独立性。从历史上看，公民和国家之所以能够建立政治社会，离不开中间组织的帮助。从法律角度看，一个健康的社会需要能够自我调节的自愿性机构，这些机构不受国家和易变的私人利益的干扰。基尔克的主要著作是四卷本《德国社团法》（1868—1913 年），认为法律不是自上而下制定的，而是社会出于自身的利益从习俗中自下而上生长起来的，不存在事先预设的模式。社团组织赋予其成员以自我意识，并保存了习俗、规范和知识。基尔克认为，从洛克和格劳秀斯（将社团权利与其成员权利相捆绑）到法国大革命（将社团置于中央法律控制之下），两者之间存在一种危险的滑坡。作为君主主义者，基尔克与德国国家自由党关系密切，但他关注的是社会福利。他的保守主义在于强调社会的和谐与内在健康，而这几乎无须一个全能的、改革的自由主义国家。

伊恩·吉尔摩（Ian Gilmour, 1926—2007 年）：英国保守党议员（1962—1992 年）、政府大臣和温和派代表人物，他为当时正在走向消亡的中间路线社会保守主义代言。他的《右翼内部》（1977 年）一书包含了历史上英国保守党人的文雅小传和关于右翼思想的散文。在书中，吉尔摩对保守主义进行了消极式的赞颂：保守主义不是反动、不是意识形态、不是排他（对鲍威尔的批评），也不是盲目的反自由主义和反社会主义。吉尔摩的这部经典回溯到了 18 世纪，所涵盖的人物包括：博林布鲁克和迪斯累里（作为国家党的托利党），休谟（人的智力缺陷以及对快乐的需求），伯克和黑尔什姆（Hailsham）（社会健康需要信仰），以及奥克肖特（反对政治中的"理性主义"）。值得注意的是，吉尔摩在书中对哈耶克所激发的经济自由主义进行了抨击，这种自由主义作为新的正统观念在当时的保守派中风行一时。

卡尔·路德维希·冯·哈勒（Karl Ludwig von Haller, 1768—1854 年）：瑞士政府官员和保守主义反动理论家，其主张集中反映在他的六卷本著作《政治的恢复》（*Restoration of Politics*，1816—1834 年）中。哈勒坚持认为教会和国家享有无可争议的权威，这种观点在正统主义的宫廷中很受欢迎，但遭到自由主义宪政论者的挑战，特别是黑格尔，他在《法哲学原理》（*The Philosophy of Right*，1820 年）中将哈勒视为默认的对手。哈勒宣称强者、有产者和聪明者具有天然的优越性。在他看来，国家是一个巨型家庭，一个"家长制国家"。哈勒对权威的崇拜贯穿了他跌宕起伏的一生，他先后经历了孤立、成名和两次流放，第一次被法国共和党人流放，第二次被伯尔尼新教徒流放。

纳撒尼尔·霍桑（Nathaniel Hawthorne，1804—1864 年）：出生于马萨诸塞州塞勒姆的美国作家和道德悲观主义者。霍桑的小说和寓言故事对美国思想中的清教元素进行了强有力的想象重构，包括对人类堕落的确信和对改善之希望的蔑视。作为一位被波士顿辉格党人排挤的民主党税务官员，霍桑既不相信自由主义之进步，也不相信废奴事业。他的作品弥漫着一种愚蠢和罪恶感，他笔下的一个角色念叨说，每一个新社会很快就会发现自己需要监狱和墓地。他广受欢迎的寓言故事《地球浩劫》（1844 年）嘲讽了福音派对不完美的人类进行现世改造的希望。他的《福谷传奇》（1852 年）讽刺了布鲁克农场的傅立叶主义公社，霍桑曾出资资助该公社，并在那里短暂居住。他的作品《红字》（1850 年）则提出了清教在个人良心和社会耻辱之间的持久冲突，但没有给出解决办法。美国早期未臻成熟的国家精神呈现出自由和乐观的一面，而霍桑成为这种精神的保守主义反例。

马丁·海德格尔（Martin Heidegger，1889—1976 年）：德国哲学家。在崇拜者眼中他英勇而深沉，在怀疑者看来他有着令人生畏的晦涩。他的代表作《存在与时间》（1927 年）为法国、德国和其他国家的存在主义和其他反自然主义哲学提供了养料。海德格尔旨在从科学主义的和对象化的人生观中挽救（并强化）日常经验的权威完整性。这里简要罗列一些海德格尔的相关看法：我们被"抛入"生活当中，必须寻找到自己的目的；我们对世界和对同伴的态度具有共同的现实"关怀"，也即对外部的关切；在后宗教世界，我们最可靠的道德灯塔是"真实性"（authenticity），也即脱去社会角色的外衣，坚忍地面对死亡。在 1933 年拥抱纳粹主义之后，海德格尔陷入了沉默，但从未摆脱这个污名。他并非政党政治意义上的保守派，他的保守主义在于他从更高的层次拒绝接受关于人及其关切的自然主义观点，这种观点据说是自由现代主义之依凭。

查尔斯·贺智（Charles Hodge，1797—1878 年）：普林斯顿神学院的美国神学家，他阴郁的加尔文主义和对《圣经》的字面解读影响了 20 世纪的基要主义和福音主义。贺智反对宗教复兴运动及其政治上的近亲——废奴主义。在宗教复兴主义者看来，信仰可以消除对最终命运的焦虑。贺智的加尔文主义否认人可以知晓或掌控自我救赎的时间和手段。作为一位蓄奴者，他认为奴隶制得到《圣经》的认可，但他谴责南方对奴隶的虐待行为，并认为拒绝让奴隶接受学校教育是可憎的。作为美国民族主义者，他支持联邦。20 世纪的政治福音派选择性地借鉴了贺智的神学观点：自由福音派回忆起他对自立自助的否定，保守福音派则强调他对人类平等或进步的怀疑。

海尔什姆勋爵昆廷·霍格（Quintin Hogg，Lord Hailsham，1907—2001 年）：英国律师兼政治家，长期担任英国大法官（司法大臣），是保守党的坚定支持者。在《保守主义之理由》（*The Case for Conservatism*，1947 年）一书中，他阐述了一种中间路线的保守主义。与迪斯雷里和鲍德温一样，霍格认为保守主义是一个坚实、有能力和公正之国家的常识，而自由主义者和社会主义者却拒绝听从。社会是一个有机体，而不是一架机器。变革固然不可避免，但它必须是渐进的和尊重传统的。改革者倾向于使用"专制手段"，这会引发"适得其反的回应"。进步是可能的，但"打击邪恶"与"创造美好"在政治上具有同等重要性。政治并非生活的全部，家庭、邻里和信仰更为重要。

贝特朗·德·茹弗内尔（Bertrand de Jouvenel，1903—1987 年）：法国保守主义社会思想家，早年曾与威权主义右翼有过短暂接触，后来转向批评二战后的民主自由主义。在《论权力》（*On Power*，1945 年）中，茹弗内尔认为自由主义对权力的抵制反而使得现代国家这个"无所不在的弥诺陶洛斯（Minotaur）＊"变得强大。"中间组织"的权威先于国家的权威，但前者如今已被侵蚀。要恢复这些中间组织，茹弗内尔寄希望于具有共和精神的公民精英，但他怀疑现代富人能否成为这种精英。在《主权》（*Sovereignty*，1955 年）一书中，他回顾了以人民主权为正当性基础的专制权力的历史演变。茹弗内尔没有党派归属，他所关注的并非党派教条而是实际任务，但民主自由主义似乎未能完成这些任务，如住房、学校、污染、经济管理和城市规划。在其生命的两端，茹弗内尔均引起了思想界以外的关注。十七岁时，他与继母、小说家科莱特（Collette）有染。八十多岁时，他在一起诉讼案中赢得了象征性损害赔偿，被告是一位历史学家，曾将茹弗内尔的早期思想贴上

　　＊　弥诺陶洛斯是古希腊神话中的一个牛首人身怪兽，异常凶残。——译者注

法西斯主义的标签。

恩斯特·云格尔（Ernst Jünger，1895—1998年）：一位赢得勋章的德国士兵、作家、散文家和昆虫收藏家，先后参加过一战和二战。云格尔的作品《钢铁风暴》（1920年）源自他的战壕日记，强调了战争的道德机会：面对恐惧时的勇气可以使平凡的生命得到升华。他在20世纪20年代加入"保守主义革命"，这是德国右翼的一个松散运动，旨在为自由主义社会寻找救赎方案，批评者认为该运动寻求将保守主义与布尔什维克主义相结合。云格尔拒绝成为纳粹的文学明星，并在1933年退休。他的寓言小说《在大理石悬崖上》（1939年）在一些人看来是对希特勒主义的隐晦攻击，在另一些人看来则是对民主社会失去卓越和胆识的一种新尼采式抗议。崇拜者认为云格尔冷静的现代主义散文诚实而敏锐，怀疑者则认为它做作且不道德。他所隐含的政治道德意涵是：在战争时期坚忍地提供服务，在和平时期超然隐退。云格尔的保守主义是美学的，并且在很大程度上是消极的，是对民主自由主义的一种背弃而又未能给出具有建设性的替代方案。

威廉·冯·克特勒（Wilhelm von Ketteler，1811—1877年）：德国美因茨主教，在地方和全国范围内积极推动社会天主教教义。克特勒曾是黑森大公国（Hesse-Darmstadt）持反动立场的、反普鲁士的黑森大公的得力助手。为了实现社会和平，克特勒认为应满足工人阶级的经济要求而非政治要求。他反对俾斯麦反天主教的文化斗争，支持天主教与新教的和解。在《劳工问题与基督教》（1864年）一书中，他谴责自由主义者带来了一幅毁灭性社会图景：把人当作"物质的原子"，可以"研磨成粉"并"在地球上随风飘荡"。1891年的教宗通谕《新事》倡导一种保守主义的、自上而下的社会天主教教义，克特勒的著作和布道在其中留下了深刻的印记。

威尔默·肯德尔（Willmoore Kendall，1909—1967年）：美国耶鲁大学教授、美国中央情报局官员、《国家评论》杂志撰稿人和硬右翼先驱。作为托洛茨基主义者、民主党人和反自由主义的保守派（他从未成为共和党人），肯德尔倡导一种自己设计的右翼民粹主义。作为一个多数主义者，他信任"人民"，反对那些脱离现实、攫取社会高位的自由主义者。他认为人民是一个有德性的、被忽视的多数，他们按照上帝的指引进行思考。美国社会既不开放也不多元，其学校和教会驱逐共产主义者是正确的，他认为"某些在人们……看来是不受欢迎类型"的移民是不受欢迎的。在《什么是保守主义？》（"What Is Conservatism?"，1962年）一文中，肯德尔从消极的角度看待保守主义，认为它是与民主自由主义所进行的非对称战争中的一整套反对观念。

拉塞尔·柯克（Russell Kirk，1918—1994年）：出生于美国密歇根州，《保守主义的精神》（1953年）一书的作者，该书旨在回应莱昂内尔·特里林在1950年提出的挑战，即自由主义是美国政治中的唯一传统。作为一位"传统主义"保守派，柯克提出了一套以伯克为首的18世纪至20世纪英美思想家的经典论述，他还提出了保守主义的六项准则：信仰超验秩序，接受神秘，社会秩序必然以阶级为基础，自由与财产相互依存，信任习俗（即便是受欢迎的创新也必须尊重习俗），以及承认审慎是指导性政治实践价值。作为一位脱利腾天主教徒，柯克偏爱拉丁礼弥撒，并以其个人的慷慨和对贫困者的关心而闻名。

奥雷尔·科尔奈（Aurel Kolnai，1900—1973 年）：哲学家，出生于奥地利，后流亡并定居英国。作为胡塞尔（Husserl）的学生，科尔奈关注日常经验的特征以及被忽视的道德情感，如憎恨和厌恶。他在《对抗西方的斗争》（*Struggle against the West*，1938 年）一书中认为，对社会进步和人类平等的乌托邦信念是共产主义、法西斯主义和自由主义的共同缺陷。科尔奈认为，民主社会需要来自"领导人"的稳定的领导与指导，需要有尊重卓越的稳定氛围，还需要"社会贵族"，否则社会将走向"定性平等主义（qualitative egalitarianism）的不归路"。科尔奈的保守主义在于他捍卫高标准，反对文化多数主义和个人意见的至上性。

欧文·克里斯托（Irving Kristol，1920—2009 年）：美国纽约人，著名的新保守主义者，其职业生涯记录了美国右翼知识分子寻找政治归宿的漫长历程。克里斯托出生于纽约布鲁克林，是一位战争老兵和反斯大林主义者，他在 20 世纪 50 年代初与左翼决裂，因他拒绝成为"反反共主义者"（anti-anti-Communist）。他与他人共同创办了获美国中央情报局支持的期刊《邂逅》（*Encounter*，1953 年），并与丹尼尔·贝尔合作创办了《公共利益》杂志（1965 年）。在 20 世纪 60 年代，克里斯托所反对的是意图良好但适得其反的社会改革和不受制约的反律法的异见（如反战抗议、否认导师权威、性自由）。在成为共和党人后，克里斯托于 1978 年搬到了华盛顿。在第二次冷战期间（1978—1986 年），他成为一名鹰派，并于 1985 年创办了《国家利益》杂志。他认为，美国对"世界的未来有所有权的要求"，应独自（如果必要的话）应对不稳定的威胁并塑造世界秩序。美国第二代新保守主义者受这种单边主义的启发，推动了 2003 年的伊拉克战争。继茶党和特朗普之后，无家可归的新保守派重新寻找不断缩小的中右翼立场。在哲学论战中，克里斯托将自由主义等同于对道德的虚无主义否定。

费利西泰·德·拉梅内（Félicité de Lamennais，1782—1854 年）：法国天主教神父，他最初信奉极端教权主义（支持教宗），后来转向基督教社会主义。他在著作《论宗教事务中的淡然》（*Indifference in Religion*，1817 年）中批评了启蒙时期的怀疑论者、反教权主义者和反教宗主义者，认为他们削弱了社会生存所需的道德—智识秩序。作为一个极端保皇派，拉梅内为夏多布里昂的《保守派》杂志撰稿。他最初希望建立一个基督教神权统治的欧洲，但很快对法国的波旁王朝感到绝望。1830 年他协助创办了一份短命的日报《未来报》，很快遭到梵蒂冈的谴责。1831 年他支持波兰起义，进一步招致罗马教宗的指责。到 19 世纪 40 年代的饥荒时期，拉梅内公开接受一种大众的、具有社会思维的天主教教义，这使他与教会的等级制度发生冲突。此时，他比自由派更倾向于社会主义，认为自由主义是"所有人对所有人的战争"，除非它建立在社会责任和共同信仰的基础上。拉梅内支持个人自由，但他怀疑在不受约束的经济市场中如何才能实现自由。作为报纸出版者，他注意到享受言论自由所要付出的经济代价。

古斯塔夫·勒庞（Gustave Le Bon，1841—1931 年）：兴趣广泛的法国医生、社会思想家和科学普及者，他将长久以来对暴民的恐惧置于一个听起来真实的、非阶级的基础之上。在《乌合之众》（1895 年）一书中，勒庞指出，人群拥有一种受隐秘本能所驱动的集体心理，这种心理甚至能够使群体中最为理性的成员噤声。"孤立地看，一个人可能是有教养的个体；一旦身处群体之中，他就成为野蛮人。"人群可以出现在所有的社会层面，他们可以从事犯罪行为（如骚乱），也可以投身英雄壮举（如战斗）。无论是"原始"人还是"文明"人，无论是精英还是大众，都可能形成人群，议会亦然。人群可被强有力的领导者操控，也可能自发地解散。当群体思维控制某个社会阶层（如牧师、法官、军官、产业工人）时，它往往变得固化和持久，然后会宣称对大众拥有权威。勒庞的保守主义在于对民主平等的怀疑，以及对政治自由主义所主张的自立自助之理性公民的拒绝。

阿拉斯代尔·麦金太尔（Alasdair MacIntyre，1929 年— ）：苏格兰前马克思主义者、天主教哲学家和反自由主义者。在《追寻美德》（1981 年）一书中，麦金太尔认为道德的不连贯是自由主义的原initial污点，这一污点从启蒙运动继承而来，是"一台摧毁观念的机器"。启蒙运动抛弃了亚里士多德的信念，即人们只有作为社会存在才能找到其道德目标。植根于社会的道德能够为人们提供指引，而自由主义的道德却是争论性的、脱离实际的、非个人的、优柔寡断的和无结论的。唯一剩下的道德指导是"审美家"和"治疗师"，唯一的政治指导是"管理者"，负责对人们的需求进行不偏不倚的成本效益平衡。空洞的道德式话语继续存在，要么作为权利主张，要么是对隐藏利益的尼采式揭露，要么以抗议的形式出现，而抗议作为仅存的异议形式，仅次于内战。麦金太尔对自由主义之智识混乱的悲观描述与后现代主义对理论混乱的绝望情绪类似。他提议建立一系列非自由主义的机构，以在冷漠的世俗社会中为反传统的思想提供庇护，这一观点被美国天主教右翼所采纳。

詹姆斯·麦迪逊（James Madison，1751—1836 年）：美国律师、弗吉尼亚州宪法起草人、全国性政府的倡导者（1788 年与汉密尔顿和杰伊合著《联邦党人文集》）、美国宪法的制定者和美国总统（1809—1817 年）。麦迪逊的三重目标是：建立一个单一的国家权威，承认人民主权，防止多数暴政。他与杰斐逊有着相同的民主信念，即政府应服从于人民的控制，但他认为如果没有整体的中央权力和统一的国家法律，那么和平与繁荣就无法实现。身体虚弱、个头矮小的麦迪逊错过了独立战争，但成为这个新共和国创建过程中的领导力量。在确保了弗吉尼亚州的宗教自由后，他又成功地将《权利法案》纳入美国宪法。作为反对亚当斯的党派领导人，他反对《侨民法和镇压叛乱法》（Alien and Sedition Acts，1798 年）。在杰斐逊担任美国总统期间，他出任国务卿一职（1803 从法国手中购买了路易斯安那）。在他的总统任期内，围绕领土（加拿大）和英国干涉美国航运的问题，爆发了与英国的第二次战争。

约瑟夫·德·迈斯特（Joseph de Maistre，1753—1821 年）：流亡的萨瓦人律师，反革命思想家，曾任驻俄大使（1803—1817 年），以《彼得堡对谈录》（1821 年）最为著名。迈斯特的保守主义建立在对人类的阴暗看法之上，他认为人类是非理性的，有着无可救药的邪恶，并且只能由不受约束的权力进行统治。在《彼得堡对谈录》和其他迈斯特作品的炽热文字中，相同的主题一再出现。法国大革命中的恐怖统治是神对启蒙运动抵制信仰所实施的惩罚，在经受了血的洗礼之后，法国获得了救赎，被欧洲盟国从拿破仑的奴役之下适时拯救了出来。幼稚的启蒙运动忽视了人类的非理性和暴力，也忽视了人类对牺牲、顺从和服从的需要。人无法先于社会而存在，也不存在"一般的人"，只有一个个具体的人，他们分属于不同的民族类型。迈斯特追随伯克，拒绝理想化的制度，同时坚持认为神权政治才是最好的政府形式。社会秩序需要一个不可分割的至上力量，使人们在敬畏中服从。制度无法忍受不敬的怀疑："要保有一切，请神圣化一切。"信仰是必要的，但还不够，更重要的是对惩罚的恐惧。良好政府的象征不是贤明的统治者，而是刽子手。作为一位先驱，迈斯特从未在保守主义会客厅中赢得一席之地，但与伯克一样，是保守主义大家庭的重要成员。

威廉·马洛克（William Mallock，1849—1923 年）：英国思想小说家、政治作家和保守主义事业的代言人。马洛克是一个不平等主义者，不相信人类进步。他认为，物质改善和可持续繁荣依赖于有才华的精英的明智引导。政治不应反映民意，而是小团体之间争夺控制权的竞争。对财富征税以帮助体力劳动者是对企业家脑力劳动的惩罚，而繁荣正是依赖于后者。马洛克的小说《新共和》（1877 年）讽刺了那些放弃宗教正统观念的自由主义知识分子，他的作品被保守党中央办公室拿来用于竞选宣传。马洛克认为，保守派应该抵制选举民主的进一步扩张，因为它承诺了过多的经济民主。

雅克·马里旦（Jacques Maritain，1882—1973 年）：与伊曼纽尔·穆尼埃（1905—1950 年）共同提倡一种源自托马斯主义传统的法国天主教政治见解，称为个人主义。尽管是反自由主义的，这种政治见解依然寻求在世俗激进派及社会主义和反共和的硬右翼（1926 年遭到梵蒂冈的谴责）之间找到一条道路。作为秉承自然法传统的新托马斯主义者，马里旦曾任法国驻梵蒂冈大使（1945—1948 年）。在《人和国家》（*Man and the State*，1951 年）* 一书中，马里旦提出了一种基于（精神）人格和（法律）个体之区分而构建的政治道德，前者具有毋庸置疑的共同的权利和道德义务，后者有着地方性的和民事的积极权利和义务。马里旦的思想影响了 1948 年《世界人权宣言》的起草。穆尼埃是一位教师兼新闻人，创办并运营了有影响力的个人主义杂志《精神》（*L'Esprit*）。

奥多·马夸德（Odo Marquard，1928—2015 年）：善于运用格言警句的德国人文科学和故事讲述的辩护者，认为后两者是对日益技术官僚化的社会的必要补偿。"世界越现代，人文科学也即讲故事的科学就越无足轻重。"在完成哲学和神学训练之后，马夸德成为了文化"补偿"理论家若阿基姆·里特尔（Joachim Ritter）的助手。尽管精通弗洛伊德主义并同情法兰克福学派对自由主义的批评，马夸德依然怀疑左翼对宏大理念的信任，并强调人类的不完美。似乎是为保守主义缺乏一整套全面理论而辩护，马夸德本着一种宁静主义的（quietist）精神，认为哲学的历史演进是这样的：从早期的全知全能，到后来成为（服务于基督教、科学

---

* 此书已有中文版面世，见［法］马里旦：《人和国家》，沈宗灵译，中国法制出版社 2011年版。——译者注

和政治的)"侍女",再到如今只剩下有用性,即承认自身是有局限的。

夏尔·莫拉斯(Charles Maurras,1868—1952 年):法国编辑、作家和思想家,法兰西运动的创始成员(1898 年),第三共和国的右翼批评者。莫拉斯热爱古典的过去,欣赏但不信仰天主教,并像孔德一样主张建立一种以事实为基础的政治观念,而自由主义者,无论是自由意志主义者还是无政府主义者,则误解了事实。莫拉斯认为,社会并不是由出于互惠目的而选择合作的个人组成,权威也不依赖于选择。社会需要一种共同的信仰,无论这种信仰是什么,而在法国,天主教信仰唾手可得。个人权利掩盖了商业利益。自由主义者将权威与国家权力相混淆,而忽视了构成社会的权威性集体(authoritative collectivities)。议会是一个骗局,代表着由新教徒、犹太人、共济会成员和移民所构成的"法律的"法国。作为腐败的"内部外来者",这些人在自私心的驱使下背叛了由人民、城镇、教区和协会所构成的"真实的"法国。作为一位反对德国的爱国者,莫拉斯依然欢迎贝当主义,认为它作为一种威权主义,是仅次于君主制的次优选择。莫拉斯打造了一个修辞的武器库,可被今天的硬右翼民粹主义拿来所用。

H. L.门肯(H. L. Mencken,1880—1956 年):保守的巴尔的摩记者,《聪明人》和《美国水星》杂志评论家,在 20 世纪 20 年代以对政治愚蠢和文化虚伪的嘲弄来取悦读者。门肯的偏见——他反对黑人、犹太人、女性和除德国人以外的外国人——是不加限制的,且颇为自得地公开表达,如今已不可能公开出版。他称民主是"从猴笼里管理马戏团的艺术"。他本人缺乏积极的心态,逐渐陷入了一种脱离现实的暴躁状态,认为罗斯福不如希特勒。在仰慕者看来,门肯击破了政治正确,以极其夸张的方式嘲笑偏见本身。不仰慕他的人则认为,人们(一度)认识到不能像门肯那样在公众场合大放厥词,这本身也是一种进步。

阿图尔·默勒·范·登·布鲁克(Arthur Moeller van den Bruck,1876—1925 年):德国"保守主义革命"的倡导者、《第三帝国》(1923 年)一书的作者,他关于社会主义之保守主义(socialist conservatism)的愿景系从德国民族中"有机"生长而来。默勒是一位建筑师的儿子,他名字中的"阿图尔"一词取自哲学悲观主义者叔本华。默勒未能获得文凭就离开了学校,通过撰写描绘德国杰出人物当下生活的作品而成名,这些作品被用来体现德国的民族性。作为陀思妥耶夫斯基反现代主义的崇拜者,默勒主导了陀思妥耶夫斯基作品的德文全译本的翻译工作,之后他精神崩溃并自杀。默勒思想中显而易见的主线是对自由主义的持久敌意,他称自由主义是"民族的死亡"。

古弗尼尔·莫里斯(Gouverneur Morris,1752—1816 年):一位富有且机智的纽约人,1787 年美国制宪会议上不知疲倦的演说者和宪法最终文本的打磨者。莫里斯并不认同杰斐逊对法国大革命热情洋溢的赞美,后者曾在他之前担任美国驻法公使。在驻法期间(1792—1794 年),莫里斯对民众感到异常恐惧,同时对王权表示大力支持,以至于法国要求美国召回他。莫里斯是坚定的联邦主义者和奴隶制的反对者,并以不民主和排他的方式理解美国宪法序言的开篇语"我们,美国人民",而美国宪法序言正是莫里斯负责撰写的。

亚当·米勒(Adam Müller,1779—1829 年):出生于柏林的保守派作家、奥地利官员，也是根茨的好友。米勒对革命思想持敌对态度，以之反对政治自由主义。在他看来，人们在国家之外是"不可想象的"，国家与社会的界限对他而言是模糊的。在《国家的理念》(*Von der Idee des Staates*，1809 年)一书中，米勒认为人们不能随意离开国家，而国家也从未被凭空创造出来，它没有出生或死亡日期，也并非服务于人之目的的工具。米勒写道，每个人都"处于公民生活的中心，被国家从各个方面所包围"；没有人能够加入一个新的社会，而是"每个公民都处在国家生命周期的中间"，有着无限的过去和未来。国家并非满足公民需求和要求的工具，而是"它本身就是公民生活的整体，只要有人民存在，国家就必然且不可避免"。

红衣主教亨利·纽曼(Henry, Cardinal Newman，1801—1890 年)：英国宗教思想家和著名神职人员，对自由主义的进步和大众民主充满了不信任。纽曼最初是圣公会教徒，在 1845 年加入罗马天主教会。在政治上，他从顽固的托利主义转向具有社会意识的天主教家长制。在他看来，人性是堕落的，社会是不完美的，即便是一个由好基督徒组成的社会也不会是全然公正的。然而，借助于宗教，社会可以变得稳定和健康。共同的信仰将社会连接在一起，从而使权威能够在公众同意的情况下以警察规则进行治理。在各种治理方式中——如"从属"(威权主义)、"参与"(大众民主)和"协调"，纽曼所中意的是最后一种，即在一个总括性的信仰之下形成社会联合，进而提供保护和自由。

罗伯特·诺齐克(Robert Nozick，1938—2002 年)：美国哲学家，他在《无政府、国家与乌托邦》(*Anarchy, State and Utopia*，1974 年)* 这部关于政治思想的探索之作中，援引权利和自由来对抗具有社会关怀的自由主义改革。诺齐克认为，试图通过财富再分配来减少不平等必然会侵犯个人权利。平等权利意味着人们享有一种无可辩驳的天然自由，政府只有出于保护人的安全以及执行自由订立之契约的目的方能对这种自由进行适当限缩。在诺齐克看来，这种平等权利之自由包括免于征税、免于经济管制、免于强制兵役和免于道德管控的自由。诺齐克的自由意志主义对于保守主义者来说是尴尬的：尽管他们可能认同诺齐克反对税收和福利的原则性观点，但依然担心对保守主义具有重要意义的其他社会价值观——如爱国主义、社区责任感和邻人之谊——会从他的自由意志主义图景中消失，仅仅成为人们作出自利选择时的附带结果。

迈克尔·奥克肖特(Michael Oakeshott，1901—1990 年)：英国政治哲学家，自由派和保守派都声称他属于己方阵营。奥克肖特放弃了政治理性主义(试图引导社会走上某条选定的道路)和意识形态(从其赖以产生的思维背景中抽取出来的目标)。由于政治生活的形式塑造了政治话语，我们无法一股脑地拒绝它，否则会有混乱的风险。在《政治中的理性主义》("Rationalism in Politics"，1947 年)一文中，奥克肖特批评了一种错误的思维，即任何社会安排都可以批评，并且社会补救措施(只要它们始终如一、有充分根据并被广泛应用)能够带来社会的整体改

---

* 此书已有多个中文版面世，感兴趣的读者可自行查阅。——译者注

善。政治并非一个有着共同目标的事业（enterprise），而是人们在"公民联合"中共同生活所产生的副产品，类似于俱乐部或社团——缺乏明确的目标但在公认的规则下运行。在《论人类行为》（*On Human Conduct*，1975 年）一书中，奥克肖特引援"事业—公民联合"之区分，对比了两种不同的政治图景：一种是非良善的目的治理（teleocracy），它以目标为导向且无视传统；另一种是良善的规则治理（nomocracy），它是无目标的，以规则为导向且尊重传统。奥克肖特从心目中的英雄霍布斯那里借鉴了如下观点：公民联合所具有的道德权威是与自由相容的，即这种权威不存在外部约束。从另一位英雄黑格尔那里，奥克肖特认识到，道德本身无关痛痒，除非它"与宗教或社会传统相嫁接"。奥克肖特自由主义的一面在于，他对教条、系统以及社会对人的干预充满了敌意；保守主义的一面在于，他拒绝相信自由主义的进步。

伊诺克·鲍威尔（Enoch Powell，1912—1998 年）：长期担任英国保守党议员并出任政府要职（曾就职于卫生部和财政部），博学多才、通晓多门语言，是英国现如今硬右翼的先驱。鲍威尔在世时遭到冷落，并在 1968 年因发表关于移民问题的煽动性演说而被希思从影子内阁解雇。当时一位敏锐的保守党评论家写道，遏制鲍威尔主义将使他的政党在未来十年内穷于应付。半个世纪之后，自由派保守党人依然在遏制鲍威尔主义方面苦苦挣扎，最终归于失败。20 世纪 50 年代初，持右翼立场的鲍威尔曾是"一国"组织的成员，该组织由年轻的保守党议员组成。鲍威尔将迪斯累里和鲍德温所珍视的一国主题强化为三个相互关联的主张：首先，后帝国时代的英国在世界上形单影只（英联邦是个骗局，美国不是朋友而是霸凌者，欧洲是个陷阱）；其次，战后自由主义的英国国家与英国社会（即"英国人民"）处于战争状态；最后，英国的民族性格是珍贵且独一无二的。这三个观念在 2010 年后的英国硬右翼中都一一得到了体现。

安·兰德（Ayn Rand，1905—1982 年）：一位冷静克制、笃信教条的作家兼思想家，曾发起她称为"客观主义"（Objectivism）的运动。兰德撰写了两本思想小说，分别是《源泉》（*Fountainhead*，1943 年）和《阿特拉斯耸耸肩》（*Atlas Shrugged*，1957 年），赢得了大量读者。两部小说表达了同一种信念，即犹太教和基督教关于责任与关怀的道德应该让位于自我提升、果断和大胆计划，这一主张在其作品《自私的德性》（*The Virtue of Selfishness*，1964 年）＊中再次出现。兰德将阐释客观主义的任务留给了她的追随者。尽管她对资本主义的颂扬和对社会主义的诊断（认为社会主义是政治化的嫉妒）受到右翼的欢迎，但世故的美国保守派大多认为兰德主义是一个适应不良且推理不充分的异类。

威廉·里尔（Wilhelm Riehl，1823—1897 年）：德国保守派民俗学家和社会地理学先驱。乔治·艾略特钦佩此人并翻译其作品。里尔对比了乡村的健康与城市的不健康。他的"社会自然史"系列作品包括：《土地与人民》（*Land and*

＊ 这里提到安·兰德的三部作品均有多个中文版面世，感兴趣的读者可自行查阅。——译者注

People，1854 年)，强调土地如何塑造社会(德国的森林 vs.法国和英国的田野；依靠交通运输获取资源的人工城市 vs.自给自足的"自然"城市)；《中产阶级社会》(*Middle-Class Society*，1851 年)，哀叹城市被商业资产阶级和无根的知识分子所主导；《家庭》(*The Family*，1855 年)，认为男女差异是自然而然的，而"个人主义的"平等则是具有腐蚀性的；以及《散步》(*Walking*，1869 年)，在该书中里尔注意到乡村散步变得越来越流行，这预示着自然保护和绿色主义。

菲莉丝·施拉夫利(Phyllis Schlafly，1924—2016 年)：美国近代"价值观"保守主义和反女权主义的先驱，其成名作是《一个选择而非一声回响》(*A Choice Not an Echo*，1964 年)，该书批评了中右翼共和主义，据称销量达三百万册。施拉夫利是一位保守的天主教徒，她成功地领导了全美反对批准《平等权利修正案》(Equal Rights Amendment)的运动，她嘲笑该法案是"传播身份迷失之病菌的伤寒玛丽(Typhoid Marys)＊"章程。她于 1972 年创办了作为茶党先驱的鹰论坛(Eagle Forum)，反对与苏联的缓和政策，并以美国或"家庭价值观"的名义抨击堕胎、"激进法官"、双语学校教育和政府资助的医疗保健。

卡尔·施米特(Carl Schmitt，1888—1985 年)：德国宪法学者、右翼天主教保守派、纳粹辩护者。贯穿施米特政治思想的一条主线是他对民主自由主义腐蚀般的不信任。他充满力量的警句包括："独裁并非与民主相对立"，"当谈论人性时，你是在撒谎"，"政治特有的区分……便是敌友之分"。他关于总统制的著作《宪法学说》(*Constitutional Theory*，1928 年)为保护宪法的极端措施辩护，并成为了标准教材。与海德格尔不同，施米特与希特勒主义的接触是长期而公开的。1945年后，他转向地缘政治研究，认为英国和美国假惺惺地以全人类的名义追求其全球利益。施米特在 20 世纪 20 年代所写的政论文章指出了民主自由主义的弱点：在捍卫自身价值观时行动迟缓，面对民族和信仰激情往往措手不及，过于信任辩论，以及无法触及神话。代议制议会已经过时，但公投式民主也好不到哪里去。借助于排除法，施米特说服自己接受了"临时"独裁者统治之下的民族主义的威权主义(nationalist authoritarianism)。

约瑟夫·熊彼特(Joseph Schumpeter，1883—1950 年)：奥地利出生的美国经济学家和自由资本主义的保守派捍卫者。他在《资本主义、社会主义与民主》(1942 年)一书中认为，自由资本主义是组织一个社会的所有坏方法中最好的那一个，而好方法是不可实现的。他对资本主义的描述是辩证的：富有创造力，但具有破坏性；依赖于企业创新，但也需要官僚体制的理性化；离开民众的接纳就无法持续，但同时受制于来自民主的干预。资本主义能否在民主中生存？熊彼特对此的回答是：是的，其前提是存在一个开放、权威的上层，一个高效、廉洁的官僚机

＊　伤寒玛丽是指一位名叫玛丽·马伦(Mary Mallon)的爱尔兰裔美国人，1884 年从爱尔兰移民美国。她是美国第一个被确诊为无症状伤寒沙门氏菌的携带者，但她拒绝停止工作，从而让更多人暴露在疾病之下，导致多人感染和死亡。玛丽后来被美国当局强制隔离，并在隔离中去世。"伤寒玛丽"一词被用来形容那些传播疾病或其他不幸但本人意识不到自己正在这样做的人。——译者注

构，一种广泛的社会共识，以及一个足以抵挡多数之压力尤其是在经济方面抵挡多数之压力的制度性堤坝。与意大利的精英理论家一样，熊彼特也不相信人民主权，认为选举民主是小团体之间争夺执政权的斗争："民主是政治家的统治。"尽管对社会主义知识分子保持警惕，但他依然对接受了资本主义的左翼表示欢迎。他对保守主义的贡献在于标识出了一个中右翼空间，保守派可以在其中与同样接受了资本主义、自由主义和民主的中左翼争夺执政权。

罗杰·斯克鲁顿（Roger Scruton，1944—2020 年）：一位雄辩的英国哲学家兼辩论家，其涉猎领域广泛，涵盖艺术美学、建筑、音乐、道德和政治思想。从《保守主义的含义》（1980 年）开始，斯克鲁顿在许多著作中为保守主义价值观辩护，对政治自由主义进行哲学批判。他的核心思想是，人们需要既定的制度，而这些制度也需要人们的"忠诚"。"建制，"斯克鲁顿写道，"是政治伟大的内在目标。"自由主义者误将国家和社会当作"理性计算"的公民之间的契约性安排，并将政治当作一场无休止的因违规而提起的诉讼，进而夸大了社会批评的说服力和相关性。典型的自由主义者是一个无理取闹的诉讼当事人，而典型的保守主义者是一个虔诚的信徒。缺乏共同的信仰，社会就没有凝聚力；而缺乏"神话的传播"，政府也无以存在。保守主义的保存对象是既定的秩序，这种秩序因国家而异，相应地保守主义也不止一种形式。作为一位通晓多门语言的西方传统阐释者，斯克鲁顿对1945 年后的左翼图腾（既有自由主义的，也有非自由主义的）进行了细致入微但并不总是公平或尊重的解读，这触怒了左翼知识分子。他本人的智识成果令普通保守主义者倍感吃力。他的作品规模异常庞大，右翼缺乏旗鼓相当的同僚与他展开对话。斯克鲁顿的超凡才能揭示了当代保守主义思想的一个弱点，那就是缺乏足够多像他这样的思想家。

诺埃尔·斯凯尔顿（Noel Skelton，1880—1935 年）：苏格兰统一党成员、律师、战争老兵、《旁观者》杂志（*Spectator*）记者和英国议员（1924—1935 年），著有《建设性保守主义》（*Constructive Conservatism*，1924 年），这是一本推广"有产民主"的小册子。斯凯尔顿寄希望于通过更广泛的私人所有权（相对于集体所有权）使选举权的授予与工资收入者更高的经济地位相匹配，从而稳固英国的民主，"弥合劳资之间的……经济鸿沟"，并作为"个体道德和经济进步的载体"。斯凯尔顿的思想启发了像麦克米伦这样的年轻保守党人，后者正在寻找一种经济上的"中间道路"。到 20 世纪 50 年代，英国保守党已将斯凯尔顿所呼吁的有产民主转变为对私人住房所有权的倡导，到 20 世纪 70 年代又进一步发展为对公司股份的广泛拥有。

彼得·斯洛特戴克（Peter Sloterdijk，1947 年—　）：风格独特的德国社会思想家和散文家、卡尔斯鲁厄国立设计学院教授、哲学电视节目主持人（2002—2012 年），是自由主义左翼的眼中钉。斯洛特戴克在德国知识界的地位与斯克鲁顿在英国的地位别无二致——两人都被左翼所不喜，又因与政策和政党政治过于疏离而又未能直接被右翼拿来所用。斯洛特戴克的成名作是一部篇幅长达 960 页的著作《犬儒理性批判》（1983 年），随后又出版了"球体"三部曲（1998—2004 年），以图文并茂的方式对人类的境况进行深入思考。在他看来，人类是处于杂乱空间中有创造力的工具发明者，必须自我"免疫"以保护自己免受当前混乱的影响。他的政治立场难以被归类：他认为中间派的不安是有益的，他有时听起来像是自由派（比如他认为税收是盗窃，应该用自愿捐款来代替所得税），有时像是硬右翼（比如他会信口说出硬右翼口号），有时又单纯地感到厌烦（比如他认为自由主义民主是无聊的）。正如斯克鲁顿需要一个对话者那样，斯洛特戴克需要一个编辑，其奔放的文风中隐藏着深刻的见解。斯洛特戴克曾写道，愤怒是我们这个时代的典型社会情绪。

乔治·索雷尔（Georges Sorel，1847—1922 年）：法国社会评论家和土木工程师，在继承了一笔遗产后很早便退休并从事写作。他在《进步的幻象》（1906 年）和《论暴力》（1908 年）中嘲讽了对公共理性的乌托邦式信任。他寄希望于以工人阶级的反抗来揭示自由主义虚伪言辞与自由社会实际状况之间的差距。自由主义民主以程序、辩论和谈话扼杀了活力的源泉——即非理性、神话和力量，只有无目标的民众力量才能揭穿这种骗局。索雷尔崇拜列宁，他的保守主义并非一目了然。他蔑视自由主义民主，认为它是利益的遮羞布，这种观点在 20 世纪右翼的反自由主义中引起了强烈反响。

弗里德里希·尤利乌斯·施塔尔（Friedrich Julius Stahl，1802—1861 年）：普鲁士保守派、立宪君主义者（反对极端保皇派）和法律理性主义者（反对浪漫主义者）。施塔尔早先信奉犹太教，后来皈依其他宗教，他主张教会权威与国家权威应是平等和相互分离的。社会秩序不在于自由主义之进步或大众民主，而在于财产和信仰。在战略层面，施塔尔旨在说服德国土地贵族放弃妨碍性特权，以换取对政府的主导，同时在普鲁士三级选举制度中给予资产阶级富人以第二位的投票权重。从宪法上看，主权权力不能共享，也不来自普通民众。王权与教会在各自领域内是不容争议的，但两者都受到法治的约束，"这是任何反动计划都不可逾越的限制"。革命必须被理解，而不能仅仅被痛恨。对施塔尔而言，指导原则是法律和理性而非传统与习俗。保守派必须着眼于当下，"今人的意志不应受制于前人的意志"。

詹姆斯·菲茨詹姆斯·斯蒂芬（James Fitzjames Stephen，1829—1894 年）：英国律师、政治作家和法官，他运用文学嘲讽和功利主义观点为道德管控和既定宗教辩护。斯蒂芬曾任高等法院法官（1879—1891 年），在此之前他曾在印度殖民地任职，并改革了当地的法律。在《自由·平等·博爱》（1873 年）一书中，他认为社会秩序依赖于道德约束。社会中总会有"一大群坏人和冷漠的人"，他们"道德败坏程度之深"只能通过强制来加以遏制。人并没有多少可以改进的地方，因此自由主义对进步的信念建立在妄想之上。人并不是平等的，因此对民主主权的希望是盲目的："有智慧的人和好人理应统治愚蠢的人和坏人。"人们也并不是亲如兄弟而是亲疏有别，因此"人类的宗教"是一个骗局。斯蒂芬更多地是一位争论者而非思想家，他标志着保守主义在公共辩论基本规则上的转变：如今，支持道德管控和尊重宗教权威的理由必须是世俗化的。

威廉·格雷厄姆·萨姆纳（William Graham Sumner，1840—1910 年）：美国反进步主义者，认同人享有自然权利并需要社会化，但不同意存在共同的人性或人类是可以无限改进的。进步主义便建立在这些错误之上，其主张包括推行所得税以及为改善西班牙美洲而进行的帝国主义战争。萨姆纳从 1873 年开始担任耶鲁大学政治经济学教授，后来撰写了《社会各阶层彼此亏欠什么》(1883 年)和《社会科学》(*The Science of Society*，1927 年)两部著作。针对向贫困者提供自由主义式社会援助的做法，他提出了"被遗忘的人"的观点，认为救助穷人的义务不均衡地落在了全体纳税人身上。"被遗忘的人"是纳税人 A，他按照 C 所选定的方案帮助穷人 B。

海因里希·冯·特赖奇克（Heinrich von Treitschke，1834—1896 年）：出生于德累斯顿的德国保守派历史学家和记者。他形成了一种关于德国国家（nation）的排他性自我理解，这种理解在 1914 年之前的中产阶级选民中广受欢迎，并影响了当时的保守主义政治。特赖奇克有多个平台：他是大学教授，是《普鲁士年鉴》的编辑（1866—1889 年），还是德意志帝国议会中亲俾斯麦的国家自由党议员。尽管历史学家对他评价不高，但特赖奇克对霍亨索伦王朝的崇拜和他的反犹主义偏见（"犹太人是我们的不幸"）却有着广泛的追随者。他改变了卡尔·罗乔在 1853 年所创造的"现实政治"一词的用法，这个概念最初被自由派用来警告自己不要过多地关注梦想，后来被特赖奇克转变为一种保守主义的呼吁，要求不受限制地运用国家权力：普鲁士控制德国，德国控制欧洲（尤其是虚伪的英国），德意志帝国则控制殖民地的低等民族。"国家"，特赖奇克写道，并不是"一个要刷牙、洗脸并被送去学校的好孩子"。对他而言，国家生活的所有元素——身份、福祉、安全——都被汇聚到国家那里。

彼得·维瑞克（Peter Viereck，1916—2006 年）：美国诗人、作家，曾执教于曼荷莲学院（Mount Holyoke College）(1948—1997 年)，安静地倡导一种具有历史意识的温和保守主义。维瑞克出生于纽约，其父亲是亲德的赫斯特（Hearst）集团的记者和纳粹的辩护者。维瑞克是一位反反共主义者，反对麦卡锡主义，并因与自由派对手的交往而激怒了《国家评论》杂志的其他撰稿人。同事威尔默·肯德尔曾如此描述维瑞克：他一方面告诉美国人如何成为保守派，另一方面又在所有问题上都同意自由派的看法。在《新保守主义：其创始人之一问哪里出了问题》("The New Conservatism: One of Its Founders Asks What Went Wrong"，1962 年)一文中，维瑞克指责宗教原教旨主义者、受蛊惑的极端爱国者和富有的保守派破坏了美国政治的中间支点。

埃里克·沃格林（Eric Voegelin，1901—1985 年）：德裔美国移民，主要在路易斯安那州立大学讲授思想史(1942—1958 年)。沃格林希望通过展示自由主义现代性与早期犹太教和基督教思想家所犯的一个共同错误，来打破自由主义现代性的哲学自满，他称那个共同错误为"诺斯底主义"。沃格林认为"诺斯底主义"是一种普遍的错误，它将对当前社会进行整合的基础思想与某种未来社会的理想化描述混为一谈。在《秩序与历史》(1956—1987 年)的最后章节，现代诺斯底主义以自由主义的形式登场，急功近利地试图在现世兑现基督教启示中的救赎承诺。政治思想包括哲学、神话和宗教启示，没有对这些思想的同情理解，就无法领会真实发生的历史。沃格林认为，诺斯底错误导致人们以社会的理想状态为标准来评判当前社会，他进而从中诊断出现代性常见弊病的病因，那就是：过多的个性和社会的"大众化"，两者共同推动了极权主义的出现。根据他的观点，自由主义者否认人的局限性，进而招致了几乎必然的失败、强烈的失望以及毫无根据地四处寻找替罪羊。

理查德·韦弗（Richard Weaver，1910—1963 年）：北卡罗来纳州出生的美国保守派思想家和学者，《思想的后果》（1948 年）一书的作者。韦弗认为，自由主义现代性的错误在于它放弃了中世纪—古典的世界观，转向另一种世界观：在前者，万事万物皆有其自身的价值，无论人们喜欢与否；在后者，人类为了自己的目的而赋予事物以价值。如果能够摆脱这一错误，那么现代人或许还能重新回归对财产的尊重、对自然的虔诚以及对邻里的应有关怀。尽管《思想的后果》这部特立独行的作品在出版时无人问津，但其所阐释的主题，包括自由主义者缺乏固有的道德、社会需要神圣性、伯克主义是权宜之计而非原则等，被后来的美国右翼广泛接受。韦弗的另一部作品《修辞的伦理学》（1953 年）同样被忽视，这部作品恰当地指出政治演说是传播政治思想的一个主要载体。在《保守主义事业的修辞策略》（1959年）一文中，韦弗为美国右翼提出了一套葛兰西式的反自由主义作战计划：在资金充足的机构和游说团体中培养骨干力量并强化论证。

参　考　文　献

　　为了完成这部关于政治右翼之党派和思想的历史著作,我依赖于思想家和政治家的著作以及学者和记者的解读和评论。我要向他们全体表达谢意。在本书中,我并未逐条列出所提及或引用的文献,但是在这里,我列出了本书六个部分所参考的精选作品列表。这并不是一份学术参考书目,而是作为一种指引,告诉读者这部书是如何写成的,并告诉那些对保守主义感兴趣的读者去哪里可以找到原始资料、历史、生活以及后来的评论。相应地,这个列表仅限于那些出自政治右翼之手或者与政治右翼有关的作品,它们按照出版日期的先后顺序,逐章排列。书籍标题和出版物名称以斜体字标出,文章、演说和小册子的标题则以双引号标出。对于易于变化的网络资源,我给出了下载日期或者下载时的最新状态日期。

综合文献

　　Karl Mannheim, "Das konservative Denken," *Archiv für Sozialwissenschaft und Sozialpolitik* (1927); *Conservatism* (1936); Roberto Michels, "Conservatism," in *Encyclopaedia of the Social Sciences* (1930; 1937); Clinton Rossiter, "Conservatism," in *The International Encyclopedia of the Social Sciences* (1968), ed. Sills and Merton; Russell Kirk, *The Conservative Mind* (1953); Samuel P. Huntington, "Conservatism as an Ideology," *American Political Science Review* (*APSR*) (June 1957); Mathias Greiffenhagen, "Konservativ, Konservatismus," in *Historisches Wörterbuch der Philosophie* (1976), ed. Ritter and Gründer; Anthony Quinton, *The Politics of Imperfection* (1978); Russell Kirk, *The Portable Conservative Reader* (1982); David Kettler, Volker Meja, and Nico Stehr, "Karl Mannheim and Conservatism: The Ancestry of Historical Thinking," *American Sociological Review* (February 1984); Theo Schiller, "Konservatismus," in *Pipers Wörterbuch zur Politik* (1985), ed. Nohlen and Schultze; Robert Nisbet, *Conservatism: Dream and Reality* (1986); Noel O'Sullivan, "Conservatism," in *The Blackwell Encyclopedia of Political Thought* (1987), ed. Miller; Alain Compagnon, *Les cinq paradoxes de la modernité* (1990); *Conservative Texts: An Anthology* (1990), ed. Scruton; Anthony Quinton, "Conservatism," in *A Companion to Contemporary Political Philosophy* (1993), ed. Goodin and Pettit; Stephen Holmes, *The Anatomy of Antiliberalism* (1993); Jeremy Rabkin, "Conservatism," in *The Oxford Companion to Politics of the World* (1993), ed. Krieger; Brian Girvin, *The Right in the Twentieth Century* (1994); *Lexikon des Konservatismus* (1996), ed. Schrenk-Notzing; Michael Freeden, "The Adaptability of Conservatism," Part III of *Ideologies and Political Theory: A Conceptual Approach* (1996); *Conservatism: An Anthology of Social and Political Thought from David Hume to the Present* (1997), ed. Muller; Noel O'Sullivan, "Conservatism"; Steven Lukes (on left and right), "The Grand Dichotomy of the Twentieth Century"; both in *The Cambridge History of Twentieth-Century Political Thought* (2003), ed. Ball and Bellamy; Arthur Aughey, "Conservatism," in *The New Dictionary of the History of Ideas* (2005), ed. Horowitz; John Morrow, "Conservatism, Authority and Tradition," in *Encyclopedia of Nineteenth-Century Thought* (2005), ed. Claeys; Alain Compagnon, *Les Antimodernes de Joseph Maistre à Roland Barthes* (2005); Alexander Moseley, "Political Philosophy: Methodology," *Internet Encyclopedia of Philosophy* (February 2017); Andy Hamilton, "Conservatism," *Stanford Encyclopedia of Philosophy* (*SEP*) *Online* (April 2017); *Le dictionnaire du conservatisme* (2017), ed. Rouvillois, Dard, and Boutin.

法　国

The French Right from Maistre to Maurras (1970), ed. McClelland; Eric Cahm, *Politics and Society in Contemporary France 1789—1971* (1972); Theodore Zeldin, *France 1848—1945* (1973); P. Mazgaj, "The Right," in *Historical Dictionary of The Third French Republic: 1870—1940* (1986), ed. Hutton; *His-*

toire de l'extrême droite en France (1993), ed. Azéma et al.; René Rémond (with Jean-François Sirinelli), *Notre Siècle de 1918 à 1988* (1988); *A Biographical Dictionary of French Political Leaders since 1870* (1990), ed. Bell, Johnson, and Morris; *Histoire des droites en France*: *I. Politique*, *II. Cultures*, *III. Sensibilités* (1992), ed. Sirinelli; Sudhir Hazareesingh, *Political Traditions of Modern France* (1994); *Dictionnaire historique de la vie politique française au XXe siècle* (1995), ed. Sirinelli; Robert Tombs, *France 1814—1914* (1996); Peter Davies, *The Extreme Right in France* (2002); François Huguenin, *Le conservatisme impossible*: *libéraux et réactionnaires en France depuis 1789* (2006); Kevin Passmore, *The Right in France from the Third Republic to Vichy* (2012); *Les grandes textes de la droite* (2017), ed. Franconie; *Dictionnaire de la droite* (2017), ed. Jardin.

英　国

Ian Gilmour, *Inside Right* (1977); Anthony Quinton, *The Politics of Imperfection* (1978); Frank O'Gorman, *British Conservatism*: *Conservative Thought from Burke to Thatcher* (1986); Anthony Seldon, "Conservative Century"; Brian Girvin, "The Comparative and International Context"; Vernon Bogdanor, "The Selection of the Party Leader"; John Barnes, "Ideology and Factions"; John Barnes and Richard Cockett, "The Making of Party Policy"; Kevin Theakston and Geoffrey Fry, "The Party and the Civil Service"; Ken Young, "The Party and Local Government"; Keith Middlemas, "The Party Industry and the City"; Andrew Taylor, "The Party and the Trade Unions"; Robert Waller, "Conservative Electoral Support and Social Class"; John Lovendoski, Pippa Norris, and Catriona Burness, "The Party and Women"; Peter Catterall, "The Party and Religion," all in *Conservative Century* (1994), ed. Seldon and Ball; *Conservative Realism* (1996), ed. Minogue; Bruce Coleman, "Conservatism," in *The Oxford Companion to British History* (1997); E. H. H. Green, *Ideologies of Conservatism* (2002); *The Oxford Companion to Twentieth-Century British Politics* (2002), ed. Ramsden; John Charmley, *A History of Conservative Politics since 1830* (2008); a general online source, though not free, is *The Oxford Dictionary of National Biography Online* (https://www.oxforddnb.com/).

德　国

Reinhold Aris, *History of Political Thought in Germany from 1789 to 1815* (1936); Klaus Epstein, *The Genesis of German Conservatism* (1966); Hans-Jürgen Puhle, "Conservatism in Modern German History," *Journal of Contemporary History* (special issue: "A Century of Conservatism," October 1978); Martin Greiffenhagen, "The Dilemma of Conservatism in Germany," *Journal of Contemporary History* (October 1979); Geoffrey Eley, *Reshaping the German Right* (1980); H. W. Koch, *A Constitutional History of Germany* (1984); H. A. Turner, *German Big Business and the Rise of Hitler* (1985); Jerry Z. Muller, *The Other God That Failed: Hans Freyer and the Deradicalization of German Conservatism* (1987); S. Davis, "German Conservatism," in *A Dictionary of Conservative and Libertarian Thought* (1991), ed. Ashford and Davies; Frederick Beiser, *Enlightenment, Revolution, and Romanticism: The Genesis of Modern German Political Thought* (1992); *Between Reform and Reaction: Studies in the History of German Conservatism from 1789 to 1945* (1993), ed. Jones and Retallack; David Blackbourn, *The Long Nineteenth Century* (1997); Axel Schildt, *Conservatismus in Deutschland* (1998); H. A. Winkler, *Der Lange Weg nach Westen*, *Vol.I: 1789—1933*, *Vol.II: 1933—1990* (2001), trans. Sager, *Germany: The Long Road West*, *Vols.I: 1789—1933*, *Vol.II: 1933—1990* (2006); Beiser, *The German Historicist Tradition* (2011); Oded Heilbronner, "Conservatism," in *Ashgate Research Companion to Imperial Germany* (2015), ed. Jefferies; Gerritt Dworok, "*Historikerstreit*" *und Nationswerdung* (2015); Daniel Ziblatt, *Conservative Parties and the Birth of Democracy* (2017); Matthias Heitmann, "Die Zwillingskrise," *Cicero Online* (February 18, 2018); two excellent free online sources: *German Historical Documents and Images* (*GHDI Online*) at http://germanhistorydocs.ghi-dc.org/, German Historical Institute, Washington DC; *Deutsche Biographie Online* at http://www.deutsche-biographie.de, a joint project of the Historical Commission at the Bavarian Academy of Sciences and Humanities with the Bavarian State Library to update and e-publish the *Allgemeine Deutsche Biographie* and *Neue Deutsche Biographie*.

美　国

Ralph Waldo Emerson, "The Conservative" (lecture, December 9, 1841);

Russell Kirk, *The Conservative Mind* (1953); Clinton Rossiter, *Conservatism in America* (1955; 1962); Richard Hofstadter, *The Paranoid Style in American Politics* (1964); *The Radical Right* (1963), ed. Bell; Peter Steinfels, *The Neoconservatives: The Men Who Are Changing America's Politics* (1979; 2013); Jeffrey Crawford, *Thunder on the Right: The "New Right" and the Politics of Resentment* (1980); E. J. Dionne, *Why Americans Hate Politics* (1991); John Micklethwait and Adrian Wooldridge, *The Right Nation* (2004); *American Conservatism: An Encyclopedia* (2006), ed. Frohnen, Beer, and Nelson; Jacob Heilbrunn, *They Knew They Were Right* (2008); Patrick Allitt: *The Conservatives: Ideas and Personalities Throughout American History* (2009); Julian E. Zelizer, "Rethinking the History of American Conservatism," *Reviews in American History* (June 2010); Corey Robin, *The Reactionary Mind* (2011); Yuval Levin, *The Fractured Republic: Renewing America's Social Contract in the Age of Individualism* (2016); Lily Geismer, *Don't Blame Us: Suburban Liberals and the Transformation of the Democratic Party* (2014); E. J. Dionne *Why the Right Went Wrong* (2016); *American Conservatism: Reclaiming an Intellectual Tradition* (2020), ed. Bacevich; a general online source, though not free, is *American National Biography* (https://www.anb.org/).

保守主义的先驱

MÖSER: "No Promotion According to Merit" (1770); "On the Diminished Disgrace of Whores and Their Children in Our Day" (1772); both in *Conservatism: An Anthology* (1997), ed. Muller; Jerry Z. Muller, *The Mind and the Market: Capitalism in Western Thought* (2002); Frederick Beiser, *The German Historicist Tradition* (2011).

MÜLLER: "Von der Idee des Staates" (1809); "Adam Smith" (1808); both in *Ausgewählte Abhandlungen* (1921), ed. Spann; Hans Reiss, *Politisches Denken in der deutschen Romantik* (1966); James Retallack, *The German Right 1860—1920* (2006).

REHBERG: *Über den deutschen Adel* (1803); "Die französische Revolution der 1789," in *Sämmtliche Schriften* (1831); Hans-Kristoff Klaus, "Rehberg, August Wilhelm," *NDB* (2003), *Deutsche Biographie Online*; Frederick Beiser, "August Wilhelm Rehberg," *Stanford Encyclopedia of Philosophy Online* (Spring 2019).

MAISTRE: *Oeuvres Complètes*, Vols. I—XIV (1884); *Les Carnets du comte*

Joseph de Maistre, *Livre Journal*, *1790—1817* (1923); *The Works of Joseph de Maistre* (1965), ed. Lively; *Joseph de Maistre*: *Oeuvres* (2007), ed. Glaudes; Augustin Sainte-Beuve, "Joseph de Maistre" (1843), in *La Littérature française à 1870* (1927); Charles de Rémusat, "Traditionalisme: Louis de Bonald et Comte de Maistre," *Revue des deux mondes* 9 (1857); Albert Blanc, *Mémoires politiques et correspondance diplomatique de J. de Maistre* (1859); John Morley, "The Champion of Social Regress," in *Critical Miscellanies* (1871; 1886); Emile Faguet, "Joseph de Maistre," in *Politiques et moralistes du dix-neuvième siècle I* (1891); George Cogordan, *Joseph de Maistre* (1894); Peter Richard Rohden, *Joseph de Maistre als politischer Theoretiker* (1929); Elisha Greifer, "Joseph de Maistre and the Reaction against the Eighteenth Century," *APSR* (September 1961); Jack Lively, "Introduction," in *The Works of Joseph de Maistre*, ed. Lively (1965); E. D. Watt, "'Locked In': De Maistre's Critique of French Lockeanism," *Journal of the History of Ideas* (January—March 1971); Stephen Holmes, *The Anatomy of Antiliberalism* (1983); Richard Lebrun, *Joseph de Maistre*: *Intellectual Militant* (1988); Massimo Boffa, "Maistre," in *Dictionnaire Critique de la Révolution Française* (1988); Isaiah Berlin, "Joseph de Maistre and the Origins of Fascism," *New York Review of Books* (*NYRB*) (September 27, October 11, October 25, 1990); Owen Bradley, *A Modern Maistre*: *The Social and Political Thought of Joseph de Maistre* (1999); Philippe Sollers, "Eloge d'un maudit," in *Discours parfait* (2010); Emile Perreau-Saussine, "Why Maistre Became Ultramontane," trans. Lebrun, in *Joseph Maistre and the Legacy of the Enlightenment* (2011), ed. Armenteros and Lebrun; Sollers, "Prodigieux Joseph de Maistre," interview at www.Philippesollers.net (August 2014).

BURKE: *Vindication of Natural Society* (1756); *Philosophical Enquiry into the Origin of Our Ideas of the Sublime and Beautiful* (1757); *Reflections on the Revolution in France* (1790); *Letter to a Noble Lord* (1796); *Letters on a Regicide Peace* (1796); William Hazlitt, "Edmund Burke" in *The Eloquence of the British Senate* (1807); S. T. Coleridge, "On the Grounds of Government," *The Friend*: *A Series of Essays* (October 1809); Thomas Moore, *Literary Chronicle* (November 12, 1825); T. E. Kebbell, *A History of Toryism* (1886); James Shelley, "British 18th-Century Aesthetics," *SEP Online* (December 2008); Iain Hampsher-Monk, "Edmund Burke," in *The Routledge Encyclopedia of Philosophy*, disc version, *REP 1.0* (2001); Michael A. Mosher, "The Skeptic's Burke: Reflections on the Revolution in France, 1790—1990," *Political Theory* (August

1991); Jerry Z. Muller, *The Mind and the Market*(2002); Francis Canavan, SJ, "Foreword," *Reflections on the Revolution in France* (Repr., E. J. Payne ed. [1874—78], 1999), *Online Library of Liberty*; Richard Bourke, *Empire and Revolution: The Political Life of Edmund Burke*(2015); Emily Jones, "Conservatism, Edmund Burke and the Invention of a Political Tradition, c. 1885— 1914," *Historical Journal*(December 2015); Jones, *Edmund Burke and the Invention of a Political Tradition, 1830—1914*(2017).

CHATEAUBRIAND: *Génie du Christianisme*(1802); "De la nouvelle proposition rélative au banissement de Charles X"(1831); *Mémoires d'outre tombe* (1850); Victor-Louis Tapié, *Chateaubriand*(1965); Pierre Manent, *Intellectual History of Liberalism*(1987); trans. Balinski(1994); Jean d'Ormesson, *Album Chateaubriand*(1988); René Clément, *Chateaubriand*(1998); Robert Tombs, review of Clément, *Times Literary Supplement*(*TLS*)(November 27, 1998); Bertrand Aureau, *Chateaubriand*(1998); Jean-Pierre Chalin, *La Restauration* (1998); *Mémoires de Comtesse de Boigne*; Henri Astier, review of Marc Fumaroli, *Chateaubriand: Poésie et Terreur*, *TLS*(March 19, 2004).

GENTZ: *Briefe*, Vol.3(1913), ed. Wittichen and Salzer; *Ausgewählte Schriften V*(1838), ed. Weick; *Tagebücher 1, 1800—1819*(1861); *Revolution und Gleichgewicht*(2010), ed. Hennecke; Robert Owen, *Life of Robert Owen by Himself*(1857); Abraham Hayward, "Friedrich v Gentz," *Edinburgh Review* (January 1863); Paul Reiff, *Friedrich Gentz: An Opponent of the French Revolution and Napoleon*(1912); André Robinet de Cléry, *Un diplomate d'il y a cent ans: Friedrich de Gentz*(1917); Paul Sweet, *Friedrich von Gentz: Defender of the Old Order*(1941); Golo Mann, *Friedrich von Gentz*(1947; 1972); Hubert Rumpel, "Gentz, Friedrich"(1964), *Deutsche Biographie Online*(July 2016); *New Cambridge Modern History IX: War and Peace in an Age of Upheaval, 1793—1830*(1965), ed. Crawley; Harro Zimmermann, *Friedrich Gentz: Die Erfindung der Realpolitik*(2012); Charles Esdaile, *Napoleon's Wars: An International History 1803—1815*(2007); Mark Jarrett, *The Congress of Vienna and Its Legacy*(2013); Waltraud Heindl, *Gehorsame Rebellen: Bürokratie und Beamte in Österreich 1780—1848*(2014); Jonathan Allen Green, "Friedrich Gentz's Translation of Burke's *Reflections*," *Historical Journal*(August 2014).

MADISON: Letter to Jefferson, October 24, 1787, in *Debates on the Constitution*, 2 vols.(1993), ed. Bailyn; *The Federalist Papers*(1788; 1987), ed. Kramnick; *The Diaries and Letters of Gouverneur Morris*(1888), ed. Morris; Philipp

Ziesche, "Exporting American Revolutions: Gouverneur Morris, Thomas Jefferson, and the National Struggle for Universal Rights in Revolutionary France," *Journal of the Early Republic* (Fall 2006); Avishai Margalit, *On Compromise and Rotten Compromises* (2010); Thomas Jefferson, *Diplomatic Correspondence 1784—89* (2016), ed. Woods; Max Mintz, "Gouverneur Morris," *American National Biography Online* (July 2018).

抵抗自由主义（政党与政治家）

法国

Eric Cahm, *Politics and Society in Contemporary France, 1789—1971* (1972); Sirinelli (1992); Sudhir Hazareesingh, *Political Traditions of Modern France* (1994); Robert Tombs, *France 1814—1914* (1996).

英国

PEEL: Tamworth Manifesto (1834); Boyd Hilton, *A Mad, Bad and Dangerous People? England 1783—1846* (2006); John Prest, "Peel, Sir Robert (1788—1850)," in *Oxford Dictionary of National Biography* (*ODNB*) *Online* (July 2016); James Sack, "Ultra Tories (1827—1834)," *ODNB Online* (July 2016).

STANLEY (LORD DERBY): Speech at Glasgow, the "Knowsley Creed" (1834); Angus Hawkins, "Stanley, Edward George Geoffrey Smith, Fourteenth earl of Derby," *ODNB Online* (May 2009); John Charmley, *A History of Conservative Politics since 1830* (2008).

DISRAELI: *Vindication of the English Constitution* (1835); *Coningsby* (1844); *Sybil* (1845); speech, "On the Conservative Programme" (April 1872); speech, "On Conservative and Liberal Principles" (June 1872); Anthony Quinton, *The Politics of Imperfection* (1978); Frank O'Gorman, *British Conservatism: Conservative Thought from Burke to Thatcher* (1986); Jonathan Parry, "Disraeli, Benjamin, Earl of Beaconsfield (1804—1881)," *ODNB Online* (June 2016).

德国

H. W. Koch, *A Constitutional History of Germany* (1984), Axel Schildt, *Conservatismus in Deutschland* (1998); David Blackbourn, *The Long Nineteenth Century* (1997); H. von Petersdorff, "Wagener, Hermann" (1896); Hans-

Joachim Schoeps, "Gerlach, Leo von" and "Gerlach, Ludwig von"(1964);
Günter Richter, "Kleist-Retzow, Hans von"(1979); Helmut Neubach, "Oldenburg-Januschau, Elard von"(1999), all at *Deutsche Biographie Online*.

美国

John Quincy Adams, *The Diaries of John Quincy Adams 1779—1848* (2017), ed. Waldstreicher; Horace Greeley, "Why I am a Whig"(1840); "Yes, more, more, more ...," *Democratic Review*(July—August 1845); Rufus Choate, "The Power of a State Developed by Mental Culture"(1844); "The Position and Functions of the American Bar as an Element of Conservatism in the State" (1845); both in *Addresses and Orations of Rufus Choate*(1883); Daniel Walker Howe, *The Political Culture of the American Whigs*(1979); Mary W. M. Hargreaves, "Adams, John Quincy," *American National Biography*(*ANB*) *Online* (December 1999); *The Conservative Press in Eighteenth- and Nineteenth-Century America*(1999), ed. Lora and Langton; Walter Russell Mead, "The Jacksonian Tradition"(1999), *National Interest*(Fall—Winter 1999); Maurice G. Baxter, "Daniel Webster," *ANB Online*(December 1999); Robert V. Remini, "Henry Clay," *ANB Online*(February 2000).

抵抗自由主义(思想与思想家)

CALHOUN: *Disquisition on Government*(posth.); *Discourse on Government* (posth.); Senate speeches, "On Anti-Slavery Petitions"(1837); "On Compromise Resolution"(1850); both in *American Speeches*(2006), ed. Wilmer; *The Essential Calhoun*(1992), ed. Wilson; Gunnar Hecksher, "Calhoun's Idea of 'Concurrent Majority' and the Constitutional Theory of Hegel," *APSR*(August 1939); Richard Hofstadter, "The Marx of the Master Class," in *The American Political Tradition*(1948); Russell Kirk, "Southern Conservatism: Randolph and Calhoun," in *The Conservative Mind*(1953); George Kateb, "The Majority Principle: Calhoun and His Antecedents," *Political Science Quarterly*(December 1969); Pauline Maier, "The Road Not Taken: John C. Calhoun and the Revolutionary Tradition in South Carolina," *South Carolina Historical Magazine*(January 1981); Lacy K. Ford, "Recovering the Republic: Calhoun, Southern Carolina, and the Concurrent Majority," *South Carolina Historical Magazine*(July 1988); Robert Herzberg, "The Relevance of John C. Calhoun's Theory for Institutional Design," *Journal of Politics*(September 1992); Warren Brown, *John C. Calhoun*(1993); Lacy K. Ford, "John Calhoun," in *Companion to American Thought*(1995), ed. Fox and Kloppenberg; Zoltan Vajda, "John C. Calhoun's Republicanism Revisited," *Rhetoric and Public Affairs*(Fall 2001); W. Kirk Wood, "Calhoun, John C.," in *American Conservatism: An Encyclopedia* (2006), ed. Frohen, Beer, and Nelson; Christian Esh, "The Rights of Unjust Minorities," review of James H. Read, *Majority Rule versus Consensus, The Political Thought of John C. Calhoun*(2009), *Review of Politics*(Spring 2010); Vajda, "Complicated Sympathies: John C. Calhoun's Sentimental Union and the South," *South Carolina Historical Magazine*(July 2013); John Niven, "Calhoun, John C.," *ANB Online*(April 2015).

STAHL: Speech to Evangelical Association(1852); *Der Protestantismus als politische Prinzip*(1853); *Die gegenwärtigen Parteien in Staat und Kirche*(1863); Ernst Landsberg, "Stahl, Friedrich Julius," *Allgemeine Deutsche Biographie* (1893); Hans-Jürgen Puhle, "Conservatism in Modern German History," *Journal of Contemporary History*(October 1978); Rudolf Vierhaus, "Konservativ, konservatismus," in *Geschichtliche Grundbegriffe III*(1982), ed. Brunner et al.; Michael Stolleis, *Public Law in Germany 1800—1914* (2001); Johann Baptist Müller, "Der politische professor der Konservativen: Friedrich Julius Stahl (1802—61)," in *Konservativer Politiker in Deutschland*(1995), ed. Kraus; Axel Schildt, *Konservatismus in Deutschland* (1998); James Retallack, *The German Right 1860—1920: The Political Limits of the Authoritarian Imagination*(2006).

LAMENNAIS: Émile Faguet, "Lamennais," *Revue des Deux Mondes* (April 1897); Waldemar Gurian, "Lamennais," *Review of Politics*(April 1947); Robert Nisbet, "The Politics of Social Pluralism: Some Reflections on Lamennais," *Journal of Politics*(November 1948); C. B. Hastings, "Hugues-Félicité Robert de Lamennais: A Catholic Pioneer of Religious Liberty," *Journal of Church and State*(Spring 1988); David Nicholls, "Scepticism and Sovereignty: The Significance of Lamennais, I and II," *New Blackfriars*(April—May 1996).

KETTELER: *Die Arbeiterfrage und das Christentum* (1864), *The Labour Question and Christianity*, extracts on *GHDI Online*; J. E. Le Rossignol, review of Eduard Rosenbaum, *Ferdinand Lassalle*(1911), and Johannes Mundwiler, *Bischof von Ketteler als Vorkämpfer der christliche Sozialreform*(June 1912); Edward C. Bock, "Wilhelm Emmanuel von Ketteler: His Social and Political Philosophy"(Ph.D. diss., 1967); Erwin Iserloh, "Ketteler, Wilhelm Emmanuel

Freiherr von," *Deutsche Biographie Online*(1977); Jonathan Sperber, "The Shaping of Political Catholicism in the Ruhr Basin, 1848—1881," *Central European History*(December 1983); Margaret Lavinia Anderson, "Piety and Politics: Recent Work on German Catholicism," *Journal of Modern History*(1991).

NEWMAN: *Development of Christian Doctrine*(1845); *Idea of a University* (1853); *Apologia pro vita sua*(1864); *The Grammar of Assent*(1870); "The Religion of the Day," in *Parochial and Plain Sermons*(1896); Lytton Strachey, *Eminent Victorians*(1918); Owen Chadwick, *Newman*(1983); Eamonn Duffy, "A Hero of the Church," *NYRB*(December 23, 2010); Anthony Kenny, "Cardinal of Conscience," *TLS*(July 30, 2010).

BROWNSON: "The Laboring Classes," *Boston Quarterly Review*(July 1840); *The Spirit-Rapper, An Autobiography*(1854); *The American Republic*(1865); *Literary, Scientific and Political Views of Orestes A. Brownson* (1893), ed. Brownson; *Watchwords*(1910); Arthur Schlesinger Jr., *Orestes A. Brownson: A Pilgrim's Progress* (1939); David Hoeveler, "Brownson, Orestes Augustus," *ANB Online*(February 2000).

HODGE: *The Way of Life*(1841), ed. Noll(1987); "A Discourse on the Re-Opening of the Chapel"(September 27, 1874); *Index to Systematic Theology* (1877); A. A. Hodge, *The Life of Charles Hodge*(1880).

COLERIDGE: *Coleridge* (1933; 1962), ed. Potter; *The Works of Coleridge* (1985), ed. Jackson; *Coleridge's Notebooks: A Selection 1798—1820*(2002), ed. Perry; J. H. Muirhead, *Coleridge as Philosopher*(1930); Paul Deschamps, *Formation de la pensée de Coleridge, 1772—1804* (1964); Michael Moran, "Coleridge," in *Encyclopedia of Philosophy*(1966), ed. Edwards; R. W. Harris, *Romanticism and the Social Order*(1969); Owen Barfield, *What Coleridge Thought* (1972); Anthony Quinton, "Against the Revolution: Burke, Coleridge, Newman," in *The Politics of Imperfection*(1978); Marilyn Butler, *Romantics, Rebels and Reactionaries: English Literature and its Background, 1760—1830* (1982); Richard Holmes, *Coleridge: Early Visions* (1989); John Morrow, *Coleridge's Political Thought*(1990); Julia Stapleton, "Political Thought, Elites and the State in Modern Britain," *Historical Journal* (March 1999); John Skorupski, "Between Hume and Mill: Reid, Bentham and Coleridge," in *English-Language Philosophy, 1750—1945*(1993); Mary Anne Perkins, "Coleridge, Samuel Taylor(1772—1834)," *REP 1.0* (2001); *Coleridge: Darker Reflections* (1998); Richard Holmes, "The Passionate Partnership," review of Adam Sisman, *The Friendship*(2006), *NYRB*(April 12, 2007); Pamela Clemit, "So Immethodical," review of Coleridge, *Biographia Literaria*, ed. Roberts, *TLS*(May 22, 2015); John Beer, "Coleridge, Samuel Taylor(1772—1834); Poet, Critic and Philosopher," *ODNB Online*(January 2017).

STEPHEN: *Liberty, Equality, Fraternity*(1873), ed. and intro. White(1967); Anthony Quinton, on Stephen, in *The Politics of Imperfection*(1978); K. J. M. Smith, *James Fitzjames Stephen: Portrait of a Victorian Rationalist*(1988); Le Play, cited in Compagnon(2005); Smith, "James Fitzjames Stephen," *ODNB Online*(June 2012).

GIERKE: *Political Theories of the Middle Ages*(1900), trans. and intro. Maitland; "Der germanische Staatsgedanke"(1919), "L'idée germanique de l'état," trans. Argyriadis-Kervegan, in *Revue Française d'Histoire des Idées Politiques* 23(2006); *Community in Historical Perspective: A Translation of Selections from "Das deutsche Genossenschaftsrecht"*(1990), trans. Fischer, intro. and ed. Black; Michael F. John, "The Politics of Legal Unity in Germany, 1870—1896," *Historical Journal*(June 1985); Michael Stolleis, *Public Law in Germany, 1800—1914*(1994).

BRADLEY: *Ethical Studies*(1876; 1927); *Appearance and Reality*(2nd ed., 1930); Richard Wollheim, *F. H. Bradley*(1959); Guy Stock, "Bradley, Francis Herbert," *ODNB Online*(September 2004); Terence Irwin, *The Development of Ethics, Vol. III: From Kant to Rawls*(2009); Stewart Candlish, "Francis Herbert Bradley," *SEP Online*(February 2015).

适应与妥协(政党与政治家)

法国

Historical Dictionary of The Third French Republic: 1870—1940(1986), ed. Hutton; *Biographical Dictionary of French Political Leaders since 1870*(1990), ed. Bell, Johnson, and Morris; Julian Jackson, *France: The Dark Years, 1940—1944*(2001); Tardieu, in *Les grandes textes de la droite*(2017), ed. Franconie(2017).

英国

SALISBURY: Michael Pinto-Duschinsky, *The Political Thought of Lord Salis-*

bury, 1854—1868 (1967)；Anthony Quinton, *The Politics of Imperfection* (1978)；Frank O'Gorman, *British Conservatism：Conservative Thought from Burke to Thatcher* (1986)；Paul Smith, "Cecil, Robert Arthur Talbot Gascoyne-, Third Marquess of Salisbury (1830—1903)," *ODNB Online* (June 2016)；and John Greville, "Robert Arthur Talbot Gascoyne-Cecil, 3rd Marquess of Salisbury," *Encyclopedia Britannica Online*；Hugh Cecil, *Conservatism* (1912)；Keith Feiling, *Toryism* (1913).

BALDWIN：*On England* (1925)；Frank O'Gorman, *British Conservatism：Conservative Thought from Burke to Thatcher* (1986)；John Charmley, *A History of Conservative Politics from 1830* (2008)；Stuart Ball, "Baldwin, Stanley, First Earl Baldwin of Bawdley (1867—1947)," *ODNB Online* (July 2016)；Anthony Ludovici, *A Defence of Conservatism* (1927)；Robert Boothby et al., *Industry and the State：A Conservative View* (1927)；Macmillan, *The Middle Way* (1938).

CHURCHILL：Paul Addison, "Churchill, Sir Winston Leonard Spencer (1874—1965)," *ODNB Online* (July 2016).

德国

Theodor Barth, "On the need for left-liberal opposition to Bismarck" (June 26, 1886), on *GHDI Online*；Otto von Bismarck, *Gedanken und Errinerungen* (1898；1919)；James Joll, "Prussia and the German Problem, 1830—66," in *The New Cambridge Modern History, Vol.X：Zenith of European Power* (1960)；Lothar Gall et al., *Bismarck：Preussen, Deutschland und Europa* (1990)；Henry Kissinger, *Diplomacy* (1994)；Edgar Feuchtwanger, *Bismarck* (2002)；Jonathan Steinberg, *Bismarck* (2011)；Friedrich Freiherr Hiller von Gaertringen, "Helldorff, Otto von" (1969)；Klaus-Peter Hoepke, "Hugenberg, Alfred" (1974)；Hans-Günther Richter, "Kardorff, Wilhelm von" (1977)；Alf Christophersen, "Stoecker, Adolf" (2013), all at *Deutsche Biographie Online*；*Fascists and Conservatives：The Radical Right and the Establishment in Twentieth-Century Europe* (1990), ed. Blinkhorn.

美国

Hugh Brogan, *The Penguin History of the United States* (1985；1999)；David Kennedy, *Freedom from Fear：The American People in Depression and War, 1929—45* (1999)；relevant entries from *The Oxford Companion to United States History* (2001), ed. Boyer；Andrew Carnegie, "Wealth" (June 1889)；Carnegie,

Autobiography(posth., 1920); Richard Lowitt, "Cannon, Joseph"; Paul Kens, "Field, Stephen"; Donald A. Ritchie, "Hanna, Marcus Alonzo"; all at *ANB Online*(December 1999); Kim Phillips-Fein, *Invisible Hands: The Businessmen's Crusade against the New Deal*(2009).

适应与妥协(思想与思想家)

MALLOCK, *The New Republic*(1877); *Is Life Worth Living?* (1879); *Labour and the Popular Welfare*(1893); *Aristocracy and Evolution: A Study of the Rights, the Origin, and the Social Functions of the Wealthier Classes*(1898); *Memoirs of Life and Literature*(1920); Robert Eccleshall, *English Conservatism since the Restoration: An Introduction and Anthology*(1990); *Conservatism: An Anthology*, ed. Muller(1997).

SUMNER, *What the Classes Owe Each Other*(1883); "Sociological Fallacies"; "An Examination of a Noble Sentiment"(1887), extracts; both in *Conservatism*, ed. Muller(1997); *Folkways*(1906); J. H. Abraham, *The Origin and Growth of Sociology*(1973); Bruce Curtis, *William Graham Sumner*(1981); *Conservatism*, ed. Muller(1997); Mike Hawkins, *Social Darwinism in European and American Thought, 1860—1945*(1997).

SCHUMPETER, "The Sociology of Imperialisms"(1918); *Capitalism, Socialism and Democracy*(1942); "Introduction," Thomas McCraw(1975); McCraw, "Schumpeter Ascending," *American Scholar*(Summer 1991); Jerry Z. Muller, "Joseph Schumpeter," in *Conservatism*, ed. Muller(1997); Mark Thornton, "Schumpeter, Joseph Alois Julius," *ANB Online*(2000).

TREITSCHKE, "Freedom"(1861), in *Heinrich von Treitschke: His Life and Works*(1914), ed. Hausrath; "Socialism and Its Patrons"(1874); "A Word about Our Jews"(1880); both in *GDHI Online*; Herman von Petersdorff, "Treitschke, Heinrich," *ADB*(1910); Hausrath, "The Life of Treitschke," in *Heinrich von Treitschke*(1914), ed. Hausrath; Pierre Nora, "Ernest Lavisse: Son rôle dans la formation du sentiment national," *Revue Historique*(1962); Andreas Dorpalen, "Heinrich von Treitschke"; P. M. Kennedy, "The Decline of Nationalistic History," both in *Historians in Politics*(1974), ed. Lacqueur and Mosse; Jens Nordalm, "Der gegängelte Held: 'Heroenkult' im 19. Jahrhundert am Beispiel Thomas Carlyles und Heinrich von Treitschkes," *Historische Zeitschrift* (June 2003); *Deutsche Erinnerungsorte, Vols.I, II, and III*(2001), ed. François and

Schulze; George Y. Kohler, "German Spirit and Holy Ghost: Treitschke's Call for Conversion of German Jewry; The Debate Revisited," *Modern Judaism* (May 2010); John Bew, *Realpolitik: A History*(2016).

LE BON, *La Psychologie des foules*(1895), trans. Fisher, *The Crowd*(1896); Robert A. Nye, *The Origins of Crowd Psychology: Gustave Le Bon and the Crisis of Mass Democracy in the Third Republic* (1975); Susanna Barrows, *Distorting Mirrors: Visions of the Crowd in Late Nineteeth-Century France* (1981); Cathérine Rouvier, *Gustave Le Bon* (1986); J. S. McClelland, *The Crowd and the Mob: From Plato to Canetti* (1989); Raymond Queneau, *Gustave Le Bon* (Posth., 1990); Jaap van Ginneken, *Crowds, Psychology and Politics: 1871— 99* (1992); Benoit Marpeau, *Gustave le Bon: Parcours d'un intellectuel, 1841— 1931* (2000) James Surowiecki, *The Wisdom of Crowds* (2004); Detmar Klein, "Le Bon, Gustave (1841—1931)," in *Encyclopedia of Nineteenth Century Thought* (2005), ed. Claeys.

DU CAMP, *Convulsions de Paris*(1878—80).

ADAMS, *Democracy, An American Novel* (1880); *The Education of Henry Adams*(1918).

MENCKEN, "*What I Believe*," *Forum*(September 1930); *The Vintage Mencken*(1990), ed. Cooke; *Prejudices*(2010).

SOREL, *Réflexions sur la violence*(1906; 1908), trans. Hulme, *Reflections on Violence*, ed. Jennings(1999); *Les Illusions du progrès*(1908).

SPENGLER, *Preussentum und Sozialismus*(1919); *Der Untergang des Abendlandes*(1918; 1922), trans. Atkinson, *Decline of the West*(1926; 1928); Detlev Felken, "Spengler, Oswald Arnold Gottfried," *Deutsche Biographie Online* (2010).

MOELLER, *Der Preußischer Stil* (1916); *Das dritte Reich* (1923); Fritz Stern, *The Politics of Cultural Despair* (1961); J. B. Müller, "Liberaler und autoritärer Konservatismus," *Archiv für Begriffsgeschichte*(1985); Klemens von Klemperer, "Moeller van den Bruck," *Deutsche Biographie Online*(1994).

JÜNGER, *Ernst Jünger In Stahlgewittern*, (1920), trans. Hofmann, *Storm of Steel*(2003); *In Stahlgewittern: Historische-kritische Ausgabe* (2013), ed. Kiesel; *Der Arbeiter*(1932); *Auf den Marmorklippen*(1939), trans. Hood, *On the Marble Cliffs* (1939), intro., George Steiner; *Strahlungen I and II* (1988); *A German Officer in Occupied Paris: War Journals 1941—45*, trans. Hansen and Hansen(2018); J. P. Stern, *Ernst Jünger: A Writer of Our Time* (1953); Paul

Fussell, *The Great War and Modern Memory*(1975); Karlheinz Bohrer, *Die Aesthetik des Schreckens: Die pessimistische Romantik und Ernst Jüngers Frühwerk* (1978); Bruce Chatwin, "An Aesthete at War," *NYRB*(March 5, 1981); *Ernst Jünger: Leben und Werk in Bildern und Texten*(1988), ed. Schwik; George L. Mosse, *Fallen Soldiers: Reshaping the Memory of the World Wars*(1990); Ian Buruma, "The Anarch at Twilight," *NYRB*(June 24, 1993); Nicolaus Sombart, "Der Dandy in Forsthaus," *Tagesspiegel*(March 29, 1995); Thomas Nevin, *Ernst Jünger and Germany: Into the Abyss, 1914—45*(1997); Paul Noack, *Ernst Jünger: eine Biographie*(1998); Helmuth Kiesel, *Ernst Jünger, Die Biographie*(2007); *No Man's Land: Writings from a World at War*(2014), ed. Ayrton; Elliot A. Neaman, "Ernst Jünger and *Storms of Steel*," in *Key Thinkers of the Radical Right: Behind the New Threat to Liberal Democracy*(2019), ed. Sedgwick.

DRIEU LA ROCHELLE, *Socialisme Fasciste*(1934); *Le feu follet*(1931); *Gilles* (1939).

SOUTHERN AGRARIANS, *I'll Take My Stand The South and the Agrarian Tradition*(1930); Paul Murphy, *The Rebuke of History: The Southern Agrarians and American Conservative Thought*(2001).

ELIOT, *The Sacred Wood*(1920); "The Humanism of Irving Babbitt" (1928), in *Selected Essays*(1917—32); *The Use of Poetry and Use of Criticism* (1933); *After Strange Gods*(1934); *The Idea of a Christian Society*(1939); *What Is a Classic?*(1954); *Notes towards the Definition of Culture*(1948); *Selected Essays*(1951); *On Poetry and Poets*(1957); *Knowledge and Experience in the Philosophy of F. H. Bradley*(1964); Roger Kojecky, *T. S. Eliot's Social Criticism*(1971); Craig Raine, *In Defence of T. S. Eliot*(2000).

SCHMITT, *Politische Romantik*(1919); *Die Diktatur*(1921); *Politische Theologie*(1922; 1934), trans. Schwab, *Political Theology*(1985); *Parliamentarisms* (1923); *Der Begriff des Politischen*(1927; 1933; 1971); *Verfassungslehre* (1927); *Legalität und Legitimät*(1932), trans. Seitzer, *Legality and Legitimacy* (2004); "Der Führer schützt das Recht"(1934); "Das Judentum in der Rechtswissenschaft"(1937); Leo Strauss, "Anmerkungen zu Carl Schmitts *Der Begriff des Politischen*," *Archiv für Sozialwissenschaft und Sozialpolitik*(August— September 1932); Joseph Bendersky, *Carl Schmitt: Theorist for the Reich* (1983); Paul Noack, *Carl Schmitt: Eine Biographie*(1993); Heinrich Meier, *Carl Schmitt and Leo Strauss: The Hidden Dialogue*(1995); Mark Lilla, "The

Enemy of Liberalism," *NYRB*(May 15, 1997); Jan-Werner Mueller, *A Dangerous Mind: Carl Schmitt in Post-War European Thought*(2003); Reinhard Mehring, *Carl Schmitt: Aufstieg und Fall*(2009); Lars Vinx, "Carl Schmitt," *SEP Online*(July 2019).

MAURRAS, "La vision du moi de Maurice Barrès"(1891); *Trois idées politiques: Chateaubriand, Michelet, Sainte-Beuve*(1898; 1912); *Mes idées politiques*(1937), ed. Chardon; extracts, in McClelland(1970); Ernst Nolte, *Der Faschismus in seiner Epoche*(1963), trans. Vennewitz, *Three Faces of Fascism*(1966); Zeev Sternhell, *Ni droite, ni gauche: L'Idéologie fasciste en France*(1983), trans. Maisel, *Neither Right nor Left: Fascist Ideology in France*(1986); Robert Paxton, *The Anatomy of Fascism*(2004); John Rogister, review of Stéphane Giocantis, *Maurras: le chaos et l'ordre*(2007), *TLS*(September 21, 2007); Jeremy Jennings, *Revolution and the Republic: A History of Political Thought in France since the Eighteenth Century*(2011).

政治掌控与思想复苏(政党与政治家)

法国

Antoine Pinay, *Un Français comme les autres: Entretiens*(1984); Charles de Gaulle: *Le Fil de l'épée*(1932); *Vers l'armée de métier*(1934); *Mémoires de Guerre*(1954—59; 2000); *Lettres, notes et carnets: Juin 1951—Mai 1958*(1985), *Juin 1958—Décembre 1960*(1985), *Juillet 1966—Avril 1969*(1987); *Mémoires d'espoir*(1970); Charles Péguy, *Notre patrie*(1905); Jean-François Revel, *Le style du Général*(1959); Pierre Viansson-Ponté, *Histoire de la République Gaullienne: May 1958—April 1969*(1971); Eric Cahm, *Politics and Society in Contemporary France, 1789—1971*(1972); Jean Lacouture, *De Gaulle I: Le Rebelle*(1984), *II: Le Politique*(1985), *III: Le Souverain*(1986); Brian Bond and Martin Alexander, "Liddell Hart and de Gaulle: The Doctrines of Limited Liability and Mobile Defence," in *The Makers of Modern Strategy*(1986), ed. Paret; Vincent Wright, *The Government and Politics of Modern France*(1978; 1989); Régis Debray, *A demain, De Gaulle*(1990); Sudhir Hazareesingh, *Political Traditions in Modern France*(1994); Robert A. Dougherty, "The Illusion of Security: France 1919—40," in *The Making of Modern Strategy*(1994), ed. Murray, Knox, and Bernstein; Eric Roussel, *Charles de Gaulle*(2002); Julian Jackson, *De Gaulle: Life and Times*(2003); John Lewis Gaddis, *The Cold War*

(2005); *Dictionnaire de Gaulle* (2006), ed. Andrieu, Braud, and Piketty; Jonathan Fenby, *The General: Charles de Gaulle and the France He Saved* (2010); Hazareesingh, *In the Shadow of the General* (2012); William Nester, *De Gaulle's Legacy* (2014); Julian Jackson, *A Certain Idea of France: The Life of Charles De Gaulle* (2018).

英国

Margaret Thatcher, *Margaret Thatcher: The Downing Street Years* (1993); Raphael Samuel, "Mrs Thatcher's Return to Victorian Values," British Academy lecture (1990); David Cannadine, "Thatcher, Margaret," *ODNB Online* (January 2017).

德国

Axel Schildt, *Conservatismus in Deutschland* (1998); Horst Teltschik, *329 Tage* (1991); "Not as Grimm as It Looks: A Survey of Germany," *Economist* (May 23, 1992).

美国

James T. Patterson, *Grand Expectations: The United States 1945—74* (1996); Richard Reeves, *President Reagan: The Triumph of Imagination* (2005).

政治掌控与思想复苏（思想与思想家）

POWELL, *Still to Decide Speeches 1969—71* (1972); T. E. Utley, *Enoch Powell: The Man and His Thinking* (1968); Humphrey Berkeley, *The Odyssey of Enoch Powell* (1977); Ian Gilmour, *Inside Right* (1977); Maurice Cowling, *Religion and Public Doctrine in Modern England I* (1980); Patrick Cosgrave, *The Lives of Enoch Powell* (1989); Simon Heffer, *Like the Roman: The Life of Enoch Powell* (1998); "Powell, (John) Enoch (1912—1998)," *ODNB Online*; *Enoch at 100* (2012), ed. Howard; Camilla Schofield, *Enoch Powell and the Making of Post-Colonial Britain* (2013).

GEHLEN, *Der Mensch: Seine Natur und seine Stellung in der Welt* (1940); *Man in the Age of Technology* (1983), trans. Lipscomb; *Man: His Nature and Place in the World* (1988), trans. McMillan and Pillemer, intro. Karl-Siegbert

Rehberg; "On Culture, Nature and Naturalness"(1958); "Man and Institutions" (1960); both in *Conservatism*, ed. Muller(1997); *Moral und Hypermoral: Ein pluralistische Ethik*(1969); Jürgen Habermas, review of Gehlen, *Urmensch und Spätkultur*(1956), in *Philosophische-politische Profile*(1971); Manfred Stanley, review of Gehlen, *Man*(1983), *American Journal of Sociology*(January 1983); Jerry Z. Muller, *The Other God That Failed: Hans Freyer and the Deradicalization of German Conservatism*(1987); Karlheinz Weißmann, "Gehlen, Arnold," in *Lexikon des Konservatismus*(1996).

WEAVER, *Ideas Have Consequences* (1948); *Ethics of Rhetoric* (1953); "Rhetorical Strategies of the Conservative Cause"(1959), talk to the Intercollegiate Society of Individualists at Madison, Wisconsin(April 26, 1959), cited in Richard L. Johannesen, "A Reconsideration of Richard M. Weaver's Platonic Idealism," *Rhetoric Society Quarterly*(Spring 1991).

VOEGELIN, *Uber die Form des amerikanischen Geistes*(1928), trans. Hein, *On the Form of the American Mind* (1995); *Die Rassenidee in der Geistesgeschichte*(1933); *Der autoritäre Staat: Ein Versuch über das österreichische Staatsproblem*(1936), trans. Weiss, *The Authoritarian State: An Essay on the Problem of the Austrian State* (1999); *Die Politische Religionen* (1938), trans. Schildhauer, *The Political Religions*(2000); *The New Science of Politics*(1952); *History of Political Ideas*, Vols.I—VIII (1939—54; posth. publ.); *Anamnesis* (1966), trans. Niemeyer (1978); *Autobiographical Reflections* (transcription 1973; publ. 1989); H. M. Höpfl, "Voegelin, Eric," in *REP 1.0*(2001); Michael Federici, *Eric Voegelin*(2002); *Robert B. Heilman and Eric Voegelin: A Friendship in Letters 1944—84*(2004), ed. Embry; Mark Lilla, "Mr Casaubon in America," *NYRB*(June 28, 2007).

MACINTYRE, *A Short History of Ethics*(1966); *After Virtue*(1981); *Whose Justice, Which Rationality?* (1988); *Three Rival Versions of Moral Enquiry* (1990); "Politics, Philosophy and the Common Good"; "Interview with Giovanna Boradori"; both in *The MacIntyre Reader* (1998), ed. Knight; *After MacIntyre*(1994), ed. Mendus and Horton; Thomas Nagel, "MacIntyre versus the Enlightenment," review of MacIntyre, *Whose Justice, Which Rationality*, *TLS*(July 8, 1988); Alan Ryan, review of MacIntyre, *Three Rival Versions*, *New Statesman*(August 17, 1990).

BUCKLEY, *God and Man at Yale: The Superstitions of "Academic Freedom"* (1951); *Up from Liberalism*(1957); "Publisher's Statement"(November 1955);

"Why the South Must Prevail"(August 1957); "The Question of Robert Welch" (February 1962); all in *National Review*; Niels Bjerre-Poulsen, *Right Face: Organizing the American Conservative Movement 1945—65*(2002); Jeffrey Hart, *The Making of the American Conservative Mind*(2005); George Will, interview with Buckley, ABC News, October 9, 2005; John Judis, *William F. Buckley Jr: Patron Saint of the Conservatives*(1988); Carl T. Bogus, *Buckley*(2011).

BURNHAM, "Science and Style: A Reply to Comrade Trotsky"(February 1940); *The Managerial Revolution*(1941); *The New Machiavellians: Defenders of Freedom*(1943); "Lenin's Heir," *Partisan Review*(Winter 1945); *The Struggle for the World*(1947); *The Coming Defeat of Communism*(1950); *Containment or Liberation?*(1953); *Web of Subversion*(1954); *Suicide of the West* (1964); John Diggins, "Four Theories in Search of a Reality: James Burnham, Soviet Communism and the Cold War," *APSR*(June 1976); Kevin Smant, "James Burnham," *ANB Online*(January 2017).

KENDALL, *John Locke and the Doctrine of Majority Rule*(1959); "The Open Society and Its Fallacies," *APSR*(December 1960); *The Conservative Affirmation in America*(1963); *Willmoore Kendall Contra Mundum*(posth., 1971), ed. Kendall; Saul Bellow, "Mosby's Memoirs"(1968); John P. East, "The Political Thought of Willmoore Kendall," *Political Science Reviewer*(Fall 1973); George H. Nash, "Willmoore Kendall: Iconoclast," *Modern Age*(Spring 1975); *Willmoore Kendall: Maverick of American Conservatives*(2002), ed. Alvis and Murley; George Carey, "Kendall, Willmoore(1909—67), in *American Conservatism: An Encyclopedia*(2006); William D. Pederson, "Willmoore Kendall," *ANB Online*.

ON AMERICAN NEOCONSERVATISM, Peter Steinfels, *The Neoconservatives: The Men Who Are Changing America's Politics*(1979; 2013); Jürgen Habermas, "Neoconservative Culture Criticism in the United States and West Germany: An Intellectual Movement in Two Political Cultures," *Telos 56*(1983); Francis Fukuyama, "After Neoconservatism," *New York Times*(February 19, 2006); Jacob Heilbrunn, *They Knew They Were Right*(2008); Justin Vaïsse, *Histoire du néo-conservatisme aux Etats Unis: Le Triomphe de l'idéologie*(2008), trans. Goldhammer, *Neoconservatism: The Biography of a Movement*(2011).

AMERICAN NEOCONSERVATIVE AUTHORS, Irving Kristol: *Two Cheers for Capitalism*(1978); *Neo-conservatism: The Autobiography of an Idea*(1995); "American Conservatism," *Public Interest*(Fall 1995); Norman Podhoretz: "My Negro

Problem and Ours" (1963); *Making It* (1967); *Breaking Ranks: A Political Memoir* (1979); *The Present Danger: Do We Have the Will to Reverse the Decline of American Power?* (1980); *Ex-Friends* (1999); "Why Are Jews Liberals?" (2009); Daniel Bell: *The End of Ideology* (1960); "The Dispossessed" (1962), in *The Radical Right* (2nd ed., 1963), ed. Bell; "Unstable America," *Encounter* (June 1970); *The Cultural Contradictions of Capitalism* (1976).

超自由主义与硬右翼（政党与政治家）

C. Vann Woodward, "Pennies from Heaven," review of Alan Brinkley, *Voices of Protest* (1982), *NYRB* (September 23, 1982); Keith Thomas, "Inventing the People," *NYRB* (November 24, 1988); *Histoire de l'extrême droite en France* (1993), ed. Winock; Walter Russell Mead, "The Jacksonian Tradition," *National Interest* (Winter 1999—2000); Peter Davies, *The Extreme Right in France, 1789 to the Present* (2002); Thilo Sarrazin, *Deutschland schafft sich ab* (Germany is destroying itself) (2010); Eric Zemmour, *Le Suicide français* (2014); Marc Jongen, "The Fairytale of the Ghost of the AfD," *Cicero Online* (January 22, 2014); Jan-Werner Mueller, *What Is Populism?* (2016); "Le Front National," *Pouvoirs* (2016); George H. Nash, "American Conservatism and the Problem of Populism," *New Criterion* (September 2016); Hajo Funke, *Von Wutbürgern und Brandstifien: AfD, Pegida, Gewaltnetze* (2016); "The Power of Populism" issue of *Foreign Affairs* (November—December 2016); Alan Brinkley, "Coughlin, Charles Edward," and "Long, Huey Pierce," *ANB Online* (March 2017); Martin Wolf, "The Economic Origins of the Populist Surge," *Financial Times* (June 28, 2017); George Hawley, "The European Roots of the Alt-Right," *Foreign Affairs* (October 27, 2017); Frédéric Brahami, "Quel peuple?," review of Gérard Bras, *Les voies du peuple: Éléments d'une histoire, Vie des idées* (October 2018); Cas Mudde, "How Populism Became the Concept That Defines Our Age," *Guardian* (November 22, 2018); Jascha Mounk and Jordan Kyle, "What Populists Do to Democracies," *Atlantic* (December 26, 2018); *The Oxford Handbook of the Radical Right* (2018), ed. Rydgren; Gérard Courtois, "La fracture démocratique"; Cathérine Tricot, "Les categories populaires se révèlent profondément fragmentées"; Charles Zarka, "Pour une consultation de mi-mandat"; all in *Le Monde* (January 3, 2019); Lucie Soullier, "Marion Maréchal, les mots de l'extrémisme"; Tal Bruttman, "Chez Eric Zemmour, la 'lutte des races' tient lieu de programme politique," both in *Le Monde* (October 2, 2019); *Key Thinkers of the Radical Right: Behind the New Threat to Liberal Democracy* (2019), ed. Sedgwick.

超自由主义与硬右翼（思想与思想家）

Taguieff, *Résister au bougisme: Démocratie forte contre mondialisation-marchande* (2000).

BUCHANAN, *Right from the Beginning* (1988); *Death of the West: How Dying Populations and Immigrant Invasions Imperil Our Culture and Civilization* (2001); *Where the Right Went Wrong: How Neoconservatives Subverted the Reagan Presidency and Hijacked the Bush Administration* (2004); Tim Alberta, "The Ideas Made It, But I Didn't," *Politico* (May—June 2017); Paul Gottfried, *Conservatism in America* (2007); E. Christian Kopff: Buchanan, *American Conservatism: An Encyclopedia*.

BANNON, "Remarks to Vatican Conference on Poverty" (Summer 2014), *Buzzfeed News Online*; "How 2008 Planted the Seed for the Trump Presidency," Bannon interview with Noah Kulwin, *New York Magazine Online* (August 6, 2018); Joshua Green, *Devil's Bargain* (2017); Josh Kraushaar, "Bannon's Bark Is Worse Than His Bite," *National Journal* (October 17, 2017); Jason Horowitz, "Steve Bannon Is Done Wrecking the American Establishment. Now He Wants to Destroy Europe's," *New York Times* (March 9, 2018).

DREHER, *The Benedict Option* (2017).

FINKIELKRAUT, *Le nouveau désordre amoureux* (The new love disorder) (1977), with Pascal Bruckner; *Défaite de la pensée* (1987); trans. Friedlander, *The Defeat of the Mind* (1995); *L'identité malheureuse* (2015); Daniel Lindenberg, *Le Rappel à l'ordre* (2002).

BENOIST, *Vu de droite: Anthologie critique des idées contemporaines* (1977), trans. Lindgren, *The View from the Right*, Vols. *I—III* (2017—2019); *Le moment populiste: Droite-gauche, c'estfini!* (2017); *Contre le libéralisme: La société n'est pas un marché* (2019).

FINNIS, *Natural Law and Natural Rights* (1980); "Persons and Their Associations," reply to Scruton, *Proceedings of the Aristotelian Society*, suppl. vol.63 (1989); "Political Neutrality and Religious Arguments" (1993), in *Religion and Public Reasons: Collected Essays*, Vol. *V* (2011); Neil MacCormick "Natural

Law Reconsidered," on Finnis, *Natural Law and Natural Rights* (1980), *Oxford Journal of Legal Studies* (Spring 1981); Kent Greenawalt, on Finnis, *Natural Law and Natural Rights* (1980), *Political Theory* (February 1982); William H. Willcox, review of Finnis, *Natural Law and Natural Rights* (1980), *Philosophical Review* (October 1983); Charles Covell, *The Defence of Natural Law* (1992); Mark Murphy, "Natural-Law Theories in Ethics," *SEP Online* (May 2018); Patrick Deneen, "Unsustainable Liberalism," *First Things* (May 2012); Cécile Laborde, *Liberalism's Religion* (2017); Deneen, *Why Liberalism Failed* (2018).

SCRUTON, *Art and Imagination* (1974); *The Aesthetics of Architecture* (1979); "The Significance of Common Culture," *Philosophy* (January 1979); *The Meaning of Conservatism* (1980; 1984); *A Dictionary of Political Thought* (1982); *Sexual Desire* (1986); "Modern Philosophy and the Neglect of Aesthetics" (inaugural lecture, Birkbeck College), *TLS* (June 5, 1987); *Untimely Tracts* (1987); "How to Be a Non-Liberal, Anti-Socialist Conservative," *Intercollegiate Review* (Spring 1993); *The Aesthetics of Music* (1997); "The Philosophy of Love," in *Death-Devoted Heart* (2004); *Gentle Regrets* (2005); *A Political Philosophy* (2006); *Beauty* (2009); "Classicism Now," in *The Roger Scruton Reader* (2011), ed. Dooley; "Nonsense on Stilts," Lincoln's Inn Conference on Human Rights (2011); *How to Be a Conservative* (2014); "Parfit the Perfectionist," *Philosophy* (July 2014); "The Good of Government," *First Things* (June—July 2014); *Fools, Frauds and Firebrands* (2015); *On Human Nature* (2017); *Conservatism* (2017); John Hallowell, review of Scruton, *The Meaning of Conservatism*, *Journal of Politics* (May 1982); Jeremy Rayner, "Philosophy into Dogma: The Revival of Cultural Conservatism," *British Journal of Political Science* (October 1986); Martha Nussbaum, "Sex in the Head," *NYRB* (December 18, 1986); T. E. Utley, "A Thinker for the Tories," *Times* (October 26, 1987); Stefan Collini, "Hegel in Green Wellies," *London Review of Books* (March 8, 2001); Mark Dooley, *Roger Scruton: The Philosopher on Dover Beach* (2009); *The Roger Scruton Reader* (2011), ed. Dooley; Daniel Cullen, "The Personal and the Political in Roger Scruton's Conservatism"; Peter Augustine Lawler, "Roger Scruton's Conservatism: between Xenophobia and Oikophobia"; Daniel J. Mahoney, "Defending the West in All Its Amplitude: The Liberal Conservative Vision of Roger Scruton"; Stephen Wirls, "Roger Scruton's Conservativism and the Liberal Regime"; Scruton, "Reply to Critics"; all in *Perspectives on Political Science* (October 2016); Samuel Freeman, "The Enemies of Roger Scruton,"

NYRB(April 21, 2016); Roger Scruton and Mark Dooley, *Conversations with Roger Scruton*(2016); Andy Hamilton, "Conservatism," *SEP Online*(August 2018). SLOTERDIJK, *Kritik der zynischen Vernunft*(1983), trans. Eldred, *Critique of Cynical Reason*(1988); *Sphären I: Blasen*(*Mikrosphärologie*)(1988); *Sphären II: Globen*(*Makrosphärologie*)(1999), trans. Hoban, *Bubbles*(2011), *Globes* (2014); "Regeln für den Menschenpark"(1999), trans. "Rules for the Human Zoo," in *Society and Space*(special issue: "The Worlds of Peter Sloterdijk," February 2009); *Sphären III: Schäume*(*Plurale Sphärologie*)(2004), trans. Hoban, *Foams*(2016); *Zorn und Zeit*(2006), trans. Wenning, *Rage and Time* (2010); *Du mußt dein Leben ändern*(2009), trans. Hoban, *You Must Change Your Life* (2013); *Ausgewählte Übertreibungen: Gespräche und Interviews, 1993—2102*, trans. Margolis, *Selected Exaggerations: Conversations and Interviews, 1993—2012*(2016).

自由主义—保守主义之现状

Anthony Quinton, *The Politics of Imperfection* (1978); David Willetts, *Modern Conservatism* (1992); Willetts, *Is Conservatism Dead?* (1997); Willetts, *The Pinch*(2010); Noel Malcolm, "Conservative Realism and Christian Democracy," in *Conservatism Realism: New Essays in Conservatism* (1996), ed. Minogue; John Kekes, "What Is Conservatism?," *Philosophy* (July 1997); Kekes, *A Case for Conservatism* (1998); Pierre Rosanvallon: "Il faut refaire le bagage d'idées de la démocratie française," *Le Monde* (November 21, 2002); Nicholas Rescher, "The Case for Cautious Conservatism," *Independent Review* (Winter 2015); Yuval Levin, *The Fractured Republic: Renewing America's Social Contract in the Age of Individualism* (2016); Jason Brennan, *Against Democracy*(2016); Julius Krein, review of Alvin S. Felzenberg, *A Man and His Presidents: The Political Odyssey of William F. Buckley Jr.*(2017), *Washington Post*(July 6, 2017); David Brooks, "The Rise of the Refuseniks and the Populist War on Excellence," *New York Times*(November 15, 2018); George Will, *The Conservative Sensibility*(2019); "The Global Crisis in Conservatism" issue of the *Economist*(July 6, 2019); Nick Timothy, *Remaking One Nation: Conservatism in an Age of Crisis*(2020); Ferdinand Mount, "Après Brexit: On the New Orthodoxy," *London Review of Books*(February 20, 2020).

图书在版编目(CIP)数据

保守主义 : 为传统而战 / （美）埃德蒙·福西特
(Edmund Fawcett) 著 ; 杨涛斌译. -- 上海 : 上海人民
出版社，2024. -- ISBN 978-7-208-18949-2

Ⅰ. D091

中国国家版本馆 CIP 数据核字第 2024HA0088 号

责任编辑　项仁波
封扉设计　人马艺术设计·储平

保守主义：为传统而战

［美］埃德蒙·福西特 著

杨涛斌 译

出　　版　上海人民出版社
　　　　　（201101　上海市闵行区号景路 159 弄 C 座）
发　　行　上海人民出版社发行中心
印　　刷　苏州工业园区美柯乐制版印务有限责任公司
开　　本　635×965　1/16
印　　张　33.75
插　　页　2
字　　数　490,000
版　　次　2024 年 10 月第 1 版
印　　次　2025 年 1 月第 2 次印刷
ISBN 978 - 7 - 208 - 18949 - 2/D·4332
定　　价　138.00 元

"知世"系列